Direito e Bioética

Direito e Bioética

ESTUDOS EM HOMENAGEM À PROFESSORA STELA BARBAS

2020

Coordenação
José Alexandre Ribeiro Fernandes
Manoel Pereira dos Santos Neto
Nara Pinheiro Reis Ayres de Britto
Shirlei Castro Menezes Mota
Vivianne Rodrigues de Melo

ALMEDINA

DIREITO E BIOÉTICA
ESTUDOS EM HOMENAGEM À PROFESSORA STELA BARBAS
COORDENAÇÃO
José Alexandre Ribeiro Fernandes
Manoel Pereira dos Santos Neto
Nara Pinheiro Reis Ayres de Britto
Shirlei Castro Menezes Mota
Vivianne Rodrigues de Melo
REVISOR
Marcelo Silveira
EDITOR
EDIÇÕES ALMEDINA, S.A.
Rua Fernandes Tomás, n.ºs 76-80
3000-167 Coimbra
Tel.: 239 851 904 · Fax: 239 851 901
www.almedina.net · editora@almedina.net
DESIGN DE CAPA
Edições Almedina
PRÉ-IMPRESSÃO
EDIÇÕES ALMEDINA, S.A.
IMPRESSÃO E ACABAMENTO
PAPELMUNDE

Outubro, 2020
DEPÓSITO LEGAL
474613/20

ALMEDINA | GRUPOALMEDINA

BIBLIOTECA NACIONAL DE PORTUGAL – CATALOGAÇÃO NA PUBLICAÇÃO
DIREITO E BIOÉTICA: Estudos em homenagem à professora Stela Barbas
(Estudos em homenagem)
ISBN 978-972-40-8592-0
CDU 34

SUMÁRIO

Direito e Bioética
Estudos em homenagem à professora Stela Barbas

Tenho o prazer e o privilégio de privar com a Professora Stela Barbas desde há largos anos. E, por isso, é com natural satisfação que aceitei prefaciar esta obra – *Direito e Bioética* –, que pretende reconhecer o enorme contributo da homenageada para duas distintas áreas do saber, mas que se entrecruzam de um modo irredutível.

O direito que regula a vida em sociedade protege os direitos fundamentais dos cidadãos, mas serve, também, de referencial simbólico sobre os valores que coletivamente desejamos. Na perspetiva de Thomas Hobbes, o direito representa as opções conjunturais da sociedade e transporta-nos para uma dimensão superior da interação humana. Por outro lado, a bioética como ética da vida, como grito de alerta sobre o modo como a humanidade está a evoluir, e sobre a forma como a ciência e a tecnologia podem instrumentalizar a vida e a vida humana.

Pelo que se entende, há necessidade de construir um quadro legal em todos, e para todos, os países civilizados e, mais ainda, um direito da bioética para uma "aldeia global" onde todas as pessoas, pelo facto de o serem, são sujeitos portadores de dignidade, de respeito e também de deveres e obrigações, sobretudo quando a multiculturalidade impõe que diferentes indivíduos se encontrem, frequentemente, como estranhos morais.

E é de salientar a influência recíproca entre o direito e a bioética. Qualquer quadro legal sobre a vida, o genoma, a saúde, a experimentação humana, entre outros, tem na sua base uma opção clara sobre valores, uma visão ética sobre a sociedade. E a bioética, para ser eficaz, carece de um enquadramento normativo, de diretrizes, e de linhas de orientação, ainda que na perspetiva de uma *soft law*.

Felicito, portanto, os coordenadores deste livro – José Alexandre Ribeiro Fernandes, Manoel Pereira dos Santos Neto, Nara Pinheiro Reis Ayres de Britto, Shirlei Castro Menezes Mota e Vivianne Rodrigues de Melo – pelo facto de plasmarem por escrito a influência da Professora Stela Barbas no seu pensamento, e que os qualifica, seguramente, como discípulos académicos de uma das mais influentes especialistas em Biodireito de toda a lusofonia.

Por fim, uma palavra para os autores dos distintos capítulos que compõem a obra, e que abordam temas como o genoma e a identidade pessoal, a atribuição de personalidade jurídica ao embrião, a ética e o direito na procriação medicamente assistida, a gestação de substituição, a constitucionalidade da ortotanásia e da eutanásia, o tráfico de pessoas e de órgãos, a interface entre a Internet, as redes sociais e os direitos humanos, entre tantas outras temáticas de enorme atualidade no Brasil, em Portugal e em todo o mundo moderno e desenvolvido. Prestam, assim, um excelente contributo ao desenvolvimento científico do biodireito.

Em suma, a Professora Stela Barbas vê consagrada nesta obra a escola que foi criando no direito da bioética, com vista a contribuir para uma sociedade mais justa e desenvolvida em todos os países da lusofonia. E associo-me com natural regozijo a este livro pelo testemunho de mais de duas décadas sobre o empenho, a dedicação e a criatividade da Professora Stela Barbas em domínios que começam a atingir agora a sua maturidade.

RUI NUNES
Professor Catedrático da Faculdade de Medicina da Universidade do Porto

Apresentação da homenageada e da obra

É complexo e de muita responsabilidade escrever resumidamente em poucas linhas a trajetória profissional da homenageada desta obra. A Professora Doutora Stela Barbas, desde a sua formatura secundária demonstrou o seu brilhantismo, o qual continuou em sua graduação, mestrado e doutoramento. É professora associada da Universidade Autónoma de Lisboa, além de lecionar em outras universidades dentro e fora de Portugal, em cursos de graduação, pós-graduação, mestrado e doutoramento; orientadora de teses e dissertações de mestrado e doutoramento; advogada; jurisconsulta; membro de vários conselhos, comissões e associações; participou de vários júris de exames; autora de mais de cinquenta publicações, além de outras ainda no prelo; prefaciou várias obras; oradora e membro de comissão de organização em conferências, seminários, simpósios, colóquios, congressos, nacionais e internacionais; sendo suas obras, aulas e falas muitas vezes usadas pela doutrina e pela jurisprudência portuguesa e estrangeira. Sempre a trabalhar na seara do Direito Civil, Direito de Família, Direito de Sucessões e dos Novos Desafios do Direito (como o Biodireito). Eis a ilustre professora que ousamos homenagear neste singelo opúsculo.

Neste sentido, os coautores, em uma abordagem própria e dentro da temática da carreira da homenageada, elaboraram vinte e um textos com temas como: bioética; direito à personalidade; direito do paciente; direito reprodutivo com gestação de substituição; discurso de ódio contra a bioética e o biodireito; eugenia invertida; eutanásia e ortotanásia; identidade genética e criminologia; personalidade jurídica de embrião; procriação *post-mortem*; responsabilidade civil médica; tráfico de pessoas e órgãos e o sigilo bancário; Projeto Genoma e religião; transgenia e a dignidade humana; tutela da saúde mental conexa com internet e redes sociais.

Isto posto, entendemos que ser professor e defender o que acredita é menos uma escolha e mais uma missão, a ser abraçada com amor e ardor, e isto a nobre professora, aqui homenageada, o faz de maneira ímpar.

COMISSÃO DE COORDENAÇÃO DA OBRA

Apresentação da homenageada e da [illegible]

Coronavírus: direitos dos pacientes e questões médico-hospitalares

ADRIANA CALDAS DO REGO FREITAS DABUS MALUF[1]

Sumário: Introdução. 1. História do Coronavírus e evolução para o estágio de pandemia. 2. Direitos e deveres dos pacientes com Covid-19. 3. Do isolamento social – pessoal e hospitalar e os elementos da Responsabilidade civil. 4. Covid-19 no Brasil: principais desafios éticos e jurídicos da rede hospitalar; 5. Análise da pandemia sob a ótica dos princípios da fraternidade e da solidariedade. Conclusão. Referências.

Introdução

A atualidade está marcada por um evento sem precedentes: uma pandemia mundial que marca profundamente a vida dos cidadãos, um vírus novo e desconhecido que acomete os seres humanos criando sintomas variados e, sobretudo, uma pneumonia que pode chegar a dimensões bastante elevadas. Novos paradigmas são criados, fazendo com que a comunidade global se una numa só voz: evitar a transmissão do vírus e descobrir a sua cura.

Medidas drásticas são adotadas, o que repercute nos diversos ramos do direito, unindo e separando as pessoas, mudando as formas de relação interpessoal e redimensionando a atividade do Estado.

[1] Mestre e doutora em direito civil pela Faculdade de Direito da USP, Membro do Instituto dos Advogados (IASP), Membro da Comissão de Bioética do Hospital do Coração de São Paulo (HCor), Professora criadora do Curso de Formação em bioética e biodireito – *on-line*, Professora Universitária, Advogada em São Paulo, Nutricionista. Endereço eletrônico: adrianacaldas9297@gmail.com.

1. História do coronavírus e evolução para o estágio de pandemia

Entre os diversos microrganismos existentes no universo, destacam-se os vírus e as bactérias. Ambos são temidos pelas doenças que causam.

Um exemplo histórico disso é que na segunda metade do século XX um tipo de vírus de gripe, vírus influenza, matou cerca de cinquenta milhões de pessoas no mundo todo, na chamada gripe espanhola, ocorrida no período compreendido entre janeiro de 1918 a dezembro de 1920, que contaminou cerca de quinhentos milhões de pessoas, o que representava um quarto da população da época. Só no Brasil ocorreram cerca de trinta e cinco mil mortes, segundo fontes da época.[2]

Entretanto, ao lado de importantes transmissões patogênicas, os vírus podem apresentar benefícios no que tange ao controle de certas pragas agrícolas e na pesquisa cientifica. "Muitas descobertas científicas importantes no campo da biologia molecular e da engenharia genética foram decorrentes de pesquisas realizadas com vírus"[3].

O vírus são estruturas extremamente pequenas e simples, situados no limite entre o vivo e o não vivo, medindo em torno de dois décimos de micrómetro de diâmetro, de modo que só podem ser observados ao microscópio eletrônico. São constituídos por proteínas e ácidos nucleicos.

As moléculas de proteínas virais formam um envoltório, que protege o ácido nucleico. Em alguns vírus, esse envoltório, o capsídeo, é envolvido externamente por uma membrana lipoproteica, denominada envelope viral, que se forma quando a partícula viral é expelida pela célula em que se formou. Além de proteínas e lipídeos de origem celular, o envelope contém proteínas virais específicas, adicionadas à membrana celular enquanto o vírus se multiplica no interior da célula hospedeira.

As partículas virais são denominadas vírions e apresentam um formato característico dependendo do tipo de vírus.

[2] JORNAL DE BRASÍLIA – *Gripe espanhola e coronavírus: historiadores mapeiam semelhanças de como Brasil lidou com pandemias.* [Em linha]. Brasília, 30 abr. 2020. [Consult. 03 maio 2020]. Disponível em WWW:<URL:https://jornaldebrasilia.com.br/brasil/gripe-espanhola-e-coronavirus-historiadores-mapeiam-semelhancas-de-como-brasil-lidou-com-pandemias/>.

[3] AMABIS, José Mariano; MARTHO, Gilberto Rodrigues – *Fundamentos da biologia moderna.* 4ª. ed. São Paulo : Moderna, 2013, pp. 250-251.

Vírus são parasitas intracelulares obrigatórios, posto que não apresentam metabolismo próprio. Em muitos casos, os vírus modificam o metabolismo das células que parasitam, podendo provocar a sua degeneração ou morte.[4]

No que tange ao processo de desenvolvimento de imunidade viral, Playfair e Chain lecionam que

> [...] o anticorpo é valioso para a prevenção de entrada e disseminação hematológica de alguns vírus mas sua ação é frequentemente limitada pela notável habilidade do vírus de modificar seus formatos externos e assim escapar à detecção de um anticorpo previamente existente.

Uma vasta experiência demonstra que nenhum parasita que cause danos graves ou morte de seu hospedeiro é capaz de garantir a própria sobrevivência. Desta forma, a adaptação – que pode ser rápida no caso dos vírus – geralmente tende a ocorrer no sentido da diminuição da virulência.[5]

O **coronavírus** é um vírus de RNA, que causa infeções respiratórias. Seu nome se deve às espículas – estruturas proeminentes que estão presentes na superfície do vírus –, o que lhe dá a aparência de uma coroa solar; é conhecido desde os anos 1960.

Embora outros tipos de coronavírus costumem causar formas comuns e brandas de resfriado, o Sars-CoV-2 não tinha nenhum histórico de convivência com a espécie humana até então, uma vez que migrou para a infestação humana oriundo de outro hospedeiro.

Na prática, podemos aduzir que isso significa que nenhum ser humano contava com defesas naturais específicas contra o referido vírus no momento em que ele começou a infetar pessoas na China, no fim de 2019.

Tendo em vista que a maioria dos casos produz sintomas relativamente leves e recuperação sem complicações, mesmo antes de conseguir produzir anticorpos, o que só acontece alguns dias após o início da doença, o organismo de muitos consegue começar o contra-ataque ao vírus por outros meios.

Tal reação é possível porque as células contam com um sistema genérico de reconhecimento dos invasores virais. Assim, conforme os dias de doença

[4] Ibid., loc. cit.

[5] Playfair, John H. L.; Chain, Benjamin M. – *Imunologia básica*. 9.ª ed. São Paulo : Manole, 2013, pp. 62-63.

vão passando, o organismo enfim produz anticorpos específicos contra o vírus – em geral, dois tipos das chamadas imunoglobulinas, designadas com as siglas IgM e IgG. Quando a infeção é debelada, o "conhecimento" sobre como produzir os anticorpos IgG, os mais duradouros, fica armazenada nas chamadas células B de memória. Ao entrar em contato com o vírus de novo no futuro, essas células podem desencadear a produção de anticorpos, vencendo rapidamente o problema.

Entretanto, "alguns estudos mostraram que entre 20% e 30% dos doentes que se recuperaram não apresentam níveis detectáveis de anticorpos". De quebra, o que se sabe sobre outros coronavírus sugere que esse subgrupo viral é pouco imunogénico, ou seja, não produz uma resposta tão robusta do sistema de defesa do organismo quanto outros invasores.

Outra possibilidade é que as pessoas que se recuperam da Covid-19 produzam anticorpos, mas que alguns testes tenham sido feitos após a recuperação. Nesse caso, os níveis dessas moléculas estariam muito baixos no organismo, portanto mais difíceis de detetar. Além das dúvidas sobre como o vírus interage com o sistema imunológico, ainda há incerteza sobre a proporção de pessoas cujo organismo teve contato com o Sars-CoV-2.

Por ora, o único consenso é que, mesmo nos lugares mais afetados pela pandemia, a população ainda está muito longe de atingir o que se costuma chamar de imunidade de rebanho – cenário no qual a percentagem de pessoas que já foram infetadas e se curaram é elevada o suficiente para que sirvam de "escudo" para as que ainda não tiveram a doença.

Os resultados preliminares de testes de anticorpos variam, e muitos não foram publicados oficialmente em periódicos científicos, o que pode diminuir sua confiabilidade.[6]

Na atualidade, os dados divulgados até agora foram obtidos em escala local, e não nacional, e nem sempre dizem respeito a uma amostra de pessoas que seja representativa da população em geral.

Assim, tomemos alguns exemplos: Uma cidade de 12 mil habitantes na Alemanha, na qual 500 foram testados, teria revelado uma prevalência de

[6] Lopes, Reinaldo José – Imunidade ao novo coronavírus ainda é pouco compreendida. [Em linha]. *Folha de S.Paulo*, 02 maio 2020. [Consult. 03 maio 2020]. Disponível em WWW:<URL: https://www1.folha.uol.com.br/equilibrioesaude/2020/05/imunidade-ao-novo-coronavirus-ainda-e-pouco-compreendida.shtml>.

anticorpos em 14% da população, enquanto outros lugares da Europa e dos EUA têm números que vão de 1% a 4%.

O único estudo amplo realizado no Brasil até agora, coordenado por pesquisadores da Universidade Federal de Pelotas, estimou que apenas 0,13% da população gaúcha teria desenvolvido anticorpos contra o vírus.

Em testes como esses, é sempre necessário levar em conta os níveis de sensibilidade e especificidade. Um teste muito específico é o que raramente produz falsos positivos; já testes muito sensíveis produzem poucos falsos negativos.

De qualquer modo, outro ponto acerca do qual os cientistas concordam é que não existe nenhuma fórmula mágica para "aumentar a imunidade" – nenhum alimento é capaz de fazer isso sozinho, por exemplo. "O que fortalece a imunidade é um conjunto de fatores: alimentação equilibrada, sono adequado, exercício físico e evitar o estresse, embora na situação atual o último item seja mais difícil"[7].

Os coronavírus pertencem à subfamília taxonómica *Orthocoronavirinae*, da família *Coronaviridae*, da ordem *Nidovirales*. Constituem-se em uma família de vírus que causam doenças respiratórias em seres humanos e em animais.

Segundo referências dos pesquisadores, a maioria das pessoas se infecta com os coronavírus comuns ao longo da vida. Eles são uma causa comum de infeções respiratórias brandas a moderadas de curta duração. Entre os coronavírus encontra-se o vírus causador da forma de pneumonia atípica grave conhecida por SARS e o vírus causador da COVID-19, responsável pela pandemia em 2019 e 2020.

Alguns coronavírus têm a capacidade de mudar de hospedeiro passando de animais para humanos, e, quando isso acontece, os casos resultantes são investidos de significativa gravidade.

Assim, quanto à taxonomia, os coronavírus da subfamília *Orthocoronaviridae* se dividem em quatro gêneros: *Alphacoronavirus*, *Betacoronavirus*, *Gammacoronavirus* e *Deltacoronavirus*. De todos esses gêneros, há seis espécies que causam infeção em humanos.

No gênero *Alphacoronavirus*, há os coronavírus humanos das espécies HCoV-229E e HCoV-NL63, que causam infeções leves a moderadas comuns. Neste gênero, também se encontra o CCoV, o coronavírus canino, que causa gastroenterite em cães filhotes e pode ser prevenido com vacina. Para a espé-

[7] Ibid.

cie felina, o Fcov causa peritonite infeciosa em gatos, e não há vacina disponível no momento.

No gênero *Betacoronavírus*, há os coronavírus humanos das espécies HCoV-OC43, HCoV-HKU1, SARSr-CoV e MERS-CoV.

HCoV-OC43 e HCoV-HKU1 causam infeções leves a moderadas comuns. MERS-CoV causa a doença MERS (Síndrome respiratória do Médio Oriente).

A espécie SARSr-CoV se divide nas cepas SARS-CoV, que causa a doença SARS (Síndrome respiratória aguda grave), e SARS-CoV-2, que causa a doença Covid-19 (*COrona VIrus Disease* 2019).

A SARS-CoV-2, causadora da COVID-19, foi identificada em 2020 e tem "parentesco" com o vírus da SARS-CoV. Apresenta diversos sintomas, como febre, tosse e falta de ar, pneumonia

Foram descobertos em 2020, seis novos coronavírus em morcegos em Mianmar, mas esses vírus não estão relacionados à Síndrome Respiratória Aguda Grave de Coronavírus (SARS CoV-1), Síndrome Respiratória do Oriente Médio (MERS) ou COVID-19.

Nesse sentido, podemos apontar: o **HcoV 229 E**, descoberto em 1960, divergiu do coronavírus da alpaca antes de 1960; o **SARS-CoV**, descoberto em 2002, divergiu do coronavírus do morcego em 1986; o **Hcov-OC43**, descoberto em 2004, divergiu do coronavírus bovino em 1890; o **Hcov-NL63**, descoberto em 2004, divergiu do coronavírus do morcego há aproximadamente oitocentos anos; o **HcoV HIKU 1**, descoberto em 2005, divergiu do coronavírus do morcego; o **MERS CoV**, descoberto em 2012, divergiu do coronavírus de morcego antes dos anos 90 e foi transmitido aos humanos pelos camelos; o **Sars Cov 2**, descoberto em 2019, tem ainda em aberto a sua génese original: se foi originário das cobras, de morcegos e, posteriormente, transmitido aos humanos por um animal desconhecido ou, ainda, seja oriundo de uma versão que parasita pangolins, pois possui material genético 99% igual ao do vírus encontrado nesse animal.

Em 2002, na província de Guandong, na China, o coronavírus oriundo de um pequeno mamífero carnívoro local, chamado Civeta, começou a ser transmitido entre seres humanos. O coronavírus, salienta-se é um tipo de vírus zoonótico, ou seja, ele transita entre animais e humanos.

Desta forma, a doença denominada SARS (síndrome respiratória aguda grave) começou a ser transmitida no hospital local entre os pacientes e os profissionais de saúde. A génese desse contagio deu-se com uma pessoa que viajou para Hong Kong, e, a partir daí, a linha de transmissão se intensificou fazendo com que a doença alcançasse outros países.

O resultado foi uma epidemia internacional que atingiu 29 países e acometeu 8096 pessoas das quais 774 morreram. Os últimos casos da epidemia foram notificados no início de 2004, sendo o nível de contágio de cada paciente infetado de um para dois.

Em 2012, infeções respiratórias por um novo coronavírus começaram a ser notificadas na Arabia Saudita. Esse vírus apresentava uma forma difícil de transmissão entre os humanos, e constatou-se que o vetor preferencial de transmissão estava relacionado ao contato com o leite e a excreção do dromedário.

Os casos de MERS foram diagnosticados até 2019 em 27 países tendo atingido 80% da península arábica. No entanto, pode-se comprovar que o grau de letalidade da MERS era maior do que o da SARS, posto que 2500 indivíduos foram infetados e 858 morreram.

Em 2019, na província de Hubei, China, na cidade de Wuhan, uma metrópole com onze milhões de habitantes, a partir de um mercado de animais vivos e seus produtos, começou a proliferar um outro tipo de coronavírus de altíssima velocidade de contaminação (uma pessoa contaminada pode contaminar 3,7 pessoas que com ela tenha contato).

Assim, a atual pandemia nasceu de uma zoonose, reflexo direito da intervenção do homem no meio ambiente.

Os vírus são agentes que dependem de uma célula viva para replicar e sobreviver. Necessitam adaptar-se ao hospedeiro e se perpetuar. Nesse processo, sofrem mutações que podem ajudar ou atrapalhar sua propagação levando-o a infetar outras espécies.

Nesse sentido, existem duas hipóteses ao menos para o surgimento da pandemia internacional por coronavírus: o vírus foi aos poucos entrando em contato com a espécie humana; ou veio pronto, tendo o morcego por vetor e, assim, fez-se a transmissão interespécies de forma acelerada.

Existem fortes indícios de que o contato silvestre tenha sido o principal vetor de transmissão.

A partir daí houve uma rápida difusão mundial advinda da globalização dos negócios e dos costumes, que acelerou o intercâmbio entre os povos.

Assim, acredita-se que o vírus Sars-CoV-2 possua como hospedeiros determinadas espécies de morcegos e o pangolim, um animal consumido como alimento exótico em algumas regiões da China. Seu período de incubação varia entre 4-14 dias, sendo que o vírus só é transmitido por indivíduos sintomáticos ou assintomáticos. Apesar do alto grau de contágio, a doença apresenta um baixo grau de mortalidade. Apresenta uma letalidade global de 3,4%, aumentando de acordo com a idade da pessoa acometida e com a presença de comorbidades. Desta sorte, pacientes portadores de doenças crônicas, que representam em torno de 25 a 50% dos pacientes infetados, apresentam maiores taxas de mortalidade, como a seguir: câncer: 5,6%; hipertensão: 6%; doença respiratória crônica: 6,3%; diabetes: 7,3%; doença cardiovascular (DCV): 10,5%.

A difusão a doença causada pelo Sars-Cov-2 conheceu uma velocidade incrível e alcançou a comunidade internacional. Em janeiro de 2020, a OMS já informara aos países que se preparassem para um surto de uma nova gripe que apresentava sintomas de intensidade variada e deveriam se preparar para monitorar seus cidadãos e isolar os suspeitos.

Nesse momento, iniciaram a adoção de rígidas recomendações de higiene, o controle de fluxo de pessoas, os registros dos primeiros casos fora da China. Em 30 de janeiro, a OMS declarou estado de emergência internacional.

No mês de fevereiro, quarenta e nove países da comunidade internacional já apresentavam a doença, e todas as pessoas que tivessem estado em países com o surto do vírus eram considerados grupo de risco. Foram intensificadas as medidas de combate e precaução.

No mês de março, iniciaram-se medidas restritivas de quarentena da população. A OMS constituiu o caso como uma pandemia, que já alcançava cento e quatorze países da comunidade internacional. Recomendou ainda a realização de testes em massa e a adoção de medidas de isolamento. A Europa era o epicentro da pandemia, enquanto a China conseguia estabilizar e manter baixo o número de novos casos diagnosticados. Estados Unidos emergem no final do mês como o novo epicentro da doença.

No mês de abril, diversas medidas de proteção econômica são anunciadas, estando o número de casos ao redor do mundo na casa de um milhão de contaminados.

A pandemia que tomou conta do mundo ainda preocupa a comunidade internacional, posto que mais de 3 milhões de casos de Covid-19 já foram registrados no mundo, com mais de 230 mil mortes – 6 mil delas no Brasil.[8]

[8] Johns Hopkins University. Coronavirus Resource Center. *Mortality Analyses.* [Em linha]. Baltimore, MD, 2020. [Consult. 24 abr. 2020]. Disponível em WWW:<URL:https://coronavirus.jhu.edu/data/mortality>.

2. Direitos e deveres dos pacientes com Covid-19

Muito se discute a respeito dos direitos e deveres dos pacientes em face da pandemia.

Quanto aos pacientes que se utilizam do Sistema Único de Saúde, o SUS, estes, de acordo com os artigos 6 e 196 da Constituição federal, têm o direito de receber pleno tratamento para a Covid-19, incluindo aí o custeio do teste de deteção e despesas relativas aos cuidados hospitalares.

No que tange aos pacientes que se utilizam dos planos de saúde, em face da Resolução n.º 453 de 12.03.2020, devem custear a realização do teste de deteção da Covid-19 – estando este incluído no rol dos procedimentos obrigatórios para os beneficiários dos planos de saúde – e consultar a central de seu plano para verificar o local adequado para a realização do exame.

Assim, são direitos dos pacientes o atendimento de saúde, o diagnóstico, a realização do teste, a informação, o repouso; por outro lado, seus deveres são a efetuação do isolamento e da informação da sua sintomatologia.

Nesse sentido, temos que a contaminação por coronavírus configura uma situação urgente que obriga os planos de saúde a afastar o período de carência permitindo o atendimento de urgência, como prevê a Resolução n.º 453/20; desconsiderar a inadimplência; afastar o período de carência; implementar a telemedicina regulamentada pela Resolução 2227/18 do CFM e implementada pelo PL 696/20, que visa desafogar hospitais e centros de saúde no período da pandemia.

Tendo em vista a aplicação dos princípios da bioética e do biodireito, analisamos se em tempos de pandemia do coronavírus a autonomia do paciente deve ser respeitada. Assim sendo, questionamos se teria o paciente o direito de recusar tratamento para que sejam liberados respiradores ou leitos para outros pacientes que também necessitem.

A autonomia do paciente, um dos pilares da bioética e do biodireito, deve sempre ser respeitada na medida do possível e sob a análise da ética do razoável.

Entretanto, a autonomia pessoal do paciente passará a ser mitigada quando ofender ou criar algum risco ao coletivo, como a recusa à informação, a recusa às medidas de isolamento e proteção individual, posto que trata-se de moléstia altamente contagiosa.

Da mesma forma, pode o paciente solicitar ao médico que o assiste a administração de algum medicamento ou terapia ainda experimental, sendo por óbvio atendido, também na medida da consciência individual do médico e outros profissionais da saúde quando for o caso.

As decisões terapêuticas poderão ser adotadas em conjunto quando o caso assim o permitir, de acordo com os princípios bioéticos da beneficência e não maleficência.

Outra questão se desdobra no âmbito da pandemia: o afastamento entre o paciente e seus familiares tendo em vista a contenção do contágio; em alguns casos pode haver o falecimento do paciente, sem a devida despedida dos seus entes mais queridos. Nesse sentido, foi apresentado o PL 2136/20 que garante a todos o direito à visita virtual, através de vídeo chamada, de familiares aos pacientes com Covid-19 ou outras doenças infectocontagiosas.

3. Do isolamento pessoal e hospitalar e os elementos de responsabilidade civil

Entre as medidas adotadas pelos diversos países para conter a pandemia causada pelo coronavírus está a implementação de medidas de isolamento social.

No Brasil, o Ministério da Saúde publicou em 12.03.2020 a portaria n.º 356, que dispõe sobre a regulamentação e operacionalização do disposto na Lei n.º 13979 de 06.02.2020, que estabelece as medidas para enfrentamento da emergência de saúde pública de importância internacional decorrente do coronavírus (COVID-19).

Dessa forma, a portaria traz regras para a indicação de medidas de isolamento social e quarentena como forma a evitar a propagação local.

O isolamento social ou distanciamento social existe em vários níveis, que vão desde medidas simples até o *lockdown*, e cada lugar tem uma necessidade específica, tendo em vista o nível da contaminação e a infraestrutura local.

A lei n.º 13979/20 diferencia quarentena de isolamento em seu artigo 2º: a primeira refere-se à restrição de atividade ou separação de pessoas suspeitas de contaminação das pessoas que não estejam doentes, assim como de bagagens, animais meios de transporte ou mercadorias suspeitos de contaminação; a segunda refere-se à separação de pessoas doentes ou contaminadas ou de bagagens, meios de transporte, mercadorias ou encomendas e outros, a fim de evitar a contaminação ou propagação do coronavírus.

Nesse sentido, vemos a importância fulcral da testagem dos cidadãos e da consequente separação entre os saudáveis e os demais que estão ou contaminados ou em suspeita de contaminação.

Para a realidade brasileira, eis o grande problema: acesso ao teste para toda a população tendo em vista o número populacional do país, sua densidade demográfica e diversidade cultural e habitacional.

Quanto ao paciente contaminado ou sob suspeita de contaminação, a regra que define o isolamento dispõe que este pode ocorrer por meio de prescrição médica ou recomendação de agente sanitário, deve durar quatorze dias, podendo chegar a vinte e oito dias a partir da obtenção do resultado dos exames.

O isolamento deve ser feito em casa quando o quadro clínico do paciente o permitir; casos graves deverão ser encaminhados ao hospital. Aí a batalha por leitos começa...[9]

Embora a comunidade médico-científica tenha afirmado que, de 100% de contaminados, 80% serão assintomáticos ou portadores de uma modalidade leve da doença, 15% desenvolverão uma modalidade intermediária da doença, podendo receber tratamento em casa, e 5% desenvolverão uma forma grave da doença, o que, na realidade brasileira, alcança a margem de onze milhões de pessoas.

Tentando conter a propagação do vírus, podem as autoridades aplicar medidas restritivas de: isolamento, quarentena, determinação de realização compulsória de exames médicos, testes laboratoriais, vacinação, restrição de locomoção, entre outras medidas, conforme dispõe o artigo 3º da Lei n.º 13979/20.

Os familiares dos infetados também devem permanecer em quarentena nos termos da Portaria n.º 356/2020 do Ministério da Saúde.

Desta forma, os hospitais podem restringir as visitas aos pacientes com enfermidades gerais e diversas, o que representa uma medida profilática na contenção da disseminação do vírus, evitando a periclitação da vida e da saúde dos pacientes internados, seus acompanhantes e familiares, tendo em vista a diminuição da circulação pessoal e da consequente diminuição da aglomeração – importante vetor de contaminação, em observância estrita

[9] Para auxiliar nesse processo, entrou em vigor a Lei n.º 13.989/20 que dispõe sobre o uso da telemedicina durante a crise causada pelo coronavírus (SARS-Cov-2).

aos ditames do Plano de Contingência implantado pelo Ministério da Saúde para conter a disseminação do coronavírus.

Há ainda um intenso debate social envolvendo a comunidade cientifica, jurídica, econômica e a sociedade em geral sobre a indicação da duração da quarentena e o consequente fechamento de importantes estabelecimentos comerciais no país.

Quando seria o melhor momento para reintroduzir a circulação pessoal e o comércio e em que termos, lembrando que a crise econômica que assola o país trabalha com alguns dados importantes: a pobreza, o inadimplemento e a busca por auxílio do governo. Assim sendo, a desaceleração econômica desencadearia uma enxurrada de empréstimos bancários, um aumento da requisição de ajuda governamental, um enorme aumento da inadimplência – o que levaria a um inchaço do serviço público de saúde, um aumento da inflação, uma taxa enorme de desemprego, que, por sua vez, desencadeia violência doméstica, violência urbana, aumento considerável da criminalidade, suicídios e muito mais.

O momento exige extrema cautela quanto às medidas empregadas, tendo em vista a gravidade das consequências que gera.

No âmbito internacional, diversos países acusam a China de violar os artigos 6 e 7 do Regulamento sanitário internacional (lembremos que, assim como o coronavírus, a SARS também nasceu no mercado atacadista de frutos do mar de Wuhan, China); assim, deverá ser processada pela forma como tratou a epidemia. O caso poderia ser levado para o Tribunal Internacional de Justiça, o Tribunal de Arbitragem Permanente, o Tribunal de Hong Kong, entre outros.

Para Valerio Mazzuoli, "o cerne da questão volta-se à investigação de como a China teria violado o Regulamento Sanitário Internacional da OMS de 2005 e a própria constituição da organização, esta última o instrumento que abre portas para a jurisdição da Corte Internacional de Justiça"[10].

Aponta, ainda, "que é obrigação de todo Estado de informar a OMS das situações anômalas ocorridas em seus territórios relativas à saúde humana,

[10] MAZZUOLI, Valerio de Oliveira – É possível responsabilizar a China na Corte Internacional no caso da Covid-19? *Consultor Jurídico*. [Em linha]. São Paulo : Conjur, 6 abr. 2020. [Consult. 07 maio 2020]. Disponível em WWW:<URL:https://www.conjur.com.br/2020-abr-06/mazzuoli-possivel-responsabilizar-china-covid-19>.

conforme dispõe o art 7º do referido Regulamento, cuja redação se dá no melhor estilo hard law, direta e imperativa":

Caso um Estado Parte tiver evidências de um evento de saúde pública inesperado ou incomum dentro de seu território, *independentemente de sua origem ou fonte*, que possa constituir uma emergência de saúde pública de importância internacional, *ele fornecerá todas as informações de saúde pública relevantes à OMS*. Nesse caso, aplicam-se na íntegra as disposições do Artigo 6.[11]

O dispositivo exige que os Estados forneçam à OMS informações de saúde pública relevantes *independentemente da origem ou fonte* do evento inesperado ou incomum ocorrido dentro de seus territórios, que possam constituir uma *emergência* de saúde pública de importância internacional. O artigo 6º referido dá prazo de 24 horas para que essa comunicação seja realizada.

Assim, "a questão que se coloca é saber se a China avisou a autoridade mundial de saúde, a OMS, pelos mais eficientes meios de comunicação disponíveis" e "dentro do prazo de 24 horas a contar da avaliação de informações de saúde pública" sobre todos os eventos em seu território que podiam se constituir em emergência de saúde pública de importância internacional, consoante o art. 6º do *Regulamento*.[12]

Não foi o que noticiou a imprensa internacional...

Dessa forma, a conduta omissiva do governo chinês violaria a obrigação de informar o previsto no art. 7º do *Regulamento*, e portanto, teria havido violação de norma internacional convencional pela República Popular da China, ao não informar a OMS no prazo determinado pelo *Regulamento Sanitário Internacional* e sem a devida diligência da epidemia inicial e posterior pandemia surgida em Wuhan, província de Hubei, levando ao alastramento do vírus para fora da China e ao desconhecimento de todo o mundo sobre os seus sintomas e efeitos.[13]

Dispõe o art. 75 da Constituição da OMS:

[11] "A data de início dos sintomas do primeiro paciente [de SARS-CoV-2] identificado foi 1 de dezembro de 2019". Inicialmente, houve muita confusão sobre a natureza do vírus e se podia ser transmitido entre seres humanos. Considerou-se que era um vírus conhecido, transmitido principalmente de animais a humanos.

[12] MAZZUOLI, Valerio de Oliveira, op. cit.

[13] MAZZUOLI, Valerio de Oliveira – É possível responsabilizar a China na Corte Internacional no caso da Covid-19? *Consultor Jurídico*. [Em linha]. São Paulo : Conjur, 6 abr. 2020. [Consult. 07 maio 2020]. Disponível em WWW:<URL:https://www.conjur.com.br/2020-abr-06/mazzuoli-possivel-responsabilizar-china-covid-19>.

> Qualquer questão ou divergência referente à interpretação ou aplicação desta Constituição que não for resolvida por negociações ou pela Assembleia da Saúde será submetida ao Tribunal Internacional de Justiça, em conformidade com o Estatuto deste Tribunal, a menos que as partes interessadas concordem num outro modo de solução.

"A Corte Internacional de Justiça (Haia) já reconheceu a validade do art. 75 da Constituição da OMS no § 99 do caso dos *Conflitos Armados no Território do Congo* (República Democrática do Congo *Vs.* Ruanda) de 2002"[14]; e agora, enfrenta a dificuldade em encontrar no próprio texto da Constituição da OMS obrigações objetivas aos Estados de salvaguarda da saúde em casos de pandemias transnacionais, tais as constantes do *Regulamento Sanitário Internacional* de 2005.

Tudo isso leva a incertezas sobre a possibilidade de um Estado demandar a China na Corte Internacional de Justiça pela pandemia da Covid-19, como aduz Valerio Mazzuoli.

A Constituição da OMS atribui expressamente à Assembleia da Saúde autoridade para adotar regulamentos relativos a medidas sanitárias e de quarentena e outros procedimentos destinados a evitar a propagação internacional de doenças, em seu art. 21.

Dessa forma, uma vinculação possível e uma porta aberta haveria para os Estados prejudicados, apesar das dificuldades políticas dessa ação na prática, em demandar a China perante a Justiça Internacional.

Ademais, a obrigatoriedade de cumprimento dos regulamentos da Assembleia Mundial da Saúde também acarreta aos Estados, nos termos do art. 62 da Constituição da OMS, o dever de apresentar "anualmente *um relatório sobre as medidas tomadas em relação às recomendações* que lhe tenham sido feitas pela Organização e em relação às convenções, acordos e regulamentos".

De fato, não haveria sentido a norma exigir dos Estados a apresentação de relatórios anuais se não fosse para exercer o papel fiscalizador das questões de saúde mundiais de saúde, como prevê Valerio Mazzuoli e com o que concordamos.

[14] Ibid.

Entretanto, podemos ponderar se é possível exigir da China reparação de danos se muitos Estados não fizeram a sua parte na adoção das medidas de restrição e isolamento?

Seriam de fato eficazes essas medidas? Para o prefeito de Nova York, Estados Unidos, comprovou-se que 2/3 dos pacientes infetados estavam em isolamento social.[15]

Na prática todos nos conhecemos casos assim, posto que a transmissão do vírus se dá pelo ar, pelas superfícies das coisas. Assim, uma pessoa pode se infetar ao receber um *delivery*, ao respirar, ao estar numa varanda em sua casa. Não há a mínima possibilidade de se viver numa bolha mundial.

Seria viável a responsabilização civil da transmissão coletiva de coronavírus internacional?

Poderia o governo chinês valer-se dos institutos de excludente de culpabilidade caso fortuito e força maior?

> O instituto da *força maior* vem previsto pelo Projeto (*Draft*) de Convenção da ONU sobre responsabilidade internacional dos Estados por atos ilícitos, nos seguintes termos (art. 31, § 1º): A ilicitude de um ato de um Estado em desacordo com sua obrigação internacional será excluída se o ato se der em razão de força maior, entendida como a ocorrência de uma força irresistível ou de um acontecimento imprevisível, além do controle do Estado, tornando materialmente impossível, nesta circunstância, a realização da obrigação.[16]

Entendo, nesse sentido, que uma das atitudes do governo chinês foi num primeiro momento coibir a informação do ocorrido às autoridades internacionais de saúde, a OMS, agindo coercitivamente para debelar a informação tal como veicularam os jornais internacionais, quanto à intimidação dos médicos.

[15] Isto É Dinheiro – *Mais de 66% dos novos infectados em Nova York estavam isolados em casa.* [Em linha]. São Paulo, 1170 (07 maio 2020). [Consult. 07 maio 2020]. Disponível em WWW:<URL:https://www.istoedinheiro.com.br/mais-de-66-dos-novos-infectados-em-nova-york-estavam-isolados-em-casa/>.

[16] Mazzuoli, Valerio de Oliveira – É possível responsabilizar a China na Corte Internacional no caso da Covid-19? *Consultor Jurídico.* [Em linha]. São Paulo : Conjur, 6 abr. 2020. [Consult. 07 maio 2020]. Disponível em WWW:<URL:https://www.conjur.com.br/2020-abr-06/mazzuoli-possivel-responsabilizar-china-covid-19>.

Não haveria, contudo, excludente de responsabilidade estatal "se a situação irresistível ou imprevista for devida, por si só ou em combinação com outros fatores, à conduta do Estado que a invoca, ou caso tenha o Estado assumido o risco da ocorrência da situação (art. 23, § 2º)"[17].

Poderia a *força maior* ser alegada pela China como excludente de ilicitude no caso da Covid-19?

Estaria *sob controle* do Estado chinês a epidemia aparecida naquele país?

Havia controle sanitário no mercado de animais de Wuhan?

Havia controle rígido de normas de segurança no laboratório de pesquisa situado a 20 Km de Wuhan onde os cientistas chineses se ocupavam de pesquisa de vírus?

Poderíamos ainda questionar a responsabilidade do governo chinês pela demora na divulgação das informações aduzindo que tal não afastaria a possibilidade de haver excludente de ilicitude caso ficasse comprovado que, mesmo tendo conhecimento de toda a situação apresentada, seria irresistível a força do evento danoso – epidemia inicial e pandemia posterior – no que tange às condições do Estado em efetivamente controlar todas as infeções de pessoa a pessoa causadas pela Covid-19?

É valida a ponderação de que, mesmo tendo violado o *Regulamento Sanitário Internacional*, a República Popular da China não lograria controlar uma pandemia transnacional dessas proposições, dada a capacidade do novo coronavírus (Sars-Cov-2) de se proliferar muito facilmente entre seres humanos?

Como mensurar tal dano?

No caso da Covid-19, seria possível que a China tivesse controle inicial e eficaz sobre as atividades de milhares de pessoas que se deslocaram rapidamente pelo seu território e saíram do país via transporte aéreo?

Seria possível, antes do rastreamento da atividade do vírus, conter a sua expansão eficazmente?

Esses são questionamentos de difícil resposta, mas que fazem todo o sentido quando se pensa no instituto da *força maior* como excludente de ilicitude em caso de responsabilidade internacional do Estado, como aduz Valerio Mazzuoli, entretanto posicionamo-nos diferentemente frente a essa questão.[18]

[17] Ibid.

[18] Mazzuoli, Valerio de Oliveira – É possível responsabilizar a China na Corte Internacional no caso da Covid-19? *Consultor Jurídico.* [Em linha]. São Paulo : Conjur, 6 abr. 2020. [Consult.

Vemos que a falta de informações da China relativamente à epidemia violaria norma internacional respectiva e, assim, poderia fazer incidir a regra do art. 23, §2º, *b*, do Projeto de Convenção da ONU, que impede a excludente da força maior "caso tenha o Estado assumido o risco da ocorrência da situação".

Desta forma, toda vez que o Estado aceita o risco da ocorrência da situação danosa, em razão de conduta anterior sua ou de ato unilateral seu, não poderá beneficiar-se da *força maior* para o fim de excluir a ilicitude do ato.

Adite-se ao fato de que o há suspeitas de que o vírus tenha sido pesquisado em laboratório, embora com finalidade de pesquisa, não de introdução de guerra bacteriológica, frise-se!

Sintetiza Mazzuoli que, "Se é certo que a regra em apreço vem expressa num *projeto* de convenção internacional e que, portanto, não seria ainda capaz de gerar qualquer obrigação, não é menos certo que é decorrente de costume internacional já formado relativo à matéria"[19].

Devemos ainda ponderar que a historiografia remonta a fase de dificuldade de alimentação da população chinesa na década de 1970, quando a fome matou 36 milhões de habitantes e o regime comunista não dava conta de prover a alimentação de sua população.

Ademais, "recentemente os médicos que tentaram denunciar o vírus foram presos, indiciados, e um deles morreu. Juntamente com os ditames do governo chinês, também a OMS demorou para tomar as providencias devidas de fechamento de fronteiras e divulgação de informações". Para muitos pesquisadores, "o vírus do politicamente correto e do utilitarismo pragmático do dinheiro contaminaram o debate nacional"[20].

Para evitar uma nova pandemia, medidas preventivas devem tomadas e fiscalizadas pelo governo chinês.[21]

07 maio 2020]. Disponível em WWW:<URL:https://www.conjur.com.br/2020-abr-06/mazzuoli-possivel-responsabilizar-china-covid-19>.

[19] Mazzuoli, Valerio de Oliveira – É possível responsabilizar a China na Corte Internacional no caso da Covid-19? *Consultor Jurídico*. [Em linha]. São Paulo : Conjur, 6 abr. 2020. [Consult. 07 maio 2020]. Disponível em WWW:<URL:https://www.conjur.com.br/2020-abr-06/mazzuoli-possivel-responsabilizar-china-covid-19>.

[20] Ibid.

[21] Ghani, Alan. Fatos mostram que o governo chinês tem responsabilidade na pandemia da covid-19. *InfoMoney*. [Em linha]. São Paulo, 01 abr. 2015. [Consult. 06 maio 2020]. Disponível em WWW:<URL: https://www.infomoney.com.br/colunistas/economia-e-politica-direto-

Para Carlos Alberto Dabus Maluf, "o brasileiro incluiu dentro das consequências da inexecução das obrigações, o caso fortuito e a força maior. O Código Civil, em seu art. 393, não fez diferença entre as duas expressões, entendendo que há sinonímia entre elas".

Para o professor são idênticos os efeitos oriundos dos casos que abrangem o caso fortuito e a força maior. São, por sua vez, acontecimentos invencíveis de uma causa estranha não imputável ao devedor.[22]

Cita Clovis Bevilaqua para quem "o Código Civil distingue entre dolo e culpa; mas não faz depender, exclusivamente, de um ou de outro a obrigação de indenizar, que é devida ainda na ausência de culpa, pelo simples fato de dano"[23].

Leciona Carlos Alberto Dabus Maluf que "tratando-se da teoria do risco profissional, exige a nossa lei que o próprio fato inevitável, determinante do acidente, seja completamente estranho ao trabalho para que cesse a responsabilidade civil objetiva"[24].

Pensando na distinção trazida por Agostinho Alvim, temos: o caso fortuito interno, ligado à pessoa, coisa ou empresa do agente; e caso fortuito externo, ligado às forças da natureza. Somente o caso fortuito externo poderá excluir a responsabilidade civil, principalmente se esta se fundar no risco.[25]

No Brasil, um contabilista de Rondônia ajuizou uma ação popular na Justiça Federal do Distrito Federal na qual exige que a União obrigue a China a arcar com prejuízos causados pela pandemia do novo coronavírus. Ação pede que a China, por meio de seu presidente, Xi Jinping, se responsabilize por prejuízos causados pela pandemia.

A solicitação é feita com base no artigo 1º do Projeto da Comissão de Direitos Internacionais das Nações Unidas Sobre Proteção Diplomática. O dispositivo responsabiliza países por danos provocados por atos ilícitos.

ao-ponto/fatos-mostram-que-o-governo-chines-tem-responsabilidade-na-pandemia-do-covid-19/>.

[22] MALUF, Carlos Alberto Dabus – Do caso fortuito e da força maior – excludentes de culpabilidade no Código Civil de 2002. In NERY, Rosa Maria de Andrade; DONNINI, Rogerio (Coords) – *Responsabilidade civil – estudos em homenagem ao professor Rui Geraldo Camargo Viana*. São Paulo : Revista dos Tribunais, 2009, pp. 81-82.

[23] Ibid., p. 87.

[24] Ibid., pp. 96 et seq.

[25] MALUF, Adriana Caldas do Rego Freitas Dabus – *Direito Civil*. Rio de Janeiro : Campus Jurídico; Elsevier, 2014, pp. 212-213.

"O governo brasileiro, utilizando dos seus recursos internos, vem sistematicamente promovendo os atos necessários a evitar que o povo brasileiro sofra maiores danos em decorrência da contaminação por coronavírus". Entretanto, "quem deve arcar com todos os prejuízos causados ao povo brasileiro é a República Popular da China, que, através de seu presidente como é público e notório, negligenciou e agiu com omissão" quando foi informada da existência de um vírus de alto poder de contágio. Por isso, o autor pleiteia que a China arque com um "importe inicial" de R$ 5,09 bilhões, com sua equivalência em dólares, conforme a cotação do dia.[26]

Caso haja decisão favorável e o governo chinês se recuse a cumprir a determinação, o contabilista exige R$ 100 milhões de multa diária, também com sua equivalência em dólares. Como o autor não pode processar a China diretamente, a ação foi proposta contra a União Federal e contra o advogado-geral da União, André Luiz de Almeida Mendonça. O autor pede, ainda, que seja expedida carta rogatória para intimação do governo chinês ou mandado de intimação a seu representante legal no Brasil.[27]

4. Covid-19 no Brasil: principais desafios éticos e jurídicos da rede hospitalar

Inúmeros são os desafios a serem vencidos nessa época de pandemia por todo o sistema de saúde mundial.

Por óbvio sabemos que os recursos científicos, financeiros, culturais e mesmo operacionais podem influir na administração das medidas de enfrentamento da pandemia.

Tendo em vista a realidade brasileira, podemos aduzir que os principais desafios éticos são: como realizar o atendimento de qualidade tendo em vista a alta demanda de pacientes e o baixo numero de leitos hospitalares e mesmo a carência de profissionais da saúde; como operacionalizar os desafios organizacionais e administrativos ocorrentes no setor; como realizar a testagem

[26] ANGELO, Thiago – Ação pede que União obrigue China a arcar por prejuízos causados por coronavírus. *Consultor Jurídico.* [Em linha]. São Paulo : Conjur, 21 mar. 2020. [Consult. 07 maio 2020]. Disponível em WWW:<URL:https://www.conjur.com.br/2020-mar-21/acao-china-arque-prejuizos-causados-coronavirus>.

[27] Ibid.

de pacientes sendo que há faltas de testes disponíveis no mercado; qual o critério de destinação dos leitos hospitalares quando o contingente disponível não puder dar conta da demanda de infetados; como valorizar a questão da autonomia do paciente frente a aceitação ou recusa do tratamento (a Resolução 2232/19 do CFM dispõe sobre normas éticas para a recusa da terapêutica por pacientes).

Quanto aos principais desafios jurídicos, estes são: o custeio econômico da crise, em observância aos artigos 6 e 196 da Constituição Federal; como será feita a gestão dos aparelhos hospitalares? (uma decisão da 2.ª vara Federal de Barueri/SP, em sede de liminar proibiu a União de requisitar respiradores artificiais de empresa hospitalar privada); a família poderá responsabilizar o hospital por ausência de respiradores tendo em vista que há falta no mercado? Entendemos que na situação de urgência ou emergência sejam prestados os primeiros socorros ao paciente e, a partir daí, seja providenciada a remoção para outra unidade hospitalar.

As ações indemnizatórias objetivando a responsabilidade do hospital por sequelas ou resultado danoso ao paciente decorrente da negligência médica terão na perícia médica o principal meio de prova para a aferição da responsabilidade civil do hospital.

5. Análise da pandemia sob a ótica dos princípios da fraternidade e da solidariedade

A pós-modernidade vem marcada por novos paradigmas, tais como "a superação das fronteiras, pela crise de soberania, pela comunicação globalizada, pela multiplicação das fontes normativas, voltadas ao atendimento de carências múltiplas, cada vez mais setorizadas, favorecidas pelo avanço científico e tecnológico".

É de se esperar mesmo que surjam novos elementos lesivos, que atingem os diversos bens, banhando a humanidade agora não mais com a lesão individual, mas com a lesão coletiva, ensejando o chamado dano moral coletivo.[28]

[28] Godoy, Claudio Luiz Bueno de – Alguns apontamentos sobre o dano moral, sua configuração e o arbitramento da indenização. In Cassettari, Christiano (Coord.) – *Dez anos de vigência do Código Civil brasileiro de 2002 – estudos em homenagem ao professor Carlos Alberto Dabus Maluf.* São Paulo : Saraiva, 2013, p. 378.

Assim, na seara dos princípios, temos que os princípios da solidariedade e da fraternidade são princípios ligados aos direitos fundamentais do homem notadamente na chamada terceira geração de direitos humanos.

A terceira geração inclui os direitos a uma nova ordem internacional: são também denominados direitos de fraternidade ou de solidariedade, trazem como nota distintiva o fato de se desprenderem do indivíduo como titular, destinando-se à proteção de grupos humanos. Assim, os beneficiários são não só os indivíduos, mas também os povos. Esses direitos surgiram após a Segunda Guerra Mundial. São exemplos o direito a um ambiente sadio, direito ao meio ambiente ecologicamente equilibrado, o direito à paz, o direito ao desenvolvimento e o direito aos bens que constituem o patrimônio comum da humanidade, o direito à alimentação adequada.[29]

Assim sendo, o princípio da fraternidade induz à ponderação das esferas de liberdade do homem, a substituição da consciência individual pela inteligência coletiva, sendo, portanto, o bem comum a somatória dos interesses individuais.

Já o princípio da solidariedade refere-se muito à ação pública dos governantes; o meio ambiente equilibrado requer uma atuação globalizada e solidária de toda a coletividade.

Conclusão

Em face do exposto, vivemos na atualidade uma situação grave de pandemia oriunda de um vírus de alta infestação contagiosa, mas, segundo os estudos científicos, de baixa letalidade comparativamente às epidemias anteriores causadas por vírus da mesma família (SARS e MERS).

Entendemos que é importantíssimo que as operações empregadas pelos governantes compatibilize saúde e economia, posto que elas andam lado a lado, inquestionavelmente, posto que as consequências da "quebradeira geral" são o desemprego, a inadimplência, a fome, a violência – que se perfazem na intolerância, nos saques, nos assaltos, no latrocínio, entre outras; por outro lado, é igualmente importante a adoção de rígidos cuidados de controle para evitar a contaminação em massa.

[29] MALUF, Adriana Caldas do Rego Freitas Dabus – *Curso de bioética e biodireito.* 3.ª ed. São Paulo : Gen; Método, 2015, p. 116.

Tempos difíceis de incompatibilidades e de lidar com o desconhecido.

Haverá sem dúvida uma mudança radical de paradigmas e alteração da ordem social tal qual conhecemos hoje, havendo uma maior noção da função social dos recursos humanos e naturais.

Podemos também concluir que o individual e o coletivo hão de ser redesenhados tendo em vista a saúde e a paz social, para que o homem possa, para pensar com Hanna Arendt, "sentir-se em casa no mundo".

Referências

AMABIS, José Mariano; MARTHO, Gilberto Rodrigues – *Fundamentos da biologia moderna.* 4ª. ed. São Paulo : Moderna, 2013. ISBN 9788516052690

ANGELO, Thiago – Ação pede que União obrigue China a arcar por prejuízos causados por coronavírus. *Consultor Jurídico.* [Em linha]. São Paulo : Conjur, 21 mar. 2020. [Consult. 07 maio 2020]. Disponível em WWW:<URL:https://www.conjur.com.br/2020-mar-21/acao-china-arque-prejuizos-causados-coronavirus>.

GHANI, Alan. Fatos mostram que o governo chinês tem responsabilidade na pandemia da covid-19. *InfoMoney.* [Em linha]. São Paulo, 01 abr. 2015. [Consult. 06 maio 2020]. Disponível em WWW:<URL: https://www.infomoney.com.br/colunistas/economia-e-politica-direto-ao-ponto/fatos-mostram-que-o-governo-chines-tem-responsabilidade-na-pandemia-do-covid-19/>.

GODOY, Claudio Luiz Bueno de – Alguns apontamentos sobre o dano moral, sua configuração e o arbitramento da indenização. In CASSETTARI, Christiano (Coord.) – *Dez anos de vigência do Código Civil brasileiro de 2002 – estudos em homenagem ao professor Carlos Alberto Dabus Maluf.* São Paulo : Saraiva, 2013. ISBN 978-8502201620

ISTO É DINHEIRO – *Mais de 66% dos novos infectados em Nova York estavam isolados em casa.* [Em linha]. São Paulo, 1170 (07 maio 2020). [Consult. 07 maio 2020]. Disponível em WWW:<URL:https://www.istoedinheiro.com.br/mais-de-66-dos-novos-infectados-em-nova-york-estavam-isolados-em-casa/>. ISSN 1414-7645

JOHNS HOPKINS UNIVERSITY. Coronavirus Resource Center. *Mortality Analyses.* [Em linha]. Baltimore, MD, 2020. [Consult. 24 abr. 2020]. Disponível em WWW:<URL:https://coronavirus.jhu.edu/data/mortality>.

JORNAL DE BRASÍLIA – *Gripe espanhola e coronavírus: historiadores mapeiam semelhanças de como Brasil lidou com pandemias.* [Em linha]. Brasília, 30 abr. 2020. [Consult. 03 maio 2020]. Disponível em WWW:<URL:https://jornaldebrasilia.com.br/brasil/

gripe-espanhola-e-coronavirus-historiadores-mapeiam-semelhancas-de-como--brasil-lidou-com-pandemias/>.

Lopes, Reinaldo José – Imunidade ao novo coronavírus ainda é pouco compreendida. [Em linha]. *Folha de S.Paulo,* 02 maio 2020. [Consult. 03 maio 2020]. Disponível em WWW:<URL: https://www1.folha.uol.com.br/equilibrioesaude/2020/05/imunidade-ao-novo-coronavirus-ainda-e-pouco-compreendida.shtml>.

Maluf, Adriana Caldas do Rego Freitas Dabus – *Curso de bioética e biodireito.* 3.ª ed. São Paulo : Gen; Método, 2015. ISBN 9788597001761

Maluf, Adriana Caldas do Rego Freitas Dabus – *Direito Civil.* Rio de Janeiro : Campus Jurídico; Elsevier, 2014. ISBN 9788535280241 (Série Universitária).

Maluf, Carlos Alberto Dabus – Do caso fortuito e da força maior – excludentes de culpabilidade no Código Civil de 2002. In NERY, Rosa Maria de Andrade; DONNINI, Rogerio (Coords) – *Responsabilidade civil – estudos em homenagem ao professor Rui Geraldo Camargo Viana.* São Paulo : Revista dos Tribunais, 2009. ISBN 9788520334812. p. 82-102.

Mazzuoli, Valerio de Oliveira – É possível responsabilizar a China na Corte Internacional no caso da Covid-19? *Consultor Jurídico.* [Em linha]. São Paulo : Conjur, 6 abr. 2020. [Consult. 07 maio 2020]. Disponível em WWW:<URL:https://www.conjur.com.br/2020-abr-06/mazzuoli-possivel-responsabilizar-china-covid-19>.

Playfair, John H. L.; Chain, Benjamin M. – *Imunologia básica.* 9.ª ed. São Paulo : Manole, 2013. ISBN 9788520434239

A Gestação de substituição no Brasil e o exercício dos direitos reprodutivos

ALESSANDRA BALESTIERI[1]

BARRIGA DE ALUGUEL
(Para Adélia e Drummond)

Quando nasci, um anjo pós-moderno, disse: – Ó, filha da Genômica! Vá descobrir a barriga!!! Eu, menina literal, levantei a blusinha bordada e constatei a preservação do pequeno umbigo. O meu único umbigo era o protótipo de um botão! O umbigo sem cordão era a porta da minha barriga. Os anos se passaram, tal qual voltas em carrossel. Como uma cortina escancarada no palco da vida, os mais velhos me lançaram uma verdade psicanalítica: você veio ao mundo de barriga de aluguel! Silenciei... Não entendi. Tentei invocar o anjo desprovido de trombeta: – Eu encontrei a barriga!!! Mas a criatura epifânica já estava além céu.

(Vivianne Rodrigues de Melo)

[1] Advogada, mediadora e árbitra. Mestranda em Ciências Jurídicas na Universidade Autónoma de Lisboa "Luís de Camões"; membro efetivo da Comissão Especial de Mediação e Conciliação do Conselho Federal da OAB; vice-presidente da Comissão de Mediação da Ordem dos Advogados do Rio de Janeiro. Endereço eletrônico: alesbales@me.com.

Introdução

O sonho de ter filhos faz parte da natureza humana. Os constantes avanços científicos e a evolução da engenharia genética tornam cada vez mais concretas as pretensões procriativas na fundação de família, com o auxílio das técnicas de reprodução medicamente assistida.

Assim, é imprescindível a fiscalização do Estado sobre a utilização de tais técnicas, por repercutirem profundamente na vida dos indivíduos. Em atendimento aos pressupostos legais e éticos, o Biodireito surge como suporte à Bioética e como instrumento normativo para situações socialmente transformadas.

A maternidade ou gestação por substituição é um método de procriação medicamente assistida (PMA), para contemplar pacientes especificamente indicadas.

O trabalho, conduzido mediante suporte documental, legislativo e bibliográfico, é direcionado para breve estudo sobre a qualidade normativa da gestação de substituição no Brasil e a suficiência desse método enquanto instrumento de exercício dos direitos reprodutivos.

1. Família: um paradigma temporal

A família é célula básica que permeia toda e qualquer sociedade.

Tradicionalmente, a família equivale ao grupo social integrado pela união de pais e filhos, sedimentado em laços matrimoniais e patrimoniais. Este é sentido estrito de família, na qual "se pratica e desenvolve em mais alto grau o princípio da solidariedade doméstica e cooperação recíproca"[2].

A conceção de família é elemento que sofre mudanças, a partir de fenômenos culturais, sociais, religiosos, políticos e econômicos, ao longo da história. Em outras palavras, os componentes da família são personagens que mudam com o passar do tempo. E o tempo atua fortemente na construção de novos modelos familiares.

[2] PEREIRA, Caio Mário da Silva – *Instituições de Direito Civil.* Rio de Janeiro : Forense, 2005, p. 20.

Na antiguidade romana, por exemplo, *famulus* expressava a família centralizada no senhor, a quem serviam, sob forma de trabalho, a esposa, os filhos e os escravos.

O que se observa, como elemento comum, no decurso da história, é que a família constitui um núcleo em torno do qual são agregados valores consolidados em leis ou costumes. É a expressão sociológica que confere à família a natureza de "unidade primária", sem a qual "seríamos um aglomerado de sujeitos particulares sem ligação interpessoal com os demais membros da mesma espécie e que não haveria o mínimo de coletividade entre os seres humanos"[3].

O direito a fundar família é previsto no item 3 do art.º XVI da Declaração Universal dos Direitos Humanos (DUDH)[4], instrumento de direito *soft* que também contempla o direito matrimonial e o princípio da igualdade entre homens e mulheres: "a família é o núcleo natural e fundamental da sociedade e tem direito à proteção da sociedade e do Estado".

Lapa[5] chama atenção para a atualidade da Declaração Universal dos Diretos do Homem (DUDH) como um instrumento de proteção dos direitos humanos, relacionados a grupos vulneráveis, dentre os quais, membros de núcleos familiares, como mulheres, crianças e adolescentes:

> Crianças e Adolescentes, tanto as que estavam em fase escolar, como os que foram adotadas por novas famílias; – Escravos, torturados, traficados, ou não reconhecidos como seres humanos; – Mulheres, que eram subjugadas no casamento e não eram tratadas como iguais aos homens em diversos aspectos da vida social; – Idosos, com direito expresso na DUDH que assegura condições de sub-

[3] Carnut, Leonardo; Faquim, Juliana – Conceitos de família e tipologia familiar: aspectos teóricos para o trabalho da equipe de saúde bucal na estratégia da saúde da família. *Journal of Management and Primary Health Care*, 5:1 (2014) 62-70, p. 63.

[4] Organização das Nações Unidas. Assembleia Geral – *Resolução n.º 217 A (III), de 10 de dezembro de 1948*. Declaração Universal de Direitos Humanos. [Em linha]. Paris : ONU, 10 dez. 1948. [Consult. 03, ago. 2019]. Disponível em WWW:<URL:https://nacoesunidas.org/direitoshumanos/ declaracao/>.

[5] Lapa, Rosilandy Carina – 70 anos da Declaração Universal dos Direitos Humanos: os princípios e o árduo caminho para efetivação vistos pela ótica dos objetivos para o desenvolvimento sustentável. In Jubilut, Liliana Lyra Jubilut; LOPES, Rachel de Oliveira (Org.). *Direitos humanos e vulnerabilidade e a declaração universal dos direitos humanos*. Santos : Editora Universitária Leopoldianum, 2018, p. 400.

sistência na velhice; – Refugiados, que, mesmo não sendo nominados assim na DUDH, são alcançados no art. 14 (1), como o ser humano vítima de perseguição que tem o direito de procurar e de gozar asilo em outros países e ainda – Pessoas com Baixa Renda, incapazes por qualquer motivo de garantirem a própria subsistência. Em 70 anos, esses grupos de vulneráveis pouco, ou nada, foram alterados.

A DUDH, como relevante marco jurídico do Estado Social, além dar corpo aos direitos humanos da família, atuou como influência imediata para outros desdobramentos protetivos, tanto no âmbito internacional quanto no próprio direito interno dos Estados.

Um instrumento responsivo à DUDH é a Convenção Americana sobre Direitos Humanos[6], ratificada pelo Brasil em 25 de setembro de 1992. Na Convenção Americana a família recebe especial proteção no art.º 17.1, visto que também é identificada como elemento natural e fundamental da sociedade, merecedor de proteção social e estatal.

2. A família na ordem constitucional brasileira

2.1. Abordagem constitucional da instituição no curso da história

A transição histórica do Estado liberal para o Estado social repercutiu efetivamente na instituição familiar e no *modus vivendi* dos integrantes da família.

No Brasil, as Constituições, como produtos de uma conjuntura de poder, sociedade e cultura, reproduziram com fidedignidade as etapas históricas do país, em relação à unidade familiar.

[6] ORGANIZAÇÃO DOS ESTADOS AMERICANOS – *Convenção Americana sobre Direitos Humanos.* Assinada na Conferência Especializada Interamericana sobre Direitos Humanos (Pacto de San José da Costa Rica). [Em linha]. San José, Costa Rica : OEA, 22 nov. 1969. [Consult. 04 set. 2019]. Disponível em WWW:<URL:https://www.cidh.oas.org/basicos/portugues/c.convencao_americana.htm>.

A Constituição de 1824[7], outorgada pelo Imperador D. Pedro I, não cuidou de normatizar as relações familiares do povo, limitando-se à previsão da família imperial e sua dotação.

A Constituição de 1891[8], primeira da República, conquanto não tenha estabelecido proteção especial à família, passou a reconhecer exclusivamente o casamento civil, como efeito da extinção do padroado e oficialização de um Estado laico.

A Constituição de 1934[9] foi pioneira em formalizar a tutela especial à família (Título V, Capítulo I), com proteção estatal ao casamento como negócio jurídico marcado pela indissolubilidade.

A Carta Constitucional de 1937[10], outorgada pelo então Presidente Getulio Vargas e popularizada como "Constituição Polaca", definiu a educação

[7] Nos termos do art. 105: "O Herdeiro presumptivo do Imperio terá o Titulo de 'Principe Imperial' e o seu Primogenito o de 'Principe do Grão Pará' todos os mais terão o de 'Principes'. O tratamento do Herdeiro presumptivo será o de 'Alteza Imperial' e o mesmo será o do Principe do Grão Pará: os outros Principes terão o Tratamento de Alteza" (BRASIL. Presidência da República – *Constituição Política do Império do Brazil, de 25 de março de 1824*. Constituição Política do Império do Brasil, elaborada por um Conselho de Estado e outorgada pelo Imperador D. Pedro I, em 25.03.1824. Manda observar a Constituição Politica do Imperio, offerecida e jurada por Sua Magestade o Imperador. [Em linha]. Rio de Janeiro, 22 abr. 1824. [Consult. 13 ago. 2019]. Disponível em WWW:<URL:http://www.planalto.gov.br/ccivil_03/constituicao/constituicao24.htm>).

[8] O art. 74, §4.º da Constituição da República dispõe que: "A República só reconhece o casamento civil, cuja celebração será gratuita" (id. – *Constituição da República dos Estados Unidos do Brasil, de 24 de fevereiro de 1891*. Nós, os representantes do povo brasileiro, reunidos em Congresso Constituinte, para organizar um regime livre e democrático, estabelecemos, decretamos e promulgamos a seguinte. [Em linha]. Rio de Janeiro : DOU, 24 fev. 1891. [Consult. 13 ago. 2019]. Disponível em WWW:<URL:http://www.planalto.gov.br/ccivil_03/constituicao/constituicao91.htm>).

[9] Segundo o *caput* do art. 144: "A família, constituída pelo casamento indissolúvel, está sob a proteção especial do Estado" (id. – *Constituição da República dos Estados Unidos do Brasil, de 16 de julho de 1934*. Nós, os representantes do povo brasileiro, pondo a nossa confiança em Deus, reunidos em Assembléia Nacional Constituinte para organizar um regime democrático, que assegure à Nação a unidade, a liberdade, a justiça e o bem-estar social e econômico, decretamos e promulgamos a seguinte. [Em linha]. Rio de Janeiro : DOU, 16 jul. 1934. [Consult. 13 ago. 2019]. Disponível em WWW:<URL:http://www.planalto.gov.br/ccivil_03/constituicao/constituicao34.htm>).

[10] Na redação do *caput* do art. 124: "A família, constituída pelo casamento indissolúvel, está sob a proteção especial do Estado. Às famílias numerosas serão atribuídas compensações na proporção dos seus encargos" (id. – *Constituição dos Estados Unidos do Brasil, de 10 de novembro*

dos filhos como dever inerente aos pais, além de promover e equiparação dos filhos naturais aos legítimos.

A Constituição de 1946[11] considerou a família como constituída pelo casamento de vínculo indissolúvel, com direito à especial tutela estatal (art.º 163, *caput*). A natureza assistencialista é observada no referido texto constitucional, ao estabelecer, no *caput* do art.º 164, a obrigatoriedade da "assistência à maternidade, à infância e à adolescência", bem como norma programática para instituição de amparo de famílias extranumerárias.

As Constituições de 1967[12] e 1969[13] mantiveram o cunho assistencial e a peculiar proteção da família, enquanto instituição frutificada pelo casamento e recetora direta da especial proteção dos poderes públicos.

A Constituição Federal de 1988[14], chamada "Constituição Cidadã", exatamente por coroar o resgate da democracia, elasteceu a proteção estatal à família, enquanto base da sociedade (art.º 226, *caput*) e instituição que respira a pluralidade.

A união estável, entidade familiar composta pelo encontro de homens e mulheres, recebe pioneiramente a proteção do Estado (art.º 226, §3.º), e a entidade familiar é compreendida como a "comunidade formada por qualquer dos pais e seus descendentes" (art.º 226, §4.º).

Merecem destaque aspetos fundamentais introduzidos a partir da égide da Constituição Cidadã: a) conceção da família como entidade que assume

de 1937. [Em linha]. Rio de Janeiro : DOU, 10 nov. 1937. [Consult. 13 ago. 2019]. Disponível em WWW:<URL:http://www.planalto.gov.br/ccivil_03/constituicao/constituicao37.htm>).

[11] BRASIL. Presidência da República – *Constituição dos Estados Unidos do Brasil, de 18 de setembro de 1946*. [Em linha]. Rio de Janeiro : DOU, 19 set. 1946. [Consult. 13 ago. 2019]. Disponível em WWW:<URL:http://www.planalto.gov.br/ccivil_03/constituicao/constituicao46.htm>.

[12] O *caput* do art. 167 dispunha que "a família é constituída pelo casamento e terá direito à proteção dos Poderes Públicos", e o §1.º do mesmo artigo previa a indissolubilidade do casamento (id. – *Constituição da República Federativa do Brasil de 1967*. [Em linha]. Brasília : DOU, 24 jan. 1967. [Consult. 13 ago. 2019]. Disponível em WWW:<URL:http://www.planalto.gov.br/ccivil_03/constituicao/constituicao67. htm>).

[13] Id. – *Emenda Constitucional n.º 01, de 17 de outubro de 1969*. Edita o novo texto da Constituição Federal de 24 de janeiro de 1967. [Em linha]. Brasília : DOU, 10 out. 1969. [Consult. 13 ago. 2019]. Disponível em WWW:<URL:http://www.planalto.gov.br/ccivil_03/Constituicao/Emendas/ Emc_anterior1988/emc01-69.htm>.

[14] Id. – *Constituição da República Federativa do Brasil de 1988*. [Em linha]. [Consult. 14 ago. 2019]. Brasília, 5 out. 1988. Disponível em WWW:<URL:http://www.planalto.gov.br/ccivil_03/constituicao/ constituicao.htm>.

a posição de sujeito de direitos e obrigações; b) proteção estatal irrestrita a qualquer entidade familiar; c) preponderância dos valores fundamentais, em detrimento dos patrimoniais; d) priorização da natureza socioafetiva, em superação ao antigo conceito de origem biológica, própria do Estado Liberal; e) reconhecimento da família enquanto *locus* de autonomia e de igualdade dos membros, sob o manto da dignidade da pessoa humana, como fundamento da República Federativa do Brasil (art.º 1.º, III).

A partir da vigente constituição, que absorve novos valores culturalmente vivenciados, considera-se família a entidade formada pelos pais e filhos, advindos ou não de casamento civil ou religioso. A família é instituição que admite diversos outros formatos, sedimentados no afeto (a exemplo das famílias monoparentais e homoafetivas). Assim é a interpretação de Maluf:

> A família, agregação social, locus privilegiado de inserção do indivíduo, tem por função precípua a proteção da vida privada, familiar, bem como da socialização de seus membros, provendo-os de afeto, de segurança, possibilitando, assim, o desenvolvimento de sua personalidade, tendo em vista o momento histórico onde está inserida, devendo, para tanto, adequar-se às mudanças externas e internas ocorridas no meio social.[15]

"A família torna-se nuclear, democrática, protegida na medida em que cumpra seu papel educacional, e na qual o vínculo biológico e a unicidade patrimonial são aspectos secundários[16]". As "novas famílias" são galhos de uma só árvore, sustentada pelo princípio constitucional da solidariedade (art.º 3.º, I). A árvore das "famílias" situa-se no novel espaço sociocultural e tem a capacidade de absorver aspetos transcendentes à procriação enquanto causa natural de existência e manutenção da família.

2.2. Livre planeamento familiar e a Lei n.º 9.263/96

Na ordem constitucional de 1988 o livre planeamento familiar é calcado "nos princípios da dignidade da pessoa humana e da paternidade responsá-

[15] MALUF, Adriana Caldas do Rego Freitas Dabus – *Novas Modalidades de família na pós-modernidade*. São Paulo : Atlas, 2010, p. 44.

[16] GARCIA, Edinês Maria Sormani – *Direito de família: princípio da dignidade da pessoa humana*. Leme : Editora de Direito, 2003, p. 131.

vel" e em um espetacular espaço de autonomia e decisão do casal (art.º 226, §7.º), mediante proteção do Estado.

O planeamento familiar concentra não somente a decisão procriativa, mas também o registro de constituição da família, em relação a direitos sociais, como alimentação, moradia e lazer. A liberdade no planeamento familiar não é ilimitada e o Estado atua como anteparo para violações de direitos, bem como garantidor de direitos mínimos. Cavalcanti analisa o dispositivo constitucional em comento, valorizado como um acerto do legislador constituinte:

> Por fim, pode-se perceber que, muito embora haja um cuidado em não se permitir abusos para projetos de planejamento familiar, a preocupação com a questão populacional se faz presente no decorrer dos debates, seja para rechaçar teses malthusianas, seja para expressar a necessidade de que o texto constitucional reconheça o direito e imponha ao Estado a tarefa de educar os cidadãos com relação à paternidade responsável. Ao final, pode-se concluir que o texto elaborado atendeu às necessidades expressas à época, bem como consegue, em sua concisão, estabelecer os marcos normativos pelos quais a matéria deve ser tratada, o que permite a elaboração das políticas públicas acerca do problema.[17]

O planeamento familiar no Brasil, disciplinado pela Lei n.º 9.263, de 12 de janeiro de 1996[18], é compreendido como "o conjunto de ações de regulação da fecundidade que garanta direitos iguais de constituição, limitação ou aumento da prole pela mulher, pelo homem, ou pelo casal" (art.º 2.º, *caput*).

Além de outras críticas, a lei do planeamento familiar não regulamentou a utilização das técnicas de procriação medicamente assistida no Brasil, temática considerada de especial importância para o enfrentamento no Legislativo brasileiro.

[17] Cavalcanti, Tatiana Carvalho de Oliveira – *Os direitos reprodutivos no Brasil: direito fundamental ao planejamento familiar ou projeto de nação?* [Em linha]. Niterói : Universidade Federal Fluminense, 2013, p. 121. Dissertação de Mestrado. [Consult. 24 ago. 2019]. Disponível em WWW:<URL:http://ppgdc.sites.uff.br/wp-content/uploads/sites/34/2017/06/dissertação-_TATIANA_ CARVALHO_DE_OLIVEIRA_CAVALCANTI.pdf>.

[18] Brasil. Presidência da República – *Lei n.º 9.263, de 12 de janeiro de 1996*. Regula o § 7º do art. 226 da Constituição Federal, que trata do planejamento familiar, estabelece penalidades e dá outras providências. [Em linha]. Rio de Janeiro : DOU, 15 jan. 1996. [Consult. 18 set. 2019]. Disponível em WWW:<URL:http://www.planalto.gov.br/ccivil_03/leis/l9263.htm>.

3. Os direitos sexuais e reprodutivos

O desenvolvimento dos direitos sexuais e reprodutivos é atrelado à história dos movimentos sociais, em especial, do movimento das mulheres, em luta pelo direito da igualdade e contra qualquer tipo de opressão.

A articulação por um direito à igualdade entre homens e mulheres data do final do século XVIII, na Revolução Francesa. A abordagem sobre as ideias que legitimavam as desigualdades existentes só começou ganhar força a partir do movimento de mulheres, nos séculos XIX e XX, principalmente na década de 70.

Nos anos 70 surge a discussão sobre a incompatibilidade entre a regulação estatal sobre o corpo feminino e o efetivo exercício da cidadania. Os direitos reprodutivos advêm da redefinição do pensamento feminista sobre a liberdade reprodutiva.

A Conferência Mundial de Direitos Humanos (Proclamação de Teerão)[19], ocorrida no Teerão, em 1968, foi pioneira em lançar os direitos reprodutivos, no plano internacional, ao reconhecer o direito humano fundamental que os pais têm em relação à procriação e ao planeamento familiar.

A Conferência Internacional sobre População e Desenvolvimento[20], ocorrida no Cairo, em 1994, também representa outro marco histórico, por associar à saúde reprodutiva a terminologia *saúde sexual*, definida pela Organização Mundial de Saúde.

A supramencionada Conferência buscou promover a igualdade dos sexos e os direitos da mulher, por meio da eliminação de qualquer tipo de violência. Reconheceu como fundamental um conjunto de direitos sexuais e reprodutivos, dentre os quais, o direito à informação e ao acesso a serviços públicos de saúde e livre decisão sobre o exercício da maternidade.

[19] ORGANIZAÇÃO DAS NAÇÕES UNIDAS – *Proclamação de Teerão*. Conferência Mundial de Direitos Humanos, 1., 22 abr.-13 maio 1968. [Em linha]. Teerão, 13 maio 1968. [Consult. 26 out. 2019]. Disponível em WWW:<URL:http://gddc.ministeriopublico.pt/sites/default/files/proclamacao_de_teerao. pdf>.

[20] PATRIOTA, Tânia – Relatório da Conferência Internacional sobre População e Desenvolvimento. Plataforma de Cairo, 1994. [Em linha]. In BRASIL. Presidência da República. Secretaria Especial de Políticas para as Mulheres. *Instrumentos Internacionais de Direitos das Mulheres*. Brasília : Secretaria Especial de Políticas para as Mulheres, 2006. p. 34-137. [Consult. 26 out. 2019]. Disponível em WWW:<URL:http://www.unfpa.org.br/Arquivos/relatorio-cairo.pdf>.

Aos homens foram reconhecidas as responsabilidades pessoal e social, pelos comportamentos de índole sexual que recaem na saúde e no bem-estar das mulheres e dos filhos que gerarem com elas.

Melo[21] avalia que "no direito brasileiro, embora o texto da Constituição Federal não faça menção aos direitos sexuais e reprodutivos, é possível identificar que a ordem constitucional reflete tais direitos, sob o archote dos direitos à saúde e ao livre planejamento familiar".

No âmbito dos direitos reprodutivos, a Lei n.º 9.263/96 prevê a existência de métodos e técnicas de conceição seguros à saúde e cientificamente aceitos, para livre escolha daqueles que exercem o direito ao livre planeamento familiar, no Brasil (art.º 9.º, *caput*).

O acesso às tecnologias reprodutivas acreditadas pela ciência é, pois, direito associado ao livre planeamento familiar. A socialização dos conhecimentos a respeito dos riscos procedimentais e resultados dos serviços reprodutivos é um investimento social que caminha *pari passu* com o livre planeamento familiar e com o dever de vigilância do Estado, em resguardo à saúde da população.

4. A procriação medicamente assistida

O desenvolvimento tecnológico avança a serviço do projeto reprodutivo. A medicina reprodutiva passa por uma verdadeira revolução, decorrente do progresso científico, para aumentar a chance de as pessoas procriarem.

A história da medicina reprodutiva é marcada, em 1978, pelo nascimento de Louise Brown, primeira criança a nascer por meio de fertilização *in vitro*.

A inseminação artificial, homóloga ou heteróloga, é considerada uma técnica de procriação medicamente assistida mais simples e praticada inclusive em meio veterinário. A inseminação dispensa o ato sexual e é feita mediante o depósito de esperma na cavidade uterina da paciente.

Na inseminação artificial homóloga, o procedimento é feito com o sêmen do próprio marido ou companheiro da mulher. Essa técnica é utilizada por casais férteis com dificuldade para fecundar naturalmente, em face de deficiências físicas do homem ou da mulher.

[21] MELO, Vivianne Rodrigues de – *Responsabilidade civil médica pré-natal. Reparação aos pais pelo nascimento comprometido.* Curitiba : Juruá, 2019, p. 48.

Já a inseminação artificial heteróloga é feita com sêmen de um doador, haja vista a condição de esterilidade do homem ou no caso de mulheres solteiras ou homossexuais.

A fertilização *in vitro* (FIV) é a técnica em torno da qual permeiam as atenções dos cientistas e médicos, exatamente pela possibilidade de incorporação de novas tecnologias. A FIV "proporciona a fecundação extracorpórea do gameta feminino pelo masculino em ambiente propício criado por laboratório"[22].

A diferença principal entre a inseminação artificial e a fertilização *in vitro* é que na primeira não ocorre coleta de óvulos da mulher, visto que a fecundação é extracorpórea. Já na fertilização *in vitro* os óvulos são retirados por cateter, para serem fertilizados em laboratório.

Assim como na inseminação artificial, a fertilização *in vitro* também se difere em homóloga e heteróloga. A FIV homóloga ocorre mediante utilização de gametas feminino e masculino dos próprios envolvidos no processo reprodutivo. A FIV heteróloga ocorre mediante utilização de gametas de pessoas diversas dos interessados no projeto de procriação.

4.1. Maternidade de substituição no Brasil

O útero é um órgão muscular do aparelho genital feminino. É oco, localizado na cavidade pélvica e com o formato de uma pera invertida, de tamanho médio.

A maternidade ou gestação de substituição, outrora popularizada no Brasil como "barriga de aluguel", é a forma de procriação medicamente assistida por meio do qual o nascimento da criança decorre de gestação realizada em útero diverso da mãe biológica. Dessa forma, trata-se de técnica de reprodução assistida por meio da qual uma mulher fértil carrega em seu ventre criança para outra mulher, impossibilitada de gestar.

No ordenamento jurídico brasileiro vigora o princípio da certeza da maternidade (*mater semper certa est*), o qual estabelece a maternidade por

[22] Avelar, Ednara Pontes de – *Responsabilidade civil médica em face das técnicas de reprodução humana assistida*. [Em linha]. São Paulo : Pontifícia Universidade Católica de São Paulo, 2008, p. 22. Dissertação de Mestrado. [Consult. 27 ago. 2019]. Disponível em WWW:<URL:http://www.dominiopublico.gov.br/download/teste/arqs/cp060016.pdf>.

meio da gestação e do parto. A certeza da mãe parturiente é a regra. A maternidade por substituição é uma exceção concreta e caracterizada por fatores complexos:

> Consideramos então que não há um fator de estabelecimento da filiação, mas sim um conjunto, que irá dar uma verdadeira família aquela criança tão esperada. Compreendemos que o parto é o critério mais simples para estabelecer a filiação, e aquele que a lei prevê, porém, pensamos apenas ser adequado para filiações que ocorrem de maneira dita normal. Sabemos que um contrato não dá a certeza da identidade genética, mas a presunção que retiramos do parto já não é uma "presunção irrefragável" e os avanços tecnológicos permitem-nos, hoje em dia, ter certezas.[23]

A ciência e a doutrina diferenciam a maternidade portadora da maternidade substitutiva, a depender da participação da mulher que "cede" seu útero para gestar.

A primeira delas é a maternidade portadora ou gestação de substituição, que ocorre quando a mulher fértil apenas empresta seu útero para a gestação ocorrida por meio de embriões provenientes do material genético do homem e da mulher solicitantes.

A maternidade substitutiva é um caso mais específico, no qual mulher fértil empresta seu útero, mas também dispõe de seus óvulos para serem fecundados *in vitro*, com os espermatozoides do marido ou companheiro da mulher impossibilitada de conceber.

Quais os papeis representados pela mulher requisitada na maternidade de substituição? No caso da gestação de substituição ou maternidade portadora, a mulher exerce o papel de mãe gestacional ou hospedeira. Por outro lado, em se tratando de maternidade substitutiva, por fornecer o material genético para a fertilização, a requisitada, além de mãe gestacional, é mãe biológica. *Quid juris?*

[23] Correia, Mafalda Andreia Leite – *Mater Semper (In)certa Est – Da Gestação de Substituição e da Sua Admissibilidade.* [Em linha]. Coimbra : Universidade de Coimbra, 2015, p. 40. Dissertação de Mestrado. [Consult. 28 nov. 2019]. Disponível em WWW:<URL:https://estudogeral.sib.uc.pt/ bitstream/10316/34857/1/Mater%20Semper%20%28In%29Certa%20Est.%20Da%20Gestacao%20de%20Substituicao%20e%20da%20sua%20Admissibilidade.pdf>.

Primeiramente releva analisar a natureza desse negócio jurídico, compreendido como um contrato de direito de personalidade, cercado de princípios fundantes:

> Quando se enfrenta a questão do útero de substituição à luz do direito contratual, o que se visualiza é um contrato de direito da personalidade, cujo conteúdo é o exercício do direito sobre o próprio corpo da gestante substituta. Analisando a questão sob o ponto de vista da nova principiologia contratual, o contrato de útero de substituição deverá nortear-se por quatro princípios civilísticos, a saber: autonomia privada, boa-fé objetiva, função social e justiça contratual. Estes princípios serão fundamentais na tarefa de delinear os direitos e os deveres dos partícipes do contrato.[24]

Compreendemos que a gestação de substituição promove um rompimento do princípio do parto como definidor da maternidade. É a priorização da maternidade jurídica sobre a maternidade biológica, da verdade afetiva sobre a verdade biológica. A vontade dos pais que pretendem o filho é a prioridade nesse projeto reprodutivo.

No Brasil inexiste lei ordinária sobre a matéria. A Resolução do Conselho Federal de Medicina (CFM) n.º 1.358/92[25], na Seção VII, estabelecia a regra de que as doadoras temporárias do útero deviam ser parentes de até 2.º grau, da doadora genética. A revogada Resolução disciplinava também que a prática deve ser altruística, feita sob recomendação médica e somente autorizada a mulheres que gozem de boa saúde.

Hodiernamente está em vigor a Resolução CFM n.º 2.168/2017[26], que disciplina uma coletânea de normas éticas para as técnicas de PMA no Brasil.

[24] LIMA, Taisa Maria Macena de; SÁ, Maria de Fátima Freire de – Gestação de substituição: entre autonomia e vulnerabilidade. *VirtuaJus*, Belo Horizonte, vol. 3, n.º 4, (1.º sem. 2018), p. 23.

[25] Resolução do Conselho Federal de Medicina, que estabelecia normas éticas para as práticas de reprodução medicamente assistida no Brasil (BRASIL. Conselho Federal de Medicina – *Resolução n.º 1.358, de 19 de novembro de 1992.* Adota normas éticas para utilização das técnicas de reprodução assistida. [Em linha]. São Paulo : DOU, 11 nov. 1992, Seção I, p. 16053. [Consult. 26 ago. 2019]. Disponível em <http://www.portalmedico.org.br/resolucoes/CFM/2010/1957_2010.htm>).

[26] Id. – *Resolução n.º 2.168, de 10 de novembro de 2017.* Adota as normas éticas para a utilização das técnicas de reprodução assistida – sempre em defesa do aperfeiçoamento das práticas

A Resolução mantém o escopo finalístico de atender aos pacientes inférteis. Assim, parte da premissa que a infertilidade é um problema de saúde pública, causador de transtornos psíquicos e, por tal natureza, demanda intervenções médicas.

É preservada a principiologia geral das resoluções pretéritas. Primeiramente, destaca-se o papel auxiliar das técnicas de reprodução assistida, por atuarem como mecanismos facilitadores para a solução de problemas de saúde relacionados às dificuldades na reprodução humana. Outro ponto importante é a recomendação dos versados serviços de saúde, contanto que haja probabilidade fática e clínica de sucesso nos procedimentos e, também, que tais técnicas não sejam arriscadas à saúde dos pacientes envolvidos e do ente a ser gestado.

A Resolução CFM n.º 2.168/2017, denomina também a maternidade de substituição como "cessão temporária do útero".

A normativa do Conselho Federal de Medicina brasileiro credencia clínicas, centros e serviços competentes para os serviços de procriação medicamente assistida, a utilizarem as técnicas de reprodução assistida, nos casos específicos relacionados à gestão de substituição.

Assim, o capítulo VII da Resolução CFM n.º 2.168/2017 estabelece as condições para a realização dos serviços de saúde em questão.

A primeira delas é a existência concreta de caso clínico que resulte em problema médico. A segunda condição é de que a situação clínica da paciente acarrete o impedimento ou a contraindicação de a própria mulher, interessada no processo reprodutivo, conduzir naturalmente e sem risco a gestação.

O perfil das pacientes interessadas na gestação de substituição é o seguinte: 1) mulheres doadoras genéticas com impedimento ou contraindicação para gestar em seu próprio ventre; 2) mulheres homoafetivas; 3) mulheres solteiras.

e da observância aos princípios éticos e bioéticos que ajudam a trazer maior segurança e eficácia a tratamentos e procedimentos médicos –, tornando-se o dispositivo deontológico a ser seguido pelos médicos brasileiros e revogando a Resolução CFM n.º 2.121, publicada no D.O.U. de 24 de setembro de 2015, Seção I, p. 117. [Em linha]. São Paulo : DOU, 10 nov. 2017, Seção I, p. 73. [Consult. 17 set. 2019]. Disponível em WWW:<URL:https://sistemas.cfm.org.br/normas/visualizar/ resolucoes/BR/2017/2168>.

Casos diversos devem ser levados ao Conselho Regional de Medicina respetivo, para fins de obtenção de autorização (Título VII, item 1).

A normativa delimita a tônica altruística da gestação de substituição, que não admite natureza lucrativa ou comercial, na prática da cessão temporária do útero (Título VII, item 2).

A formalização de documentos e informações rigorosamente registradas no prontuário da paciente é um critério a ser observado pelas clínicas e um requisito de suma importância, para a segurança de pacientes, cedente, médico, embriologista e clínica reprodutiva.

O item 3.1 do Título VII determina o arquivamento de termo de consentimento livre e esclarecido (TCLE), com assinaturas apostas pelos pacientes interessados, bem como pela mulher que emprestará temporariamente o útero. O TCLE deve conter a qualificação de todos os envolvidos nesse processo, bem como discriminar aspetos biológicos, psicológicos, sociais e os fatores de riscos que acompanham o processo gestacional e puerperal. Na formalização do termo há que se levar em conta também as questões legais atinentes à filiação.

O item 3.2 prevê a exigibilidade de relatório médico, com a descrição do perfil psicológico e o atestado de adequação clínica e emocional de todas as pessoas envolvidas no processo de maternidade de substituição.

O item 3.3 disciplina a necessidade de arquivamento do termo de compromisso celebrado entre os pacientes beneficiários e a mulher que cederá o útero para a implantação do embrião e a gestação temporária. Do referido termo deve constar a filiação da criança, em pormenores.

Salienta-se que, além da possibilidade de a mãe gestacional não possuir vínculo biológico com o ser gestado (quando o material genético fornecido é da própria mulher impossibilitada ou desaconselhada a por si só gestar), existe ainda a possibilidade de a mulher hospedeira ter vínculo biológico com a criança, ou seja, na hipótese de atuar como mãe gestacional e doadora.

O duplo papel da cedente pode render debates jurídicos complexos em relação à determinação da filiação. *A priori*, ressaltamos que, nestes casos, o que se deve levar em conta é o fato de os pais biológicos (doadores dos gametas) buscarem a gestação alternativa, por substituição de útero, como parte do programa reprodutivo, de formarem uma família.

Em razão da complexidade desse meio alternativo de gestação, há pessoas que costumam registrar contratos com a promessa de que a cedente entregue a criança à família que dela se serviu para gestar. Em razão do princípio da dignidade da pessoa humana, Stela Barbas reconhece nulidade absoluta na celebração de contratos de aluguel de útero para mães portadoras, haja vista a irrenunciabilidade da condição de mãe:

> Considero que é nulo e de nenhum efeito todo o contrato (gratuito ou oneroso) que tenha por objeto a procriação ou a gestação de um ser humano por métodos naturais ou por inseminação ou fecundação artificial, com obrigação por parte da mãe hospedeira de entregar o filho logo que nasça e, ainda, com a obrigação de se abster de quaisquer contatos com a criança.[27]

O item 3.4 exige que os pacientes da reprodução assistida firmem compromisso de patrocinar, até o fim do puerpério, todo o tratamento, consultas e acompanhamento médico multidisciplinar eventualmente necessários à "mãe cedente".

Essa questão é extremamente importante porque oficializa parte das obrigações contratuais que devem ser assumidas pelos interessados imediatos na gestação por substituição, qual seja, as mulheres impossibilitadas ou medicamente desaconselhadas, bem como seus respetivos cônjuges e companheiros, sejam homens ou mulheres.

Classifica-se como puerpério "o período que vai do início do parto até a mulher retornar a ser como era antes da gravidez, podendo ter duração de até oito semanas"[28]. Parece que a mãe ou os pais beneficiários (aqueles que se valem do útero de outrem) têm obrigações no pós-natal da mulher cedente. O período do puerpério é extremamente delicado, pois o corpo da mulher está alterado para o parto. Há uma explosão hormonal que afeta diretamente a mulher hospedeira. Tais mudanças afetam diretamente a saúde

[27] BARBAS, Stela Marcos de Almeida Neves – *Direito ao património genético*. Coimbra : Almeida, 2006, p. 154.

[28] MOREIRA, Ana Flávia Gonçalves; RIBEIRO, Marcus Vinícius Paixão – (In)existência do estado puerperal de acordo com a medicina forense. *BIC*, 4:1 (2017) 109-119, p. 113. Talvez seja maior o "luto" da mãe hospedeira, ao ter o útero esvaziado com o parto. Por isso, é importante um zelo incondicional, como parte da obrigação contratual dos pais beneficiários do útero cedido. O puerpério não se confunde com o estado puerperal objeto de estudos do tipo penal denominado infanticídio: "o estado puerperal existe sempre, durante ou logo após o parto, mas nem sempre produz as perturbações emocionais que podem levar a mãe a matar o próprio filho" (cf. BITENCOURT, Cezar Roberto – *Código Penal Comentado*. 8.ª ed. São Paulo : Saraiva, 2014, p. 475).

dessa mulher, e o parto pode, inclusive, comprometer a saúde da hospedeira. Dessa forma, os beneficiários da gestação por substituição devem prover os cuidados necessários à recuperação da saúde daquela que lhes cedeu o útero para gestar o filho.

O item 3.5 estabelece o compromisso do registro civil da criança pelos pacientes (pai, mãe ou pais genéticos), devendo esta documentação ser providenciada durante a gravidez. Nesse ponto, os pais devem providenciar antecipadamente a documentação e, ao tempo do nascimento, procurar o Cartório de Registro Civil de Pessoas Naturais competente, para o registro do nascimento da criança.

No Brasil, o Provimento n.º 52/2016 do Conselho Nacional de Justiça (CNJ)[29] disciplina orientações a respeito do registro de nascimento e emissão da respectiva certidão dos filhos havidos por reprodução assistida.

O assento do nascimento dos filhos deve ser lavrado no "Livro A" (art.º 1.º, Provimento n.º º 52/2016). O art.º 2.º do citado Provimento discrimina os documentos necessários ao registro e à certidão de nascimento:

> I – declaração de nascido vivo – DNV; II – declaração, com firma reconhecida, do diretor técnico da clínica, centro ou serviço de reprodução humana em que foi realizada a reprodução assistida, indicando a técnica adotada, o nome do doador ou da doadora, com registro de seus dados clínicos de caráter geral e características fenotípicas, assim como o nome dos seus beneficiários; III – certidão de casamento, certidão de conversão de união estável em casamento, escritura pública de união estável ou sentença em que foi reconhecida a união estável do casal.

Além desses documentos, nos casos de gestação por substituição, a normativa em comento também determina a apresentação de:

> I – termo de consentimento prévio, por instrumento público, do doador ou doadora, autorizando, expressamente, que o registro de nascimento da criança a ser concebida se dê em nome de outrem;

[29] BRASIL. Conselho Nacional de Justiça – *Provimento n.º 52, de 15 de março de 2016*. Dispõe sobre o registro de nascimento e emissão da respectiva certidão dos filhos havidos por reprodução assistida. [Em linha]. Brasília : DOU, 15 mar. 2016 [Consult. 01 nov. 2019]. Disponível em WWW:<URL:https://www.legisweb.com.br/legislacao/?id=317508>.

II – termo de aprovação prévia, por instrumento público, do cônjuge ou de quem convive em união estável com o doador ou doadora, autorizando, expressamente, a realização do procedimento de reprodução assistida.
III – termo de consentimento, por instrumento público, do cônjuge ou do companheiro da beneficiária ou receptora da reprodução assistida, autorizando expressamente a realização do procedimento.

Outrora se especulava se a filiação, no sentido jurídico, era da parturiente. É possível asseverar que, no Brasil, tais discussões se calam diante do Provimento CNJ n.º 52/2016, a partir do disposto no parágrafo 2.º do art.º 2.º: "na hipótese de gestação por substituição, não constará do registro o nome da parturiente, informado na declaração de nascido vivo – DNV".

O item 3.6 determina a juntada de documento no qual o cônjuge ou o companheiro da cedente aprove o empréstimo do útero. Observa-se que a gestação da cedente interfere em direitos fundamentais do cônjuge ou companheiro (independente de que sexo for), dentre os quais, o de formar a própria família. O corpo da hospedeira fica comprometido com a gestação; a vida social e íntima da mulher pode sofrer limitações e há outros vínculos que podem se formar, por exemplo, em uma hipótese longínqua de os pais beneficiários desistirem completamente do filho gestado pela hospedeira.

A gestação por substituição é essencialmente complexa, por integrar uma série de personagens no processo reprodutivo. A conjunção de fatores no período pré-concecional, pré-natal, pré-substituição de útero e pós-natal promove ligações diversas e profundas entre as pessoas. "La réalité, ce sont ces femmes et ces hommes qui s'engagent volontairement dans un processus qui les engagent totalement: les parentes d'intention, leurs famille, la gestatrice, sa famille et l'enfant"[30].

No Brasil, inexistem leis sobre os métodos de reprodução medicamente assistida e sua interferência na vida humana. Em relação à matéria de reprodução assistida, observa-se, no Brasil, somente as Resoluções do Conselho Federal de Medicina, que dão publicidade às regras deontológicas e não têm força de lei. A expressão *reprodução assistida* é encontrada no Código Civil, no Livro IV, que aborda o Direito de Família. Nos termos do art.º 1597 do Código Civil:

[30] MECARY, Caroline – Légaliser la gestation pour autrui au nome de la dignité? 101-120. In MARAIS, Astrid – *La procéation pour tous?* Paris : Éditions Dalloz, 2015, p. 116.

> Art. 1.597. Presumem-se concebidos na constância do casamento os filhos: I – nascidos cento e oitenta dias, pelo menos, depois de estabelecida a convivência conjugal; II – nascidos nos trezentos dias subsequentes à dissolução da sociedade conjugal, por morte, separação judicial, nulidade e anulação do casamento; III – havidos por fecundação artificial homóloga, mesmo que falecido o marido; IV – havidos, a qualquer tempo, quando se tratar de embriões excedentários, decorrentes de concepção artificial homóloga; V – havidos por inseminação artificial heteróloga, desde que tenha prévia autorização do marido.[31]

Observa-se que o legislador não levou em conta o perfil de filhos havidos por gestação de substituição, cenário permeado pela mãe infértil, estéril ou medicamente desaconselhada à gestação.

O Enunciado n.º 129, da I Jornada de Direito Civil, do Conselho da Justiça Federal (CJF), traz, como proposta de modificação do novo Código Civil de 2002, o tema da presunção da maternidade, em benefício da classe de mulheres em questão. Propõe-se, portanto, incluir o artigo 1.597-A, na mesma topografia do Código Civil, com a seguinte redação:

> A maternidade será presumida pela gestação. Parágrafo único: Nos casos de utilização das técnicas de reprodução assistida, a maternidade será estabelecida em favor daquela que forneceu o material genético, ou que, tendo planejado a gestação, valeu-se da técnica de reprodução assistida heteróloga.[32]

Tal proposta de alteração do código civil é de especial relevância por trazer questões consequentes à condição de infertilidade, esterilidade, impossibilidade ou de não aconselhamento médico para a mulher gestar.

A quem se atribui ou se presume a filiação de crianças nascidas a partir da gestação de substituição, como faceta da reprodução assistida? A justificativa para a proposta de alteração do Código Civil é didática no sentido de mostrar a importância jurídico-social dessa norma:

[31] BRASIL. Presidência da República – *Lei n.º 10.406, de 10 de janeiro de 2002.* Institui o Código Civil. [Em linha]. Brasília : DOU, 11 jan. 2002. [Consult. 18 nov. 2019]. Disponível em WWW:<URL:http://www.planalto.gov.br/ccivil_03/leis/2002/l10406.htm>.

[32] BRASIL. Conselho da Justiça Federal – *Jornadas de Direito Civil I, III, IV e V: enunciados aprovados.* Ministro Ruy Rosado de Aguiar Júnior (Coordenador científico). Brasília : Conselho da Justiça Federal, Centro de Estudos Judiciários, 2012, p. 32.

> No momento em que o artigo 1.597 autoriza que o homem infértil ou estéril se valha das técnicas de reprodução assistida para suplantar sua deficiência reprodutiva, não poderá o Código Civil deixar de prever idêntico tratamento às mulheres. O dispositivo dará guarida às mulheres que podem gestar, abrangendo quase todas as situações imagináveis, como as técnicas de reprodução assistida homólogas e heterólogas, nas quais a gestação será levada a efeito pela mulher que será a mãe sócio evolutiva da criança que vier a nascer. Pretende-se, também, assegurar à mulher que produz seus óvulos regularmente, mas não pode levar a termo uma gestação, o direito à maternidade, uma vez que apenas a gestação caberá à mãe sub-rogada. Contempla-se, igualmente, a mulher estéril que não pode levar a termo uma gestação. Essa mulher terá declarada sua maternidade em relação à criança nascida de gestação sub-rogada na qual o material genético feminino não provém de seu corpo. Importante destacar que, em hipótese alguma, poderá ser permitido o fim lucrativo por parte da mãe sub-rogada.[33]

Projetos de Lei com o objetivo de regulamentar as técnicas de reprodução assistida já foram apresentados ao Congresso Nacional.

Um dos pioneiros foi o Projeto de Lei – PL n.º 809/91[34], de autoria do Deputado Mauricy Mariano. O autor propôs a proibição da prática chamada "barriga de aluguel", bem como as técnicas envolvendo fertilização heteróloga ou com doador. O PL foi arquivado em 02 de fevereiro de 1995.

No ano de 1993, foi apresentado o Projeto de Lei n.º 3638[35], de autoria do Deputado Luiz Moreira. Tal projeto mostrava-se apenas como uma cópia da então Resolução CFM n.º 1358/92 do CFM, na medida em que reproduzia, com a mesma redação, o texto da aludida Resolução.

[33] Ibid., loc. cit.

[34] BRASIL. Presidência da República – *Projeto de Lei n.º 809, de 17 de maio de 1991.* Dispõe sobre a proibição do implante de embrião em mulher que não seja a própria geradora e dá outras providências. [Em linha]. Brasília, 17 maio 1991. [Consult. 28 nov. 2019]. Disponível em WWW:<URL:https://www.camara.leg.br/proposicoesWeb/fichadetramitacao?idProposicao=182770>.

[35] Id. – *Projeto de Lei n.º 3.638, de 29 de março de 1993.* Institui normas para a utilização de técnicas de reprodução assistida. Proposição para inclusão de um artigo no final do cap. II, subtítulo II, cap. XI, título I, do livro IV, com a seguinte redação: Art. 1.597-A. [Em linha]. Brasília, 29 mar. 1993. [Consult. 28 nov. 2019]. Disponível em WWW:<URL:https://www.camara.leg.br/proposicoesWeb/fichadetramitacao? idProposicao=19976>.

Em seu artigo 13, o supracitado projeto previu a gestação de substituição, condicionando sua utilização às mulheres com problemas médicos ou contraindicação para gestar, contanto que fossem ovo doadoras. O parentesco de até 2.º grau com a pretensa mãe impossibilitada de gestar é o exigido pelo Projeto de Lei. O PL foi arquivado em 08 de junho de 2007.

Em 1997, o Deputado Confúcio Moura apresentou o Projeto de Lei n.º 2.855/97[36], referente às técnicas de reprodução medicamente assistida.

Os artigos 15 e 16 reconhecem a possibilidade da utilização da gestação de substituição, caso a mulher que queira reproduzir, por problemas congênitos ou adquiridos, não possua condições de gestar. Em 02 de julho de 2003, o PL 2.855/97 foi apensado ao PL 1.184/2003.

Observa-se, todavia, que os Projetos de Lei até agora mencionados seguem as disposições contidas originalmente na Resolução CF n.º 1358/1992. Assim, em nada inovam a respeito dos reflexos jurídicos e das consequências advindas do uso das técnicas de reprodução assistida.

Em 09 de março de 1999, foi apresentado em Plenário o Projeto de Lei n.º 90/1999[37], de autoria do Senador Lúcio Alcântara. O texto foi considerado inovador, por buscar os aspetos civis, administrativos e penais, relacionados à reprodução medicamente assistida. Abordava a gestação de substituição no artigo 7.º, admitindo-a na forma gratuita e nos casos em que se verificasse problema médico que impedisse ou contraindicasse a gestação na mulher. A exigência de parentesco entre gestante a mulher desejosa do filho é de até 2.º grau.

O Projeto de Lei n.º 90/1999 foi encaminhado à Comissão de Constituição, Justiça e Cidadania do Senado Federal. Designado como relator, o Senador Roberto Requião apresentou relatório favorável, na forma de um Substitutivo.

[36] Id. – *Projeto de Lei n.º 2.855, de 13 de março de 1997.* Dispõe sobre a utilização de técnicas de reprodução humana assistida e dá outras providências. [Em linha]. Brasília, 13 mar. 1997. [Consult. 28 nov. 2019]. Disponível em WWW:<URL:https://www.camara.leg.br/proposicoesWeb/fichadetramitacao? idProposicao=18719>.

[37] BRASIL. Presidência da República – *Projeto de Lei do Senado n.º 90, de 09 de março de 1999.* Dispõe sobre a Reprodução Assistida. [Em linha]. Brasília, 9 mar. 1999. [Consult. 28 nov. 2019]. Disponível em WWW:<URL:https://www25.senado.leg.br/web/atividade/materias/-/materia/1304>. Projeto de Lei arquivado em 28 de fevereiro de 2007.

No Substitutivo apresentado por Requião, trocou-se o termo *Reprodução Assistida* pela expressão *Procriação Medicamente Assistida*, por considerar que esta última qualifica melhor a tecnologia objeto da proposição.

Igualmente modificou a redação do §1.º, do artigo 1.º, que caracterizava como beneficiários das técnicas os cônjuges, para abranger também, em sua nova redação, o homem e a mulher em união estável.

O projeto original, no inciso III, do artigo 2.º, proibia o uso das técnicas nos casos em que a infertilidade era decorrente de avançada idade reprodutiva da mulher. Contudo, o substitutivo opinou no sentido de que este conceito era médica e juridicamente inadequado, e que o tratamento diferenciado conferido àquelas mulheres ensejaria discriminação e flagrante violação ao princípio constitucional da igualdade.

Visando à segurança jurídica e pretendendo conferir tratamento igual na determinação da paternidade e da maternidade, o substitutivo reconheceu, no artigo 18, serem pais apenas os beneficiários das técnicas.

Nesse sentido, reafirma o direito à paternidade e à maternidade, conferido aos beneficiários e exclui, por força do artigo 19, qualquer vínculo da criança com o doador ou com a genitora substituta, bem como seus parentes biológicos, exceto no tocante aos impedimentos matrimoniais.

A gestação de substituição é tratada no substitutivo no inciso II, do artigo 1.º, e no artigo 3.º. O método é considerado permitido desde que desenvolvido sob forma não remunerada e mediante a associação das seguintes condições: 1) casos em que exista problema médico que impeça ou contraindique a gestação na beneficiária e 2) desde que haja parentesco de até 2.º grau entre os beneficiários e a genitora substituta. Ainda, no parágrafo único do artigo 3.º veda o caráter lucrativo ou comercial da prática.

No dia 12 de abril de 2002, a proposição foi aprovada pela Comissão de Constituição, Justiça e Cidadania e encaminhada, na forma de seu substitutivo, à Comissão de Assuntos Sociais, que teve como relator o Senador Tião Viana, a concluir pela apresentação de um novo Substitutivo.

Restou modificada pelo novo substitutivo a definição de beneficiários, como mulheres e casais, levando em conta a generalidade e a vedação constitucional de promoção de qualquer discriminação.

Em relação à determinação da filiação, o novo substitutivo segue o entendimento do outrora apresentado pelo Senador Roberto Requião. Assim, continua a atribuir a paternidade e a maternidade aos beneficiários, consoante o artigo 16 do novo substitutivo.

No tocante à gestação de substituição, o substitutivo de autoria do Senador Tião Viana, em seu artigo 3.º, proibiu expressamente a sua prática.

Após a análise do projeto ora tratado, a Comissão de Assuntos Especiais opinou pela aprovação do Projeto de Lei do Senado n.º 90, sob a forma de seu novo substitutivo, encaminhando-o à Câmara dos Deputados.

Na Câmara dos Deputados, o PL recebeu nova numeração e associação de alguns outros projetos e passou a Projeto de Lei n.º 1.184/2003.[38] Posteriormente, o Projeto de Lei n.º 1.184/2003 foi encaminhado ao novo relator, Deputado Colbert Martins, que emitiu parecer pela inconstitucionalidade e, no mérito, pela rejeição.

A VIII Jornada de Direito Civil do Conselho da Justiça Federal incluiu o Enunciado n.º 633[39], com propósito de ajustar o disposto no art.º 1.597 novo Código Civil. Dessa forma, no caso de reprodução assistida homóloga, propõe incluir o acesso do viúvo ou companheiro sobrevivente à maternidade de substituição, "desde que haja expresso consentimento manifestado em vida pela sua esposa ou companheira"[40]. A justificativa assenta-se no princípio da igualdade entre os cônjuges: "a mulher pode expressamente autorizar que seu material fecundante congelado possa ser utilizado mesmo após a sua morte, permitindo que seu marido (ou companheiro) venha a concretizar o projeto parental do casal".

[38] BRASIL. Presidência da República – *Projeto de Lei n.º 1.184, de 03 de junho de 2003.* Dispõe sobre a Reprodução Assistida. [Em linha]. Brasília, 3 jun. 2003. [Consult. 28 nov. 2019]. Disponível em WWW:<URL: https://www.camara.leg.br/proposicoesWeb/fichadetramitacao?idProposicao=118275>.

[39] Id. Conselho da Justiça Federal – *Jornadas de Direito Civil VIII: enunciados aprovados.* Ministro Ruy Rosado de Aguiar Júnior (Coordenador científico). [Em linha]. Brasília : Conselho da Justiça Federal, Centro de Estudos Judiciários, 2018. [Consult. 02 dez. 2019]. Disponível em WWW:<URL:https://www.cjf.jus.br/cjf/corregedoria-da-justica-federal/centro-de-estudos-judiciarios-1/publicacoes-1/jornadas-cej/viii-enunciados-publicacao-site-com-justificativa.pdf>.

[40] BRASIL. Conselho da Justiça Federal – *Jornadas de Direito Civil VIII: enunciados aprovados.* Ministro Ruy Rosado de Aguiar Júnior (Coordenador científico). [Em linha]. Brasília : Conselho da Justiça Federal, Centro de Estudos Judiciários, 2018. [Consult. 02 dez. 2019]. Disponível em WWW:<URL:https://www.cjf.jus.br/cjf/corregedoria-da-justica-federal/centro-de-estudos-judiciarios-1/publicacoes-1/jornadas-cej/viii-enunciados-publicacao-site-com-justificativa.pdf>.

O mais recente Projeto de Lei sobre a matéria é o de número 5.768/2019[41], de autoria do Deputado Afonso Motta (PDT/RS), com incorporação do supracitado texto sugestivo, objeto do Enunciado CJF n.º 633. O PL acrescenta dispositivos ao Código Civil, "para estabelecer as hipóteses de presunção de maternidade pela gestação na utilização de técnicas de reprodução assistida e autoriza a gestão de substituição". À lei n.º 10.406/2002 (novo código civil) busca-se acrescentar os artigos 1.597-A e 1.597-B:

> Art. 1.597-A. A maternidade será presumida pela gestação.
> Parágrafo único. Nos casos de utilização de técnicas de reprodução assistida, a maternidade será estabelecida em favor daquela que forneceu o material genético ou que, tendo planejado a gestação, valeu-se da técnica de reprodução assistida heteróloga.
> Art. 1.597-B. Fica autorizada a gestação de substituição.
> §1º Gestão de substituição é a técnica de reprodução assistida segundo a qual uma mulher aceita, de forma gratuita e voluntária, gestar filho de outros pais biológicos e desde que sejam preenchidos cumulativamente os seguintes requisitos:
> I – Somente será permitida se houver problema médico que impeça ou contraindique a gestação na doadora genética;
> II – A doadora temporária do útero deve pertencer à família da doadora genética ou de seu cônjuge ou companheiro;
> III – A doadora temporária de útero deve ser plenamente capaz [...].
> O parágrafo 2.º do art.º 1.597-B dispõe que a plausibilidade casuística da gestação por substituição tem como condição *sine qua non* a existência de "laudo médico que demonstre o impedimento ou que contraindique a gestação na doadora genética".

[41] Id. Presidência da República – *Projeto de Lei n. 5.768, de 30 de outubro de 2019.* Acrescenta dispositivos à lei 10.406, de 10 de janeiro de 2002 (Código Civil) para estabelecer as hipóteses de presunção de maternidade pela gestação na utilização de técnicas de reprodução assistida e autoriza a gestão de substituição. [Em linha]. Brasília, 30 out. 2019. [Consult. 02 dez. 2019]. Disponível em WWW:<URL:https://www.camara.leg.br/proposicoesWeb/prop_mostrarintegra;jsessionid=A001E92F245B244D3A224C1D4C09D889.proposicoesWebExterno1?codteor=1828256&filename=PL+5768/2019>.

A justificativa para a aprovação do recente projeto de lei é a razão de ser do direito e o dever essencial de "reconhecer os avanços na reprodução assistida e estabelecer marcos regulatórios adequados"[42].

Notas conclusivas

Em breves notas, conclui-se que:

1. A Constituição da República Federativa do Brasil é sustentáculo para o modelo civil-constitucional de família, no qual impera o vínculo socioafetivo.
2. Os direitos reprodutivos constituem direitos fundamentais associados ao direito ao livre planeamento familiar, de igual natureza. Naquele rol é incluído o acesso às técnicas de procriação medicamente assistida, dentre as quais, a gestação de substituição.
3. A Lei n.º 9.263/96 não disciplina as técnicas de procriação medicamente assistida. É, todavia, significativa, por estabelecer o planeamento familiar como livre decisão do casal, em relação à saúde e aos direitos reprodutivos, bem como ao controle da fecundidade.
4. No Brasil, há um vazio legislativo em relação à gestação por substituição, também denominada cessão temporária de útero. As Resoluções do Conselho Federal de Medicina, ao regulamentarem normas éticas para o exercício profissional das técnicas de procriação medicamente assistida, incluem relevantes normas deontológicas sobre a gestação por substituição.
5. O Provimento n.º 52/2016, expedido pelo Conselho Nacional de Justiça, representa um avanço jurídico considerável. Por meio da normativa, o CNJ divulga diretrizes aos Cartórios de Registro Civil de Pessoas

[42] BRASIL. Presidência da República – *Projeto de Lei n. 5.768, de 30 de outubro de 2019*. Acrescenta dispositivos à lei 10.406, de 10 de janeiro de 2002 (Código Civil) para estabelecer as hipóteses de presunção de maternidade pela gestação na utilização de técnicas de reprodução assistida e autoriza a gestão de substituição. [Em linha]. Brasília, 30 out. 2019. [Consult. 02 dez. 2019]. Disponível em WWW:<URL:https://www.camara.leg.br/proposicoesWeb/prop_mostrarintegra;jsessionid=A001E92F245B244D3A224C1D4C09D889.proposicoesWebExterno1?codteor=1828256&filename=PL+5768/2019>.

Naturais, a respeito do registro de nascimento e emissão da respectiva certidão dos filhos havidos por reprodução assistida, incluindo os frutos de gestação por substituição.

6. Ao invés de *maternidade por substituição*, reputa-se mais apropriada a terminologia *gestação por substituição* ou *cessão temporária de útero*. Ora, não é a maternidade que é substituída, e, sim, a gestação, por meio da cessão do útero para que a mulher hospede o embrião.
7. Desde os anos noventa tramitaram no Congresso Nacional projetos de lei sobre o tema. O recente Projeto de Lei n.º 5.768/2019 representa um marco de suma importância, necessário para introduzir, no plano da lei, a gestação de substituição e definir questões complexas relacionadas à maternidade.

Referências

AVELAR, Ednara Pontes de – *Responsabilidade civil médica em face das técnicas de reprodução humana assistida.* [Em linha]. São Paulo : Pontifícia Universidade Católica de São Paulo, 2008. Dissertação de Mestrado. [Consult. 27 ago. 2019]. Disponível em WWW:<URL:http://www.dominiopublico.gov.br/download/teste/arqs/cp060016.pdf>.

BARBAS, Stela Marcos de Almeida Neves – Direito ao património genético. Coimbra : Almeida, 2006. ISBN 972-40-1113-5

BITENCOURT, Cezar Roberto – *Código Penal Comentado.* 8.ª ed. São Paulo : Saraiva, 2014. ISBN 978-85-02-20872-8

BRASIL. Conselho da Justiça Federal – *Jornadas de Direito Civil I, III, IV e V: enunciados aprovados.* Ministro Ruy Rosado de Aguiar Júnior (Coordenador científico). Brasília : Conselho da Justiça Federal, Centro de Estudos Judiciários, 2012. ISBN 978-85-85572-93-8

BRASIL. Conselho da Justiça Federal – *Jornadas de Direito Civil VIII: enunciados aprovados.* Ministro Ruy Rosado de Aguiar Júnior (Coordenador científico). [Em linha]. Brasília : Conselho da Justiça Federal, Centro de Estudos Judiciários, 2018. [Consult. 02 dez. 2019]. Disponível em WWW:<URL:https://www.cjf.jus.br/cjf/corregedoria-da-justica-federal/centro-de-estudos-judiciarios-1/publicacoes-1/jornadas-cej/viii-enunciados-publicacao-site-com-justificativa.pdf>.

BRASIL. Conselho Federal de Medicina – *Resolução n.º 1.358, de 19 de novembro de 1992.* Adota normas éticas para utilização das técnicas de reprodução assistida. [Em linha]. São Paulo : DOU, 11 nov. 1992, Seção I, p. 16053. [Consult. 26 ago. 2019]. Disponível em http://www.portalmedico.org.br/resolucoes/CFM/2010/1957_2010.htm>.

BRASIL. Conselho Federal de Medicina – *Resolução n.º 2.168, de 10 de novembro de 2017.* Adota as normas éticas para a utilização das técnicas de reprodução assistida – sempre em defesa do aperfeiçoamento das práticas e da observância aos princípios éticos e bioéticos que ajudam a trazer maior segurança e eficácia a tratamentos e procedimentos médicos –, tornando-se o dispositivo deontológico a ser seguido pelos médicos brasileiros e revogando a Resolução CFM n.º 2.121, publicada no D.O.U. de 24 de setembro de 2015, Seção I, p. 117. [Em linha]. São Paulo : DOU, 10 nov. 2017, Seção I, p. 73. [Consult. 17 set. 2019]. Disponível em WWW:<URL:https://sistemas.cfm.org.br/normas/visualizar/resolucoes/BR/2017/2168>.

BRASIL. Conselho Nacional de Justiça – *Provimento n.º 52, de 15 de março de 2016.* Dispõe sobre o registro de nascimento e emissão da respectiva certidão dos filhos havidos por reprodução assistida. [Em linha]. Brasília : DOU, 15 mar. 2016 [Consult. 01 nov. 2019]. Disponível em WWW:<URL:https://www.legisweb.com.br/legislacao/?id=317508>.

BRASIL. Presidência da República – *Constituição da República dos Estados Unidos do Brasil, de 24 de fevereiro de 1891.* Nós, os representantes do povo brasileiro, reunidos em Congresso Constituinte, para organizar um regime livre e democrático, estabelecemos, decretamos e promulgamos a seguinte. [Em linha]. Rio de Janeiro : DOU, 24 fev. 1891. [Consult. 13 ago. 2019]. Disponível em WWW:<URL:http://www.planalto.gov.br/ccivil_03/constituicao/constituicao91.htm>.

BRASIL. Presidência da República – *Constituição da República dos Estados Unidos do Brasil, de 16 de julho de 1934.* Nós, os representantes do povo brasileiro, pondo a nossa confiança em Deus, reunidos em Assembléia Nacional Constituinte para organizar um regime democrático, que assegure à Nação a unidade, a liberdade, a justiça e o bem-estar social e econômico, decretamos e promulgamos a seguinte. [Em linha]. Rio de Janeiro : DOU, 16 jul. 1934. [Consult. 13 ago. 2019]. Disponível em WWW:<URL:http://www.planalto.gov.br/ccivil_03/constituicao/constituicao34.htm>.

BRASIL. Presidência da República – *Constituição da República Federativa do Brasil de 1967.* [Em linha]. Brasília : DOU, 24 jan. 1967. [Consult. 13 ago. 2019]. Disponível em WWW:<URL:http://www.planalto.gov.br/ccivil_03/constituicao/constituicao67.htm>.

BRASIL. Presidência da República – *Constituição da República Federativa do Brasil de 1988*. [Em linha]. [Consult. 14 ago. 2019]. Brasília, 5 out. 1988. Disponível em WWW:<URL:http://www.planalto.gov.br/ccivil_03/constituicao/constituicao.htm>.

BRASIL. Presidência da República – *Constituição dos Estados Unidos do Brasil, de 10 de novembro de 1937*. [Em linha]. Rio de Janeiro : DOU, 10 nov. 1937. [Consult. 13 ago. 2019]. Disponível em WWW:<URL:http://www.planalto.gov.br/ccivil_03/constituicao/constituicao37.htm>.

BRASIL. Presidência da República – *Constituição dos Estados Unidos do Brasil, de 18 de setembro de 1946*. [Em linha]. Rio de Janeiro : DOU, 19 set. 1946. [Consult. 13 ago. 2019]. Disponível em WWW:<URL:http://www.planalto.gov.br/ccivil_03/constituicao/constituicao46.htm>.

BRASIL. Presidência da República – *Constituição Política do Império do Brazil, de 25 de março de 1824*. Constituição Política do Império do Brasil, elaborada por um Conselho de Estado e outorgada pelo Imperador D. Pedro I, em 25.03.1824. Manda observar a Constituição Politica do Imperio, offerecida e jurada por Sua Magestade o Imperador. [Em linha]. Rio de Janeiro, 22 abr. 1824. [Consult. 13 ago. 2019]. Disponível em WWW:<URL:http://www.planalto.gov.br/ccivil_03/constituicao/constituicao24.htm>.

BRASIL. Presidência da República – *Emenda Constitucional n.º 01, de 17 de outubro de 1969*. Edita o novo texto da Constituição Federal de 24 de janeiro de 1967. [Em linha]. Brasília : DOU, 10 out. 1969. [Consult. 13 ago. 2019]. Disponível em WWW:<URL:http://www.planalto.gov.br/ccivil_03/Constituicao/Emendas/Emc_anterior1988/emc01-69.htm>.

BRASIL. Presidência da República – *Lei n.º 10.406, de 10 de janeiro de 2002*. Institui o Código Civil. [Em linha]. Brasília : DOU, 11 jan. 2002. [Consult. 18 nov. 2019]. Disponível em WWW:<URL:http://www.planalto.gov.br/ccivil_03/leis/2002/l10406.htm>.

BRASIL. Presidência da República – *Lei n.º 9.263, de 12 de janeiro de 1996*. Regula o § 7º do art. 226 da Constituição Federal, que trata do planejamento familiar, estabelece penalidades e dá outras providências. [Em linha]. Rio de Janeiro : DOU, 15 jan. 1996. [Consult. 18 set. 2019]. Disponível em WWW:<URL:http://www.planalto.gov.br/ccivil_03/leis/l9263.htm>.

BRASIL. Presidência da República – *Projeto de Lei do Senado n.º 90, de 09 de março de 1999*. Dispõe sobre a Reprodução Assistida. [Em linha]. Brasília, 9 mar. 1999. [Consult. 28 nov. 2019]. Disponível em WWW:<URL:https://www25.senado.leg.br/web/atividade/materias/-/materia/1304>.

BRASIL. Presidência da República – *Projeto de Lei n.º 1.184, de 03 de junho de 2003.* Dispõe sobre a Reprodução Assistida. [Em linha]. Brasília, 3 jun. 2003. [Consult. 28 nov. 2019]. Disponível em WWW:<URL: https://www.camara.leg.br/proposicoesWeb/fichadetramitacao?idProposicao=118275>.

BRASIL. Presidência da República – *Projeto de Lei n.º 2.855, de 13 de março de 1997.* Dispõe sobre a utilização de técnicas de reprodução humana assistida e dá outras providências. [Em linha]. Brasília, 13 mar. 1997. [Consult. 28 nov. 2019]. Disponível em WWW:<URL:https://www.camara.leg.br/proposicoesWeb/fichadetramitacao?idProposicao=18719>.

BRASIL. Presidência da República – *Projeto de Lei n.º 3.638, de 29 de março de 1993.* Institui normas para a utilização de técnicas de reprodução assistida. Proposição para inclusão de um artigo no final do cap. II, subtítulo II, cap. XI, título I, do livro IV, com a seguinte redação: Art. 1.597-A. [Em linha]. Brasília, 29 mar. 1993. [Consult. 28 nov. 2019]. Disponível em WWW:<URL:https://www.camara.leg.br/proposicoesWeb/fichadetramitacao?idProposicao=19976>.

BRASIL. Presidência da República – *Projeto de Lei n.º 5.768, de 30 de outubro de 2019.* Acrescenta dispositivos à lei 10.406, de 10 de janeiro de 2002 (Código Civil) para estabelecer as hipóteses de presunção de maternidade pela gestação na utilização de técnicas de reprodução assistida e autoriza a gestão de substituição. [Em linha]. Brasília, 30 out. 2019. [Consult. 02 dez. 2019]. Disponível em WWW:<URL:https://www.camara.leg.br/proposicoesWeb/prop_mostrarintegra;jsessionid=A001E92F245B244D3A224C1D4C09D889.proposicoesWebExterno1?codteor=1828256&filename=PL+5768/2019>.

BRASIL. Presidência da República – *Projeto de Lei n.º 809, de 17 de maio de 1991.* Dispõe sobre a proibição do implante de embrião em mulher que não seja a própria geradora e dá outras providências. [Em linha]. Brasília, 17 maio 1991. [Consult. 28 nov. 2019]. Disponível em WWW:<URL:https://www.camara.leg.br/proposicoesWeb/fichadetramitacao?idProposicao=182770>.

Carnut, Leonardo; Faquim, Juliana – Conceitos de família e tipologia familiar: aspectos teóricos para o trabalho da equipe de saúde bucal na estratégia da saúde da família. *Journal of Management and Primary Health Care.* ISSN 2179-6750. 5:1 (2014) 62-70.

Cavalcanti, Tatiana Carvalho de Oliveira – *Os direitos reprodutivos no Brasil: direito fundamental ao planejamento familiar ou projeto de nação?* [Em linha]. Niterói : Universidade Federal Fluminense, 2013. Dissertação de Mestrado. [Consult. 24 ago. 2019]. Disponível em WWW:<URL:http://ppgdc.sites.uff.br/wp-content/

uploads/sites/34/2017/06/disserta%C3%A7%C3%A3o-_TATIANA_CARVALHO_DE_OLIVEIRA_CAVALCANTI.pdf>.

Correia, Mafalda Andreia Leite – *Mater Semper (In)certa Est – Da Gestação de Substituição e da Sua Admissibilidade.* [Em linha]. Coimbra : Universidade de Coimbra, 2015. Dissertação de Mestrado. [Consult. 28 nov. 2019]. Disponível em WWW:<URL:https://estudogeral.sib.uc.pt/bitstream/10316/34857/1/Mater%20Semper%20%28In%29Certa%20Est.%20Da%20Gestacao%20de%20Substituicao%20e%20da%20sua%20Admissibilidade.pdf>.

Garcia, Edinês Maria Sormani – *Direito de família: princípio da dignidade da pessoa humana*. Leme : Editora de Direito, 2003. ISBN 978-858-925-710-1

Lapa, Rosilandy Carina – 70 anos da Declaração Universal dos Direitos Humanos: os princípios e o árduo caminho para efetivação vistos pela ótica dos objetivos para o desenvolvimento sustentável. In JUBILUT, Liliana Lyra Jubilut; LOPES, Rachel de Oliveira (Orgs.). *Direitos humanos e vulnerabilidade e a declaração universal dos direitos humanos.* Santos : Editora Universitária Leopoldianum, 2018, p. 393-409.

Lima, Taisa Maria Macena de; SÁ, Maria de Fátima Freire de – Gestação de substituição: entre autonomia e vulnerabilidade. *VirtuaJus*, Belo Horizonte, 3:4 (1.º sem. 2018) 19-36.

Maluf, Adriana Caldas do Rego Freitas Dabus – *Novas Modalidades de família na pós-modernidade.* São Paulo : Atlas, 2010. ISBN 978-85-224-6029-8

Mecary, Caroline – Légaliser la gestation pour autrui au nome de la dignité? 101-120. In Marais, Astrid – *La procéation pour tous?* Paris : Éditions Dalloz, 2015. ISBN 978-2-247-15242-1.

Melo, Vivianne Rodrigues de – *Responsabilidade civil médica pré-natal. Reparação aos pais pelo nascimento comprometido.* Curitiba : Juruá, 2019. ISBN 978-85-362-9116-1.

Moreira, Ana Flávia Gonçalves; Ribeiro, Marcus Vinícius Paixão – (In)existência do estado puerperal de acordo com a medicina forense. *BIC*, 4:1 (2017) 109-119.

Organização das Nações Unidas – *Proclamação de Teerão.* Conferência Mundial de Direitos Humanos, 1., 22 abr.-13 maio 1968. [Em linha]. Teerão, 13 maio 1968. [Consult. 26 out. 2019]. Disponível em WWW:<URL:http://gddc.ministeriopublico.pt/sites/default/files/proclamacao_de_teerao.pdf>.

Organização das Nações Unidas. Assembleia Geral – *Resolução n.º 217 A (III), de 10 de dezembro de 1948.* Declaração Universal de Direitos Humanos. [Em linha]. Paris : ONU, 10 dez. 1948. [Consult. 03, ago. 2019]. Disponível em WWW:<URL:https://nacoesunidas.org/direitoshumanos/declaracao/>.

ORGANIZAÇÃO DOS ESTADOS AMERICANOS – *Convenção Americana sobre Direitos Humanos*. Assinada na Conferência Especializada Interamericana sobre Direitos Humanos (Pacto de San José da Costa Rica). [Em linha]. San José, Costa Rica : OEA, 22 nov. 1969. [Consult. 04 set. 2019]. Disponível em WWW:<URL:https://www.cidh.oas.org/basicos/portugues/c.convencao_americana.htm>.

PATRIOTA, Tânia – Relatório da Conferência Internacional sobre População e Desenvolvimento. Plataforma de Cairo, 1994. [Em linha]. In BRASIL. Presidência da República. Secretaria Especial de Políticas para as Mulheres. *Instrumentos Internacionais de Direitos das Mulheres*. Brasília : Secretaria Especial de Políticas para as Mulheres, 2006, p. 34-137. [Consult. 26 out. 2019]. Disponível em WWW:<URL:http://www.unfpa.org.br/Arquivos/relatorio-cairo.pdf>.

PEREIRA, Caio Mário da Silva – *Instituições de Direito Civil*. Rio de Janeiro : Forense, 2005. ISBN 85-309-2184-4

Ortotanásia sob o ponto de vista da bioética: direito de morrer?

ANA MARIA G. ANÁTOCLES[1]

SUMÁRIO: Introdução. 1. Sobre a Bioética. 2. Relacionando a Bioética com a dignidade da vida. 3. A terminalidade da vida. 4. O exercício da medicina e a terminalidade. 5. A ortotanásia sob o ponto de vista da Bioética e do Direito. 5.1. Posicionamento do Direito Brasileiro. Conclusão. Referências.

Introdução

Este artigo vem mostrar uma vontade de chegar a conclusões que possam cooperar para decisões futuras, especialmente na seara jurídica no âmbito da ortotanásia. Para tal, existe a bioética, enquanto matéria que alude à ética dos atos humanos que podem, de alguma forma, desfigurar os preceitos autopoiéticos concebidos pelos seres humanos e um deles, senão o principal, é o processo de vida-morte. É muito difícil buscar respostas sobre a morte, mas pode-se oferecer contornos de ordem existencial e filosófica para a finitude. Tão importante quanto isso são os problemas éticos, principalmente bioéticos, que se põem entre a vida e a morte. No meio de tantas teses decisivas que se situam no cenário mais amplo da bioética acerca do fim da vida, está a ortotanásia.

A dignidade da pessoa humana é um dos fundamentos do Estado de Direito. Assim, a partir do momento que um doente não possui mais chance de ser curado, ele precisa de ter direito a um fim sem sofrimento ou com o

[1] Mestranda em Direito, na Universidade Autônoma de Lisboa, desde julho de 2016; Especialização em Direito Civil e Direito Processual Civil, pela Universidade Cândido Mendes; Graduação em Direito, pela Universidade Federal do Rio de Janeiro em 1995. Advogada especialista em Direito do Consumidor e Direito Médico. Sócia Fundadora. Desde agosto 1999. Rio de Janeiro-RJ. Endereço eletrônico: anatocles@hotmail.com.

mínimo possível. E esse direito é um artifício oferecido pela técnica da ortotanásia, que expressa que a morte deve acontecer no seu tempo certo, não submetendo o doente irreversível a tratamentos cruéis e humilhantes, que pretendem apenas estender a sua morte, sem oportunidade de cura. Mas é preciso que a sua vontade seja levada em consideração. Tendo em conta o exposto, este trabalho abordará a ortotanásia, sob a perspetiva da bioética e do Direito, dando ênfase ao Direito brasileiro.

1. Sobre a bioética

O surgimento da bioética ocorreu nos anos 70, concebendo uma nova área de conhecimento, a qual buscava retomar as ciências humanas. Aproximadamente no século XIX, a nova ciência empírica originada da filosofia tornou-se independente das ciências humanas. O positivismo, um movimento filosófico, contribuiu para o predomínio das ciências empíricas sobre as metafísicas, que incluíam as ciências atualmente conhecidas como ciências humanas.

Nessa época, iniciou-se uma oposição entre ciência e as ciências humanas, que futuramente se consolidou como a ciência original. Para que as disciplinas fossem consideradas ciências deveriam ter método científico e ser comprovadas empiricamente. Tal conceção constitui-se como a essência do positivismo. Tornou-se necessária a consolidação das novas ciências, para que se pudessem desprender da religião e da metafísica.

Para Stela Barbas, de acordo com a expectativa etimológica, a bioética concebe o esforço em imaginar uma relação envolvendo a ética e a vida. Segundo a autora, a profundeza da bioética se exibe sempre relacionada com a biomedicina, uma vez que a última versa num palco da ética aplicada, que tem como componente de estudo as implicações dos avanços das ciências da vida.[2]

A conceção da bioética tem passado por inúmeras transformações nos últimos tempos, porém é evidente que a mais propícia e relevante é a que foi apresentada por Potter.[3] Inicialmente, ele propôs uma bioética ponte, com o

[2] BARBAS, Stela Marcos de Almeida Neves – *Direito do Genoma Humano*. Lisboa : Almedina, 2007, pp. 121-133.

[3] Apud ibid., p. 131.

objetivo de ligar ciência e filosofia, a fim de possibilitar a sobrevivência. Posteriormente, ela se desenvolve para bioética global, considerando a imprescindibilidade de unir a ética biomédica e a ecologia, em maior proporção, com o mesmo objetivo, tratando sobre a saúde pública na esfera mundial. A sua missão é a de proporcionar o desenvolvimento da ética para assegurar a sobrevivência sustentável após um longo período de tempo.

A corrente da Bioética denominada principialismo é originária, principalmente, do Belmont Report e da sua lapidação pela doutrina, particularmente, por Beauchamp e Childress,[4] publicado no ano de 1978, fruto do serviço realizado pela Comissão Nacional para Proteção dos Seres Humanos da Pesquisa Biomédica e Comportamental, implantada pelo Governo do Norte da América, no dia 12 de julho de 1974, com o objetivo de apontar os princípios éticos fundamentais passíveis de serem aplicados em pesquisas com seres humanos.

Os resultados do relatório transcenderam os objetivos iniciais estabelecidos pela comissão e contribuíram para os princípios direcionados não apenas para a experiência com humanos, mas também para todas as projeções da Bioética.[5] Há três princípios publicados pelo Relatório e confirmados pela Bioética, nomeadamente os princípios de autonomia, da beneficência e da justiça. Entretanto, diversos estudiosos consideram um quarto princípio, o da não maleficência. O princípio da autonomia refere-se à capacidade de escolha, ao autogoverno, visto como um requisito para a verdadeira dignidade do sujeito. Com base na obra lançada no ano de 1785, o pensador compreende autonomia como "o fundamento da dignidade da natureza humana e de toda a natureza racional"[6].

O princípio da autonomia é, portanto: não escolher senão de modo a que as máximas da escolha estejam incluídas simultaneamente, no querer mesmo, como lei universal.

O Relatório Belmont sofreu influência da conceção de Frankena, visto que aborda a não maleficência como um desdobramento natural da bene-

[4] Beauchamp, Tom L.; Childress, James F. – *Principles of Biomedical Ethics*. 4th ed. New York : Oxford; National Commission for the Protection of Human Subjects of Biomedical And Behavioral Research, 1994, p. 126.

[5] National Commission for the Protection of Human Subjects of Biomedical and Behavioral Research.

[6] Kant, Immanuel – *Fundamentação da metafísica dos costumes*. Lisboa : Edições 70, 1992, p. 79.

ficência ao determinar normas gerais a serem criadas como complemento das ações benéficas: *a)* não provocar o mal; e *b)* potencializar os benefícios e reduzir os prejuízos. Cabe salientar que o documento internacional mais recente a respeito do assunto, a Declaração Universal sobre Bioética e Direitos Humanos, da UNESCO, do ano de 2005, é vigorosamente principiológica e estabeleceu "ser necessário e oportuno que a comunidade internacional declare princípios universais que proporcionarão uma base para a resposta da humanidade aos sempre crescentes dilemas e controvérsias que a ciência e a tecnologia apresentam à raça humana e ao meio ambiente". Por fim, é preciso recordar que a abordagem dos princípios da bioética isolados apresentam um fundamento exclusivamente educativo, uma vez que não é possível separá-los na sua definição e muito menos na sua prática.

2. Relacionando a bioética com a dignidade da vida

Caminhando pela perspetiva filosófica, dignidade humana, enquanto princípio, é compreendida pelo significado oferecido por Kant, que indica: "Age de tal forma que trates a humanidade, tanto na tua pessoa como na pessoa de qualquer outro, sempre também como um fim e nunca unicamente como um meio"[7]. Tal asseveração é bem elucidada dentro do que prega o sofista Protágoras, para quem "o homem é a medida de todas as coisas, das que são, enquanto são, e das que não são, enquanto não são".

Segundo Spinoza, não se pode pensar em dignidade da vida humana sem pensar, ao menos, de forma reflexiva, sobre a dignidade da morte. Afinal de contas todos nós somos mortais, por mais que a ciência busque mostrar o contrário na sua evolução e, justamente por isso, a dignidade da pessoa humana não pode ser descartada no momento do final da vida quando a pessoa geralmente precisará dos cuidados mais básicos.[8] O Papa João Paulo II, numa carta dirigida aos bispos no início da década de 90, disse "quando a morte inevitável é iminente, apesar dos meios usados, é permitido, em consciência, tomar a decisão de recusar formas de tratamento que apenas assegu-

[7] ABBAGNANO, Nicola – *Dicionário de filosofia*. Tradução da 1.ª ed. Alfredo Bosi. 5.ª ed. São Paulo : Martins Fontes, 2007, s.v. *dignidade humana*.

[8] NUNES Ruy; REGO, Guilherme; DUARTE, Ivone (Coords.) – *Eutanásia e outras questões éticas no fim da vida*. Coimbra: Gráfica de Coimbra, 2009, pp. 86, 92.

ram um precário e doloroso prolongamento da vida"[9]. Claro que nem tudo é permitido e nem tudo será acolhido pelo doente que conjeturou encontrar-se numa posição de doença em que os procedimentos mais agressivos e de efeito duvidoso devem ser afastados, se por acaso for, de fato, essa a sua pretensão escrita, todavia este assunto levanta às mais variadas questões do foro médico e ético. Atualmente a ética surge como uma das questões cruciais do que temos de real hoje e assim se assume como um projeto humano em que a sua organização conjetura uma revolução de valores e a construção e a consideração geral de uma ideia do Homem.[10] Diante disso, torna-se necessário ter uma perspetiva de que a morte compõe um estágio da vida, e pelo viés da dignidade da pessoa humana é preciso então estar sempre alinhado com a bioética, sempre minimizando prejuízos aos envolvidos, de forma a respeitar a autonomia e objetivando a Justiça.

3. A terminalidade da vida

A morte é um evento que traz consigo, de maneira sombria, o mito do fim, um mito sobre o qual não se deixa espaço algum para qualquer tipo de racionalização, de modo que, a despeito das mais diversas respostas para a ideia de finitude, não há possibilidade de destituí-la do verdadeiro mistério que a cerca.[11]

O século XX trouxe os mais diversos formatos para essa temática, por causa da inclusão de novos subsídios no painel espiritual, como a "crise" da razão sentida especialmente no período pós-guerra, por exemplo, com as influências do existencialismo de Jean-Paul Sartre [12] por conta das novas probabilidades de atuação por parte das ciências médicas consequentes aos "progressos" obtidos pela biotecnociência e a emergência de uma nova disciplina, a Bioética.

[9] Urban, Cicero de Andrade; Bardoe, Simon A. Wiesel; W, Silva, Ivanilda Maura – Ordens de não-reanimação. In Urban, Cícero de Andrade – *Bioética Clínica*. Rio de Janeiro : Revinter, 2003, p. 524.

[10] Ibid.

[11] Cassorla, Roosevelt Smeke – *O Pensamento Impossível: como lidamos com a realidade da morte. Áudio*. Palestra proferida no I Curso de Tanatologia da Unicamp), São Paulo, ago. 2007.

[12] Sartre Jean-Paul – *O ser e o nada. Ensaio de fenomenologia ontológica*. 2.ª ed. Petrópolis : Vozes, 1997.

A morte acaba se mostrando como um questionamento confuso e, muitas vezes, impossível de ser explicado pelo homem, haja vista que não existe uma lógica concreta sobre o pensamento de uma não existência.[13] Tais temores se comungam diretamente com a ideia de finitude, mas não é possível, ainda que se faça uso da racionalidade, dar à ciência o papel que antes era atribuído a Deus, tendo em vista que isso inevitavelmente implicaria a perda de autonomia. Sobre tais aspetos, Ariès (2003)[14] nomeia o pensamento antigo do homem de aceitação e o pensamento moderno de negação da morte. Nesse sentido, no modelo atual da medicina, existe o comprometimento com o biológico, separando, dessa forma, a mente do corpo, dando prevalência ao pleno entendimento sobre o ser humano, isto é, para que seja possível compreender melhor o homem, é essencial dividi-lo em partes e mergulhar nas partes, esquecendo o todo.

O que defende Emmanuel Lévinas[15], na obra *Le Temps et l'Autre*, é a agonia como prenúncio da morte e a morte como destruição da solidão do existir. Diante disso, não seria honesto enumerar todos os motivos pelos quais o homem nega a sua finitude. No terror desencadeado pelo rompimento, o indivíduo encontra-se ligado a outros através de um grau excessivo de apego. Essas pessoas encontram grande dificuldade em se separarem dos seus entes queridos, o que pode significar um sofrimento insuportável. Diante disso, o indivíduo cada vez mais se tornou temeroso em relação à morte, por perceber que há um projeto que antes precisa ser terminado, tendo em vista que tempo e energia são elementos essenciais e foram dispensados durante sua execução. Contudo, quando o indivíduo descobre-se portador de uma doença fatal, ouve que está desenganado, este não mais se ilude quanto ao fim mortal.

4. O exercício da medicina e a terminalidade

Acerca da terminalidade, pode-se afirmar que o impacto da morte para os médicos é algo que não é completamente esclarecido, justamente por causa

[13] Ibid.

[14] Ariès, Philippe – *História da Morte no Ocidente: da idade média aos nossos dias*, Rio de Janeiro: Ediouro, 2003, p. 229.

[15] Lévinas, Emmanuel – *Le Temps et l'Autre*. Montpellier : Fata Morgana, 1979, p. 257.

dos seus reflexos sobre o exercício profissional. Levando em conta a seara hospitalar, tudo que se refere à morte nesse meio tem a ver com as experiências dos médicos nesse âmbito, ainda mais na conjuntura de uma medicina tradicionalmente curativa, que ainda encontra problemas em entender, de facto, a filosofia dos cuidados paliativos auxiliares. A forma como os médicos entendem a morte e todo o processo que engloba o fim intervém diretamente na maneira de estabelecer o tratamento e os tipos de cuidado.

Quando se fala em morte, abre-se uma chaga narcísica na prepotência médica.[16] O profissional se vê destituído da sua função fundamental que é impedir a morte e sente dificuldade de desviar a atenção da cura para a perspetiva dos cuidados paliativos. A morte passa a ser vista como uma temível adversária. O paciente terminal passa a ser o marco vivo de uma perda, o que provoca uma sensação desconfortante em quem dele se aproxima com o intuito de trazer de volta a condição de bem-estar. Os médicos são expostos diariamente a conviver com pacientes que estão a passar pelo processo de morte.

Ao longo do processo histórico, o "ser médico" foi personificado como alguém que cura de forma eminente; alguém que salva vidas e que provém cuidados, sendo dotado de dons e sabedoria, muitas vezes enxergado como alguém mágico possuidor de poderes que os depositavam num patamar acima dos demais. Trata-se de um imaginário dotado de idealização, mas que acaba por privar a figura do médico de características humanas. O médico era visto como o ser tanatolítico, palavra que tem origem no grego e que quer dizer quem tem a capacidade de deter a morte. Mas, na prática, quando o assunto é a terminalidade da vida, é o caso de doenças que não têm cura, o médico acaba decidindo, muitas vezes na prática, a hora da morte e tudo que envolve o momento do morrer. Assim, nas condições do cuidado no final da vida, o médico pode se declarar onipotente e dar prioridade a conseguir salvar o paciente de qualquer maneira, sabendo que a morte é inevitável, aplicando medidas frívolas com o único escopo de prolongar a morte anunciada. Mas o médico só pode prolongar até determinado ponto. Os médicos se sentem muito estimulados pela perspetiva de cura. Mas pode-se pensar numa conceição de dominância quando se verifica tal perspetiva, principal-

[16] LÉVINAS, Emmanuel – *Le Temps et l'Autre*. Montpellier : Fata Morgana, 1979, p. 103.

mente porque a literatura, muitas vezes, fala em falha terapêutica quando os próprios médicos se referem a não conseguir curar.

Haddad ainda complementa que a medicina despe a morte, procurando munir-se, por meio dela, de informação e de técnicas para iludir e assim ir adiando a morte.[17] Existem ocorrências em que os tratamentos médicos se tornam um fim em si mesmo e o sujeito acaba de ficar em segundo plano. O cuidado quando tem o seu foco no método, no procedimento, não na pessoa que sofre não é saudável. Quando isso acontece o paciente sempre estará em risco de sofrer medidas perigosas, pois os interesses da tecnologia deixam de estar subordinados aos interesses do ser humano. Existe uma inquietação acerca da preservação da qualidade de vida da pessoa, até mesmo na hora da morte. Num momento histórico consciente e com fulcro na ciência, é triste que riscos de atentado à dignidade humana e a obstinação terapêutica ocorram como sendo um ato profundamente anti-humano e que atente à dignidade da pessoa e aos seus direitos mais basilares. Dessa forma, o fundamento jurídico e ético do direito à morte digna é a dignidade da pessoa humana.[18] O paciente precisa desejar a intervenção terapêutica, do contrário seria oferecer ao mesmo um tratamento nada digno. A pessoa possui a proteção jurídica da sua dignidade e tem, sim, direito de decidir o que deseja nos últimos dias de sua vida; representa, na realidade, o exercício do direito de liberdade, o direito de desempenhar a sua autonomia e decidir acerca dos últimos momentos de sua vida. Esta determinação deve ser acatada. Quando o paciente sabe o que ele tem de facto, ele pode, sim, resolver se quer ou não se tratar e se quer optar por iniciá-lo, pode a qualquer momento também, resolver interrompê-lo.[19]

O facto de o paciente não desejar ser tratado não configura uma forma de eutanásia, com suscitação da morte ou aceleração desta, mas, sim, no reconhecimento da morte como componente da vida humana. É humano deixar

[17] HADDAD, Daniele Resende Silva – *A morte e o processo de morrer de crianças em terapia intensiva pediátrica: vivências do enfermeiro.* Belo Horizonte : Universidade Federal de Minas Gerais, 2006. Dissertação de Mestrado, p. 101.

[18] Ibid., p. 97.

[19] KASTENBAUM, Robert J. – *Death, society and human experience.* 2.ª ed. St. Louis : Mosby, 1981, p. 90.

que a morte ocorra sem o recurso a meios artificiais que prolonguem inutilmente a agonia.[20]

5. A ortotanásia sob o ponto de vista da bioética e do direito

A ortotanásia nada mais é do que assistência oferecida pelo médico ao processo natural da morte. Na verdade, uma defesa para o fato de se ter o direito de uma morte digna, construída por motivos científico-humanitárias. É de suma necessidade elucidar que ortotanásia versa no ato de interromper medicamentos ou medidas que possam estar diminuindo a dor, ou de interromper os meios artificiais para delongar a vida de um paciente em coma, que não tenha mais chances de recuperar.

O Conselho Federal de Medicina baixou Resolução (proposta pela Câmara Técnica sobre Terminalidade da vida) n.º 1.805/200627, tornando aprovado o procedimento da ortotanásia em paciente terminal ou crônico, fazendo com que ele não precise passar por algum tratamento que não terá mais nenhuma serventia e que possa até mesmo provocar dor.[21] Ao evocar o art.º 5.º, III, da CF, de que ninguém pode ser torturado nem passar por tratamento cruel ou humilhante, estando então esgotadas as probabilidades terapêuticas, sem alguma esperança de cura, não há por que delongar a angústia, apenas porque o paciente está ligado artificialmente.[22]

A morte induzida é quase sempre suavizada graças a sedativos, que reduzem a dor e fazem com que seja menos traumática a agoniada morte, de fato.[23] Nos Estados Unidos, por exemplo, o paciente possui um cartão de identificação com a inscrição DNR – *Do Not Resuscitate*, que recomenda a vontade da pessoa de não ser reanimada no instante do fim.

[20] Borges, Roxana Cardoso Brasileiro – Eutanásia, ortotanásia e distanásia: breves considerações a Partir do biodireito brasileiro. *Jus Navigandi.* [Em linha]. 871. (4 abr. 2005). [Consult. 28 set. 2019]. Disponível em WWW:<URL:https://www.migalhas.com.br/depeso/11097/eutanasia-ortotanasia-e-distanasia-breves-consideracoes-a-partir-do-biodireito-brasileiro.

[21] Ibid.

[22] BRASIL – *Constituição da República Federativa do Brasil.* 10.ª ed. São Paulo : Rideel, 2010 (Vade Mecum).

[23] D'urso, Luiz Flávio Borges – A eutanásia no Brasil. *Âmbito Jurídico.* [Em linha]. 2:6 (2004). [Consult. 19 nov. 2019]. Disponível em WWW:<URL:www.direitopenal.adv.br/artigos.asp.pagina= 19&id=632.

A ortotanásia é aceita como uma ação lícita em diversos países, uma vez que não advém em qualquer que seja conceção de figura típica, porque tal medida não gera a diminuição do período natural da vida da pessoa, já que ela está conduzida à morte urgente e fatal.[24] A Ortotanásia, na verdade, é a morte que acontece de forma natural. "Neste caso o doente já está em processo natural da morte e recebe uma contribuição do médico para que este estado siga seu curso natural."[25] Com o que prega este autor, no lugar de dilatar de forma artificial o processo de morte, ou seja, a distanásia, deixa-se que esta se desenvolva naturalmente (ortotanásia), sem que haja nenhum tipo de ingerência científica, fazendo com que seja possível ao paciente ter então uma morte virtuosa, sem sofrer algum tipo de agonia e dor, aprovando o progresso e curso da doença. A ortotanásia está prevista no Novo Código de Ética Médica a partir do momento em que é comprovado que o paciente realmente não pode mais viver, que o seu caso é irreversível, e tal ação, de forma alguma, não pode conformar ato ilícito.

Na Declaração Universal acerca da Bioética e Direitos Humanos, de 2005, da UNESCO, percebe-se claramente a conexão da bioética ao direito humano como um dos mais básicos princípios: "art. 3.º, a: "a dignidade humana, os direitos humanos e as liberdades fundamentais devem ser respeitados em sua totalidade"[26]. Através dos ensinamentos em Direitos Humanos, os padrões jurídicos tornaram-se mais evidentes com a publicização de documentos que enunciam o esclarecimento das nações, comprometendo-as de maneira formal por meio destas ferramentas; um exemplo clássico é a Declaração Universal sobre Bioética e Direitos Humanos e da Declaração Universal dos Direitos do Homem, de 1948. A ponte entre a Bioética e o Direito visando à construção de uma vida humana é a dignidade para a promoção e de defesa do ser humano.[27] No ponto central sobre os avanços científicos referentes à vida e à morte estão os limites éticos. É de suma importância levar em consideração que se reflita sobre o enfoque da figura

[24] Kerner, Hans-Juergen – A eutanásia no direito comparado. *Revista Jurídica Consulex*. 5:114 (15 out. 2013), p. 87.

[25] Ibid., p. 90.

[26] Pegoraro, Olinto A. – O lugar da Bioética na história da Ética e o conceito de Justiça como cuidado. In Barchifontaine, Christian de Paul de; Pessini, Leo (Orgs.) – *Bioética e Longevidade*. São Paulo : Loyola, 2006, p. 268.

[27] Ibid., p. 102.

representativa dos valores em cada sociedade e em cada nação. Isso porque cada local tem a sua forma de agir em respeito aos seus elementos culturais, elementos esses capazes de modificar o ato de refletir e o agir propriamente dito. Não se pode esquecer de que a bioética contrabalança a relação científica, principalmente no campo da medicina e do direito, nas originais relações humanas com a tecnologia, tornando possível a interdisciplinaridade, afastando-se das abordagens não científicas, como as de abordagem religiosa, por exemplo.[28] No tripé da bioética, as articulações dos princípios visam à harmonização entre beneficência (sob a ótica médica), autonomia (sob o prisma do paciente) e justiça (pelo viés da sociedade).[29]

Quando se discute a permissividade da morte digna, é preciso que se emaranhe a bioética e o direito para a resolução do conflito. Há casos em que o paciente manifesta antecipadamente à família que, se um dia carecer de manobras artificiais para a manutenção da sua vida, prefere a ortotanásia e é negado por não haver manifestação clara do paciente. Por isso é que fica evidente a importância do documento do testamento vital ou diretiva antecipadas de vontade dos pacientes que vierem a ser acometidos de estágio terminal ou vegetativo irreversível.

A escolha pela morte digna, na forma da ortotanásia, pode acontecer não somente por comprovação escrita ou proclamada do paciente, mas também pela verificação dessa opção por meio de tantas formas de provas lícitas acolhidas em direito, como a prova testemunhal, por exemplo. A partir do momento em que se remete ao ponto do conflito do consentimento indireto no âmbito penal, depara-se com a deficiência legal do disciplinamento da temática. Tratando-se do ordenamento jurídico brasileiro, o ato de auxiliar, induzir ou instigar o suicídio compõe tipificação penal, conforme o disposto no art.º 122 do nosso Diploma Penal.

A autonomia leva a pensar sobre o consentimento indireto no que diz respeito à legitimidade da morte digna. Conforme Xavier Gomes[30], não se trata de ser evidente uma aceitação para um homicídio, mas uma aceitação

[28] SANTANA, Carla Silva – Envelhecimento, Temporalidade e Morte nos Relatos de Idosos: Propostas de Cuidados. In KOVÁCS, Maria Júlia (Coord.) – *Morte e Existência Humana: Caminhos de Cuidados e Possibilidades de Intervenção.* vol. 1. Rio de Janeiro : Guanabara Koogan, 2008, pp. 77-95.

[29] Ibid.

[30] XAVIER GOMES, Enéias – *Do Consentimento no Homicídio.* Belo Horizonte : Fórum, 2012.

para um estrago a si próprio, que pode levar à morte. Hoje em dia, tanto a Holanda como a Bélgica consentem a prática da eutanásia. A maior parte dos estados dos Estados Unidos e Canadá aprovam a ortotanásia, e a Suíça, mesmo condenando a eutanásia, consente o suicídio assistido. Além disso, em vários países, cada ano que passa aumentam as solicitações judiciais de cessação da vida.

A verdade é que esta é uma decisão pessoal, que necessita ser preservada em primeiro lugar ao paciente, que, estando em condições, decidirá levando em conta aquilo em que ele acredita de fato. Trata-se de ato de autonomia individual que deve ser respeitado sempre que o doente esteja no pleno gozo de suas faculdades mentais. Mas é preciso que se tenha em conta que, várias vezes, dentro desse processo de morrer, o paciente não tem condições de resolver sobre a sua própria vida, seja por impossibilidade física ou por incapacidade mental. Considerando os princípios bioéticos e constitucionais, não há dúvida sobre a validade das diretivas antecipadas de vontade, uma vez que o direito de impedir a prorrogação improfícua da vida está unido à competência de autodeterminação e à dignidade da pessoa. Dessa maneira entende-se que o consentimento informado é usado por uma prática chamada de medicina defensiva, que propende a proteger os profissionais da área da saúde em ocasionais ocorrências; desta forma, o consentimento informado é modificado numa espécie de termo de adesão, impedindo presumíveis processos.

5.1. Posicionamento do Direito brasileiro

O direito à vida pode ser verificado no artigo 5.º, *caput*, da Constituição Federal do Brasil de 1988: "Art. 5.º Todos são iguais perante a lei, sem distinção de qualquer natureza, garantindo-se aos brasileiros e aos estrangeiros residentes no País a inviolabilidade do direito à vida, à liberdade, à igualdade, à segurança e à propriedade"[31]. Este direito é consagrado como uma garantia fundamental e considerado como fonte primária de todos os demais bens jurídicos tutelados, até porque, quando não há vida, não há motivo para se cogitar qualquer outra garantia. Assim, fica claro por este documento

[31] Bulos, Uadi Lammego – *Constituição Federal anotada: acompanhada das emendas constitucionais e dos índices alfabético-remissivos e da jurisprudência.* São Paulo : Saraiva, 2002.

que nenhuma pessoa poderá ser privada da sua vida de forma arbitrária. O direito à vida possui uma relevância diferenciada no ordenamento jurídico brasileiro, porque, além de a constituição protegê-lo, é ainda tutelado pelo direito penal, direito civil e direito ambiental. Da mesma forma, o direito à vida, o direito à liberdade também estão consagrados na Constituição Federal de 1988, no seu artigo 5.º, *caput* e em seu inciso II, que funda que "ninguém será obrigado a fazer ou deixar de fazer alguma coisa, senão em virtude de lei". No ordenamento jurídico pátrio, o princípio da dignidade da pessoa humana está garantido no artigo 1.º, inciso III, da Constituição Federal.

O Código Penal hoje em dia não prevê, de forma alguma, um tipo penal específico para a ortotanásia, no Brasil. Alguns estudiosos da doutrina penal possuem a compreensão de que é possível enquadrar o comportamento do autor que pratica a ortotanásia na omissão de socorro (artigo 135 do Código Penal) ou em casos de homicídio privilegiado (artigo 121, §1.º do Código Penal).

Desta forma, como a lei penal não conjetura a ortotanásia como crime, de forma alguma poderá o magistrado usar uma explicação pautada em analogia e que seja extensiva de outros tipos penais, para o agente que praticou a ortotanásia, puramente por existir incompatibilidade de conduta. Para que a ortotanásia se enquadre nos tipos penais antes citados, é preciso que o agente (profissional médico) tenha uma conduta dolosa, na qual possua, de fato, pretensão livre e conscienciosa de querer matar o paciente ou até mesmo culposa, em que aja por imprudência, desleixo ou imperícia, que resultasse na morte do paciente. Nem mesmo há que se falar em omissão de socorro, previsto no artigo 135 do Código Penal, pois na ortotanásia a morte é natural e decorre da doença que ataca o doente, e jamais por um comportamento médico de omissão, pois não há a intenção de apressar o fim da vida do paciente, mas sim impedir o alongamento de seu sofrimento. Não se aplica à ortotanásia o disposto no artigo 13, §2.º do Código Penal, que o denomina como crime omissivo impróprio, porque nesses casos existe o dever de agir do omitente de fazer de tudo para que se impeça que o omitido possa sofrer danos. O omitente, nesse caso, toma para si a 'posição de garante' frente ao omitido.

No Brasil encontra-se a tramitar o Projeto de Lei n.º 116, de 2000. A proposta, após passar pela Comissão de Constituição e Justiça (CCJ) foi consagrada pelo Senado Federal em 2009 e está hoje em dia na Câmara dos Deputados. O texto do projeto sugere o aditamento de parágrafos ao artigo 121 do Código Penal (Decreto-Lei n.º 2.848, de 7 de dezembro de 1940), sendo excluída a injuridicidade prática da ortotanásia, quando a morte iminente for certificada por dois médicos e que tenha consentimento do paciente ou na impossibilidade do próprio paciente, do seu cônjuge, companheiro, ascendente, descendente ou irmão.

Quanto ao assunto no Brasil, sobre o julgamento, é preciso que se verifique que, a partir do momento em que não se diferencia o ato de não oferecer tratamento ao doente terminal conforme a sua própria vontade, do ato de abreviar-lhe a vida, o legislativo e a doutrina autorizam procedimentos de obstinação terapêutica que requerem a distanásia. Assim, acabam reafirmando a cultura paternalista que se baseia, com mais força, na autoridade do médico sobre o doente e não levam em conta a autonomia da pessoa doente.[32]

Fora isso, a deliberação afasta o direito da ética e repudia as direções hermenêuticas do constitucionalismo atual, conforme se vai ignorando os princípios constitucionais. Mas, na verdade, levando a cabo o princípio da dignidade humana e os princípios bioéticos, o que se constata é que, quando se pratica a obstinação terapêutica, o médico não está a colocar em prática o que aprendeu de fato e transmuda na profissão de forma mais agressiva de delongar a vida a qualquer preço e independente das condições. Aqui o que se verifica não é simplesmente a autonomia do paciente sendo violentada, mas o livre-arbítrio de consciência do médico, que também pode estar em perigo.

Conclusão

O paciente com um diagnóstico de doença crônica experiencia uma situação de sofrimento mental, físico e social. Por ser atravessado por diversas questões sociais, psicológicas e espirituais, este pode optar pela ortotanásia, que é a "morte a seu tempo certo", sendo possível abdicar dos tratamentos e procedimentos que visam prolongar a vida, optando por submeter-se

[32] Penalva, Luciana Dadalto; Teixeira, Ana Carolina Brochado Teixeira – Terminalidade e autonomia: uma abordagem do testamento vital no direito brasileiro. In Pereira, Tânia da Silva; Menezes, Rachel Aisengart; Barboza, Heloisa Helena – *Vida, Morte e Dignidade da Pessoa Humana*. Rio de Janeiro : GZ, 2010. p. 57-82.

somente aos métodos paliativos de tratamento, com o intuito de amenizar a dor e o sofrimento. Mas, como não existe simplicidade no tema, é preciso estar sempre coadunado aos limites da bioética e do Direito. O Brasil, por exemplo, atualmente repudia a prática da ortotanásia. A ortotanásia é tida como um procedimento ético-médico, devido à Resolução n.º 18056 do Conselho Federal de Medicina, de 9 de novembro de 2006. Até mesmo a Igreja Católica, que se mostra excessivamente rigorosa no que tange ao direito à vida, legitimou a ortotanásia por meio da publicação da Encíclica *Evangelium Vitae*, em 1995, pelo Papa João Paulo II, que rejeitou somente a eutanásia e a distanásia.

Com a regulamentação da ortotanásia pela Resolução n.º 1.805/2006 do Conselho Federal de Medicina, é preciso ressaltar que o procedimento não se dá com o objetivo de ocasionar a morte, mas sim de não combater a mesma. Dessa forma, os procedimentos adotados são chamados de cuidados paliativos, que visam proporcionar um bem-estar ao paciente, minimizando a dor, angústia respiratória e outros sintomas que geram sofrimento. O principal objetivo é propiciar conforto ao doente, sem o designio de provocar sua morte, levando em conta os limites da bioética e tudo o que norteia a dignidade humana.

Referências

ABBAGNANO, Nicola – *Dicionário de filosofia.* Tradução da 1.ª ed. Alfredo Bosi. 5.ª ed. São Paulo : Martins Fontes, 2007. ISBN 978-8578275211

ARIÈS, Philippe – *História da Morte no Ocidente: da idade média aos nossos dias,* Rio de Janeiro: Ediouro, 2003. ISBN 9788500010651

BARBAS, Stela Marcos de Almeida Neves – *Direito do Genoma Humano.* Lisboa : Almedina, 2007. ISBN 978-972-40-3250-4

BEAUCHAMP, Tom L.; CHILDRESS, James F. – *Principles of Biomedical Ethics.* 4th ed. New York : Oxford; National Commission for the Protection of Human Subjects of Biomedical And Behavioral Research, 1994. ISBN 978-0199924585

BORGES, Roxana Cardoso Brasileiro – Eutanásia, ortotanásia e distanásia: breves considerações a Partir do biodireito brasileiro. *Jus Navigandi.* [Em linha]. ISSN 1518-4862. 871. (4 abr. 2005). [Consult. 28 set. 2019]. Disponível em WWW:<URL:https://www.migalhas.com.br/depeso/11097/eutanasia-ortotanasia-e-distanasia-breves-consideracoes-a-partir-do-biodireito-brasileiro.

BRASIL – *Constituição da República Federativa do Brasil.* 10.ª ed. São Paulo : Rideel, 2010 (Vade Mecum).

Bulos, Uadi Lammego – *Constituição Federal anotada: acompanhada das emendas constitucionais e dos índices alfabético-remissivos e da jurisprudência.* São Paulo : Saraiva, 2002. ISBN 8502035010

Cassorla, Roosevelt Smeke – *O Pensamento Impossível: como lidamos com a realidade da morte. Áudio.* Palestra proferida no I Curso de Tanatologia da Unicamp), São Paulo, ago. 2007.

D'urso, Luiz Flávio Borges – A eutanásia no Brasil. *Âmbito Jurídico.* [Em linha]. ISSN 1518-0360. 2:6 (2004). [Consult. 19 nov. 2019]. Disponível em WWW:<URL:www.direitopenal.adv.br/artigos.asp.pagina=19&id=632.

Haddad, Daniele Resende Silva – *A morte e o processo de morrer de crianças em terapia intensiva pediátrica: vivências do enfermeiro.* Belo Horizonte : Universidade Federal de Minas Gerais, 2006. Dissertação de Mestrado.

Kant, Immanuel – *Fundamentação da metafísica dos costumes.* Lisboa : Edições 70, 1992.

Kastenbaum, Robert J. – *Death, society and human experience.* 2.ª ed. St. Louis : Mosby, 1981. ISBN 978-0801626401

Kerner, Hans-Juergen – A eutanásia no direito comparado. *Revista Jurídica Consulex.* ISSN 2359-5639. 5:114 (15 out. 2013).

Lévinas, Emmanuel – *Le Temps et l'Autre.* Montpellier : Fata Morgana, 1979. ISBN 9782130392187

Nunes Ruy; Rego, Guilherme; Duarte, Ivone (Coords.) – *Eutanásia e outras questões éticas no fim da vida.* Coimbra: Gráfica de Coimbra, 2009. ISBN 978-972-603-456-8

Pegoraro, Olinto A. – O lugar da Bioética na história da Ética e o conceito de Justiça como cuidado. In Barchifontaine, Christian de Paul de; Pessini, Leo (Orgs.) – *Bioética e Longevidade.* São Paulo : Loyola, 2006. ISBN 85-15-03203-1. p. 47-64.

Penalva, Luciana Dadalto; Teixeira, Ana Carolina Brochado Teixeira – Terminalidade e autonomia: uma abordagem do testamento vital no direito brasileiro. In Pereira, Tânia da Silva; Menezes, Rachel Aisengart; Barboza, Heloisa Helena – *Vida, Morte e Dignidade da Pessoa Humana.* Rio de Janeiro : GZ, 2010. ISBN 978-8562490170. p. 57-82.

Santana, Carla Silva – Envelhecimento, Temporalidade e Morte nos Relatos de Idosos: Propostas de Cuidados. In Kovács, Maria Júlia (Coord.) – *Morte e Existência Humana: Caminhos de Cuidados e Possibilidades de Intervenção.* Rio de Janeiro : Guanabara Koogan, 2008. ISBN 978-85-277-1424-2. Vol. 1, p. 77-95.

Sartre Jean-Paul – *O ser e o nada. Ensaio de fenomenologia ontológica.* 2.ª ed. Petrópolis : Vozes, 1997. ISBN 978-85-326-1762-0

Urban, Cicero de Andrade; Bardoe, Simon A. Wiesel; W, Silva, Ivanilda Maura – Ordens de não-reanimação. In Urban, Cícero de Andrade – *Bioética Clínica*. Rio de Janeiro : Revinter, 2003. ISBN 85-7309-706-X. p. 524-53.

Xavier Gomes, Enéias – *Do Consentimento no Homicídio.* Belo Horizonte : Fórum, 2012. ISBN 9788577005307

Direito e bioética

ANDERSON MENEZES MAIA[1]

Sumário: Introdução. 1. A bioética e sua evolução. 2. Bioética e Direito. 3. Direitos humanos. 4. Identidade. 5. Direito à identidade pessoal. 6. Direito à identidade genética. 7. Genoma humano. 8. Direito: a autodeterminação. Considerações finais. Referências.

Introdução

A bioética configura um estudo sistemático da conduta humana no âmbito das ciências da vida e da saúde, enquanto essa conduta é examinada à luz de valores e princípios morais. O acúmulo de descobertas feitas pelo ser humano gera o progresso cientifico, tendo em vista que uma descoberta em determinada área do conhecimento necessariamente interfere nas demais. Nesse contexto, a Bioética representa um dos maiores desafios que envolvem o universo jurídico a serem enfrentados, pois acalora importantes questionamentos em diversas searas do saber.

O termo *bioética* apareceu pela primeira vez no início dos anos 70, aplicado por Van Rensselaer Potter. Essa obra não tinha relação com o que se conhece hoje por bioética. Para ele a finalidade da bioética é auxiliar a humanidade no sentido de participação racional, porém cautelosa, no processo da evolução biológica e cultural. Portanto, a bioética ficou classificada em três períodos distintos: educacional, ético e global.

O direito é norma estabelecida na lei, onde o indivíduo não invade o espaço do outro. O dever é ter obrigação de fazer. A justiça é respeito à igual-

[1] Mestre em Ciências Jurídicas e Doutorando pela Universidade Autónoma de Lisboa (UAL). Perito Criminal, Classe Especial, da Secretária da Segurança Pública do Estado da Bahia; graduado em Química Industrial pela Universidade Federal da Bahia, Especialista em Gestão Estratégica da Segurança Pública pela Universidade do Estado da Bahia, Especialista em Direito Público pela Universidade UNYAHNA JUSPODIUM. Endereço eletrônico: ansonmmai@hotmail.com.

dade de todos os cidadãos. O direito depreendido como fenômeno social, cultural e histórico não pode se manter à margem dos problemas práticos, morais e políticos que afetam a sociedade.

O presente texto está dividido em oito capítulos. Inicialmente será apresentado um breve histórico da evolução da bioética, que foi inicialmente abordada no ano de 1970, com estudos realizados pelo americano Van Rensselaer Potter, e partiu da preocupação com a interação do problema ambiental às questões da saúde. O terceiro capítulo tem como enfoque direto o tema deste trabalho, relacionando a Bioética ao Direito, ligando o direito à bioética, enfatizando as questões éticas e estabelecendo princípios e parâmetros para o estudo. São mencionados os princípios da bioética: autonomia, beneficência e a justiça, sendo que alguns autores mencionam também a não maleficência como um dos princípios da bioética. No quarto capítulo são descritos os Direitos Humanos mencionando um pouco do seu histórico e do seu surgimento. Em seguida, fala-se sobre o conceito de identidade genética, direito à identidade pessoal, direito à identidade genética e genoma humano, tudo se relacionando com o direito e com a bioética.

A pesquisa se encerra com as considerações finais, sendo, portanto, uma síntese dos elementos descritos neste texto em que os princípios éticos e as normas relativas ao biodireito e aos direitos humanos proporcionarão maior controle das pesquisas genéticas e das intervenções no Genoma Humano.

1. A Bioética e sua evolução

A doutrina majoritária sustenta que inicialmente a bioética foi usada no ano de 1970, com estudos realizados pelo americano Van Rensselaer Potter[2], que partiu da preocupação com a interação do problema ambiental às questões da saúde. Esta proposta partiu do Prof. Aldo Leopold, que baseava-se na ética da terra, classificada como Bioética Ponte. Devido ao grande avanço no que diz respeito à saúde, nessa época a Bioética foi sendo utilizada em sentido mais restrito. Alguns estudiosos da época restringiram-se apenas às

[2] A palavra *Bioética* foi utilizada pela primeira vez pelo Prof. Van Rensselaer Potter, doutor em bioquímica e pesquisador na área de oncologia da Universidade de Wisconsin/EEUU, em 1970. A Bioética ganhou concretude a partir de um livro publicado por Potter, em 1971: *Bioethics: A bridge to the future*. Englewood Cliffs, NJ : Prentice Hall, 1971.

questões de assistência e pesquisa em saúde; outros foram assumindo esta posição ao longo da década de 1980.

No ano de 1988, Potter reiterou as suas ideias iniciais e criou a Bioética Global.[3] Ele entendia o termo *global* como sendo proposta abrangente, que englobasse todos os aspetos relativos ao viver, isto é, envolvia a saúde e a questão ecológica. Tristan Engelhardt, por sua vez, defendeu a proposta de que a Bioética é uma proposta plurista.

Este enfoque mais amplo, referente à ética global, abarcou o desenvolvimento e o progresso que traziam não somente benefícios, mas também danos ao meio ambiente. Portanto, fomentou discussões sobre responsabilidade e senso de humanidade. Todas essas questões já apontavam para a natureza da Bioética como um estudo que ultrapassa as barreiras que até então separavam as searas do saber.

Potter propôs, em 1998, a nova definição de Bioética Profunda com o objetivo de resgatar a sua reflexão original, aplicando à Bioética o conceito de Ecologia Profunda; esta proposta tem caráter humanizador. Em 2001, o Programa Regional de Bioética vinculado à Organização Pan-Americana de Saúde (OPAS) definiu bioética igualmente de forma ampla, incluindo a vida, a saúde e o ambiente como área de reflexão.

A Bioética foi criada com a finalidade de ressaltar a necessidade de uma nova forma de relação com o mundo vivo, humano e não humano. Esse novo saber seria capaz de integrar os conhecimentos da biologia em seu sentido mais amplo, com o desenvolvimento dos valores humanos, a emergência dos problemas relativos ao meio ambiente e o relacionamento mais apropriado com os outros seres vivos, numa interação em prol de uma melhor qualidade de vida.[4]

[3] O estudo de Potter estava relacionado, basicamente, às preocupações com os problemas ambientais inerentes às questões de saúde. Pode-se notar que havia também um grande interesse pelos aspectos morais ligados à prática da medicina. Daury Cesar Fabriz ressalta que, apesar desse uso restrito de concepção inicial de Bioética utilizada apenas nas questões médicas e ambientais, a proposta de Potter concedia um sentido macro, que já permitia uma visão além desses temas relacionada à ideia geral de ciência da sobrevivência (FABRIZ, Daury Cesar – *Bioética e direitos fundamentais: a bioconstituição como paradigma ao biodireito*. Belo Horizonte : Mandamentos, 2003, p. 72).

[4] A Bioética apresenta-se como um tema interdisciplinar na medida em que reúne esforços de profissionais ou pensadores de todos os campos do conhecimento humano, no intuito de examinar até que ponto uma ação, descoberta ou procedimento pode ou não ferir valores e

Atualmente, a doutrina apresenta diversos conceitos de Bioética[5] com proporções mais amplas que a visão de Potter, com certas divergências quanto à metodologia e amplitude ou objeto. A amplitude das questões e das disciplinas agora englobadas pela bioética é evidente no trabalho dos comitês de ética e consultorias, que contemplam questões psicossociais, econômicas, legais e religiosas.

A bioética está ligada às práticas que envolvem relações humanas nucleares por abranger a reprodução, a sexualidade, a família, o começo e o fim da vida, afetando os seres vivos de modo profundo e muitas vezes irreversível.[6]

2. Bioética e Direito

A ciência sempre traz novas descobertas e inovações científicas para a sociedade, em sua maioria, com precedentes ou não na História e contribui na vida cotidiana dos indivíduos.[7] Como exemplo podemos citar inseminação artificial, alimentos transgênicos, clonagem, dentre outros. Dessa forma, os avanços tecnológicos e científicos desenvolvidos, mirando-se na aplicação à saúde humana, possui caráter extenso e relevante, fazendo-se valer a necessidade de um disciplinamento dessas experiências em face ao direito à

atingir o homem em questões fundamentais (CAMPBELL, Alastair V. – Uma visão internacional da bioética. In GARRAFA, Volnei; COSTA, Sergio Ibiapina Ferreira (Orgs.) – *A bioética no século XXI*. Brasília : Universidade de Brasília, 2000, pp. 25-32).

[5] É importante mencionar que a Enciclopédia Larousse Cultural explica que o termo *Bioética* designa o conjunto de problemas decorrentes da responsabilidade moral dos médicos e biólogos, em suas pesquisas teóricas e na aplicação prática dessas pesquisas (GRANDE ENCICLOPÉDIA LAROUSSE CULTURAL. São Paulo : Nova Cultura, 1998, p. 779).

[6] Por isso, Kottow afirma que a Bioética é uma disciplina muito mais que contemplativa e contestadora, da qual devem emanar diretrizes morais que orientem a ação em benefício do ser humano e da humanidade (KOTTOW, Miguel – Bioética prescritiva. A falácia naturalista. O conceito de princípios na bioética. In GARRAFA, Volnei; KOTTOW, Miguel; SAADA, Alya (Orgs.) – *Bases conceituais da bioética: enfoque latino-americano*. São Paulo : Gaia, 2006, p. 40).

[7] Nesta época, a ciência deixa de restringir-se ao objeto de interesse do cientista e do homem culto e passa a incitar fortes transformações nas mais diversas esferas da vida, das organizações sociais às organizações políticas e econômicas, do ambiente natural à indústria, ao trabalho intelectual e a vida familiar (RUSSELL, Bertrand – *L'impatto della scienza sulla società*. Tradução de Giorgio Meineri. Revisão da tradução de Carlos Nizzo. Roma : Newton & Compton, 2005, p. 27).

vida, regulado não só pelo Direito como também pela moral, o que faz nascer, portanto, a bioética.

A Bioética surge em um cenário pós-guerra, quando as descobertas científicas partiram de experimentos genéticos com finalidade eugênica. Os experimentos eram realizados em campos de concentração pelos nazistas em seres humanos vivos e, posteriormente, ao longo das décadas, com o desenvolvimento de inúmeras novas possibilidades de intervenção no organismo humano.[8]

Com os experimentos científicos em seres humanos, tornou-se indispensável o estabelecimento de regras quanto à utilização de pessoas em experimentos e pesquisas científicas, instituindo-se em resposta o Código de Nuremberg (1947), que, em seguida, foi atualizado e integrado à Declaração de Helsinque (Finlândia, 1964). Com o Código de Nuremberg (1947), surgiu o conceito de dignidade da pessoa humana como bem jurídico. Ganha força como princípio da dignidade da pessoa humana junto à Declaração Universal dos Direitos Humanos, em 1948. No mesmo ano, a Associação Médica Mundial aprovou a Declaração de Genebra (1948), uma versão moderna do juramento de Hipócrates (solenidade obrigatória para o início do ofício médico).

A Declaração Universal dos Direitos Humanos (1948) trouxe como princípio a igualdade, a fraternidade (solidariedade) em defesa da vida, da liberdade e da segurança humana, e se constitui em instrumento fundamental na construção da bioética.

A Bioética se preocupa com as prováveis aplicações dos novos conhecimentos científicos e biotecnológicos, a saúde humana e também com o

[8] A Constituição Federal de 1988, em seu art. 5.º, IX, proclama a liberdade da atividade científica como um dos direitos fundamentais, mas isso não significa que ela seja absoluta e não contenha qualquer limitação, pois há outros valores e bens jurídicos reconhecidos constitucionalmente, como a vida, a integridade física e psíquica, a privacidade etc., que poderiam ser gravemente afetados pelo mau uso da liberdade de pesquisa científica. Havendo conflito entre a livre expressão da atividade científica e outro direito fundamental da pessoa humana, a solução ou ponto de equilíbrio deverá ser o respeito à dignidade humana, fundamento do Estado Democrático de Direito, previsto no art. 1.º, III, da Constituição. Nenhuma liberdade de investigação científica poderá ser aceita se colocar em perigo a pessoa humana e sua dignidade. "A liberdade científica sofrerá as restrições que forem imprescindíveis para a preservação do ser humano na sua dignidade" (Diniz, Maria Helena – *Curso de Direito Civil Brasileiro.* Direito das Coisas. 25.ª ed. São Paulo : Saraiva, 2010. Vol. 4).

ecossistema, bem como aquilo que já vinha sendo feito sem a existência de regulação e controle. Assim, fez nascer um novo campo de estudo destinado à reflexão e discussão interdisciplinar acerca de questões delicadas e complexas, tais como as que envolvem o início e o fim da vida, a doença, a relação médico-paciente, a realização de pesquisas com seres humanos, a manipulação genética.[9]

Dessa forma, a bioética buscou e segue buscando estabelecer princípios e argumentos que possam servir como diretrizes para a realização de pesquisas e experimentos. O uso dos seus resultados é visto em políticas públicas de assistência à saúde, nas tomadas de decisão nos casos concretos e na elaboração de normativas nacionais e internacionais sobre aqueles temas.[10]

Os princípios impressos e referenciados pela Bioética[11] são os da autonomia, da beneficência e da justiça.[12] Há autores que defendem um quarto princípio: o da não maleficência, que é reconhecida por muitos pesquisadores.

[9] No Capítulo I (Bioética e Biodireito), relaciona estas ascensão e descobertas das ciências biológicas com a liberdade científica. Nesse sentido, escreve que, "com a rapidez das revoluções" operadas pelas ciências biológicas e com o surgir das difíceis questões ético-jurídicas por elas suscitadas, o direito não poderia deixar de reagir, diante dos riscos a que a espécie humana está sujeita, impondo limites à liberdade de pesquisa, consagrada pelo art. 5.º, IX, da Constituição Federal de 1988 (Diniz, Maria Helena – *Curso de Direito Civil Brasileiro.* Direito das Coisas. 25.ª ed. São Paulo : Saraiva, 2010. Vol. 4).

[10] Em artigo intitulado "Bioética e Direito: limites éticos e jurídicos à ciência", Leticia Ludwig Moller pode abordar o surgimento, a finalidade e os princípios da bioética, bem como sua relação com o direito e a necessidade de pensar limites e parâmetros normativos a ciência (Bioética e direitos humanos: limites éticos e jurídicos da ciência. *Revista do Direito.* 23 (jan./jun. 2005) 71-87).

[11] O Relatório Belmont foi oficialmente promulgado em 1978 e casou grande impacto. Tornou-se a declaração principialista clássica, não somente para a ética ligada à pesquisa com seres humanos, mas também para a reflexão bioética em geral (Pessini, Leocir; Barchifontaine, Christian de Paul de – *Problemas atuais de bioética.* 8.ª ed., rev. e ampl. São Paulo : Centro Universitário São Camilo; Loyola, 2007, p. 57).

[12] Tais princípios representam uma espécie de instrumento prático utilizado para analisar os conflitos surgidos no campo da bioética. Há um grande consenso no sentido de que entre esses princípios não há uma hierarquia estabelecida, devendo a aplicação ser feita de acordo com o caso em concreto (Garrafa, Volnei – *"De uma "bioética de princípios" a uma "bioética interventiva": crítica e socialmente comprometida.* [Em linha]. Brasília : Anvisa; Ministério da Saúde, 2005. [Consult. 18 maio 2015]. Disponível em WWW:<URL:http://www.anvisa.gov.br/institucional/snvs/coprh/seminario/ bio_int.pdf>).
Dauri Cesar relata que a Bioética laica contemporânea se estabelece a partir desses três critérios principiológicos – beneficência, autonomia e justiça – denominados de "a trindade

O princípio da autonomia reporta-se à capacidade de autoescolha, ao autogoverno, considerado como uma condição para a efetiva dignidade do ser racional.[13] *Autonomia* é uma palavra que tem origem grega, derivando de *auto* (próprio) e *nomos* (lei, regra, norma), vinculando-se, assim, à possibilidade de alguém adotar suas próprias decisões.

O conceito de autonomia é empírico. Segundo ele, uma ação se torna autônoma quando passou pelo trâmite do consentimento informado. Desse princípio derivam procedimentos práticos: um é a exigência do consentimento informado; e o outro é o de como tomar decisões de substituição, quando uma pessoa é incompetente ou incapaz, isto é, quando não tem autonomia suficiente para realizar a ação de que se trate.

O conflito para o reconhecimento deste princípio surge no momento crítico em que o indivíduo enfrenta os seus próprios interesses[14], os direitos de um terceiro[15] ou quando na situação concreta deve-se negar-lhe essa autonomia.[16]

O princípio da justiça pode ser resumido no dever de imparcialidade na distribuição dos riscos e benefícios inerentes à pesquisa, bem como no tratamento igualitário aos iguais, embora naturalmente haja dificuldades na determinação de quem é ou não igual. Implica ainda, necessariamente,

bioética". Isso não quer dizer que não existam outros valores, mas todos os demais precisam ter a "trindade bioética" como ponto de partida (FABRIZ, Daury Cesar – *Bioética e direitos fundamentais: a bioconstituição como paradigma ao biodireito*. Belo Horizonte : Mandamentos, 2003, p. 106).

[13] Reconhecida através dos tempos, mas colocada em evidência neste século, é a liberdade um dos valores máximos do ser humano. O princípio de autonomia significa o reconhecimento dessa liberdade de ação, desde que o indivíduo, movido pelas suas próprias razões, não produza danos a outrem. Prevê uma atitude autorresponsável que se mostra atrelada ao contexto cultural, já que os seres humanos são motivados pela visão que possuem do mundo (MOTA, Silvia – *Da bioética ao biodireito: a tutela da vida no âmbito do direito civil.* [Em linha]. Rio de Janeiro : Universidade do Estado do Rio de Janeiro, 1999. Dissertação de Mestrado. [Consult. 20 mar. 2015]. Disponível em WWW:<URL:http://www.silviamota.com.br/ enciclopediabiobio/artigosbiobio/principiosdabioetica.htm>).

[14] Há exemplo, podemos citar o Testemunha de Jeová, que repele uma transfusão de sangue vital (ibid.).

[15] É o caso da eutanásia ou o suicídio.

[16] Surge aqui a obrigação social de proteger os indivíduos para que possam expressar seu consentimento, antes que outros tomem atitudes contra eles e de proteger os débeis e os que não podem consentir por eles mesmos. Por exemplo, os menores, os deficiente mentais, ou quando um enfermo encontra-se em estado completo de inconsciência.

em uma acurada atenção no recrutamento daqueles que serão sujeitos da pesquisa.

Em relação ao princípio da justiça, entendem os membros da comissão governamental a "imparcialidade na distribuição dos riscos e benefícios". Outra maneira de entender o princípio da justiça é dizer que os iguais devem ser tratados igualmente.[17]

O princípio da beneficência deve ser entendido, como uma dupla obrigação: primeiramente, a de não causar danos e, em segundo lugar, a de maximizar o número de possíveis benefícios[18] e minimizar os prejuízos.

No princípio da beneficência, o Relatório Belmont resiste visivelmente à ideia clássica da beneficência como caridade e diz que a considera de uma forma mais radical, uma obrigação.[19]

O relatório Belmonte denomina este princípio como o respeito pelas pessoas e afirma que incorpora, ao menos, duas convicções éticas: "a primeira, que os indivíduos deveriam ser tratados como entes autônomos, e a segunda, que as pessoas cuja autonomia está diminuída devem ser objeto de proteção".

O princípio da não maleficência consiste na obrigação de não causar ou não infligir danos intencionalmente, de não fazer mal ao ser humano.

Assim, esses princípios nem sempre convivem pacificamente, pois muitas vezes são criadas situações conflitantes. Na verdade, na implementação dos citados princípios em cada caso concreto, verifica-se que, constantemente, surgem grandes problemas. Eis por que o valor da dignidade da pessoa humana é que deve reger tais conflitos.

[17] O problema está em saber quem são os iguais. Entre os homens existem diferenças de todo tipo e muitas delas devem ser respeitadas em virtude do princípio de justiça, por exemplo, ideal de vida, sistema de valores do princípio, crenças religiosas etc. Não obstante, existe outro nível em que todos deveram ser considerados iguais, de tal modo que as diferenças aí devem ser consideradas injustiças. Neste particular, a comissão não deixou nada claro (Pessini, Leocir; Barchifontaine, Christian de Paul de – *Problemas atuais de bioética*. 8.ª ed., rev. e ampl. São Paulo : Centro Universitário São Camilo; Loyola, 2007, p. 58).

[18] O termo *benefícios* é usado para se referir a algo de valor positivo relacionado com a saúde e bem estar – Relatório Belmont, Parte C, Ponto 2.

[19] Nesse sentido, consideram de uma formulada duas regras como expressões complementares dos atos de beneficência: a) não causar dano e b) maximizar os benefícios e minimizar os possíveis riscos (ibid., loc. cit.).

O direito é norma estabelecida na lei, em que o indivíduo não invade o espaço do outro. O dever é ter obrigação de fazer. A justiça diz respeito à igualdade de todos os cidadãos. O direito depreendido como fenômeno social, cultural e histórico não pode se manter à margem dos problemas práticos, morais e políticos que afetam a sociedade.[20]

O direito associado à normatização e coerção busca responder ao andar acelerado das ciências da saúde e das biotecnologias e apresentar maior segurança jurídica.[21] Recebendo a influência das discussões iniciadas no âmbito da bioética, o direito vem refletindo acerca do estabelecimento de limites jurídicos às práticas biomédicas, dando início a sua regulamentação, seja no interior dos ordenamentos jurídicos nacionais, na forma de legislações sobre temas específicos, seja no plano internacional, por meio de declarações que incorporam valores partilhados por diferentes culturas e sociedades nacionais.

3. Direitos humanos

Os direitos humanos, entendidos aqueles direitos ponderados fundamentais[22] e inerentes a qualquer ser humano, têm progredido no tempo, ao longo da história em diferentes sociedades. A pena de morte, por exem-

[20] Segundo Moller (Bioética e direitos humanos: limites éticos e jurídicos da ciência. *Filofazer*. 30 (jan./jun. 2007), p. 93), ainda que entendamos, o direito deve buscar um equilíbrio entre uma perigosa postura de *laissez-faire*, de um lado, e uma postura que poderíamos chamar de abuso normativo (o "tudo regular", com escasso espaço para o exercício de liberdade), de outro.

[21] O homem não pode viver sem regras, pois o vazio jurídico torna tudo possível (Hironaka, Gisela Maria Fernandes Novaes – Bioética e Biodireito: revolução biotecnológica, perplexidade humana e prospectiva jurídica inquietante. *Jus Navigandi*. [Em linha]. 7:66 (jun. 2003). [Consult. 18 maio 2015]. Disponível em WWW:<URL:<http://jus2.uol.com.br/doutrina/texto.asp?id=4193>).

[22] Direitos fundamentais, de acordo com Silva, "se trata de situações jurídicas sem as quais a pessoa humana não se realiza, não convive e às vezes, nem mesmo sobrevive; fundamentais do homem no sentido de que a todos, por igual, devem ser não apenas formalmente reconhecidos, mas concreta e materialmente efetivados". Direitos fundamentais do homem significam "Direitos fundamentais da pessoa humana", ou "Direitos humanos fundamentais" (Silva, José Afonso da – *Curso de direito constitucional positivo*. 17.ª ed. São Paulo : Malheiros, 1999, p. 182).

plo, abolida em quase todos os países civilizados como uma pena desumana e uma violação do direito à vida, é um exemplo desse processo evolutivo. Outro exemplo bastante discutido e polêmico é em relação ao aborto, que ainda apresenta opiniões divergentes, mesmo nos países ocidentais.

O homem em momentos marcantes e depreciativos da história foi tratado como um animal, quando alguns poucos dominadores cometiam as maiores crueldades sem nenhum respeito. Os revolucionários franceses de 1789, com seus ideais de liberdade, igualdade e fraternidade, foram os responsáveis pelo marco inicial para universalidade dos direitos humanos.[23] A Declaração dos Direitos do Homem e do Cidadão evidenciou uma das maiores tentativas de tornar universais e de equiparar os direitos fundamentais, como menciona no seu artigo 16: "Qualquer sociedade em que não esteja assegurada e garantida os direitos fundamentais nem estabelecida à separação dos poderes não tem Constituição".

Mundialmente, a segunda Guerra Mundial foi vista pela sociedade com muita indignação e horror; diante disto, viu-se a necessidade de tentar evitar que voltasse a acontecer.[24] Reunidos nos EUA e pressionados pela opinião pública mundial, líderes de todo o mundo redigiram: "Todos os seres humanos nascem livres e iguais, em dignidade e direitos", artigo 1.º da Declaração

[23] "[...] o traço básico que marca a origem dos direitos humanos na modernidade é precisamente seu caráter universal; o de serem faculdades que deve reconhecer-se a todos os homens sem exclusão. Convém insistir neste aspecto, porque direitos, em sua acepção de status ou situações jurídicas ativas de liberdade, poder, pretensão ou imunidade existiram desde as culturas mais remotas, porém como atributo de apenas alguns membros da comunidade [...]. Pois bem, resulta evidente que a partir do momento no qual podem-se postular direitos de todas as pessoas de princípios, de etnias, de estamentos, ou de grupos, mas não de direitos humanos como faculdades jurídicas de titularidade universal. O grande invento jurídico-político da modernidade reside, precisamente, em haver ampliado a titularidades das posições jurídicas ativas, ou seja, dos direitos a todos os homens, e em consequência, ter formulado o conceito de direitos humanos" (PÉREZ-LUNO apud BELLINHO, Lilith Abrantes – *Uma evolução Histórica dos Direitos Humanos*. Curitiba: Unibrasil, 2009. Monografia de Graduação, p. 8).

[24] A concepção dos Direitos Humanos é fruto do movimento de internacionalização dos direitos humanos, o qual é extremamente recente na história, como já mencionado, surgindo, a partir do pós-guerra, como respostas às atrocidades e aos horrores cometidos durante o nazismo, levando em consideração que o Estado foi o grande violador de direitos humanos. Segundo Bobbio, "sem direitos do homem reconhecidos e protegidos não há democracia, sem democracia não existem as condições mínimas para a solução pacífica de conflitos" (BOBBIO, Norberto – *A era dos direitos*. Tradução de Carlos N. Coutinho. Rio de Janeiro : Campus, 1992, p. 30).

Universal dos Direitos do Homem, que foi aprovada pela Assembleia Geral das Nações Unidas em 1948.[25]

A Declaração Universal dos Direitos Humanos surge com uma forte preocupação em torno da ideia de direitos humanos e de dignidade dos indivíduos e transporta para o plano normativo com a elaboração, em 1948, que influenciaria intensamente a formulação de posteriores declarações de direitos.[26]

A expressão *direitos humanos* pode referir-se a situações políticas, sociais e culturais que se diferenciam entre si, tendo significados diversos. Dessa forma, o conceito de direitos humanos alcança um caráter fluido, aberto e de contínua redefinição.

O conceito de direitos humanos pode ser definido sob dois aspetos. O primeiro trata da análise dos fundamentos primeiros desses direitos, sendo tema de grande relevância para a filosofia, sociologia e ciência política contemporânea. O segundo aspeto é a abordagem jurídica dessa categoria de direitos que se relaciona diretamente com o conjunto de tratados, convenções e legislações cujo objeto é a definição e regulação dos mecanismos, internacionais e nacionais, garantidores dos direitos fundamentais da pessoa humana.[27]

Os Direitos Humanos têm como principal característica o fato de garantir as necessidades mais básicas e fundamentais dos seres humanos, constituindo-se, portanto, em direitos desejáveis, importantes ou bons para o desenvolvimento da vida humana.[28]

[25] Dallari ponderou: "A proclamação dos Direitos Humanos, com a amplitude que teve, objetivando a certeza e a segurança dos direitos, sem deixar de exigir que todos os seres humanos tenham a possibilidade de aquisição e gozo dos direitos fundamentais, representou um progresso" (*Elementos de Teoria Geral do Estado*. 25.ª ed. São Paulo : Saraiva, 2005).

[26] Com a Declaração Universal dos Direitos Humanos, esta categoria de direitos atinge uma fase de afirmação que é, no dizer de Norberto Bobbio, simultaneamente de universalização e de positivação (op. cit., loc. cit.).

[27] Para Henkin, os direitos humanos constituem um termo de uso comum, mas não categoricamente definido. Esses direitos são concebidos de forma a incluir aquelas reivindicações morais e políticas que, no consenso contemporâneo, todo ser humano tem ou deve ter perante sua sociedade ou governo, reivindicações estas reconhecidas como de direito e não apenas por amor, graça ou caridade (*The Rights of Man Today*. New York: Columbia University Press, 1988, p. 1-3).

[28] Os Direitos Humanos caracterizam-se pelo fato de "remeterem a exigências imprescindíveis para a vida da pessoa humana, que podem ser resumidas na idéia de dignidade humana"

Os direitos humanos adquirem algumas características próprias, que os diferenciam dos demais direitos, e que ajudam a defini-los e a reconhecê-los, são eles: internacionalismo, universalidade, indivisibilidade.

4. Identidade

O conceito de identidade conduz à compreensão do seu sentido adequado na relação identidade-mesmidade[29], que conduz à identidade biológica, a qual se expressa na permanência do código genético do indivíduo. A identidade vem associada à ideia de integridade, que corresponde ao que é intangível, isto é, o que não pode ser tocado.[30] A identidade pessoal é concebida dentro da relação de um com o outro, no quadro de uma comunidade de sentido.

(Barreto, Vicente de Paulo – Os fundamentos éticos dos direitos humanos. *Revista de Direito Comparado.* 2:2 (mar. 1998), p. 354).

[29] A identidade como mesmidade possui, para Ricoeur, quatro sentidos fundamentais: o primeiro é a forma numérica, isto é, a identidade como unicidade, como reidentificação do mesmo. O segundo sentido dá-se a partir da ideia de semelhança extrema. Quando não somos capazes de discernir a diferença entre dois objetos numericamente diferentes, dizemos que eles são idênticos por semelhança. Mas, o fato de não sermos capazes de discernir a diferença não significa que ela não exista; significa que a identidade por semelhança nunca pode ferir a identidade específica subjacente à identidade numérica. O terceiro sentido é introduzido por Ricoeur como ideia de identidade como continuidade, isto é, o fator tempo como princípio intrínseco de identidade. É a continuidade ininterrupta no desenvolvimento de um ser entre o primeiro e o estado da evolução (Conceição, Edilene Maria da – A relação entre a identidade de Paul Ricoeur e a identidade política de Hannah Arendt. *Revista Estudos Filosóficos.* [Em linha]. 6 (2011). [Consult. 12 jun. 2015]. Disponível em WWW:<URL:http://www.ufsj.edu.br/portal2-repositorio/File/ revistaestudosfilosoficos/art4_rev6.pdf).

[30] A identidade do ser humano é o resultado da percepção autoconsciente que cada indivíduo possui como uma característica que o diferencia e, ao mesmo tempo, se opõe ao outro, como forma de se autoafirmar. Essa é uma visão da identidade como um mecanismo de revelação de particularidades, não como união de semelhanças; é uma visão mais moderna e considera ainda aquela socialmente construída, posto que também o indivíduo recebe influencias das condições sociais que o cercam (Lucas, Douglas Cesar – A identidade como memória biográfica do corpo e sua proteção jurídica: itinerários de um paradoxo. *Seqüência.* [Em linha]. 65 (dez. 2012) 125-154. [Consult. 18 maio 2015]. Disponível em WWW:<URL: http://www.scielo.br/pdf/seq/n65/n65a07.pdf>).

A identidade não é soberana e nem absoluta, pois um mesmo indivíduo pode guardar vários fragmentos de um mesmo eu, sem essencialmente de se tornar outro indivíduo. Mas, por ser um conceito que tem despertado o interesse do direito, ao ser incorporado por este, deverá sofrer uma limitação para que possa ser normatizada e estabilizada dentro de um sistema jurídico, possibilitando também sua proteção.[31]

5. Direito à identidade pessoal

Emerge na Constituição Federal de 1988 o direito à identidade pessoal como um direito subjetivo da pessoa. Esse direito decorre do pluralismo de formas de se ver o indivíduo, buscando o reconhecimento da existência de vários estilos de vida e a negação de que exista apenas um estilo a ser seguido.[32]

Segundo o artigo 26, n.º 1, da Constituição da República Portuguesa, ao analisar o direito à identidade pessoal e genética, torna-se fundamental partir do pressuposto da identidade pessoal, uma vez que esta se encontra vinculada à intimidade da pessoa humana.

[31] Essa internalização pelo direito do conceito da identidade significará que o direito que cada indivíduo possui de expressar sua identidade pessoal dependerá da forma como o direito o entender e o reconhecer como tal. Em contrapartida, será necessária a abdicação de uma parcela de sua liberdade individual (ibid.).
De acordo com Lucas, o direito à identidade nos coloca diante do seguinte paradoxo: somos aquilo que nos identifica, mas nem sempre temos o direito de ser o que somos em virtude de que a vivência de nossa identidade, como direito, está subordinada a condição de normatividade (ibid.).

[32] A Constituição portuguesa (CFP/88), art. 26, n.º 1, assegura a todos o direito à identidade pessoal. Esse direito assume um caráter absoluto ou individual a partir do momento em que o ser humano possui uma identidade definida, própria, que não se confunde com a de nenhum outro. Tem caracteres únicos, indivisíveis, além de ser uma realidade singular. Essa dimensão individual que o embrião humano possui desde as etapas mais primitivas confere-lhe um substrato único, exclusivo, incomparável com o de qualquer outro indivíduo. Vale dizer, todo ser humano possui características físicas e psíquicas próprias, que lhe identificam com um ser distinto, original e infungível (Santos, Emerson Martins dos – O Estatuto Jurídico – Constitucional do Embrião Humano, com Especial Atenção para\ o concebido "in vitro". [Em linha]. *Revista Brasileira de Direito Constitucional.* 12 (jul./dez. 2008), p. 87. [Consult. 10 jul. 2015]. Disponível em WWW:<URL:http://www.esdc.com.br/RBDC/RBDC-12/RBDC-12-055-Emerson_Martins_dos_Santos_(concepcao_in_vitro).pdf>).

O pluralismo mencionado advém de uma visão de que o homem é visto como ser possuidor de identidade, de singularidade e autoconsciência. Contemporaneamente, essa noção se soma ao fato de o homem ser integrado à natureza, a uma história e na relação pacífica e igualitária entre indivíduos semelhantes, podendo os avanços da engenharia genética, da biotecnologia e da bioética contribuir para aprofundar essa noção.

A identidade pessoal compreende os conceitos intimidade e identidade genética numa relação com influências exteriores com múltiplos fatores determinantes para a autorrealização pessoal. Essa identidade é concebida como a relação um com o outro, no quadro de uma concreta sociedade.[33]

O direito à identidade pessoal é pouco difundido pelos estudiosos do direito, mas devido ao advento da pesquisa sobre o genoma humano, percebeu-se que todo ser humano, desde a sua conceição, tem uma determinada identidade, nesse caso, genética, que se desenvolverá estavelmente até o momento da sua morte. Por outro lado, esse mesmo indivíduo, através dos elementos externos, modelará uma determinada e específica personalidade a partir da sua projeção social. Segundo Sessarego (1992), a identidade pessoal possui duas facetas: uma genética, estática e imutável; e outra social, dinâmica e mutável. A estática compreende o nome, a origem, a genética, a identificação física e a imagem. A identidade dinâmica se refere à verdade biográfica, ao estilo individual e social da pessoa.

Segundo Almeida, o direito à identidade pessoal possui referências, no âmbito internacional, em convenções e tratados que tratam dos direitos humanos, bioética, princípios e direitos fundamentais. Como exemplo, cita-se no texto da Convenção dos Direitos da Criança das Nações Unidas que é assegurado à criança o direito de registro imediatamente após o nascimento,

[33] Importância da identidade pessoal, a qual, interligando-se os temas pessoa, engenharia genética e sistema jurídico, surge à temática da identidade pessoal como valor da nova ordem de ideias. Essa identidade parece dizer-se plural, num tempo em que, além de identidade pessoal, fala-se em identidade sexual, cultural, moral, política e, por que não, genética. A identidade pessoal relaciona-se com as características pessoais do indivíduo, manifestando-se, nomeadamente, nas impressões digitais, no nome e no fato de aquele estar delimitado pelo corpo. Há marcas identitárias que tornam cada indivíduo único. Assim, a identidade pessoal tem a ver com o pressuposto de que o indivíduo pode ser diferenciado de todos os outros, traduzindo-se num processo de construção e configuração individuais e exclusivos do próprio indivíduo, lastreando, assim, a sua biografia (Almeida, Maria Christina de – *DNA e estado de filiação à luz da dignidade da pessoa humana*. Porto Alegre : Livraria do Advogado, 2003, p. 74).

bem como ter um nome e também conhecer seus pais. Ainda, as convenções do Direito do Homem do Conselho da Europa e a Declaração Universal do Genoma Humano reconhecem que o genoma humano deve ser protegido tanto quanto a informação dele extraída.[34]

Outro direito está relacionado ao conhecimento das origens genéticas, que veio determinar aos Estados o respeito pelo direito da pessoa gerada com recurso de técnicas de fecundação artificial *in vivo* e *in vitro*, a conhecer a sua origem genética, nos mesmos termos em que tal direito do adotado seja tutelado.[35]

É importante mencionar que o conhecimento das origens genéticas não assegura o estabelecimento de filiação, pois o que se busca com a propositura de tal ação é de ter efetivado um direito constitucionalmente garantido, qual seja, de ter acesso às origens genéticas.

Portanto, o direito à identidade pessoal está intimamente ligado ao direito à identidade genética, já que possuem características importantíssimas para interpretação do mesmo. Exemplos são: "o direito de cada ser humano conhecer a forma como foi gerado"[36] ou direito a conhecer o patrimônio genético[37], conhecimento este que pode evitar doenças de fundo psicológico, doenças geneticamente transmissíveis, bem como o matrimônio entre irmãos.

[34] Alguns sistemas jurídicos já possuem o direito à identidade pessoal como fundamental e merecedor de atenção constitucional, como o alemão e o português. No caso alemão, de forma inovadora, a consagração desse direito fundamental ocorreu em 1949, período pós-guerra, e reforçou a preocupação com a valorização da pessoa, decorrente da preocupação com o direito à liberdade e, por esse motivo, o direito ao livre desenvolvimento da personalidade traz também o conhecimento da própria ascendência (ALMEIDA, Maria Christina de – *DNA e estado de filiação à luz da dignidade da pessoa humana*. Porto Alegre : Livraria do Advogado, 2003).

[35] A Carta dos Direitos Humanos Fundamentais, da União Europeia, prevê, no seu artigo 24.º, n.º 3, que "todas as crianças têm o direito de manter regularmente relações pessoais e contatos direitos com ambos os progenitores, exceto se isso for contrário aos seus interesses" (MIRANDA, Jorge – *Escritos Vários sobre Direitos Fundamentais*. Estoril : Principia, 2006, p. 483).

[36] OTERO, Paulo – *Personalidade e Identidade Pessoal e Genética do Ser Humano: Um perfil constitucional da bioética*. Coimbra : Almeidina, 1999.

[37] MELO, Jacira – A polêmica do aborto na imprensa". *Estudos Feministas*. 5:2 (1997) 406-412.

6. Direito à identidade genética

A genética tem grande afinidade com as questões sobre a dignidade humana e os direitos fundamentais, quando discutimos as transformações provenientes da tecnicociência. A dignidade humana é um valor intrínseco, originariamente reconhecido a cada ser humano, fundado na sua autonomia ética, tendo como base uma obrigação geral de respeito da pessoa, traduzida num elenco de deveres e direitos correlatos.

A identidade genética surge como um dos componentes à identidade pessoal. A identidade genética é tida como um bem jurídico constitucional.[38] No plano da consagração constitucional da tutela deste bem ocorre um reconhecimento socialmente relevante. A Constituição consagra um conjunto de bens que integram a consciência jurídica. Discute-se dentro dessa perspetiva a relação entre identidade genética e identidade pessoal.[39]

A Constituição Federal[40], em seu artigo 1.º, inciso III, traz a dignidade humana. O princípio que dá alicerce e fundamento ao Estado Democrático de Direito, fazendo parte do ápice da pirâmide valorativa do ordenamento jurídico instituído em 1988, por ter a posição de centralidade, atrai o conteúdo de valores, notando-se ainda que este princípio seja cláusula pétrea.[41]

[38] O discurso jurídico constitucional, que tem como base a identidade genética, propiciou o surgimento da palavra *Bioconstituição*, entendida como conjunto de normas (princípios e regras) formal ou materialmente constitucionais, que tem como objeto as ações ou omissões do Estado ou de entidade e integridade das pessoas, na saúde do ser humano atual ou futuro, tendo em vista também as suas relações com a Biomedicina (Teixeira, Sálvio de Figueiredo – *Direito e medicina: aspectos jurídicos da medicina.* Belo Horizonte : Del Rey, 2000, p. 99).

[39] Com base na dignidade da pessoa humana, o direito da identidade genética tem seu fundamento, conforme preceitua o art. 1.º, inc. III, da Constituição da República de 1988.

[40] Petterle explica que, embora o direito fundamental à identidade genética não esteja expressamente consagrado na Constituição Federal, seu reconhecimento e proteção podem ser deduzidos a partir do direito à vida e, de modo especial, com base no princípio fundamental da dignidade da pessoa humana (Notas sobre a fundamentação e a titularidade do direito fundamental à identidade genética na constituição brasileira. In SARLET, Ingo Wolfgang; Leite, George Salomão – *Direitos fundamentais e biotecnologia.* São Paulo : Método, 2008, p. 244).

[41] É inédita essa positivação na história do constitucionalismo, o que significa que, para o constituinte, esse princípio é basilar e informa todo o ordenamento jurídico. Goza, portanto, do *status* de norma jurídica constitucional (ibid., p. 241).

A identidade genética[42] surge em diversos documentos internacionais, encontrando-se aclamado em documentos, além da Diretiva sobre a Proteção Jurídica das Invenções Biotecnológicas. No mesmo sentido, vamos encontrá-la no projeto da declaração universal sobre Genoma Humano e os Direitos Humanos, elaborada pelo Comitê Internacional de Bioética da UNESCO.

A identidade genética é um bem jurídico fundamental a ser preservado, como uma das manifestações essenciais da personalidade humana, o que não significa estar a identidade pessoal reduzida à identidade genética. A doutrina faz referência ao direito fundamental à identidade genética única e irrepetível de cada ser humano justamente para evitar leituras reducionistas, já que o pleno conhecimento do genoma humano de cada indivíduo não é espelho da realidade e do destino de cada pessoa.[43]

A genética humana ainda encontra-se em permanente fase de estudos, porém já se sabe que todos nós possuímos desde o início uma identidade que nos diferencia de qualquer outra pessoa. A infungibilidade, a irrepetibilidade e o caráter inédito fazem com que nenhum ser humano seja igual ao outro.[44]

A Convenção dos Direitos do Homem e da Biomedicina, adotada em Oviedo a 4 de abril de 1997, representou o primeiro grande passo dado na conquista dos chamados direitos biomédicos e vem a proibir a clonagem

[42] A identidade genética coloca que a identidade pessoal "é a continuidade orgânica imputada a cada indivíduo, estabelecida através de marcas distintivas como o nome ou a aparência e que são derivadas de sua biografia". De acordo com esse conceito, conclui-se que a identidade genética está estritamente ligada com o direito da personalidade, tendo em vista tratar-se do "nome" ou da "aparência" que são derivadas da própria genética (PERLINGIERI, Pietro – *Perfis de direito civil: introdução ao direito civil constitucional.* Tradução de Maria Regina de Cicco. Rio de Janeiro : Renovar, 2003, p. 37).

[43] Petterle esclarece que, somente com o reconhecimento do direito à identidade genética pela ordem jurídica é que será possível buscar soluções efetivas na esfera jurídica, com relação a sua proteção e promoção (Notas sobre a fundamentação e a titularidade do direito fundamental à identidade genética na constituição brasileira. In SARLET, Ingo Wolfgang; LEITE, George Salomão – *Direitos fundamentais e biotecnologia.* São Paulo : Método, 2008, p. 261).

[44] SANTOS, Emerson Martins dos – O Estatuto Jurídico – Constitucional do Embrião Humano, com Especial Atenção para\ o concebido "in vitro". [Em linha]. *Revista Brasileira de Direito Constitucional.* 12 (jul./dez. 2008) 55-101. [Consult. 10 jul. 2015]. Disponível em WWW:<URL:http://www.esdc.com.br/RBDC/RBDC-12/RBDC-12-055-Emerson_Martins_dos_Santos_(concepcao_in_vitro).pdf>.

de seres humanos. Esta Convenção visou encontrar um quadro normativo mínimo comum em nível europeu que estabelecesse "os equilíbrios justos, mas difíceis entre os direitos e os interesses do indivíduo, da sociedade, da ciência e da espécie humana"[45].

7. Genoma humano

A proteção a todas as formas de vida do Planeta relacionada aos direitos humanos está presente nas legislações internacionais, sobretudo na Declaração Universal dos Direitos do Homem (1948), regulamentada pelo Pacto Internacional dos Direitos Civis e Políticos e pelo Pacto Internacional dos Direitos Econômicos Sociais e Culturais, ambos de 1966. Esses documentos foram concebidos com o objetivo de influenciar as nações democráticas a adotar nas suas constituições um conjunto de direitos universais, imprescritíveis e irrenunciáveis. Neles, está subjacente a ideia de que a valorização da pessoa humana é a principal tarefa dos Estados contemporâneos.

A especialização legislativa só ocorreu em 11 de novembro de 1997, com a publicação da Declaração Universal do Genoma Humano e dos Direitos Humanos, editada pela UNESCO e reconhecida em 186 países-membros. Neste sentido, o biodireito ganhou dimensão supranacional.

De acordo com estudos sobre o genoma humano, Stela Barbas menciona que os fundamentos sociais, culturais e científicos da alma tornaram-se sinônimo da nossa própria essência e existência. É caso para dizer: "tenho genoma, logo existo".[46]

[45] ARCHER, Luiz Augusto – Prefácio. In MARTINHO DA SILVA, Paula – *Convenção dos Direitos do Homem e da Biomedicina Anotada*. Lisboa : Edições Cosmo, 1997. p. 14-15. De acordo com Stela Barbas, a Ciência sem consciência é a ruína da Alma (*Direito ao Patrimônio Genético*. Lisboa : Almedina, 2006, p. 47).

[46] Para ela, o genoma é a nova metáfora da alma. O Homem morre, mas o genoma fica. O genoma não se extingue; passa de geração em geração; é imortal. Assistimos a uma genomização da alma. Esta alma já não é objeto de especulações teológicas, metafísicas ou filosóficas. Ela é comprovada, certificada, autenticada pela própria Ciência (BARBAS, Stela Marcos de Almeida Neves – Discriminação e Genética. *Revista de Direito Público*. 6:11 (jan./jun. 2014), 95-113).

A Declaração Universal sobre o Genoma Humano[47] e os Direitos Humanos estabelece os princípios básicos relacionados à pesquisa em genética e biologia e à aplicação de seus resultados. De forma a garantir a aplicação desses princípios, a Declaração remonta torná-los conhecidos, disseminá-los e formatá-los como medidas, especialmente na forma de legislação e normas. A Declaração também especifica as medidas que deveriam ser tomadas pelos Estados-Membros para sua aplicação.

A implementação da Declaração torna-se mais urgente na medida em que se acelera o progresso científico nas áreas da genética e da biologia, gerando, ao mesmo tempo, esperanças para a humanidade e criando dilemas éticos.

Vejamos o que diz o artigo 10:

> Nenhuma pesquisa ou suas aplicações relacionadas ao genoma humano, particularmente nos campos da biologia, da genética e da medicina, deve prevalecer sobre o respeito aos direitos humanos, às liberdades fundamentais e à dignidade humana dos indivíduos ou, quando for aplicável, aos grupos humanos.

O artigo 11:

> Práticas contrárias à dignidade humana, tais como a clonagem de seres humanos, não devem ser permitidas. Estados e organizações internacionais competentes são chamados a cooperar na identificação de tais práticas e a tomar, em nível nacional ou internacional, as medidas necessárias para assegurar o respeito aos princípios estabelecidos na presente Declaração.

O artigo 12:

> a) Os benefícios dos avanços na biologia, na genética e na medicina, relacionados ao genoma humano, devem ser disponibilizados a todos, com a devida consideração pela dignidade e pelos direitos humanos de cada indivíduo.

[47] Genoma humano é "um conjunto de longuíssimas moléculas de DNA que no interior dos cromossomos de cada uma das nossas células, nos permite conhecer, prever e modificar o homem. Conhecê-lo em toda a profundidade da biologia molecular dos seus genes. Prever o futuro da sua doença e das suas predisposições. Modificar, geneticamente, o seu destino" (ARCHER, Luis – A aventura da descoberta do genoma humano. *Brotéria* – Cultura e Informação. 151:4 (out. 2000), p. 347).

b) A liberdade da pesquisa, necessária ao avanço do conhecimento, é parte da liberdade de pensamento. As aplicações da pesquisa, incluindo aquelas realizadas nos campos da biologia, da genética e da medicina, envolvendo o genoma humano, devem buscar o alívio do sofrimento e a melhoria da saúde de indivíduos e da humanidade como um todo.

A descoberta de que os genes são constituídos de DNA provocou enorme interesse, uma vez que abria a possibilidade de estudá-los como moléculas, dando origem à genética moderna. Estudos dessa ciência mostraram que cada gene tem a informação para a produção de uma proteína diferente e que as proteínas são substâncias fundamentais para os organismos vivos, pois elas são importantes para o desenvolvimento e o funcionamento dos órgãos do corpo e, que genes alterados podem gerar proteínas imperfeitas, que podem resultar em doenças hereditárias. Daí o interesse mundial nos estudos da manipulação do genoma humano.[48]

8. Direito e autodeterminação

De acordo com Stela Barbas, todo indivíduo tem o direito de saber o seu relatório clínico, bem como o direito à privacidade relativamente a esses dados. Ao direito relacionado a esta informação dá-se o nome de direito à autodeterminação informativa ou informacional e consagra que compete apenas ao próprio decidir se quer ou não conhecer o seu mapa genético.

O artigo 10.º da Convenção sobre os Direitos do Homem e a Biomedicina, de 4 de abril de 1997, determina que qualquer pessoa tem direito ao respeito pela sua vida privada relativamente a informações sobre a sua saúde bem

[48] O Projeto Mundial do Genoma Humano vem trazer esperanças a milhões de indivíduos que estariam condenados a falecer por causa de uma doença genética. A simples probabilidade de o seu estado de saúde poder melhorar consubstanciará, desde logo, uma esperança que, provavelmente, somente aqueles que padecem dessas enfermidades e os seus familiares saberão calcular (Barbas, Stela Marcos de Almeida Neves – Discriminação e Genética. *Revista de Direito Público*. 6:11 (jan./jun. 2014), 95-113)

O principal objetivo do Programa do Genoma Humano é estabelecer uma carta genética que abranja a integridade do genoma e permita identificar os genes responsáveis por todas as doenças genéticas (ibid.).

como direito de conhecer toda a informação recolhida sobre a sua saúde. Todavia a vontade de não ser informada deverá ser respeitada.

O artigo 5.º, 'c', da Declaração Universal sobre o Genoma Humano e os Direitos do Homem, de 11 de novembro de 1997, consagra o direito de cada pessoa decidir ser informada ou não dos resultados dos testes genéticos e das suas consequências.

Na mesma orientação, o artigo 10.º da Declaração internacional sobre os Dados Genéticos Humanos da UNESCO, de 16 de outubro de 2003, disciplina o direito a decidir ser ou não informado dos resultados da investigação.

Em Portugal, o n.º 2 do artigo 3.º da Lei n.º 12/2005, de 26 de janeiro, sobre informação genética pessoal e informação de saúde, estabelece que o titular da Informação de saúde tenha o direito de querer conhecer todo o seu processo clínico.

Considerações finais

A bioética e o direito são dois conhecimentos que integram abordagem de diversos assuntos polêmicos, mas que, de certa forma, se completam. A bioética trata de um conjunto de pesquisas e práticas pluridisciplinares, objetivando elucidar e solucionar questões éticas provocadas pelo avanço das tecnociências biomédicas. Por sua vez, o direito traz as questões das regras das normas criando, de certa forma, um equilíbrio onde o indivíduo não invade o espaço do outro. É de grande importância frisar que o direito depreendido como fenômeno social, cultural e histórico não pode se manter à margem dos problemas práticos, morais e políticos que afetam a sociedade.

Entende-se que não basta o Direito determinar onde a Ciência deve ir para que ela avance em seus estudos, pois, se as suas conquistas têm caráter irreversível, não é possível promover esse avanço pela simples vontade do homem em querer buscar o desconhecido, mas, sim, ver as consequências que trará para o indivíduo em questões morais, sociais e políticas.

Portanto, a bioética e o direito tentam encontrar um justo meio entre o que a ciência pode fazer e o que deve ser feito, debatendo as diversas conceções de vida humana frente ao que é razoável ser realizado frente aos avanços tecnológicos científicos, com seus desdobramentos médicos e progressistas. A bioética e o direito colocam a vida humana como o cerne de toda proteção e com base na formulação das normas e princípios que regem o direito.

A bioética se divide em quatro princípios: da autonomia, justiça, não maleficência e beneficência. O indivíduo tem como fonte o direito que o ampara nessas questões. A autonomia compreende-se como o direito do paciente no uso pleno de sua razão ou de seus responsáveis, quando faltar consciência de estabelecer os limites em que gostaria de ver respeitada sua vontade. O princípio da autonomia é a capacidade de uma pessoa para decidir ou buscar aquilo que ela julgue ser o melhor para si mesma. O princípio da justiça, que é o mais delicado, é o da beneficência em fazer o bem, ponderação entre riscos e benefícios, tanto atuais como potenciais, individuais ou coletivos, comprometendo-se com o máximo de benefícios e o mínimo de danos e riscos. O princípio da não maleficência é o mais controverso de todos e envolve abstenção, enquanto o princípio da beneficência requer ação.

Estes princípios não possuem caráter absoluto, nem têm prioridade um sobre o outro; servem como regras gerais para orientar a tomada de decisão frente aos problemas éticos e para ordenar os argumentos nas discussões de casos, além de proporcionar um melhor acesso de forma a atender as diferenças com mais igualdade.

Os princípios éticos e as normas relativas ao biodireito e aos direitos humanos proporcionarão maior controle das pesquisas genéticas e das intervenções no Genoma Humano.

São inúmeras as questões que envolvem o tema dos direitos humanos, mas é fundamental que estejam presentes no momento próprio para que os problemas sejam superados. É um tema de fundamental importância, pois assume papel central na academia das ciências jurídicas.

Os estudos sobre o genoma humano são um marco para a tutela de direitos da personalidade, assim como trazem benefícios ao ser humano, principalmente quando se refere à possibilidade de previsão e cura de patologias.

Em suma, é importante frisar que a bioética, a depender da sua divisão, estuda vários campos contemplando as questões ecológicas, com o objetivo de preservar a vida humana e cuida da relação entre médico e paciente, instituições de saúde pública ou privadas e entre estas instituições e profissionais de saúde. Ela é um instrumento necessário para a socialização do debate sobre as tecnociências.

Referências

ALMEIDA, Maria Christina de – *DNA e estado de filiação à luz da dignidade da pessoa humana*. Porto Alegre : Livraria do Advogado, 2003. ISBN 978-8573482720

ARCHER, Luís Augusto – A aventura da descoberta do genoma humano. *Brotéria* – Cultura e Informação. ISSN 0870-7618. 151:4 (out. 2000).

ARCHER, Luís Augusto – Prefácio. In MARTINHO DA SILVA, Paula – *Convenção dos Direitos do Homem e da Biomedicina Anotada*. Lisboa : Edições Cosmo, 1997. ISBN 972-762-050-7). p. 14-15.

BARBAS, Stela Marcos de Almeida Neves – *Direito ao Património Genético*. Lisboa, Almedina, 2006. ISBN 978-9724011134

BARBAS, Stela Marcos de Almeida Neves – Discriminação e Genética. *Revista de Direito Público*. ISSN 1646-9119. 6:11 (jan./jun. 2014), 95-113.

BARRETO, Vicente de Paulo – Os fundamentos éticos dos direitos humanos. *Revista de Direito Comparado*. ISSN 0304-2340. 2:2 (mar. 1998) 343-359.

BELLINHO, Lilith Abrantes – *Uma evolução Histórica dos Direitos Humanos*. Curitiba: Unibrasil, 2009. Monografia de Graduação.

BOBBIO, Norberto – *A era dos direitos*. Tradução de Carlos N. Coutinho. Rio de Janeiro : Campus, 1992. ISBN 8570017103

CAMPBELL, Alastair V. – Uma visão internacional da bioética. In GARRAFA, Volnei; COSTA, Sergio Ibiapina Ferreira (Orgs.) – *A bioética no século XXI*. Brasília : Universidade de Brasília, 2000. ISBN 85-230-0594-3. p. 25-36.

CONCEIÇÃO, Edilene Maria da – A relação entre a identidade de Paul Ricoeur e a identidade política de Hannah Arendt. *Revista Estudos Filosóficos*. [Em linha]. ISSN 2177-2967. 6 (2011). [Consult. 12 jun. 2015]. Disponível em WWW:<URL:http://www.ufsj.edu.br/portal2-repositorio/File/revistaestudosfilosoficos/art4_rev6.pdf.

DALLARI, Dalmo de Abreu – *Elementos de Teoria Geral do Estado*. 25.ª ed. São Paulo : Saraiva, 2005. ISBN 9788502051065

DINIZ, Maria Helena – *Curso de Direito Civil Brasileiro*. Direito das Coisas. 25.ª ed. São Paulo : Saraiva, 2010. ISBN 9788502082229. Vol. 4.

FABRIZ, Daury Cesar – *Bioética e direitos fundamentais: a bioconstituição como paradigma ao biodireito*. Belo Horizonte : Mandamentos, 2003. ISBN 85-7604-005-4

GARRAFA, Volnei – *"De uma "bioética de princípios" a uma "bioética interventiva": crítica e socialmente comprometida*. [Em linha]. Brasília : Anvisa; Ministério da Saúde, 2005. [Consult. 18 maio 2015]. Disponível em WWW:<URL:http://www.anvisa.gov.br/institucional/snvs/coprh/seminario/bio_int.pdf>.

Grande Enciclopédia Larousse Cultural. São Paulo : Nova Cultura, 1998. ISBN 8513007552

Henkin, Louis – *The Rights of Man Today*. New York: Columbia University Press, 1988. ISBN 0-89158-174-X

Hironaka, Gisela Maria Fernandes Novaes – Bioética e Biodireito: revolução biotecnológica, perplexidade humana e prospectiva jurídica inquietante. *Jus Navigandi*. [Em linha]. ISSN 1518-4862. 7:66 (jun. 2003). [Consult. 18 maio 2015]. Disponível em WWW:<URL:http://jus2.uol.com.br/doutrina/texto.asp?id=4193>.

Kottow, Miguel – Bioética prescritiva. A falácia naturalista. O conceito de princípios na bioética. In Garrafa, Volnei; Kottow, Miguel; Saada, Alya (Orgs.) – *Bases conceituais da bioética: enfoque latino-americano*. São Paulo : Gaia, 2006. ISBN 85-7555-077-2. p. 25-44.

Lucas, Douglas Cesar – A identidade como memória biográfica do corpo e sua proteção jurídica: itinerários de um paradoxo. *Seqüência*. [Em linha]. ISSN 2177-7055. 65 (dez. 2012) 125-154. [Consult. 18 maio 2015]. Disponível em WWW:<URL: http://www.scielo.br/pdf/seq/n65/n65a07.pdf>.

Melo, Jacira – A polêmica do aborto na imprensa". *Estudos Feministas*. ISSN 1806-9584. 5:2 (1997) 406-412.

Miranda, Jorge – *Escritos Vários sobre Direitos Fundamentais*. Estoril : Principia, 2006. ISBN 972-8818-62-9

Moller, Leticia Ludwig – Bioética e direitos humanos: limites éticos e jurídicos da ciência. *Revista do Direito*. ISSN 1982-9957. 23 (jan./jun. 2005) 71-87.

Moller, Leticia Ludwig – Bioética e direitos humanos: limites éticos e jurídicos da ciência. *Filofazer*. ISSN 2526-5709. 30 (jan./jun. 2007) 91-109.

Mota, Silvia – *Da bioética ao biodireito: a tutela da vida no âmbito do direito civil*. [Em linha]. Rio de Janeiro : Universidade do Estado do Rio de Janeiro, 1999. Dissertação de Mestrado. [Consult. 20 mar. 2015]. Disponível em WWW:<URL:http://www.silviamota.com.br/enciclopediabiobio/artigosbiobio/principiosdabioetica.htm>.

Otero, Paulo – *Personalidade e Identidade Pessoal e Genética do Ser Humano: Um perfil constitucional da bioética*. Coimbra : Almeidina, 1999. ISBN 978-9724012445

Perlingieri, Pietro – *Perfis de direito civil: introdução ao direito civil constitucional*. Tradução de Maria Regina de Cicco. Rio de Janeiro : Renovar, 2003. ISBN 978-8571476042

Pessini, Leocir; Barchifontaine, Christian de Paul de – *Problemas atuais de bioética*. 8.ª ed., rev. e ampl. São Paulo : Centro Universitário São Camilo; Loyola, 2007. ISBN 978-8515003211

Petterle, Selma Rodrigues – Notas sobre a fundamentação e a titularidade do direito fundamental à identidade genética na constituição brasileira. In SARLET, Ingo Wolfgang; Leite, George Salomão – *Direitos fundamentais e biotecnologia*. São Paulo : Método, 2008. ISBN 978-8576602286

Potter, Van Rensselaer – *Bioethics: Bridge to the future*. Englewood Cliffs, NJ : Prentice Hall, 1971. ISBN 978-0130765055

Russell, Bertrand – *L'impatto della scienza sulla società*. Tradução de Giorgio Meineri. Revisão da Tradução de Carlos Nizzo. Roma : Newton & Compton, 2005. ISBN 9788854102989

Santos, Emerson Martins dos – O Estatuto Jurídico – Constitucional do Embrião Humano, com Especial Atenção para\ o concebido "in vitro". [Em linha]. *Revista Brasileira de Direito Constitucional*. ISSN 1678-9547. 12 (jul./dez. 2008) 55-101. [Consult. 10 jul. 2015]. Disponível em WWW:<URL:http://www.esdc.com.br/RBDC/RBDC-12/RBDC-12-055-Emerson_Martins_dos_Santos_(concepcao_in_ vitro).pdf>.

Silva, José Afonso da – *Curso de direito constitucional positivo*. 17.ª ed. São Paulo : Malheiros, 1999. ISBN 8574201502

Teixeira, Sálvio de Figueiredo – *Direito e medicina: aspectos jurídicos da medicina*. Belo Horizonte : Del Rey, 2000. ISBN 978-8573084313

Eugenia invertida em PMA: reflexões na bioética e no biodireito

DANIEL BLUME PEREIRA DE ALMEIDA[1]
VIVIANNE RODRIGUES DE MELO[2]

> O adulto que deseja ter um relacionamento feliz com seus filhos, ou dar-lhes uma vida feliz, deve refletir profundamente sobre a paternidade; e, depois de meditar, precisa agir com inteligência (Bertrand Russel)[3].

Sumário: Introdução. 1. Procriação medicamente assistida e DGPI em matéria de saúde. 2. A eugenia invertida: casos típicos em PMA. 3. Decisões parentais pela eugenia invertida: reflexos na bioética e no biodireito. 3.1. Reflexos na bioética. 3.2. Reflexos no Biodireito. Notas conclusivas. Referências.

Introdução

Em 2018, no aniversário de Louise Brown, primeira bebê de proveta do mundo, foram comemorados quarenta anos de sucesso da fertilização assistida, instrumento científico a serviço da reprodução humana.

[1] Advogado, Procurador do Estado do Maranhão, Conselheiro Federal da OAB, Presidente da Comissão de Direito Lusófono da OAB Nacional. Doutorando em Ciências Jurídicas pela Universidade Autónoma de Lisboa *Luís de Camões*. Endereço eletrônico: danielblume@gmail.com.

[2] Analista Judiciário do Tribunal Regional Eleitoral de Minas Gerais. Mestra e Doutoranda em Ciências Jurídicas pela Universidade Autónoma de Lisboa *Luís de Camões*. Endereço eletrônico: vivianne.melo@tre-mg.jus.br.

[3] Russell, Bertrand – *A conquista da felicidade*. Tradução de Luiz Guerra. Coleção Clássicos para Todos. Rio de Janeiro : Nova Fronteira, 2017, p. 136.

A fertilização *in vitro* (FIVETE ou FIV) é uma técnica realizada em laboratório, mediante acompanhamento de médicos e embriologistas, para viabilizar a reprodução em pacientes inférteis ou estéreis.

Após a paciente consultar o médico, realizar exames e receber diagnóstico e prognóstico, o especialista propõe um tratamento para estimulação ovariana, mediante uso de hormônios. Ao tempo certo colhe-se os óvulos produzidos, para posteriormente serem fertilizados extraútero, com os espermatozoides previamente coletados.

Os embriões maduros são transferidos para a cavidade uterina da paciente recetora, em quantidade que segue critérios normativos variáveis em cada país.[4] Assim como o esperma pode ser criopreservado, eventuais embriões excedentes e saudáveis também estão sujeitos à criopreservação.[5]

O planeamento familiar e o direito à constituição da família[6] incluem o direito de os pretendentes recorrerem às técnicas de procriação medi-

[4] O item 7 da Resolução n.º 2.168, de 10 de novembro de 2017, do Conselho Federal de Medicina do Brasil: assim dispõe: "Quanto ao número de embriões a serem transferidos, fazem-se as seguintes determinações de acordo com a idade: a) mulheres até 35 anos: até 2 embriões; b) mulheres entre 36 e 39 anos: até 3 embriões; c) mulheres com 40 anos ou mais: até 4 embriões; d) nas situações de doação de oócitos e embriões, considera-se a idade da doadora no momento da coleta dos oócitos. O número de embriões a serem transferidos não pode ser superior a quatro" (BRASIL. Conselho Federal de Medicina – *Resolução n.º 2.168, de 10 de novembro de 2017*. Adota as normas éticas para a utilização das técnicas de reprodução assistida – sempre em defesa do aperfeiçoamento das práticas e da observância aos princípios éticos e bioéticos que ajudam a trazer maior segurança e eficácia a tratamentos e procedimentos médicos –, tornando-se o dispositivo deontológico a ser seguido pelos médicos brasileiros e revogando a Resolução CFM n.º 2.121, publicada no D.O.U. de 24 de setembro de 2015, Seção I, p. 117. [Em linha]. São Paulo : DOU, 10 nov. 2017, Seção I, p. 73. [Consult. 17 set. 2019]. Disponível em WWW:<URL:https://sistemas.cfm.org.br/normas/visualizar/resolucoes/BR/2017/2168>).

[5] Dentro de limites etários estipulados pelos Conselhos e Ordens médicas é possível a doação de óvulos.

[6] "Art. 226. A família, base da sociedade, tem especial proteção do Estado [...]

§ 7º Fundado nos princípios da dignidade da pessoa humana e da paternidade responsável, o planejamento familiar é livre decisão do casal, competindo ao Estado propiciar recursos educacionais e científicos para o exercício desse direito, vedada qualquer forma coercitiva por parte de instituições oficiais ou privadas" (id. Presidência da República – *Constituição da República Federativa do Brasil de 1988*. [Em linha]. [Consult. 14 ago. 2019]. Brasília, 5 out. 1988. Disponível em WWW:<URL:http://www.planalto.gov.br/ ccivil_03/constituicao/constituicao.htm>).

camente assistida cientificamente disponíveis[7], para fins de realizarem o desejo de formar novos núcleos e de serem felizes em sua programação pessoal de vida.

Com o aprimoramento da procriação medicamente assistida e da moderna genómica, é possível a deteção de alterações genéticas pontuais no embrião, por meio do *screening* genético pré-implantacional (PGS). Trata-se de tecnologia de triagem citogenética embrionária, para subsidiar o diagnóstico genético pré-implantação (DGPI).

Nos casos clinicamente indicados[8], o resultado da análise genética embrionária tem como objetivo prático a realização de um aconselhamento genético não diretivo[9], seguido de uma "pré-seleção dos embriões a serem implantados, qualificando-os como de melhor qualidade e com maiores chances de desenvolvimento, após realizada a transferência para o corpo da mulher"[10].

Em regra, os necessitados da seleção embrionária buscam um filho saudável, sob o ponto de vista da constituição genética. Tribunais de diversos países são chamados a decidir lides que envolvem erros na prestação de serviços em procriação medicamente assistida. É o caso de uma escritora de renome internacional, que, após ter um filho portador de nanismo, ingressou com ação judicial em face de uma empresa dinamarquesa, administradora do banco de esperma comercializado.[11]

[7] Além da FIV, dentre outras, destaca-se: 1) injeção intracitoplasmática de espermatozoide, por meio da qual o espermatozoide é colocado diretamente dentro do óvulo; 2) inseminação intrauterina ou artificial, que consiste na preparação de espermatozoides capacitados a fertilizar e seu depósito na capacidade intrauterina.

[8] A exemplo dos abortamentos repetidos, idade reprodutiva avançada da mulher, doenças familiares e outros.

[9] A partir dos resultados dos exames, o médico ou o profissional da embriologia ou genética não produz propriamente um aconselhamento, mas sim uma orientação pautada no princípio da não diretividade, visto que a decisão informada cabe aos titulares do processo reprodutivo.

[10] Silva, Andressa Corrêa – *Reprodução assistida: da realização do projeto parental ao risco da mercantilização do ser humano.* Santa Cruz do Sul : Universidade de Santa Cruz do Sul, 2007. Dissertação de Mestrado, p. 83.

[11] SARAIVA, Jacqueline – Mulher processa banco de esperma após dar à luz um filho anão. *Metrópoles.* Mundo. [Em linha]. Brasília, 21 out. 2019. [Consult. 09 nov. 2019]. Disponível em WWW:<URL:https://www.metropoles.com/mundo/mulher-processa-banco-de-esperma-apos-dar-a-luz-um-filho-anao>.

Da parte de certas pessoas envolvidas no processo reprodutivo, registra-se, todavia, um interesse, ainda que diminuto, em embriões cujas características resultem em condições desfavoráveis de saúde.

Uma pesquisa realizada pelo Centro de Genética e Política Pública da Universidade John Hopkins, EUA, com estudo empreendido em 190 clínicas de reprodução medicamente assistida, detetou um percentual de 3% de pais interessados em seleção de embriões com deficiências físicas específicas.[12]

Pergunta-se: tais casos violam os princípios da Bioética e do Biodireito por serem contrários à eugenia?

1. Procriação medicamente assistida e DGPI em matéria de saúde

A procriação medicamente assistida (PMA) e a variada gama de recursos a ela associados constituem, insofismavelmente, instrumentos proporcionados pelas ciências biomédicas para a concretização do projeto reprodutivo.

Na lição de Ferraz, a liberdade reprodutiva, no planeamento familiar, representa o "princípio da liberdade nas relações familiares"; mas propriamente uma "liberdade responsável, posto que os indivíduos devem levar em consideração os direitos do filho que vai nascer, seus deveres para com eles e o bem comum"[13].

Rodrigues declara que "o nascimento de um filho é o maior empreendimento de um casal. Um filho pode representar realização em termos emocionais e sociais, já que simboliza fertilidade para a mulher e a masculinidade para o homem"[14]. Nos novos modelos familiares, o filho é igualmente um projeto de felicidade e de completude aos pais e mães que o almejam.

[12] SIQUEIRA, Dirceu Pereira; CURTI, Letícia Mársico – Eugenia, neogenia e bioética: aproximações e distanciamentos sob uma perspectiva jurídica de reconhecimento de direitos. *Direito em Debate*. Revista do Departamento de Ciências Jurídicas e Sociais da UNIJUÍ. 27:49 (jan./jun. 2018) 248-276, p. 257.

[13] FERRAZ, Ana Cláudia Brandão de Barros Correia – *Reprodução humana assistida e suas consequências nas relações de família*. Curitiba : Juruá, 2011, p. 81.

[14] RODRIGUES, Emilene Bueno – Os sentimentos de ter um filho com necessidades especiais: as representações sociais emergentes da mãe sob o enfoque do princípio da beneficência. In SGRECCIA, Elio (Org.) – *Manual de bioética: fundamentos e ética biomédica*. 4.ª ed. São Paulo : Loyola, 2014, p. 171.

Baseado no próprio conceito da Organização Mundial da Saúde (OMS)[15], Cintra assinala que se "trabalha com a ideia do contínuo aumento do bem-estar físico, mental e social dos indivíduos. Esse objetivo constitui uma espécie de ideal regular, utilizado para nortear o complexo de ações, decisões e procedimentos dotado na área da saúde"[16].

O processo gestacional é norteado por um desejo recorrente entre pais e familiares: a saúde gestacional envolve a simbiose materno-fetal. Deseja-se especial saúde à gestante, assim como também à criança. Que venha ao mundo igualmente com saúde. Que, nesta condição, a criança cresça e se desenvolva e a mãe se realize.

O diagnóstico genético pré-implantação (DGPI) é "um teste genético de embriões seguido de uma escolha qualitativa pré-implantação"[17]. O DGPI precede o assessoramento genético e é utilizado no âmbito da fertilização *in vitro*[18]. Para tais procedimentos, Pinto registra a essencialidade do mapeamento da estrutura do DNA, como vias identificadoras de "importantes dados como predisposições para doenças, localização dos genes responsáveis pelas enfermidades, determinação da função desses genes"[19].

[15] A Constituição da Organização Mundial da Saúde, de 22 de julho de 1946, dispõe que: "A saúde é um estado de completo bem-estar físico, mental e social, e não consiste apenas na ausência de doença ou de enfermidade [...] O desenvolvimento saudável da criança é de importância basilar; a aptidão para viver harmoniosamente num meio variável é essencial a tal desenvolvimento" (ORGANIZAÇÃO Mundial da Saúde – *Constituição.* [Em linha]. Nova York : OMS, 22 jul. 1946. [Consult. 23 set. 2019]. Disponível em WWW:<URL:http://www.direitoshumanos.usp.br/index.php/OMS-Organiza%C3%A7%C3%A3o-Mundial-da-Sa%C3%BAde/constituicao-da-organizacao-mundial-da-saude-omswho.html>).

[16] CINTRA, Guilherme – Saúde: direito ou mercadoria? In COSTA, Alexandre Bernardino [et al.] (Orgs.) – *O direito achado na rua. Introdução crítica ao direito à saúde.* Brasília : CEAD/UnB, 2008, p. 440.

[17] MELO, Vivianne Rodrigues de – *Responsabilidade civil médica pré-natal: reparação aos pais pelo nascimento comprometido.* Curitiba : Juruá, 2019, p. 37.

[18] "Este tipo de exame é muito requerido por casais que querem evitar o risco de transmissão de doenças hereditárias, especialmente, daquelas ligadas ao sexo. Caso se confirme alguma doença, os casais podem decidir pela não implantação do embrião no útero materno, poupando a mãe, inclusive, de riscos de uma possível interrupção de gravidez" (SÁ, Maria de Fátima Freire de – Bioética: impacto do projeto parental na escolha do filho. In CONGRESSO BRASILEIRO DE DIREITO DE FAMÍLIA, 5, Belo Horizonte, 2005 – *Família e Dignidade Humana.* Anais. São Paulo : IBDFam; IOB Thomson, 2006. Vol. 1, p. 663).

[19] PINTO, Lídia Souza de Paula – O acesso à informação genética para fins de diagnósticos e assessoramentos. In FIÚZA, César; SÁ, Maria de Fátima Freire de; NAVES, Bruno Torquato de

Por envolver informação, consentimento livre e esclarecido e autonomia da vontade dos pacientes, López salienta que "el 'consejo genético' supone un 'acto médico' ya que su finalidad puede ser de diagnóstico o predicción de enfermedades genéticas en donantes o embriones"[20].

Nas situações medicamente recomendáveis, os interessados podem buscar o aconselhamento genético para avaliar a saúde embrionária e, se for o caso, decidir pela seleção de embriões.

2. A eugenia invertida: casos típicos em PMA

O termo *eugenia*, que na aceção literal significa *bem nascido*, foi criado em 1883, pelo cientista Francis Galton, na obra *Inquiry into human faculty*, por influência do darwinismo. Ao longo dessa e de futuras pesquisas aprimoradas, Galton defendia, em suma, o aprimoramento da raça humana (sob o ponto de vista físico, intelectual e social), por meio da seleção natural, enquanto campo próprio da Biologia.

O pesquisador também se ocupou de investigar a hereditariedade como fator de transmissão de características, dons e comportamentos, socialmente aceitos ou mesmo criminógenos.

"Assim, a eugenia foi concebida como uma teoria da hereditariedade humana. Desse modo, o projeto científico da eugenia estava em perfeita consonância com a investigação biológica referente aos problemas da hereditariedade que estavam em curso na sua época"[21]. As dimensões da eugenia são explicadas por Pereira[22]:

Oliveira (Coord.) – *Direito Civil. Da autonomia privada nas situações jurídicas patrimoniais e existenciais. Atualidades II.* Belo Horizonte : Del Rey, 2007, p. 148.

[20] López, Pedro J. Femenía – Responsabilidade civil derivada del «consejo genético». In Pereira, André Dias; Doménech, Javier Barceló; Rosenvald, Nelson (Coords.) – Saúdes, novas tecnologias e responsabilidades. Nos 30 anos do Centro de Direito Biomédico. *Cadernos da Lex Medicinae.* Coimbra : Centro de Direito Biomédico, 2018, p. 424.

[21] Teixeira, Izabel Mello; Pereira Silva, Edson – História da eugenia e ensino da genética. *História da Ciência e Ensino. Construindo interfaces.* 15 (2017) 63-80, p. 66.

[22] Pereira, Ana Leonor – Eugenia em Portugal? *Revista de História das Ideias.* 20 (1999) 531-600, p. 586.

> Tal como a definição darwiniana de selecção natural, também a chamada ciência eugénica compreendeu uma dimensão positiva (preservação) e uma dimensão negativa (eliminação). Esta engenharia bio-social visava intervir nas taxas de fecundidade, aumentando a reprodução dos mais qualificados, sob o ponto de vista da hereditariedade física e mental e impedindo a reprodução dos menos qualificados. No seu conjunto, afirmava-se como sendo a verdadeira selecção artificial positiva, auxiliar ou substitutiva da selecção natural, para acelerar a evolução perfectibilista da espécie e, simultaneamente, para prevenir a ameaça de involução, decorrente do elevado índice de fecundidade dos mais fracos.

Mai e Angerami[23] informam que, a partir da moderna genómica, no século XXI, a eugenética negativa engloba ações científicas para a prevenção de doenças de cunho genético; já a eugenética positiva é voltada para a criação ou melhora das características físicas e intelectuais do ser que será gestado.

Em outubro de 2018, o biólogo russo Denis Rebrikov[24] noticiou à revista russa N+1 o início de seu novo projeto científico, por meio da utilização da técnica CRISPR-Cas9. Trata-se da edição de genes em óvulos doados por mulheres com audição normal, com o objetivo de compreender mutações genéticas (gene GJB2) que acarretam a surdez e de investigar como podem gerar filhos desprovidos da mutação casais portadores de deficiência auditiva.

A denominação "eugenia invertida, contra eugenia ou eugenia às avessas" é atribuída aos casos nos quais os pacientes envolvidos no processo reprodutivo recorrerem às técnicas de PMA, para ter filhos necessariamente portadores de deficiências pré-selecionadas pelos pais.

[23] MAI, Lilian Denise; ANGERAMI, Emília Luigia Saporiti – Eugenia negativa e positiva: significados e contradições. *Revista Latino-Americana de Enfermagem.* 14:2 (2006) 251-258. As autoras estabelecem a diferença entre eugenia negativa e positiva, ao cotejarem os séculos XX e XXI: "no início do século XX, eugenia positiva implicava em ações para estimular a boa reprodução; eugenia negativa em ações para limitar a má reprodução. Por outro lado, no início do século XXI, eugenética negativa implica em ações para prevenir doenças genéticas; eugenética positiva especula sobre criar ou melhorar características físicas e mentais do futuro ser".

[24] KARCHBORIAN, Pedro – Rússia está debatendo bebês por edição genética, mas por que isso importa? *Tilt.* [Em linha], São Paulo : UOL, 23 out. 2019. [Consult. 09 nov. 2019]. Disponível em WWW:<URL:https://www.uol.com.br/tilt/noticias/redacao/2019/10/23/super-humanos-por-que-a-russia-quer-tomar-dianteira-na-edicao-de-genes.htm>.

Em outras palavras, os pais, portadores ou não de algum tipo de deficiência, buscam a interferência do embriologista, com o objetivo de "produzirem"[25] um filho menos saudável, sob o ponto de vista da literatura médica.

Sanghavi[26] avalia que a busca pelo gene defeituoso se deve ao fato de que "algumas mães e pais não enxergam determinados distúrbios genéticos como deficiências, mas sim como uma forma de os filhos ingressarem numa cultura enriquecedora e compartilhada".

Duchesneau e McCullough é um caso paradigmático no estudo da chamada eugenia invertida. Sandra Duchesneau e Candy McCullough, par homoafetivo de americanas surdas de nascença, tinham como filha Jennifer, criança portadora de surdez severa, nascida por meio de doação de sêmen de um amigo surdo, com histórico familiar de surdez em diversas gerações.

Duchesneau e McCullough buscaram diversas clínicas de PMA nos Estados Unidos, com o objetivo de realizarem inseminação artificial, a partir de material genético de doador surdo, aumentando, assim, a probabilidade de gestação de filho com surdez.

As pretendentes não lograram êxito na procura, seja por não encontrarem o perfil pretendido, seja porque as clínicas rejeitaram o procedimento, por considerarem um método violador de princípios éticos. Diante do insucesso, a pretendida inseminação foi feita a partir de doação de sêmen do mesmo amigo para fertilizar Jennifer, primeira filha de Duchesneau e McCullough.

Nasceu, então, o menino Gauvin McCullough, portador de surdez ultrassevera. O evento despertou atenção da comunidade científica e o externar de opiniões diversas de médicos, embriologistas, bioeticistas e juristas. A polêmica foi agravada com a recusa de Duchesneau e McCullough em adquirirem um aparelho auditivo para auxiliar o pequeno Gauvin no processo de entendimento básico da fala.

Féo e Vieira compreendem o caso Duchesneau e Mccullough como um exemplo de eugenia invertida, quando assim refletem: "Trata-se de egoísmo?

[25] Expressão que utilizamos para enfatizar a ideia de uma situação forçada, para aumentar a chance de terem um filho com alguma condição especial, ainda que por meio de um procedimento simples de inseminação artificial.

[26] SANGHAVI, Darshak M. – Pais usam genética para escolher filhos com defeito. *G1*. Ciência e Saúde. [Em linha]. São Paulo: Globo.com, 12 dez. 2006. [Consult. 29 set. 2019]. Disponível em WWW:<URL:<http://g1.globo.com/Noticias/Ciencia/0,,AA1382608-5603,00-PAIS+USAM+GENETICA+PARA+ESCOLHER+FILHOS+COM+DEFEITO.html>.

A recusa destas mães em tratar um filho surdo é causar-lhe mal: Qual a finalidade do diagnóstico pré-natal? Qual a finalidade da medicina?"[27]

Outros casos também são documentados na literatura, a exemplo de pais portadores de um tipo de acondroplasia, que pretendem gerar filhos com a mesma condição e, para tanto, recorrem à PMA. Popularmente conhecida por nanismo, fruto de uma variação no gene FGFR3, diretamente ligado ao crescimento e desenvolvimento de ossos e cartilagens, a acondroplasia é uma condição genética imposta por herança autossómica dominante.[28]

3. Decisões parentais pela eugenia invertida: reflexos na bioética e no biodireito

No campo temático da eugenia invertida, investiga-se os desdobramentos do desejo ou da decisão dos pais na Bioética e no Biodireito, enquanto saberes que cientificamente se conectam.

O filósofo e bioeticista Savulesu[29] é autor do princípio da beneficência procriativa: "selecionar o melhor filho possível dentre os possíveis filhos", o que significa dizer que no DGPI e no aconselhamento genético as escolhas reprodutivas dos pais devem mirar as melhores condições de vida da prole, planeamento que envolve também a saúde do ser gestado.

Os pais que elaboram as escolhas reprodutivas consideradas como eugenia invertida justificam suas ações em três argumentos básicos: 1) as características que desejam perpetuar no filho perfazem uma "condição" e não tecnicamente uma "doença"; 2) a condição desejada (surdez, acondroplasia e outras) permite que o ser humano integre uma comunidade cultural que não pode ser extinta com o tempo (a comunidade dos surdos e a comunidade dos anões, por exemplo) e que deve ser preservada; 3) maior facili-

[27] Féo, Christina; Vieira, Tereza Rodrigues – Eugenia e o direito de nascer ou não com deficiência: algumas questões em debate. In Vieira, Tereza Rodrigues (Org.) – *Ensaios de Bioética e Direito*. 2.ª ed. Brasília : Consulex, 2012. p. 53-92, p. 64.

[28] Em termos práticos, o indivíduo portador do nanismo tem 50% de chance transmitir ao filho a mesma condição genética.

[29] Savulescu, Julian – In defence of Procreative Beneficence. *Journal of Medical Ethics*. 33:5 (May 2007) 284-288.

dade na educação e desenvolvimento da criança "diferente"[30], se gerada com características semelhantes aos pais.

Ao singrar os mares da Bioética e do Biodireito, cumpre listar ricas opiniões de diversos autores, a respeito de tema tão complexo.

3.1. Reflexos na bioética

Aprioristicamente, concordamos com Meirelles que "a Bioética propõe limites à biotecnologia e à experimentação e à vida da pessoa humana como *prius* sobre qualquer valor"[31].

Os pais, enquanto seres sencientes, são alcançados por princípios bioéticos? Pensamos que, naturalmente, os pais devem orientar suas ações segundo os princípios da responsabilidade, da precaução, da não maleficência e da alteridade no projeto reprodutivo.

Ferreira sustenta que o processo reprodutivo, que pode envolver o aconselhamento genético, deve mirar-se no princípio da responsabilidade, vez que as ações de hoje repercutem nas futuras gerações: "A decisão de ter ou não uma prole, de alterar traços genéticos, ainda que probabilisticamente negativos, ultrapassa um ideal de melhoria humana aceitável de maneira pacífica"[32].

Os bioeticistas Beauchamp e Childress[33] enunciam que as seguintes regras morais integram o princípio da não maleficência: "2. Não causar dor ou sofrimento a outros; 3. Não causar incapacitação a outros [...]; 5. Não despojar outros dos prazeres da vida".

[30] Sem conotação moral, a palavra *diferente* é utilizada para qualificar a criança nascida a partir de PMA e de seleção genética, de forma a prevalecer condições que não são corriqueiras, a exemplo da acondroplasia, da hipoplasia etc.

[31] Meirelles, Jussara Maria Leal – Bioética e Biodireito. In Barboza, Heloísa Helena; Barreto, Vicente de Paula (Orgs.) – *Temas de Biodireito e Bioética.* Rio de Janeiro : Renovar, 2001. p. 85-97, p. 90.

[32] Ferreira, João Bosco Dutra – Autonomia privada e aconselhamento genético – a prudência entre a potência e o ato: estudos de casos. In Fiuza, César Fiuza; SÁ, Maria de Fátima Freire de; Naves, Bruno Torquato de Oliveira (Coords.) – *Direito Civil: Atualidades IV. Teoria e Prática no Direito Privado.* Belo Horizonte : Del Rey, 2010. p. 47-70, p. 55.

[33] Beauchamp, Tom L.; Childress, James F. – *Princípios de Ética Biomédica.* 3.ª ed. São Paulo : Loyola, 2002, p. 214.

Morais[34] compreende que o princípio da precaução repousa em sólida base ético-normativa e está ligado aos princípios clássicos da Bioética (autonomia, beneficência, não maleficência e justiça), exatamente pela essência de "impedir que ocorram ao meio ambiente e à saúde de seres humanos danos que venham a ser considerados moralmente inaceitáveis"[35].

Diante dos avanços da biotecnologia e da genética, o princípio da não maleficência impõe o dever de não causar o mal, de não causar danos (*primum non nocere*).

A nosso ver, a alteridade também figura como um princípio ético de suma importância nas ações relacionadas à procriação medicamente assistida. Parece haver um dever natural dos pais de pensar na "representação do outro" (levando em conta que o embrião ainda não foi implantado), para efetivar decisões no projeto reprodutivo. Objetivamente, as decisões parentais devem ser éticas e harmonizadas com a seguinte reflexão: "se eu fosse viver a vida para meu filho com as características que pretendo para ele, como eu me sentiria?"

A filosofia de Emmanuel Lévinas, nos ensaios sobre a alteridade, é sedimentada no amor e em uma responsabilidade infinita com o próximo, conforme destacado excerto: "a proximidade do próximo é a responsabilidade do eu por um outro [...] Quando o eu ético se porta generosamente em relação ao outro, quando se responsabiliza com o outro, opera-se o acontecimento ético que o pensador denomina 'encontro do rosto de outrem'"[36].

Neves interpreta o princípio da beneficência procriativa como a "obrigatoriedade moral de os pais recorrerem a todas as biotecnologias disponíveis para produzirem crianças que disponham, de origem, o máximo de hipóteses para desfrutar a melhor vida possível"[37].

Melo destaca que a conceção de normalidade e de filho perfeito norteia a mundividência do intérprete e nesta exegese é possível incluir os interessados na "escolha" reprodutiva, como o caso das mães e pais.[38]

[34] MORAIS, Jucemar da Silva – O princípio da precaução como um princípio bioético em face dos avanços biotecnológicos. *Revista Jurídica*. Libertas Faculdades Integradas. 1:1 (2011) 1-5.

[35] LÉVINAS, Emmanuel – *Entre nós. Ensaios sobre a alteridade*. Petrópolis : Vozes, 2004, p. 238.

[36] LÉVINAS, Emmanuel – *Entre nós. Ensaios sobre a alteridade*. Petrópolis : Vozes, 2004, p. 269.

[37] NEVES, Maria do Céu Patrão – *O Admirável horizonte da bioética*. Lisboa : Glaciar, 2016, p. 111.

[38] MELO, Maria Helena Pereira de – *Manual de Biodireito*. Coimbra : Almedina, 2008, p. 213.

No famoso caso McCullough e Duchesneau, as mães do menino Gauvin pretendiam ter mais um filho com surdez. Para elas a surdez não é vista como uma doença ou um empecilho, e sim como uma condição de vida perfeita. Assim, a escolha de um doador surdo parecia ser fundamental para a manutenção de uma espécie de "unidade familiar".

A surdez é um elemento de aproximação que perfaz a história de McCullough e Duchesneau, no planeamento familiar assentado em noção de surdez como cultura. As mães do pequeno Gauvin compreendem a surdez como condição própria de uma cultura muito particular com a qual guardam total afinidade e estado de pertencimento. Para McCullough e Duchesneau, o surdo faz parte da comunidade surda[39] que deve ser preservada.

Observa-se ainda que o nascimento de um filho ouvinte parecia ser um fator de dificuldade ou conflito de adaptação e educação, em uma realidade linguística jamais experienciada por McCullough e Duchesneau.[40]

A partir da evolução e a popularização das técnicas de procriação medicamente assistida, "a comunidade surda foi levada a questionar a permanência de sua condição ou o término da mesma, como a possibilidade de utilização de técnicas médicas que atuam sobre a potencialidade do nascimento de crianças surdas, por exemplo"[41].

Por razões congêneres às dos pais surdos, há portadores de nanismo acondroplasia que compreendem as mutações do gene FGFR3 como uma

[39] "Portanto, se o aconselhamento genético de alguma forma carrega traços de uma 'eugenia individualizada' devido a sua inter-relação com subjetividades neoliberais que investem em si e voluntariamente administram riscos, encontramos, no caso dos surdos, um exemplo localizado mas significativo de contra subjetivação. São operações como essa, de produções de "curtos-circuitos" e de alteração do modo de funcionamento da tecnologia a partir de ações sobre o mecanismo intrínseco à própria tecnologia, que parecem caracterizar os movimentos de cidadania biológica ou genética" (Paula, Bruno Lucas Saliba de – Política mutante: biossociabilidade e cidadania biológica. In Congresso Brasileiro De Sociologia, 8, Brasília, 26-29 jul. 2017. Grupo de Trabalho 24: *Ciência, Tecnologia, Inovação e Desenvolvimento Política mutante: biossociabilidade e cidadania biológica*. Anais. Brasília : Universidade de Brasília, 2017. p. 1-15, p. 13).

[40] Assim como os pais ouvintes expressam dificuldade em educar ou auxiliar o desenvolvimento de uma criança não ouvinte.

[41] Gediel, Ana Luiza – Saúde e doença: os significados de família e reprodução das mulheres surdas de Porto Alegre. In Seminário Fazendo Gênero, 9, Florianópolis, 23-26 ago. 2010. *Diásporas, Diversidades, Deslocamentos*. Anais. Florianópolis : Universidade Federal de Santa Catarina, 2010. p. 1-9, p. 5.

característica que perfaz uma cultura que desejam perpetuar nas próximas gerações da família.

No exercício da medicina genética, Zatz revela ter acompanhado casais portadores de acondroplasia do tipo nanismo, com interesse em ter exclusivamente filhos na mesma condição:

> Para quem tem audição ou estatura normais parece um absurdo. Teríamos sido rejeitados por esses pais. Embora não aprove, é claro, consigo entender o ponto de vista deles. É muito mais fácil para um casal deficiente auditivo comunicar-se com alguém que também não ouve ou para pessoas de baixa estatura construir uma casa onde todos são igualmente anões. E, se esses casais querem ter filhos semelhantes a eles, isso é muito positivo. Significa que estão bem adaptados e felizes em serem diferentes. Mas impor isso a seus filhos é outra história...[42]

Observa-se, todavia, um conflito por vezes paradoxal entre os valores culturais dos envolvidos no projeto parental e a medicalização daquilo que se compreende como mutação gênica e enfermidade.

Parte expressiva da comunidade médica descredencia a realização de procedimentos direcionados para a geração (ou a manipulação) de uma vida deficiente.

Diniz argumenta a necessidade de uma discussão social ampla do tema que não compatibiliza medidas contraditórias:

> É possível, portanto, reconhecer a irresponsabilidade dos futuros pais membros de comunidades Surdas em preferir embriões surdos em nome de seus referenciais culturais, mas isso não significa que devamos impedi-los de tomar essas decisões. A passagem do julgamento de um ato para sua proibição moral somente deve ser percorrida após um longo e exaustivo debate público, não esperando que seja possível atingir o consenso sobre esse tema. Antes disso, é preciso que se discuta amplamente como as decisões genéticas dos futuros pais podem expandir ou limitar as possibilidades de expressão futuras de seus filhos e quais devam ser, se é que podem existir, as restrições para o exercício da autonomia reprodutiva. A importância de um debate como este é o de garantir a pluralidade

[42] ZATZ, Mayana – *GenÉtica. Escolhas que nossos avós não faziam.* São Paulo : Globolivros, 2012, p. 41.

de argumentos e valores, muito embora a saída para um conflito moral dessa natureza implique necessariamente a coação de uma das partes discordantes.[43]

Há quem advogue, no entanto, a necessidade de impor limites às escolhas individuais em projetos parentais do género.

> No caso de Sharon e Candace passamos porém um outro limite: concedeu-se a alguém o direito de conceber de forma premeditada um ser humano deficiente (não tenhamos medo das palavras: a surdez é uma deficiência grave, não constitui qualquer "identidade" politicamente correcta). Mais: estamos perante um caso de instrumentalização da reprodução assistida para criar uma criança com um "handicap" físico o que, como nos disseram médicos portugueses, não só é eticamente reprovável, como é ilegítimo. Chamaram-lhe mesmo "aberração", e com razão: alguém que não pediu para nascer, nasce deliberadamente deficiente, nasce porque não respeitaram um seu direito fundamental: o de ser, apenas, uma criança normal.[44]

Trazemos à colação as reflexões de Barbas:

> E não será de questionar: os filhos se sentirão concebidos e gerados, mas produzidos, fabricados, frutos de uma encomenda à Ciência? No seu íntimo, frustrados porque no fundo de uma encomenda a liberdade foi invadida? Será correcto a criança poder sentir que não é amada por si mas pelas suas características que previamente foram ou não selecionadas pelos pais e proporcionadas pelos genes? E quem garante que os filhos venham a gostar das características que os pais escolheram ou não para eles?[45]

[43] DINIZ, Débora – Autonomia reprodutiva: um estudo de caso sobre a surdez. *Cadernos de Saúde Pública*. 19:1 (jan./fev. 2003) 175-181, p. 180.

[44] FERNANDES, José Manuel – Limites das escolhas individuais. *Ciência Viva*. [Em linha]. Lisboa, 15 abr. 2002. [Consult. 27 set. 2019]. Disponível em WWW:<URL:<http://www.cienciaviva.pt/ imprensa/getmediaitem.asp?accao=get&id_media_artigo=43>.

[45] BARBAS, Stela Marcos de Almeida Neves – *Direito do Genoma Humano*. Lisboa : Almedina, 2007, p. 304.

Pelo risco de incidirem em eugenia invertida, acreditamos que não seja ilimitada a autonomia dos pais no projeto reprodutivo.[46] Todas as normativas que desfiam deveres deontológicos estabelecem o dever de preservação ética nos procedimentos de saúde.

3.2. Reflexos no biodireito

A prática eugenia invertida na reprodução assistida desagua também no Biodireito.

Primeiramente, independentemente da teoria que se advogue a respeito da aquisição da personalidade jurídica do indivíduo (conceicionista, natalista ou da personalidade condicional), resta a seguinte reflexão: os pais podem determinar o amanhã dos filhos, a ponto de lhes prejudicar a saúde, a convivência social ou de lhes privar do acesso a certos bens culturais?

Particularmente somos adeptos à corrente conceicionista ou biológica, que sustenta haver vida desde o momento da conceição: "o feto deve ser considerado geneticamente único, irrepetível e autónomo"[47].

A jurisprudência do Superior Tribunal de Justiça brasileiro tem firmado entendimento sobre a "proteção conferida pelo sistema jurídico à vida intrauterina, desde a conceição, com fundamento no princípio da dignidade da pessoa humana"[48], o que garante, inclusive, o direito à indenização por eventuais danos morais.

[46] "Ainsi, pour l'éthique de responsabilité, de manière limitée et sous certaines conditions, la liberté de la femme doit primer sur la vie de l'embryon et celle du malade sur l'obligation de soins du médecin" (Bottilo, Daniel – *Bioéthique*. Paris : Dalloz, 2011, pp. 03-04).

[47] Barbas, Stela Marcos de Almeida Neves – *Direito ao património genético*. Coimbra : Almeida, 2006, p. 74. A teoria conceicionista atribui personalidade jurídica ao "embrião não implantando, no momento da concepção" (Borges, Janice Silveira – Dignidade do ente por nascer. In Fiuza, César; SÁ, Maria de Fátima Freire de; Naves, Bruno Torquato de Oliveira – *Direito Civil. Princípios jurídicos no direito privado. Atualidades III*. Belo Horizonte : Del Rey, 2009. p. 87-115, p. 105).

[48] BRASIL. Superior Tribunal de Justiça – *Recurso Especial n.º 1.120.676/SC*. Processo 2009/0017595-0. [Em linha]. Relator: Ministro Massami Uyeda. Relator para Acórdão: Paulo de Tarso Sanseverino. Julgamento: 7 fev. 2010. Órgão Julgador: Terceira Turma. Publicação: DJe, 4 fev. 2011; Revjur, vol. 400, p. 255; RSTJ vol. 221, p. 557; RT vol. 907, p. 537. [Consult. 09 nov. 2019]. Disponível em WWW:<URL:https://scon.stj.jus.br/SCON/jurisprudencia/toc.jsp?livre=200900175950.REG.>.

No REsp n.º 1415727[49] o Relator Ministro Luís Felipe Salomão fala sobre os direitos do nascituro, harmonizados com a Constituição Federal brasileira e com o novo Código Civil: "Reconhecem-se, corriqueiramente, amplos catálogos de direitos não patrimoniais ou de bens imateriais da pessoa – como a honra, o nome, imagem, integridade moral e psíquica, entre outros".

Adorno alega que, independentemente da natureza jurídica, o embrião deve ser presumido como pessoa. Para o citado filósofo, ao embrião é aplicado o princípio *in dubio pro pessoa*, nas diversas situações éticas e jurídicas que impõem o exercício do bom senso, da condução gestacional respeitosa, sem instrumentalização de uma vida que é autônoma.[50]

Pardal assevera que, conquanto não venha a ser classificada como doente, a criança portadora de deficiência auditiva, quando submetida a um contexto de médico, reabilitação, desde tenra idade, fica exposta, a ponto de se sentir diferente de outras crianças.[51]

Paiva e Silva registram ser comumente conflitante o processo de socialização de criança surda com pais ouvintes: "A criança surda que nasce em um meio ouvinte enfrenta, desde o nascimento, uma rede de construções identificatórias, prefiguradas pelas expectativas de seus pais, os quais, é natural, desejam que ela também seja ouvinte"[52].

Féo e Vieira afirmam que "as técnicas de reprodução assistida devem ser utilizadas para o bem-estar do ser humano e não para podar suas chances de ter uma vida saudável e sem limitações"[53].

[49] Id. – *Recurso Especial n.º 1.415.727/SC*. Processo 2013/0360491-3. [Em linha]. Relator: Luís Felipe Salomão. Julgamento: 15 out. 2014. Quarta Turma. Publicação: DJe, 30 out. 2014; RMDCPC, vol. 62, p. 123. [Consult. 09 nov. 2019]. Disponível em WWW:<URL:https://scon.stj.jus.br/SCON/ jurisprudencia/doc.jsp>.

[50] ADORNO, Roberto – Los princípios de la bioética. In TEIXEIRA, Ana Carolina Brochado; DADALTO, Luciana (Coords.) – *Dos hospitais aos tribunais*. Belo Horizonte : Del Rey Editora, 2013. p. 29-48, p. 46.

[51] PARDAL, Alice – Abordagem psicológica e comportamental. In NUNES, Rui (Coord.) – *Perspectivas na integração da pessoa surda. Serviço de Bioética e Ética Médica. Serviço de Bioética e Ética Médica*. Coimbra : Coimbra, 2000. p. 107-130, p. 116.

[52] PAIVA E SILVA, Angélica Bronzatto; PEREIRA, Maria Cristina da Cunha; ZANOLLI, Maria de Lurdes – Mães ouvintes com filhos surdos: concepção de surdez e escolha da modalidade de linguagem. *Psicologia: Teoria e Pesquisa*. 23:3 (jul./set. 2007) 279-286, pp. 279-280.

[53] FÉO, Christina; VIEIRA, Tereza Rodrigues – Eugenia e o direito de nascer ou não com deficiência: algumas questões em debate. In VIEIRA, Tereza Rodrigues (Org.) – *Ensaios de Bioética e Direito*. 2.ª ed. Brasília : Consulex, 2012. p. 53-92, p. 65.

A imposição de uma vida especial ou com limitações socialmente consideradas um fator de dificuldades para a criança viola o princípio da dignidade da pessoa humana.[54] Na avaliação de Melo[55], a seleção de genes constitui um problema que tangencia os planos da dignidade, da liberdade e da responsabilidade.

Neves rechaça a aplicação do princípio ético da autonomia na procriação medicamente assistida, por ser inconciliável com a dignidade do filho, o qual, como ser humano, é um fim em si mesmo (e não um objeto das pretensões dos pais). Logo, em condição vulnerável, o embrião deve ser eticamente protegido, com fulcro na solidariedade e na mínima responsabilidade para com o ser humano (ou com o ser humano em potencial).[56]

A exemplo de Diniz, há quem defenda que os "embriões pré-implantados ou os nascituros têm direito à reparação do dano moral causado em fase de diagnóstico pré-natal e por transmissão de doenças pelos pais via concepção"[57].[58]

Para Raposo, os pais têm um dever ético de não tomar decisões reprodutivas que acarretem uma vida mais penosa ao filho, assim comparada a condições naturais de saúde existentes sem a intervenção paternal. Da mesma

[54] No mesmo sentido, Diniz defende que o embrião e o nascituro recebem a proteção constitucional de direitos, desde a conceição, por reconhecer a existência de vida autônoma, independente da mãe (Diniz, Maria Helena – *O estado atual do Biodireito*. 9.ª ed. São Paulo : Saraiva, 2014, pp. 149-150). Ángel Pelayo González-Torre declara que "El derecho se plantea ya no solo el tema de los derechos de la persona ante la actuación sanitaria, sino la reconsideración misma de la idea de persona ante las posibilidades de los progresos científicos" (González-Torre, Ángel Pelayo – Bioética, bioderecho y biopolítica. Una aproximación desde España. *Criterio Jurídico Garantista*. 3:6 (jan./jun. 2012) 12-35, p. 25).

[55] "Dignidade porque é imperioso assegurar o respeito pela eminente dignidade de todo o ser humano enquanto expressiva do valor absoluto que é inerente à pessoa pelo simples facto de ser pessoa, de ser um ser livre, único e irrepetível [...] Liberdade dos pais em optarem por ter ou por não ter filhos e respeito pela liberdade dos filhos enquanto sujeitos autónomos e não simples objectos passíveis de um direito de propriedade de outrem [...] Responsabilidade, perante as gerações de hoje e sobretudo perante as de amanhã – porque neste 'decidir deixar viver ou morrer', está implícito um controlo da evolução do próprio ser humano, cujas consequências, a longo prazo, são imprevisíveis" (Melo, Maria Helena Pereira de – *Manual de Biodireito*. Coimbra : Almedina, 2008, pp. 214-215).

[56] Neves, Maria do Céu Patrão – *O Admirável horizonte da bioética*. Lisboa : Glaciar, 2016, p. 111.

[57] Diniz, Maria Helena – *O estado atual do Biodireito*. 9.ª ed. São Paulo : Saraiva, 2014, pp. 151-156.

[58] Questão igualmente tratada em Melo, Maria Helena Pereira de, op. cit.

forma, a mencionada autora defende um dever médico de não realizar a transferência deliberada de embriões com a saúde comprometida.[59]

Por outro lado, Leite expõe outra vertente e denomina como "libertários" os críticos que defendem a autonomia reprodutiva plena dos pais, em relação ao que reputam melhor para os "bebês projetados ou sob medida", cuja gestação foi incrementada com as técnicas de PMA e com o DGPI.[60]

O autor inclusive traz à baila que a polêmica no campo da bioética foi tão grande, a ponto de passar quase despercebida, que, no caso McCullough, as duas gestações se deram a partir de inseminação artificial, método de baixa tecnologia.

Notas conclusivas

Os recursos em procriação medicamente assistida estão a serviço do projeto reprodutivo e do livre planeamento familiar, que incluem as técnicas reprodutivas e o diagnóstico pré-conceptivo e pré-implantacional.

O estudo evidenciou a existência de pais que procuram recorrer à PMA e/ou a exames e ao aconselhamento genético, com objetivo de concretizar o desejo de ter um filho com alguma condição considerada especial, sob o ponto de vista da saúde. Os casos mais recorrentes que ilustram tais iniciativas reprodutivas incluem a pretensão de filhos portadores de surdez ou de nanismo.

Não há dúvidas de que pais surdos ou acondroplásicos têm mais facilidade de criar uma prole em iguais condições. Ora, o nascimento de filhos

[59] RAPOSO, Vera Lúcia – Bons pais, bons genes?... Deveres reprodutivos no domínio da saúde e procreative beneficence. In PEREIRA, André Dias; DOMÉNECH, Javier Barceló; ROSENVALD, Nelson (Coords.) – Saúdes, novas tecnologias e responsabilidades. *Cadernos da Lex Medicinae*. 2:4 (2018) 471-483, p. 472. Na lição da autora, "os deveres reprodutivos não minam a dignidade humana, pelo contrário, não cumprir um dever reprodutivo que iria poupar o futuro filho (e a descendência futura) à doença e à dor é que violaria a dignidade humana" (ibid., p. 473).

[60] LEITE, Marcelo – Recombinação assistida. Novos testes e possibilidades abertos pelas biotecnologias embaralham meios e fins da reprodução humana. *Folha de S.Paulo*. Ciência. [Em linha]. São Paulo, 15 jan. 2006. [Consult. 26 out. 2019]. Disponível em WWW:<URL:https://www1.folha.uol.com.br/ fsp/ciencia/fe1501200601.htm>.

ouvintes ou com estatura normal é seguramente um fator de dificuldades adaptativas aos pais em questão.

Ao nosso sentir, a seleção genética ou a busca por clínicas de PMA, guiadas pelo desejo de um embrião considerado não saudável, resulta em eugenia invertida. O projeto reprodutivo e o direito fundamental ao livre planeamento familiar não têm sustentáculo em uma liberdade ilimitada, pois são refreados pelo mínimo da eticidade e da dignidade.[61]

Aplicar a eugenia invertida para a produção de embriões propositalmente acometidos de mutações genéticas – social e genericamente compreendidas e tratadas como doenças – pode ser interpretado como impor uma vida artificial ou tentar "driblar o destino" e a natureza de um "ser em potencial", que é naturalmente vulnerável.[62]

Em uma sociedade na qual se critica frequentemente a corrida, por vezes tão insensata, para a produção de "super-heróis" em laboratórios[63], cujos pais inclusive chegam a ostentar sedutoras propagandas do filho tipo "esportista campeão", fazemos coro de que os abusos não devem ser tolerados. Dessa forma, acreditamos que os pais não têm o direito de impor um destino ou de condicionar uma vida de limitações a partir de projetos que fazem parte de uma experiência unicamente pessoal.

A autonomia reprodutiva dos pais não é, pois, ilimitada. Defendemos uma liberdade responsável, fundada em um compromisso ético, que exclui a seleção genética voltada para uma condição de saúde social e culturalmente comprometida. Ora, uma questão é a obra da natureza criar uma vida especial; outra questão é quando os pais, munidos de recursos da moderna

[61] Independente das teorias da aquisição de personalidade jurídica dos indivíduos.

[62] "Ao versar sobre o caso Duchesneau e McCullough, Morais defende que, "Não obstante, a tutela de identidade cultural que represente, na ordem cultural vigente, relevante perda em relação à integridade psicofísica não pode abranger terceiros, especialmente quando se trata de crianças e adolescentes, os quais merecem concreta proteção por parte da ordem jurídica, principalmente quando a ameaça vem de quem os deve proteger" (Moraes, Maria Celina Bodin de – *Danos à Pessoa Humana. Uma Leitura Civil-Constitucional dos Danos Morais*. Rio de Janeiro : Renovar, 2009, p. 87).

[63] Dá o nome de eutelegênese à ampliação das oportunidades reprodutivas para a criação de 'exemplares perfeitos' da espécie humana, teoria criada por Hermann Joseph Müller, geneticista norte-americano e ganhador do prêmio Nobel em 1946 (cf. Vignoli, Eduardo Torres – *Planejamento familiar no Brasil: abordagens constitucionais, omissões institucionais e equívocos na intimidade*. Belo Horizonte : Pontifícia Universidade Católica de Minas Gerais, 2006. Dissertação de Mestrado, p. 233).

genómica, atuam com determinismo para manipular uma vida em potencial, cujas condições podem ser desfavoráveis ao futuro ser humano.

Apesar de alguns surdos ou acondroplásicos sustentarem que é uma condição cultural que não pode ser perdida (a comunidade dos surdos e a comunidade dos anões), a própria Classificação Internacional de Doenças, a literatura médica e a legislação[64] identificam a surdez ou a acondroplasia, nanismo, como enfermidades genéticas limitantes.[65]

A PMA deve ser conduzida segundo a regra da "beneficência procriativa" e os princípios da responsabilidade, da precaução, da não maleficência e da alteridade, vetores que não autorizam os pais ou as ciências biomédicas a coisificarem a vida humana ou condicionarem a vida de um ser humano.

Determinar que o filho nasça surdo ou que atinja o máximo de 1,40m (homem) ou 1,35m (mulher) é uma imposição antinatural que pode ser interpretada como de finalidade egoística. Impor a surdez é interferir na possibilidade de conviver em um mundo que é naturalmente ouvinte; é não permitir que o ser humano escute as quatro estações de Vivaldi, uma palestra, o "eu te amo" ou o gorjear dos pássaros; é afastar alguém de um processo

[64] "Art. 2º Considera-se pessoa com deficiência aquela que tem impedimento de longo prazo de natureza física, mental, intelectual ou sensorial, o qual, em interação com uma ou mais barreiras, pode obstruir sua participação plena e efetiva na sociedade em igualdade de condições com as demais pessoas.
§ 1º A avaliação da deficiência, quando necessária, será biopsicossocial, realizada por equipe multiprofissional e interdisciplinar e considerará:
I – os impedimentos nas funções e nas estruturas do corpo;
II – os fatores socioambientais, psicológicos e pessoais;
III – a limitação no desempenho de atividades; e IV – a restrição de participação" (BRASIL. Presidência da República – *Lei n.º 13.146, de 06 de julho de 2015.* Institui a lei brasileira de inclusão da pessoa com deficiência (Estatuto da Pessoa com Deficiência). [Em linha]. Brasília : DOU, 7 jul. 2015. [Consult. 12 nov. 2019]. Disponível em WWW:<URL:http://www.planalto.gov.br/ccivil_03/_ato2015-2018/2015/lei/ l13146.htm>).

[65] Em uma de suas entrevistas, Solomon narra a experiência de entrevistar Laura Rothenberg, jovem acometida de fibrose cística, que escreveu o livro de memórias *Breathing for a Living*, a partir daquela condição limitante. Segundo o escritor, "Laura não se via como saudável e gostaria de se curar – não por rejeitar essa parte de si mesma, mas porque queria se sentir bem e viver muito tempo. Seu estado de saúde se agravou e ela morreu aos 22 anos" (SOLOMON, Andrew – Crianças já não me entristecem. A paternidade na vida de um casal gay. Questões afetivas. *Revista Piauí.* Folha de S.Paulo. UOL. [Em linha]. 83 (ago. 2013). [Consult. 12 nov. 2019]. Disponível em WWW:<URL:https://piaui.folha.uol.com. br/materia/criancas-ja-nao-me-entristecem/>).

comunicativo que inclui a audição como sentido natural. Impor o nanismo é criar dificuldades para uma pessoa conviver em sociedades que não têm como criar condições ideais de adaptação; é como fazer alguém passar os apuros de Gulliver em Glumdalclitch.

Nos termos do art.º 8º da Declaração Universal do Genoma Humano e dos Direitos Humanos, "todo indivíduo terá o direito, segundo a lei internacional e nacional, à justa reparação por danos sofridos em consequência direta e determinante de uma intervenção que tenha afetado seu genoma"[66].

No campo do direito, embrião e feto recebem especial proteção, haja vista o mínimo jurídico da dignidade. A imposição antinatural de uma vida com a saúde comprometida pode conduzir à reflexão sobre a plausibilidade de pais e clínicas serem responsabilizados, em sede de *Wrongful Actions*.

A respeito das decisões parentais de cunho familiar, Lewcki[67] defende que o interesse das crianças inclui "o de não ser o produto de opções e preferências de outras pessoas, ainda que estes terceiros sejam os seus pais".

Assim sendo, salvo melhor juízo, o Biodireito é um caminho para estabelecer limitações a aspetos que são objeto da Bioética, sob pena de instrumentalização egoística da vida humana.[68]

Referências

Adorno, Roberto – Los princípios de la bioética. In Teixeira, Ana Carolina Brochado; Dadalto, Luciana (Coords.) – *Dos hospitais aos tribunais*. Belo Horizonte : Del Rey Editora, 2013. ISBN 9788538402947. p. 29-48.

[66] Organização Das Nações Unidas – *Declaração Universal do Genoma Humano e dos Direitos Humanos*. Adotada pela Conferência Geral da Organização das Nações Unidas para a Educação, Ciência e Cultura (UNESCO) na sua 29.ª sessão. [Em linha]. Paris : ONU, 11 nov. 1997. [Consult. 27 out. 2019]. Disponível em WWW:<URL:<http://www.ghente.org/ doc_juridicos/dechumana.htm>.

[67] Lewcki, Bruno – O homem construtível: responsabilidade e reprodução assistida. In Barboza, Heloísa Helena; Barreto, Vicente de Paula (Orgs.) – *Temas de Biodireito e Bioética*. Rio de Janeiro : Renovar, 2001. p. 99-153, pp. 147-148.

[68] Para Kenny, "criar bebês à nossa imagem é realmente brincar de Deus" (Kenny, Mary – To create babies in our image is truly to play God. *The Telegraph*. [Em linha]. London, 14 Apr. 2002. [Consult. 12 dez. 2019]. Disponível em WWW:<URL:https://www.telegraph.co.uk/comment/3575338/To-create-babies-in-our-image-is-truly-to-play-God.html>).

BARBAS, Stela Marcos de Almeida Neves – *Direito ao património genético*. Coimbra : Almeida, 2006. ISBN 972-40-1113-5

BARBAS, Stela Marcos de Almeida Neves – *Direito do Genoma Humano*. Lisboa : Almedina, 2007. ISBN 978-972-40-3250-4

BEAUCHAMP, Tom L.; CHILDRESS, James F. – *Princípios de Ética Biomédica*. 3.ª ed. São Paulo : Loyola, 2002. ISBN 85-15-02565-5

BORGES, Janice Silveira – Dignidade do ente por nascer. In FIUZA, César; SÁ, Maria de Fátima Freire de; NAVES, Bruno Torquato de Oliveira – *Direito Civil. Princípios jurídicos no direito privado. Atualidades III*. Belo Horizonte : Del Rey, 2009. ISBN 978-85-384-0003-5. p. 87-115.

BOTTILO, Daniel – *Bioéthique*. Paris : Dalloz, 2011. ISBN 978-2247089369

BRASIL. Conselho Federal de Medicina – *Resolução n.º 2.168, de 10 de novembro de 2017*. Adota as normas éticas para a utilização das técnicas de reprodução assistida – sempre em defesa do aperfeiçoamento das práticas e da observância aos princípios éticos e bioéticos que ajudam a trazer maior segurança e eficácia a tratamentos e procedimentos médicos –, tornando-se o dispositivo deontológico a ser seguido pelos médicos brasileiros e revogando a Resolução CFM n.º 2.121, publicada no D.O.U. de 24 de setembro de 2015, Seção I, p. 117. [Em linha]. São Paulo : DOU, 10 nov. 2017, Seção I, p. 73. [Consult. 17 set. 2019]. Disponível em WWW:<URL:https://sistemas.cfm.org.br/normas/visualizar/ resolucoes/BR/2017/2168>.

BRASIL. Presidência da República – *Constituição da República Federativa do Brasil de 1988*. [Em linha]. [Consult. 14 ago. 2019]. Brasília, 5 out. 1988. Disponível em WWW:<URL:http://www.planalto.gov.br/ccivil_03/constituicao/constituicao.htm>.

BRASIL. Presidência da República – *Lei n.º 13.146, de 06 de julho de 2015*. Institui a lei brasileira de inclusão da pessoa com deficiência (Estatuto da Pessoa com Deficiência). [Em linha]. Brasília : DOU, 7 jul. 2015. [Consult. 12 nov. 2019]. Disponível em WWW:<URL:http://www.planalto.gov.br/ccivil_03/_ato2015-2018/2015/lei/l13146.htm>.

BRASIL. Superior Tribunal de Justiça – *Recurso Especial n.º 1.120.676/SC*. Processo 2009/0017595-0. [Em linha]. Relator: Ministro Massami Uyeda. Relator para Acórdão: Paulo de Tarso Sanseverino. Julgamento: 7 fev. 2010. Órgão Julgador: Terceira Turma. Publicação: DJe, 4 fev. 2011; Revjur, vol. 400, p. 255; RSTJ vol. 221, p. 557; RT vol. 907 p. 537. [Consult. 09 nov. 2019]. Disponível em WWW:<URL:https://scon.stj.jus.br/SCON/jurisprudencia/toc.jsp?livre=200900175950.REG.>.

BRASIL. Superior Tribunal de Justiça – *Recurso Especial n.º 1.415.727/SC*. Processo 2013/0360491-3. [Em linha]. Relator: Luís Felipe Salomão. Julgamento: 15 out. 2014. Quarta Turma. Publicação: DJe, 30 out. 2014; RMDCPC, vol. 62, p. 123. [Consult. 09 nov. 2019]. Disponível em WWW:<URL:https://scon.stj.jus.br/SCON/jurisprudencia/doc.jsp>.

Cintra, Guilherme – Saúde: direito ou mercadoria? In COSTA, Alexandre Bernardino; Sousa Júnior, José Geraldo de; Delduque, Maria Célia; Oliveira, Mariana Ciqueira de Carvalho; Dallari, Sueli Gandoldi (Orgs.) – *O direito achado na rua. Introdução crítica ao direito à saúde.* Brasília : CEAD/UnB, 2008. ISBN 978-85-7804-025-3. p. 435-445.

Diniz, Débora – Autonomia reprodutiva: um estudo de caso sobre a surdez. *Cadernos de Saúde Pública*. ISSN 0102-311X. 19:1 (jan./fev. 2003) 175-181.

Diniz, Maria Helena – *O estado atual do Biodireito*. 9.ª ed. São Paulo : Saraiva, 2014, ISBN 9788502180659

Féo, Christina; Vieira, Tereza Rodrigues – Eugenia e o direito de nascer ou não com deficiência: algumas questões em debate. In VIEIRA, Tereza Rodrigues (Org.) – *Ensaios de Bioética e Direito*. 2.ª ed. Brasília : Consulex, 2012. ISBN 978-85-88551-67-1. p. 53-92.

Fernandes, José Manuel – Limites das escolhas individuais. *Ciência Viva*. [Em linha]. Lisboa, 15 abr. 2002. [Consult. 27 set. 2019]. Disponível em WWW:<URL:<http://www.cienciaviva.pt/imprensa/getmediaitem.asp?accao=get&id_media_artigo=43>.

Ferraz, Ana Cláudia Brandão de Barros Correia – *Reprodução humana assistida e suas consequências nas relações de família*. Curitiba : Juruá, 2011. ISBN 978-85-362-2698-9

Ferreira, João Bosco Dutra – Autonomia privada e aconselhamento genético – a prudência entre a potência e o ato: estudos de casos. In FIUZA, César Fiuza; SÁ, Maria de Fátima Freire de; NAVES, Bruno Torquato de Oliveira (Coords.) – *Direito Civil: Atualidades IV. Teoria e Prática no Direito Privado*. Belo Horizonte : Del Rey, 2010. ISBN 9788538400684. p. 47-70.

Gediel, Ana Luiza – Saúde e doença: os significados de família e reprodução das mulheres surdas de Porto Alegre. In Seminário Fazendo Gênero, 9, Florianópolis, 23-26 ago. 2010. *Diásporas, Diversidades, Deslocamentos*. Anais. Florianópolis : Universidade Federal de Santa Catarina, 2010. ISSN 2179-510X, p. 1-9.

González-Torre, Ángel Pelayo – Bioética, bioderecho y biopolítica. Una aproximación desde España. *Criterio Jurídico Garantista*. ISSN 2145-3381. 3:6 (jan./jun. 2012) 12-35.

KARCHBORIAN, Pedro – Rússia está debatendo bebês por edição genética, mas por que isso importa? *Tilt*. [Em linha], São Paulo : UOL, 23 out. 2019. [Consult. 09 nov. 2019]. Disponível em WWW:<URL:https://www.uol.com.br/tilt/noticias/redacao/2019/10/23/super-humanos-por-que-a-russia-quer-tomar-dianteira--na-edicao-de-genes.htm>.

KENNY, Mary – To create babies in our image is truly to play God. *The Telegraph*. [Em linha]. London, 14 Apr. 2002 [Consult. 12 dez. 2019]. Disponível em WWW:<URL:https://www.telegraph.co.uk/comment/3575338/To-create--babies-in-our-image-is-truly-to-play-God.html>.

LEITE, Marcelo – Recombinação assistida. Novos testes e possibilidades abertos pelas biotecnologias embaralham meios e fins da reprodução humana. *Folha de S.Paulo*. Ciência. [Em linha]. São Paulo, 15 jan. 2006. [Consult. 26 out. 2019]. Disponível em WWW:<URL:https://www1.folha.uol.com.br/fsp/ciencia/fe1501200601.htm>.

LÉVINAS, Emmanuel – *Entre nós. Ensaios sobre a alteridade*. Petrópolis : Vozes, 2004. ISBN 85-326-1612-7

LEWCKI, Bruno – O homem construtível: responsabilidade e reprodução assistida. In BARBOZA, Heloísa Helena; BARRETO, Vicente de Paula (Orgs.) – *Temas de Biodireito e Bioética*. Rio de Janeiro : Renovar, 2001. ISBN 978-8571473126. p. 99-153.

LÓPEZ, Pedro J. Femenía – Responsabilidade civil derivada del «consejo genético». In PEREIRA, André Dias; DOMÉNECH, Javier Barceló; ROSENVALD, Nelson (Coords.) – Saúdes, novas tecnologias e responsabilidades. Nos 30 anos do Centro de Direito Biomédico. *Cadernos da Lex Medicinae*. Coimbra : Centro de Direito Biomédico, 2018. ISBN 978-989-8891-48-8. p. 423-436.

MAI, Lilian Denise; ANGERAMI, Emília Luigia Saporiti – Eugenia negativa e positiva: significados e contradições. *Revista Latino-Americana de Enfermagem*. ISSN 1518-8345. 14:2 (2006) 251-258.

MEIRELLES, Jussara Maria Leal – Bioética e Biodireito. In BARBOZA, Heloísa Helena; BARRETO, Vicente de Paula (Orgs.) – *Temas de Biodireito e Bioética*. Rio de Janeiro : Renovar, 2001. ISBN 978-8571472709. p. 85-97.

MELO, Maria Helena Pereira de – *Manual de Biodireito*. Coimbra : Almedina, 2008. ISBN 978-972-40-3495-9

MELO, Vivianne Rodrigues de – *Responsabilidade civil médica pré-natal: reparação aos pais pelo nascimento comprometido*. Curitiba : Juruá, 2019. ISBN 978-85-362-9116-1

MORAES, Maria Celina Bodin de – *Danos à Pessoa Humana. Uma Leitura Civil-Constitucional dos Danos Morais*. Rio de Janeiro : Renovar, 2009. ISBN 978-8571473447

MORAIS, Jucemar da Silva – O princípio da precaução como um princípio bioético em face dos avanços biotecnológicos. *Revista Jurídica*. Libertas Faculdades Integradas. 1:1 (2011) 1-5.

NEVES, Maria do Céu Patrão – *O Admirável horizonte da bioética*. Lisboa : Glaciar, 2016. ISBN 978-989-8776-45-7

ORGANIZAÇÃO DAS NAÇÕES UNIDAS – *Declaração Universal do Genoma Humano e dos Direitos Humanos*. Adotada pela Conferência Geral da Organização das Nações Unidas para a Educação, Ciência e Cultura (UNESCO) na sua 29.ª sessão. [Em linha]. Paris : ONU, 11 nov. 1997. [Consult. 27 out. 2019]. Disponível em WWW:<URL:<http://www.ghente.org/doc_juridicos/dechumana.htm>.

ORGANIZAÇÃO Mundial da Saúde – *Constituição*. [Em linha]. Nova York : OMS, 22 jul. 1946. [Consult. 23 set. 2019]. Disponível em WWW:<URL:http://www.direitoshumanos.usp.br/index.php/OMS-Organiza%C3%A7%C3%A3o-Mundial-da-Sa%C3%BAde/constituicao-da-organizacao-mundial-da-saude-omswho.html>.

PAIVA E SILVA, Angélica Bronzatto; PEREIRA, Maria Cristina da Cunha; ZANOLLI, Maria de Lurdes – Mães ouvintes com filhos surdos: concepção de surdez e escolha da modalidade de linguagem. *Psicologia: Teoria e Pesquisa*. ISSN 0102-3772. 23:3 (jul./set. 2007) 279-286.

PARDAL, Alice – Abordagem psicológica e comportamental. In NUNES, Rui (Coord.) – *Perspectivas na integração da pessoa surda. Serviço de Bioética e Ética Médica. Serviço de Bioética e Ética Médica*. Coimbra : Coimbra, 2000. ISBN 978-9726032380. p. 107-130.

PAULA, Bruno Lucas Saliba de – Política mutante: biossociabilidade e cidadania biológica. In CONGRESSO BRASILEIRO DE SOCIOLOGIA, 8, Brasília, 26-29 jul. 2017. Grupo de Trabalho 24: *Ciência, Tecnologia, Inovação e Desenvolvimento Política mutante: biossociabilidade e cidadania biológica*. Anais. Brasília : Universidade de Brasília, 2017. ISSN 2236-6636. p. 1-15.

PEREIRA, Ana Leonor – Eugenia em Portugal? *Revista de História das Ideias*. ISSN 0870-0958. 20 (1999) 531-600.

PINTO, Lídia Souza de Paula – O acesso à informação genética para fins de diagnósticos e assessoramentos. In FIÚZA, César; SÁ, Maria de Fátima Freire de; NAVES, Bruno Torquato de Oliveira (Coord.) – *Direito Civil. Da autonomia privada nas situações jurídicas patrimoniais e existenciais. Atualidades II*. Belo Horizonte : Del Rey, 2007, ISBN 978-85-7308-923-3. p. 145-158.

RAPOSO, Vera Lúcia – Bons pais, bons genes?... Deveres reprodutivos no domínio da saúde e procreative beneficence. In PEREIRA, André Dias; DOMÉNECH, Javier

Barceló; ROSENVALD, Nelson (Coords.) – Saúdes, novas tecnologias e responsabilidades. *Cadernos da Lex Medicinae.* ISBN 978-989-8891-48-8. 2:4 (2018) 471-483.

RODRIGUES, Emilene Bueno – Os sentimentos de ter um filho com necessidades especiais: as representações sociais emergentes da mãe sob o enfoque do princípio da beneficência. In SGRECCIA, Elio (Org.) – *Manual de bioética: fundamentos e ética biomédica.* 4.ª ed. São Paulo : Loyola, 2014. ISBN 9788515012855. p. 169-184.

RUSSELL, Bertrand – *A conquista da felicidade.* Tradução de Luiz Guerra. Coleção Clássicos para Todos. Rio de Janeiro : Nova Fronteira, 2017. ISBN 978-85-209-3360-2

SÁ, Maria de Fátima Freire de – Bioética: impacto do projeto parental na escolha do filho. In CONGRESSO BRASILEIRO DE DIREITO DE FAMÍLIA, 5, Belo Horizonte, 2005 – *Família e Dignidade Humana.* Anais. São Paulo : IBDFam; IOB Thomson, 2006. ISBN 8576477025. Vol. 1, p. 663-677.

SANGHAVI, Darshak M. – Pais usam genética para escolher filhos com defeito. *G1.* Ciência e Saúde. [Em linha]. São Paulo: Globo.com, 12 dez. 2006. [Consult. 29 set. 2019]. Disponível em WWW:<URL:http://g1.globo.com/Noticias/Ciencia/0,,AA1382608-5603,00-PAIS+USAM+GENETICA+PARA+ESCOLHER+FILHOS+COM+DEFEITO.html>.

SARAIVA, Jacqueline – Mulher processa banco de esperma após dar à luz um filho anão. *Metrópoles.* Mundo. [Em linha]. Brasília, 21 out. 2019. [Consult. 09 nov. 2019]. Disponível em WWW:<URL:https://www.metropoles.com/mundo/mulher-processa-banco-de-esperma-apos-dar-a-luz-um-filho-anao>.

SAVULESCU, Julian – In defence of Procreative Beneficence. *Journal of Medical Ethics.* ISSN: 0306-6800. 33:5 (May 2007) 284-288.

SILVA, Andressa Corrêa – *Reprodução assistida: da realização do projeto parental ao risco da mercantilização do ser humano.* Santa Cruz do Sul : Universidade de Santa Cruz do Sul, 2007. Dissertação de Mestrado.

SIQUEIRA, Dirceu Pereira; CURTI, Letícia Mársico – Eugenia, neogenia e bioética: aproximações e distanciamentos sob uma perspectiva jurídica de reconhecimento de direitos. *Direito em Debate.* Revista do Departamento de Ciências Jurídicas e Sociais da UNIJUÍ. ISSN 2176-6622. 27:49 (jan./jun. 2018) 248-276.

SOLOMON, Andrew – Crianças já não me entristecem. A paternidade na vida de um casal gay. Questões afetivas. *Revista Piauí.* Folha de S.Paulo. UOL. ISSN. 19801750 [Em linha]. 83 (ago. 2013). [Consult. 12 nov. 2019]. Disponível em WWW:<URL:https://piaui.folha.uol.com.br/materia/criancas-ja-nao-me-entristecem/>.

TEIXEIRA, Izabel Mello; PEREIRA SILVA, Edson – História da eugenia e ensino da genética. *História da Ciência e Ensino. Construindo interfaces.* ISSN 2178-2911. 15 (2017) 63-80.

VIGNOLI, Eduardo Torres – *Planejamento familiar no Brasil: abordagens constitucionais, omissões institucionais e equívocos na intimidade.* Belo Horizonte : Pontifícia Universidade Católica de Minas Gerais, 2006. Dissertação de Mestrado.

ZATZ, Mayana – *GenÉtica. Escolhas que nossos avós não faziam.* São Paulo : Globolivros, 2012. ISBN 978-85.250.5286-5

A criminologia, o genoma e a identidade genética

EDUARDO DE OLIVEIRA CERDEIRA[1]
WERNER KELLER[2]
CRISTINA PARANHOS OLMOS[3]

Introdução

Este artigo tem por escopo um breve estudo sobre a criminologia, o genoma e a identidade genética.

[1] Sócio do escritório Cerdeira, Rocha, Vendite, e Barbosa Advogados; Professor de cursos de pós-graduação em Direito, Mestre em direito pela Pontifícia Universidade Católica de São Paulo (PUC/SP), Doutorando em Direito pela Universidade Autônoma de Lisboa (UAL), Especialista em Negociações Complexas e em Contabilidade Jurídica, ambos pela Fundação Getulio Vargas/SP, autor de dezenas de artigos e de obras jurídicas. Endereço eletrônico: eduardo@cerdeiraeadvogados.com.br.

[2] Advogado Trabalhista, professor assistente da COGEAE – PUC/SP e convidado de outras instituições. Doutor em Ciências Jurídicas pela Universidade Autônoma de Lisboa, Mestre em Direito do Trabalho pela Universidade Católica de São Paulo, Especialista em Direito e Processo do Trabalho pela Universidade Presbiteriana Mackenzie e em Direito do Consumidor, Ambiental e Processos Coletivos pela Escola Superior de Advocacia da OAB/SP. Consultor da Comissão Especial de Relacionamento entre OAB/SP e o TRT da 2ª Região e ex-conselheiro da Associação dos Advogados Trabalhistas de São Paulo". Endereço eletrônico: werner@fikadvogados.com.br.

[3] Advogada, Mestra e Doutora em Direito do Trabalho pela PUC/SP. Professora de direito do trabalho da PUC/SP e na Escola Paulista de Direito (EPD). Endereço eletrônico: cristina@olmoseolmos.adv.br.

Atualmente entendemos ser necessário o estudo crítico dos limites éticos, morais e legais que a evolução científica exige, mesmo diante dos benefícios que pode trazer.

Neste contexto procuraremos abordar justamente esses limites, sua importância e os riscos de não os respeitar, o que, no nosso entender, pode nos levar a conviver com uma nova seleção natural ou uma nova "eugenia", conceção que fundamentou aberrações como o nazismo e o fascismo.

Por uma questão de organização, vamos centrar nosso estudo nos impactos que as novas descobertas do genoma humano trazem à criminologia e sua relação com os limites da intimidade ou da identidade genética do indivíduo.

Estudaremos, inicialmente, o conceito de criminologia, seus métodos, objeto e função, para, posteriormente, estudar as duas tendências causais de destaque na criminologia (Lombroso e Rousseau).

Em seguida, trataremos do conceito de patrimônio genético discutindo o genoma humano e expondo brevemente a legislação aplicável como forma de impor limites, ou não, à ciência, quando discutiremos, também, alguns aspetos do direito à identidade genética.

Por fim, procuraremos fazer uma correlação entre criminologia, genoma e o direito à identidade genética.

Não temos a pretensão de esgotar a matéria, mas, sim, a pretensão de analisar alguns aspetos relevantes e importantes para um futuro aprofundamento no estudo do tema, sendo que para isso contaremos com o auxílio da doutrina e do direito comparado, com ênfase principalmente no Direito Português.

1. Criminologia

1.1. Conceito

Como nos ensina a renomada Professora Stela Barbas, "o crime é, foi, e será uma constante da história da humanidade, dado estar presente em todos os cantos do mundo, independentemente do tempo, espaço e grau civilizacional"[4].

[4] BARBAS, Stela Marcos de Almeida Neves – O crime nas novas sociedades Pós Industriais, sep. – coletânea de estudos de homenagem ao Professor Doutor Francisco Lucas Pires,

Partindo de tal premissa, não temos dúvida de que o estudo do crime também sempre foi uma constante na história, sendo certo que a criminologia, *grosso modo*, é justamente isso: o estudo do crime e da forma de seu controle social.

Para os Professores Newton Fernandes e Valter Fernandes, a criminologia poderia ser simplesmente definida como o estudo do crime.[5]

Para estudar o crime, entretanto, parece-nos ser indispensável que sejam estudados o infrator e a vítima, sendo que, portanto, parece-nos que a criminologia também se atém a analisar tanto um (infrator) quanto o outro (vítima)

Alie-se a isso que, analisando o crime, o infrator, a vítima e a forma social de controle do delito, será possível verificar as variáveis dos atos criminosos possibilitando-se o estudo de suas características, nuances e formas de prevenção e repressão.

Os criminalistas Jorge de Figueiredo Dias e Manuel da Costa Andrade acrescentam no conceito de criminologia, no nosso entender de forma correta, a noção de ciência empírica e interdisciplinar.[6]

Portanto, a criminologia como ciência autônoma possui uma importância acentuada atualmente, uma vez que

> [...] as pessoas que desconhecem a criminologia são facilmente influenciadas por informações equivocadas, divulgadas torrencialmente todos os dias nas média e nas redes sociais. Assim, essa parcela leiga da população aceita e reproduz comentários fundados em teorias e conceitos não científicos, que anuviam sua perceção a respeito das causas reais do fenômeno delitivo e que permitem a manipulação da opinião popular para aprovação de medidas meramente paliativas, que nada fazem para atingir o cerne do problema. Portanto, estudar a criminologia, além de importante, é extremamente necessário.[7]

Universidade Autónoma de Lisboa, Lisboa, jul. 1999, pp. 257-264 apud BARBAS, Stela Marcos de Almeida Neves – *Direito do Genoma Humano*. Lisboa : Almedina, 2007, p. 627.

[5] FERNANDES, Newton; FERNANDES, Valter – *Criminologia integrada*. São Paulo : Revista dos Tribunais, 1995, p. 24.

[6] DIAS, Jorge de Figueiredo; ANDRADE, Manuel da Costa – *Criminologia – O homem delinquente e a sociedade criminógena, 2.ª ed. Coimbra : Coimbra, 1997, p. 117.*

[7] HOFFMANN, Henrique; FONTES, Eduardo – Criminologia é conhecimento essencial para a polícia judiciária. *Consultor Jurídico*. [Em linha] São Paulo : Conjur, 22 maio 2018. [Con-

De fato, e como veremos no tópico a seguir, a criminologia é baseada também na observação de fatos e revestida de um caráter interdisciplinar, considerando a correlação que a todo tempo é estabelecida com a sociologia, psicologia, biologia e outras áreas.

É exatamente nesse sentido que Luis Flávio Gomes e Antonio García Pablos Molina[8] definem a criminologia:

> Ciência empírica e interdisciplinar, que se ocupa do estudo do crime, da pessoa do infrator, da vítima e do controle social do comportamento delitivo, e que trata de subministrar uma informação válida, contrastada, sobre a gênese, dinâmica e variáveis principais do crime – contemplado este como problema individual e como problema social – assim como sobre os programas de prevenção eficaz do mesmo e técnicas de intervenção positiva no homem delinqüente e nos diversos modelos ou sistemas de resposta do delito.

Diante da breve exposição acima podemos conceituar a criminologia como ciência empírica e interdisciplinar que analisa o crime, a vítima, o infrator, possibilitando o levantamento de informações sobre suas nuances e visando à sua prevenção e repressão.

1.2. Método da Criminologia

Como mencionado acima e analisando o próprio conceito da criminologia, verificamos que o método utilizado por tal ciência é empírico, ou seja, utiliza-se da análise de fatos, fenômenos sociais, questões cotidianas e reais.

Os já referidos pesquisadores Luis Flávio Gomes e Antonio García Pablos[9] muito definem esse método empírico da criminologia bem como seu relacionamento com a ciência do Direito:

sult. 30 maio 2019]. Disponível em WWW:<URL:https://www.conjur.com.br/2018-mai-22/academia-policia-criminologia-conhecimento-essencial-policia-judiciaria>.

[8] Gomes, Luiz Flávio; Molina, Antonio García-Pablos de – *Criminologia*. 4.ª ed., rev., atual. e ampl. São Paulo : Revista dos Tribunais, 2002, p. 39.

[9] Gomes, Luiz Flávio; Molina, Antonio García-Pablos de – *Criminologia*. 4.ª ed., rev., atual. e ampl. São Paulo : Revista dos Tribunais, 2002, p. 44.

Método da análise, da observação e da indução dos fenômenos sociais – pois seu objeto corresponde a uma "parte do mundo 'real', como fatos e fenômenos incontestáveis, mensuráveis e quantificáveis", que servem de informação para transformar em conhecimento. No que tange ao seu relacionamento com a ciência do Direito, enquanto a criminologia se pauta nas questões da realidade (do "ser") para explicá-la, o Direito (ciência do "dever ser") se utiliza de critérios axiológicos para ordená-la e orientá-la.

Ato contínuo, podemos extrair também do conceito de criminologia que essa ciência também se utiliza do método interdisciplinar, ou seja, correlaciona os fatos com outras disciplinas tais como a sociologia, a psicologia, a medicina, a biologia, a geografia, a estatística, a matemática, a genética etc. E a correlação é integral sem exclusões, ou seja, há um esforço para que "cada especialidade se una em prol de uma criminologia uniforme"[10].

Pensando em exemplos já relacionados ao tema do nosso trabalho, verificamos que a criminologia poderá investigar se determinada característica física pode estar associada à prática de crimes; se determinada forma de educação/criação pode estar associada à prática de crimes; se determinado clima pode estar associado à prática de crimes, dentre outras centenas de situações que devem ser investigadas concomitantemente.

Ou seja, a partir da prática de um delito, passa-se a investigar sua habitualidade por meio de reflexões que vão muito além do próprio delito, correlacionando as condutas com questões sociais, morais, econômicas, genéticas dentre outras.

Nesse sentido, interessante colacionarmos trecho da obra da festejada Professora Stela Barbas[11] em que alerta que uma abordagem isolada do ser humano pode levar a equívocos, expondo que atualmente, com as novas descobertas do genoma, diversas polêmicas têm surgido:

> II. É costume o crime envolver uma série de reflexões e comentários que ultrapassam em muito o delito em si mesmo, são questões que resvalam na Ética, na Moral, na Sociologia e na Psicologia, simultaneamente. Há sempre alguém a

[10] Fernandes, Newton; Fernandes, Valter – *Criminologia integrada*. São Paulo : Revista dos Tribunais, 1995, p. 602.

[11] Barbas, Stela Marcos de Almeida Neves – *Direito do Genoma Humano*. Lisboa : Almedina, 2007, p. 628.

associar ao criminoso traços e características psicopatológicas ou sociológicas: porque é que aquele indivíduo cometeu esse crime? Estaria perturbado psiquicamente? Estaria, digamos, assim, *encurralados* socialmente? Seria essa sua única alternativa? Ou, pura e simplesmente, seria ele uma pessoa perversa? Apesar de a ciência não ter, ainda, um consenso definitivo sobre a questão, sabe-se, pelo menos, que qualquer abordagem isolada do ser humano corre o sério risco de estar errada. Assim sendo, são cada vez mais utilizados os modelos biológicos, psíquicos e sociais, na tentativa de compreender as pessoas e os factores que influenciam e condicionam os seus comportamentos. Sem dúvidas que entre esses três modelos, a abordagem biológica é a que mais polêmica tem suscitado actualmente, em virtude dos progressos na área do genoma humano.

São exatamente essas polêmicas que, sucintamente, buscaremos discutir neste trabalho.

Diante do discutido acima, concluímos que o método da criminologia é o empírico, que se dá por meio da análise de fatos, fenômenos sociais e do "mundo real"; bem como o interdisciplinar, que correlaciona os fatos com outras disciplinas tais como a psicologia, a medicina a biologia, a geografia, a matemática, entre outras e sempre de uma forma integral e sem exclusões de uma ou de outras.

1.3. Objeto e função

O objeto da criminologia é o delinquente, o delito, a vítima e seu controle social.

Anteriormente, a ciência se concentrava no estudo do delinquente e no delito. Entretanto, parece-nos que estudar somente as características do delinquente e do delito não são suficientes para atingir o objetivo da criminologia, que é justamente propor soluções para evitar os fenômenos criminosos.

Poderíamos aqui discutir longamente inúmeros aspetos relacionados ao delinquente (conforme os jusnaturalistas, positivistas, correicionalistas ou marxistas), à vítima (e suas formas de vitimização, primária – secundária e terciária), ao delito (no sentido formal, no sentido moral, no sentido material, entre outros), e ao controle social do delito (penas); contudo, por não serem temas específicos de nosso trabalho, não adentraremos nos seus pormenores.

Para os fins deste trabalho, é importante levar em conta que a criminologia estuda o delinquente (agente criminoso), a vítima (do delito), o próprio delito (modalidade de crime), sua forma de controle social (penas).

Ainda, é importante levar em conta que a função da criminologia é avaliar/estudar o fenômeno criminoso e propor soluções. Nessa esteira, a criminologia é uma ciência que deve ser utilizada também para a implementação de políticas públicas para combater a criminalidade.

O Promotor de Justiça Dr. Lélio Braga Calhau[12] muito bem escreve sobre a função da criminologia mencionando grandes nomes do direito criminal:

> No estudo do sistema criminal, onde se denota que existe muito amadorismo e suposições, pouca pesquisa científica e muita atuação simbólica por parte do Estado, a Criminologia tem um papel central de apresentar a realidade criminal como ela é, sem as costumeiras distorções e subjetivismos, próprios da análise de cada agência estatal de combate à criminalidade (saber comum). Na visão de Javier Alejandro Bujan a função essencial da Criminologia atual consiste em analisar o fenômeno do crime em interação social, inclinando-se a ser uma ferramenta para a preservação dos direitos humanos e das garantias fundamentais dos cidadãos. Para García-Pablos de Molina a função básica da Criminologia consiste em informar a sociedade e os poderes públicos sobre o delito, o delinqüente, a vítima e o controle social, reunindo um núcleo de conhecimentos – o mais seguro e contrastado – que permita compreender cientificamente o problema criminal, preveni-lo e intervir com eficácia e de modo positivo no homem delinqüente. A investigação criminológica, enquanto atividade científica, reduz ao máximo a intuição e o subjetivismo, submetendo o problema criminal a uma análise rigorosa, com técnicas empíricas.

Não obstante, a criminologia

> [...] deve orientar a política criminal possibilitando a prevenção de crimes, e influenciar o Direito Penal na repressão das condutas indesejadas que não foram

[12] Calhau, Lélio Braga – Breves considerações sobre a importância do saber criminológico pelos Membros do Ministério Público. *CONAMP* – Associação Nacional dos Membros do Ministério Público. [Em linha]. Brasília, 24 nov. 2014. [Consult. 30 maio 2015]. Disponível em WWW:<URL:http://www.conamp.org.br/pt/biblioteca/artigos/item/486-breves-consideracoes-sobre-a-importancia-do-saber-criminologico-pelos-membros-do-ministerio-publico.html>.

evitadas. Essa ciência busca adotar programas de prevenção eficaz do comportamento delitivo, técnicas de intervenção positiva no homem delinquente e nos diversos sistemas de resposta ao delito.[13]

Neste sentido, a criminologia pode auxiliar a polícia, o Ministério Público, o próprio Poder Judiciário e, enfim, a própria sociedade na busca de soluções para a contenção de crimes.

Diante do discutido acima, podemos concluir, em breves linhas, que o objeto de estudo da criminologia é o delinquente, a vítima, o delito e seu controle social, e que sua função é avaliar o fenômeno criminoso para propor soluções.

1.4. Tendências causais de destaque na criminologia

Diversas são as escolas que se utilizam da criminologia para tratar da questão criminal, tais como a escola clássica do Direito Penal (Beccaria, século XVIII), a escola positivista (Lombroso, século XIX), a escola sociológica (final do século XIX), dentre outras, como a escola de Chicago, a escola marxista, a escola correcionalista, a escola crítica radical etc.

Da mesma forma, diversas são as teorias associadas à criminologia, tais como as teorias estrutural – funcionalistas, teoria ecológica (escola de Chicago), teoria da anomia, teoria da subcultura delinquencial, dentre outras.

Poderíamos tratar de cada uma das escolas ou de cada uma das teorias relacionadas à criminologia em artigos próprios, contudo, para os fins deste trabalho, trataremos somente das duas grandes tendências causais da criminologia, quais sejam, as de Jean-Jacques Rousseau e a de Lombroso.

Ao tratar de tais tendências, e com o brilhantismo de sempre, a mestre e doutora Stela Barbas[14] assim se pronunciou:

[13] Hoffmann, Henrique; Fontes, Eduardo – Criminologia é conhecimento essencial para a polícia judiciária. *Consultor Jurídico.* [Em linha]. São Paulo : Conjur, 22 maio 2018. [Consult. 30 maio 2019]. Disponível em WWW:<URL: https://www.conjur.com.br/2018-mai-22/academia-policia-criminologia-conhecimento-essencial-policia-judiciaria>.

[14] Barbas, Stela Marcos de Almeida Neves – *Direito do Genoma Humano*. Lisboa : Almedina, 2007, p. 626.

A Criminologia, inicialmente, tentava explicar a origem da delinquência utilizando o método das ciências, o esquema causal e explicativo, isto é, buscava a causa do efeito produzido. Pensou-se que erradicando a causa se eliminaria o efeito. Destacam-se duas tendências causais na criminologia: a de Jean Jacques Rousseau e a de Lombroso. No entendimento de Rousseau, a Criminologia procurava encontrar a causa do delito na sociedade; ao passo que, segundo Lombroso, para erradicar o crime era necessário encontrar essa eventual causa no próprio delinquente, e não no meio. Investigava-se o criminoso nato (um delinquente com traços morfológicos).

Ou seja, de forma geral, e pensando na finalidade deste trabalho e no próprio esquema causal das ciências, destacam-se duas tendências na criminologia: uma que, em resumo, culpa o delinquente pela prática dos crimes (Lombroso) e outra que, também de forma geral, culpa o meio social pela prática dos delitos.

A seguir estudaremos cada uma delas.

1.4.1. Rousseau

Jean-Jacques Rousseau, como sabemos, foi um importante filósofo, teórico político e escritor suíço, tendo sido considerado um dos principais filósofos do Iluminismo e tendo suas ideias influenciado fortemente a Revolução Francesa (1789).

Escreveu diversas obras, dentre as quais destacamos neste trabalho a obra intitulada *Do Contrato Social*. Em tal obra, o pensador expõe que o homem nasce bom, contudo a sociedade o torna mal, retirando-o de seu estado natural e o levando a ter cobiça, possessividade, ciúmes etc.

Segundo Rousseau, o meio torna o homem mau e o leva à prática de atrocidades, sendo necessário que, para viver em sociedade, faça um contrato social com o Estado para ter proteção e organização.

Ainda conforme Rousseau deve-se buscar na própria sociedade a origem do delito, ponto em que contrasta frontalmente com Lombroso, que defende que a origem do delito está no indivíduo, e não no meio social.

Rousseau tem um pensamento de cunho sociológico, entendendo que é a sociedade que leva o indivíduo, que é bom por natureza, a praticar crimes.

Para ela, é o meio social ou fatores sociológicos, como convívio com criminosos, famílias desestruturadas, traumas, miséria e outros, que levam o indivíduo a praticar crimes. Em um Estado bem organizado existirão poucos delinquentes; logo, poucos crimes.

Nesse diapasão, o Supremo Tribunal Federal do Brasil traz o seguinte acórdão:

> PENA – CUMPRIMENTO – TRANSFERÊNCIA DE PRESO – NATUREZA. **Tanto quanto possível, incumbe ao Estado adotar medidas preparatórias ao retorno do condenado ao convívio social. Os valores humanos fulminam os enfoques segregacionistas. A ordem jurídica em vigor consagra o direito do preso de ser transferido para local em que possua raízes, visando a indispensável assistência pelos familiares. Os óbices ao acolhimento do pleito devem ser inafastáveis e exsurgir ao primeiro exame, consideradas as precárias condições do sistema carcerário pátrio.** Eficácia do disposto nos artigos 1. e 86 da Lei de Execução Penal – Lei n. 7.210, de 11 de julho de 1984 – Precedente: habeas-corpus n. 62.411-DF, julgado na Segunda Turma, relatado pelo Ministro Aldir Passarinho, tendo sido o acórdão publicado na Revista Trimestral de Jurisprudência n. 113, a página 1.049.[15]

Entendemos, contudo, que o meio influi, sim na formação do indivíduo e, eventualmente, na prática de crimes, mas que somente tal aspeto de cunho sociológico, analisado isoladamente, é insuficiente para explicar a prática de crimes.

Diante do que foi sinteticamente exposto anteriormente, concluímos que Jean-Jacques Rousseau encontra na sociedade/no meio a razão da prática dos delitos, entendimento este importantíssimo para a criminologia, mas que, analisado isoladamente, não é suficiente para explicar a prática de crimes.

[15] BRASIL. Supremo Tribunal Federal – *Habeas Corpus n.º 71.179/PR.* Relator: Ministro Marco Aurélio. Julgamento: 19 abr. 1994. Órgão Julgador: Segunda Turma. Publicação: 3 jun. 1994, grifos nossos.

1.4.2. Lombroso

Cesare Lombroso, foi um médico Italiano, conhecido por ser o fundador da antropologia criminal (escola positivista de direito penal).

Lombroso entendia que o criminoso possuía estigmas físicos e psíquicos que determinavam ser ele um criminoso nato (seria uma *species homini* específica).

Fatores como dimensão do crânio e da face, detalhes do maxilar inferior, lábios e sobrancelhas grossas, molares saltados, orelhas com deformações e grandes, mãos grandes, estrabismo, envergaduras dos braços, poderiam ser suficientes para caracterizar o indivíduo como criminoso; existiam inclusive aqueles cuja recuperação seria impossível, para os quais, nesses casos, a alternativa seria a prisão perpétua ou a pena de morte.

Como se vê, Lombroso culpa o delinquente pela prática de crimes, no que colide frontalmente com Rousseau, que, como vimos anteriormente, culpa o meio social pela prática de crimes.

Para Lombroso, o livre arbítrio é fictício, ou seja, o homem não é livre para escolher se pratica ou não crimes; são fatores físicos e psicológicos que o levarão a praticá-los.

Sua obra, *L'uomo delinquente*, de 1.876, é vista como o marco do nascimento da criminologia, sendo inegável sua imensa contribuição para os estudos científicos sobre o crime decorrentes das experiências realizadas e da fundação da denominada Escola Positivista de Direito Penal que possui uma visão biológica do crime, determinista.

A jurisprudência atual vem desconsiderando o positivismo criminológico defendido por Lombroso:

> Isso é resquício do positivismo criminológico de Lombroso, Ferri e Garófalo, que serviu de base para nosso Código Penal fascista de 1940. Fascista porque o Brasil vivia, nessa época, sob o império de uma ditadura. Fascista e punitivista porque estreitamente ligado ao positivismo criminológico. Hoje, considerando modelo de Estado que elegemos (o constitucional e humano-centrista de direito), já não faz sentido (ou, pelo menos, não faz sentido absoluto) o disposto no art. 67 do CP, que prioriza as condições subjetivas, em detrimento das objetivas. O correto é o juiz ponderar todas as circunstâncias do crime assim como as condições do agente. Tudo ponderado significa levar tudo em conta, porque o sujeito não pode ser punido só pelas suas condições pessoais. A aplicação automática do art.

67 revela posicionamento ideológico tendencialmente positivista, que não se coaduna com o atual modelo de sociedade e de direito (assim como de Estado) que adotamos. O art. 67 tinha mais coerência com as ideias penais fascistas de 1940 e isso em nada se aproxima das ideias democráticas da pós-modernidade.[16]

Com os avanços atuais da medicina e da genética, não podemos desconsiderar totalmente que algumas características dos indivíduos constantes, por exemplo, em seu patrimônio genético podem mostrar uma predisposição à prática de determinados atos, contudo, no nosso entender, jamais de forma isolada.

Ou seja, não nos parece que um indivíduo possa ser um criminoso nato e que nada possa impedir que ele vá cometer crimes. Parece-nos, sim, que os aspetos biológicos devem ser analisados em conjunto com aspetos sociais e outros, que é justamente o que a criminologia moderna preconiza.

Diante do acima exposto, podemos inferir que Cesare Lombroso encontra no próprio indivíduo e suas características físicas o fundamento para a prática de crimes, entendimento este, tal como o de Rousseau, muito importante para a criminologia, mas que, analisado isoladamente, também não é suficiente para explicar a prática de crimes, embora, frise-se, possa contribuir.

2. O patrimônio genético

2.1. Conceito

De forma geral, e com fundamento nos conceitos dos ambientalistas, podemos dizer que patrimônio genético são informações de origem genética oriundas dos seres vivos de todas as espécies, seja vegetal, microbiano, animal etc. Nesse sentido escreve o doutrinador brasileiro, Luís Paulo Sirvinskas:

> O patrimônio genético é formado pelos seres vivos que habitam o planeta terra, o que inclui a fauna, a flora, os microorganismos e os seres humanos. A respeito

[16] Rio de Janeiro. Tribunal de Justiça – *Apelação n.º 0007974-32-2013-8-19-0001*. Relator: José Muiños Piñeiro Filho. Julgamento: 01 jul. 2014. Órgão Julgador: Segunda Câmara Criminal. Publicação: DEJT, 11 ago. 2014.

do tema, o inciso I do art. 7º da Medida Provisória nº 2.186-16/01 define patrimônio genético como 'informação de origem genética, contida em amostras do todo ou de parte de espécime vegetal, fúngico, microbiano ou animal, na forma de moléculas e substâncias provenientes do metabolismo destes seres vivos e de extratos obtidos destes organismos vivos ou mortos, encontrados em condições in situ, inclusive domesticados, ou mantidos em coleções ex situ, desde que coletados em condições in situ no território nacional, na plataforma continental ou na zona econômica exclusive'.[17]

Como referenciado acima, a legislação brasileira conceitua o patrimônio genético, contudo não nos parece tão simples tal definição.

Entendemos que devemos acrescentar na definição acima que o patrimônio genético relaciona-se, também, com questões culturais e psíquicas, além das físicas, que traz relação com nossos antepassados e que sofre, ainda, influência de fatores exógenos.

Em sua obra *Direito ao Patrimônio Genético*, a Professora Stela Marcos de Almeida Neves Barbas traz o que entendemos ser a melhor definição para patrimônio genético ao explicar que não é fácil conceituá-lo:

> 1 – Não é fácil uma definição abrangente para patrimônio genético considerada a sua complexidade intrínseca. Talvez se possa adiantar patrimônio genético no sentido de universo de componentes físicos, psíquicos e culturais que começam no antepassado remoto, permanecem constantes embora com naturais mutações ao longo das gerações, e que, em conjugação com factores ambienciais e num permanente processo de inter-acção, passam a constituir nossa própria identidade e que, por isso, temos o direito de guardar e defender e depois de transmitir.[18]

Na visão de referida Doutrinadora, o homem singular "é uma realidade que resulta do jogo genético dos progenitores e das circunstâncias, da fusão

[17] Sirvinskas, Luís Paulo – *Manual de Direito Ambiental.* 3.ª ed. São Paulo : Saraiva, 2005, p. 246.

[18] Barbas, Stela Marcos de Almeida Neves – *Direito ao Patrimônio Genético.* Lisboa : Almedina, 2006, p. 17.

e inter-ligação de factores endógenos e exógenos"[19], sendo que o patrimônio genético, portanto, seria o diferencial de cada um.

E quanto a isso não há mesmo dúvidas; esta é, pois, a análise que deveremos fazer para os fins deste trabalho, qual seja: de que cada homem possui um patrimônio genético diferente formado a partir de fatores endógenos e exógenos.

Tal patrimônio, embora seja um bem comum da humanidade desde a Declaração Universal sobre o Genoma Humano e os Direitos do Homem de novembro de 1997[20], é próprio de cada indivíduo, e sem autorização ou uma motivação específica (que é justamente o que gera a polêmica quanto ao direito à "intimidade genética"), no nosso entender, não pode simplesmente ser objeto de estudo e muito menos de manipulação.

Portanto, podemos concluir expondo que entendemos que o melhor e mais completo conceito para patrimônio genético é o seguinte: "universo de componentes físico, psíquicos e culturais que começam no antepassado remoto, permanecem constantes, embora com naturais mutações ao longo das gerações, e que, em conjugação com fatores ambienciais e num permanente processo de interação, passam a constituir nossa própria identidade, dando-nos, por isso, o direito de guardar e defender e depois de transmitir"[21], sendo certo que é próprio de cada indivíduo; assim, sem autorização ou uma motivação específica (que é justamente o que gera a polêmica quanto ao direito a "intimidade genética"), não poderá simplesmente ser objeto de estudo e muito menos de manipulação/violação.

[19] BARBAS, Stela Marcos de Almeida Neves – *Direito ao Patrimônio Genético*. Lisboa : Almedina, 2006, p. 18.

[20] Com seu brilhantismo de sempre, a Professora Stela Barbas ensina sobre o tema: "a Declaração Universal sobre o Genoma Humano e os Direitos do Homem, de novembro de 1997, proclamou o genoma humano e a informação nele contida a patrimônio comum da humanidade. Surgiu uma noção e um conceito inteiramente novos no âmbito do direito internacional, na medida em que a humanidade, presente e futura, a passa a ser sujeito de direitos. Com esta declaração, a figura jurídica da pessoa humana como sujeito de direitos, acrescenta-se uma nova figura: o genoma humano como objecto e sujeito de direitos. Cada país, segundo valores culturais, éticos, sociais, religiosos, econômicos, etc., tutelará o conjunto de genes de cada pessoa, não só no aspecto tangível (DNA e RNA) como, também, no aspecto intangível (a informação), desde o momento em que estas estruturas e esta informação estão operacionais, isto é, desde a formação do zigoto" (ibid., pp. 21-22).

[21] Ibid., p. 17.

2.2. Genoma, Legislação e Identidade Genética

Ao tratarmos da legislação sobre a matéria, inicialmente devemos destacar a já referida Declaração Universal sobre o Genoma Humano e os Direito do Homem, de 1997.

Tal diploma, também como mencionado, transforma o genoma humano e a informação humana nele contida em patrimônio comum da humanidade, "e consagrando valores ligados à identidade têm o seu suporte natural na identidade da informação genética porque cada pessoa é única e irrepetível"[22].

As novas descobertas sobre o genoma humano, que nada mais são do que *o próprio conjunto de genes nucleares responsáveis pela transmissão dos caracteres hereditários e localizados nos cromossomos*, têm sido muito intensas e, sem dúvida nenhuma, é necessário cuidado e controle legislativo já que o desenvolvimento das pesquisas e estudos podem *alterar a radicalmente o comportamento do ser humano.*[23]

Tais descobertas têm possibilitado que os indivíduos consigam, em tese, conhecer o amanhã, o seu destino e o dos outros, o que causa impactos em todos os aspetos da vida.

Relações entre trabalhadores e empresas, segurados e seguradoras, quaisquer relações interpessoais podem ser abaladas por conhecimentos advindos da análise do genoma humano.

Aliás, se não houver regulamentação jurídica sobre a matéria, podemos passar a viver em uma denominada "genomacracia" com cidadãos "etiquetados" conforme seus genes. Neste sentido, com a propriedade de sempre, nos ensina a sempre citada doutrinadora, Dra. Stela Barbas, que ainda traz outros alertas e outras questões:

> Da democracia pode passar-se a "genomacracia" com as companhias de seguros a procurarem saber o tempo de vida que resta aos seus clientes. [...] A análise do genoma permite conhecer melhor os mecanismos das funções genéticas como também prevenir e tratar doenças. Contudo a hominicultura acarreta riscos extraordinariamente grandes. Quando orientada para finalidades diferentes

[22] Barbas, Stela Marcos de Almeida Neves – *Direito ao Patrimônio Genético*. Lisboa : Almedina, 2006, p. 203.

[23] Ibid., loc. cit.

> pode levar a resultados bastante pejorativos ao possibilitar determinar de modo precoce as características da pessoa e os seus defeitos hereditários antes que se cheguem a revelar. Configura um instrumento de ilegítima discriminação social (ex. em questões de emprego, contratos de seguros, etc.) as pessoas a serem 'etiquetadas' pelos genes. O estudo do genoma facilita, ainda, o desencadear de novas formas de eugenismo e de racismo. O diagnóstico genotípico pré-sintomático que possibilita determinar numa criança se ela virá a ter aos 30, 45, ou 55 anos certa doença incurável coloca inúmeras questões, designadamente as repercussões que terá o conhecimento desse facto na vida daquele ser em todas as suas vertentes. Por outro lado como tratará a sociedade as pessoas que por meio de análise genética revelem más tendências? Serão marginalizadas? E se apesar de possuírem essas características constantes do diagnóstico, estas, na prática, por razões exógenas como o ambiente familiar, educação, etc. nunca se chegarem a manifestar? Os políticos e outras figuras públicas terão que colocar à disposição da sociedade seu "curriculum genético"? As companhias de seguros ou empregadores poderão ter acesso a diagnósticos relativos aos seus potenciais segurados ou empregados e 'agrupar' estes em classes biológicas em função dessa análise? Passará o ser humano a ser avaliado mais pelos genes que tem do que propriamente por aquilo que é e que faz?[24]

Embora já possamos encontrar uma considerável legislação tentando regulamentar a matéria genoma humano e identidade genética, os questionamentos morais, éticos, e jurídicos são infindáveis.

Destacamos, para os fins deste trabalho, e conforme bem aponta a constantemente festejada Professora Stela Barbas[25], alguns diplomas que tratam da matéria, como: i) a resolução sobre os problemas éticos e jurídicos da manipulação genética do Parlamento Europeu, proclamada em 16 de março de 1989, que reclama a proibição de modo juridicamente compulsivo da seleção de trabalhadores com base em critérios genéticos (n.º 14) e solicita que os exames genéticos de trabalhadores não sejam permitidos antes de sua contratação, bem como que só devem ser efetuados com caráter voluntário; e que as violações sejam punidas penalmente (n.º 16); ii) a convenção europeia do Homem e da Biomedicina (novembro de 1996), que proíbe toda

[24] BARBAS, Stela Marcos de Almeida Neves – *Direito ao Património Genético.* Lisboa : Almedina, 2006, pp. 204-205.

[25] Ibid., loc. cit.

e qualquer forma de discriminação da pessoa em razão do seu patrimônio genético (art.º 11) e determina que os testes genéticos de predição só podem ser feitos por motivos de saúde (art.º 12); iii) a própria Declaração Universal sobre o Genoma Humano e os direitos do Homem (novembro de 1997), que consagra que o indivíduo tem direito ao respeito da sua dignidade e dos seus direitos quaisquer que sejam as suas características genéticas (art.º 2.º).

E as questões de elevada indagação com relação a matéria não terminam no que poderíamos denominar de direito à "intimidade" genética, identidade genética ou direito de não possibilitar o conhecimento do genoma, já que se discute, inclusive, a possibilidade de alterar o genoma como forma de melhoria da espécie; enfim, um verdadeiro apoio ao eugenismo e ao racismo que, no nosso entender, deve ser veementemente impedido.

Neste sentido, importante destacarmos que os referidos diplomas, dentre outros, tentam regulamentar o direito à própria "identidade genética", impedindo acessos indevidos a banco de dados e outras "invasões ao próprio genoma", regulamentando a intervenção que tenha por objeto modificá-lo.

Também nesta esteira é importante salientar que a convenção sobre os direitos do homem e da biomedicina prescreve no seu art.º 13.º que qualquer alteração no genoma humano só pode ser feita por razões preventivas, diagnósticas ou terapêuticas (desde que não introduza nenhuma modificação no genoma da descendência) e também traz resolução sobre inúmeras discussões éticas e jurídicas sobre a questão (arts. 22, 23, 25, 26, 28, 29, 30 dentre outros), que com relação à identidade genética não faltam.

Por outro lado, é importante lembrarmos que a possibilidade, por exemplo, de conhecer o genoma humano, seja o de terceiros, seja o nosso próprio, pode trazer benefícios. Imaginemos, por exemplo, ser possível evitar que uma pessoa predisposta a ter problemas cardíacos possa pilotar um avião com centenas de pessoas dentro? Da mesma forma imaginemos ser possível impedir que um estuprador volte às ruas se constatarmos que ele praticará o crime novamente (o que será mais bem discutido no capítulo seguinte) ou prevenir doenças que sabemos que se manifestarão com o tempo? Esses, dentre outros milhares de questionamentos, é que tornam a matéria intrigante e exigem que o direito saiba balancear a possibilidade dos avanços tecnológicos e seus benefícios, com o direito à identidade genética e à própria dignidade da pessoa humana.

Dos exemplos acima surgem outros diversos questionamentos, como: não tenho eu direito a ser informado sobre meu genoma? Não tenho eu direito a querer alterá-lo em prol da sociedade? Ou, ainda, não tenho eu direito a não querer conhecer meu genoma ou de não querer que ninguém o conheça? Podem meus familiares, no caso de estado de coma, aceder meu genoma?

Indagações como essas muitas vezes são respondidas pela legislação (no caso acima a Declaração Universal sobre o Genoma humano e os Direitos do Homem prescreve que é direito de cada pessoa ser informada ou não dos resultados dos testes genéticos e das consequências – o denominado princípio da autodeterminação individual), mas mesmo assim nos levam a refletir sobre os benefícios e malefícios do avanço da ciência e da própria informação.

Aliás, as discussões sobre o tema esbarram sempre em questões éticas, morais e relacionadas às normas constitucionais, devendo sempre, nesses casos, o intérprete usar do bom senso e lidar com a aparente colisão de normas utilizando o método denominado por Canotilho de "Balancing" ou método de ponderação (*abwagung*) de interesses, que deve ser aplicado ao caso concreto.[26]

Na matéria em discussão não será incomum encontrarmos um aparente conflito entre o próprio interesse público e o direito à privacidade do cidadão ou um conflito entre o direito à pesquisa e o direito à intimidade genética, parecendo-nos claro que os interesses devem ser ponderados e sopesados.

Mas, ainda com relação à legislação existente sobre a matéria, destacamos que direta ou indiretamente a maioria das Constituições Federais, bem como resoluções e diplomas legais de médicos, fisioterapeutas, psicólogos e outros profissionais da saúde do mundo todo, apresenta a discussão, às vezes, de forma não específica, mas possibilitando que essas questões relacionadas ao patrimônio genético, a identidade genética e os riscos que a evolução científica sem limites acarreta para a toda a humanidade sejam levantadas.

[26] Com relação à técnica da ponderação é sempre interessante colacionarmos o conhecido exemplo utilizado por Canotilho: "do pintor que coloca seu cavalete de pintura num cruzamento de trânsito particularmente intenso tem, prima facie, o direito de criação artística, mas, a posteriori, a ponderação de outros bens, a começar pela vida e integridade física do próprio pintor e acabar noutros direitos com o exercício da atividade profissional de outros cidadãos, do abastecimento de bens necessários à 'existência' dos indivíduos, levará a impedir que aquele direito se transforme, naquelas circunstâncias, num direito definitivo" (CANOTILHO, José Joaquim Gomes – *Direito Constitucional e Teoria da Constituição*. Coimbra : Livraria Almedina, 2002, p. 1109).

Também, para fins de apontamento e discussões mais aprofundadas sobre a matéria, entendemos importante também destacar: a) as leis 58/19 (lei de proteção de dados pessoais), 45/2004 e 12/2005 (informação genética pessoal e informação de saúde), todos de Portugal, bem como os artigos 16.º, 26.º, I e II, 35.º e o artigo 42.º da Constituição Federal Portuguesa, que trazem um possível conflito na medida em que os primeiros dispositivos consagram o direito à identidade pessoal e genética e o segundo o direito à pesquisa e estudo; b) Regulamento Geral sobre a Proteção de Dados n.º 2016/679 da União Europeia, arts. 8º (proteção de dados pessoais), da Carta de Direitos Fundamentais da União Europeia; art.º 6.º, n.º 1, do Tratado da União Europeia; art.º 8º (direito ao a respeito à vida privada e familiar), da Convenção da Europa (1950); c) a lei 13.709/2018 (lei geral de proteção de dados pessoais – ainda não em vigor), lei 11.105/2005 (lei da biossegurança no Brasil) bem como o artigo 5.º, *caput* e inciso X, dentre outros da Constituição Federal Brasileira; e d) diversos dispositivos dos códigos civis (que tratam sobre a intimidade e a vida privada) e penais (que tratam da proteção de bens imateriais) Português e Brasileiro, dentre outros.

Em Portugal, o Tribunal Constitucional da República Portuguesa, através do famigerado acórdão 225/2018 (processo 95/17)[27], garantiu a possibilidade de amplo acesso à identidade genética àqueles circundados no processo de gestão por substituição.

Diante do exposto, concluímos que a evolução científica advinda do estudo do genoma humana deve ser observada e tratada pelos homens e pelas leis com muito cuidado sob risco de a própria sociedade ser a maior vítima de uma nova era de seleção natural e de novas formas de racismo ou de eugenia; assim, a célebre frase dita em 1494 por Rabelais François ("Ciência sem consciência não passa de ruína da alma") é mais atual do que nunca.

3. A criminologia, o genoma e o direito à identidade genética

Partindo do próprio conceito de criminologia (*vide* tópico 2.1), onde inferimos que há o estudo do criminoso e também de suas características, e con-

[27] PORTUGAL. Tribunal Constitucional – *Acórdão n. 225/2018*. [Em linha]. Lisboa : Diário da República, n.º 87/2018, Série I, 7 maio 2018. [Consult. 17 nov. 2019]. Disponível em WWW:<URL:http://www.tribunalconstitucional.pt/tc/acordaos/20180225.html>.

siderando inclusive teorias como a de Césare Lombroso (também discutidas anteriormente), podemos logo concluir que o estudo do genoma humano (*vide* tópico 3.2) pode ser utilizado pela criminologia.

A importância do estudo é inegável, contudo, também como já enfatizado neste trabalho, qualquer entendimento absoluto pode nos levar a conclusões totalmente distorcidas, daí porque julgar com base em informações isoladas extraídas do genoma humano pode gerar injustiças gritantes.

No atual dinamismo das sociedades e na busca por explicações e por uma justiça mais célere, utilizar-se do genoma para "etiquetar" todos aqueles que possuem uma tendência explicada geneticamente a prática de crimes seria uma solução mais simples e rápida, contudo, no nosso entender, sem dúvida nenhuma incorreta e injusta.

A análise do genoma pode, sim, auxiliar a criminologia, mas é somente uma das dezenas, centenas de variáveis do crime; não pode o patrimônio genético de um indivíduo ser considerado a causa principal do delito e muito menos sua prova, como aconteceu em algumas sociedades do passado, principalmente com fundamento nos estudos de Lombroso, bem como no século XIX e, inclusive, no século XX.[28]

Entendemos também que, da mesma forma que não se pode condenar com fundamento exclusivo em características físicas ou no genoma, também não se pode absolver, sob pena de também incidirmos em ilegalidade pela via contrária. Nesse sentido, da mesma forma que não podemos condenar um indivíduo puramente por ele ser portador da síndrome do duplo Y cromossômico (XYY), também entendemos que não podemos absolvê-lo, atenuar sua pena ou tratá-lo em virtude dessa variável genética.

Nesse exato sentido, importante colacionarmos trechos das indagações muito bem colocadas por Stela Barbas, que também muito bem escreve sobre a história da *componente biológica do crime no caminhar da história*:

> 173. Sanção Criminal ou tratamento médico? I. Com efeito o Programa do genoma humano veio reacender a velha chama, comum no século XIX, de que existe uma correlação determinante entre a constituição genômica e a prática do crime. II. Se se admitir que a actuação das pessoas pode ser explicada e, mesmo, prevista da análise do genoma, é necessário rever toda a problemática da culpa

[28] Dentre os diversos exemplos, podemos destacar os próprios Tribunais Nazistas da segunda guerra mundial.

> para efeitos de responsabilidade penal. Nas situações em que a conduta delituosa possa estar relacionada com uma específica genômica, poder-se-á considerar o autor responsável pelos seus actos?! O indivíduo que padece dessa anomalia genética e que cometeu determinado acto reprovado deve ser julgado ou simplesmente tratado?!... [...] Todavia, a idéia de que o crime é resultado de factores genéticos é recorrente ao longo da história. A partir dos anos sessenta, assistiu-se a um ressurgimento das abordagens biológicas, não enquanto dado isolado mas integradas noutras perspectivas e principalmente em concatenação com o actual contexto científico.[29]

A referida doutrinadora[30] expõe, em sua obra *Direito do Genoma Humano*, diversos exemplos que colacionaremos abaixo e que demonstram ser inegável que fatores genéticos podem influenciar na agressividade dos indivíduos, mas que isoladamente, sem considerar outros fatores exógenos como o meio em que vivem, são completamente (no nosso entender) incapazes e insuficientes para por si só gerar punição aos indivíduos.

Voltando à questão da anomalia cromossômica caracterizada por um Y a mais (genótipo XYY em vez do XY normal, denominada síndrome de Klinefelter), é importante mencionar que, em 1965, a revista *Nature* publicou um artigo em que foi constatado que os homens com tal anomalia possuíam propensão à violência e comportamento criminoso. De fato, investigações efetuadas em um estabelecimento prisional revelaram que a existência do duplo Y é de 3,5% na população carcerária enquanto na população em geral varia de 0,2 a 0,7%. Outros estudos demonstraram, todavia, que quem possui o duplo YY possui maior propensão a prática de crimes contra o patrimônio, e não contra as pessoas, havendo também quem coloque que o simples fato de os portadores do duplo Y serem de maior estatura os favorece do ponto de vista psicológico a ser mais agressivos por se sentirem mais forte do que a população em geral.

Nos próprios animais podemos encontrar raças mais agressivas por si só (basta pensarmos em cães). É relevante também mencionar artigo publi-

[29] BARBAS, Stela Marcos de Almeida Neves – *Direito do Genoma Humano*. Lisboa : Almedina, 2007, pp. 629, 631.
[30] Ibid., p. 631.

cado na revista *Science*, de 2 de agosto de 2002[31], que revelou que o gene que controla a quantidade de serotonina pode ser a resposta para muitas condutas agressivas, na medida em que o excesso de serotonina, sem dúvida, provoca agressividade.

Outros estudos também publicados por renomados autores[32] deixam claro que há o dobro de correlação para o comportamento criminoso entre gêmeos se comparados com irmãos não gêmeos. Essas mesmas investigações revelaram que os gêmeos monozigóticos possuem duas vezes mais correlação com a conduta delituosa se comparado aos dizigóticos, o que tornaria inquestionável a existência de relação entre fatores genéticos e a prática do crime.

Há ainda estudos que relacionam os efeitos do álcool (comprovadamente um componente que majora a prática de crimes) em organismos como forma de demonstrar o aumento da criminalidade. Ou seja, os genes determinariam os efeitos do álcool, tornando o indivíduo mais agressivo (e mais propício a prática de crimes) ou não.

Enfim, é fato que fatores genéticos podem, sim, influenciar na agressividade/índice de criminalidade do indivíduo, contudo não nos parece ser suficiente para permitir sua prévia condenação, ou absolvição, e muito menos poderá justificar a afronta, pura e simplesmente, ao direito à identidade genética/intimidade.

Aliás, voltando à seara do direito à identidade genética, e reiterando todo o discutido anteriormente, inúmeras indagações podem surgir considerando a inegável, mas não absoluta, relação entre patrimônio genético e criminalidade.

Coleta de DNA de indivíduos nas cenas dos crimes sem dúvida nenhuma permite decifrar crimes; a partir daí, e ainda considerando a tendência expli-

[31] Caspi, A.; Mcclay, J.; Moffitt, T. E.; Mill, J.; Martin, J.; Craig, I. W.; Taylor, A.; Poulton, R. – Role of genotype in the cycle of violence in maltreated children. *Science*. 297 (2002), pp. 851-854 apud Barbas, Stela Marcos de Almeida Neves – *Direito do Genoma Humano*. Lisboa : Almedina, 2007, p. 633.

[32] Mednick, S. A.; Kandel, E. – Genetic and perinatal factors in violence. In Mednick, S. A.; Moffitt, T. (Eds.) – *Biological contributions to crime causation*. Dordrecht : Martinus Nijhoff, 1988,. pp. 121-134, pp. 121-131 e Mednick, S. A.; Gabrielli, W. F. Jr.; Hutchings, B. – Genetic factors in the etiology of criminal behavior. In Mednick, S. A.; Moffitt, T. E.; Stack, S. A. (Eds.) – *The causes of crime, new biological approaches*. Cambridge : Cambrigdge University Press, 1987, pp. 41-45 apud Barbas, Stela Marcos de Almeida Neves – *Direito do Genoma Humano*. Lisboa : Almedina, 2007, p. 631.

cada geneticamente de alguns indivíduos praticarem crimes, somos levados a questionar se não seria benéfica a criação de um banco de dados pela Polícia, favorecendo que crimes sejam mais facilmente decifrados.

A utilização do DNA para o combate à criminalidade levou o FBI americano a criar bases de dados (sistema de indexação combinada – 1998), e diversos Estados possibilitam que presos por crimes de natureza sexual devem fornecer uma amostra biológica de seu material genético ao saírem da prisão. Tal situação, considerando o alto índice de reincidência na prática de crimes de ordem sexual (como estupros), nos leva a questionar os benefícios da criação dos referidos bancos de dados, se comparado ao direito individual, autonomia e privacidade da população em geral.

Contudo, parece-nos que puramente permitir a criação de banco de dados sem critérios objetivos previamente estudados sem dúvida alguma invade a privacidade do ser humano e poderia gerar a já denominada "etiqueta" nos indivíduos ou rotulagem.

Há ainda que se discutir a utilização deste meio de prova em nossos tribunais, e a origem (procedência) dos exames sob pena de equívocos cuja gravidade pode gerar danos a direitos constitucionalmente protegidos, como o direito à liberdade e o próprio direito à vida (se admitida a pena de morte). Deve-se discutir, também, e previamente, a forma de armazenamento das informações e a confidencialidade desses bancos de dados

De se destacar, também, que considerar puramente essa modalidade de prova (científica) na apuração de crimes pode ser temerário, já que há sempre o risco de essas provas serem forjadas, como alegava a defesa no conhecido caso do jogador de futebol americano O. J. Simpson (*People c. O. J. Simpson, Superior Court of the State of California for the county of Los Angeles, Case n.º BA 097211*), acusado de matar sua ex-mulher, bem como o companheiro dela. Na ocasião, pela análise de manchas de sangue em uma luva no local do crime e outra na casa do acusado, concluiu-se que o jogador cometera o crime, também decifrado com fundamento em meias do acusado (encontradas em sua casa) que continham manchas de sangue das vítimas. A defesa do acusado, durante todo o julgamento, alegou que se tratavam de provas forjadas e simuladas.

Discussões à parte, não podemos negar que essa prova científica que consiste na análise do patrimônio genético do indivíduo talvez seja uma das mais precisas já criadas, notadamente para decifrar crimes de natureza sexual, cujo índice de reincidência é elevadíssimo (o que torna ainda mais discutível a matéria "possibilidade de criação de banco de dados").

Voltando ao objeto deste trabalho, entender que o crime pode ser explicado por meio de uma análise puramente física ou genética do criminoso, sem critérios muito bem pré-determinados, pode nos levar a cometer incontáveis injustiças e afrontar dispositivos constitucionais sobre o tema, como o próprio direito à intimidade ou identidade genética (outro tema que gera muita polêmica e que discutimos no capítulo anterior).

Sobre a matéria (inviolabilidade do patrimônio genético do indivíduo) não podemos deixar de, novamente, nos valer das lições da renomada jurista Doutora Stela Barbas, no nosso entender a maior autoridade mundial sobre a matéria:

> V. A ciência avança a um ritmo tão alucinante que, por vezes, o Direito e às próprias Instituições têm dificuldade em acompanhá-la. É o que se passa com as técnicas de identificação através do DNA que, desde a sua introdução em meados da década de oitenta têm sofrido alterações radicais. VI. São vários os problemas que podem ser equacionados, entre os quais: é ou não admissível a sujeição compulsiva a teste genético para efeitos de investigação criminal? A investigação dever-se-á circunscrever ao DNA não codificante? E este DNA não merece ser objecto de tutela específica? O teste genético viola o direito à integridade física e à liberdade? VII. Em sede de investigação processual penal, o DNA vem permitir um melhor acesso à verdade ao possibilitar estabelecer a culpabilidade ou a inocência de uma pessoa. Porém, a execução deste processo tem que ter em conta princípios fundamentais como a dignidade do homem, o respeito ao corpo humano, os direitos de defesa, a autonomia, etc. Não há dúvida que a introdução da prova, através do método de DNA, constitui um importante desafio ao equilíbrio entre, por um lado, a proteção da sociedade e a boa administração da justiça, e por outro o respeito das liberdades individuais e dos direitos de defesa [...] XI. Poder-se-á sustentar que, mesmo nas situações em que um indivíduo dê o seu consentimento, se trata de um procedimento invasivo da sua liberdade e intimidade. Mas, toda esta polêmica em torno da inviolabilidade do arguido é, por vezes, um tanto ou quanto curiosa, em especial nos casos em que estamos perante um violador: inviolabilidade da pessoa do violador?![33]

[33] Barbas, Stela Marcos de Almeida Neves – *Direito do Genoma Humano*. Lisboa : Almedina, 2007, pp. 643, 644, 650.

Como já mencionado, e bem ensinado pela referida Professora, é necessário que sejam estabelecidos limites para a coleta de dados, para a utilização desses dados e, principalmente, para coagir um indivíduo a entregar seu material genético sob pena de infringência a inúmeros princípios constitucionais de caráter universal.

Acerca da legislação que trata da matéria, e como mencionado alhures, destacamos a Declaração Universal sobre o Genoma Humano e os Direito do Homem (novembro de 1997); a resolução sobre os problemas éticos e jurídicos da manipulação genética do Parlamento Europeu, proclamada em 16 de março de 1989; a convenção europeia do Homem e da Biomedicina (novembro de 1996); as leis 22/98 (lei de proteção de dados pessoais), 45/2004, 12/2005 (informação genética pessoal e informação de saúde), 32/2006 de Portugal; os artigos 26, I e II, e o artigo 42 da Constituição Federal Portuguesa; a lei 11.105 (lei da biossegurança no Brasil) bem como o artigo 5.º, *caput* e inciso X, dentre outros da Constituição Federal Brasileira; a resolução 9/97 do Conselho da União Europeia; diversos dispositivos dos códigos civis (que tratam sobre a intimidade e a vida privada) e penais (que tratam da proteção de bens imateriais) Português e Brasileiro, dentre outros; e legislações específicas em todo o mundo, que a todo tempo têm sofrido transformações em função dessa evolução científica.

A legislação é considerável, mas as questões éticas, morais, legais são infindáveis e cercadas de dúvidas e riscos que não nos permitem simplesmente concluir objetivamente sobre a possibilidade ou não de flexibilização do princípio da identidade genética; no nosso entendimento, caso a caso e respeitando critérios fixados na legislação e na ética moral e bons costumes, deverão ser sopesados os valores em questão com muito cuidado e sob risco, como já citado, de a "própria sociedade ser a maior vítima de uma nova era de seleção natural, de novas formas de racismo ou de eugenia, sendo a célebre frase dita, em 1494, por Rabelais François ("Ciência sem consciência não passa de ruína da alma") mais atual do que nunca.

Conclusões

Diante de todo o discutido neste trabalho, enumeramos, a seguir, as principais conclusões a que chegamos:

a) Que a criminologia é uma ciência empírica e interdisciplinar que analisa o crime, a vítima, o infrator, possibilitando o levantamento de informações sobre suas nuances e visando à sua prevenção e repressão.
b) Que o método da criminologia é o empírico, que se dá por meio da análise de fatos, fenômenos sociais e do "mundo real"; bem como o interdisciplinar, que correlaciona os fatos com outras disciplinas, tais como a psicologia, a medicina a biologia, a geografia, a matemática, entre outras e sempre de uma forma integral e sem exclusões de umas ou de outras.
c) Que o objeto de estudo da criminologia é o delinquente, a vítima, o delito e seu controle social, e que sua função é avaliar o fenômeno criminoso para propor soluções.
d) Que se destacam duas tendências causais na criminologia: uma que, em resumo, culpa o delinquente pela prática dos crimes e outra que, também de forma geral, culpa o meio social pela prática dos delitos.
e) Que Jean-Jacques Rousseau encontra na sociedade/no meio a razão da prática dos delitos, entendimento este importantíssimo para a criminologia, mas que, analisado isoladamente, não é suficiente para explicar a prática de crimes.
f) Que Cesare Lombroso encontra no próprio indivíduo e suas características físicas o fundamento para a prática de crimes, entendimento este, tal como o de Rousseau, muito importante para a criminologia, mas que, analisado isoladamente, também não é suficiente para explicar a prática de crimes, embora possa contribuir.
g) Que patrimônio genético é um "universo de componentes físico, psíquicos e culturais que começam no antepassado remoto, permanecem constantes embora com naturais mutações ao longo das gerações, e que, em conjugação com fatores ambienciais e num permanente processo de interação, passam a constituir nossa própria identidade e que, por isso, temos o direito de guardar e defender e depois de transmitir", sendo certo que é próprio de cada indivíduo e que, por isso, sem autorização ou uma motivação específica (que é justamente o que gera a polêmica quanto ao direito à "intimidade genética"), não poderá simplesmente ser objeto de estudo e muito menos de manipulação/violação.

h) Que ao tratarmos da legislação sobre o genoma devemos destacar a Declaração Universal sobre o Genoma Humano e os Direito do Homem, de 1997.
i) Que se não houver regulamentação jurídica adequada sobre o acesso ao genoma humano poderemos passar a viver em uma denominada "genomacracia" com cidadãos "etiquetados" conforme seus genes.
j) Que as discussões sobre o tema esbarram sempre em questões éticas, morais e relacionadas às normas constitucionais, devendo, sempre nesses casos, o intérprete usar do bom senso e lidar com a aparente colisão de normas utilizando o método denominado por Canotilho de *Balancing* ou método de ponderação (*abwagung*) de interesses que devem ser aplicados ao caso concreto.
k) Que a evolução científica advinda do estudo do genoma humano deve ser observada e tratada pelos homens e pelas leis com muito cuidado sob risco de a própria sociedade ser a maior vítima de uma nova era de seleção natural, de novas formas de racismo ou de eugenia.
l) Que partindo do próprio conceito de criminologia, que estuda o criminoso e também de suas características, e considerando inclusive teorias como a de Césare Lombroso, podemos logo concluir que o estudo do genoma humano pode ser utilizado pela criminologia.
m) Que a importância do estudo do genoma é inegável, mas que qualquer entendimento absoluto pode nos levar a conclusões totalmente distorcidas, daí porque julgar com base em informações isoladas extraídas do genoma humano pode gerar injustiças gritantes.
n) Que no atual dinamismo das sociedades e na busca por explicações e por uma justiça mais célere, utilizar-se do genoma para "etiquetar" todos aqueles que possuem uma tendência explicada geneticamente a prática de crimes seria uma solução mais simples e rápida, contudo, sem dúvida nenhuma, incorreta e injusta.
o) Que a análise do genoma pode, sim, auxiliar a criminologia, sendo somente uma das dezenas, centenas de variáveis do crime, e que o patrimônio genético de um indivíduo não pode ser considerado a causa principal do delito e muito menos sua prova, como algumas sociedades do passado, principalmente com fundamento nos estudos de Lombroso, injustamente já fizeram, no século XIX e, inclusive, no século XX.

p) Que é fato que fatores genéticos podem, sim, influenciar na agressividade/índice de criminalidade do indivíduo, contudo não o suficiente para permitir sua prévia condenação ou absolvição, e muito menos para justificar a afronta, pura e simplesmente, ao direito à identidade genética/intimidade.
q) Que puramente permitir a criação de banco de dados sem critérios objetivos previamente estudados invade a privacidade do ser humano e pode gerar a já denominada "etiqueta" ou rotulagem nos indivíduos ou rotulagem.
r) Que entender que o crime pode ser explicado por meio de uma análise puramente física ou genética do criminoso, sem critérios muito bem pré-determinados pode nos levar a cometer incontáveis injustiças e afrontar dispositivos constitucionais sobre o tema, como o próprio direito à intimidade ou identidade genética.
s) Que as questões éticas, morais e legais sobre a matéria são infindáveis, que há dúvidas e riscos que não nos permitem simplesmente concluir objetivamente sobre a possibilidade ou não de flexibilização do princípio da identidade genética e que as questões devem ser avaliadas caso a caso, respeitando critérios fixados na legislação e na ética moral e bons costumes sob pena de a própria sociedade ser a maior vítima de uma nova era de seleção natural e de novas formas de racismo ou de eugenia, sendo a célebre frase dita, em 1494, por Rabelais François ("Ciência sem consciência não passa de ruína da alma") mais atual do que nunca.

Referências

BARBAS, Stela Marcos de Almeida Neves – *Direito ao Patrimônio Genético.* Lisboa, Almedina, 2006. ISBN 978-9724011134

BARBAS, Stela Marcos de Almeida Neves – *Direito do Genoma Humano.* Lisboa : Almedina, 2007. ISBN 978-972-40-3250-4

BRASIL. Supremo Tribunal Federal – *Habeas Corpus n.º 71.179/PR.* Relator: Ministro Marco Aurélio. Julgamento: 19 abr. 1994. Órgão Julgador: Segunda Turma. Publicação: 3 jun. 1994, grifos nossos.

CALHAU, Lélio Braga – Breves considerações sobre a importância do saber criminológico pelos Membros do Ministério Público. *CONAMP* – Associação Nacional dos Membros do Ministério Público. [Em linha]. Brasília, 24 nov. 2014. [Consult. 30 maio 2015]. Disponível em WWW:<URL:http://www.conamp.org.br/pt/biblioteca/artigos/item/486-breves-consideracoes-sobre-a-importancia-do-saber-criminologico-pelos-membros-do-ministerio-publico.html>.

Canotilho, José Joaquim Gomes – *Direito Constitucional e Teoria da Constituição.* Coimbra : Livraria Almedina, 2002. ISBN 9724018067

Dias, Jorge de Figueiredo; Andrade, Manuel da Costa – *Criminologia – O homem delinquente e a sociedade criminógena,* 2.ª ed. Coimbra : Coimbra, 1997. ISBN 9789723221435

Fernandes, Newton; Fernandes, Valter – *Criminologia integrada.* São Paulo : Revista dos Tribunais, 1995. ISBN 978-8520313107

Gomes, Luiz Flávio; Molina, Antonio García-Pablos de – *Criminologia.* 4.ª ed., rev., atual. e ampl. São Paulo : Revista dos Tribunais, 2002. ISBN 852032309x

Hoffmann, Henrique; Fontes, Eduardo – Criminologia é conhecimento essencial para a polícia judiciária. *Consultor Jurídico.* [Em linha]. ISSN 1809-2829. São Paulo : Conjur, 22 maio 2018. [Consult. 30 maio 2019]. Disponível em WWW:<URL:https://www.conjur.com.br/2018-mai-22/academia-policia-criminologia-conhecimento-essencial-policia-judiciaria>.

Portugal. Tribunal Constitucional – *Acórdão n.º 225/2018.* [Em linha]. Lisboa : Diário da República, n.º 87/2018, Série I, 7 maio 2018. [Consult. 17 nov. 2019]. Disponível em WWW:<URL:http://www.tribunalconstitucional.pt/tc/acordaos/20180225.html>.

Rio de Janeiro. Tribunal de Justiça – *Apelação n.º 0007974-32-2013-8-19-0001.* Relator: José Muiños Piñeiro Filho. Julgamento: 01 jul. 2014. Órgão Julgador: Segunda Câmara Criminal. Publicação: DEJT, 11 ago. 2014.

Sirvinskas, Luís Paulo – *Manual de Direito Ambiental.* 3.ª ed. São Paulo : Saraiva, 2005. ISBN 978-8502049224

A atribuição de personalidade jurídica ao embrião como concretização do princípio da dignidade humana: um estudo sobre a temática no direito brasileiro

FLÁVIO LUIZ DA COSTA[1]
MÁRCIO EDUARDO SENRA NOGUEIRA PEDROSA MORAIS[2]
ANDRÉ LUIZ FERREIRA SANTOS[3]
MIRANEY ROCHA SILVA[4]

[1] Juiz do Trabalho. Professor na Universidade Federal de Alagoas e Universidade Tiradentes – Maceió (graduação e pós-graduação *stricto sensu*). Especialista em Direito Processual Civil e Trabalhista (ESA/OAB – AL). Mestre em Direito pela Universidade Federal do Pará (Brasil). Doutor em Ciências Jurídicas pela Universidade Autónoma de Lisboa (Portugal) com reconhecimento pela Universidade de Marília – SP (Brasil). Endereço eletrônico: flavioltrt19@bol.com.br.

[2] Professor na Faculdade de Pará de Minas (graduação) e na Universidade de Itaúna (graduação e pós-graduação *stricto sensu*), especialista em Ciências Criminais, especialista em Direito Eleitoral, mestre e doutor em Teoria do Direito pela Pontifícia Universidade Católica de Minas Gerais. Advogado. Endereço eletrônico: marcioeduardopedrosamorais@gmail.com.

[3] Analista judiciário – TRT 19ª Região. Cientista Social e Mestre em Direito pela Universidade Federal de Alagoas. Professor no Centro Universitário Maurício de Nassau Maceió. Endereço eletrônico: andre.ferreira@trt19.jus.br

[4] Bacharela em Direito pela Faculdade de Pará de Minas-MG. Endereço eletrônico: miraney rocha@yahoo.com.br.

Introdução

O primeiro bebê de proveta nasceu na Inglaterra no ano de 1978. Desde então, as pesquisas com embriões foram fomentadas no mundo inteiro e as técnicas hoje aplicadas à reprodução humana evoluíram consideravelmente.

Os tratamentos de reprodução assistida se popularizaram, e, cada vez mais, casais com problemas de infertilidade, bem como os casais homoafetivos, recorrem às técnicas de reprodução assistida (fertilização *in vitro*), a fim de realizarem o desejo da paternidade ou maternidade.

O presente trabalho objetiva discutir as questões pertinentes à manipulação de embriões humanos, tendo em vista a lacuna existente no ordenamento jurídico brasileiro, que não dispõe de lei no seu sentido formal, não determinando e não oferecendo mecanismos de proteção ao embrião humano. Diante da indeterminação jurídica do embrião, quais são os limites para permitir sua manipulação sem que violem os direitos humanos?

Para tanto, será dividido em dois capítulos. No primeiro serão abordadas as consequências da possível atribuição de personalidade jurídica ao embrião, como a proibição do aborto eugênico e a proibição de sua manipulação para fins comerciais, sua manipulação de forma desregrada, sem controle e a relativização do direito à vida, trazendo diferentes discussões doutrinárias.

No segundo capítulo serão abordadas as teorias sobre a definição do início da personalidade jurídica. Diante do estudo de tais teorias, será analisada qual delas oferece maior proteção ao embrião humano, a fim de verificar qual é capaz de preencher as lacunas existentes no ordenamento jurídico brasileiro.

Discorrer-se-á acerca da relativização do direito à vida e a dignidade humana frente à mercantilização e à "coisificação" do embrião humano. Será analisada a proteção que deve ser conferida ao embrião, a fim de garantir a preservação da dignidade do ser humano diante do descaso com a utilização do embrião como instrumento para obtenção de lucro, aplicando um utilitarismo excessivo.

Por fim, a proposta deste trabalho é apresentar as diferentes discussões doutrinárias (tendo como foco a discussão brasileira) com o intuito de facilitar a compreensão e despertar uma reflexão sobre o tema tratado.

1. Consequências da atribuição de personalidade jurídica ao embrião humano

Em meio a tanto furor diante dos avanços da biotecnologia, a fim de proteger e impor padrões de segurança à vida humana, a determinação de personalidade jurídica ao embrião humano desencadearia inúmeras consequências. Questões que geram controvérsias seriam pacificadas, o que traria segurança jurídica e o devido amparo às questões de bioética.

Neste capítulo serão abordadas as possíveis consequências da determinação de personalidade jurídica ao embrião. Serão analisadas questões como a ilegalidade do aborto e as consequências atinentes ao embrião extracorpóreo.

1.1. A proibição do aborto no ordenamento jurídico brasileiro

Para Aristóteles, o aborto na Grécia antiga deveria ser um instrumento de controle populacional e poderia ser realizado antes da "animação", que consistia no surgimento da alma do feto, ocorrendo 40 dias depois da fecundação em fetos masculinos e 90 dias em fetos femininos.[5]

Na Roma Antiga, em um primeiro momento, não havia nenhuma penalidade ao aborto, pois o feto era considerado mera extensão do corpo da mãe e não tinha autonomia alguma quanto a esse corpo.[6]

Uma consequência considerável da atribuição de personalidade jurídica ao embrião seria a proibição total de qualquer forma de abortamento provocado, por motivos eugênicos, econômicos, morais, sociais[7], pois, existindo um novo ser em desenvolvimento no útero materno e sendo comprovado pela ciência que se trata de um ser independente da mãe, dotado de individualidade, é requisito suficiente para ser considerado pessoa, e não apenas um amontoado de células. Nesse sentido, de acordo com Maria Helena Diniz,

[5] Wolkmer, Antônio Carlos – *Fundamentos de história do direito.* 3.ª ed. Belo Horizonte : Del Rey, 2006.

[6] Verardo, Maria Tereza – *Aborto: um direito ou um crime?* São Paulo : Moderna, 1991.

[7] Diniz, Maria Helena – *O estado atual do biodireito.* 5.ª ed., rev., aum. e atual. São Paulo : Saraiva, 2008.

> O reconhecimento do direito à vida desde a concepção faz com que se proíba o aborto, e, ante as disposições constitucionais, o Estado tem o dever de salvaguardar a inviolabilidade da vida humana. Não se poderá, então, sobrepor ao direito ao respeito à vida humana, sem o qual nenhum outro interessa, o de abortar para atender a interesses socioeconômicos, ideológicos ou particulares da gestante, para resguardar sua honra ou sua saúde física ou mental, como vimos alhures. Nem tampouco se poderia admitir que uma mulher fique grávida com a finalidade de abortar e usar a medula espinhal do feto para atenuar a leucemia de um de seus filhos, para transplantar células fetais produtoras de insulina em seu próprio organismo e superar a diabetes de que padece ou para utilizar a placenta como cosmético, em busca de rejuvenescimento.[8]

Embora na contramão do que vem ocorrendo em países como os Estados Unidos e na Europa, caso seja reconhecida personalidade jurídica ao embrião, haveria um embate entre os interesses ideológicos e individuais.

O aborto envolve conflitos de direitos. Quando se fala de aborto terapêutico[9], há um conflito entre o direito à vida da mãe e o direito à vida do feto. Neste caso verifica-se que os direitos contrapostos se equivalem.

Entretanto, existem conflitos entre direitos distintos quando o aborto provocado invoca o direito à liberdade de autonomia da mulher, contrapondo-se ao direito à vida do feto.[10] Existe a colisão entre os direitos fundamentais à vida e à liberdade.

Tendo em vista que ambos os direitos são tutelados pela Constituição brasileira de 1988, o fato é que o exercício de um direito fundamental da mulher impede o exercício de um direito fundamental do feto e vice-versa. A questão deve ter solução na hermenêutica jurídica, utilizando o princípio da proporcionalidade e equidade.

Considerando a superioridade do valor da vida humana, o aborto eugênico, que, segundo Maria Helena Diniz, não passa de uma eutanásia de seres humanos em fase intrauterina, consiste no abortamento de fetos que apresentam doenças graves e incuráveis. Na sociedade de consumo, percebe-se a

[8] Ibid., p. 116.

[9] Aborto provocado na tentativa de salvar a vida da mãe ou preservar a saúde física e mental da mulher (Casabona, Carlos Maria Romeo; Queiroz, Juliane Fernandes – *Biotecnologia e suas implicações ético-jurídicas*. Belo Horizonte : Del Rey, 2005, 2002).

[10] Junges, José Roque – *Bioética, perspectivas e desafios*. São Leopoldo : Unisinos, 1999.

tendência a considerar insuportáveis, para a mulher e a família, as menores deficiências. O problema está em decidir qual o grau de deficiência que justifica a interrupção da gravidez.[11]

A prática do aborto eugênico é proibida no Brasil, todavia é legalizada em alguns países como na Alemanha, Suíça, Áustria, Polônia, na Grã-Bretanha e França, sendo que nesses países a interrupção da gravidez com indicação eugênica não tem limite temporal. Já em Portugal, Finlândia, República Tcheca, Grécia, e Itália a prática é permitida, todavia, impõe-se limite de semanas de gestação.[12]

A prática do aborto eugênico fere a dignidade humana, promove a seleção de indivíduos considerados "perfeitos", em que a situação se equivale ao que acontecia na Grécia Antiga, cujas crianças que nasciam com alguma deficiência eram mortas.[13] As práticas do aborto eugênico se assemelham às atrocidades cometidas pelo nazismo.

O Supremo Tribunal Federal do Brasil (STF), na Arguição de Descumprimento de Preceito Fundamental (ADPF) n.º 54, decidiu pela inconstitucionalidade de sua tipificação no Código Penal da conduta de abortamento de fetos anencéfalos[14]. Para Diniz[15], o abortamento de fetos anencéfalos[16]

[11] Casabona, Carlos Maria Romeo; Queiroz, Juliane Fernandes, op. cit.

[12] Ibid.

[13] Wolkmer, Antônio Carlos – *Fundamentos de história do direito*. 3.ª ed. Belo Horizonte : Del Rey, 2006.

[14] BRASIL. Supremo Tribunal Federal – *Arguição de Descumprimento de Preceito Fundamental n.º 54*. Relator: Ministro Marco Aurélio. Julgamento: 12 abr. 2012. Órgão Julgador: Tribunal Pleno. Publicação: DJe, 30 abr. 2013.

[15] Diniz, Maria Helena – *O estado atual do biodireito*. 5.ª ed., rev., aum. e atual. São Paulo : Saraiva, 2008.

[16] Anencefalia é caracterizada pela ausência da calota craniana e do telencéfalo. A sua história natural é evidenciada pela sequência acrania, exencefalia e anencefalia, o que nem sempre é observado na prática clínica. O diagnóstico ultrassonográfico é possível ainda no 1.º trimestre, quando a imagem típica é do perfil alongado da fronte fetal; no 2.º trimestre, o diagnóstico é muito fácil, com acurácia de 100%, pela identificação da acrania e da face de sapo. O contorno hiperecogênico (crânio) da cabeça e a imagem em borboleta do cérebro (plexos coroides) excluem a anencefalia e a holoprosencefalia no 1.º trimestre. Malformações associadas são comuns, especialmente espinha bífida, fenda palatina, pé torto congênito e onfalocele. Polidrâmnio é um achado frequente. A letalidade em todos os espectros da anencefalia é de 100%, e a interrupção da gestação é hoje permitida (Montenegro, Carlos Antonio Barbosa; Rezende Filho, Jorge de – *Rezende – obstetrícia fundamental*. 14.ª ed. Rio de Janeiro : Guanabara Koogan, 2019).

não se enquadra no aborto eugênico, tendo em vista que não visa o melhoramento genético da raça ou evitar possíveis deficiências, pois, por não possuírem cérebro, cientificamente não haverá vida.

Segundo o ministro Ayres Britto, a anencefalia do feto equivale à morte encefálica, tendo em vista que o artigo 3.º da Lei n.º 9.434/ 1997, que trata sobre a remoção de órgãos e tecidos para transplantes, determina a morte encefálica como o marco da cessação da vida. "Se todo aborto é uma interrupção de gravidez, nem toda interrupção de gravidez é um aborto"[17].

De acordo com dados do Sistema de informações sobre nascidos vivos (SINASC), em 2015 foram registrados 1.608 casos (54,6 casos por 100 mil NV) de casos de microcefalia.[18] O aumento dos casos da anomalia possivelmente está relacionado com vírus zika.[19]

Diante deste fato, surgiu debate acerca da legalização do aborto de fetos que apresentem microcefalia, sendo apresentada a Ação Direta de Inconstitucionalidade (ADI) n.º 5581, que, ente outros pedidos, requer que seja isentada de tipicidade a conduta de aborto quando a gestante for infetada pelo zika vírus.[20]

A prática do aborto de fetos acometidos por microcefalia não se assemelha ao abortamento de fetos anencéfalos. As crianças nascidas com a microcefalia, embora nasçam com limitações, têm a capacidade de ter uma vida normal, diferentemente dos anencéfalos, pois a anencefalia inviabiliza a possibilidade de vida extrauterina. Permitir o abortamento de fetos com microcefalia é legalizar o aborto eugênico.[21]

[17] BRASIL. Supremo Tribunal Federal, op. cit., p. 260.

[18] A microcefalia é uma malformação congênita em que o cérebro não se desenvolve de maneira adequada: o perímetro cefálico dos recém-nascidos é menor que dois desvios-padrão da média para idade e sexo (Marinho, Fátima [et al.] – Microcefalia no Brasil: prevalência e caracterização dos casos a partir do Sistema de Informações sobre Nascidos Vivos (Sinasc), 2000-2015. *Epidemiologia e Serviços de Saúde.* [Em linha]. 25:4 (out./dez. 2016) 701-712. [Consult. 30 maio 2019]. Disponível em WWW:<URL:https://www.scielosp.org/pdf/ress/2016.v25n4/701-712>).

[19] Ibid.

[20] BRASIL. Supremo Tribunal Federal – *Ação Direta de Inconstitucionalidade 5.581/DF.* Relatora: Ministra Cármen Lúcia. Julgamento Virtual: 8 out. 2019. Órgão Julgador: Tribunal Pleno. Publicação da Pauta: DJe, 10 out. 2019.

[21] Barroso, Luis Roberto – Gestação de fetos anencefálicos e pesquisas com células tronco: dois temas acerca da vida e da dignidade da pessoa humana. *Revista de Direito Administrativo.* 241 (2005) 93-120.

O feto não é parte do corpo da gestante (é um ser autônomo). Ainda que existam possibilidades legais para o abortamento, a tomada de decisão deve se basear na responsabilidade, ponderação e respeito aos direitos fundamentais. O tema é polêmico, todavia não se pode acovardar diante das divergências, devendo ser discutido com parcimônia, levando-se em sempre em consideração a tolerância no efetivo exercício da democracia.

1.2. A proteção do embrião extracorpóreo

Tendo como base a teoria conceicionista, adota-se o momento da concepção como marco inicial da personalidade jurídica. Para Maria Helena Diniz[22], eis que não há distinção entre o embrião *in vitro* e o embrião *in vivo*. Todavia, quando se fala de embriões extracorpóreos, as questões jurídicas, éticas e morais se contrapõem às finalidades econômicas da indústria, haja vista que, desde o nascimento do primeiro bebê de proveta em 1978, houve vertiginoso crescimento no número de procedimentos de fertilização *in vitro* no tratamento da infertilidade.

De acordo com Stela Barbas, "a dignidade do embrião não é suficientemente tutelada se não se considera que estamos perante uma pessoa e, por maioria de razão, um ser humano"[23].

Após décadas de evolução das técnicas de reprodução humana assistidas, alguns cientistas apontam críticas severas quanto às técnicas. Fátima Oliveira (2009), médica, diretora da Rede Saúde/Rede Nacional, fez duras críticas acerca da prática eugênica e do sexismo e culto à beleza que ocorre de forma explícita quando da escolha de óvulos de embriões doados. A autora aponta ainda a seguinte denúncia:

> Usuais no Brasil, e ocorrem às escâncaras, são as práticas ilegais, intermediadas pelas clínicas de reprodução assistida, de venda de óvulos disfarçadas de "ovo doação", usando a má-fé de explorar o desejo de mulheres/casais pobres de obter um(a) filho(a). Diante da vulnerabilidade conferida pela pobreza, os capitães da

[22] Diniz, Maria Helena – *O estado atual do biodireito*. 5.ª ed., rev., aum. e atual. São Paulo : Saraiva, 2008.

[23] Barbas, Stela Marcos de Almeida Neves – *Direito do Genoma Humano*. Lisboa : Almedina, 2007, p. 198.

indústria de bebês de proveta usam o poder de Deus, do qual estão investidos, e obtêm óvulos de modo espúrio.[24]

A prática denunciada aponta uma afronta à dignidade humana, ao passo que promove a comercialização do embrião. Tal prática é proibida pela Resolução CFM n.º 2.168/2017. No entanto, a falta de fiscalização estatal possibilita sua ocorrência. Essa situação evidencia a gravidade do descaso com relação à manipulação de embriões e a urgência na deliberação e aprovação do Estatuto de embrião, cujo respetivo Projeto de Lei n.º 478/2007 tramita no Congresso Nacional.

A proteção do embrião extracorpóreo deve ser assegurada por meio de limitações legais. Stela Barbas assevera "que há uma vida humana, uma pessoa a partir do momento da concepção"[25]. De maneira parecida com o direito penal italiano, o Estado brasileiro deveria considerar crime a manipulação de embriões para fins não reprodutivos que envolvam as práticas de alterações genéticas, com fins que não sejam terapêuticos; práticas eugênicas para a escolha de características genéticas como fenótipo, objetivando escolher características como a cor da pele, cor dos olhos dentre outras características de cunho racistas; a escolha do sexo do embrião, exceto se for para impedir doença grave que se manifeste em determinado sexo, coibindo a misoginia; a criação de seres híbridos ou quimeras, que consiste na formação de embrião de gametas humanos e de animais não humanos, podendo gerar verdadeiros "monstros"; e a clonagem humana.[26]

De mais a mais, não se pode passar à margem que "o embrião tem uma 'existência física' donde resulta que goza de protecção jurídica como qualquer outro ser humano"[27].

Outra questão se refere ao direito de conhecer as origens genéticas. O direito ao anonimato dos doadores de esperma e de embriões não pode se sobrepor ao direito personalíssimo de saber quem são seus ascenden-

[24] OLIVEIRA, Fátima – As novas tecnologias reprodutivas conceptivas a serviço da materialização de desejos sexistas, racistas e eugênicos? *Revista Bioética*. 9:2 (2009) 99-112, p. 104.

[25] BARBAS, Stela Marcos de Almeida Neves – *Direito do Genoma Humano*. Lisboa : Almedina, 2007, p. 203.

[26] CASABONA, Carlos Maria Romeo; QUEIROZ, Juliane Fernandes – *Biotecnologia e suas implicações ético-jurídicas*. Belo Horizonte : Del Rey, 2005.

[27] BARBAS, Stela Marcos de Almeida Neves – *Direito do Genoma Humano*. Lisboa : Almedina, 2007, p. 204.

tes biológicos (para transplante de órgãos, ter ciência quanto a possíveis impedimentos matrimoniais e a potencialidade de desenvolver doenças geneticamente).[28]

Enfim, essas são algumas consequências da atribuição de personalidade jurídica ao embrião. Na próxima seção será realizada uma análise jurisprudencial e hermenêutica do tema à luz do ordenamento jurídico brasileiro.

2. A personalidade jurídica do embrião: uma análise hermenêutica e jurisprudencial brasileira

A personalidade jurídica, numa perspetiva clássica, é a aptidão genérica para adquirir direitos e contrair deveres. Para o direito atual, a personalidade jurídica é um atributo inerente ao ser humano, um valor fundamental. Ainda que ele não possua direitos, nem obrigações, apenas o fato de poder tê-los já o faz detentor de personalidade jurídica.

Não há a necessidade de expresso reconhecimento da personalidade, pois se trata de uma necessidade ética, sendo a capacidade jurídica concernente a todos os homens e não padecendo de uma declaração especial.[29] "Com esteio em avançada visão civil-constitucional, a personalidade jurídica é o atributo reconhecido a uma pessoa para que possa atuar no plano jurídico"[30].

Quando se diz que um indivíduo é pessoa, declara-se que ele é um elemento individual na natureza, algo mais que uma porção de matéria. Diferente dos outros animais, o homem é um animal que se sustenta, ou seja, que é conduzido pela inteligência, almeja a liberdade, não tem existência apenas no plano físico, sua existência é superior à dos outros animais, pois tem consciência de si. Ainda que seja um indigente, a pessoa mantém em si o todo, ela subsiste de maneira independente e particular.[31]

[28] Dias, Maria Berenice – *Manual de direito das famílias.* 4.ª ed., rev., atual. e ampl. São Paulo : Revista dos Tribunais, 2007.

[29] Casabona, Carlos Maria Romeo; Queiroz, Juliane Fernandes – *Biotecnologia e suas implicações ético-jurídicas.* Belo Horizonte : Del Rey, 2005.

[30] Farias, Cristiano Chaves; Rosenvald, Nelson – *Curso de direito civil.* Parte geral. Salvador : Juspodivm, 2014. Vol. 1, p. 165.

[31] Maritain, Jacques – *Direitos do homem e a lei natural.* Tradução de Afrânio Coutinho; prefácio de Alceu Amoroso Lima (Tristão de Athayde). Rio de Janeiro : José Olympio, 1967.

Nessa senda, concernente aos direitos da personalidade, existe certa dificuldade em sua efetivação que decorre da dissonância entre a doutrina e a legislação, que têm como principal divergência o início da personalidade jurídica da pessoa natural.

O tema é de extrema relevância, tendo em vista que o direito civil é "a grande base do que se convencionou chamar de Direito Privado, regendo, genericamente, todas as relações jurídicas dos indivíduos, antes de seu nascimento até depois de sua morte"[32].

Na antiguidade, havia duas correntes de pensamento filosófico acerca do início da vida humana. Eram as correntes da animação imediata e da animação tardia. A tese da animação tardia era defendida por Aristóteles, que foi influenciado pelo dualismo (corpo e alma) de Platão (que elaborou estudos no campo da embriologia em que acreditava que o embrião só receberia a alma após quarenta dias de formação, se fosse embrião masculino, e de noventa dias, se fosse feminino). Essa teoria também era defendida por Santo Tomás de Aquino.[33]

Para a corrente da animação imediata, logo que ocorria a conceição, Deus já conferia ao embrião uma alma, ou seja, logo de início seria um ser humano em completude. Era defensor desta teoria o filósofo Tertuliano, que afirmava que corpo e alma seriam formados simultaneamente. Embora a Igreja Católica condene o aborto a qualquer tempo, a corrente da animação tardia, sustentada por Aristóteles, Agostinho e Santo Tomás de Aquino é a mais aceita por ela na atualidade.[34]

A doutrina acerca do início da personalidade jurídica é rica e apresenta três teses distintas: teoria natalista, personalidade condicional e a concepcionista. O artigo 2.º do Código Civil brasileiro traz: "art. 2º A personalidade civil da pessoa começa do nascimento com vida; mas a lei põe a salvo, desde a concepção, os direitos do nascituro"[35].

[32] GAGLIANO, Pablo Stolze.; PAMPLONA FILHO, Rodolfo – *Novo curso de Direito Civil*. 7.ª ed., rev., ampliada e atualizada. São Paulo : Saraiva, 2006, p. 29.

[33] SANCHES, Mário Antonio; VIEIRA, José Odair; MELO, Evandro Arlindo de – *A dignidade do embrião humano: diálogo entre a teologia e bioética*. São Paulo : Ave Maria, 2013.

[34] Ibid.

[35] BRASIL. Presidência da República – *Lei n.º 10.406, de 10 de janeiro de 2002*. Institui o Código Civil. [Em linha]. Brasília : DOU, 11 jan. 2002. [Consult. 18 nov. 2019]. Disponível em WWW:<URL:http://www.planalto.gov.br/ccivil_03/leis/2002/l10406.htm>.

Introduzindo um contexto histórico, vale ressaltar que o anteprojeto do Código Civil de 1916 (Código anterior, que ficou em vigor até 2002) adotava a teoria conceicionista. Mas, antes da sua promulgação, ele foi modificado, adotando-se, desde então, a teoria natalista.

2.1. Teorias Genético-Desenvolvimentistas

Para as teorias desenvolvimentistas, o início da vida não ocorre no momento exato da conceição, mas está condicionado a determinada fase ou evento de desenvolvimento do embrião que comprove a individualidade humana. São variadas as teorias genético-desenvolvimentistas, como a teoria do sistema nervoso central, que condiciona à vida humana verificação do início das atividades neurais, sendo possível ao embrião sentir dor e prazer (essa fase tem início no 14.º dia após a fecundação).

A teoria da pessoa humana *tout court* determina que o início da vida humana ocorre em regra na 24.ª e 26.ª semana de gestação, pois é nessa fase que é possível a vida fora do útero materno, passando de pessoa humana em potencial para pessoa humana efetiva.

2.1.1. Teoria da nidação

O que é conceição? Quando a lei se refere à conceição, ela tem o significado de fecundação ou nidação?

A fecundação "é a fertilização do óvulo pelo espermatozoide. [...] O espermatozoide deve 'procurar' o óvulo para poder se fundir com ele e 'entregar' a sua parte do conteúdo genético"[36]. É essencialmente a fusão dos gametas masculino e feminino.

A nidação consiste basicamente na implantação/fixação do embrião no útero. O embrião se desloca das trompas para o útero (lá ele se fixa na região denominada endométrio). Ou seja, antes da nidação já existe o zigoto. Todavia, a gravidez propriamente dita começa a partir do momento da implan-

[36] CRUZ, Ivana Beatrice Mânica – *Embriologia humana: fundamentos*. Santa Maria : Universidade Federal de Santa Maria, 2019, p. 13.

tação no útero, o que só ocorre 6 a 7 dias após a fecundação, em caso de nidação natural.[37]

A mestra lusitana Stela Barbas assevera que

> Para os defensores da tese da nidação só é viável falar em pessoa após a implantação no útero materno. Até esse momento existe, apenas, um conjunto de células que constituem os alicerces do embrião. Só há vida quando o blastocisto consegue a nidação. [...] A nidação marca a presença da vida, uma vez que o nascituro tem, agora, possibilidade de evoluir como um novo ser, o que não é possível com o óvulo fecundado *in vitro*, que não tem, actualmente, qualquer viabilidade de desenvolvimento fora do útero materno.[38]

Em se tratando de nidação artificial, realizada por procedimento médico, a implantação poderá ocorrer muitos anos após a fecundação. O que é possível graças ao procedimento de criopreservação de embriões. Estudos apontam ser viável implantar embriões congelados por até 40 anos.

A teoria da nidação determina que o início da vida se dê com a fixação do embrião no útero, tendo em vista que o feto não pode se desenvolver fora do útero. Essa teoria possibilita a legalidade do uso da pílula do dia seguinte, bem como a realização de pesquisas e experiências científicas com embriões.[39]

No julgamento da arguição de descumprimento de preceito fundamental (ADPF) n.º 54, o Ministro Ayres de Britto, mostrando-se favorável à teoria da nidação, afirmou:

> [...] não é possível confundir embrião de vida humana com vida humana embrionária. O zigoto ainda não é uma vida humana embrionária, é apenas um embrião de vida humana, pois somente se torna vida humana embrionária depois de passar por uma metamorfose, e essa metamorfose constitutiva da vida humana não

[37] Paoli, Severo – *Citologia e embriologia*. São Paulo : Pearson Education do Brasil, 2015.

[38] Barbas, Stela Marcos de Almeida Neves – *Direito do Genoma Humano*. Lisboa : Almedina, 2007, p. 200.

[39] Padilha, Rodrigo – *Direito constitucional*. 5.ª ed. Rio de Janeiro : Forense, 2018.

se dá fora do útero, porque o embrião, cientificamente, não é autoconstitutivo. A constitutividade vital do embrião está nessa entidade mágica chamada útero.[40]

Apesar de tal teoria conferir personalidade jurídica ao embrião implantado no útero, persistirá a lacuna ao se deixar sem determinação jurídica o embrião extracorpóreo; tendo em vista essa teoria, o embrião estaria denegrido ao patamar de objeto de direito.

2.1.2. Teoria natalista

Para essa teoria, o nascituro não possui personalidade jurídica e, por consequência, não é sujeito de direitos.

Assim, somente após o nascimento com vida será lhe atribuída personalidade. Para determinar o nascimento com vida, deve-se verificar a entrada de ar nos pulmões do recém-nascido. Na dúvida, utiliza-se do conhecido procedimento médico denominado docimasia hidrostática de Galeno. Sendo assim, caso não manifeste vida logo após o nascimento, não terá sido considerada pessoa.

> Para essa teoria, apenas se reconhece um direito potencial ao ente concebido, mas, em qualquer desses casos (curatela, doação etc.), não há se falar em pessoa do nascituro, pois que o resguardo dos seus interesses equipara-se à doação à prole eventual de determinado casal (art. 546 do CC).[41]

Percebe-se que, embora seja a teoria adotada no Código civil brasileiro, ela é ultrapassada, tendo em vista não conferir nenhum direito ao nascituro, o que inviabiliza sua aplicabilidade na prática. Um exemplo é a admissibilidade de que, caso queiram, os pais de natimorto possam registrá-lo com o nome que teria se nascesse com vida, sendo, assim, tutelado o direito personalíssimo ao nome.

[40] BRASIL. Supremo Tribunal Federal – *Arguição de Descumprimento de Preceito Fundamental n.º 54*. Relator: Ministro Marco Aurélio. Julgamento: 12 abr. 2012. Órgão Julgador: Tribunal Pleno. Publicação: DJe, 30 abr. 2013.

[41] CARNACCHIONI, Daniel Eduardo – *Curso de direito civil: parte geral*. 4.ª ed., rev., atual. e ampl. São Paulo: Revista dos Tribunais, 2014, p. 83.

Segue este entendimento, a I Jornada de Direito. "Art. 2º: A proteção que o Código defere ao nascituro alcança o natimorto no que concerne aos direitos da personalidade, tais como: nome, imagem e sepultura".

O projeto de lei n.º 5.171-A, de 2013[42], propunha a alteração da redação do §1.º do artigo 53 da Lei n.º 6.015, de 31 de dezembro de 1973, que dispõe sobre os Registros Públicos, a fim de permitir o registro de nome ao natimorto. Porém, o projeto de foi vetado.[43]

Nota-se que a teoria natalista vem gerando certo desconforto por parte dos aplicadores do direito, pois apresenta inaplicabilidade acerca da proteção do embrião no tocante aos direitos da personalidade, pois nega a ele o gozo de tais direitos. No mundo fático, é notável a necessidade da efetivação desses direitos ainda antes do nascimento. Contudo, a norma se torna embaraçosa para os aplicadores do direito, que, de forma "intuitiva", vêm dispensando tal teoria, tendo em vista que não tem aplicabilidade fática.

> Em torno da condição *sui generis* do nascituro, há distinções e construções cerebrinas que padecem, sobretudo, de algum alcance prático. Dúvida não há quanto à imperiosa necessidade de se proteger o presente e o futuro do ser humano em formação e a este respeito não divergem os cultores do Direito. A dificuldade

[42] BRASIL. Câmara Legislativa – *Projeto de Lei n.º 5.171-A, de 2013.* Altera a redação do § 1º do art. 53 da Lei n.º 6.015, de 31 de dezembro de 1973, que "Dispõe sobre os Registros Públicos, e dá outras providências". [Em linha]. Brasília, 2013. [Consult. 24 abr. 2019]. Disponível em WWW:<URL:https://www.camara.leg.br/sileg/integras/1071522.pdf>.

[43] Na justificação do projeto de lei, o Deputado Ângelo Agnolin apresentou os seguintes argumentos: "objetivamos corrigir uma lacuna existente na Lei dos Registros Públicos, e que causa constrangimento e imensa angústia aos pais de crianças natimortas (nascidas mortas): o direito de dar um nome e um sobrenome a esta criança, por ocasião de seu registro próprio, como decorrência dos direitos da personalidade, que lhe devem ser reconhecidos e respeitados. [...] Em março deste ano, Elias Germano Lúcio, de 35 anos, e Vanessa Gomes Lúcio, de 27 anos, foram o primeiro casal do Brasil a conseguir, via Justiça paulista, registrar o nome da filha – Sara – na certidão de natimorto, emitida pelo cartório do município de Barueri-SP. O bebê morreu ainda na barriga da mãe, com 37 semanas de gestação, e só teve o direito a ter o nome registrado em função de decisão da Corregedoria Geral de Justiça do Estado de São Paulo. Acontece que a referida decisão é circunscrita ao Estado de São Paulo, o que evidencia a necessidade urgente de federalizar essa concepção de personalidade. Segundo a Associação dos Registradores de Pessoas Naturais do Estado de São Paulo (Arpen-SP), são registrados cinco mil natimortos por ano, mas, até então, sem o nome que os pais gostariam que lhe fosse dado" (ibid.).

está localizada na Teoria Geral do Direito Civil, que ainda está por teorizar a questão em harmonia com os seus próprios princípios.[44]

É contraditória, pois, ao passo que resguarda os direitos do nascituro até o nascimento com vida, não lhe conferindo direitos de nenhuma natureza, pois os condiciona ao nascimento com vida. Portanto, como garantir que venha nascer com vida se não lhe são conferidos os direitos da personalidade no momento em que ainda não nasceu? Como fazer com que esse direito retroaja após o nascimento com vida?

Os direitos da personalidade só serão conferidos ao embrião (nascituro) depois que nascer com vida, conforme ressalta Flávio Tartuce:

> O grande problema da teoria natalista é que ela não consegue responder à seguinte constatação e pergunta: se o nascituro não tem personalidade, não é pessoa; desse modo, o nascituro seria uma coisa? A resposta acaba sendo positiva a partir da primeira constatação de que haveria apenas expectativa de direitos. Além disso, a teoria natalista está totalmente distante do surgimento das novas técnicas de reprodução assistida e da proteção dos direitos do embrião. Também está distante de uma proteção ampla de direitos da personalidade e da dignidade humana, tendência do Direito Civil pós-moderno. Do ponto de vista prático, a teoria natalista nega ao nascituro mesmo os seus direitos fundamentais, relacionados com a sua personalidade, caso do direito à vida, à investigação de paternidade, aos alimentos, ao nome e até à imagem. Com essa negativa, a teoria natalista esbarra em dispositivos do Código Civil que consagram direitos àquele que foi concebido e não nasceu. Essa negativa de direitos é mais um argumento forte para sustentar a total superação dessa corrente doutrinária.[45]

O embrião (feto, nascituro, zigoto) padece de amparo normativo enquanto não nascer vivo. Assim, está em um plano de existência nulo, quimérico para o ordenamento jurídico. Não é sequer definido por norma específica, estando sujeito à própria sorte até o momento em que nasça com vida, para, aí sim, ser "premiado" com direitos que lhe foram resguardados.

[44] NADER, Paulo – *Introdução ao estudo do direito*. Rio de Janeiro : Forense, 2004. Vol. 1, p. 186.
[45] TARTUCE, Flávio – *Direito civil:* lei de introdução e parte geral. 15.ª ed. Rio de Janeiro : Forense, 2019, p. 131.

2.1.3. Teoria da personalidade condicional

Não há muito que se falar desta teoria, pois se assemelha à teoria natalista. Sua distinção acerca da anterior é mínima, tendo em vista que também só atribui ao embrião expectativa de direitos. A teoria da personalidade condicional, deste modo, não seria uma terceira teoria.

Na verdade, trata-se de um desdobramento da teoria natalista, pois afasta a proteção imediata dos direitos da personalidade, visto que a aquisição da personalidade está sob uma condição suspensiva, que é o nascimento com vida.[46] "O direito condicional é o que só se perfaz pelo advento de um acontecimento futuro e incerto, de modo que o seu titular só o adquire se sobrevier a condição"[47].

Sendo equivalente à teoria natalista, caberá à condicional as mesmas críticas conferidas àquela. Levando-se em conta que os direitos da personalidade não podem estar sujeitos à condição, esta teoria não reconhece direitos ao nascituro.

Assim como a teoria natalista, ela não é capaz de justificar a vasta jurisprudência que vem sendo aplicada no Brasil em favor de uma proteção do nascituro.

2.2. Teoria conceicionista

A teoria conceicionista é a mais apropriada para definir o início da personalidade jurídica e garantir certa proteção ao embrião humano. Como mencionado anteriormente, a teoria era a adotada pelo anteprojeto do Código Civil brasileiro de 1916, todavia não foi acolhida pelo atual código de 2002.

É defendido que o início da personalidade jurídica ocorre ainda no momento da conceição. A teoria conceicionista se difere da teoria da nidação por considerar o termo *conceição* como a união dos gametas masculino e feminino, ou seja, a conceição terá o sentido de fecundação, não condicionando o início da vida à fixação do embrião no útero.

Sendo assim, essa teoria reconhece personalidade jurídica também ao embrião extracorpóreo, tendo em vista que a fecundação pode ocorrer de forma artificial, pelo procedimento de fertilização em *vitro* (FIV).

[46] Gonçalves, Carlos Roberto – *Direito civil brasileiro*. 16.ª ed. São Paulo : Saraiva, 2018.
[47] Diniz, Maria Helena – *Curso de direito civil brasileiro*. 29.ª ed. São Paulo : Saraiva, 2012, p. 419.

A teoria conceicionista se divide em duas vertentes distintas. Na primeira, a partir da conceição, já existe a personalidade jurídica plena; o embrião já seria sujeito de direitos da personalidade e direitos patrimoniais, ou seja, seria titular de personalidade jurídica formal e material, pouco importando o nascimento com vida. Esta corrente é a antítese da teoria natalista, e não se aplica no direito brasileiro, visto que o nascituro não pode ser titular de direito material.

Para os que defendem a teoria conceicionista, a personalidade jurídica se inicia com a conceição, todavia o embrião seria titular apenas dos direitos inerentes à personalidade, como o direito à honra, direito à integridade física e direito à imagem.

Esta teoria resolve muitas questões práticas, respeitando a dignidade humana do embrião, bem como resguardando as questões de direito adquirido e a coisa julgada no que diz respeito aos bens materiais, pois resguarda os direitos da personalidade e condiciona os direitos patrimoniais ao nascimento com vida.

Para essa teoria, o embrião é titular de personalidade jurídica formal, ainda que a personalidade material fique condicionada ao nascimento com vida. O posicionamento adotado por Maria Helena Diniz evidencia que o embrião é dotado de personalidade jurídica. A teoria conceicionista que atribui ao embrião personalidade jurídica formal vai de encontro à jurisprudência. Existem vários precedentes no Brasil, por exemplo, uma decisão do Superior Tribunal de Justiça que deferiu ao nascituro direito à indenização por danos morais pela morte do pai ocorrida antes do seu nascimento.

Outra decisão que teve considerável repercussão nas média e muita valia no campo jurídico foi o deferimento de danos morais em favor do nascituro de uma cantora brasileira, contra um apresentador, que, em um programa de televisão, referiu-se ao nascituro de forma vexatória, o que ensejou a propositura de ação de danos morais.[48] No julgamento fica evidente a adoção da teoria conceicionista.[49]

[48] BRASIL. Superior Tribunal de Justiça – *Recurso Especial n.º 1.487.089/SP*. Relator: Ministro Marcos Buzzi. Julgamento: 23 jun. 2015. Órgão Julgador: Quarta Turma. Publicação: DJe, 28 out. 2015.

[49] Tartuce, Flávio – *Direito civil:* lei de introdução e parte geral. 15.ª ed. Rio de Janeiro : Forense, 2019.

Não há como o legislador se esquivar da discussão do tema, haja vista os inúmeros julgados voltados para a teoria conceicionista, pois, para os aplicadores do direito, a teoria natalista encontra-se ultrapassada, gerando para os tribunais inúmeros embaraços quanto à aplicação do direito; eis que essa teoria não ampara as ocorrências em virtude das novas tecnologias no campo da reprodução humana.

Apesar do posicionamento do STJ, no sentido de aplicar a teoria conceicionista em julgados em que o tema produz divergência entre o ordenamento jurídico no tocante à teoria natalista e a efetividade do direito, o Supremo Tribunal Federal, por sua vez, ao longo dos anos, alterna as teorias, não definindo qual seria a mais adequada (ora aplica-se a teoria natalista, ora a conceicionista).

No julgamento da Reclamação n.º 12.040-DF, a Suprema Corte adotou a teoria conceicionista ao determinar a coleta de material biológico da placenta da mãe extraditanda, para realização de exame de DNA mesmo diante de sua negativa. A decisão segue o entendimento de que o nascituro tem o direito ao reconhecimento de sua filiação, ou seja, aplicando a teoria conceicionista ao determinar direitos ao nascituro, bem como a prevalência de seu direito em contraposição à negativa da genitora.

O STF em julgamento de ADPF 54 declarou a atipicidade do aborto de feto anencéfalo. Esta decisão do Supremo se aproxima de uma quinta corrente doutrinária acerca do início da personalidade. Presume-se que, na referida decisão, os parâmetros adotados para determinar o início da vida estão relacionados à função cerebral.[50] Ou seja, a decisão se afastou das teorias natalista e conceicionista, que são as que servem de parâmetros para as decisões dos julgados de forma recorrente.

No julgamento da ADI 3.510, em que se discutia a inconstitucionalidade ou não da autorização de manipulação de células-tronco de embrião excedentário sem finalidade reprodutiva, autorizada pela Lei de Biossegurança (art.º 5.º da Lei n.º 11.105/2005), a decisão foi fundamentada pela teoria natalista, ou poderia ser fundamentada também pela teoria da nidação, pois os ministros decidiram no sentido de que a lei é constitucional.

Os tribunais já reconheceram ao nascituro reparação por danos morais, bem como reconheceu ao nascituro o direito de ingressar com ação investi-

[50] Mello, Cleyson de Moraes; Moreira, Thiago – *Direitos fundamentais e dignidade da pessoa humana*. Rio de Janeiro : Freitas Bastos, 2015.

gatória de paternidade, o que admite ao nascituro a atribuição de personalidade jurídica.[51]

O artigo 1609 do Código Civil garante que pode ser reconhecida a filiação ao nascituro antes do nascimento. O seu artigo 542 reconhece o direito de o nascituro receber doação.

O Estatuto da Criança e do Adolescente (ECA) garante ao nascituro o direito a uma adequada assistência pré-natal. O Direito Penal também ampara o nascituro, em decorrência da penalização do aborto. Sendo assim, a teoria conceicionista pode ser considerada regra dentro do Direito Penal.[52]

O Pacto de São José da Costa Rica, importante fonte do Direito internacional, embora tenha sido assinado em 1969, ou seja, antes dos avanços no campo da fertilização *in vitro*, adotou em seu artigo 4.º a teoria conceicionista: "Direito à vida 1. Toda pessoa tem o direito de que se respeite sua vida. Esse direito deve ser protegido pela lei e, em geral, desde o momento da concepção. Ninguém pode ser privado da vida arbitrariamente"[53].

Nota-se da leitura do dispositivo que a teoria adotada pela Convenção Interamericana de Direitos Humanos foi a conceicionista. Todavia, na época em que foi assinado o tratado só se conhecia a conceição pela via natural, não se falava ainda em fertilização *in vitro*.

Ainda que os direitos, aos quais o tratado se refere, não estejam expressos na Constituição, eles possuem caráter constitucional, ainda que sob a forma de tratado. O Brasil é signatário do Pacto de São José da Costa Rica, e este declara expressamente que o embrião, desde o momento da conceição, é detentor do direito à vida. O direito à vida tem na fecundação o seu termo inicial e na morte o seu termo final.[54]

Diante da vasta jurisprudência e do posicionamento de autores como Maria Helena Diniz, Clóvis Beviláqua, Silmara Juny Chinelato, Giselda Maria Fernandes Novaes Hironaka, bem como do artigo 5.º da Constituição

[51] AZEVEDO, Álvaro Villaça – *Teoria geral do direito civil:* parte geral. São Paulo : Atlas, 2012.

[52] GONÇALVES, Carlos Roberto – *Direito civil brasileiro*. 16.ª ed. São Paulo : Saraiva, 2018.

[53] ORGANIZAÇÃO DOS ESTADOS AMERICANOS – *Convenção Americana sobre Direitos Humanos*. Assinada na Conferência Especializada Interamericana sobre Direitos Humanos (Pacto de San José da Costa Rica). [Em linha]. San José, Costa Rica : OEA, 22 nov. 1969. [Consult. 04 set. 2019]. Disponível em WWW:<URL:https://www.cidh.oas.org/basicos/portugues/c.convencao_americana.htm>.

[54] MENDES, Gilmar Ferreira; BRANCO, Paulo Gustavo Gonet – *Curso de direito constitucional*. 12.ª ed. São Paulo : Saraiva, 2017.

de 1988, do Pacto de São José da Costa Rica e de alguns artigos pulverizados no ordenamento infraconstitucional, adota-se no Brasil, a teoria conceicionista, o que confere ao embrião personalidade jurídica formal.

Embora o embrião mereça proteção jurídica e sendo no momento a única teoria que lhe confere proteção, a teoria conceicionista é mais adequada, apresentando-se como um paliativo, a fim de resguardar a dignidade humana perante as questões acerca da manipulação de embriões humanos.

Adotando a teoria conceicionista, promovem-se os impasses causados pela incompatibilidade da teoria natalista em face de certos dispositivos conflituosos contidos no ordenamento jurídico brasileiro, visto que tal teoria amplia a proteção. Todavia, o ideal seria a criação de um Estatuto do Embrião, em que fosse garantida proteção ao embrião intracorpóreo e extracorpóreo com patamares distintos de proteção. É nesse sentido que tramita no Congresso Nacional, o Projeto de Lei n.º 478/2007, que apresenta *in verbis*:

> Art. 2º Nascituro é o ser humano concebido, mas ainda não nascido. Parágrafo único. O conceito de nascituro inclui os seres humanos concebidos "in vitro", os produzidos através de clonagem ou por outro meio científica e eticamente aceito.
> Art. 3º O nascituro adquire personalidade jurídica ao nascer com vida, mas sua natureza humana é reconhecida desde a concepção, conferindo-lhe proteção jurídica através deste estatuto e da lei civil e penal.[55]

Nota-se que o projeto de lei, em seu artigo 2.º, adota os pontos de vista de Silmara Juny Chinelato e Giselda Maria Fernandes Novaes Hironaka, ao defenderem que os conceitos de nascituro e embrião se equivalem, incluindo no conceito de nascituro os embriões extracorpóreos. O artigo 3.º apresenta certa dúvida, pois ao nascituro só será reconhecida personalidade jurídica se nascer com vida, permanecendo a adoção da teoria natalista. Todavia pela natureza humana do embrião/nascituro, o estatuto tem por objetivo lhe conferir proteção.

Ferrado Mantovani afirma que se deve observar um equilíbrio acerca da questão da determinação do início da vida; segundo ele, deve-se exigir um

[55] BRASIL. Senado Federal – *Projeto de Lei n.º 478, de 2007*. Altera dispositivos da Lei n.º 5.869, de 11 de janeiro de 1973 – Código de Processo Civil, para modificar os critérios de fixação de honorários advocatícios. Brasília, 2010. Decisão: Retirada pelo autor, p. 1.

tríplice ato de lealdade: ato de lealdade científica, ato de lealdade jurídica e lealdade legislativa.[56]

O ato de lealdade científica consiste em observar a "racionalidade biológica" ao determinar que a fecundação seja, dentre os outros critérios, o único que tem base ontológica para determinar o início da vida. O ato de lealdade jurídica, considerando que o concebido já é ser humano, no uso de embriões passa ser um problema jurídico, não meramente moral. Já a lealdade legislativa afirma que cabe ao legislador fazer prevalecer os interesses da sociedade em conformidade com a constituição, devendo, para tanto, pautar-se no melhor interesse do concebido ou fazer prevalecer sobre ele os interesses científicos, da indústria. Todavia deverá ter ciência de que poderá estar sacrificando uma vida humana e não uma "coisa".[57]

A questão é complexa. Todavia o direito não pode declinar a outros seguimentos da sociedade a definição dos parâmetros garantidores da dignidade do embrião. Barbas com muita propriedade assevera ser "possível sustentar que o embrião é em potência um bebé, ou uma criança ou um adulto. No entanto, não é em potência uma pessoa, um ser humano, pois isso já ele o é *ab initio*"[58].

É preciso observar todas as consequências e balizar os possíveis conflitos, abandonando o raciocínio utilitarista, adotando, como mencionado por Mantovani, a lealdade, visando ao melhor para a coletividade e preservando a dignidade humana sempre, seja do ser já concebido, seja do ser humano já nascido.

Conclusão

Não se deve impedir os avanços tecnológicos. Entretanto, é urgente promover a garantia da proteção à dignidade da espécie humana frente às técnicas de manipulação embrionária.

[56] MANTOVANI, Ferrando – Sobre o genoma humano e manipulações genéticas. In ROMEO CASABONA, Carlos María – *Biotecnologia, direito e bioética.* Belo Horizonte: Del Rey; PUC-Minas, 2002. p. 156-165.

[57] CASABONA, Carlos Maria Romeo; QUEIROZ, Juliane Fernandes – *Biotecnologia e suas implicações ético-jurídicas.* Belo Horizonte : Del Rey, 2005.

[58] BARBAS, Stela Marcos de Almeida Neves – *Direito do Genoma Humano.* Lisboa : Almedina, 2007, p. 200.

Não se deve negar que o avanço da biotecnologia proporcionou inúmeros benefícios à humanidade, como a técnica de reprodução assistida, que é uma aliada para os casais que desejam ter filhos. De outra quadra, não se pode desconsiderar os malefícios que a falta de controle da manipulação embrionária possa causar. O embrião deve ser protegido pelo ordenamento jurídico. Porém, a falta de conceituação normativa do embrião dificulta o implemento da proteção que lhe é devida.

A sociologia, as instituições cristãs e a medicina discutem o início da vida humana. No Direito existem várias teorias que objetivam determinar qual o início da vida humana e o consequente início da personalidade jurídica.

Analisando a teoria da nidação, fazendo um paralelo com a teoria concepcionista, verifica-se que o mais adequado seria atribuir ao embrião humano personalidade jurídica a partir da nidação, pois, antes da implantação do embrião no útero materno, não há nenhuma possibilidade de desenvolvimento do embrião ao ponto de se tornar um feto.

Adotando-se a teoria da nidação, ampara-se apenas ao nascituro (embrião implantado no útero materno), ou seja, seis a sete dias após a fecundação, em se tratando de nidação natural. Neste caso, o embrião extracorpóreo ainda padeceria de proteção.

A solução para o momento, tendo em vista que ampliaria a proteção, é a adoção da teoria conceicionista; entretanto, apenas até que se crie um estatuto para o embrião extracorpóreo.

O ideal seria conferir uma tutela particular ao embrião, reconhecendo proteção condizente com sua natureza humana, uma proteção diversa dos conceitos existentes, reconhecendo sua natureza humana, que não lhe atribua personalidade jurídica, mas que seja capaz de coibir sua instrumentalização perante os avanços da biotecnologia.

Referências

AZEVEDO, Álvaro Villaça – *Teoria geral do direito civil:* parte geral. São Paulo : Atlas, 2012. ISBN 9788522470488

BARBAS, Stela Marcos de Almeida Neves – *Direito do Genoma Humano*. Lisboa : Almedina, 2007. ISBN 978-972-40-3250-4

BARROSO, Luis Roberto – Gestação de fetos anencefálicos e pesquisas com células tronco: dois temas acerca da vida e da dignidade da pessoa humana. *Revista de Direito Administrativo*. ISSN 2238-5177. 241 (2005) 93-120.

BRASIL. Câmara Legislativa – *Projeto de Lei n.º 5.171-A, de 2013.* Altera a redação do § 1º do art. 53 da Lei n.º 6.015, de 31 de dezembro de 1973, que "Dispõe sobre os Registros Públicos, e dá outras providências". [Em linha]. Brasília, 2013. [Consult. 24 abr. 2019]. Disponível em WWW:<URL:https://www.camara.leg.br/sileg/integras/1071522.pdf>.

BRASIL. Presidência da República – *Lei n.º 10.406, de 10 de janeiro de 2002.* Institui o Código Civil. [Em linha]. Brasília : DOU, 11 jan. 2002. [Consult. 18 nov. 2019]. Disponível em WWW:<URL:http://www.planalto.gov.br/ccivil_03/leis/2002/l10406.htm>.

BRASIL. Senado Federal – *Projeto de Lei n.º 478, de 2007.* Altera dispositivos da Lei n.º 5.869, de 11 de janeiro de 1973 – Código de Processo Civil, para modificar os critérios de fixação de honorários advocatícios. Brasília, 2010. Decisão: Retirada pelo autor.

BRASIL. Superior Tribunal de Justiça – *Recurso Especial n.º 1.487.089/SP.* Relator: Ministro Marcos Buzzi. Julgamento: 23 jun. 2015. Órgão Julgador: Quarta Turma. Publicação: DJe, 28 out. 2015.

BRASIL. Supremo Tribunal Federal – *Ação Direta de Inconstitucionalidade 5.581/DF.* Relatora: Ministra Cármen Lúcia. Julgamento Virtual: 8 out. 2019. Órgão Julgador: Tribunal Pleno. Publicação da Pauta: DJe, 10 out. 2019.

BRASIL. Supremo Tribunal Federal – *Arguição de Descumprimento de Preceito Fundamental n.º 54.* Relator: Ministro Marco Aurélio. Julgamento: 12 abr. 2012. Órgão Julgador: Tribunal Pleno. Publicação: DJe, 30 abr. 2013.

CARNACCHIONI, Daniel Eduardo – *Curso de direito civil: parte geral.* 4.ª ed., rev., atual. e ampl. São Paulo: Revista dos Tribunais, 2014. ISBN 9788520349618.

CASABONA, Carlos Maria Romeo; QUEIROZ, Juliane Fernandes – *Biotecnologia e suas implicações ético-jurídicas.* Belo Horizonte : Del Rey, 2005. ISBN 978-8573087321

CRUZ, Ivana Beatrice Mânica – *Embriologia humana: fundamentos.* Santa Maria : Universidade Federal de Santa Maria, 2019.

DIAS, Maria Berenice – *Manual de direito das famílias.* 4.ª ed., rev., atual. e ampl. São Paulo : Revista dos Tribunais, 2007. ISBN 9788520331019

DINIZ, Maria Helena – *Curso de direito civil brasileiro.* 29.ª ed. São Paulo : Saraiva, 2012. ISBN 9788502017979

DINIZ, Maria Helena – *O estado atual do biodireito.* 5.ª ed., rev., aum. e atual. São Paulo : Saraiva, 2008. ISBN 9788502068551

FARIAS, Cristiano Chaves; ROSENVALD, Nelson – *Curso de direito civil.* Salvador : Juspodivm, 2014. ISBN 9788577619870. Vol. 1.

GAGLIANO, Pablo Stolze; PAMPLONA FILHO, Rodolfo – *Novo curso de Direito Civil*. 7.º ed., rev., ampliada e atualizada. São Paulo : Saraiva, 2006. ISBN 8502055852

GONÇALVES, Carlos Roberto – *Direito civil brasileiro*. 16.ª ed. São Paulo : Saraiva, 2018. ISBN 9788547222390

JUNGES, José Roque – *Bioética, perspectivas e desafios*. São Leopoldo : Unisinos, 1999. ISBN 8574310042

MANTOVANI, Ferrando – Sobre o genoma humano e manipulações genéticas. In ROMEO CASABONA, Carlos María – *Biotecnologia, direito e bioética*. Belo Horizonte: Del Rey; PUC-Minas, 2002. ISBN 9788586480041. p. 156-165.

MARINHO, Fátima; Araújo, VALDELAINE Etelvina Miranda de; PORTO, Denise Lopes; FERREIRA, Helena Luna; COELHO, Marta Roberta Santana; LECCA, Roberto Carlos Reyes; OLIVEIRA, Helio de; PONCIONI, Ivana Pereira de Almeida; MARANHÃO, Maria Helian Nunes; MENDES, Yluska Myrna Meneses Brandão e; FERNANDES, Roberto Men; LIMA, Raquel Barbosa de; RABELLO NETO, Dácio de Lyra – Microcefalia no Brasil: prevalência e caracterização dos casos a partir do Sistema de Informações sobre Nascidos Vivos (Sinasc), 2000-2015. *Epidemiologia e Serviços de Saúde*. [Em linha]. ISSN 2237-9622. 25:4 (out./dez. 2016) 701-712. [Consult. 30 maio 2019]. Disponível em WWW:<URL:https://www.scielosp.org/pdf/ress/2016.v25n4/701-712>.

MARITAIN, Jacques – *Direitos do homem e a lei natural*. Tradução de Afrânio Coutinho; prefácio de Alceu Amoroso Lima (Tristão de Athayde). Rio de Janeiro : José Olympio, 1967. ISBN 978-8574313108

MELLO, Cleyson de Moraes; MOREIRA, Thiago – *Direitos fundamentais e dignidade da pessoa humana*. Rio de Janeiro : Freitas Bastos, 2015. ISBN 9788579872228

MENDES, Gilmar Ferreira; BRANCO, Paulo Gustavo Gonet – *Curso de direito constitucional*. 12.ª ed. São Paulo : Saraiva, 2017. ISBN 9788547214814

MONTENEGRO, Carlos Antonio Barbosa; REZENDE FILHO, Jorge de – *Rezende – obstetrícia fundamental*. 14.ª ed. Rio de Janeiro : Guanabara Koogan, 2019. ISBN 9788527732574

NADER, Paulo – *Introdução ao estudo do direito*. Rio de Janeiro : Forense, 2004. ISBN 978-8530944575. Vol. 1.

OLIVEIRA, Fátima – As novas tecnologias reprodutivas conceptivas a serviço da materialização de desejos sexistas, racistas e eugênicos? *Revista Bioética*. ISSN 1983-8034. 9:2 (2009) 99-112.

ORGANIZAÇÃO DOS ESTADOS AMERICANOS – *Convenção Americana sobre Direitos Humanos*. Assinada na Conferência Especializada Interamericana sobre Direitos Humanos (Pacto de San José da Costa Rica). [Em linha]. San José, Costa Rica :

OEA, 22 nov. 1969. [Consult. 04 set. 2019]. Disponível em WWW:<URL:https://www.cidh.oas.org/basicos/portugues/c.convencao_americana.htm>.

Padilha, Rodrigo – *Direito constitucional.* 5.ª ed. Rio de Janeiro : Forense, 2018. ISBN 9788530981075

Paoli, Severo – *Citologia e embriologia.* São Paulo : Pearson Education do Brasil, 2015. ISBN 978-8543010960

Sanches, Mário Antonio; Vieira, José Odair; Melo, Evandro Arlindo de – *A dignidade do embrião humano: diálogo entre a teologia e bioética.* São Paulo : Ave Maria, 2013. ISBN 9788527614108

Tartuce, Flávio – *Direito civil:* lei de introdução e parte geral. 15.ª ed. Rio de Janeiro : Forense, 2019. ISBN 9788530983543

Verardo, Maria Tereza – *Aborto: um direito ou um crime?* São Paulo : Moderna, 1991. ISBN 9788516002350

Wolkmer, Antônio Carlos – *Fundamentos de história do direito.* 3.ª ed. Belo Horizonte : Del Rey, 2006. ISBN 85-7308-759-5

PMA – Procriação Medicamente Assistida *post-mortem*[1]

GERALDO ANTÔNIO AVELINO[2]

SUMÁRIO: Introdução. 1. A reprodução humana assistida. 2. Principais técnicas de reprodução assistida. 3. Finalidades proibidas. 4. A técnica de criopreservação. 5. A utilização de gametas ou embriões *post-mortem*. 6. Efeitos sucessórios da inseminação e implantação de embrião homóloga *post-mortem*. Conclusão. Referências.

Introdução

A concepção de um ser vivo, especialmente o originário da espécie *homo sapiens*, sempre esteve envolta num aspeto divino, sagrado, e a possibilidade da inexistência de uma prole é tida por muitos como um castigo dos deuses.

O excepcional avanço das ciências abriu há muito a possibilidade de que casais submetidos ao castigo divino da infertilidade pudessem realizar o sonho da concepção e, consequentemente, de uma prole.

No aspecto histórico evolucional da ciência, deve ser dado destaque especial à invenção do microscópio[3], observada no século XVII e que carreou inú-

[1] O presente trabalho foi confecionado para a obtenção dos créditos na Unidade Curricular do Doutorado em Ciências Jurídicas na Universidade Autónoma de Lisboa (UAL), Portugal. Encontra-se remodelado e em harmonia com as atualizações jurisprudenciais, doutrinárias e legislativas observadas até outubro de 2019.

[2] Advogado e Professor. Leciona a disciplina Direito do Trabalho Coletivo na Faculdade Arquidiocesana de Curvelo (FAC), no estado de Minas Gerais – Brasil. Mestre em Ciências Jurídicas pela Universidade Autónoma de Lisboa, Especialista em Direito Empresarial pela Faculdade de Direito de Sete Lagoas (FADISETE). Endereço eletrônico: avelino@adv.oabmg.org.br.

[3] Com a invenção do microscópio, observou-se por parte dos cientistas a possibilidade da identificação e estudo das células sexuais. Daí, "microscopistas excessivamente entusiasmados se convenceram de que haviam observado 'homúnculos', formas humanas em miniatura dentro das células", que davam a impressão de que a célula sexual masculina trazia em sua cabeça um ser humano que aguardava apenas o momento adequado para crescer no ventre da

meros benefícios ao ramo das ciências médicas e biológicas, especialmente na seara da medicina genética.

Por intermédio daquele instrumento foi possível, já no ano de 1650, a identificação das células sexuais. Há registros científicos que evidenciam por volta do ano de 1791 a utilização de técnicas para tratamento da infertilidade humana por intermédio do incipiente método da inseminação artificial[4] com a indispensável utilização do microscópio.

Outro aspecto relevante no tocante à reprodução humana medicamente assistida foi a identificação do DNA. Tal fato foi observado no ano de 1944, ocasião na qual O. T. Avery conseguiu identificar o DNA, que, de acordo com Barbas[5], veio a clarificar o exposto por Mendel referente ao mecanismo de transmissão dos caracteres hereditários.[6]

A importância da descoberta do DNA e da sua estruturação em dupla hélice[7] está no fato de que a partir disso, foi possível codificar as informações genéticas que identificam as características dos indivíduos.

O aprimoramento das técnicas de criopreservação é de significativa importância na medicina genética. Primeiramente pelo fato de que, com a técnica da criopreservação, foi possível inicialmente o congelamento do sêmen, logo o do zigoto e, posteriormente, dos embriões. O sucesso da crio-

mulher e nascer (STRATHERN, Paul – *Crick, Watson e o DNA em 90 minutos.* Tradução de Maria Luiza Xavier de Almeida Borges. Rio de Janeiro : Jorge Zahar, 2001, p. 6).

[4] A inseminação artificial consiste na "introdução de sêmen nos órgãos genitais femininos por meio diverso do contacto sexual" ou "é a deposição de sêmen na vagina, canal cervical ou útero da mulher, por meio de instrumentos" (MOTA, Octanny Silveira da – Sobre inseminação artificial humana. *Revista de Direito da Universidade de São Paulo.* [Em linha]. 55 (1960) 468-501, p. 468. [Consult. 21 jul. 2015] Disponível em WWW:<URL:www.revistas.usp.br/rfdusp/article/viewFile/66365/68975>).

[5] BARBAS, Stela Marcos de Almeida Neves – *Direito do Genoma Humano.* Lisboa : Almedina, 2007, p. 43.

[6] Segundo Strathern, durante vários séculos acreditava-se que as características hereditárias eram transmitidas entre o ser humano pelo sangue, o que deu origem às expressões sangue azul e consanguinidade (*Crick, Watson e o DNA em 90 minutos.* Tradução de Maria Luiza Xavier de Almeida. Rio de Janeiro : Jorge Zahar, 2001, p. 7).

[7] Em 1953, foi identificada a estrutura em dupla hélice do ácido desoxirribonucleico, mais conhecido como DNA. A estrutura tridimensional do DNA foi identificada pelos cientistas James Watson e Francis Crick. A identificação dessa estrutura é uma das mais significativas descobertas para o avanço da ciência genética no mundo. Justifica-se essa importância pelo fato de o DNA de cada célula conter as informações genéticas referentes às características e funções dela.

preservação se evidenciou com a criação do primeiro banco de sêmen pelo americano Robert Scahyshean. A partir daí difundiu-se a utilização desse material genético, tanto na inseminação homóloga quanto na heteróloga, com relatos da utilização exitosa já no ano de 1949. Na Inglaterra, em 1978, observa-se o nascimento do primeiro ser humano fertilizado *in vitro*, o bebê Louise Brown. Transcorridos três anos desse importante evento, verifica-se o nascimento do primeiro ser humano gerado a partir da técnica de criopreservação de embriões, o australiano Baby Zoe.[8]

Destaca-se que a técnica de criopreservação possibilita ainda aos casais decidirem o momento apropriado para a inseminação (introdução do zigoto ou do embrião), em harmonia com os seus planos de vida e constituição de prole.

Todavia, não raras vezes o desejo da constituição da prole é impossibilitado pelas vicissitudes da vida, como a morte, por exemplo. Nesta situação, num primeiro momento, poderíamos acreditar que o projeto da constituição da descendência estaria assim de fato interrompido pelo falecimento. Entretanto, mesmo com a morte, o sonho ainda poderá ser realizado, uma vez que, para o remanescente do casal e até mesmo para outras pessoas ligadas ao contexto familiar, restarão os gametas, zigotos ou embriões criopreservados.

A utilização desta possibilidade de constituição de uma prole *post-mortem* foi observada durante a primeira grande guerra mundial de 1945, quando o governo dos Estados Unidos da América realizou inúmeras coletas de sêmen dos seus soldados no *front* de batalha, com a intenção de serem mantidos criopreservados para posterior inseminação. Como consequência, muitos foram os indivíduos gerados através dessa técnica de inseminação artificial *post-mortem*. Segundo Borelli[9], todos os filhos nascidos através deste método de procriação foram posteriormente considerados legítimos pelo Supremo Tribunal de Nova Iorque. Também na guerra do Golfo, os soldados americanos que se encontravam em situação de altíssimo risco na frente de batalha

[8] SÁ, Flávia de; CASTRO, Marta – *Procriação medicamente assistida*. [Em linha]. Lisboa : Universidade Nova de Lisboa, 2011. [Consult. 28 out. 2014]. Disponível em WWW:URL:http://www.fd.unl.pt/ docentes_docs/ma/ct_MA_13066.doc.

[9] Apud BARBAS, Stela Marcos de Almeida Neves – *Direito ao Património Genético*. Lisboa : Almedina, 2006, p. 31.

também buscaram garantir a constituição da prole criogenando embriões em face do iminente e justificado receio da morte.[10]

Também no tocante à utilização de material genético *post-mortem* fora dos Estados Unidos da América, observa-se na França, no ano de 1984, a prolação de inédita autorização judicial, no escopo de consentir a utilização do sêmen criopreservado do senhor Alain Parpalaix, falecido no ano de 1983, para a inseminação *post-mortem* de sua esposa Corinne.[11]

Em face da utilização de material genético *post-mortem*, uma questão exsurge decorrente dos direitos sucessórios do indivíduo nascido de técnica de procriação medicamente assistida homóloga *post-mortem*.

Nesse sentido, busca-se no presente trabalho analisar a possibilidade jurídica de utilizar gametas ou embriões *post-mortem* e o reflexo dessa ação no direito sucessório no Brasil e em Portugal.

Inicia-se o trabalho com uma abordagem das possibilidades da utilização de gametas ou embriões *post-mortem* por meio das técnicas de procriação humana conhecidas em Portugal como Procriação Medicamente Assistida (PMA) e no Brasil como Reprodução Humana Assistida (RHA), bem como as finalidades proibidas pela legislação. A seguir, enfatiza-se a técnica de criopreservação e a utilização do material genético *post-mortem*. No ponto seguinte, busca-se analisar os efeitos sucessórios decorrentes da utilização de gametas ou embriões *post-mortem* no Brasil e em Portugal.

1. A reprodução humana assistida

As técnicas de procriação consistem num recurso médico científico utilizado com o escopo de ser uma alternativa à esterilidade humana e, consequentemente, possibilitar a constituição de uma prole.

A utilização de tais técnicas se encontra amparada na autonomia da vontade dos casais em constituir uma prole, advinda não apenas com o casamento ou com a união de fato, mas também de outras circunstâncias estabelecidas pela legislação.

As técnicas de procriação humana assistida até o ano de 2015 somente podiam ser utilizadas, segundo as legislações luso-brasileiras vigentes, por

[10] Ibid., p. 544.

[11] Ibid., pp. 540-541.

pessoas que estivessem com problemas de infertilidade. Era vedada para aqueles que não tivessem dificuldades de reprodução ou que simplesmente desejassem utilizá-la. Podiam fazer uso das técnicas de procriação humana assistida apenas indivíduos que se encontrassem em situações de infertilidade ou possuidores de necessidades especiais constantes nas legislações luso-brasileiras.

Atualmente em Portugal e também no Brasil, a legislação permite que seja paciente das Técnicas de Procriação[12] qualquer pessoa, indiferentemente de possuir ou não diagnóstico de infertilidade.

Em Portugal, em junho de 2016, a Lei n.º 17/2016 alargou o âmbito dos beneficiários das Técnicas de Procriação.[13] No Brasil, a Resolução do Conselho Federal de Medicina n.º 2.168/2017 passou a admitir que pessoas sem quaisquer diagnósticos de problemas reprodutivos se utilizem das Técnicas de Procriação.[14]

Neste sentido, em Portugal, a Lei n.º 32/2006 e suas alterações vieram a regular a utilização das Técnicas de Procriação. Pelo conceito advindo da legislação citada, trata-se a Técnica de Procriação Medicamente Assistida (PMA) de um método subsidiário, e não alternativo, de procriação humana, que objetiva auxiliar as famílias casadas ou em união de fato, indiferente-

[12] Em face as diferentes nomenclaturas utilizadas: PMA (Procriação Medicamente Assistida) em Portugal e a RHA (Reprodução Humana Assistida) no Brasil, utilizaremos o termo *Técnicas de Procriação*.

[13] Após quase dez anos, o legislador português introduziu no artigo 4.º da Lei n.º 32/2006, através da Lei n.º 17/2016, o parágrafo 3 possibilitando o Recurso à PMA a "todas as mulheres independentemente do diagnóstico de infertilidade" (PORTUGAL. Assembleia da República – *Lei n.º 32/2006*. Procriação Medicamente Assistida. Actualizado pela Lei n.º 25/2016. [Em linha]. Lisboa : Diário da República, n.º 143, Série I, de 26 jul. 2006. [Consult. 24 set. 2019]. Disponível em WWW:<URL:https://dre.pt/ pesquisa/-/search/539239/details/maximized>).

[14] A Resolução do CFM n.º 2168/2017, levando em consideração que na atualidade as mulheres estão cada vez mais deixando a maternidade para mais tarde, aliado às dificuldades para engravidarem com o passar da idade, definiu que as Técnicas de Procriação "podem ser utilizadas desde que exista probabilidade de sucesso e não se incorra em risco grave de saúde para o(a) paciente ou o possível descendente" (BRASIL, 2017) desde que sejam "[...] capazes, que tenham solicitado o procedimento e cuja indicação não se afaste dos limites desta resolução [...]" (BRASIL. Conselho Federal de Medicina – *Resolução n.º 2.168/2017*. Adota as normas éticas para a utilização das técnicas de reprodução assistida. Brasília : DOU, 10 nov. 2017, Seção I).

mente da existência de problemas de infertilidade na constituição de uma prole.

A Técnica de PMA também poderá ser utilizada em Portugal em caso de necessidade de tratamento de enfermidades graves ou em situações de risco na transmissão de doenças de origem genética, infeciosa ou outras.[15] Necessário salientar que, no ano de 2018, o Tribunal Constitucional português declarou inconstitucionais várias normas estabelecidas na Lei n.º 32/2006, especialmente as previstas no artigo 8º, através do Acórdão 225/2018.[16]

No Brasil, a respeito das Técnicas de Procriação designadas de Reprodução Humana Assistida, ainda inexiste lei federal específica a respeito. O assunto é tratado no Código Civil Brasileiro[17] no capítulo destinado à filiação. Outros aspectos importantes referentes à adoção de técnicas de reprodução humana são também tratados na Lei de Biossegurança n.º 11.105/05, que proíbe a utilização da engenharia genética humana em célula germinal, zigoto, embrião ou em clonagem humana.[18]

[15] Artigo 4.º da Lei n.º 32/2006 (PORTUGAL. Assembleia da República – *Lei n.º 32/2006*. Procriação Medicamente Assistida. Actualizado pela Lei n.º 25/2016. [Em linha]. Lisboa : Diário da República, n.º 143, Série I, de 26 jul. 2006. [Consult. 24 set. 2019]. Disponível em WWW:<URL:https://dre.pt/pesquisa/-/search/539239/details/maximized>).

[16] Id. Tribunal Constitucional – *Acórdão do Tribunal Constitucional n.º 225/2018*. [Em linha]. Lisboa : Diário da República, n.º 87, Série I, 7 maio 2018. Consult. 24 set. 2019]. Disponível em WWW:<URL:https://data.dre.pt/eli/actconst/225/2018/05/07/p/dre/pt/HTML>.

[17] "Art. 1.597. Presumem-se concebidos na constância do casamento os filhos: I – nascidos cento e oitenta dias, pelo menos, depois de estabelecida a convivência conjugal;
II – nascidos nos trezentos dias subsequentes à dissolução da sociedade conjugal, por morte, separação judicial, nulidade e anulação do casamento; III – havidos por fecundação artificial homóloga, mesmo que falecido o marido; IV – havidos, a qualquer tempo, quando se tratar de embriões excedentários, decorrentes de concepção artificial homóloga; V – havidos por inseminação artificial heteróloga, desde que tenha prévia autorização do marido" (BRASIL. Presidência da República – *Lei n.º 10.406, de 10 de janeiro de 2002*. Institui o Código Civil. [Em linha]. Brasília : DOU, 11 jan. 2002. [Consult. 18 nov. 2019]. Disponível em WWW:<URL:http://www.planalto.gov.br/ccivil_03/leis/2002/l10406.htm>).

[18] Id. – *Lei n.º 11.105, de 24 de março de 2005*. Lei da Biossegurança. Regulamenta os incisos II, IV e V do § 1º do art. 225 da Constituição Federal, estabelece normas de segurança e mecanismos de fiscalização de atividades que envolvam organismos geneticamente modificados – OGM e seus derivados, cria o Conselho Nacional de Biossegurança – CNBS, reestrutura a Comissão Técnica Nacional de Biossegurança – CTNBio, dispõe sobre a Política Nacional de Biossegurança – PNB, revoga a Lei n.º 8.974, de 5 de janeiro de 1995, e a Medida Provisória n.º 2.191-9, de 23 de agosto de 2001, e os arts. 5º, 6º, 7º, 8º, 9º, 10 e 16 da Lei n.º 10.814, de 15 de

No que se refere às questões éticas, aplicava-se no Brasil, à época da versão original desta investigação, o estabelecido na Resolução do Conselho Federal de Medicina – CFM n.º 2.121/2015.[19] A citada Resolução foi revogada no ano de 2017 por meio da Resolução CFM n.º 2.168, de 27 de setembro de 2017[20], que buscou aperfeiçoar as normas éticas para a utilização das técnicas de reprodução assistida, como dispositivo deontológico a ser seguido pelos profissionais médicos brasileiros.

De acordo com a Resolução n.º 2.168/2017, a Técnica de Procriação assistida consiste numa forma auxiliar na resolução dos problemas de reprodução humana, com o objetivo de auxiliar o processo de procriação. Poderá ser utilizada por todas as pessoas que se encontrarem ou não em situações de infertilidade e também para o tratamento de doenças genéticas ou hereditárias ligadas à procriação. Destaca-se que essa técnica deverá ser aplicada somente quando outras técnicas terapêuticas tenham sido consideradas ineficazes ou inapropriadas. Em síntese, é permitida a aplicação da Técnica de Procriação Assistida em situações nas quais exista a probabilidade efetiva de sucesso em sua utilização, sem acarretar risco grave para a saúde da paciente ou do possível descendente.[21]

Pelo exposto, de acordo o CFM podem ser destinatários das Técnicas de Procriação Assistida todas as pessoas capazes e cuja indicação não as afaste dos limites éticos apresentados na Resolução n.º 2.168/2017. A legislação brasileira permite a aplicação das técnicas de reprodução humana em pes-

dezembro de 2003, e dá outras providências. [Em linha]. Brasília : DOU, 28 mar. 2005. [Consult. 28 out. 2014]. Disponível em: Disponível em WWW:<URL:http://www.planalto.gov.br/ccivil_03/_Ato2004-2006/2005/Lei/ L11105.htm>.

[19] BRASIL. Conselho Federal de Medicina – *Resolução n.º 2.121/2015*. Adota as normas éticas para a utilização das técnicas de reprodução assistida. [Em linha]. Brasília : 24 set. 2015. [Consult. 10 out. 2015]. Disponível em WWW:<URL:http://www.portalmedico.org.br/resolucoes/CFM/2015/2121_ 2015.pdf>.

[20] Resolução do CFM n.º 2.168/2017 – "Adota as normas éticas para a utilização das técnicas de reprodução assistida – sempre em defesa do aperfeiçoamento das práticas e da observância aos princípios éticos e bioéticos que ajudam a trazer maior segurança e eficácia a tratamentos e procedimentos médicos -, tornando-se o dispositivo deontológico a ser seguido pelos médicos brasileiros e revogando a Resolução CFM n.º 2.121, publicada no DOU. De 24 de setembro de 2015, Seção I, p. 117" (id. Conselho Federal de Medicina – *Resolução n.º 2.168/2017*. Adota as normas éticas para a utilização das técnicas de reprodução assistida. Brasília : DOU, 10 nov. 2017, Seção I).

[21] Ibid.

soas casadas ou solteiras, homens e mulheres, sendo eles homossexuais ou heterossexuais, transexuais ou bissexuais.[22]

Assim, observavam-se significativas diferenças entre os destinatários da utilização da técnica de procriação assistida, estabelecidas na legislação luso-brasileira até o ano de 2016[23], o que não ocorre atualmente com a edição da Lei n.º 17/2016 em Portugal. Na atualidade em Portugal, segundo o artigo 6.º da Lei n.º 32/2006, alterada pela Lei n.º 17/2016, "podem recorrer às técnicas de PMA os casais de sexo diferente ou os casais de mulheres, respetivamente casados ou casadas ou que vivam em condições análogas às dos

[22] Segundo a Resolução do CFM 2.168/2017, consideram-se pacientes das técnicas de reprodução assistida "1. Todas as pessoas capazes, que tenham solicitado o procedimento e cuja indicação não se afaste dos limites desta resolução, podem ser receptoras das técnicas de RA, desde que os participantes estejam de inteiro acordo e devidamente esclarecidos, conforme legislação vigente. 2. É permitido o uso das técnicas de RA para relacionamentos homoafetivos e pessoas solteiras, respeitado o direito a objeção de consciência por parte do médico. 3. É permitida a gestação compartilhada em união homoafetiva feminina em que não exista infertilidade. Considera-se gestação compartilhada a situação em que o embrião obtido a partir da fecundação do(s) oócito(s) de uma mulher é transferido para o útero de sua parceira" (BRASIL. Conselho Federal de Medicina – *Resolução n.º 2.168/2017.* Adota as normas éticas para a utilização das técnicas de reprodução assistida. Brasília : DOU, 10 nov. 2017, Seção I).

[23] Até o ano de 2016, em Portugal poderiam usufruir da Técnica de Procriação PMA, apenas os casais heterossexuais, apesar da existência de legislação que admitia a possibilidade da união civil entre pessoas do mesmo sexo. A possibilidade da união civil entre pessoas do mesmo sexo encontra-se presente na legislação portuguesa desde o ano de 2010, através do exposto na lei n.º 9/2010, que permitiu o casamento homossexual no país, uma vez que ocorreu alteração no conceito de casamento, que passou a ser entendido como *"o contrato celebrado entre duas pessoas que pretendem constituir família mediante uma plena comunhão de vida, nos termos das disposições" do Código Civil* (Falcão, Marta Falcao; Trigo, Nelma – Questões ético-jurídicas no âmbito da Lei da Procriação Medicamente Assistida (Portugal): Lei 32/2006, de 26 de julho. *Jus Navigandi.* [Em linha]. 15:2574 (19 jul. 2010) [Consult. 21 jul. 2015]. Disponível em WWW:<URL:https://jus.com.br/artigos/17007>). Necessário salientar que a Constituição Portuguesa em seu artigo 36.º enfatiza o direito à constituição de família a todos os cidadãos sem distinções. Todavia, com referência à aplicação da Técnica de PMA, somente era possível até o ano de 2016 em pessoas casadas ou em união de facto. Constituição Portuguesa – Artigo 36.º – Família, casamento e filiação. 1. Todos têm o direito de constituir família e de contrair casamento em condições de plena igualdade (PORTUGAL – *Constituição da Republica Portuguesa de acordo com a revisão 2005.* 17.ª ed. Lisboa : Quid Juris, 2005).

cônjuges, bem como todas as mulheres independentemente do estado civil e da respetiva orientação sexual"[24].

2. Principais técnicas de reprodução assistida

As principais técnicas de reprodução humana assistida utilizadas em todo o mundo são as de inseminação artificial, a de fertilização *in vitro*, a de injeção intracitoplasmática de espermatozoides, e a de transferência de embriões, gametas ou zigotos.

Na técnica de inseminação artificial, também denominada por alguns autores de inseminação *in vivo*, o material genético humano masculino é introduzido no útero da mulher e a gravidez dar-se-á de forma natural. Essa técnica, em relação ao doador do material genético – sêmen – se dará por meio da inseminação artificial homóloga ou da inseminação artificial heteróloga. Naquela serão mantidas as características hereditárias dos pais, uma vez que o sêmen utilizado será o do "próprio marido ou companheiro". Já na heteróloga não haverá correspondência entre os dados genéticos, devido ao fato de que é realizada com a utilização de material genético – sêmen – doado por uma terceira pessoa.[25]

A técnica de fertilização *in vitro* consiste em procedimento de procriação realizado fora do organismo feminino. Poderá ser simplesmente um procedimento de implantação do zigoto[26], oriundo do contato artificial das células masculinas e femininas em uma cápsula de Petri, em "condições adequadas para que ocorra a fusão dos gametas". Poderá, ainda, tratar-se da implantação não do zigoto, mas, sim, de um embrião, a denominada técnica

[24] Id. Assembleia da República – *Lei n.º 32/2006*. Procriação Medicamente Assistida. Actualizado pela Lei n.º 25/2016. [Em linha]. Lisboa : Diário da República, n.º 143, Série I, de 26 jul. 2006. [Consult. 24 set. 2019]. Disponível em WWW:<URL:https://dre.pt/pesquisa/-/search/539239/details/maximized>.

[25] Bottega, Clarissa – Reprodução humana medicamente assistida e o direito à origem genética. *Revista Jurídica da Universidade de Cuiabá*. [Em linha]. 8:2 (jul./dez. 2006). 69-92, p. 71. [Consult. 4 nov. 2014]. Disponível em WWW:<URL:http://clarissabottega.com/Arquivos/Artigos/Revista%20Jur %20Unic%20v8%20n2%20jul%20dez%202006_Clarissa.pdf>.

[26] Segundo Bottega, o ovo ou Zigoto é a célula única gerada após a união dos dois materiais genéticos oriundos do óvulo e do sêmen, ou seja, consiste na célula inicial da fusão dos gametas (ibid.).

do bebê de proveta. As principais diferenças observadas em relação à técnica de fertilização *in vitro* decorrem basicamente no tempo em que ocorre a fusão dos gametas e da implantação do material no útero feminino, pois, segundo Bottega, o embrião "é o zigoto, no período da clivagem até o final da oitava semana, até a sua implantação no útero da mulher"[27].

Outra técnica também bastante utilizada no mundo é a injeção intracitoplasmática de espermatozoides.[28] Esta técnica foi desenvolvida inicialmente na Bélgica pela equipe do médico Dr. Peter Nagy, sendo utilizada nos problemas de infertilidade decorrentes de anormalidades verificadas com os gametas masculinos. Consiste, basicamente, na obtenção do gameta masculino diretamente dos testículos para posterior injeção no óvulo fora do corpo da mulher.

A transferência de embriões, zigotos ou gametas consiste em procedimentos distintos, em decorrência do material genético utilizado. Quando da transferência de gametas, são recolhidos, tratados e selecionados em laboratório, os oócitos e os espermatozoides são colocados no organismo feminino por meio da técnica de laparoscopia, num processo de fecundação *in vivo*.

No procedimento de transferência de zigotos, há a recolha dos gametas nos moldes citados, sendo estes colocados para fecundação *in vitro* após o zigoto ser implantado no corpo feminino, também por intermédio da laparoscopia. De modo similar ao verificado com o zigoto é o procedimento da transferência de embriões criopreservados ou não.

A transferência de embriões é uma das maiores inovações da medicina reprodutiva na atualidade, utilizada no mundo inteiro e reconhecidamente a que apresenta os melhores resultados. Todavia, no tocante ao direito, vem

[27] Ibid., p. 73.

[28] Montalbano, citando Rotania (2003), explica a Técnica da Injecção Intracitoplasmática de espermatozoides. Segundo a autora, "utiliza-se a injeção de um único espermatozóide ou de uma espermátide (célula precursora do espermatozóide) para o interior do óvulo. É realizada uma punção do testículo ou epidídimo para retirada de espermatozoide ou espermátide. Os espermatozóides ou as espermátides são colocados em um meio de cultura. Um deles é injetado diretamente no óvulo. Os óvulos são coletados da mesma forma que na FIV. A técnica está prevista para ser usada nos casos de anormalidades espermáticas que podem ser várias: oligoastenoteratozoospermia, presença de antiespermatozóide ou azoospermia" (MONTALBANO, Ana Caroline Oliveira – Inseminação *post-mortem* e seus reflexos no direito de família e sucessões. *Revista da ESMESC*. [Em linha]. 19:25 (2012) 9-34, p. 13. [Consult. 21 jul. 2015]. Disponível em WWW:<URL:revista.esmesc.org.br/re/article/ download/48/49>).

a apresentar questionamentos quanto à destinação dos embriões criopreservados e não utilizados, bem como os efeitos sucessórios advindos da utilização destes após a morte.[29]

3. Finalidades proibidas

A legislação luso-brasileira proíbe a utilização das técnicas de Reprodução Medicamente Assistida para determinadas finalidades.

Em Portugal, existe proibição expressa no sentido de inadmitir quaisquer tipos de discriminações pelo fato de o indivíduo ter sido originado pela utilização de técnicas de procriação medicamente assistida.[30] Existia em Portugal até o ano de 2016 a proibição da utilização das técnicas de PMA para finalidade diversa do diagnóstico de infertilidade, todavia em junho do citado ano, a Lei n.º 17/2016 inseriu no artigo 4.º da Lei n.º 32/2006 a possibilidade da adoção das técnicas de PMA para todas as mulheres independentemente da existência ou não de diagnóstico de infertilidade.

No Brasil, a Resolução n.º 2.168/2017 estabelece em seus princípios gerais ser "proibida a fecundação de oócitos humanos com qualquer outra finalidade que não a procriação humana"[31]. Assim, não poderá haver a utilização das técnicas de reprodução assistida, com o objetivo de seleção de sexo ou de características biológicas, exceto para tratamento de doenças ligadas a características genéticas.[32] De forma explícita, a lei de biossegurança brasi-

[29] Bottega, Clarissa – Reprodução humana medicamente assistida e o direito à origem genética. *Revista Jurídica da Universidade de Cuiabá*. [Em linha]. 8:2 (jul./dez. 2006). 69-92, p. 73. [Consult. 4 nov. 2014]. Disponível em WWW:<URL:http://clarissabottega.com/Arquivos/Artigos/Revista%20Jur%20 Unic%20v8%20n2%20jul%20dez%202006_Clarissa.pdf>.

[30] "Art. 3.º Dignidade e não discriminação. As técnicas de PMA devem respeitar a dignidade humana, sendo proibida a discriminação com base no património genético ou no facto de se ter nascido em resultado da utilização de técnicas de PMA" (PORTUGAL. Assembleia da República – *Lei n.º 32/2006*. Procriação Medicamente Assistida. Actualizado pela Lei n.º 25/2016. [Em linha]. Lisboa : Diário da República, n.º 143, Série I, de 26 jul. 2006. [Consult. 24 set. 2019]. Disponível em WWW:<URL:https://dre.pt/ pesquisa/-/search/539239/details/maximized>).

[31] BRASIL. Conselho Federal de Medicina – *Resolução n.º 2.168/2017*. Adota as normas éticas para a utilização das técnicas de reprodução assistida. Brasília : DOU, 10 nov. 2017, Seção I.

[32] "Princípios Gerais nº 5 – As técnicas de RA não podem ser aplicadas com a intenção de selecionar o sexo (presença ou ausência de cromossomo Y) ou qualquer outra característica biológica do futuro filho, exceto para evitar doenças no possível descendente" (ibid.).

leira veda a engenharia genética em célula germinal humana, zigoto humano e embrião humano e também a clonagem humana[33], estabelecendo pena de reclusão aos infratores de 1 (um) a 5 (cinco) anos.[34]

De modo geral, tanto no Brasil quanto em Portugal, são inadmitidas: a clonagem humana com o objetivo de criar seres humanos geneticamente idênticos a outros; a melhoria de "determinadas características não médicas do nascituro, designadamente a escolha do sexo"; a utilização com o "objectivo de originarem quimeras ou híbridos"; a utilização em "doenças multifactoriais onde o valor preditivo do teste genético seja muito baixo"[35]; a utilização deliberada para fins de utilização na investigação científica (exceto para finalidades terapêuticas, como prevenção, diagnóstico, aperfeiçoamento de

[33] Lei de Biossegurança. "Art. 6º Fica proibido: [...] IV – clonagem humana; [...]" (id. Presidência da República – *Lei n.º 11.105, de 24 de março de 2005.* Lei da Biossegurança. [Em linha]. Brasília : DOU, 28 mar. 2005. [Consult. 28 out. 2014]. Disponível em: Disponível em WWW:<URL:http://www.planalto.gov.br/ccivil_03/_Ato2004-2006/2005/Lei/L11105.htm>).

[34] Lei de Biossegurança. "CAPÍTULO VIII – Dos Crimes e das Penas Art. 24. Utilizar embrião humano em desacordo com o que dispõe o art. 5.º desta Lei: Pena – detenção, de 1 (um) a 3 (três) anos, e multa. Art. 25. *Praticar engenharia genética em célula germinal humana, zigoto humano ou embrião humano: Pena – reclusão, de 1 (um) a 4 (quatro) anos, e multa.* Art. 26. *Realizar clonagem humana: Pena – reclusão, de 2 (dois) a 5 (cinco) anos,* e multa. Art. 27. Liberar ou descartar OGM no meio ambiente, em desacordo com as normas estabelecidas pela CTNBio e pelos órgãos e entidades de registro e fiscalização: Pena – reclusão, de 1 (um) a 4 (quatro) anos, e multa" (ibid., grifos nossos)

[35] Artigo 7.º "Finalidades proibidas 1 – É proibida a clonagem reprodutiva tendo como objectivo criar seres humanos geneticamente idênticos a outros. 2 – As técnicas de PMA não podem ser utilizadas para conseguir melhorar determinadas características não médicas do nascituro, designadamente a escolha do sexo. 3 – Excetuam-se do disposto no número anterior os casos em que haja risco elevado de doença genética ligada ao sexo, e para a qual não seja ainda possível a detecção direta por diagnóstico genético pré-implantação, ou quando seja ponderosa a necessidade de obter grupo HLA (human leukocyte antigen) compatível para efeitos de tratamento de doença grave. 4 – As técnicas de PMA não podem ser utilizadas com o objectivo de originarem quimeras ou híbridos. 5 – É proibida a aplicação das técnicas de diagnóstico genético pré-implantação em doenças multifactoriais onde o valor preditivo do teste genético seja muito baixo" (PORTUGAL. Assembleia da República – *Lei n.º 32/2006.* Procriação Medicamente Assistida. Actualizado pela Lei n.º 25/2016. [Em linha]. Lisboa : Diário da República, n.º 143, Série I, de 26 jul. 2006. [Consult. 24 set. 2019]. Disponível em WWW:<URL:https://dre.pt/pesquisa/-/search/539239/details/maximized>).

técnicas de PMA e banco de células para transplantes)[36] e, ainda, a proibição do comércio (compra e venda) de óvulos, sêmen, embriões, bem como de outro material genético utilizado nas técnicas de PMA.[37]

4. A técnica de criopreservação

No tocante à fertilidade humana, os gametas masculinos são pouco afetados com o passar da idade do homem, o que não se verifica no gênero feminino. Estudos demonstram que, a partir dos 35 anos de idade, os gametas femininos carregam significativa possibilidade de insucesso na fecundação. Todavia, passada esta fase, ou seja, havendo sucesso na fecundação, existe ainda significativa probabilidade de ocorrência de problemas genéticos ao futuro ser, em decorrência da idade do gameta.

Na atualidade, as mulheres estão postergando a formação da prole por diversos motivos. Para não correr os riscos genéticos advindos da idade dos gametas, estão cada vez mais utilizando as técnicas de criopreservação para

[36] "Artigo 9.º Investigação com recurso a embriões 1 – É proibida a criação de embriões através da PMA com o objectivo deliberado da sua utilização na investigação científica. 2 – É, no entanto, lícita a investigação científica em embriões com o objectivo de prevenção, diagnóstico ou terapia de embriões, de aperfeiçoamento das técnicas de PMA, de constituição de bancos de células estaminais para programas de transplantação ou com quaisquer outras finalidades terapêuticas. 3 – O recurso a embriões para investigação científica só pode ser permitido desde que seja razoável esperar que daí possa resultar benefício para a humanidade, dependendo cada projecto científico de apreciação e decisão do Conselho Nacional de Procriação medicamente Assistida. 4 – Para efeitos de investigação científica só podem ser utilizados: a) Embriões criopreservados, excedentários, em relação aos quais não exista nenhum projecto parental; b) Embriões cujo estado não permita a transferência ou a criopreservação com fins de procriação; c) Embriões que sejam portadores de anomalia genética grave, no quadro do diagnóstico genético pré-implantação; d) Embriões obtidos sem recurso à fecundação por espermatozoide. 5 – O recurso a embriões nas condições das alíneas a) e c) do número anterior depende da obtenção de prévio consentimento, expresso, informado e consciente dos beneficiários aos quais se destinavam" (PORTUGAL. Assembleia da República – *Lei n.º 32/2006*. Procriação Medicamente Assistida. Actualizado pela Lei n.º 25/2016. [Em linha]. Lisboa : Diário da República, n.º 143, Série I, de 26 jul. 2006. [Consult. 24 set. 2019]. Disponível em WWW:<URL:https://dre.pt/pesquisa/-/search/539239/details/maximized>).

[37] "Artigo 18.º Compra ou venda de óvulos, sémen ou embriões e outro material biológico. É proibida a compra ou venda de óvulos, sémen ou embriões ou de qualquer material biológico decorrente da aplicação de técnicas de PMA" (ibid.).

o congelamento do embrião em condições plenas de desenvolvimento saudável. Outras situações implícitas ou explícitas de risco, como a ocorrência de doenças oncológicas e, consequentemente, a necessidade de tratamento, diagnósticos de infertilidade também são motivos lícitos para a utilização da técnica de criopreservação. Assim, a Técnica de Criopreservação de material genético possibilita, dentre outras situações, estender, no caso das mulheres, a idade segura para uma gravidez.[38]

Ponto importante para o presente trabalho é verificar a destinação dada aos embriões criopreservados excedentes não utilizados no projeto da constituição da prole, originários quando da fertilização *in vitro*, e aos existentes *post-mortem* de um ou de ambos os beneficiários.

Em Portugal, a Lei n.º 32/2006 alterada pela Lei n.º 58/2017 estabelece prazos distintos para a preservação e posterior descarte dos embriões em relação aos espermatozoides, ovócitos, tecido testicular e ovários criopreservados.

[38] Segundo Filho, a técnica de criopreservação proporciona inúmeros benefícios, sendo um dos principais "benefícios que o procedimento de *congelamento de embriões* proporciona, seja ele por meio da técnica convencional ou pela vitrificação, é de restringir o número de embriões que serão transferidos para o útero materno. Isso porque, durante a Fertilização In Vitro (FIV), quando o ovário da paciente responde de maneira positiva à estimulação ovariana, há um grande número de óvulos coletados e uma parte desses óvulos dará origem aos embriões. Apenas uma parte dos embriões originados na FIV são transferidos ao útero da futura mãe. A parte restante não pode ser descartada, pois, além de os embriões serem considerados 'seres vivos', o casal ainda não sabe qual será o resultado do procedimento, podendo haver falhas na implantação ou outros problemas que interfiram na possível gestação. Devido a isso, como uma garantia de outra chance para o tratamento, muitos casais optam pelo congelamento dos embriões que não foram transferidos. O congelamento dos gametas femininos ou masculinos também representa uma alternativa de preservação da fertilidade tanto para mulheres que só pretendem engravidar futuramente e preferem conservar gametas saudáveis, bem como para pessoas acometidas por câncer e que ainda possuem o desejo de se tornarem mães ou pais após o tratamento (oncofertilidade). A criopreservação é bastante recomendada nesses casos, já que os tratamentos por meio da radioterapia ou quimioterapia podem afetar a fertilidade do paciente. É possível optar tanto pelo congelamento de embriões quanto de gametas (óvulos ou espermatozoides), de acordo com a necessidade e indicação médica para a preservação da fertilidade" (Rosa Filho, Rodrigo da – Como funciona o congelamento de embriões por vitrificação? *Mater Prime* – Clínica de Reprodução Humana. [Em linha]. São Paulo, 2017. [Consult. 14 ago. 2019]. Disponível em WWW:<URL:https://www.materprime.com.br/como-funciona-o-congelamento-de-embrioes-por-vitrificacao/>).

Em relação aos embriões criopreservados, os beneficiários deverão previamente se comprometer a utilizá-los em até 3 (três) anos, podendo, em situações devidamente justificadas e aceites, haver o alargamento do prazo de criopreservação, não podendo, todavia, exceder o período de 6 (seis) anos. Após este poderá ocorrer a doação pelos beneficiários originários, ou do beneficiário que seja sobrevivo para terceiros, "cuja indicação médica de infertilidade o aconselhe, sendo os factos determinantes sujeitos a registo, ou doados para investigação científica"[39]. Não havendo a doação os embriões, poderão ser descongelados e eliminados, o que gera significativas controvérsias.

No Brasil, a Resolução do CFM n.º 2.168/2017 veio estabelecer um novo prazo para o descarte do embrião criopreservado, diminuindo de 5 (cinco) para 3 (três) anos. De forma similar ao verificado em Portugal, os beneficiários deverão, no momento da criopreservação, "manifestar sua vontade, por escrito, quanto ao destino a ser dado aos embriões criopreservados em caso de divórcio ou dissolução de união estável, doenças graves ou falecimento de um deles ou de ambos, e quando desejam doá-los"[40].

5. Utilização de gametas ou embriões *post-mortem*

Quando um casal se une, por meio do casamento ou da união de fato, em regra se observa a existência de um projeto de vida comum, com foco na manutenção da descendência através dos filhos advindos direta ou indiretamente dessa união.

Acontece que, por diversas situações, por exemplo, nas dificuldades relacionadas à procriação, muitos casais não conseguem a constituição do projeto pelos métodos naturais de concepção. Em situações de infertilidade, decorrente de problemas genéticos específicos verificados pelo casal, não

[39] PORTUGAL. Assembleia da República – *Lei n.º 32/2006*. Procriação Medicamente Assistida. Actualizado pela Lei n.º 25/2016. [Em linha]. Lisboa : Diário da República, n.º 143/2006, Série I, 26 jul. 2006. [Consult. 24 set. 2019]. Disponível em WWW:<URL:https://dre.pt/pesquisa/-/search/539239/ details/maximized>.

[40] BRASIL. Conselho Federal de Medicina – *Resolução n.º 2.168/2017*. Adota as normas éticas para a utilização das técnicas de reprodução assistida. Brasília : DOU, 10 nov. 2017, Seção I.

lhes resta alternativa senão a utilização de uma das técnicas de reprodução humana assistidas já citadas.

No aspecto temporal, aliado às questões médicas específicas, econômicas, financeiras, familiares, de doenças, postergação de um projeto parental, dentre outras, verifica-se a necessidade de *criogenar* os gametas ou embriões para implantação posterior.

Em casos mais simples de infertilidade, busca-se *criogenar* o gameta masculino e/ou feminino, para uma posterior fecundação *in vivo* ou *in vitro* de acordo com a vontade dos destinatários. Em situações mais difíceis de infertilidade, são *fabricados* por meio da técnica de fecundação *in vitro* quantidade significativas de embriões, que serão utilizados durante as tentativas de implantação.

Nesse ínterim, ocorrendo o falecimento de um ou de ambos os beneficiários, antes da inseminação ou implantação do embrião, restariam criopreservados os gametas, zigotos ou embriões que, a princípio, poderiam ser utilizados para a continuidade da descendência através de filhos gerados *post-mortem*.

A análise da possibilidade de inseminação ou implantação *post-mortem* no direito luso-brasileiro é o objetivo deste tópico, mas antes vamos fazer uma breve síntese da evolução desse instituto no mundo.

O caso Parpalaix[41] é citado por vários autores como a primeira manifestação judicial a respeito da possibilidade da utilização das Técnicas de Pro-

[41] Montalbano, citando Freitas (2008), enfatiza que o caso Parpalaix, verificado em 1984, em França, surgiu como o primeiro caso de inseminação artificial *post-mortem*. Narra a história do casal Corine Richard e Alain Parpalaix, quando este descobriu um câncer nos testículos. Tal situação poderia impedir a procriação desejada por ambos, haja vista que tratamento quimioterápico poderia comprometer a fertilidade do gameta masculino. Assim, com o objectivo de constituir prole, Alain Parpalaix depositou numa Clínica seu material genético para que, após as sessões de quimioterapia, pudesse utilizá-lo para gerar a almejada prole. Todavia, durante o tratamento, veio a falecer. A viúva, Corine, e os pais do falecido procuraram a Clínica para a implantação do gameta *post-mortem*, o que foi negado. A Clínica alegava que "não havia um acordo de entrega do material genético a outra pessoa, senão ao falecido". Na França não havia legislação que autorizava inseminação artificial *post-mortem*, sendo necessário que a viúva buscasse a autorização judicial para cumprir a vontade de Alain. O Tribunal Judiciário de Créteil lhe concedeu a autorização para a implantação do gameta. Todavia, em face da "morosidade da ação, a inseminação artificial não foi realizada, pois os espermatozoides não estavam mais próprios à fecundação" (MONTALBANO, Ana Caroline Oliveira – Inseminação post-mortem e seus reflexos no direito de família e sucessões. *Revista da ESMESC*. [Em linha].

criação *post-mortem*, neste caso específico a utilização da técnica de inseminação artificial. O caso se inicia após a negativa de um banco de sêmen em disponibilizar o material genético do doador falecido. A viúva e os pais do falecido doador impetraram um pedido junto ao Tribunal no sentido de que lhes fosse autorizada a retirada do material genético no banco de sêmen para implantação *post-mortem*. O pedido foi deferido pelo poder judiciário. Todavia, no tocante ao objetivo da constituição da prole, não lograram êxito, haja vista que, em decorrência da demora na autorização, os espermatozoides se tornaram impróprios para a fecundação.

Segundo Mota[42], outra situação relevante para o assunto em tela ocorreu nos Estados Unidos da América durante a Segunda Guerra Mundial. O receio fundamentado da possibilidade de não retornar para casa por parte de alguns dos combatentes americanos culminou com uma significativa coleta de sêmen dos soldados do *front* de batalha e o posterior envio deste material genético para a América. Cita o autor que "numerosas esposas de combatentes foram inseminadas com esperma trazido das frentes de batalha", e muitos foram os casos os quais a implantação do gameta, *in vitro* ou *in vivo*, foi realizada *post-mortem*.[43] Como já citamos, o Supremo Tribunal de Nova Iorque reconheceu legítimos os filhos gerados por meio desta técnica.

No mundo e também no Brasil e em Portugal, as técnicas de inseminação e a implantação *post-mortem* são tratadas de modos diversos.[44]

19:25 (2012) 9-34, p. 12. [Consult. 21 jul. 2015]. Disponível em WWW:<URL:revista.esmesc.org.br/re/article/download/48/49>).

[42] MOTA, Octanny Silveira da – Sobre inseminação artificial humana. *Revista de Direito da Universidade de São Paulo*. [Em linha]. 55 (1960) 468-501. [Consult. 21 jul. 2015] Disponível em WWW:<URL:www.revistas.usp.br/rfdusp/article/viewFile/66365/68975>.

[43] MOTA, Octanny Silveira da – Sobre inseminação artificial humana. *Revista de Direito da Universidade de São Paulo*. [Em linha]. 55 (1960) 468-501, p. 475. [Consult. 21 jul. 2015] Disponível em WWW:<URL:www.revistas.usp.br/rfdusp/article/viewFile/66365/68975>.

[44] "No direito alienígena, a disciplina jurídica para a inseminação *post-mortem* não é uniforme. A Alemanha e a Suécia, por exemplo, vedam-na. Na França é proibida e o consentimento externado em vida perde efeito. Na Espanha, apesar de não ser permitida, garante direitos ao nascituro quando houver declaração escrita por escritura pública ou testamento. Já a Inglaterra admite o procedimento, mas não garante direitos sucessórios, a menos que haja documento expresso nesse sentido" (CARDIN, Valéria Silva Galdino; WINCKLER, Cristiane Gehlen – Da vulnerabilidade do embrião emergente da reprodução humana assistida. In SANCHES, Mário Antonio; GUBERT, Ida Cristina (Orgs.) – *Bioética e Vulnerabilidade*. Curitiba : Champagnat; UFPR, 2012. p. 53-84. [Em linha]. Curitiba : Champagnat; UFPR, 2012. p. 1-22, p. 11.

Em Portugal, a Lei n.º 32/2006 – Lei da Procriação Medicamente Assistida –, no que diz respeito aos beneficiários, foi alterada em 2016, permitindo que pessoas com pelo menos 18 anos de idade, e que constituam, formalmente ou não, casais de sexo diferente ou casais de mulheres, e a todas às mulheres, independentemente do estado civil e da respectiva orientação sexual, possam recorrer às técnicas de PMA.[45]

No Brasil, os destinatários podem ser todas as pessoas casadas, incluindo-se, além destas as pessoas solteiras e também com relacionamentos homoafetivos.[46]

No tocante à utilização de gametas *post-mortem* em Portugal, é proibida a utilização do gameta pela esposa ou convivente, do *de cujus*, mesmo que tenha havido o consentimento, devendo este material genético (sêmen) ser destruído quando da morte. Quanto ao embrião é licita a transferência *post-mortem* desde que tenha havido o consentimento por escrito do marido ou

[Consult. 10 out. 2015]. Disponível em WWW:<URL:galdino.adv.br/ site/artigos/download/id/253>).

[45] Lei 32/2006. "Artigo 6º – Beneficiários 1 – Podem recorrer às técnicas de PMA os casais de sexo diferente ou os casais de mulheres, respetivamente casados ou casadas ou que vivam em condições análogas às dos cônjuges, bem como todas as mulheres independentemente do estado civil e da respetiva orientação sexual. 2 – As técnicas só podem ser utilizadas em benefício de quem tenha, pelo menos, 18 anos de idade e não se encontre interdito ou inabilitado por anomalia psíquica" (PORTUGAL. Assembleia da República – *Lei n.º 32/2006.* Procriação Medicamente Assistida. Actualizado pela Lei n.º 25/2016. [Em linha]. Lisboa : Diário da República, n.º 143/2006, Série I, 26 jul. 2006. [Consult. 24 set. 2019]. Disponível em WWW:<URL:https://dre.pt/pesquisa/-/search/539239/details/maximized>).

[46] "Resolução CFM nº 2.168/2017 PACIENTES DAS TÉCNICAS DE RA. 1. Todas as pessoas capazes, que tenham solicitado o procedimento e cuja indicação não se afaste dos limites desta resolução, podem ser receptoras das técnicas de RA, desde que os participantes estejam de inteiro acordo e devidamente esclarecidos, conforme legislação vigente. 2. É permitido o uso das técnicas de RA para relacionamentos homoafetivos e pessoas solteiras, respeitado o direito a objeção de consciência por parte do médico. 3. É permitida a gestação compartilhada em união homoafetiva feminina em que não exista infertilidade. Considera-se gestação compartilhada a situação em que o embrião obtido a partir da fecundação do(s) oócito(s) de uma mulher é transferido para o útero de sua parceira" (BRASIL. Conselho Federal de Medicina – *Resolução n.º 2.168/2017.* Adota as normas éticas para a utilização das técnicas de reprodução assistida. Brasília : DOU, 10 nov. 2017, Seção I).

convivente, da sua utilização para a "realização de um projecto parental", devendo essa transferência ser realizada dentro dos prazos adequados.[47]

Merece destaque na legislação portuguesa a existência de proteção dada à criança, que será tida como filho(a) do falecido, em situações de violação da proibição da inseminação ou da transferência ilícita *post-mortem* do embrião sem as formalidades previstas na Lei n.º 32/2006. Exceção se à época a mulher estiver casada ou viver numa união estável há mais de dois anos com homem, e este consinta com a utilização do embrião.[48]

No Brasil, a Resolução n.º 2.168/2017 do CFM estabelece que não constitui ilícito ético a utilização de técnicas de reprodução assistida *post-mortem*, desde que exista autorização prévia específica do(a) falecido(a) para o uso do material biológico criopreservado.[49]

Ao tratar da criopreservação dos gametas ou embriões, estabelece ainda a Resolução n.º 2.168/2017 do CFM que, no momento da criopreservação, os cônjuges ou companheiros deverão expressar sua vontade, por escrito,

[47] Lei 32/2006. "Artigo 22.º Inseminação post-mortem 1 – Após a morte do marido ou do homem com quem vivia em união de facto, não é lícito à mulher ser inseminada com sémen do falecido, ainda que este haja consentido no ato de inseminação. 2 – O sémen que, com fundado receio de futura esterilidade, seja recolhido para fins de inseminação do cônjuge ou da mulher com quem o homem viva em união de facto é destruído se aquele vier a falecer durante o período estabelecido para a conservação do sémen. 3 – É, porém, lícita a transferência post-mortem de embrião para permitir a realização de um projeto parental claramente estabelecido por escrito antes do falecimento do pai, decorrido que seja o prazo considerado ajustado à adequada ponderação da decisão" (PORTUGAL. Assembleia da República – *Lei n.º 32/2006*. Procriação Medicamente Assistida. Actualizado pela Lei n.º 25/2016. [Em linha]. Lisboa : Diário da República, n.º 143/2006, Série I, 26 jul. 2006. [Consult. 24 set. 2019]. Disponível em WWW:<URL:https://dre.pt/pesquisa/-/search/539239/details/maximized>).

[48] Lei 32/2006. "Artigo 23.º Paternidade 1 – Se da violação da proibição a que se refere o artigo anterior resultar gravidez da mulher inseminada, a criança que vier a nascer é havida como filha do falecido. 2 – Cessa o disposto no número anterior se, à data da inseminação, a mulher tiver contraído casamento ou viver há pelo menos dois anos em união de facto com homem que, nos termos do artigo 14.º, dê o seu consentimento a tal ato, caso em que se aplica o disposto no n.º 3 do artigo 1839.º do Código Civil" (ibid.).

[49] "Resolução CFM nº 2.168/2017 VIII – Reprodução assistida 'post-mortem'. É permitida a reprodução assistida post-mortem desde que haja autorização prévia específica do(a) falecido(a) para o uso do material biológico criopreservado, de acordo com a legislação vigente" (BRASIL. Conselho Federal de Medicina – *Resolução n.º 2.168/2017*. Adota as normas éticas para a utilização das técnicas de reprodução assistida. Brasília : DOU, 10 nov. 2017, Seção I).

quanto ao destino que será dado aos embriões criopreservados em situações como divórcio, dissolução da união estável, doenças graves, falecimento de um ou de ambos os destinatários e também da possibilidade de doação do material biológico criopreservado.[50]

6. Efeitos sucessórios da inseminação e implantação de embrião homóloga *post-mortem*

No Brasil, apesar de inexistir legislação específica a respeito da Reprodução Assistida, a Resolução n.º 2.168/2017 do Conselho Federal de Medicina (CFM)[51], a Lei de Biossegurança e o Código Civil buscam regulamentar de forma parcial o assunto.

As questões referentes ao direito de família em face da inseminação ou implantação *post-mortem* estão previstas expressamente no Código Civil, em seus artigos 1.596 e 1.597. O artigo 1.597 presume como concebidos na constância do casamento os filhos nascidos nos trezentos dias subsequentes à dissolução da sociedade conjugal por morte; os filhos havidos por fecundação artificial homóloga incluindo a realizada *post-mortem*; os tidos a qualquer tempo por implantação homóloga de embrião e também por inseminação artificial heteróloga, desde que tenha havido a autorização prévia do marido.[52]

[50] "Resolução CFM nº 2.168/2017 V – No momento da criopreservação, os pacientes devem manifestar sua vontade, por escrito, quanto ao destino a ser dado aos embriões criopreservados em caso de divórcio ou dissolução de união estável, doenças graves ou falecimento de um deles ou de ambos, e quando desejam doá-los" (BRASIL. Conselho Federal de Medicina – *Resolução n.º 2.168/2017*. Adota as normas éticas para a utilização das técnicas de reprodução assistida. Brasília : DOU, 10 nov. 2017, Seção I).

[51] Ibid.

[52] "Art. 1.597. Presumem-se concebidos na constância do casamento os filhos: I – nascidos cento e oitenta dias, pelo menos, depois de estabelecida a convivência conjugal; II – nascidos nos trezentos dias subsequentes à dissolução da sociedade conjugal, por morte, separação judicial, nulidade e anulação do casamento; *III – havidos por fecundação artificial homóloga, mesmo que falecido o marido*; IV – havidos, a qualquer tempo, quando se tratar de embriões excedentários, decorrentes de concepção artificial homóloga; V – havidos por inseminação artificial heteróloga, desde que tenha prévia autorização do marido" (id. Presidência da República – *Lei n.º 10.406, de 10 de janeiro de 2002*. Institui o Código Civil. [Em linha]. Brasília : DOU, 11

Verifica-se também que o artigo 1.596 do Código Civil Brasileiro, ao tratar da filiação, estabelece que "os filhos, havidos ou não da relação de casamento, ou por adoção, terão os mesmos direitos e qualificações, proibidas quaisquer designações discriminatórias relativas à filiação"[53].

Segundo Maria Helena Diniz[54], a presunção *juris tantum* de paternidade se dá ante a impossibilidade da lei em demonstrá-la diretamente. Assim, a lei traz algumas presunções fundadas em probabilidades, uma vez que admitem prova em contrário, *mater semper certa est et pater is et quem nuptiae demonstrant.*[55]

A união de casais, como já citamos, carrega na maioria dos casos implicitamente a existência de um projeto de vida comum e a busca de manutenção da descendência através dos filhos advindos de métodos naturais ou não. Todavia, eventuais instabilidades podem carrear separações e divórcios, bem como a morte pode obstar a realização do projeto de vida em comum e a constituição da prole até então desejada.

A legislação brasileira permite a utilização das técnicas de reprodução *post-mortem* se houver a expressa autorização do(a) falecido(a) neste sentido é o magistério de Maria Helena Diniz[56] enfatizando que a autorização está fundada nos princípios da boa-fé, da lealdade de comportamento e visa atender a vontade do marido ou convivente. A autorização terá ainda o escopo de impedir comportamento diverso da vontade anterior, no sentido de "impedi-lo de desconhecer a paternidade do filho voluntariamente assumida ao consentir na inseminação heteróloga na sua mulher"[57]. Admite ainda que, neste caso específico, a paternidade tem fundamento moral, privilegiando, dessa forma, a relação socioafetiva.

A respeito do direito sucessório, o Código Civil Brasileiro, no capítulo III, ao tratar da vocação hereditária[58], em seu artigo 1.798, tem como legitima-

jan. 2002, grifos nossos. [Consult. 18 nov. 2019]. Disponível em WWW:<URL:http://www.planalto.gov.br/ccivil_03/leis/2002/l10406.htm>).

[53] Ibid.

[54] Diniz, Maria Helena – *Código Civil anotado.* 14.ª ed., rev. e atual. São Paulo : Saraiva, 2009.

[55] Diniz, Maria Helena – *Código Civil anotado.* 14.ª ed., rev. e atual. São Paulo : Saraiva, 2009, p. 1126.

[56] Ibid.

[57] Ibid., p. 1127.

[58] "Art. 1.798. Legitimam-se a suceder as pessoas nascidas ou já concebidas no momento da abertura da sucessão" (BRASIL. Presidência da República – *Lei n.º 10.406, de 10 de janeiro de 2002.* Institui o Código Civil. [Em linha]. Brasília : DOU, 11 jan. 2002, grifos nossos. [Consult.

das à herança as pessoas nascidas ou já concebidas no momento da abertura da sucessão. Neste sentido, basta que o filho "tenha sido concebido ao tempo da abertura da sucessão, que venha a nascer com vida e que seja filho do *de cujus*"[59].

A herança para aqueles nascidos de técnicas de criopreservação *post-mortem*, ou seja, inseminados ou implantados após a morte do doador, não é tratada na legislação brasileira. Mister salientar que, conforme citamos anteriormente, o legislador brasileiro tratou, no artigo 1.597 do Código Civil, apenas as questões referentes à filiação decorrentes da inseminação ou implantação homóloga *post-mortem*. Destaque em seu inciso IV a expressão *a qualquer tempo*, para os filhos concebidos a partir de embriões excedentários decorrentes de concepção artificial homóloga.[60]

No tocante ao exposto, o Superior Tribunal de Justiça (STJ), quando das jornadas de Direito Civil ocorridas no território brasileiro, firmou o entendimento em seu Enunciado n.º 267, no sentido que

> [...] a regra do art. 1.798 do Código Civil deve ser estendida aos embriões formados mediante o uso de técnicas de reprodução assistida, abrangendo, assim, a vocação hereditária da pessoa humana a nascer cujos efeitos patrimoniais se submetem às regras previstas para a petição da herança.[61]

As Jornadas de Direito Civil trouxeram ainda outros enunciados a respeito da utilização das Técnicas de Procriação *post-mortem*:

> **ENUNCIADO 104** – "No âmbito das técnicas de reprodução assistida envolvendo o emprego de material fecundante de terceiros, o pressuposto fático da

18 nov. 2019]. Disponível em WWW:<URL:http://www.planalto.gov.br/ccivil_03/leis/2002/l10406.htm>).

[59] Moreira Filho, José Roberto – O direito civil em face das novas técnicas de reprodução assistida. *Jus Navigandi*. [Em linha] 7:55 (1º mar. 2002). [Consult. 20 nov. 2015]. Disponível em WWW:URL:https://jus.com.br/artigos/2747>.

[60] BRASIL. Presidência da República – *Lei n.º 10.406, de 10 de janeiro de 2002*. Institui o Código Civil. [Em linha]. Brasília : DOU, 11 jan. 2002. [Consult. 18 nov. 2019]. Disponível em WWW:<URL:http://www.planalto.gov.br/ccivil_03/leis/2002/l10406.htm>.

[61] Id. Conselho da Justiça Federal – *Jornadas de Direito Civil I, III, IV e V: enunciados aprovados*. Ministro Ruy Rosado de Aguiar Júnior (Coordenador científico). Brasília : Conselho da Justiça Federal, Centro de Estudos Judiciários, 2012, p. 47.

relação sexual é substituído pela vontade (ou eventualmente pelo risco da situação matrimonial) juridicamente qualificada, gerando presunção absoluta ou relativa de paternidade no que tange ao marido da mãe da criança concebida, dependendo da manifestação expressa (ou implícita) da vontade no curso do casamento".[62]

ENUNCIADO 106 – "Para que seja presumida a paternidade do marido falecido, é obrigatório que a mulher, ao se submeter a uma das técnicas de reprodução assistida com o material genético do falecido, esteja na condição de viúva, sendo obrigatório, ainda, que haja autorização escrita do marido para que se utilize seu material genético após a morte".[63]

ENUNCIADO 107 – "Finda a sociedade conjugal, na forma do art. 1.571, a regra do inciso IV somente poderá ser aplicada se houver autorização prévia, por escrito, dos ex-cônjuges, para utilização dos embriões excedentários, só podendo ser revogada até o início do procedimento de implantação desses embriões".[64]

ENUNCIADO 257 – "Art. 1.597: As expressões "fecundação artificial", "concepção artificial" e "inseminação artificial", constantes, respectivamente, dos incs. III, IV e V do art. 1597 do Código Civil, devem ser interpretadas restritivamente, não abrangendo a utilização de óvulos doados e a gestação de substituição".[65]

ENUNCIADO 267 – "Art. 1798: A regra do art. 1.798 do Código Civil deve ser estendida aos embriões formados mediante o uso de técnicas de reprodução assistida, abrangendo, assim, a vocação hereditária da pessoa humana a nascer cujos efeitos patrimoniais se submetem às regras previstas para a petição da herança".[66]

[62] Ibid., p. 27.
[63] Ibid., loc. cit.
[64] Ibid., loc. cit.
[65] BRASIL. Conselho da Justiça Federal – *Jornadas de Direito Civil I, III, IV e V: enunciados aprovados.* Ministro Ruy Rosado de Aguiar Júnior (Coordenador científico). Brasília : Conselho da Justiça Federal, Centro de Estudos Judiciários, 2012, p. 46.
[66] Ibid., p. 47.

Após o enunciado 267, as jornadas de Direito Civil VI, VII e VIII, sendo esta ocorrida no mês de abril de 2018, promovidas pelo Centro de Estudos Judiciários do Conselho da Justiça Federal, a respeito do tema em tela, nos dá mais alguns enunciados a respeito das Técnicas de Procriação *post-mortem* surgiram:

> **ENUNCIADO 570** – "O reconhecimento de filho havido em união estável fruto de técnica de reprodução assistida heteróloga 'a patre' consentida expressamente pelo companheiro representa a formalização do vínculo jurídico de paternidade-filiação, cuja constituição se deu no momento do início da gravidez da companheira".[67]
>
> **ENUNCIADO 601** – "É existente e válido o casamento entre pessoas do mesmo sexo".[68]
>
> **ENUNCIADO 608** – "É possível o registro de nascimento dos filhos de pessoas do mesmo sexo originários de reprodução assistida, diretamente no Cartório do Registro Civil, sendo dispensável a propositura de ação judicial, nos termos da regulamentação da Corregedoria local".[69]
>
> **ENUNCIADO 633** – "É possível ao viúvo ou ao companheiro sobrevivente, o acesso à técnica de reprodução assistida póstuma – por meio da maternidade de substituição, desde que haja expresso consentimento manifestado em vida pela sua esposa ou companheira".[70]

[67] Id. – *Enunciados da VI Jornada de Direito Civil.* [Em linha]. Brasília : Conselho da Justiça Federal, Centro de Estudos Judiciários, 2013. [Consult. 23 jul. 2019]. Disponível em WWW:URL:https://www.cjf.jus.br/cjf/CEJ-Coedi/jornadas-cej/enunciados-vi-jornada/view>.

[68] Id. – *Enunciados da VII Jornada de Direito Civil.* [Em linha]. Brasília : Conselho da Justiça Federal, Centro de Estudos Judiciários, 2015. [Consult. 23 jul. 2019]. Disponível em WWW:<URL:https://www.cjf.jus.br/cjf/CEJ-Coedi/jornadas-cej/enunciados%20aprovados%20-%20VII%20jornada/view>.

[69] Ibid.

[70] Id. – *Enunciados da VIII Jornada de Direito Civil.* [Em linha]. Brasília : Conselho da Justiça Federal, Centro de Estudos Judiciários, 2018. [Consult. 23 jul. 2019]. Disponível em WWW:<URL:https://www2.cjf.jus.br/cjf/corregedoria-da-justica-federal/centro-de-estudos-judiciarios-1/publicacoes-1/jornadas-cej/viii-enunciados-publicacao-site-com-justificativa.pdf>.

Ante todo o exposto, não há dúvidas de que a legislação brasileira garante a herança aos filhos concebidos por implantação homóloga *post-mortem*, desde que haja autorização escrita, uma vez que amparados no princípio da dignidade humana.[71]

Indagamos, ainda, qual será o prazo para que se proceda à implantação e ao consequente nascimento com vida do herdeiro concebido *post-mortem* e ao seu direito à herança. Entendemos que, havendo o registro, quando da criopreservação, da vontade do doador da inseminação ou implantação *post-mortem*, e uma vez que todos os sucessores terão obviamente tal conhecimento, indiferente da omissão legislativa, entendemos que o prazo máximo para a implantação homóloga *post-mortem* será o prazo limite estabelecido na legislação para manter o embrião criopreservado. Há que se respeitar o direito do remanescente, no que diz respeito à determinação do momento que lhe é conveniente para formar ou aumentar a prole, e não há como aplicar o estabelecido no parágrafo quarto do artigo 1800 do Código Civil brasileiro ao tratar da vocação hereditária por analogia[72], ou seja, após o prazo de dois anos.

[71] Segundo Montalbano, no direito sucessório, "a dignidade humana, princípio maior que engloba todos os outros, assiste tanto aos herdeiros já nascidos quando do falecimento do 'de cujus', garantindo-lhes o direito constitucional a herança quanto àqueles que vão nascer, ainda que concebidos após a morte do genitor". Enfatiza o princípio da equidade, que impede o nascimento de um ser humano privado dos seus direitos "em razão do momento e da forma da concepção". Justifica seu posicionamento a não proibição da inseminação ou implantação *post-mortem* no direito brasileiro. Amparados na legislação portuguesa, temos a mesma opinião da autora citada, desde que haja o expresso consentimento do doador. Ora, se na legislação portuguesa existe proteção ao nascituro, mesmo em situações de violação e em as formalidades previstas na Lei n.º 32/2006, e como no Brasil não há esta proibição, não vislumbramos motivos em não aplicar os princípios da equidade e da dignidade da pessoa humana, reconhecendo todos os direitos ao nascituro (MONTALBANO, Ana Caroline Oliveira – Inseminação *post-mortem* e seus reflexos no direito de família e sucessões. *Revista da ESMESC.* [Em linha]. 19:25 (2012) 9-34 [Consult. 21 jul. 2015]. Disponível em WWW:<URL:revista.esmesc.org.br/re/article/download/48/49>).

[72] "Art. 1.800. No caso do inciso I do artigo antecedente, os bens da herança serão confiados, após a liquidação ou partilha, a curador nomeado pelo juiz. [...]

§ 4º Se, decorridos dois anos após a abertura da sucessão, não for concebido o herdeiro esperado, os bens reservados, salvo disposição em contrário do testador, caberão aos herdeiros legítimos" (BRASIL. Presidência da República – *Lei n.º 10.406, de 10 de janeiro de 2002.* Institui o Código Civil. [Em linha]. Brasília : DOU, 11 jan. 2002. [Consult. 18 nov. 2019]. Disponível em WWW:<URL:http://www.planalto.gov.br/ccivil_03/leis/2002/l10406.htm>).

Em Portugal, a Constituição da República Portuguesa estabelece, em seu artigo 62.º, o direito à transmissão da propriedade privada em vida ou *post-mortem*[73], estabelecendo ainda no artigo 63.º o direito de todo cidadão português à segurança social, cabendo ao estado "regulamentar a procriação assistida, em termos que salvaguardem a dignidade da pessoa humana"[74].

A legislação portuguesa expressa que somente as pessoas que já existam ou concebidas quando da morte do *de cujus* e nascidas com vida possuem capacidade sucessória legal. O Código Civil Português, ao tratar em seu artigo 2033.º da capacidade sucessória legal, ou seja, daquelas pessoas não beneficiárias da sucessão testamentária ou contratual, estabelece que são detentores da "capacidade sucessória, além do Estado, todas as pessoas nascidas ou concebidas ao tempo da abertura da sucessão, não exceptuadas por lei"[75]. Estabelece ainda, em seu artigo 1798º, que o "momento da concepção do filho é fixado, para os efeitos legais, dentro dos primeiros cento e vinte dias dos trezentos que precederam o seu nascimento"[76].

Isto posto, indagamos se, ao tratar das exceções estabelecidas no n.º 1 do artigo 2033.º, o legislador lusitano entendeu que as situações ali elencadas como "exceptuadas por lei" são apenas previsões de forma restritiva ao direito sucessório, como seria o caso dos deserdados e dos indignos. Nesse sentido, entendemos que não, ou seja, existem também exceções ampliativas, por meio das quais teria capacidade sucessória aquele oriundo de implantação de embrião *post-mortem* havida com o consentimento expresso do *de cujus* autorizado por lei independente do prazo estabelecido no artigo 1798º do Código Civil Português.

Observa-se também que a Lei n.º 32/2006, em seu artigo 22.º, que veda a utilização de gametas *post-mortem* mesmo que tenha havido o consenti-

[73] "Artigo 62.º (Direito de propriedade privada) 1. A todos é garantido o direito à propriedade privada e à sua transmissão em vida ou por morte, nos termos da Constituição. 2. A requisição e a expropriação por utilidade pública só podem ser efectuadas com base na lei e mediante pagamento de justa indemnização" (PORTUGAL – *Constituição da Republica Portuguesa de acordo com a revisão 2005.* 17.ª ed. Lisboa : Quid Juris, 2005).

[74] PORTUGAL – *Constituição da Republica Portuguesa de acordo com a revisão 2005.* 17.ª ed. Lisboa : Quid Juris, 2005.

[75] Id. – *Decreto n.º 47.344/66, de 25 de novembro.* Código Civil. Actualizado pela Lei n.º 13/2019. [Em linha]. Lisboa, 2019. [Consult. 24 set. 2019]. Disponível em WWW:<URL:http://www.ministeriopublico.pt/iframe/codigo-civil>.

[76] Ibid.

mento do *de cujus*, determina de modo expresso que o sêmen seja destruído quando do falecimento. Todavia, de forma clara, observa-se que, no tocante ao embrião, é licita a transferência *post-mortem* desde que tenha havido o consentimento por escrito da intenção de sua utilização para a "realização de um projecto parental". Quanto ao prazo para a transferência do embrião, externa apenas que deve ser realizada dentro de prazos adequados à ponderada decisão da mulher.[77]

Necessário salientar que a Lei n.º 32/2006, em seu artigo 23.º, garante a filiação da criança que nasça com vida em decorrência de ilícita inseminação ou transferência de embrião *post-mortem*.[78]

Outrossim, conforme enfatizado anteriormente, a legislação civil portuguesa estabelece que "cessa a presunção de paternidade se o nascimento do filho ocorrer passados trezentos dias depois de finda a coabitação dos cônjuges"[79] em vida ou *post-mortem*.

Em que pese o exposto, considerando que a Constituição da República Portuguesa estabelece em seu artigo 13.º[80] que todos os cidadãos são iguais perante a lei e detentores da mesma dignidade social, que não podem ser prejudicados ou privados de qualquer direito em razão de sua ascendência[81],

[77] Id. Assembleia da República – *Lei n.º 32/2006*. Procriação Medicamente Assistida. Actualizado pela Lei n.º 25/2016. [Em linha]. Lisboa : Diário da República, n.º 143, Série I, de 26 jul. 2006. [Consult. 24 set. 2019]. Disponível em WWW:<URL:https://dre.pt/pesquisa/-/search/539239/details/maximized>.

[78] PORTUGAL. Assembleia da República – *Lei n.º 32/2006*. Procriação Medicamente Assistida. Actualizado pela Lei n.º 25/2016. [Em linha]. Lisboa : Diário da República, n.º 143, Série I, de 26 jul. 2006. [Consult. 24 set. 2019]. Disponível em WWW:<URL:https://dre.pt/pesquisa/-/search/539239/details/maximized>.

[79] Id. – *Decreto n.º 47.344/66, de 25 de novembro*. Código Civil. Actualizado pela Lei n.º 13/2019. [Em linha]. Lisboa, 2019. [Consult. 24 set. 2019]. Disponível em WWW:<URL:http://www.ministeriopublico.pt/iframe/codigo-civil>. É o que expressa o artigo 1829.º, n.º 1 do Código Civil Português.

[80] "Artigo 13.º – Princípio da igualdade 1. Todos os cidadãos têm a mesma dignidade social e são iguais perante a lei. 2. Ninguém pode ser privilegiado, beneficiado, prejudicado, privado de qualquer direito ou isento de qualquer dever em razão de ascendência, sexo, raça, língua, território de origem, religião, convicções políticas ou ideológicas, instrução, situação económica, condição social ou orientação sexual" (Id. – *Constituição da Republica Portuguesa de acordo com a revisão 2005*. 17.ª ed. Lisboa : Quid Juris, 2005).

[81] A Constituição da Republica Portuguesa garante a identidade genética do ser humano, reconhecendo os direitos pessoais advindos de seres humanos gerados com a utilização das tecnologias de procriação. "Artigo 26.º – Outros direitos pessoais 1. *A todos são reconhecidos*

não é lícito admitir que se garanta a filiação daquele concebido *post-mortem*, mas lhe vede os direitos sucessórios, caso nasça após os trezentos dias fixados na lei, simplesmente pelo fato de inexistir documento expresso, testamento ou outro documento público que lhe garanta o direito à sucessão.

Conclusão

Verifica-se, pelo exposto, que a utilização das técnicas de Procriação Medicamente Assistida (PMA) em Portugal e Reprodução Humana Assistida no Brasil são possíveis desde que não sejam utilizadas para a satisfação de interesses ligados à eugenia, clonagem humana, comércio e outras situações vedadas por lei. Devem ser utilizadas de forma precípua com o intuito de auxiliar nos problemas de reprodução humana, quando não for possível a concepção utilizando-se dos métodos naturais.

Em Portugal a inseminação *post-mortem* é vedada, porém é permitida a implantação do embrião após o falecimento se oriundo de inseminação homóloga e desde que objetive a realização de um projeto parental claramente estabelecido por escrito pelo pai antes do falecimento. Daí, nascendo nos trezentos dias subsequentes à morte, o indivíduo possuirá todos os direitos. No caso de utilização ilícita do espermatozoide ou do embrião, ainda assim haverá a proteção da criança, que terá assegurado segundo a legislação portuguesa o direito à filiação.

No Brasil, é permitida a utilização das técnicas de reprodução assistida *post-mortem*, e não apenas a implantação de embrião, desde que exista autorização do falecido neste sentido, ou seja, "que a mulher, ao se submeter a uma das técnicas de reprodução assistida com o material genético do falecido,

os direitos à identidade pessoal, ao desenvolvimento da personalidade, à capacidade civil, à cidadania, ao bom nome e reputação, à imagem, à palavra, à reserva da intimidade da vida privada e familiar e *à proteção legal contra quaisquer formas de discriminação*. 2. A lei estabelecerá garantias efetivas contra a obtenção e utilização abusivas, ou contrárias à dignidade humana, de informações relativas às pessoas e famílias. 3. *A lei garantirá a dignidade pessoal e a identidade genética do ser humano, nomeadamente na criação, desenvolvimento e utilização das tecnologias e na experimentação científica*. 4. A privação da cidadania e as restrições à capacidade civil só podem efetuar-se nos casos e termos previstos na lei, não podendo ter como fundamento motivos políticos" (ibid., grifos nossos).

esteja na condição de viúva, sendo obrigatório, ainda, que haja autorização escrita do marido para que se utilize seu material genético após a morte"[82].

Quanto aos direitos do nascituro no Brasil, o filho nascido, advindo por inseminação homóloga ou por implantação de embriões decorrentes de concepção também homologa *post-mortem*, havidos a qualquer tempo, terão os seus direitos de filiação reconhecidos.

Todavia, as legislações luso-brasileiras estabelecem que os direitos decorrentes da sucessão existirão se houver declaração escrita neste sentido, por intermédio de escritura pública, testamento ou outro documento público que autorize a utilização das técnicas de reprodução assistida *post-mortem* e estabeleça um prazo razoável para a inseminação ou implantação.

Considerando a omissão legislativa, e enfatizando o princípio da dignidade humana e da equidade no direito sucessório, considerando ainda a proibição de quaisquer designações discriminatórias referentes à filiação; o direito à herança estabelecido na Constituição Brasileira em seu artigo 5.º, XXX; a garantia da dignidade e identidade genética do ser humano estabelecido na Constituição Portuguesa em seu artigo 26.º, n.º 3, não é possível que haja discriminação e a supressão do direito sucessório em razão da forma e momento da concepção.

Isto posto, urge, tanto em Portugal quanto no Brasil, a determinação, via legislação, do prazo adequado para utilização de material genético homólogo *post-mortem*, obviamente dentro do prazo limite em que a legislação permita manter criopreservado o embrião. Até lá, quaisquer ações discriminatórias no sentido de privar o direito sucessório do ser humano advindo da utilização das técnicas de reprodução assistida *post-mortem* devem ser consideradas atentatórias à dignidade humana.

Referências

BARBAS, Stela Marcos de Almeida Neves – *Direito ao Patrimônio Genético.* Lisboa, Almedina, 2006. ISBN 978-9724011134

[82] BRASIL. Conselho da Justiça Federal – *Jornadas de Direito Civil I, III, IV e V: enunciados aprovados.* Ministro Ruy Rosado de Aguiar Júnior (Coordenador científico). Brasília : Conselho da Justiça Federal, Centro de Estudos Judiciários, 2012, p. 27.

BARBAS, Stela Marcos de Almeida Neves – *Direito do Genoma Humano*. Lisboa : Almedina, 2007. ISBN 978-972-40-3250-4

BOTTEGA, Clarissa – Reprodução humana medicamente assistida e o direito à origem genética. *Revista Jurídica da Universidade de Cuiabá*. [Em linha]. ISSN 1519-1753. 8:2 (jul./dez. 2006). 69-92. [Consult. 4 nov. 2014]. Disponível em WWW:<URL:http://clarissabottega.com/Arquivos/Artigos/Revista%20Jur%20Unic%20v8%20n2%20jul%20dez%202006_Clarissa.pdf>.

BRASIL. Conselho da Justiça Federal – *Jornadas de Direito Civil I, III, IV e V: enunciados aprovados*. Ministro Ruy Rosado de Aguiar Júnior (Coordenador científico). Brasília : Conselho da Justiça Federal, Centro de Estudos Judiciários, 2012. ISBN 978-85-85572-93-8

BRASIL. Conselho Federal de Medicina – *Resolução n.º 2.121/2015*. Adota as normas éticas para a utilização das técnicas de reprodução assistida. [Em linha]. Brasília : 24 set. 2015. [Consult. 10 out. 2015]. Disponível em WWW:<URL:http://www.portalmedico.org.br/resolucoes/CFM/2015/2121_2015.pdf>.

BRASIL. Conselho Federal de Medicina – *Resolução n.º 2.168/2017*. Adota as normas éticas para a utilização das técnicas de reprodução assistida. Brasília : DOU, 10 nov. 2017, Seção I.

BRASIL. Conselho Nacional de Justiça – *Enunciados da VI Jornada de Direito Civil*. [Em linha]. Brasília : Conselho da Justiça Federal, Centro de Estudos Judiciários, 2013. [Consult. 23 jul. 2019]. Disponível em WWW:<URL:https://www.cjf.jus.br/cjf/CEJ-Coedi/jornadas-cej/enunciados-vi-jornada/view>.

BRASIL. Conselho Nacional de Justiça – *Enunciados da VII Jornada de Direito Civil*. [Em linha]. Brasília : Conselho da Justiça Federal, Centro de Estudos Judiciários, 2015. [Consult. 23 jul. 2019]. Disponível em WWW:<URL:https://www.cjf.jus.br/cjf/CEJ-Coedi/jornadas-cej/enunciados%20aprovados%20-%20VII%20jornada/view>.

BRASIL. Conselho Nacional de Justiça – *Enunciados da VIII Jornada de Direito Civil*. [Em linha]. Brasília : Conselho da Justiça Federal, Centro de Estudos Judiciários, 2018. [Consult. 23 jul. 2019]. Disponível em WWW:<URL:https://www2.cjf.jus.br/cjf/corregedoria-da-justica-federal/centro-de-estudos-judiciarios-1/publicacoes-1/jornadas-cej/viii-enunciados-publicacao-site-com-justificativa.pdf>.

BRASIL. Presidência da República – *Lei n.º 10.406, de 10 de janeiro de 2002*. Institui o Código Civil. [Em linha]. Brasília : DOU, 11 jan. 2002. [Consult. 18 nov. 2019]. Disponível em WWW:<URL:http://www.planalto.gov.br/ccivil_03/leis/2002/l10406.htm>.

BRASIL. Presidência da República – *Lei n.º 11.105, de 24 de março de 2005*. Lei da Biossegurança. Regulamenta os incisos II, IV e V do § 1º do art. 225 da Constituição Federal, estabelece normas de segurança e mecanismos de fiscalização de atividades que envolvam organismos geneticamente modificados – OGM e seus derivados, cria o Conselho Nacional de Biossegurança – CNBS, reestrutura a Comissão Técnica Nacional de Biossegurança – CTNBio, dispõe sobre a Política Nacional de Biossegurança – PNB, revoga a Lei n.º 8.974, de 5 de janeiro de 1995, e a Medida Provisória n.º 2.191-9, de 23 de agosto de 2001, e os arts. 5º, 6º, 7º, 8º, 9º, 10 e 16 da Lei n.º 10.814, de 15 de dezembro de 2003, e dá outras providências. [Em linha]. Brasília : DOU, 28 mar. 2005. [Consult. 28 out. 2014]. Disponível em: Disponível em WWW:<URL:http://www.planalto.gov.br/ccivil_03/_Ato2004-2006/2005/Lei/L11105.htm>.

Cardin, Valéria Silva Galdino; Winckler, Cristiane Gehlen – Da vulnerabilidade do embrião emergente da reprodução humana assistida. In Sanches, Mário Antonio; Gubert, Ida Cristina (Orgs.) – *Bioética e Vulnerabilidade*. Curitiba : Champagnat; UFPR, 2012. ISBN 978-8573353020. p. 53-84. [Em linha]. Curitiba : Champagnat; UFPR, 2012. p. 1-22. [Consult. 10 out. 2015]. Disponível em WWW:<URL:galdino.adv.br/site/artigos/download/id/253>.

Diniz, Maria Helena – *Código Civil anotado*. 14.ª ed., rev. e atual. São Paulo : Saraiva, 2009. ISBN 978-85-02-07409-5

Falcão, Marta Falcao; Trigo, Nelma – Questões ético-jurídicas no âmbito da Lei da Procriação Medicamente Assistida (Portugal): Lei 32/2006, de 26 de julho. *Jus Navigandi*. [Em linha]. ISSN 1518-4862. 15:2574 (19 jul. 2010) [Consult. 21 jul. 2015]. Disponível em WWW:<URL:https://jus.com.br/artigos/17007>.

Montalbano, Ana Caroline Oliveira – Inseminação *post-mortem* e seus reflexos no direito de família e sucessões. *Revista da ESMESC*. [Em linha]. 19:25 (2012) 9-34 [Consult. 21 jul. 2015]. Disponível em WWW:<URL:revista.esmesc.org.br/re/article/download/48/49>.

Moreira Filho, José Roberto – O direito civil em face das novas técnicas de reprodução assistida. *Jus Navigandi*. [Em linha]. ISSN 1518-4862. 7:55 (1º mar. 2002). [Consult. 20 nov. 2015]. Disponível em WWW:<URL:https://jus.com.br/artigos/2747>.

Mota, Octanny Silveira da – Sobre inseminação artificial humana. *Revista de Direito da Universidade de São Paulo*. [Em linha]. ISSN 2318-8227. 55 (1960) 468-501. [Consult. 21 jul. 2015] Disponível em WWW:<URL:www.revistas.usp.br/rfdusp/article/viewFile/66365/68975>.

PORTUGAL – *Constituição da Republica Portuguesa de acordo com a revisão 2005.* 17.ª ed. Lisboa : Quid Juris, 2005. ISBN 978-972-724-612-0

PORTUGAL – *Decreto n.º 47.344/66, de 25 de novembro.* Código Civil. Actualizado pela Lei n.º 13/2019. [Em linha]. Lisboa, 2019. [Consult. 24 set. 2019]. Disponível em WWW:<URL:http://www.ministeriopublico.pt/iframe/codigo-civil>.

PORTUGAL. Assembleia da República – *Lei n.º 32/2006.* Procriação Medicamente Assistida. Actualizado pela Lei n.º 25/2016. [Em linha]. Lisboa : Diário da República, n.º 143, Série I, de 26 jul. 2006. [Consult. 24 set. 2019]. Disponível em WWW:<URL:https://dre.pt/pesquisa/-/search/539239/details/maximized>.

PORTUGAL. Tribunal Constitucional – *Acórdão do Tribunal Constitucional n.º 225/2018.* [Em linha]. Lisboa : Diário da República, n.º 87, Série I, 7 maio 2018. Consult. 24 set. 2019]. Disponível em WWW:URL:https://data.dre.pt/eli/actconst/225/2018/05/07/ p/dre/pt/HTML.

Rosa Filho, Rodrigo da – Como funciona o congelamento de embriões por vitrificação? *Mater Prime* – Clínica de Reprodução Humana. [Em linha]. São Paulo, 2017. [Consult. 14 ago. 2019]. Disponível em WWW:<URL:https://www.materprime.com.br/como-funciona-o-congelamento-de-embrioes-por-vitrificacao/>.

Sá, Flávia de; Castro, Marta – *Procriação medicamente assistida.* [Em linha]. Lisboa : Universidade Nova de Lisboa, 2011. [Consult. 28 out. 2014]. Disponível em WWW:<URL:http://www.fd.unl.pt/docentes_docs/ma/ct_MA_13066.doc>.

Strathern, Paul – *Crick, Watson e o DNA em 90 minutos.* Tradução de Maria Luiza Xavier de Almeida Borges. Rio de Janeiro : Jorge Zahar, 2001. ISBN 978-85-378-0444-5

Bioética e dignidade da pessoa humana no Brasil

JAMES MAGNO ARAÚJO FARIAS[1]

SUMÁRIO: Introdução. 1. A dignidade da pessoa humana. 2. Bioética e biodireito: princípios norteadores. 2.1. Princípio da Autonomia. 2.2. Princípio da Beneficência. 2.3. Princípio da Justiça. 2.4. Princípio da Sacralidade da vida e da dignidade da pessoa humana. 3. A crise bioética. 4. A decisão do STF sobre o Art. 5.º da lei de biossegurança. Conclusão. Referência.

Introdução

A UNESCO, em 1997, através do Comitê Internacional de Bioética (CIB), proclamou a Declaração Universal sobre Genoma e Direitos Humanos, documento que, composto por vinte e cinco artigos, fundamenta os direitos da comunidade global no tocante ao genoma humano.

A UNESCO considera o genoma humano como a base fundamental para todos os membros da família humana e o fator de reconhecimento de sua dignidade humana e diversidade intrínsecas. Estabelece, ainda, que cada indivíduo possui o direito ao respeito de sua dignidade e dos direitos inerentes à sua manifestação, independentemente de suas características genéticas. Traz, pois, a dignidade como fator assegurador da impossibilidade de redução dos indivíduos a suas características genéticas.

[1] Desembargador do Tribunal Regional do Trabalho da 16ª Região/Maranhão. Professor do Departamento de Direito da Universidade Federal do Maranhão (UFMA). Doutorando em Ciências Jurídicas pela Universidade Autónoma de Lisboa (UAL). Mestre em Direito Público pela Universidade Federal de Pernambuco (UFPE). Especialista em Economia do Trabalho pela UFMA. Foi Presidente do Tribunal Regional do Trabalho da 16ª Região/Maranhão (2015/2017). Foi Presidente do Colégio de Presidentes e Corregedores de Tribunais Regionais do Trabalho do Brasil (Coleprecor) (2016/2017). É autor dos livros *Direitos Sociais no Brasil*, *A toda velocidade possível: ensaios sobre um mundo em movimento*, *O labirinto silencioso*, *Direito constitucional do Trabalho* e *Direito do Trabalho no Brasil: panorama após a reforma trabalhista*. Endereço eletrônico: jamesmagno@gmail.com.

A Declaração da UNESCO observa que nenhuma investigação relativa ao genoma humano e sua aplicação poderá prevalecer sobre os direitos humanos, as liberdades fundamentais e a dignidade humana. Ela também veda aos Estados do globo a permissão de quaisquer práticas que sejam contrárias à dignidade humana, conclamando-os a, juntamente com os organismos internacionais, cooperar no sentido de identificá-las e adotar planos nacionais e internacionais que contenham medidas assecuratórias de respeito aos termos da Declaração. Embora esta tenha estabelecido que os novos conhecimentos científicos e técnicos não serão utilizados para fins autodestrutivos, não se pode olvidar que grande é o risco a que se encontra exposta a Humanidade, no sentido de que as liberdades alcançadas possam servir de escudo para a prática de experiências bizarras que comprometam a própria tranquilidade da vida social.

O Biodireito, enquanto ramo do direito, está evidentemente limitado no Brasil pelo Direito Constitucional. A Bioética, trazendo novas discussões, fez com que alguns especialistas chegassem a profetizar uma nova e quarta geração de direitos fundamentais, que resguardariam o patrimônio genético humano, ameaçado pelos avanços tecnológicos.

No Brasil, o reconhecimento do princípio fundamental da dignidade da pessoa humana na esfera do direito positivo constitui inovação digna de louvor de nossa Constituição Federal de 1988.

Este estudo analisará a dignidade da pessoa humana a partir da previsão na Constituição brasileira e sua intersecção com os caminhos do Biodireito, observando a inviolabilidade do direito à vida, direito à integridade física e à saúde. Em suma, tratará dos direitos que devem ser respeitados, também, pela legislação infraconstitucional que verse sobre temas ligados à dignidade da pessoa humana.

1. A dignidade da pessoa humana

Robert Alexy defende que não há direito mais essencial do que a dignidade da pessoa humana. Isso porque a proteção que o Estado deve dar ao indivíduo está na raiz da própria função estatal básica, a de proteger seus nacionais de diversos tipos de violência e agressões existentes. Diz Alexy:

> Dignidade humana como norma jurídica opera não apenas como postulado normativo, mas também como princípio, possuindo âmbito próprio de aplicação,

diferenciado daquele dos direitos fundamentais, não obstante íntima relação existente entre a dignidade humana e os direitos fundamentais.[2]

A dignidade humana pode ser violada em diversos níveis, seja no campo moral, físico, civil, criminal, político ou religioso.

O Direito Constitucional, ao positivar os Direitos Humanos, impõe limites ao Estado que devem ser respeitados, também, quando da realização de experimentações científicas. O Biodireito, enquanto ramo do direito, está evidentemente limitado no Brasil pelo Direito Constitucional.

Para José Afonso da Silva, a dignidade da pessoa humana é "um valor supremo que atrai o conteúdo de todos os direitos fundamentais do homem, desde o direito à vida"[3].

Ingo Wolfgang Sarlet explica:

> Com o reconhecimento expresso, no título dos princípios fundamentais, da dignidade da pessoa humana como um dos fundamentos do nosso Estado Democrático (e Social) de Direito (art. 1, inc. III, da CF), o Constituinte de 1987.88, além de ter tomado uma decisão fundamental a respeito do sentido, da finalidade e da justificação do exercício do poder estatal e do próprio Estado, reconheceu expressamente que é o Estado que existe em função da pessoa humana, e não o contrário, já que o homem constitui a finalidade precípua, e não meio da atividade estatal. Não restam dúvidas de que a dignidade da pessoa humana engloba necessariamente o respeito e a proteção da integridade física e corporal do indivíduo, do que decorrem, por exemplo, a proibição da pena de morte, da tortura, das penas de natureza corporal, da utilização da pessoa humana para experiências científicas, limitações aos meios de prova (utilização de detector de mentiras), regras relativas aos transplantes de órgãos, etc.[4]

[2] ALEXY, Robert – *Teoria dos Direitos Fundamentais*. 2.ª ed. Tradução de Virgílio Afonso da Silva. São Paulo : Malheiros, 2001, p. 112.

[3] SILVA, José Afonso da – *Curso de Direito Constitucional Positivo*. 20.ª ed. revista e atualizada nos termos da Reforma Constitucional até a Emenda Constitucional n. 35, de 20.12.2001. São Paulo: Malheiros, 2002, p. 105.

[4] SARLET, Ingo Wolfgang – *A Eficácia dos Direitos Fundamentais*. 4.ª ed. rev., atual. e ampl. Porto Alegre: Livraria do Advogado, 2004, p. 110.

O ministro da Suprema Corte, Alexandre de Moraes, explana sobre o assunto:

> A dignidade da pessoa humana: concede unidade aos direitos e garantias fundamentais, sendo inerente às personalidades humanas. Esse fundamento afasta a idéia de predomínio das concepções transpessoalistas de Estado e Nação, em detrimento da liberdade individual. A dignidade é um valor espiritual e moral inerente à pessoa, que se manifesta singularmente na autodeterminação consciente e responsável da própria vida e que traz consigo a pretensão ao respeito por parte das demais pessoas, constituindo-se um mínimo invulnerável que todo estatuto jurídico deve assegurar, de modo que, somente excepcionalmente, possam ser feitas limitações ao exercício dos direitos fundamentais, mas sempre sem menosprezar a necessária estima que merecem todas as pessoas enquanto seres humanos.[5]

Se, conforme dito, a dignidade humana pode ser violada em diversos níveis (moral, físico, civil, criminal, político ou religioso), temos agora uma nova dimensão acerca da bioética. Nesse aspecto, são válidas as palavras de Maria Helena Diniz:

> Os bioeticistas devem ter como paradigma o respeito à dignidade da pessoa humana, que é o fundamento do Estado Democrático de Direito (CF, art. 1.º, III) e o cerne de todo o ordenamento jurídico. Deveras a pessoa humana e sua dignidade constituem fundamento e fim da sociedade e do Estado, sendo o valor que prevalecerá sobre qualquer tipo de avanço científico e tecnológico. Conseqüentemente, não poderão bioética e biodireito admitir conduta que venha a reduzir a pessoa humana à condição de coisa, retirando dela sua dignidade e o direito a uma vida digna.[6]

Enéas Castilho Chiarini Júnior ressalta que a combinação do princípio da dignidade humana com o da não maleficência permite que se chegue a uma limitação do princípio da autonomia, uma vez que, mesmo que seja da livre e

[5] Moraes, Alexandre de – *Curso de Direito constitucional.* 2.ª tir., 33. ed., rev. e atual. até a EC nº 95, de 15 de dezembro de 2016. São Paulo: Atlas, 2017, p. 41.
[6] Diniz, Maria Helena – *Curso de Direito Civil.* v. 1, 20. ed., rev. e aum. de acordo com novo código civil lei n. 10.406, de 10-1-2002. São Paulo: Saraiva, 2003, p. 251.

consciente vontade do paciente, o cientista deve abster-se de praticar certas condutas que possam configurar uma forma de se atentar contra a dignidade da pessoa submetida a tratamento. Conclui Chiarini:

> Qualquer conduta que termine por transformar ou equiparar o ser humano em um simples objeto é atentatória contra a dignidade intrínseca de todos os membros da família humana, e deve ser proibida, mesmo que conte com a concordância da vontade autônoma deste indivíduo.[7]

Volnei Garrafa lembra que,

> Após o nascimento de Louise Brown, o primeiro bebê de proveta, em 1978, na Inglaterra, o mundo, perplexo, viu-se diante de um dilema ético até então só existente na ficção científica. A realidade inesperada, provocou uma reação imediata dos países desenvolvidos. Os EUA criaram as Comissões Nacionais Governamentais. A Inglaterra constituiu a Comissão Warnock. A Suécia criou comissões especializadas sobre o assunto. A França, o Comitê Consultivo Nacional de Ética para as ciências da vida e da saúde. Na Itália, o Comitê Nacional de Bioética, em dezembro de 1994, excluiu das possibilidades de utilização das técnicas de reprodução assistidas a doação de óvulos e espermatozóides em mulheres fora da idade reprodutiva, em casais do mesmo sexo, em mulher solteira, após morte de um dos cônjuges e em casais que não proporcionem garantias adequadas de estabilidade efetiva para criar e educar uma criança.[8]

Dessa forma, práticas nocivas como a clonagem humana, comercialização de órgãos, tecidos, sangue e esperma são hoje repudiadas em todas as dimensões protetivas universais com base no princípio da dignidade da pessoa humana.

2. Bioética e biodireito: princípios norteadores

Hipócrates, pai da medicina, há muito deixou aos seus discípulos um juramento (que é utilizado pelas Academias Médicas de todo o mundo), contendo as diretivas “principiológicas” a serem seguidas por todo médico.

[7] Ibid., loc. cit.

[8] Garrafa, Volnei; Costa, Sergio Ibiapina Ferreira; Oselka, Gabriel (Coord.) – *Iniciação à Bioética*. Brasília: Conselho Federal de Medicina, 1998, p. 115.

Tal juramento hipocrático corresponde a uma linha ética de fundamental importância a ser seguida pelos médicos, impondo o uso benéfico dos conhecimentos, tanto para a sociedade como para esses profissionais.

Foi necessário, então, um redimensionamento principiológico, a fim de que se conseguisse efetivamente alcançar a real proteção não apenas à vida humana, mas a todo o ecossistema e à biosfera.

Embora a preocupação bioética não seja nova, esse termo foi utilizado pela primeira vez somente em janeiro de 1971, nos Estados Unidos, pelo cientista Van Rensselder Potter, da Universidade de Winsconsin, em obra intitulada *Bioethics: bridge to the future*. Pesquisador da área de oncologia, Potter relata que seu objetivo seria ajudar a humanidade em direção a uma participação racional, mas cautelosa, no processo da evolução biológica e cultural, sendo que 'bio' representa o conhecimento biológico científico e 'ética' representa o conhecimento dos sistemas de valores humanos.[9]

Um semestre após, o médico holandês Andre Hellegers, fundador do Joseph and Rose Institute for the Study of Human Reproduction and Bioethics, deu ao termo um sentido mais próximo do utilizado atualmente, ou seja, nas palavras de José Emílio Medauar Ommati, "como ética das ciências da vida, consideradas particularmente ao nível do humano"[10].

É neste sentido que, perante os avanços médico-científico-tecnológicos, os termos *Bioética* e *Biodireito* vêm sendo utilizados no sentido de resguardo da vida humana, com o escopo especial de proteger todos os seres humanos que, de modo direto ou indireto, estejam envolvidos em experimentos científicos.

Nas palavras do professor José Eduardo de Siqueira:

> Definitivamente o clássico paternalismo hipocrático foi superado e passou-se então a debater sobre os limites sensatos do exercício da autonomia pelos pacientes. Abandonava-se a relação radicalmente assimétrica e vertical do paternalismo médico e assumia-se titubeantemente uma relação horizontal e totalmente simétrica.[11]

[9] Bellino, Francesco – *Fundamentos da Bioética*. Bauru-SP: Edusc, 1997.

[10] Ommati, José Emílio Medauar. Bioética: origens, fundamentos. *Jus Navigandi.* [Em linha]. 7:23 (27 jan. 1998), p. 1. [Consult. 20 fev. 2020]. Disponível em WWW:<URL:https://jus.com.br/artigos/1839/ bioetica-origens-fundamentos>.

[11] Siqueira apud RALA, Eduardo Telles de Lima. A Bioética aplicada no processo civil bra-

Defendendo o mesmo entendimento, a professora Matilde Carone Salibi Conti comenta que

> O mundo moderno produziu grandes mudanças nas relações sociais, incluindo, evidentemente, as relações médico e paciente, que saíram de uma verticalidade imperial do médico para uma horizontalidade democrática na tomada de decisões.[12]

No Brasil, os princípios essenciais da bioética encontram-se albergados pela resolução do CNS n.º 196/96 e são decorrentes, *prima facie*, do juramento Hipocrático.

A maioria dos autores aponta como princípios básicos da Bioética – e, portanto, do Biodireito – os seguintes: 1) princípio da autonomia – do consentimento informado; 2) princípio da beneficência – não maleficência; 3) princípio da justiça; e 4) princípio da sacralidade da vida humana – dignidade da pessoa humana.

Não obstante, dada a inexistência de uniformidade de entendimento, mister se faz ressaltar a existência de outros princípios comumente aceitos no âmbito do Direito Ambiental e que também deveriam ser considerados como princípios ligados ao Biodireito, tais como: princípio da ubiquidade, da cooperação entre os povos, do desenvolvimento sustentável – preservação da espécie humana –, da precaução e da prevenção.

2.1. Princípio da Autonomia

A palavra *autonomia* corresponde à união dos radicais *autos* (eu) e *nomos* (lei), significando, literalmente, a capacidade do ser humano de desenvolver suas próprias leis e submeter-se a elas. Diz respeito à capacidade de o ser humano fazer suas próprias escolhas e opções.

Immanuel Kant, sobre a autonomia da vontade, declara que

sileiro: uma análise à luz do princípio da dignidade da pessoa humana. *Jus Navigandi.* [Em linha]. 9:402 (13 ago. 2004), p. 1. [Consult. 20 fev. 2020]. Disponível em WWW:<URL:<https://jus.com.br/artigos/ 5571/a-bioetica-aplicada-no-processo-civil-brasileiro>.

[12] CONTI apud ibid., loc. cit.

> É a constituição da vontade, pela qual ela é para si mesma uma lei – independentemente de como forem constituídos os objetos do querer. O princípio da autonomia é, pois, não escolher de outro modo, mas sim deste: as máximas da escolha, no próprio querer, sejam, ao mesmo tempo, incluídas como lei universal.[13]

O princípio da autonomia, não obstante seja um dos mais novos na ética médica, é considerado o principal princípio da Bioética, uma vez que todos os outros princípios estão, de alguma forma, vinculados a ele.

Sob o *prima facie* da ética médica, impõe que ao paciente do tratamento seja dada a opção de escolha sobre seu destino terapêutico.

Afirma Francesco Bellino que

> O princípio da autonomia estabelece o respeito pela liberdade do outro e das decisões do paciente e legitima a obrigatoriedade do consenso livre e informado, para evitar que o enfermo se torne um objeto.[14]

Corroborando tal entendimento, Aline Mignon de Almeida diz que

> O princípio da autonomia está diretamente ligado ao livre consentimento do paciente na medida em que este deve ser sempre informado; em outras palavras, o indivíduo tem a liberdade de fazer o que quiser, mas, para que esta liberdade seja plena, é necessário oferecer a completa informação para que o consentimento seja realmente livre e consciente.[15]

Conforme os autores Marcelo Dias Varella, Eliana Fontes e Fernando Galvão da Rocha, todos citados por Enéas Castilho Chiarini Júnior, o princípio da autonomia

> Refere-se à capacidade de autogoverno do homem, de tomar suas próprias decisões, de o cientista saber ponderar, avaliar e decidir sobre qual método ou qual

[13] Kant, Immanuel – *Crítica da razão prática*. São Paulo : Martins Fontes, 2007, p. 25.

[14] Bellino, Francesco – *Fundamentos da Bioética*. Bauru-SP: Edusc, 1997, p. 44.

[15] Almeida apud Chiarini Júnior, Enéas Castilho – Noções introdutórias sobre Biodireito. *Jus Navigandi*. [Em linha]. 9:424 (4 set. 2004), p. 3. [Consult. 20 fev. 2020]. Disponível em WWW:<URL:https://jus.com.br/artigos/5664/nocoes-introdutorias-sobre-biodireito/>.

rumo deve dar a suas pesquisas para atingir os fins desejados, sobre o delineamento dos valores morais aceitos e de o paciente se sujeitar àquelas experiências, ser objeto de estudo, utilizar uma nova droga em fase de testes, por exemplo. O centro das decisões deve deixar de ser apenas o médico, e passar a ser o médico em conjunto com o paciente, relativizando as relações existentes entre os sujeitos participantes.[16]

Gislayne Fátima Diedrich, também citada por Enéas Castilho Chiarini Júnior, acrescenta que este princípio, segundo o Relatório Belmont publicado em 1978,

> Abrange ao menos duas convicções éticas: os indivíduos devem ser tratados como agentes autônomos e as pessoas com autonomia diminuída têm direito à proteção. Salientando que pessoa autônoma é aquela 'capaz de deliberar sobre seus objetivos pessoais e agir sob a orientação dessa deliberação', reconheceu a comissão que nem todo ser humano é capaz de se autodeterminar, necessitando de maior proteção. Foi considerando que, na maioria das pesquisas envolvendo seres humanos, tal princípio determina que esses entrem na pesquisa 'voluntariamente e com informação adequada.[17]

Por fim, concluindo com as palavras de Enéas Castilho Chiarini Júnior, tem-se que,

> Pelo princípio da autonomia, o indivíduo tem o direito de decidir sobre as atividades que impliquem alterações em sua condição de saúde física e/ou mental, impondo-se, de outro lado, para que sua opinião seja adequada, o dever de os envolvidos prestarem todas as informações relevantes sobre o tratamento/pesquisa que se irá realizar.[18]

[16] Ibid., p. 8.

[17] DIEDRICH apud SANTOS, Maria Celeste Cordeiro Leite – *Biodireito: Ciência da vida, os novos desafios*. São Paulo : Revista dos Tribunais, 2001, p. 219.

[18] CHIARINI JÚNIOR, Enéas Castilho – Noções introdutórias sobre Biodireito. *Jus Navigandi*. [Em linha]. 9:424 (4 set. 2004), p. 8. [Consult. 20 fev. 2020]. Disponível em WWW:<URL:https://jus.com.br/artigos/5664/nocoes-introdutorias-sobre-biodireito/>.

2.2. Princípio da Beneficência

Inicialmente, ressalta-se a existência da discussão acerca da identidade ou distinção entre o princípio da beneficência e o chamado princípio da não maleficência, ambos decorrentes do juramento hipocrático.

O professor Paulo Vinícius Spoleder de Souza sustenta que o princípio da não maleficência integra o princípio da beneficência. Enéas Castilho Chiarini Júnior entende que "o princípio de beneficência também é identificado por princípio da não-maleficência, uma vez que ordena aos médicos e cientistas que se isentem de qualquer atividade que venha, ou possa vir, a causar um mal despropositado ao paciente"[19].

O princípio da beneficência decorre do termo *bonum facere*, significando o fazer o bem para o paciente. Portanto, o princípio da beneficência, como bem assinala Eduardo Telles de Lima Rala, "é o benefício do paciente ou do sujeito da pesquisa, pois ele atua em favor de quem sofre ou de quem está em situação passiva nos tratamentos terapêuticos"[20].

O princípio da não maleficência, derivando da máxima da ética médica *primum non facere*, propõe, de acordo com Adriana Diaféria, citada por Eduardo Telles de Lima Rala, a obrigação de não infligir dano intencional.[21]

Por fim, de acordo com os ensinamentos de Francesco Bellino:

> O princípio de beneficiação ou de beneficência (beneficente) estabelece a obrigação de cumprir o bem terapêutico do paciente. Junto a este princípio, mesmo se diferente, vem o princípio de não-maleficência ou de não-malevolência (não-maleficente), que prescreve, como preceito hipocrático, não prejudicar (neminem laeder, primum non nocere) e não fazer aos outros um mal ao qual o indiví-

[19] Ibid., loc. cit.

[20] RALA, Eduardo Telles de Lima. A Bioética aplicada no processo civil brasileiro: uma análise à luz do princípio da dignidade da pessoa humana. *Jus Navigandi*. [Em linha]. 9:402 (13 ago. 2004), p. 5. [Consult. 20 fev. 2020]. Disponível em WWW:<URL:<https://jus.com.br/artigos/5571/a-bioetica-aplicada-no-processo-civil-brasileiro>.

[21] RALA, Eduardo Telles de Lima. A Bioética aplicada no processo civil brasileiro: uma análise à luz do princípio da dignidade da pessoa humana. *Jus Navigandi*. [Em linha]. 9:402 (13 ago. 2004), p. 5. [Consult. 20 fev. 2020]. Disponível em WWW:<URL:<https://jus.com.br/artigos/5571/a-bioetica-aplicada-no-processo-civil-brasileiro>.

duo não se opõe e presumivelmente consente, para evitar danos e para justificar a necessidade de controlar a imposição de riscos.[22]

2.3. Princípio da Justiça

Francesco Bellino entende que "o princípio de justiça requer uma repartição equânime dos benefícios e dos ônus, para evitar discriminações e injustiças nas políticas e nas intervenções sanitárias"[23].

De acordo com Eduardo Telles de Lima Rala, "propõe-se com o princípio da justiça uma distribuição igualitária dos benefícios médicos e terapêuticos para aqueles que necessitam, mas de acordo com sua necessidade e medido por critérios diferenciadores"[24].

Enéas Castilho Júnior, por sua vez, entende poder o princípio da justiça ser dividido em três questões básicas: 1) o ônus do encargo da pesquisa científica; 2) a aplicação dos recursos destinados à pesquisa; e 3) a destinação dos resultados práticos obtidos destas pesquisas.[25]

Do primeiro item depreende o dever igualitário de todos os membros da sociedade em, na medida de suas forças, arcar com o ônus da manutenção das pesquisas e da aplicação dos resultados. O segundo ponto, por sua vez, implica em uma justa e equitativa distribuição dos recursos financeiros e técnicos da atividade científica e dos serviços de saúde não só para a solução dos problemas dos países desenvolvidos, mas também para a busca de soluções para problemas típicos do "terceiro mundo".

Finalmente, o terceiro aspecto do princípio de justiça veda a prática de qualquer distinção, em função de classe social ou econômica, dentre aqueles que necessitam de tratamento médico, devendo, pois, a ciência ser aplicada de forma igual para todas as pessoas.

[22] BELLINO, Francesco – *Fundamentos da Bioética*. Bauru-SP: Edusc, 1997, p. 45.

[23] Ibid., p. 48.

[24] RALA, Eduardo Telles de Lima, op. cit., p. 1.

[25] CHIARINI JÚNIOR, Enéas Castilho – Noções introdutórias sobre Biodireito. *Jus Navigandi*. [Em linha]. 9:424 (4 set. 2004). [Consult. 20 fev. 2020]. Disponível em WWW:<URL:https://jus.com.br/artigos/ 5664/nocoes-introdutorias-sobre-biodireito/>.

2.4. Princípio da Sacralidade da vida e da dignidade da pessoa humana

Apenas neste século e, basicamente, a partir da Segunda Guerra Mundial, passou-se a reconhecer expressamente, nas Constituições, o valor fundamental da dignidade da pessoa humana, considerado, sem dúvida alguma, o mais importante princípio bioético e jurídico da atualidade.

Encarando a vida humana como sendo um valor em si mesma e o ser humano como "fim" e não como "meio", o princípio da sacralidade, como decorrência lógica do princípio da dignidade da pessoa humana, prega o respeito e proteção à vida do homem contra agressões indevidas.

Para os juristas Marcelo Dias Varella, Eliana Fontes e Fernando Galvão da Rocha, todos citados por Enéas Castilho Chiarini Júnior, os princípios da sacralidade da vida humana e da dignidade da pessoa humana

> [...] são os principais norteadores da bioética, na medida em que consideram a vida como sagrada e inviolável. Neste sentido, não se justifica a causa do sofrimento e da dor desnecessária, a imputação de um ônus superior ao que a pessoa possa suportar, ainda que, por decisão sua, mesmo para a realização de pesquisas ou qualquer atividade científica. Combate-se assim, a consideração do homem como objeto, como uma 'coisa', a favor da compreensão da vida humana como algo sagrado, intangível. Ainda que fora dos aspectos teológicos que a questão envolve, a expressão 'sagrado' não necessariamente estará ligada a Deus, mas sim ao caráter inviolável de seu objeto [...] a vida humana não pode ser sacrificada em prol da ciência, e da experimentação [...][26].

É, pois, pelos princípios da sacralidade da vida e da dignidade da pessoa humana que o ser humano deixa de ser mero objeto, passando a ser um valor considerável em si mesmo, o que serviria de fundamento para impedir práticas como a comercialização de órgãos, tecidos, sangue, esperma etc.

Vale ressaltar que a combinação do princípio da dignidade humana com o da não maleficência permite que se chegue a uma limitação do princípio da autonomia, uma vez que, mesmo que seja da livre e consciente vontade do paciente, o cientista ou médico deve abster-se de praticar certas condutas

[26] CHIARINI JÚNIOR, Enéas Castilho – Noções introdutórias sobre Biodireito. *Jus Navigandi*. [Em linha]. 9:424 (4 set. 2004), p. 5. [Consult. 20 fev. 2020]. Disponível em WWW:<URL:https://jus.com.br/artigos/ 5664/nocoes-introdutorias-sobre-biodireito/>.

que possam, mesmo que indiretamente, configurar uma forma de atentar contra a dignidade da pessoa submetida a tratamento.

Daí podermos então concluir com Enéas Castilho Chiarini Júnior que

> Qualquer conduta que termine por transformar – ou equiparar – o ser humano em um simples objeto é atentatória contra a dignidade intrínseca de todos os membros da família humana, e deve ser proibida, mesmo que conte com a concordância da vontade autônoma deste indivíduo.[27]

Íntima é a relação entre os estudos relativos à ética e aqueles relativos às regras constitucionais, conclusão a que se chega pelos próprios temas tratados em bioética (aborto, esterilização, reprodução assistida, genética, técnicas alternativas de reprodução, acompanhamento do suicídio, morte, operações transexuais, comercialização e doação de órgãos, a nova teoria da sexualidade, casamento entre pessoas do mesmo sexo entre outros temas).

A liberdade de pesquisa científica, não sendo de índole absoluta como qualquer outro direito fundamental, encontra limitação em outros princípios constitucionais, como a vida, a integridade física e moral, ou a privacidade, por exemplo.

O mais fundamental de todos os direitos, a vida, deve ter seu início definido pelos profissionais das biociências e nos remete a dois grandes e polêmicos temas da bioética: o aborto e a eutanásia.

Nosso legislador penal, visando proteger a vida e a dignidade da mulher, estabeleceu a não punição daquela que necessita da interrupção da gravidez por sofrer risco de vida, assim como daquela que fora vítima da traumática e dolorosa violência do estupro.

A eutanásia, além do direito à vida, diz respeito ao direito à integridade da pessoa humana e sua proteção. Comum em alguns países e estados norte-americanos, sua prática, fundada mais na emoção que na razão, justifica-se na alegação de que doentes incuráveis poderão optar entre a morte imediata ou a escolha de uma expectativa de vida e agonia prolongada. No Brasil, porém, a eutanásia, por enquanto, vem sendo proibida constitucional e penalmente.

[27] CHIARINI JÚNIOR, Enéas Castilho – Noções introdutórias sobre Biodireito. *Jus Navigandi*. [Em linha]. 9:424 (4 set. 2004), p. 5. [Consult. 20 fev. 2020]. Disponível em WWW:<URL:https://jus.com.br/artigos/ 5664/nocoes-introdutorias-sobre-biodireito/>.

Quando Luís Augusto Mattiazzo Cárdia diz que o Direito Constitucional relaciona-se com a Bioética, vê-se que o profissional da área jurídica, ao se deparar com as novas indagações surgidas em decorrência das novas tecnologias, deve sempre garantir os

> [...] princípios constitucionais e infraconstitucionais baseados na dignidade, respeito, inviolabilidade, integridade e proteção ao corpo humano, diante do comércio que hodiernamente se formou assim como a extrapatrimonialidade do corpo humano, a exploração para experimentação, a não remuneração ao doador e o seu anonimato, a exclusão da ligação biológica entre o doador e a criança, o regime aplicável à transfusão de sangue, a utilização dos órgãos e elementos do corpo humano; a liberdade sexual, a esterilização, a interrupção da gravidez, a vontade de procriação e sua assistência médica, a proteção do embrião humano, a filiação do embrião, a regulamentação dos nascimentos, os efeitos da filiação, a utilização de dados genéticos, a necessidade terapêutica e as garantias judiciárias[28].

3. A crise bioética

Em Esparta, na antiga Grécia, as crianças nascidas com deficiências físicas eram sacrificadas em um abismo. Platão, em *A República*, defendia com naturalidade a eliminação dos inválidos e enfermos, bem como o aborto obrigatório para as mulheres de mais de 40 anos de idade, vez que passada a idade ideal para procriar, segundo ele, entre 20 e 40 anos.[29]

Ainda são lembradas as experiências nazistas de eliminação dos chamados degenerados da raça ariana, consistente no assassinato de pessoas com qualquer deformidade física ou mental, bem como esterilização das pessoas de chamadas raças inferiores.

Hoje é consenso que apenas em casos de total incapacidade orgânica deve ser permitido o aborto eugênico, resguardando o Direito do nascituro

[28] CARDIA, Luís Augusto Mattiazzo – Estudos da Bioética e o sistema constitucional brasileiro. *Jus Navigandi.* [Em linha]. 5:42 (1 jun. 2000), p. 1. [Consult. 20 fev. 2020]. Disponível em WWW:<URL:https://jus.com.br/artigos/1841/estudos-da-bioetica-e-o-sistema-constitucional-brasileiro>.

[29] PLATÃO – *A República*. São Paulo : Perspectiva, 2006.

de ter sua vida integrada à sociedade, como uma pessoa detentora de plenos Direitos, e não apenas de piedade.

Afinal, como esquecer que gênios da humanidade foram cegos, como o escritor Jorge Luís Borges, surdos, como Ludwig Beethoven, ou tetraplégicos degenerativos, como o físico Stephen Hawking? E se eles não tivessem nascido?

Eduardo Galeano disse que

> [...] o aperfeiçoamento da espécie já não requererá os fornos de gás onde a Alemanha purificou a raça, nem a cirurgia que os Estados Unidos, a Suécia e outros países aplicaram para evitar a reprodução de produtos humanos de má qualidade. O mundo fabricará pessoas geneticamente modificadas, como fabrica, atualmente, alimentos geneticamente modificados.[30]

Se alguém perguntasse: onde é que se percebe esse distanciamento bioético? Que tal ler as seguintes notícias?

> **I – "UMA ORGANIZAÇÃO DE REGISTRO DE DOADORES DE ÓRGÃOS EXIGIU QUE LEVI STRAUSS & CO. PEÇA DESCULPAS POR UM ANÚNCIO QUE FOI AR DURANTE OS COMERCIAIS DO SUPERBOWL, NOS ESTADOS UNIDOS.**
>
> Uma organização de registro de doadores de órgãos exigiu que Levi Strauss & Co. peça desculpas por um anúncio que foi ar durante os comerciais do SuperBowl, nos Estados Unidos.
>
> O comercial mostra um homem inconsciente após uma queda. Uma equipe de médicos se aproxima e encontra um cartão de 'doador de jeans'. Eles tiram sua calça e a colocam em um recipiente como os usados para o transporte de órgãos humanos.
>
> O pacote é levado, por helicóptero, para outro homem, que veste a calça e fica exultante.
>
> A organização The Living Bank acredita que a Levi Strauss deve desculpas para as pessoas que esperam por transplante de órgãos, por brincar com um problema de saúde pública importante.

[30] GALEANO, Eduardo – *O Teatro do Bem e do Mal.* Tradução de Sergio Faraco. Porto Alegre : L&PM, 2002.

Uma porta-voz da fabricante de jeans afirmou que o comercial não será mais exibido e que não pretendia ofender ninguém. 'O anúncio queria mostrar de uma forma divertida como as pessoas são ligadas a seus jeans', disse". (Fonte: Associated Press, Internet, 01.02.2001)

II – GAÚCHA ALUGA VENTRE PARA PODER CRIAR TRÊS FILHOS

"A fotógrafa gaúcha A. (ela não quis revelar seu nome), 39, colocou seu útero à disposição de quem quiser alugá-lo para inseminação artificial. O anúncio de A. foi feito no último domingo, no jornal 'Diário Popular', de Pelotas. Mãe de três filhos (dois naturais e um adotivo), A. cobra entre R$ 20 mil e R$ 30 mil, além de ajuda de custo para os nove meses de gestação e para o aluguel".

"Eu sempre pensei nas pessoas que querem ter filhos, mas não podem. Uma amiga minha contou seu caso dias atrás. Eu ficava pensando se um dia não poderia ajudar alguém. Agora, surgiu um problema financeiro, e eu necessito de dinheiro. Então, resolvi colocar o anúncio no jornal, depois de ter consultado meus filhos e de eles terem concordado com a idéia."

A. tem suas trompas ligadas. "Não quero mais ter filhos, mas quero gerar para alguém que queira e não possa tê-los", disse a fotógrafa amadora, que é separada e não recebe pensão do marido, de quem não tem notícias.

"Minha história é de necessidade, mas não é triste. Se eu não precisasse de dinheiro como preciso, mesmo assim trataria de ajudar alguém a ter um filho."

"No domingo, quando saiu o anúncio, várias pessoas a procuraram. O curioso, segundo ela, é que, dias depois, surgiram interessadas em também alugar o ventre" (Fonte: Agência Folha. Internet, 01.02.2001)".[31]

Nenhum escritor no século XIX poderia imaginar os grandes avanços científico-tecnológicos da Humanidade obtidos menos de um século depois de Mary Shelley ter inventado Frankenstein ou Julio Verne ter escrito sobre a viagem à lua. Já estivemos lá e descobrimos outros planetas e galáxias, descobrimos novos genes responsáveis por muitas doenças até então desconhecidas, surgiram novos remédios, antibióticos e vacinas. A cada dia surgem

[31] FARIAS, James Magno Araújo – Constitucionalismo, biodireito e dignidade da pessoa humana. In SANTANA, José Cláudio Pavão; FARIAS, James Magno Araújo; AQUINO, Maria da Gloria Costa Gonçalves de Souza; HEILMANN, Maria de Jesus Rodrigues Araújo; SILVA, Dimas Salustiano (Orgs.). *Escritos do Direito*. [Em linha]. São Luis : EDUFMA, 2019. p. 153-176, p. 165-166. [Consult. 21 fev. 2020]. Disponível em WWW:<URL:http://www.edufma.ufma.br/wp-content/uploads/woocommerce_ uploads/2020/01/Livro.pdf>.

novidades: um novo conceito de personalidade criado pela simples existência de bancos de sêmen, alimentos transgênicos, organismos geneticamente modificados, as ovelhas Dolly e Polly e muitos outros exemplos.[32]

Até que ponto pode ser permitida a Eugenia para selecionar os mais aptos? Esta forma, provavelmente, é a que mais permite uma discussão sob a luz da Bioética e do Biodireito. Com o avanço científico que permite a seleção de caracteres genéticos como a fertilização *in vitro* e com os métodos atuais de análise das condições orgânicas do feto, surgem debates no sentido de saber se é válida a interrupção da gravidez de fetos com má formação genética. Em um primeiro momento deveriam ser delimitados os parâmetros para o abortamento, ou seja, que tipo de anomalia seria tolerada pela Bioética.

Afinal, uma situação como a ausência de membros vitais para o organismo, como cérebro, coluna cervical, pulmões, difere bastante de fetos gerados com ausência de uma mão, de um dedo ou de um pé.

Esta discussão está longe de ter fim ou de ser pacífica!

4. A decisão do stf sobre o art. 5.º da lei de biossegurança

Dito alhures, dada a inexistência de direitos fundamentais absolutos, a eventual colisão entre os direitos personalíssimos e os direitos da comunidade científica deve ser modulada, a fim de que o exercício de um direito não anule o exercício do outro, uma vez que ambos devem ser protegidos e garantidos. O julgamento a seguir tem importância significativa sobre o tema.

A Ação Direta de Inconstitucionalidade n.º 3510 foi proposta em 2005 pelo então procurador-geral da República brasileira, Claudio Fonteles. A Ação questionava o artigo 5.º da lei n.º 11.105/05 (Lei de Biossegurança) em relação ao uso de células-tronco de embriões humanos para fins de pesquisa científica. O art. 5.º da lei 11.105/05 diz:

[32] Id. – *A toda velocidade possível: ensaios sobre um mundo em movimento*. São Luiz : Azulejo, 2013, p. 145.

> [...] permitida, para fins de pesquisa e terapia, a utilização de células-tronco embrionárias obtidas de embriões humanos produzidos por fertilização in vitro e não utilizados no respectivo procedimento, atendidas as seguintes condições:
> I – sejam embriões inviáveis; ou
> II – sejam embriões congelados há 3 (três) anos ou mais, na data da publicação desta Lei, ou que, já congelados na data da publicação desta Lei, depois de completarem 3 (três) anos, contados a partir da data de congelamento.
> § 1º Em qualquer caso, é necessário o consentimento dos genitores.
> § 2º Instituições de pesquisa e serviços de saúde que realizem pesquisa ou terapia com células-tronco embrionárias humanas deverão submeter seus projetos à apreciação e aprovação dos respectivos comitês de ética em pesquisa.
> § 3º É vedada a comercialização do material biológico a que se refere este artigo e sua prática implica o crime tipificado no art. 15 da Lei nº 9.434, de 4 de fevereiro de 1997.[33]

O relator do processo, ministro Carlos Ayres Britto, realizou elogiada audiência pública sobre o assunto em 20 de abril de 2007, quando ouviu cientistas, religiosos e estudiosos favoráveis e contrários ao uso de células-tronco embrionárias, com destaque, de cada lado da argumentação, para as intervenções da geneticista Mayana Zatz e dos representantes da Conferência Nacional dos Bispos do Brasil (CNBB), que expuseram sua argumentação na referida audiência.

Na petição inicial da ação direta de inconstitucionalidade, o Procurador Geral da República Cláudio Fontelles, reconhecido católico fervoroso, defendia o argumento de que a vida acontece a partir da fecundação e, portanto, o embrião já é vida humana. O objeto central da ação era para que o Supremo Tribunal Federal tornasse inconstitucional o uso dessas células embrionárias em pesquisas no Brasil.

Na fundamentação de seu voto, o ministro Ayres Britto disse que o artigo impugnado seria "um bem concatenado bloco normativo que, sob condições de incidência explícitas, cumulativas e razoáveis, contribuiria para o desenvolvimento de linhas de pesquisa científica das supostas propriedades terapêuticas de células extraídas de embrião humano in vitro". Esclareceu que as células-tronco embrionárias, pluripotentes, ou seja, capazes de originar

[33] Farias, James Magno Araújo – *A toda velocidade possível: ensaios sobre um mundo em movimento*. São Luiz : Azulejo, 2013, p. 160.

todos os tecidos de um indivíduo adulto, constituiriam, por isso, tipologia celular que ofereceria melhores possibilidades de recuperação da saúde de pessoas físicas ou naturais em situações de anomalias ou graves incômodos genéticos.

Ayres Britto disse

> [...] que as pessoas físicas ou naturais seriam apenas as que sobrevivem ao parto, dotadas do atributo a que o art. 2º do Código Civil denomina personalidade civil, assentando que a Constituição Federal, quando se refere à "dignidade da pessoa humana" (art. 1º, III), "direitos da pessoa humana" (art. 34, VII, b), "livre exercício dos direitos... individuais" (art. 85, III) e "direitos e garantias individuais" (art. 60, § 4º, IV), estaria falando de direitos e garantias do indivíduo-pessoa. Assim, numa primeira síntese, a Carta Magna não faria de todo e qualquer estádio da vida humana um autonomizado bem jurídico, mas da vida que já é própria de uma concreta pessoa, porque nativiva, e que a inviolabilidade de que trata seu art. 5º diria respeito exclusivamente a um indivíduo já personalizado.[34]

Reconheceu, por outro lado, que o princípio da dignidade da pessoa humana admitiria transbordamento e que, no plano da legislação infraconstitucional, essa transcendência alcançaria a proteção de tudo que se revelasse como o próprio início e continuidade de um processo que desaguasse no indivíduo-pessoa, citando, no ponto, dispositivos da Lei n.º 10.406/2002 (Código Civil), da Lei n.º 9.434/97, e do Decreto-lei n.º 2.848/40 (Código Penal), que tratam, respectivamente, dos direitos do nascituro, da vedação à gestante de dispor de tecidos, órgãos ou partes de seu corpo vivo e do ato de não oferecer risco à saúde do feto, e da criminalização do aborto, ressaltando que o bem jurídico a tutelar contra o aborto seria um organismo ou entidade pré-natal sempre no interior do corpo feminino. Aduziu que a lei em questão se referiria, por sua vez, a embriões derivados de uma fertilização

[34] BRASIL. Supremo Tribunal Federal – *Ação Direta de Inconstitucionalidade n.º 3.510/DF*. Relator: Ministro Carlos Britto. Requerente: Procuradoria-Geral da República. Intimados: Presidente da República e Congresso Nacional. Julgamento: 05 mar. 2008. Órgão Julgador: Tribunal Pleno. Publicação: DJe, 24 mar. 2008.

artificial, obtida fora da relação sexual, e que o emprego das células-tronco embrionárias para os fins a que ela se destina não implicaria aborto.[35]

Ayres Britto afirmou que haveria base constitucional para um casal de adultos recorrer a técnicas de reprodução assistida que incluísse a fertilização *in vitro*, que os artigos 226 e seguintes da Constituição Federal disporiam que o homem e a mulher são as células formadoras da família e que, nesse conjunto normativo, se estabeleceria a figura do planejamento familiar, fruto da livre decisão do casal e fundado nos princípios da dignidade da pessoa humana e da paternidade responsável (art. 226, § 7º), inexistindo, entretanto, o dever jurídico desse casal de aproveitar todos os embriões eventualmente formados e que se revelassem geneticamente viáveis, porque não imposto por lei (CF, art. 5º, II) e incompatível com o próprio planejamento familiar.[36]

Ayres Britto considerou, também, que, se à lei ordinária seria permitido fazer coincidir a morte encefálica com a cessação da vida de certa pessoa humana, a justificar a remoção de órgãos, tecidos e partes do corpo ainda fisicamente pulsante para fins de transplante, pesquisa e tratamento (Lei n.º 9.434/97), e se o embrião humano de que trata o art. 5.º da Lei da Biossegurança é um ente absolutamente incapaz de qualquer resquício de vida encefálica, a afirmação de incompatibilidade do último diploma legal com a Constituição haveria de ser afastada. Por fim, acrescentou a esses fundamentos, a rechaçar a inconstitucionalidade do dispositivo em questão, o direito à saúde e à livre expressão da atividade científica.

O ministro Britto frisou, no ponto, que o § 4º do art. 199 da CF ("A lei disporá sobre as condições e os requisitos que facilitem a remoção de órgãos, tecidos e substâncias humanas para fins de transplante, pesquisa e tratamento, bem como a coleta, processamento e transfusão de sangue e seus derivados, sendo vedado todo tipo de comercialização") faria parte, não por acaso, da seção normativa dedicada à saúde, direito de todos e dever do Estado (CF, art. 196), que seria garantida por meio de ações e serviços qua-

[35] BRASIL. Supremo Tribunal Federal – *Ação Direta de Inconstitucionalidade n.º 3.510/DF*. Relator: Ministro Carlos Britto. Requerente: Procuradoria-Geral da República. Intimados: Presidente da República e Congresso Nacional. Julgamento: 05 mar. 2008. Órgão Julgador: Tribunal Pleno. Publicação: DJe, 24 mar. 2008.
[36] Ibid.

lificados como de relevância pública, com o que se teria o mais venturoso dos encontros entre esse direito à saúde e a própria Ciência (CF, art. 5º, IX).

No voto vencedor do ministro Ayres Britto ficou registrado que a vida tem início com a fecundação, mas somente após a nidação pode-se falar em pessoa, pois é quando o óvulo se instala na parede do útero. Logo, para o STF, um embrião não é juridicamente pessoa, nem "um pequenino ser", argumento comum dos grupos pró-vida, que atuaram como *amicus curiae* no julgamento. Todos os ministros entenderam que é constitucional o uso de células-tronco embrionárias humanas, porém cinco Ministros, Gilmar Mendes, Menezes Direito, Ricardo Lewandowski, Eros Grau e Cézar Peluso, fizeram outras ressalvas, além daquelas já enunciadas no art. 5.º da Lei de Biossegurança.

A ementa do acórdão revela que a maioria dos Ministros entendeu que a introdução de mais restrições, além daquelas previstas na Lei de Biossegurança, acabaria por inviabilizar a pesquisa e terapia com células-tronco embrionárias e que não estavam reunidos os pressupostos para a aplicação de tais restrições, porquanto incabível a aplicação da técnica de interpretação conforme a Constituição, já que o texto não sofria de polissemia.

A liberdade de pesquisa científica, entendida a liberdade como direito fundamental, encontra limite em outros princípios constitucionais, como o direito à vida, a integridade física e moral, ou a privacidade, por exemplo. E a colisão entre os direitos personalíssimos e os direitos de pesquisa científica deve ser resolvida pela aplicação do princípio da dignidade de pessoa humana, a fim de que o exercício de um direito não anule o exercício do outro, uma vez que ambos devem ser efetivamente protegidos e garantidos.

Conclusão

O Supremo Tribunal Federal declarou no julgamento da Ação n.º 3510/05, em resumo, que a Constituição Federal já trazia os elementos centrais para julgar o caso e consagrou como mandamentos constitucionais a laicidade do Estado e o direito à pesquisa científica em prol da vida.

O *leading case* do STF trouxe novas luzes sobre os limites para a autonomia da vontade em matéria de biodireito no Brasil. A partir da declaração de constitucionalidade do art. 5.º da lei n.º 11.105/05 foi aberto o campo para a discussão da livre escolha para praticar aborto, eutanásia, distanásia, mistanásia, eutanásia social e barriga de aluguel?

As decisões judiciais posteriores de outras instâncias que permitiram cirurgias de transplante de órgãos e de mudança de sexo, com operação garantida e custeada pelo Sistema Único de Saúde, são um indicativo desse novo e longo caminho da tutela de direitos respeitantes à dignidade da pessoa humana.

A liberdade de pesquisa científica, entendida a liberdade como direito fundamental, encontra limite em outros princípios constitucionais, como o direito à vida, a integridade física e moral, ou a privacidade, por exemplo. E a colisão entre os direitos personalíssimos e os direitos de pesquisa científica deve ser resolvida pela aplicação do princípio da proporcionalidade, a fim de que o exercício de um direito não anule o exercício do outro, uma vez que ambos devem ser efetivamente protegidos e garantidos.

A luta para a garantia dos direitos fundamentais culminou com o estabelecimento das chamadas gerações ou dimensões de direitos, de primeira, segunda e terceira geração, previstos na maioria das constituições alhures.

A discussão bioética fez com que alguns especialistas chegassem a profetizar uma nova e quarta geração de direitos fundamentais, que resguardam o patrimônio genético humano, ameaçado pelos avanços tecnológicos.

Referências

ALEXY, Robert – *Teoria dos Direitos Fundamentais.* 2.ª ed. Tradução de Virgílio Afonso da Silva. São Paulo : Malheiros, 2001. ISBN 9788539200733

BELLINO, Francesco – *Fundamentos da Bioética.* Bauru-SP: Edusc, 1997. ISBN 85-86259-14-4.

BRASIL. Supremo Tribunal Federal – *Ação Direta de Inconstitucionalidade n.º 3.510/DF.* Relator: Ministro Carlos Britto. Requerente: Procuradoria-Geral da República. Intimados: Presidente da República e Congresso Nacional. Julgamento: 05 mar. 2008. Órgão Julgador: Tribunal Pleno. Publicação: DJe, 24 mar. 2008.

CARDIA, Luís Augusto Mattiazzo – Estudos da Bioética e o sistema constitucional brasileiro. *Jus Navigandi.* [Em linha]. ISSN 1518-4862. 5:42 (1 jun. 2000). [Consult. 20 fev. 2020]. Disponível em WWW:<URL:https://jus.com.br/artigos/1841/estudos-da-bioetica-e-o-sistema-constitucional-brasileiro>.

CHIARINI JÚNIOR, Enéas Castilho – Noções introdutórias sobre Biodireito. *Jus Navigandi*. [Em linha]. ISSN 1518-4862. 9:424 (4 set. 2004). [Consult. 20 fev. 2020]. Disponível em WWW:<URL:https://jus.com.br/artigos/5664/nocoes-introdutorias-sobre-biodireito/>.

DINIZ, Maria Helena – *Curso de Direito Civil*. v. 1, 20. ed., rev. e aum. de acordo com novo código civil lei n. 10.406, de 10-1-2002. São Paulo: Saraiva, 2003. ISBN 8502042157

FARIAS, James Magno Araújo – *A toda velocidade possível: ensaios sobre um mundo em movimento*. São Luiz : Azulejo, 2013. ISBN 978-85-910445-1-1

FARIAS, James Magno Araújo – Constitucionalismo, biodireito e dignidade da pessoa humana. In SANTANA, José Cláudio Pavão; FARIAS, James Magno Araújo; AQUINO, Maria da Gloria Costa Gonçalves de Souza; HEILMANN, Maria de Jesus Rodrigues Araújo; SILVA, Dimas Salustiano (Orgs.). *Escritos do Direito*. [Em linha]. São Luis : EDUFMA, 2019. ISBN 978-85-7862-926-7. p. 153-176. [Consult. 21 fev. 2020]. Disponível em WWW:<URL:http://www.edufma.ufma.br/wp-content/uploads/woocommerce_uploads/2020/01/Livro.pdf>.

GALEANO, Eduardo – *O Teatro do Bem e do Mal*. Tradução de Sergio Faraco. Porto Alegre : L&PM, 2002. ISBN 978.85.254.1206-5

GARRAFA, Volnei; COSTA, Sergio Ibiapina Ferreira; OSELKA, Gabriel (Coord.) – *Iniciação à Bioética*. Brasília: Conselho Federal de Medicina, 1998. ISBN 85-87077-02-3

KANT, Immanuel – *Crítica da razão prática*. São Paulo : Martins Fontes, 2007. ISBN 9788527409278

MORAES, Alexandre de – *Curso de Direito constitucional*. 2.ª tir., 33. ed., rev. e atual. até a EC nº 95, de 15 de dezembro de 2016. São Paulo: Atlas, 2017. ISBN 8522422761

OMMATI, José Emílio Medauar. Bioética: origens, fundamentos. *Jus Navigandi*. [Em linha]. ISSN 1518-4862. 7:23 (27 jan. 1998). [Consult. 20 fev. 2020]. Disponível em WWW:<URL:https://jus.com.br/artigos/1839/bioetica-origens-fundamentos>.

PLATÃO – *A República*. São Paulo : Perspectiva, 2006. ISBN 8527307677

RALA, Eduardo Telles de Lima – A Bioética aplicada no processo civil brasileiro: uma análise à luz do princípio da dignidade da pessoa humana. *Jus Navigandi*. [Em linha]. ISSN 1518-4862. 9:402 (13 ago. 2004). [Consult. 20 fev. 2020]. Disponível em WWW:<URL:<https://jus.com.br/artigos/5571/a-bioetica-aplicada-no-processo-civil-brasileiro>.

SANTOS, Maria Celeste Cordeiro Leite – *Biodireito: Ciência da vida, os novos desafios*. São Paulo : Revista dos Tribunais, 2001. ISBN 978-8520320709

SARLET, Ingo Wolfgang – *A Eficácia dos Direitos Fundamentais*. 4.ª ed. rev., atual. e ampl. Porto Alegre: Livraria do Advogado, 2004. ISBN 8573482990

SILVA, José Afonso da – *Curso de Direito Constitucional Positivo*. 20.ª ed. revista e atualizada nos termos da Reforma Constitucional até a Emenda Constitucional n. 35, de 20.12.2001. São Paulo: Malheiros, 2002. ISBN 8574203289

Uma breve reflexão sobre a responsabilidade civil médica em Portugal: da responsabilidade aquiliana (extracontratual), da responsabilidade obrigacional (contratual) e o seu "hibridismo"

JOSÉ ALEXANDRE RIBEIRO FERNANDES[1]

Sumário: 1. Primeiras reflexões. 2. Natureza jurídica. 3. Da Responsabilidade Civil na Medicina. 3.1. Da responsabilidade Aquiliana (extracontratual). 3.2. Da responsabilidade obrigacional (contratual). 3.3. A solução para o "problema". Referências.

1. Primeiras reflexões

"Être homme, c'est précisément être responsable. C'est connaître la honte en face d'une misère qui ne semblait pas dépendre de soi. C'est être fier d'une victoire que les camarades ont remportée. C'est sentir, en posant sa pierre, que l'on contribue à bâtir le monde"[2].

Ainda estamos perante uma "hipertrofia de responsabilidades" exatamente assim como presumiu António Castanheira Neves, pois, ainda hoje, os "homens não se sentem responsáveis, e sofrem sempre com um golpe aleatório o verem-se responsabilizados em vez de poderem invocar a disso-

[1] Doutorando em Direito Civil pela Universidade de Coimbra, Mestre em Ciências Jurídicas pela Universidade Autónoma de Lisboa, Advogado da Ordem dos Advogados portuguesa e Advogado da Ordem dos Advogados do Brasil. Endereço eletrônico: jalexfernandes40@gmail.com.

[2] Saint-Exupéry, Antoine de – *Terre des hommes.* [Em linha]. Paris : Livre de Poche, 1939. [Consult. 20 nov. 2019] Disponível em WWW:<URL:https://ebooks-bnr.com/ebooks/pdf4/saint_ exupery_terre_des_hommes.pdf>

lução da sua responsabilidade pela transferência para a irresponsabilização de uma socialização total"[3].

Isto, em consonância ao que apregoa o autor, sobrevém da nossa falta de civismo; expressão maior da escassez de altura moral humana. A responsabilidade tornou-se, portanto, "uma exterioridade que oprime e se suporta mal, não tem lugar na intimidade ética que identifica e dignifica"[4].

Hesíodo já nos trazia da Grécia antiga os princípios éticos basilares de toda e qualquer sociedade; nomeadamente pelo seu revés, quando o ser humano não observa, nem reflete sobre si e nem sobre sua condição e valores em sociedade. Assim, para o citado poeta grego, "ótimo é aquele que de si mesmo conhece todas as coisas; bom, o que escuta os conselhos dos homens judiciosos; mas o que por si não pensa, nem acolhe a sabedoria alheia, esse é, em verdade, uma criatura inútil"[5].

Se, portanto, pensarmos na *responsabilidade* como um termo que nos chegou muito depois do termo *responsável* é deveras singular o entendimento de o termo *responsabilidade* ter deixado sob forte nebulosidade o termo *responsável*, tão grande é o desuso deste em detrimento do uso daquele. Temos aqui demonstrada a dualidade não antagónica intrínseca que encontramos entre ética e moral propriamente dita, nomeadamente no "ser bom homem" e "ser bom cidadão".

O termo *ética* está "sob o signo das ações estimadas como boas, e "moral" para o aspeto obrigatório, marcado por normas, obrigações e interdições caracterizadas simultaneamente por uma exigência de universalidade e por um efeito de coerção"[6].

Mas aqui há de se entender esta "coerção" fora do sentido de "responsabilidade radical, de todos para com todos no bem e no mal"[7], mas no sentido

[3] Neves, António Castanheira – Pessoa, Direito e Responsabilidade. *Revista Portuguesa de Ciência Criminal.* 6:1 (jan./mar. 1996) 9-43. Coimbra : Coimbra, 1996, p. 10.

[4] Ibid., loc. cit.

[5] Hesíodo apud Aristóteles – *Ética a Nicômaco.* Tradução de Leonel Vallandro e Gerd Bornheim da versão inglesa de W. D. Ross. São Paulo : Nova Cultural, 1991. (Os Pensadores, Vol. 2).

[6] Ricoeur, Paul – *Ética e Moral.* Tradução de Antonio Campelo Amaral. Covilhã : LusoSofia, 2011, pp. 3-4.

[7] Neves, António Castanheira – Pessoa, Direito e Responsabilidade. *Revista Portuguesa de Ciência Criminal.* 6:1 (jan./mar. 1996) 9-43. Coimbra : Coimbra, 1996, p. 12.

de uma solidariedade para com o outro. Afinal, em uma sociedade civilizada, devemos mesmo, e ao mesmo tempo, ser "bons homens" e "bons cidadãos".

Ao fim e ao cabo, isso não é mais do que a tradução do modelo de Responsabilidade de sentido ético (modelo clássico europeu) que destoa do modelo Romano de responsabilidade fundamentado exclusivamente em um sentido jurídico.

2. Natureza jurídica

Como apregoa o professor José de Oliveira Ascensão, "o direito é a própria ordem da sociedade"[8].

A vida em sociedade é baseada no comportamento da cada indivíduo. Esse comportamento é medido por ações ou omissões de cada um enquanto ser social no sentido da melhor convivência em sociedade. Contudo, muitas vezes, nosso comportamento social, por meios de nossas já citadas ações ou omissões, pode causar danos e/ou prejuízos a outro(s) indivíduo(s) com o(s) qual(is) convivemos. Isto posto, impende verificar quem deve suportar o(s) dano(s) causado(s).

Assim, "quando a lei impõe ao autor de certos factos ou ao beneficiário de certa actividade a obrigação de reparar os danos causados a outrem, por esses factos ou por essa actividade, depara-se-nos a figura da *responsabilidade civil*"[9].

"A existência de um direito recto *(justo e oportuno)* e certo implica, pois, a sua formalização normativa, a formulação de prescrições gerais. O que não significa, por um lado, ser o sentido das normas um sentido, desde logo, tido como explicitamente revelado e rigidamente delimitado"[10].

Nesse aspeto, a Responsabilidade Civil do médico, por seus atos, enquanto profissional da medicina, portanto, tem algumas faces que a levam a ser analisada, como já se pôde observar, não em uma só relação jurídica, rígida e delimitada, mas em um espetro um pouco mais alargado.

[8] Ascensão, José de Oliveira – *O Direito – Introdução e Teoria Geral: Uma perspectiva luso-brasileira*. Lisboa : Fundação Calouste Gulbenkian, 2006, p. 186.

[9] Mota Pinto, Carlos Alberto da – *Teoria Geral do Direito Civil*. 4.ª ed. por António Pinto Monteiro e Paulo Mota Pinto, 2.ª reimpr. Coimbra: Coimbra, 2012, p. 128.

[10] Ibid., p. 27.

No Código Civil português, que atende ao modelo Romano-Germânico, há uma ordenação de todas as normas e princípios, que "não é uma ordenação apenas formal, mas substancial ou material"[11].

Para delinear a natureza jurídica da Responsabilidade Civil por ato médico, escolhemos destacar os 8 (oito) princípios fundamentadores do Direito Civil português para demonstrar o que se pretende neste estudo. São eles:

I – O reconhecimento da pessoa humana e direitos da personalidade.
II – A autonomia privada.
III – A Responsabilidade Civil.
IV – A Boa-fé.
V – A concessão da personalidade jurídica às pessoas colectivas.
VI – A propriedade privada.
VII – A relevância jurídica da família.
VIII – O fenômeno sucessório.[12]

Podemos então entender que a Responsabilidade Civil, apesar de parecer estanque a partir de uma classificação como a demonstrada, impõe, em uma dada altura ou em outra, uma transversalidade aos demais princípios, sem que, para isso, nos demande um esforço tão maior para percebê-lo. Isso nos leva a compreender que a natureza jurídica da Responsabilidade Civil Médica, também, e por óbvio, será (confirmando-se a dualidade entre Responsabilidade Aquiliana [Extracontratual] e Obrigacional [Contratual]) transversalizada a partir do caso em concreto.

Um erro médico pode ser fatal ou trazer consequências dolorosas para o resto da vida do paciente na medida em que elas podem ser irreversíveis.

Não há dúvidas do crescente número de ações e questionamentos sobre os atos dos profissionais da medicina nas hipóteses em que estes causam danos a outrem no estreito exercício da sua profissão. Podemos afirmar, de

[11] Ibid., loc. cit.

[12] Ibid., p. 97. Frisa-se que este autor, em sua obra, asseverou que pretendeu apenas pôr em relevo alguns princípios fundamentais. Não sendo a sua proposta, por óbvio, a única possível. Há elencos na base de (13) treze princípios fundamentais ao Direito Civil português em SOUZA, Rabindranath Capelo – *Teoria Geral do Direito Civil*. Coimbra, 2003. Vol. 1, pp. 45 et seq.

certo modo, que se têm tornado comuns notícias sobre vítimas de potenciais erros médicos.

Dito isso, é também inegável que esses profissionais têm a sua responsabilidade "alargada" por tratarem diariamente e diretamente da vida humana. Para além, a modernidade tem trazido aos médicos uma carga excessiva de trabalho, um aumento do grau de responsabilidade e um elevado grau de capacidade técnica que se espraia naquilo que orbita ao *modus facere* da medicina contemporânea.

Conforme os ensinamentos da professora Stela Barbas é exatamente por isso que "se fala cada vez mais numa 'ética de responsabilidade' que, partindo do princípio que o absoluto não é a ciência e sim o homem, fixe princípios normativos, uma nova geração de direitos"[13].

Assim, a atividade médica, em razão dos riscos que pode causar às pessoas, tem de ser vista de forma especial.

"A medicina antes era simples, ineficaz e razoavelmente inócua e agora é complexa, eficaz e potencialmente perigosa"[14]. Portanto, a atuação profissional do médico não é por si um fim pela realização de certos procedimentos; também não o será pelo mero atendimento ao paciente.

Na atualidade, há uma teia de negócios jurídicos atrelados à atividade do médico. Ante essa realidade é necessário analisar as várias modalidades contratuais que se apresentam, para, em seguida, tratar especificamente da responsabilidade do médico pelo erro cometido.

3. Da responsabilidade civil na medicina

A biologia é a ciência conhecida como a ciência da vida. De facto e em verdade é-a, quando se trata da vida *lato sensu*. Contudo, quando está em causa a vida humana, não se põe dúvida de que a Medicina é a ciência mais aplicada a esta. Em todas as suas aceções não há sequer um ato médico que não seja em prol da saúde e/ou da vida de um ser humano. De uma teleneu-

[13] BARBAS, Stela Marcos de Almeida Neves – *Direito ao Património Genético*. Lisboa : Almedina, 2006, p. 12.

[14] ANTUNES, João Lobo – A nova medicina. In RUEFF, Maria do Céu (Coord.) – *Direito da medicina: eventos adversos, responsabilidade, riscos*. Lisboa : Universidade Lusíada Editora, 2013. (Coleção Ensaios). p. 11-18, p. 13.

rocirurgia feita a distância com o auxílio de robôs altamente embarcados em tecnologias de ponta ao "simples" preenchimento e assinatura de uma prescrição de medicamento em uma receita médica em papel, não há alguma altura em que a saúde e a vida de um ser humano não estejam em causa.

A medicina é auxiliar para a mantença da saúde e da vida dos seres humanos concorrendo para garantir-lhes a saúde e a vida, as mais saudáveis possíveis, contudo muito já se vê posto em causa, em sede de responsabilidade por atos médicos, se este Médico pratica ou não pratica uma ciência voltada ao resultado.

Alguns juristas dizem que o Médico não pratica uma ciência voltada ao resultado, pois não possui (nem poderia possuir) o controle de todas as circunstâncias da vida; sua e de outrem. Assim,

> [...] quando o médico se obriga a tratar do enfermo ou o advogado a patrocinar certa causa, nem o médico se compromete a curar o cliente, nem o advogado a ganhar a questão: um e outro se obrigam apenas a empregar a diligência requerida para obter a cura do doente ou defender os legítimos interesses do mandante.[15]

Portanto, em sede de responsabilidade civil, haveria aqui uma responsabilidade extracontratual.

Em Portugal, não há regime legal específico sobre responsabilidade por atos médicos. Neste sentido, aplicam-se as disposições gerais do Código Civil sobre responsabilidade civil, de natureza subjetiva.

Assim, devem-se observar algumas questões que consideramos centrais para disciplinar a responsabilidade civil médica, ou por ato médico. Para isto, entendemos ser imprescindível determinar, em primeiro plano, a natureza das relações que se estabelecem, se contratual ou extracontratual; que tipo de obrigação foi, portanto, assumida pelo médico; e a qual das partes caberá fazer prova de violação das regras da ciência médica (*leges artis*).

[15] VARELA, João Antunes – *Das Obrigações em geral*. 10.ª ed., rev. e atual. Coimbra : Almedina, 2000, p. 86, nota 2.

3.1. Da responsabilidade Aquiliana (extracontratual)

Como se pode verificar, "no ordenamento jurídico português, o preceito básico em matéria de responsabilidade extracontratual é o artigo 483.º CC"[16]. Como apregoa o artigo citado, deverá haver, por dolo ou culpa, a violação ilícita do direito de outrem ou qualquer disposição legal destinada a proteger interesses alheios para que haja a obrigação de indemnizar o lesado pelos danos resultantes da violação. Extrai-se disto que a culpa do autor não é bastante.

E segue a dizer o aludido artigo, em seu número dois, que só existirá obrigação de indemnizar, independentemente de culpa, nos casos especificados na lei. Extrai-se daí que a culpa do autor não é bastante, mas afigura-se como componente básica.

"Significa isto que, para que haja o dever de indemnizar, não basta a culpa. Se esta é imprescindível, exceto nos casos de responsabilidade objetiva, o requisito da ilicitude também tem de se verificar necessariamente"[17].

Do excerto extrai-se que há certos casos, previstos em lei, de forma expressa, que nos levarão a compreender que a Responsabilidade Civil não necessitará do aviamento da culpa. São, portanto, os casos de Responsabilidade Civil objetiva. Por outro lado, "traduzindo-se na violação de direitos absolutos, na violação de disposições legais de proteção de interesses alheios e no abuso do direito, a ilicitude pode ser compreendida como um filtro objetivo de seleção das pretensões indemnizatórias procedentes"[18].

De um modo geral, portanto, um ato médico, pode ser levado em conta como uma ação não conducente a uma obrigação de resultado, no sentido de garantir a cura do paciente; mas, tão somente, a uma obrigação de meios, dirigida ao adequado tratamento da patologia em causa por meio da observância diligente e cuidadosa das regras da ciência médica (*leges artis*). Seria destarte uma obrigação de meio, e, em assim sendo, em termos de responsabilidade civil, estaríamos diante de uma responsabilidade civil extracontratual.

[16] BARBOSA, Mafalda Miranda – Entre a Ilicitude e o Dano. *Revista de Direito da Responsabilidade*. 1 (2019) 1-44, p. 1.

[17] Ibid., loc. cit.

[18] Ibid., loc. cit.

3.2. Da responsabilidade obrigacional (contratual)

Doutrina e jurisprudência não entendem com passividade que a natureza e o objetivo do ato médico seriam tão somente uma obrigação de meio.

Assim, há quem entenda que esta prestação seja um contrato de prestação de serviços, e, sendo assim, deveria estar de acordo com o art.º 1154.º do Código Civil português que define o contrato de prestação de serviços como aquele "em que uma das partes se obriga a proporcionar à outra certo resultado do seu trabalho, intelectual ou manual, com ou sem retribuição"[19].

Nesse aspeto teríamos uma prática médica voltada a um resultado finalístico, portanto a um resultado objetivo, uma "entrega" final. Diferentemente de um resultado de meio. A relação seria de credor/devedor, e estaríamos, portanto, adstritos aos artigos 798º e 799.º do CC, como seguem:

> Artigo 798.º
> (Responsabilidade do devedor)
> O devedor que falta culposamente ao cumprimento da obrigação torna-se responsável pelo prejuízo que causa ao credor.
> Artigo 799.º
> (Presunção de culpa e apreciação desta)
> 1. Incumbe ao devedor provar que a falta de cumprimento ou o cumprimento defeituoso da obrigação não procede de culpa sua.
> 2. A culpa é apreciada nos termos aplicáveis à responsabilidade civil.[20]

É exatamente aí que se assenta parte da dificuldade que envolve a caracterização e/ou enquadramento jurídico da responsabilidade civil do médico, por seus atos, enquanto profissional da medicina.

Diante de um caso concreto é que se deverá primeiramente determinar o tipo de responsabilidade assumida pelo médico e aceita pelo paciente. Entendemos que este seja o ponto inicial de qualquer análise jurídica em termos de responsabilidade civil médica.

[19] PORTUGAL – *Decreto n.º 47.344/66, de 25 de novembro.* Código Civil. Actualizado pela Lei n.º 13/2019. [Em linha]. Lisboa, 2019. [Consult. 20 nov. 2019]. Disponível em WWW:<URL: https://dre.pt/legislacao-consolidada/-/lc/34509075/view>.

[20] Ibid.

3.3. A solução para o "problema"

De lá viemos.

Na pré-história, o médico era visto como um xamã. Era, pois, um "representante da transcendência, que ajudava a suportar os medos e as angústias"[21]. Uma ligação entre o mundo dos homens e um mundo para além da compreensão humana.

A partir do século III e II a.C., com a medicina telúrica, doença e morte eram vistas como desígnios dos "Deuses".

"O médico era encarado como um sacerdote que realizava rituais religiosos com uma posição de supremacia face ao doente e sobre o qual exercia a sua autoridade"[22]. Assim, não se responsabilizava, até então, o médico por suas ações, a nada.

"Foi neste momento que se colocou, pela primeira vez, o problema da responsabilidade médica e daí surgiram os primeiros ensinamentos de costumes e deveres dos físicos, tendo a Deontologia médica a sua origem nesta época"[23].

Contudo, pelo exposto, pode-se dizer que, até esta época, tratava-se exclusivamente de responsabilidade médica Aquiliana, pois o médico, por seus atos, era posto em causa somente por negligência ante os deveres deontológicos estabelecidos do bom exercício das artes médicas.

O código de *Hammurabi*, "muito baseado numa ideia de obrigação de resultado ainda não relevava a dimensão subjectiva: a noção de culpa"[24]. Ou seja, "la responsabilité précède de la faute"[25].

Ao que parece estamos diante de um paradoxo, ou mesmo um paradigma; o código de *Hammurabi* regulava tão somente a responsabilidade do médico como uma responsabilidade contratual, a acentuar a dimensão objetiva do ato inexistindo o moderno conceito jurídico de *culpa*. É o que vemos

[21] Pereira, André Gonçalo Dias – *Direitos dos Pacientes e Responsabilidade Médica*. Coimbra : Coimbra, 2015, p. 21.

[22] Ibid., loc. cit.

[23] Oliveira, Guilherme Freire Falcão de – O fim da "arte silenciosa": o dever de informação dos médicos. In Oliveira, Guilherme Freire Falcão de – *Temas de direito da medicina*. 2.ª ed. Coimbra : Coimbra, 2005. Vol. 1, p. 59-72, p. 64.

[24] Pereira, André Gonçalo Dias, op. cit., p. 22.

[25] Térré, François – Propos sur La Responsabilité Civil. *Archives de Philosophie du Droit*. 22 (1977) 37-44, p. 38.

acontecer atualmente quando se busca responsabilizar o médico, por seu ato, comparando-o a uma prestação de serviços. Portanto, uma perigosa e alvissareira "similitude entre o empreiteiro e o médico"[26].

Este problema médico-jurídico também nos remonta à Grécia antiga quando "Platão afirma, na sua obra *As Leis*, que o médico deve estar isento de qualquer castigo, já que uma pessoa é curada pelo médico, mas morre por si mesma"[27].

Em contraponto, ainda na Grécia, "Hipócrates (460 a 377 a.C.), designadamente na obra *De Lege*, mostrava insatisfação pelo facto de os tribunais gregos não punirem suficientemente os erros médicos"[28].

Assim, concordamos com o fundamento apresentado por Mafalda Barbosa quando nos apresenta o caráter do resultado como pressuposto de solução, uma vez que esse caráter pode apresentar-se de forma aleatória ou mesmo de forma rigorosa e determinada, como se vê:

> A resolução do problema passaria pela distinção entre as relações obrigacionais em que o resultado tem "carácter aleatório", em que o devedor se vincula tão-somente ao cuidado ou à diligência "que favoreçam a sua realização" (obrigações de meios); e aquelas relações obrigacionais em que o resultado tem carácter "rigorosamente determinado", encontrando-se o devedor adstrito a alcançá-lo (obrigações de resultados).[29]

Entendemos que seja pertinente enfatizar que não se pode buscar a solução para este problema na tentativa infrutífera de uma transição dogmática da Responsabilidade Aquiliana (Extracontratual) para a Responsabilidade Obrigacional (Contratual) do médico, por seus atos, enquanto profissional da medicina. Assim, deveremos conviver com ambas, como já dito.

[26] Pereira, André Gonçalo Dias – *Direitos dos Pacientes e Responsabilidade Médica*. Coimbra : Coimbra, 2015, p. 22.

[27] Ibid., p. 23.

[28] Ibid., loc. cit.

[29] Simões, Fernando Dias – A prestação de serviços médicos em Portugal. Consentimento esclarecido e Responsabilidade Civil. *Dereito*. 22:1 (xan./xuño 2013) 1-31, p. 24.

Portanto, uma vez diante de um "modelo híbrido pela contaminação da *faute*"[30], a solução para o problema é mesmo aquela em que "caso a caso impõe-se a verificação do regime aplicável e da sua extensão"[31].

Referências

ANTUNES, João Lobo – A nova medicina. In RUEFF, Maria do Céu (Coord.) – *Direito da medicina: eventos adversos, responsabilidade, riscos.* Lisboa : Universidade Lusíada Editora, 2013. (Coleção Ensaios). ISBN 978-989-640-147-4. p. 11-18.

ARISTÓTELES – *Ética a Nicômaco.* Tradução de Leonel Vallandro e Gerd Bornheim da versão inglesa de W. D. Ross. São Paulo : Nova Cultural, 1991. (Os Pensadores, Vol. 2). ISBN 85-13-00232-1

ASCENSÃO, José de Oliveira – *O Direito – Introdução e Teoria Geral: Uma perspectiva luso-brasileira.* Lisboa : Fundação Calouste Gulbenkian, 2006. ISBN 972-31-0770-8

BARBAS, Stela Marcos de Almeida Neves – *Direito ao Patrimônio Genético.* Lisboa, Almedina, 2006. ISBN 978-9724011134

BARBOSA, Mafalda Miranda – A Reforma Francesa da Responsabilidade Civil – breves considerações em sede extracontratual. *Revista da Faculdade de Direito e Ciência Política.* ISSN 2184-1020. 11 (2018) 2-29.

BARBOSA, Mafalda Miranda – Entre a Ilicitude e o Dano. *Revista de Direito da Responsabilidade.* ISSN 2184-4542. 1 (2019) 1-44.

MENEZES CORDEIRO, António – *Tratado de direito civil Português: Tratado de direito civil Português, II/III.* Coimbra : Almedina, 2010. ISBN 978-9724042206. Vol. 2, Tomo 3.

MOTA PINTO, Carlos Alberto da – *Teoria Geral do Direito Civil.* 4.ª ed. por António Pinto Monteiro e Paulo Mota Pinto, 2.ª reimpr. Coimbra: Coimbra, 2012. ISBN 978-9723221022

NEVES, António Castanheira – Pessoa, Direito e Responsabilidade. *Revista Portuguesa de Ciência Criminal.* ISSN 0871-8563. 6:1 (jan./mar. 1996) 9-43. Coimbra : Coimbra, 1996.

[30] BARBOSA, Mafalda Miranda – A Reforma Francesa da Responsabilidade Civil – breves considerações em sede extracontratual. *Revista da Faculdade de Direito e Ciência Política.* 11 (2018) 2-29, p. 2.

[31] MENEZES CORDEIRO, António – *Tratado de direito civil Português: Tratado de direito civil Português, II/III.* Coimbra : Almedina, 2010. Vol. 2, Tomo 3, p. 395.

Oliveira, Guilherme Freire Falcão de – O fim da "arte silenciosa": o dever de informação dos médicos. In Oliveira, Guilherme Freire Falcão de – *Temas de direito da medicina*. 2.ª ed. Coimbra : Coimbra, 2005. ISBN 9789723213164. Vol. 1, p. 59-72.

Pereira, André Gonçalo Dias – *Direitos dos Pacientes e Responsabilidade Médica*. Coimbra : Coimbra, 2015. ISBN 9789723223095

Portugal – *Decreto n.º 47.344/66, de 25 de novembro*. Código Civil. Actualizado pela Lei n.º 13/2019. [Em linha]. Lisboa, 2019. [Consult. 20 nov. 2019]. Disponível em WWW:<URL: https://dre.pt/legislacao-consolidada/-/lc/34509075/view>.

Ricoeur, Paul – *Ética e Moral*. Tradução de Antonio Campelo Amaral. Covilhã : LusoSofia, 2011.

Saint-Exupéry, Antoine de – *Terre des hommes*. Paris : Livre de Poche, 1939. [Em linha]. [Consult. 20 nov. 2019] Disponível em WWW:<URL:https://ebooks-bnr.com/ebooks/pdf4/saint_exupery_terre_des_hommes.pdf>. ISBN 2-07-025 659-6

Simões, Fernando Dias – A prestação de serviços médicos em Portugal. Consentimento esclarecido e Responsabilidade Civil. *Dereito*. ISSN 1132-9947. 22:1 (xan./xuño 2013) 1-31.

Souza, Rabindranath Capelo – *Teoria Geral do Direito Civil*. Coimbra, 2003. ISBN 972-32-1191-2. Vol. 1.

Térré, François – Propos sur La Responsabilité Civil. *Archives de Philosophie du Droit*. ISSN 0066-6564. 22 (1977) 37-44.

Varela, João Antunes – *Das Obrigações em geral*. 10.ª ed., rev. e atual. Coimbra : Almedina, 2000. ISBN 9789724013893. Vol. 1.

Ortotanásia em Portugal e no Brasil: regulação do direito à autodeterminação do paciente

LUCIANA COSTA VALE[1]
LUCIMÁRIO DE OLIVEIRA VALE[2]

Sumário: Introdução. 1. Sobre a inviolabilidade e a disponibilidade da vida na Ortotanásia. 2. Portugal: Lei n.º 31/2018, de 07 de julho de 2018. 3. Resoluções n.º 2.217/2018 e n.º 2.232/2019 do Conselho Federal de Medicina. Considerações Finais. Referências.

Introdução

Este estudo discute a ortotanásia ou eutanásia passiva no contexto jurídico de Portugal e do Brasil. A prática, em contexto de fim de vida ou de doenças terminais, não é proibida nesses dois países. Entretanto, está condicionada ao consentimento livre e esclarecido, assinado pelo paciente ou representante legal, abdicando dos recursos médicos para prolongar a vida.

Em Portugal, a decisão pela ortotanásia é regulada pela Lei n.º 25/2012 que regula as diretivas Antecipadas da vontade; no Brasil pela Resolução do Conselho Federal de Medicina n.º 1.995, que versa sobre Declarações

[1] Mestranda em Ciências Jurídicas (UAL) e em Políticas Públicas (UECE). Especialista em Direito Público (UNP), em Inteligência Policial (UNYLEYA), Segurança Pública com ênfases em Investigação Criminal (CERS) e Enfrentamento à Corrupção (CERS). Delegada de Polícia Civil do Estado do Ceará, cedida à CGD, onde é Coordenadora do Grupo Tático Operacional da Controladoria Geral de Disciplina dos Órgãos de Segurança Pública e Sistema Penitenciário, Professora da Pós-Graduação da Academia Estadual de Segurança Pública e do Curso Preparatório para Carreiras Policiais e Jurídicas *Ad Verum*. Endereço eletrônico: lucsccosta@hotmail.com.

[2] Doutorando em Ciências Jurídicas pela Universidade Autónoma de Lisboa (UAL), Especialista em Cirurgia Geral pelo Instituto Dr. José Frota (IJF), em Medicina do Trabalho (Portal Curso – Salvador) e Processo Civil (FIC). Médico Cirurgião-Geral e Advogado com atuação no Estado do Ceará. Endereço eletrônico: lucimariovale@hotmail.com.

Antecipadas de Vontade. Ou seja, no Brasil a matéria ainda não é regulada, devendo atentar às recomendações do CFM.

Nos dois países, pesa na decisão a qualidade de vida do paciente. Trata-se, no entanto, de discussão ampla e, quase sempre, polêmica. Isso porque envolve tema tabu: a morte. Mesmo considerando a finitude da vida em casos extremos, a opção por abrir mão de estar vivo para ter a chamada "morte digna" divide opiniões entre pessoas de modo geral.

Contudo, trata-se de tema pertinente e atual, envolvendo o Biodireito e a Bioética. Neste estudo, com aporte numa revisão bibliográfica e documental, buscou-se abordar como o direito à autodeterminação do paciente tem sido tratado nos ordenamentos de Portugal e do Brasil. Não se intenciona, portanto, entrar no mérito das questões morais e/ou religiosas que acompanham tal decisão, prevalecendo apenas o interesse acerca da ética a ser assegurada nestas situações.

Toma-se por premissa, o alerta de Stela Barbas para quem, nessa nova era, "O homem tende [...] a nascer 'in vitro' e a morrer 'in máquina'"[3], decorrente, claramente, do avançar da ciência e de manifesta interferência de novas tecnologias sobre a vida. Resta, então, a importante tarefa do Biodireito de regular a maneira como será feito uso disso, sem que haja a violação dos direitos humanos, dentre os quais se tem em destaque o direito à vida em sua amplitude.

1. Sobre a inviolabilidade e a disponibilidade da vida na ortotanásia

O dever do médico em manter a saúde, tratar doenças e prolongar a vida dos pacientes encontra limites. Nem mesmo o avanço tecnológico, repleto de soluções eficientes, é capaz de preservar integralmente a vida. Ao tempo em que o resultado da revolução biológica e terapêutica aumenta, em todo mundo, a expectativa de vida, também traz uma série de incertezas alusivas às angústias vivenciadas por médicos e doentes enquadrados no contexto de doença avançada ou morte próxima.

Há, hodiernamente, a mudança de paradigma referente à conceituação da vida. Do ponto de vista da sacralidade, não necessariamente no sentido

[3] BARBAS, Stela Marcos de Almeida Neves – *Direito ao Patrimônio Genético*. Lisboa : Almedina, 2006, p. 12.

religioso, a vida não pode ser interrompida e deve seguir o curso natural. Entretanto, a evolução das tecnologias médicas traz à baila a qualidade de vida como fator essencial à dignidade humana.

Essa mudança de paradigma, na visão de Flávia Piosevan[4], pode ser creditada à tomada de consciência e de conhecimento acerca dos direitos fundamentais da liberdade e dignidade da pessoa humana. Pode ainda ser a admissão do reconhecimento do direito de cada pessoa, livremente, conduzir sua vida com base nos próprios valores, incluindo aí a decisão de como viver e/ou morrer.

Percebe-se, junta ou paralelamente a isso, a crescente ressignificação pertinente ao sentido atribuído à "vida humana". Segundo José de Faria Costa[5], essa expressão refere-se ao bem ou valor jurídico, fortemente protegido no direito penal português, segundo a hierarquia normativa do legislador.

Por outro lado, na contemporaneidade, os avanços das ciências médicas em meio ao envelhecimento da população mundial tem impactado diretamente as decisões nos campos da bioética e do biodireito, nas mais distintas situações. Neste estudo, ater-nos-emos às discussões suscitadas sobre a terminalidade[6] da vida, que perpassa por temas como *morte digna*, *eutanásia*, *ortotanásia*, *mistanásia*, dentre outros. Dessa maneira, questões atinentes à morte são, na verdade, referentes à vida.

A ortotanásia, foco deste estudo, consiste justamente na liberdade de escolha entre submeter-se a tratamentos para prolongar a vida ou abrir mão destes e, com acompanhamento médico, ter a chamada "boa morte", limitando o sofrimento em casos de doenças terminais ou no final desse ciclo da vida, que é a morte. Fala-se, portanto, do direito à disponibilidade da vida, muitas vezes confundido com o da inviolabilidade.

[4] PIOSEVAN, Flávia; DIAS, Roberto – Proteção jurídica da Pessoa Humana e o Direito à morte digna. In LEITE, George Salomão; GODINHO, Adriano Marteleto; DADALTO, Luciana – *Tratado Brasileiro sobre o Direito Fundamental à morte digna*. São Paulo : Almedina, 2017. p. 69-74, p. 74.

[5] COSTA, José de Faria – *Linhas de Direito Penal e de Filosofia – alguns cruzamentos reflexivos*. Coimbra : Coimbra, 2005, p. 115.

[6] Maria Elisa Villas-Bôas conceitua o termo *terminalidade da vida humana*, considerando que terminal é o paciente que, encontrando-se já em fase tal de sua patologia, evoluirá inexoravelmente para o óbito, sem que haja nenhum recurso médico capaz de evitar esse desfecho e independentemente dos esforços empregados (cf. VILLAS-BÔAS, Maria Elisa – *Da eutanásia ao prolongamento artificial: aspectos polêmicos na disciplina jurídico-penal do final da vida*. Rio de Janeiro : Forense, 2005, p. 36-37).

Do ponto de vista jurídico, em ambos os ordenamentos, português e brasileiro, não há previsão para o "dever de viver"[7], assim como não é punível a conduta de tirar a própria vida. Como exemplo disso, o Código Penal brasileiro[8] não inclui o suicídio no art.º 122. São penalizadas, sob tal aspeto, condutas por terceiros, caso de indução, instigação ou auxílio ao suicídio. Reafirma-se, desse modo, o caráter inviolável da vida, mas não a disponibilidade de cada um sobre a própria vida.

Resumidamente, não se deve confundir o direito à vida com o dever de viver. O primeiro refere-se à ação do Estado de garantir a integridade da vida humana (inviolabilidade). O segundo, permite o entendimento de que o homem, após assegurado sobre a possibilidade de escolhas, possa usufruir da autonomia para fazê-las, optando, inclusive, por não permanecer vivo por meio de aparelhos artificiais (disponibilidade).

Cabe, então, à pessoa decidir pela adesão ou recusa a tratamentos médicos, inclusive àqueles que nada podem mudar o percurso que a leva à morte. O homem, detentor do direito à autodeterminação, pode recusar tratamentos considerados ineficazes e/ou desproporcionais. Sua recusa pode ser extensiva, ainda, a procedimentos cirúrgicos, bem como intervenções médicas invasivas.[9]

[7] Nesse sentido, tem-se a decisão judicial nos autos do processo n.º 70054988266 (CNJ: 0223453-79.2013.8.21.7000) 2013/ Cível de lavra do Desembargador Irineu Mariani do Tribunal de Justiça do Rio Grande do Sul – Brasil que, em resumo da transcrição de alguns trechos, decidiu da seguinte forma: "[...] o caso sub judice se insere na dimensão da ortotanásia. [...] Existe razoável doutrina no sentido da previsão da ortotanásia". Citou a Resolução 1805/2006 do Conselho Federal de medicina e resumiu que "o direito à vida, garantido no caput do Art. 5.º da CRFB deve ser combinado com o princípio da dignidade da pessoa humana, previsto no Art. 2º, II também da CRFB. [...] Em relação a seu titular o direito à vida não é absoluto. Não existe a obrigação constitucional de viver, haja vista que, por exemplo, o Código Penal não criminaliza a tentativa de suicídio. Ninguém pode ser processado criminalmente por tentar suicídio" (RIO GRANDE DO SUL. Tribunal de Justiça – *Ação Cível n.º 70054988266/RS*. [Em linha]. Relator: Irineu Mariani. Julgamento: 20 nov. 2013. Órgão Julgador: Primeira Câmara Cível. Publicação: 27 nov. 2013. [Consult. 10 jan. 2019]. Disponível em WWW:<URL:https://tj-rs.jusbrasil.com.br/jurisprudencia/113430626/apelacao-civel-ac-70054988266-rs>).

[8] BRASIL. Presidência da República – *Decreto-Lei n.º 2.848, de 7 de dezembro de 1940*. Código Penal [Em Linha]. Brasília : DOU, 31 dez. 1940. [Consult. 10 jan. 2020]. Disponível em WWW:<URL:http://www.planalto.gov.br/ccivil_03/decreto-lei/del2848compilado.htm>.

[9] Encontra respaldo deontológico no consentimento livre e esclarecido do paciente previsto no Código de Ética Médica – Resolução n.º 2217/2018 do Conselho Federal de Medicina (cf. CONSELHO Federal de Medicina – *Resolução n.º 2.217, de 27 de setembro de 2018*. [Em Linha].

A relação jurídica médico-paciente vem sendo, paulatinamente, modificada a partir da premissa de que o consentimento voluntário do paciente, quando possível, é requisito fundamental a qualquer intervenção médica. Nesse sentido, a 5.ª Regra Geral da Convenção de Direitos Humanos e Biomedicina do Conselho da Europa, ratificada pela Resolução n.º 01/2001[10] da Assembleia da República, impõe como prioritário às intervenções na área médica que o paciente dê esse consentimento. No documento, devem constar informações acerca da natureza da intervenção, consequências e riscos. O consentimento pode, a qualquer momento, ser revogado.

Tende-se, atualmente, a priorizar a vida biográfica em detrimento da vida biológica. Cabe aqui diferenciar vida biológica e biográfica. A primeira não é possível de ser valorada, isto é, não é boa ou má, mas neutra, pois basta estar vivo. A biográfica considera aspetos positivos e negativos, diretamente atrelados à qualidade de vida, se boa ou má.[11]

Busca-se, no entanto, interferir minimamente na liberdade de ação do homem em prol de sua autonomia, preservando a dignidade do doente, sobretudo, na iminência de sua morte.

O consentimento ou recusa de tratamentos, por sua vez, pode se dar de forma livre, esclarecida e antecipada. Há previsão do direito de se manifestar por meio de Declarações Antecipadas de Vontade[12], no Brasil – com a

Brasília : CFM, 2018, p. 25. [Consult. 20 jan. 2020]. Disponível em WWW:<URL:https://sistemas.cfm.org.br/normas/ visualizar/resolucoes/BR/2018/2217>), bem como aval jurídico, no Brasil, no art. 13.º do *Código Civil* e, em Portugal, no Art. 5.º, 3, da *Lei n.º 31/2018.*

[10] PORTUGAL. Assembleia da República – *Resolução n.º 01/2001.* [Em Linha]. Lisboa : Diário da República, 1.ª série, A, n.º 2, 03 jan. 2001, p. 14. [Consult. 10 jan. 2020]. Disponível em WWW:<URL:https://dre.pt/pesquisa/-/search/235128/details/maximized>

[11] MABTUM, Matheus Massaro; MARCHETTO, Patrícia Borba – Concepções teóricas sobre a terminalidade da vida. In MABTUM, Matheus Massaro; MARCHETTO, Patrícia Borba – *O debate bioético e jurídico sobre as diretivas antecipadas de vontade* [Em Linha]. São Paulo : UNESP; Cultura Acadêmica, 2015. p. 53-72, p. 60. [Consult. 4 fev. 2020]. Disponível em WWW:<URL:http://books.scielo.org/id/qdy26/pdf/mabtum-9788579836602-03.pdf>.

[12] CONSELHO Federal de Medicina – *Resolução n.º 1.995/2012.* Dispõe sobre as diretivas antecipadas de vontade dos pacientes. [Em Linha]. Brasília : CFM, 31 ago. 2012, Seção I, p. 269-70. [Consult. 20 jan. 2020]. Disponível em WWW:<URL:https://sistemas.cfm.org.br/normas/visualizar/resolucoes/ BR/2012/1995>.

ressalva de que não é lei, mas ato regulamentar – ou pela Lei das Diretivas Antecipadas de Vontade[13], em Portugal.

Nesses termos, comparando as normas de Portugal e do Brasil, vê-se avanço na Legislação Portuguesa, ao prever, por meio da mencionada Lei n.º 25/2012, a regulação das Diretivas Antecipadas de Vontade quanto ao objeto em estudo. Consta nesse dispositivo legal, dentre outros, o direito à objeção de consciência do médico; à vedação à não discriminação; à regulação quanto ao procurador e a procuração de cuidados em saúde; a criação do registro nacional e sua regulação; as formas de consulta; e à confidencialidade.

Entende-se que a autodeterminação é precedente usado para justificar o direito da pessoa de decidir pela própria morte, respaldada em uma ideia de liberdade negativa[14], porém defensável em casos nos quais não entre em choque com direitos de terceiros.

2. Portugal: lei n.º 31/2018, de 18 de julho de 2018[15]

Portugal, com a edição da Lei n.º 31/2018, de 18 de julho, regulamentou os direitos das pessoas, em fim de vida, evitando sofrimento de maneira desproporcionada, prevendo medidas para que isso ocorra e estabelecendo conceitos para designar doença terminal.

Dentre tais direitos, pode-se citar o direito à informação e ao tratamento, com base na ciência quanto à natureza da doença; ao prognóstico estimado;

[13] PORTUGAL – *Lei n.º 25/2012*. Regula as diretivas antecipadas de vontade, designadamente sob a forma de testamento vital, e a nomeação de procurador de cuidados de saúde e cria o Registo Nacional do Testamento Vital (RENTEV). [Em Linha]. Lisboa : Diário da República, 1.ª série, n.º 136, 16 jul. 2012, p. 3728. [Consult. 10 jan. 2020]. Disponível em WWW:<URL:https://dre.pt/web/guest/legislacao-consolidada/-/lc/116042189/202002041726/diploma?did=116052607&_LegislacaoConsolidada_WAR_ drefrontofficeportlet_rp=indice&q=Lei+n%C2%BA%2025%2F2012>.

[14] Norberto Bobbio apud Piosevan, Flávia; Dias, Roberto – Proteção jurídica da Pessoa Humana e o Direito à morte digna. In Leite, George Salomão; Godinho, Adriano Marteleto; Dadalto, Luciana – *Tratado Brasileiro sobre o Direito Fundamental à morte digna*. São Paulo : Almedina, 2017. p. 69-74, p. 72.

[15] PORTUGAL. Assembleia da República – *Lei n.º 31/2018*. Direitos das pessoas em contexto de doença avançada e em fim de vida. [Em Linha]. Lisboa : Diário da República n.º 137, Série I, 18 jul. 2018, p. 3238. [Consult. 10 jan. 2020]. Disponível em WWW:<URL:https://dre.pt/pesquisa/-/search/115712240/details/maximized>.

e aos diferentes quadros clínicos e tratamentos disponíveis. Prevê, ainda, tal norma participação dos doentes de forma ativa nos planos terapêuticos, com explicitação de medidas a serem implementadas, mediante consentimento informado. Estabelece, também, direito à recusa nos termos da lei a tratamento rigoroso de sintomas, sem prejuízo às competências dos profissionais de saúde. Além disso, em caso de estado confusional agudo do doente, assegura a legislação que lhe sejam disponibilizados fármacos apropriados, mediante prescrição médica.

Nessa senda, há ainda a previsão de vedação à obstinação terapêutica por parte do médico, declinando-se o legislador sobre a defesa de tratamento de acordo com os objetivos de cuidados definidos para cada doente, desde que previamente discutido e acordado, evitando-se, com isso, o emprego da distanásia.[16]

Isto é, pela denominada "morte defeituosa", se considerada a tradução literal do termo, um neologismo de origem grega (*dyz* = defeituoso; *thanatos*=morte). A distanásia seria uma morte complicada e penosa, em razão do prolongamento, prolongando a vida biológica por meio de tratamentos.[17]

Foi coerente o disciplinamento português sobre o assunto ao frisar como necessário o consentimento informado do paciente para possíveis intervenções médicas, uma vez esclarecidas, por documento escrito, as consequências decorrentes disso, possibilitando-lhes a recusa "em contexto de doença avançada e em fim de vida". Com isso, a pessoa tem o direito de não ser mantida viva por meio de aparelhos, por exemplo (art.º 5.º).

Igualmente pertinente foi a menção feita pela lei aos Cuidados, com possibilidade no emprego no âmbito familiar, pelo Serviço Nacional de Saúde, no art.º 6.º deste diploma. Inclusive definindo que tais cuidados consistem em apoio espiritual e religioso, caso o doente queira, extensivo ao apoio da família de forma estruturada, podendo ser prolongado à fase do luto. Regulou a lei, ainda, o direito de os cuidadores informais virem a ter formação adequada, por intermédio de cursos custeados pelo Estado. A pessoa beneficiária desses cuidados deve estar inclusa na Rede Nacional de Cuidados Paliativos ou na Rede Nacional de Cuidados Continuados Integrados. Se

[16] Ibid.

[17] OLIVEIRA, Maria Zeneida Puga Barbosa; BARBAS, Stela – Autonomia do idoso e distanásia. *Revista bioética*. 21:2 (2013) 328-337, p. 330.

estiver em casa e não receber tais cuidados, os casos devem ser, obrigatoriamente, reportados às autoridades competentes pelos profissionais de saúde.

Sobre os cuidados paliativos, a Organização Mundial de Saúde (OMS), em 1990, definia como "cuidado ativo e total para pacientes cuja doença não é responsiva a tratamento de cura". Conceito atualizado em 2002 para

> [...] a abordagem que aprimora a qualidade de vida dos pacientes e família que enfrentam problemas ameaçadores da vida, através da prevenção e alívio do sofrimento, por meio de identificação precoce, avaliação correta de tratamento da dor e outros problemas de ordem física, psicossocial e espiritual.[18]

É necessário frisar que, para os casos de prognóstico breve, considerando o preceituado na lei como aquele que ocorre em semanas ou dias e cujos sintomas causam sofrimento não controlado pelas medidas paliativas acima enumeradas, foi prevista, como se falou, prescrição médica de fármacos para conter quadro clínico.

Ressalte-se ainda a louvável intenção do legislador português ao prever direitos não clínicos às pessoas em contexto de doença avançada e em fim de vida, tais como: a) realização de testamento vital; b) nomeação de procurador de cuidados de saúde; c) confidencialidade em relação a que seja o doente o único titular do direito à informação clínica relativa à sua situação; d) possibilidade de tecer manifestação sobre a disposição e destino do corpo e dos órgãos após a morte, observadas as disposições legais; e) designação de familiar ou de cuidador de referência para assisti-lo e, se for caso, possibilidade de procurador ou representante legal; f) perceção de apoio e de prestações sociais que lhes sejam devidas, ou à família em função da doença ou da perda de autonomia.

Em relação a tomadas de decisões terapêuticas, a lei portuguesa, em contexto de doença avançada e em fim de vida ao possibilitar a decisão por familiares ou cuidadores sobre os processos terapêuticos, fez ressalvas. Ou seja, se tais pessoas não estiverem em pleno uso de suas faculdades mentais e não se verificando o consentimento prévio para a assistência familiar, cabe ao médico responsável e à equipe que acompanha o doente a tomada das deci-

[18] Cf. ORGANIZAÇÃO MUNDIAL DE SAÚDE, 2002 – *Manual de cuidados paliativos. Academia Nacional de Cuidados Paliativos* – Rio de Janeiro, 2009, p. 16.

sões clínicas, ouvindo a família, atentos ao interesse do mesmo e de acordo com a vontade conhecida dele.

Sobre a tomada de decisões pelo paciente, deve-se atentar para o princípio da autonomia na bioética, pois este se refere à capacidade do ser humano de optar entre o que é bom ou o que representa seu bem-estar. Para ter a autonomia configurada, deve a pessoa ter liberdade de pensamento, estar livre de coações de qualquer ordem (internas ou externas) para, assim, escolher uma das propostas apresentadas.[19]

A atuação dos Conselhos de Saúde, prevista na norma, se dá, de forma facultativa, nos casos de discordância insanável entre os doentes (ou seus representantes legais) e os profissionais de saúde, referente à escolha. Pode ainda intervir quando houver algum tipo de conflito entre pacientes ou representantes e as entidades, na aplicação dos cuidados de saúde prestados, diferentemente de quando a assistência é prestada no domicílio ou entidade que não disponha de conselho de ética. Nesse caso, será facultado ao doente ou seu representante o acesso aos órgãos competentes em matéria de ética, a exemplo da Ordem dos médicos (OA), enfermeiros e psicólogos.

Não se pode esquecer que o artigo 64.º da Constituição da República Portuguesa[20] assegura que "todos têm direito à proteção de saúde e o dever de a defender e promover", estando estabelecido um conjunto de garantias como direitos fundamentais inerentes à pessoa humana: direito à integridade pessoal (art.º 25.º), ao reconhecimento do desenvolvimento da personalidade (art.º 26.º) e à liberdade de consciência (art.º 41.º).

Exsurge o direito de autodeterminação na Saúde em Portugal, mostrando-se relevante para a recusa de tratamentos médicos em respeito à vontade do doente. O não consentimento da vontade, implica em penalização constante nos arts. 150.º e 156.º do Código Penal Português.[21] Esse último referente às intervenções médico-cirúrgicas arbitrárias e tratamentos não autorizados.

[19] Oliveira, Maria Zeneida Puga Barbosa; Barbas, Stela – Autonomia do idoso e distanásia. *Revista bioética.* 21:2 (2013) 328-337, p. 329.

[20] PORTUGAL – *Constituição da República Portuguesa de 1976.* [Em Linha]. Lisboa : Diário da República, n.º 86, Série I, 10 abr. 1976. [Consult. 10 jan. 2020]. Disponível em WWW:<URL:https://dre.pt/legislacao-consolidada/-/lc/34520775/view>.

[21] "*Art. 150.º* – 1 – As intervenções e os tratamentos que, segundo o estado dos conhecimentos e da experiência da medicina, se mostrarem indicados e forem levados a cabo, de acordo com as *leges artis,* por um médico ou por outra pessoa legalmente autorizada, com intenção de prevenir, diagnosticar, debelar ou minorar doença, sofrimento, lesão ou fadiga corporal, ou

3. Brasil: resoluções n.º 2.217/2018 e n.º 2.232/2019 do conselho federal de medicina

A resolução do Conselho Federal de Medicina n.º 2.217/2018[22], versa sobre o novo Código de ética médica brasileiro, que traz, dentre outras determinações, a permissão para a prática da ortotanásia no Brasil. Ou seja, de forma expressa, reitera o respeito à autonomia do paciente, inclusive na fase da terminalidade da vida; e a confidencialidade médico-paciente.

Por esta recomendação, deve o médico respeitar o direito do paciente ou de seu representante, a menos que haja risco de morte iminente (art.º 31); usar métodos a seu alcance, reconhecidos cientificamente, a favor do paciente (art.º 32); comunicar ao paciente riscos do tratamento, desde que não seja tal comunicação danosa, cabendo passar tais informações ao representante (art.º 34). Sobre a comunicação da verdade, Walter Oswald:

perturbação mental, não se consideram ofensa à integridade física. 2 – As pessoas indicadas no número anterior que, em vista das finalidades nele apontadas, realizarem intervenções ou tratamentos violando as *leges artis* e criarem, desse modo, *um perigo para a vida ou perigo de grave ofensa para o corpo ou para a saúde são punidas com pena de prisão até 2 anos ou com pena de multa até 240 dias*, se pena mais grave lhes não couber por força de outra disposição legal".
"*Art. 156.º* – 1 – As pessoas indicadas no artigo 150.º que, em vista das finalidades nele apontadas, realizarem intervenções ou tratamentos sem consentimento do paciente são punidas com *pena de prisão até 3 anos ou com pena de multa.* 2 – O facto não é punível quando o consentimento: a) Só puder ser obtido com adiamento que implique perigo para a vida ou perigo grave para o corpo ou para a saúde; ou b) Tiver sido dado para certa intervenção ou tratamento, tendo vindo a realizar-se outro diferente por se ter revelado imposto pelo estado dos conhecimentos e da experiência da medicina como meio para evitar um perigo para a vida, o corpo ou a saúde; e não se verificarem circunstâncias que permitam concluir com segurança que o consentimento seria recusado. 3 – *Se, por negligência grosseira, o agente representar falsamente os pressupostos do consentimento, é punido com pena de prisão até 6 meses ou com pena de multa até 60 dias.* 4 – O procedimento criminal depende de queixa" (PORTUGAL. Procuradoria-Geral Distrital de Lisboa – *Decreto-Lei n.º 48/95, de 15 de março.* Código Penal de 1982. Versão consolidada posterior a 1995 (versão actualizada). [Em Linha]. Lisboa, 15 mar. 1995, grifos nossos. [Consult. 10 jan. 2020]. Disponível em WWW:<URL:http://www.pgdlisboa.pt/leis/ lei_mostra_articulado.php?nid=109&tabela=leis>).

[22] CONSELHO Federal de Medicina – *Resolução n.º 2.217, de 27 de setembro de 2018.* [Em Linha]. Brasília : CFM, 2018. [Consult. 20 jan. 2020]. Disponível em WWW:<URL:https://sistemas.cfm.org.br/ normas/visualizar/resolucoes/BR/2018/2217>.

> [...] não se justifica a prática, infelizmente corrente, de comunicar a verdade à família ou aos amigos do paciente, mantendo este na ignorância do que a ele prioritariamente diz respeito, prática que, embora seguramente intencionada, roça como fraude. A não ser nos (raros) casos em que seja legítimo recorrer ao privilégio terapêutico, ou quando o doente não deseje conhecer a verdade.[23]

Para este autor, a verdade só deve ser passada a outra pessoa se esse for o desejo do paciente, pois senão implica em desvio da ética. Logo, até mesmo sob tal aspeto, a ética pode ser um ponto de controvérsia. Contudo, não cabe aqui julgar como a recomendação do CFM poderia levar a isso. Logo, retomando as orientações do CFM, é proibido ao médico abandonar o paciente por motivo de doença crônica ou incurável, ofertando cuidados necessários, inclusos os paliativos (art.º 36).

Já o art.º 41 proíbe que o médico abrevie a vida do paciente, mesmo que esse ou seu representante legal solicitem e, no parágrafo único, preceitua o dever do médico em oferecer, nos casos de doença terminal e incurável, cuidados paliativos, sem ações diagnósticas ou terapêuticas que sejam "inúteis ou obstinadas, **levando sempre em consideração a vontade expressa do paciente ou, na sua impossibilidade, a de seu representante legal**"[24].

Outrossim, a Resolução CFM n.º 2.232/2019[25] reforçou normas éticas à recusa terapêutica por pacientes e objeção de consciência na relação médico-paciente, reconhecendo os cuidados paliativos como inerentes ao âmbito do conhecimento médico.

Tal resolução, seguindo a linha de inspiração da legislação portuguesa, trouxe orientações deontológicas sobre a recusa terapêutica, sob o prisma de tratar-se de um direito do paciente, devendo a decisão ser respeitada pelo médico. No entanto, deve o médico informar ao doente acerca dos riscos e consequências da recusa, podendo o profissional, em caso de pretensão do doente nesse sentido, propor tratamento alternativo.

[23] OSSWALD, Walter – Toda Verdade ao doente? In ASCENSÃO, José de Oliveira – *Estudos de Direito da Bioética*. Coimbra : Almedina, 2008. Vol. 2, p. 317-321, p. 320.

[24] Ibid., loc. cit.

[25] CONSELHO Federal de Medicina – *Resolução n.º 2.232/2019*. Estabelece normas éticas para a recusa terapêutica por pacientes e objeção de consciência na relação médico-paciente. [Em Linha]. Brasília : CFM, 2019. [Consult. 20 jan. 2020]. Disponível em WWW:<URL:https://sistemas.cfm.org.br/normas/ visualizar/resolucoes/BR/2019/2232>.

Contudo, em situações de risco relevante à saúde, conforme previsto, o médico não deve aceitar a recusa terapêutica de paciente menor de idade ou de adulto sem pleno uso de suas faculdades mentais, mesmo que assistidos ou representados. Dispõe a supracitada resolução do CFM, ainda, que, havendo discordância entre o médico, paciente menor e/ou representante legal, as autoridades devem ser comunicadas para prevalecer o Melhor Interesse do paciente (art.º 4.º).

Por outro lado, pode o médico apresentar objeção de consciência à recusa do paciente em receber tratamento terapêutico (art.º 7.º) e, por essa razão, se abster do atendimento e mesmo não realizar atos médicos legais que contrariem sua consciência (art.º 8º), devendo comunicar o diretor do estabelecimento sobre o ocorrido, de modo a ser dada continuidade ao atendimento por outro profissional (art.º 9.º). Se houver recusa terapêutica, caso a ausência de tratamento seja prejudicial ao paciente ou represente perigo de morte, deve ser prestada por escrito ou meio que permita a preservação e inserção no prontuário (art.º 12). Assim sendo, é dito que "Art. 13. Não tipifica infração ética de qualquer natureza, inclusive omissiva, o acolhimento, pelo médico, da recusa terapêutica", desde que seja prestada como determina a Resolução.[26]

Sob alegação de que os art.º 5.º, §2.º[27], 6.º[28] e 10.º da Resolução CFM n.º 2.232/2019 não estariam legalmente amparados no ordenamento jurídico

[26] CONSELHO Federal de Medicina – *Resolução n.º 2.232/2019*. Estabelece normas éticas para a recusa terapêutica por pacientes e objeção de consciência na relação médico-paciente. [Em Linha]. Brasília : CFM, 2019. [Consult. 20 jan. 2020]. Disponível em WWW:<URL:https://sistemas.cfm.org.br/normas/ visualizar/resolucoes/BR/2019/2232>.

[27] "Art. 5º A recusa terapêutica não deve ser aceita pelo médico quando caracterizar abuso de direito.

§ 1º Caracteriza abuso de direito:

I – A recusa terapêutica que coloque em risco a saúde de terceiros.

II – A recusa terapêutica ao tratamento de doença transmissível ou de qualquer outra condição semelhante que exponha a população a risco de contaminação.

§ 2º A recusa terapêutica manifestada por gestante deve ser analisada na perspectiva do binômio mãe/feto, podendo o ato de vontade da mãe caracterizar abuso de direito dela em relação ao feto".

[28] "Art. 6º O médico assistente em estabelecimento de saúde, ao rejeitar a recusa terapêutica do paciente, na forma prevista nos artigos 3.º e 4.º desta Resolução, deverá registrar o fato no prontuário e comunicá-lo ao diretor técnico para que este tome as providências necessárias perante as autoridades competentes, visando assegurar o tratamento proposto. [...]

brasileiro, o Ministério Público Federal (MPF) ingressou com a Ação Civil Pública[29] na 8.ª Vara Federal de São Paulo, pleiteando a suspensão de tais artigos. Conforme apresentado, o art.º 5.º, §2.º, retira a autonomia da mãe na recusa terapêutica na gestação, caracterizada como "abuso de direito da mulher" em relação ao feto, mesmo sem risco iminente de morte.

Acrescentou a parte autora da ação que a disposição expressa na resolução quanto aos casos de recusa terapêutica por "abuso de direito" oportuniza que o médico comunique isso ao diretor técnico do estabelecimento de saúde, numa clara violação de sigilo médico-paciente (art.º 6.º). O art.º 10.º, como redigido, permite que o profissional force o paciente a receber tratamentos indesejados, com a possibilidade de internações compulsórias ilegais.

Em decisão liminar, o magistrado[30] do caso suspendeu a eficácia do §2.º do artigo 5.º, fazendo o mesmo, parcialmente, com os artigos 6.º e 10.º, para que ninguém seja obrigado a passar por intervenções médicas com as quais discordem, seja gestante ou não.

Dentre as razões da decisão, o magistrado considerou que a resolução do Conselho, mesmo de forma indireta, resultava em restrição à liberdade de escolha terapêutica, por parte da gestante. Isso porque o termo *abuso de direito* é amplo e comporta múltiplas hipóteses, podendo, por exemplo, o médico impor outro tipo de procedimento.

A liberdade de escolha terapêutica conta com proteção legal, conforme dispositivos de lei vigentes no País, caso do art.º 15.º do Código Civil[31] e

Art. 10. Na ausência de outro médico, em casos de urgência e emergência e quando a recusa terapêutica trouxer danos previsíveis à saúde do paciente, a relação com ele não pode ser interrompida por objeção de consciência, devendo o médico adotar o tratamento indicado, independentemente da recusa terapêutica do paciente".

[29] BRASIL. Justiça Federal da 3ª Região – *Ação Civil Pública n.º 5021263-50.2019.4.03.6100*. 8ª Vara Cível Federal de São Paulo. Autor: Ministério Público Federal – PR/SP. Réu: Conselho Federal de Medicina. [Consult. 10 jan. 2019]. Disponível em WWW:<URL:http://www.mpf.mp.br/sp/sala-de-imprensa/docs/decisao-acp-cfm.pdf>.

[30] BRASIL. Justiça Federal – *NORMA que autoriza intervenções médicas sem consentimento da gestante é suspensa*. [Em linha]. São Paulo : JFSP, 7 dez. 2019. [Consult. 17 jan. 2019]. Disponível em WWW:<URL:http://www.jfsp.jus.br/comunicacao-publica/indice-noticias/noticias-2019/17122019-norma-que-autoriza-intervencoes-medicas-sem-consentimento-da-gestante-e-suspensa/>.

[31] "Art. 15 – [...]ninguém pode ser constrangido a submeter-se, com risco de vida, a tratamento médico ou a intervenção cirúrgica" (id. Presidência da República – *Lei n.º 10.406, de 10 de*

dos Artigos 7.º, III,[32], 22.º[33], 26.º [34] e 31.º[35] da Lei n.º 8.080/90 do Conselho Nacional de Saúde.[36] A ação se baseou ainda no art.º 17 da Lei n.º 10.741/2003[37]: "Ao idoso que esteja no domínio de suas faculdades mentais é assegurado o direito de optar pelo tratamento de saúde que lhe for reputado mais favorável". Concluindo a decisão que a recusa da gestante, como posta, viola, por vício material, o Princípio da Legalidade e "flagrantemente menospreza as balizas delineadas em inúmeras leis que asseguram a prevalência da escolha terapêutica do paciente, nas hipóteses em que não caracterizada situação de risco à saúde e/ou vida"[38].

janeiro de 2002. Institui o Código Civil. [Em linha]. Brasília : DOU, 11 jan. 2002. [Consult. 18 nov. 2019]. Disponível em WWW:<URL:http://www.planalto.gov.br/ccivil_03/leis/2002/l10406.htm>).

[32] "As ações e serviços públicos de saúde e os serviços privados contratados ou conveniados que integram o Sistema Único de Saúde (SUS), são desenvolvidos de acordo com as diretrizes previstas no art. 198 da Constituição Federal, obedecendo ainda aos seguintes princípios: [...] III – preservação da autonomia das pessoas na defesa de sua integridade física e moral".

[33] "Art. 22. Deixar de obter consentimento do paciente ou de seu representante legal após esclarecê-lo sobre o procedimento a ser realizado, salvo em caso de risco iminente de morte. [...]".

[34] "Art. 26. Deixar de respeitar a vontade de qualquer pessoa, considerada capaz física e mentalmente, em greve de fome, ou alimentá-la compulsoriamente, devendo cientificá-la das prováveis complicações do jejum prolongado e, na hipótese de risco iminente de morte, tratá-la. [...]".

[35] "Art. 31. Desrespeitar o direito do paciente ou de seu representante legal de decidir livremente sobre a execução de práticas diagnósticas ou terapêuticas, salvo em caso de iminente risco de morte"

[36] Id. – *Lei n º 8.080, de 19 de setembro de 1990.* Dispõe sobre as condições para a promoção, proteção e recuperação da saúde, a organização e o funcionamento dos serviços correspondentes e dá outras providências. [Em Linha]. Brasília : DOU; Conselho Nacional de Saúde. 20 set. 1990. [Consult. 10 jan. 2020]. Disponível em WWW:<URL:https://conselho.saude.gov.br/legislacao/lei8080.htm>.

[37] Id. – *Lei n.º 10.741/2003, de 1.º de outubro.* Dispõe sobre o Estatuto do Idoso e dá outras providências. [Em Linha]. Brasília : DOU, 3 out. 2003. [Consult. 10 jan. 2020]. Disponível em WWW:<URL:http://www.planalto.gov.br/ccivil_03/leis/2003/l10.741.htm>.

[38] BRASIL. Justiça Federal – *NORMA que autoriza intervenções médicas sem consentimento da gestante é suspensa.* [Em linha]. São Paulo : JFSP, 7 dez. 2019. [Consult. 17 jan. 2019]. Disponível em WWW:<URL:http://www.jfsp.jus.br/comunicacao-publica/indice-noticias/noticias-2019/17122019-norma-que-autoriza-intervencoes-medicas-sem-consentimento-da-gestante-e-suspensa/>.

Desse modo, o cerne da decisão da suspensão da eficácia do art.º 5.º, §2.º, e, parcialmente, dos artigos 6.º e 10.º, funda-se no descumprimento do Princípio da Legalidade da regulamentação dos bens jurídicos previstos no artigo 5.º, II, da Constituição Federal de 1988[39], que prevê a igualdade de todos perante a lei, garantindo a inviolabilidade do direito à vida, posto não ser ninguém compelido a fazer algo não consoante à lei, implicando em violação transversa do direito à autonomia.

Entende-se que a decisão poderia ter sido mais bem substanciada se fosse, por exemplo, colocada à luz da existência de conflitos de dever por parte do médico, ante o direito de autodeterminação da mãe e do feto à vida, como prevê o art.º 36.º do Código penal português.[40]

O direito à autonomia é priorizado, pelo ordenamento jurídico português, ao se colocar pela inteira liberdade de decidir. Só não pode prevalecer a decisão quando há choque entre a liberdade dessa com interesses legitimamente protegidos de outras pessoas. No caso em análise, o feto.

Nesse sentido, Vera Lúcio Raposo[41], quando frisa caber à própria pessoa a inteira liberdade de decidir sobre o destino do seu corpo – na medida em que não choque com direitos ou interesses legitimamente protegidos de terceiras pessoas –, o reconhecimento do poder de decisão baseado na autonomia, não vulneraria o princípio da dignidade, mas o reforçaria.

Ainda sobre a Resolução CFM n.º 2.232/2019, registra-se que, em conclusões preliminares, Luciana Dadalto tece severa crítica ao CFM por ter, mais uma vez, editado norma deontológica que entende ser a vida biológica mais importante do que a vida biográfica e que a dignidade do doente encontra limites no risco de vida. Isso posto, evidencia-se como mais valoroso preservar a vida do que sua dignidade. Advogada e bioeticista, a pesquisadora disse ter dificuldades em aceitar que o CFM ignore a realidade de médicos paliati-

[39] Id. Presidência da República – *Constituição da República Federativa do Brasil de 1988.* [Em Linha]. Brasília : DOU, 5 out. 1988. [Consult. 10 jan. 2020]. Disponível em WWW:<URL:http://www.planalto.gov.br/ccivil_03/constituicao/constituicao.htm>.

[40] "Artigo 36.º – Conflito de deveres. 1 – Não é ilícito o facto de quem, em caso de conflito no cumprimento de deveres jurídicos ou de ordens legítimas da autoridade, satisfizer dever ou ordem de valor igual ou superior ao do dever ou ordem que sacrificar. 2 – O dever de obediência hierárquica cessa quando conduzir à prática de um crime".

[41] Raposo, Vera Lúcia – *O Direito à imortalidade. O exercício de direitos reprodutivos mediante técnicas de reprodução assistida e o estatuto jurídico do embrião in vitro.* Coimbra : Almedina, 2014, pp. 270-271.

vistas, confrontados diariamente pela recusa de tratamento do paciente com doença terminal. Além disso, lamentou que o CFM possa ainda crer que, "diante da morte iminente, é papel do médico ser a força que não deixa o fato natural acontecer"[42].

Ainda sobre a "norma", menciona-se a resposta[43], dada pelo próprio Conselho Federal de Medicina do Brasil, à bioeticista Luciana Dadalto sobre o entendimento acertado em relação à questão do "abuso de poder", no caso concreto.

Dadalto indagou se era dever do médico, diante de paciente gestante em estado vegetativo persistente com diretiva antecipada, recusando-se a ser submetida a procedimentos invasivos – nutrição e hidratação artificial – realizar tais procedimentos para manter a vida biológica da paciente e dar continuidade à gestação.

Sobre isso, o CFM posicionou-se dizendo que nem toda recusa terapêutica configurava abuso de poder desfavorável ao feto. Ou seja, dependeria de caso real, não se devendo rotular como abusivas situações teóricas, como as elencadas pela resolução em seu artigo 13.º. Para exemplificar, o CFM colocou o caso hipotético de uma gestante, que, nas diretivas antecipadas, se opõe ao parto cesariano. Contudo, após um acidente, dá entrada no hospital, com feto viável, sem possibilidade de cesárea. Como deve o médico proceder, se, ao acatar a vontade da mãe, terminaria por matar o feto? E mais, se a mãe estiver em morte encefálica, isto é, juridicamente morta, deve ou não se salvar o feto? O que, teoricamente, leva a Resolução brasileira ao art.º 36.º do Código Penal português, sobre o qual já se falou e que serviria para solucionar o chamado "conflito de interesses" pelo ordenamento luso.

É de bom alvitre esclarecer que o CFM não revogou as resoluções anteriores sobre tema conexo, a exemplo da Resolução n.º 1.995/2012 e do Código de Ética Médico (Resolução n.º 2.217, de setembro de 2018), significando

[42] DADALTO, Luciana – Indignos, mas imortais: uma breve análise da resolução CFM 2232/2019 sob o prisma do fim da vida. *Testamento vital.* Belo Horizonte, 2019. [Consult. 20 jan. 2020]. Disponível em WWW:<URL:https://testamentovital.com.br/blog/indignos-mas-imortais-uma-breve-analise-da-resolucao-cfm-2232-2019-sob-o-prisma-do-fim-de-vida/>.

[43] Id. – Conselho Federal de Medicina esclarece sobre a interpretação da Resolução n.º 2232/2019. *Testamento Vital.* Belo Horizonte, 2019. [Consult. 20 jan. 2020]. Disponível em WWW:<URL:https://testamentovital.com.br/blog/conselho-federal-de-medicina-esclarece-a-interpretacao-da-resolucao-2232-2019/>.

que continua em vigor sobre a ortotanásia o parágrafo único do art.º 41 – já mencionado anteriormente.

Considerações Finais

Existe aparente conflito ou confusão entre inviolabidade e disponibilidade da vida.

É dever do Estado defender o direito inviolável à vida, mas não é dever da pessoa manter-se viva. Logo, em casos nos quais haja doença terminal ou a pessoa esteja ao final da vida, pode haver ou não a adesão a tratamentos e artifícios de prolongamento da vida. No Brasil, a ortotanásia ou eutanásia passiva é uma saída para abreviar o sofrimento, sendo conduzida de acordo com as regulamentações do Conselho Federal de Medicina (CFM). Ou seja, não há uma lei, mas este instrumento funciona como regulador nesses casos, pois as decisões devem ser pautadas pela ética.

Em Portugal, no entanto, existe legislação específica, por isso o ordenamento português demonstra avanço nesse campo ainda recente, o do Biodireito, para sanar conflitos referentes às questões relacionadas à Bioética.

Independentemente de haver ou não uma norma, considera-se, na ortotanásia, o direito das pessoas à liberdade de autodeterminação. Há de se analisar, contudo, em quais situações esse direito se sobrepõe ao da inviolabilidade da vida, a fim de resolver problemas decorrentes da recusa de tratamento pelo paciente, o que, no nosso entendimento, é possível a partir do estudo e da particularidade de cada situação posta.

A autodeterminação, como se falou, é precedente que justifica o direito da pessoa de decidir pela sua própria morte e encontra-se respaldada em uma ideia de liberdade negativa, consistente na ausência de impedimento para a concretização dessa decisão; logo, permitida na medida em que não se choque com direitos ou interesses legitimamente protegidos de terceiros. O reconhecimento do poder de decisão com base na autonomia não vulnera, assim sendo, o princípio da dignidade, mas o reforça.

Frise-se, por oportuno, que, justamente em razão da autonomia e da autodeterminação, a ortotanásia tem sido permitida, tanto no ordenamento jurídico português quanto no brasileiro. Da mesma forma, embasam o poder/direito do doente de recusar ou aderir a tratamentos terapêuticos ou intervenções não desejadas para continuar a vida, optando pela morte breve, desde que seja comprovada a impossibilidade de reversão dos quadros clínicos.

Nesse sentido, a discussão da Lei n.º 31/2018, em Portugal, e das Resoluções n.º 2.217/2018 e n.º 2.232/2019 do Conselho Federal de Medicina, no Brasil, ora apresentada, consiste numa importante reflexão sobre a atual conjetura jurídica vivenciada nos ordenamentos jurídicos português e brasileiro. Parece-nos haver primazia dos direitos atinentes às liberdades, de forte inspiração individualista, voltados ao reconhecimento da autodeterminação do ser humano.

Diante disso, conclui-se competir ao Estado, exceto em casos de choque de interesses protegidos, permitir ao indivíduo gerenciar tais decisões, sob pena de desrespeitar, com base em restrições ilegítimas, a autodeterminação pessoal. Obviamente, toda e qualquer decisão sobre a vida humana deve vir respaldada pela ética, neste caso primordialmente pela ética médica.

Referências

BARBAS, Stela Marcos de Almeida Neves – *Direito ao Patrimônio Genético.* Lisboa, Almedina, 2006. ISBN 978-9724011134

BARBAS, Stela; OLIVEIRA; Maria Zeneida Puga Barbosa – Autonomia do idoso e distanásia. *Revista bioética.* ISSN 1983-8042. 21:2 (2013) 328-337.

BRASIL. Justiça Federal – *NORMA que autoriza intervenções médicas sem consentimento da gestante é suspensa.* [Em linha]. São Paulo : JFSP, 7 dez. 2019. [Consult. 17 jan. 2019]. Disponível em WWW:<URL:http://www.jfsp.jus.br/comunicacao-publica/indice-noticias/noticias-2019/17122019-norma-que-autoriza-intervencoes-medicas-sem-consentimento-da-gestante-e-suspensa/>.

BRASIL. Justiça Federal da 3ª Região – *Ação Civil Pública n.º 5021263-50.2019.4.03.6100.* 8ª Vara Cível Federal de São Paulo. Autor: Ministério Público Federal – PR/SP. Réu: Conselho Federal de Medicina. [Consult. 10 jan. 2019]. Disponível em WWW:<URL:http://www.mpf.mp.br/sp/sala-de-imprensa/docs/decisao-acp-cfm.pdf>.

BRASIL. Presidência da República – *Constituição da República Federativa do Brasil de 1988.* [Em Linha]. Brasília : DOU, 5 out. 1988. [Consult. 10 jan. 2020]. Disponível em WWW:<URL:http://www.planalto.gov.br/ccivil_03/constituicao/constituicao.htm>.

BRASIL. Presidência da República – *Decreto-Lei n.º 2.848, de 7 de dezembro de 1940.* Código Penal [Em Linha]. Brasília : DOU, 31 dez. 1940. [Consult. 10 jan. 2020]. Disponível em WWW:<URL:http://www.planalto.gov.br/ccivil_03/decreto-lei/del2848compilado.htm>.

BRASIL. Presidência da República – *Lei n º 8.080, de 19 de setembro de 1990.* Dispõe sobre as condições para a promoção, proteção e recuperação da saúde, a organização e o funcionamento dos serviços correspondentes e dá outras providências. [Em Linha]. Brasília : DOU; Conselho Nacional de Saúde. 20 set. 1990. [Consult. 10 jan. 2020]. Disponível em WWW:<URL:https://conselho.saude.gov.br/legislacao/lei8080.htm>.

BRASIL. Presidência da República – *Lei n.º 10.406, de 10 de janeiro de 2002.* Institui o Código Civil. [Em linha]. Brasília : DOU, 11 jan. 2002. [Consult. 18 nov. 2019]. Disponível em WWW:<URL:http://www.planalto.gov.br/ccivil_03/leis/2002/l10406.htm>.

BRASIL. Presidência da República – *Lei n.º 10.741/2003, de 1.º de outubro.* Dispõe sobre o Estatuto do Idoso e dá outras providências. [Em Linha]. Brasília : DOU, 3 out. 2003. [Consult. 10 jan. 2020]. Disponível em WWW:<URL:http://www.planalto.gov.br/ccivil_03/leis/2003/l10.741.htm>.

CONSELHO Federal de Medicina – *Resolução n.º 1.995/2012.* Dispõe sobre as diretivas antecipadas de vontade dos pacientes. [Em Linha]. Brasília : CFM, 31 ago. 2012, Seção I, p. 269-70. [Consult. 20 jan. 2020]. Disponível em WWW:<URL:https://sistemas.cfm.org.br/normas/visualizar/resolucoes/BR/2012/1995>.

CONSELHO Federal de Medicina – *Resolução n.º 2.217, de 27 de setembro de 2018.* [Em Linha]. Brasília : CFM, 2018. [Consult. 20 jan. 2020]. Disponível em WWW:<URL:https://sistemas.cfm.org.br/normas/visualizar/resolucoes/BR/2018/2217>.

CONSELHO Federal de Medicina – *Resolução n.º 2.232/2019.* Estabelece normas éticas para a recusa terapêutica por pacientes e objeção de consciência na relação médico-paciente. [Em Linha]. Brasília : CFM, 2019. [Consult. 20 jan. 2020]. Disponível em WWW:<URL:https://sistemas.cfm.org.br/normas/visualizar/resolucoes/BR/2019/2232>.

Costa, José de Faria – *Linhas de Direito Penal e de Filosofia – alguns cruzamentos reflexivos.* Coimbra : Coimbra, 2005. ISBN 9720032013311

Dadalto, Luciana – Conselho Federal de Medicina esclarece sobre a interpretação da Resolução n.º 2232/2019. *Testamento Vital.* Belo Horizonte, 2019. [Consult. 20 jan. 2020]. Disponível em WWW:<URL:https://testamentovital.com.

br/blog/conselho-federal-de-medicina-esclarece-a-interpretacao-da-resolucao-2232-2019/>.

Dadalto, Luciana – Indignos, mas imortais: uma breve análise da resolução CFM 2232/2019 sob o prisma do fim da vida. *Testamento vital.* Belo Horizonte, 2019. [Consult. 20 jan. 2020]. Disponível em WWW:<URL:https://testamentovital.com.br/blog/indignos-mas-imortais-uma-breve-analise-da-resolucao-cfm-2232-2019-sob-o-prisma-do-fim-de-vida/>.

Mabtum, Matheus Massaro; Marchetto, Patrícia Borba – Concepções teóricas sobre a terminalidade da vida. In Mabtum, Matheus Massaro; Marchetto, Patrícia Borba – *O debate bioético e jurídico sobre as diretivas antecipadas de vontade* [Em Linha]. São Paulo : UNESP; Cultura Acadêmica, 2015. ISBN 978-85-7983-660-2. p. 53-72. [Consult. 4 fev. 2020]. Disponível em WWW:<URL:http://books.scielo.org/id/qdy26/pdf/mabtum-9788579836602-03.pdf>.

ORGANIZAÇÃO MUNDIAL DE SAÚDE, 2002 – *Manual de cuidados paliativos. Academia Nacional de Cuidados Paliativos* – Rio de Janeiro, 2009. ISBN 978858971827

Osswald, Walter – Toda Verdade ao doente? In Ascensão, José de Oliveira – *Estudos de Direito da Bioética*. Coimbra : Almedina, 2008. ISBN 9789724031415. Vol. 2, p. 317-321.

Piosevan, Flávia; Dias, Roberto – Proteção jurídica da Pessoa Humana e o Direito à morte digna. In Leite, George Salomão; Godinho, Adriano Marteleto; Dadalto, Luciana – *Tratado Brasileiro sobre o Direito Fundamental à morte digna.* São Paulo : Almedina, 2017. ISBN 9788584932146. p. 69-74.

PORTUGAL – *Constituição da República Portuguesa de 1976.* [Em Linha]. Lisboa : Diário da República, n.º 86, Série I, 10 abr. 1976. [Consult. 10 jan. 2020]. Disponível em WWW:<URL:https://dre.pt/legislacao-consolidada/-/lc/34520775/view>.

PORTUGAL – *Lei n.º 25/2012.* Regula as diretivas antecipadas de vontade, designadamente sob a forma de testamento vital, e a nomeação de procurador de cuidados de saúde e cria o Registo Nacional do Testamento Vital (RENTEV). [Em Linha]. Lisboa : Diário da República, 1.ª série, n.º 136, 16 jul. 2012, p. 3728. [Consult. 10 jan. 2020]. Disponível em WWW:<URL:https://dre.pt/web/guest/legislacao-consolidada/-/lc/116042189/202002041726/diploma?did=116052607&_LegislacaoConsolidada_WAR_drefrontofficeportlet_rp=indice&q=Lei+n%C2%BA%2025%2F2012>.

PORTUGAL. Assembleia da República – *Lei n.º 31/2018.* Direitos das pessoas em contexto de doença avançada e em fim de vida. [Em Linha]. Lisboa : Diário da República n.º 137, Série I, 18 jul. 2018, p. 3238. [Consult. 10 jan. 2020]. Disponível em WWW:<URL:https://dre.pt/pesquisa/-/search/115712240/details/maximized>.

PORTUGAL. Assembleia da República – *Resolução n.º 01/2001.* [Em Linha]. Lisboa : Diário da República, 1.ª série, A, n.º 2, 03 jan. 2001, p. 14. [Consult. 10 jan. 2020]. Disponível em WWW:<URL:https://dre.pt/pesquisa/-/search/235128/details/maximized>.

PORTUGAL. Procuradoria-Geral Distrital de Lisboa – *Decreto-Lei n.º 48/95, de 15 de março.* Código Penal de 1982. Versão consolidada posterior a 1995 (versão actualizada). [Em Linha]. Lisboa, 15 mar. 1995 [Consult. 10 jan. 2020]. Disponível em WWW:<URL:http://www.pgdlisboa.pt/leis/lei_mostra_articulado.php?nid=109&tabela=leis>.

RAPOSO, Vera Lúcia – *O Direito à imortalidade. O exercício de direitos reprodutivos mediante técnicas de reprodução assistida e o estatuto jurídico do embrião in vitro.* Coimbra : Almedina, 2014. ISBN 9789724051949

RIO GRANDE DO SUL. Tribunal de Justiça – *Ação Cível n.º 70054988266/RS.* [Em linha]. Relator: Irineu Mariani. Julgamento: 20 nov. 2013. Órgão Julgador: Primeira Câmara Cível. Publicação: 27 nov. 2013. [Consult. 10 jan. 2019]. Disponível em WWW:<URL:https://tj-rs.jusbrasil.com.br/jurisprudencia/113430626/apelacao-civel-ac-70054988266-rs>.

VILLAS-BÔAS, Maria Elisa – *Da eutanásia ao prolongamento artificial: aspectos polêmicos na disciplina jurídico-penal do final da vida.* Rio de Janeiro : Forense, 2005. ISBN: 9788530922522

Bioética e biodireito: o discurso de ódio como inimigo

LUIZ CARLOS AVILA JUNIOR[1]
JUSSARA RIBAS AVILA[2]

Sumário: Introdução. 1. Considerações iniciais: bioética. 2. Democracia. 3. Liberdade de expressão. 4. O desvirtuamento da liberdade de expressão: discurso de ódio como inimigo da bioética e do biodireito. Considerações finais. Referências.

Introdução

O perigo, porém, reside nisto, que a mesquinhez organizada tome de assalto a mente e, por sua magnitude, persistência agressiva e capacidade de zombar dos sentimentos mais profundos do coração, acabe vitoriosa... Por essa razão, devemos temer sua competição com as coisas que são humildes e profundas e possuem a sutil delicadeza da vida.[3]

A bioética e o biodireito em que pese não encontrarem-se na categoria de coisas humildes, tampouco não o sejam de sofisticados, são profundos e possuem a sutil delicadeza da vida. Talvez mais, possuem o propósito de tornar a vida melhor.

[1] Advogado. Doutorando em ciência jurídicas pela Universidade Autónoma de Lisboa, área de pesquisa direito constitucional. Mestre em Ciências Jurídicas pela Universidade do Vale do Itajaí (UNIVALI) e pela Universidad de Alicante (Espanha) [em regime de dupla titulação]. Especialista em Direito Penal Econômico e Europeu pelo IDPEE em parceria com a Universidade de Coimbra. Bacharel em Direito pelo Centro e Ensino Superior dos Campos Gerais (CESCAGE). Endereço eletrônico: junior@avilajunior.adv.br.

[2] Advogada. Mestranda em Ciências Jurídicas pela Universidade Autónoma de Lisboa (UAL). Bacharela em Direito pela Universidade do Vale do Itajaí (UNIVALI). Membra da Comissão de Direito Constitucional – OAB Itajaí-SC. Membro da Comissão de direito das Pessoas com Deficiência, OAB Itajaí-SC. Endereço eletrônico: jussara@avilajunior.adv.br.

[3] TAGORE, Rabindranath – *Nacionalismo*. Coimbra: Almedina, 2017, p. 18.

Essa construção ou busca de melhoria decorre de novas tecnologias, da evolução dos tempos e dos nossos próprios sentimentos e compreensão como seres humanos inseridos em um mundo.

Os critérios basilares da bioética e do biodireito apresentam íntima relação com a filosofia, com a religião e/ou com a laicidade. Apresentam ainda critérios cambiantes e por vezes inovadores com velocidade muito acelerada. Também, por tais razões, decorre a nossa compreensão de que a norma jurídica inerente à bioética e ao biodireito deve ser construída e legitimada pela sociedade.

Tal construção e legitimação exigem critérios de cidadania jurídica, que remetem à prudente constitucionalização da bioética e do biodireito, da essência democrática, da participação e consequente liberdade de expressão.

Isto porque, para participar, o cidadão precisa manifestar, debater, sustentar ou modificar suas ideias, o que é próprio do pluralismo, condição essencial ao Estado Democrático de Direito.

Entretanto, como apregoou Montesquieu, o homem vai até onde encontre limites, o que tem proporcionado a existência de discurso de ódio nos temas inerentes à bioética e biodireito.

Se presente o discurso que afronta os limites traçados pela Constituição, cuja pedra de toque é a dignidade da pessoa humana, as promessas humanitárias e civilizatórias, a cidadania jurídica fica comprometida.

Esse comprometimento, corrompe o debate sadio dos temas de bioética e biodireito, principalmente porque pretende-se calar a voz discordante. Esse simples fato transforma esse comportamento[4] em inimigo[5] da Bioética e do Biodireito.

Nesse estudo limitou-se à utilização do método indutivo. Os problemas assentados ao longo da investigação conclamam perspetivas históricas, culturais, filosóficas, econômicas e até morais, contudo o estudo limitou-se à dogmática e à interdisciplinaridade inerente ao Direito Constitucional, de sorte que eventuais análises nessas perspetivas têm o objetivo de situar a opinião do pesquisador dentro do contexto investigativo e conduzir a conclusões substantivas inerentes ao ensaio. O método indutivo baseou-se no que

[4] Quer nomine de abuso da liberdade de expressão, quer de discurso de ódio.

[5] Em termos do conceito de inimigo merece consulta TODOROV, Tzvetan – *Os inimigos íntimos da democracia*. Lisboa : Edições 70, 2017.

expõe Cesar Luiz Pasold: pesquisar e identificar as partes de um fenômeno e colecioná-las de modo a ter uma perceção ou conclusão geral.[6]

Desnecessário mencionar que o ensaio não tem a pretensão de esgotar o assunto, destina-se modestamente a servir de ponto de partida para maiores reflexões em torno dos temas de bioética e biodireito, bem como da construção e legitimação da norma a elas inerente através da cidadania jurídica, para o que não contribui o discurso de ódio.

1. Considerações iniciais: bioética

A Declaração Universal sobre Bioética e Direitos Humanos da UNESCO através da reflexão sobre os rápidos avanços na ciência e na tecnologia, que progressivamente afetam nossa compreensão da vida e a vida em si[7], estabelece uma relativa definição expressa no artigo 1 "a".

A declaração trata das questões éticas relacionadas à medicina, às ciências da vida e às tecnologias associadas quando aplicadas aos seres humanos, levando em conta suas dimensões sociais, legais e ambientais.

Permite-se, partindo da reflexão e da basilar definição, estabelecer um conceito operacional quanto à Bioética como sendo as reflexões de condutas e comportamentos humanos em face ou contraponto da [1] continuidade da vida no planeta, [2] vida e dignidade humana, sempre à luz dos valores éticos e morais com suporte nas diversas áreas de conhecimento.[8]

Em sentido amplo, a doutrina tem entendido no sentido de que a Bioética ocupa-se de condutas e comportamentos oriundos da inovações tec-

[6] Utilizou-se como metodologia de pesquisa: Larenz, Karl – *Metodologia da Ciência do Direito.* 6.ª ed. Tradução de José Lamego. Lisboa : Fundação Calouste Gulbenkian, 2012; Pasold, Cesar Luiz – *Metodologia da Pesquisa Jurídica: Teoria e Prática.* 12.ª ed. São Paulo : Conceito, 2011.

[7] Reflexão que norteia a Convenção (UNESCO. Comissão Nacional da UNESCO – Portugal – *Declaração Universal sobre Bioética e Direitos Humanos.* [Em linha]. Paris : Unesco/SHS/EST/BIO, 2006. [Consult. 4 jan. 2020]. Disponível em WWW:URL:https://unesdoc.unesco.org/ark:/48223/pf0000146180 _por>.)

[8] Esse conceito operacional formado por composição da Convenção mencionada, bem como através da doutrina: Fornero, Giovanni – *Bioetica cattolica e bioetica laica.* Milano : Bruno Mondadori, 2009; Meirelles, Jussara Maria Leal – Bioética e Biodireito. In Barboza, Heloísa Helena; Barreto, Vicente de Paula (Orgs.) – *Temas de Biodireito e Bioética.* Rio de Janeiro : Renovar, 2001. p. 85-97.

nológicas, das questões de evolução vivenciadas pelos novos tempos, que contemplam as seguintes temáticas[9]: 1) início e fim da vida humana; 2) pesquisas em seres humanos e animais; 3) eutanásias e suas derivações; 4) engenharia e pesquisa genética; 5) reprodução humana; 6) eugenia; 7) clonagem humana e de animais; 8) transexualidade; 9) esterilização compulsória; 10) transgênicos; 11) armas químicas; 12) impacto no meio ambiente do uso de tecnologia; 13) proteção aos animais[10]; 14) impacto sobre gerações futuras[11]; 15) relação médico-paciente.

Deve ser anotado que a preocupação com outras formas de vida, embora excluída do artigo 1 da Convenção, encontra-se prevista no artigo 17:

> Devida atenção deve ser dada à inter-relação de seres humanos com outras formas de vida, à importância do acesso e utilização adequada de recursos biológicos e genéticos, ao respeito pelo conhecimento tradicional e ao papel dos seres humanos na proteção do meio ambiente, de biosfera e da diversidade.

Por isso, aos nossos olhos, a Bioética não encontra uma definição cerrada, mas, sim, aberta e cambiante, com tempo sempre voltado ao futuro, tal qual definiu em 1971 Van Rensslaer Potter, na introdução do livro *Bioethics: bridge to the future*:

> O propósito deste livro é contribuir para o futuro da espécie humana ao promover a formação de uma nova disciplina, a disciplina de Bioética. Se há "duas culturas" que parecem incapazes de dialogar – as ciências e as humanidades – e se isto se apresenta como uma razão pela qual o futuro se mostra duvidoso, então,

[9] Rool não exaustivo.

[10] Merece consulta: FAGUNDES CUNHA, José Sebastião; ZANONI, Erika – Ensaios de uma cosmovisão teleológica para elaboração de uma legislação específica de TAA (terapia assistida por animais) In ROSÁRIO, Pedro Trovão do; DAL RI, Luciene; HAMMERSCHMIDT, Denise – *Direito Constitucional Luso e Brasileiro na Contemporaneidade.* Porto : Juruá, 2018. p. 235-262; AYRES DE BRITTO, Nara Pinheiro Reis – As vaquejadas e a declaração universal dos direitos dos animais como *soft law*. In AVILA JUNIOR, Luiz Carlos; FERREIRA, Fernando de Paula Gomes; FIGUEIREDO, Carlos Eduardo (Coords.) – *Direito Constitucional Luso e Brasileiro no âmbito da pacificação social.* Porto : Juruá, 2019. p. 311-328.

[11] Merece consulta: GOSSERIES, Axel – *Pensar a justiça entre as gerações.* Coimbra : Almedina, 2015.

possivelmente, poderíamos construir uma "ponte para o futuro", ao construir a disciplina de Bioética como uma ponte entre as duas culturas.[12,13]

Maria Helena Diniz sintetiza o pensamento de Potter, esclarecendo que,

> Para esse autor, a bioética seria então uma nova disciplina que recorreria às ciências biológicas para melhorar a qualidade de vida do ser humano, permitindo a participação do homem na evolução biológica e preservando a harmonia universal. Seria a ciência que garantiria a sobrevivência na Terra, que está em perigo, em virtude de um descontrolado crescimento da tecnologia industrial, do uso indiscriminado de agrotóxicos, de animais em pesquisas ou experiências biológicas e da sempre crescente poluição aquática, atmosférica e sonora. A bioética, portanto, em sua origem, teria um compromisso com o equilíbrio e a preservação da relação dos seres humanos como o ecossistema e a própria vida do planeta.[14]

Não se olvide que Hans Jonas desenvolveu o Princípio da Responsabilidade, calcado na máxima imperativa: "Age de tal maneira que os efeitos de tua ação sejam compatíveis com a permanência de uma vida humana autêntica" ou negativamente: "Não ponhas em perigo a continuidade indefinida da humanidade na Terra"[15].

Portanto, em síntese não reducionista, a Bioética é uma resposta do ponto de vista ético às diversas inovações ou avanços que a humanidade tem de experimentar e experimentará, de forma a proteger os vulneráveis constitucionais, assim como de tornar a vida e sociedade melhor.

[12] Tradução livre de: "The purpose of this book is to contribute to the future of the human species by promoting the formation of a new discipline, the discipline of Bioethics. If there are "two cultures" that seem unable to speak to each other – Science and the humanities – and if this is part of the reason that the future seems in doubt, then possibly, we might build a "bridge to the future" by building the discipline of Bioethics as a bridge between the two cultures".

[13] Potter, Van Rensselaer – *Bioethics: Bridge to the future*. Englewood Cliffs, NJ : Prentice Hall, 1971.

[14] Diniz, Maria Helena – *O estado atual do Biodireito*. 9.ª ed. São Paulo : Saraiva, 2014, p. 33.

[15] Jonas, Hans – *O princípio da responsabilidade: ensaio de uma ética para civilização tecnológica*. Rio de Janeiro : Contraponto, 2006, p. 18.

Por meio dessa fundamentação torna-se indubitável que a Bioética vincula-se a modelos filosóficos, que, segundo Elizabeth Kipman Cerqueira[16], são:

a. Modelo sociobiológico: parte de uma ética consubstanciada na seleção natural (Darwin).
b. Modelo subjetivista ou liberal radical: Tem por base a filosófica de John Stuart Mill, tomando por base o fundamento da autonomia da pessoa sobre seu corpo e espírito, imperando a lógica da neutralidade no julgamento moral, de forma que as decisões estejam centradas na esfera privada das pessoas e de seus agrupamentos.
c. Modelo pragmático-utilitarista, deliberativo ou da comunidade de argumentação: fundamentado no neoutilitarismo, defende a maximização do prazer, redução da dor, ampliando a liberdade. Pugna pela felicidade como conceito de qualidade de vida opondo-se ao de sacralidade da vida. Tem nas perspetivas, especialmente as médicas, avaliação do custo-benefício privilegiando fatores econômicos.
d. Modelo hipercrítico: traçado sob ideias de controle social como a informação, estetização e personalização, definindo o que Elizabeth Kipman Cerqueira denomina de neoindividualismo pós-moderno, marcado pela sociedade de consumo.
e. Modelo personalista: fundado pelo italiano Elio Greccia, tem como pedra angular a pessoa humana como uma unitotalidade [corpo e espírito] devendo, portanto, ser considerada em todos os seus aspetos, inclusive moral e social; baseia-se nos preceitos dos Direitos Humanos, em especial na dignidade da pessoa humana.
f. Modelo principialista: parte da premissa do princípio da autonomia da vontade, levando em conta seus valores e crenças religiosas, seguido do princípio da beneficência [busca do bem-estar] evitando a maleficência [causar dano intencional] em conjunto com o princípio da Justiça, que requer imparcialidade. Almeja uma relação equânime entre benefícios e riscos.

[16] CERQUEIRA, Elizabeth Kipman – *Sexualidade, gênero e desafios bioéticos*. São Caetano do Sul : Difusão, 2011, p. 26-31.

Para Giovanni Fornero[17], permeia, ainda, o debate dos modelos filosóficos; a Bioética Católica que fundamenta-se nos princípios da sacralidade e indisponibilidade da vida, e a Bioética Laica que fundamenta-se na qualidade e na disponibilidade da vida.

As exposições demonstram que a Bioética proporciona diferentes maneiras de cada cidadão ou grupo social ver, compreender e sentir o mundo a sua volta, o que resulta em várias formas de solução dos problemas levantados pela Bioética e que, na atualidade, face à democratização dos espaços públicos, toma contornos muito mais amplos do que o âmbito particular.

2. Democracia

Remonta à antiguidade o ideário de um sistema político em que os participantes considerem-se iguais, de forma a tomarem decisões soberanas. Roberth A. Dahl explica que,

> Durante a primeira metade do século V a.C., ocorreu uma transformação nas ideias e instituições políticas entre os gregos e romanos, comparável em importância histórica à invenção da roda ou à descoberta do Novo Mundo. Essa mudança refletia uma nova compreensão do mundo e de suas possibilidades.

Descrito de maneira simples, o que ocorreu foi que diversas cidades-Estado, que desde tempos imemoriais haviam sido dominadas por vários governantes não democráticos, fossem eles aristocratas, oligarcas, monarcas ou tiranos, transformaram-se em sistemas nos quais um número substancial de homens adultos e livres adquiriram o direito como cidadãos, de participar diretamente do governo.[18]

Carlos Blanco de Morais registra em termos históricos que

> Etimologicamente "democracia" é oriunda dos termos gregos "demos" (povo) e "kratos" (governo), significando "governo do povo" ou governo derivado da vontade do povo, tendo sido utilizada com algum sarcasmo ou desdém pelos

[17] Fornero, Giovanni – *Bioetica cattolica e bioetica laica.* Milano : Bruno Mondadori, 2009, pp. 1-6, 154.

[18] Dahl, Robert Alan – *A democracia e seus críticos.* São Paulo : Martins Fontes, 2012, p. 17.

seus adversários na Antiguidade Clássica, como expressão do domínio das classes inferiores.[19]

São inúmeros os relatos de ações democráticas tomadas na antiguidade, contudo, como adverte Robert Dahl[20], não podemos simplesmente aceitar que a democracia (existente há mais de 2.500 anos) foi se expandido até os dias de hoje, o que, muito embora possa ser construído sob uma narrativa romântica, é falso.

Falso porque, mesmo na antiguidade e até tempos mais modernos, essa participação popular (demos) no governo (kratos) eram bastiões de privilégios, ninguém desconhece que a participação por muito tempo se limitou a classes patrimoniais; até 1965, o voto feminino no Brasil não era equiparado ao do homem; em Portugal, somente após 25 de abril de 1974 as mulheres tiveram direito de participação integral e sem exclusões.[21,22]

Os relatos de Fustel Coulanges[23], na obra *A cidade Antiga*, evidenciam que o homem antigo não possuía nenhuma independência com relação às leis da cidade. Fosse seu corpo ou seus bens, sempre estavam à disposição da *pólis*; as decisões de conteúdo pessoal e íntimo, como casamento, celibato e vestimentas, submetiam-se à *pólis*; a crença religiosa era ditada pela *pólis*. Observa-se, então, que faltava, dentre outros, um elemento para uma democracia ampla: A Liberdade.

[19] Morais, Carlos Blanco – *O sistema político no contexto da erosão da democracia representativa*. Coimbra : Almedina, 2017, p. 67.

[20] Dahl, Robert Alan – *Sobre a democracia*. Brasília : Universidade de Brasília, 2016, pp. 17-35.

[21] Efetivamente as mulheres participaram de escolhas democráticas em períodos anteriores, contudo, diversamente dos homens, tinham condições específicas, como serem solteiras e deterem patrimônio, serem chefe de família, serem de reputação ilibada, ou ainda ser facultativa (e desincentivada) a participação.

[22] Criticamente aponta Juan-Ramon Capella: "Esta democracia ideal no ha existido materialmente jamás: la delimitación del pueblo político suele dejar fuera de consideración a buena parte del pueblo real, Así ocurría entre los atenienses, inventores de la palabra "democracia", que excluían del pueblo a los trabajadores (esclavos), así en los Estados Unidos, donde a los afroamericanos, tras salir de la esclavitud, les costó decenios adquirir el derecho a votar y más todavía el de inscribirse para votar; así ha ocurrido en regímenes considerados democráticos europeos, cuando se excluía a las mujeres del pueblo político; y así ocurre ahora cuando se hace exactamente lo mismo con trabajadores inmigrantes" (Capella, Juan-Ramón – *Un fin del mundo: Constitución y democracia en el cambio de época*. Madrid : Editorial Trotta, 2019, p. 100).

[23] Coulanges, Fustel – *A cidade antiga*. Rio de Janeiro : Ediouro, 1990, pp. 158-159.

No contexto da atualidade, bem explica Alain Touraine que,

> Para ser democrático, um sistema político deve reconhecer a existência de conflitos de valores insuperáveis e, portanto, não aceitar qualquer princípio central de organização das sociedades, nem a racionalidade ou a especificidade cultural. Há muito tempo que estamos habituados a dizer que a democracia é necessária porque existem conflitos sociais insuperáveis. Se a pluralidade dos interesses pudesse ser resolvida e culminar em uma gestão racional da divisão do trabalho e dos interesses, a democracia não seria realmente necessária.
> [...]
> O mundo contemporâneo deve reconhecer o pluralismo cultural que corresponde à mundialização da economia e da cultura. Uma sociedade nacional culturalmente homogênea é, por definição, antidemocrática.[24]

Essa diversidade social e cultural está presente em toda parte, e constitui parte essencial que é a liberdade, e esta tem na democracia o seu legítimo e único meio de proteção.

Esse vivenciar as nossas diferenças, ou, dito de outra forma, a política de reconhecimento e aceitação do outro[25], deve ser realizado não de forma absolutamente passiva, mas sim através do debate que impõe o exercício da tolerância e do próprio uso moderado do poder.

A toda evidencia, como pontua Pedro Trovão do Rosário, "a democracia se alimenta de uma permanente tensão entre o poder político ou poder do Estado e o poder social-direto que equivale o exercício das liberdades"[26]; esse alimentar traduz-se em conflito e a solução ou ao menos seu controle é essencial à sobrevivência do constitucionalismo.

Por isso que, sendo a democracia um dos pilares do constitucionalismo, é essencial a compreensão de que a norma fundamental deve manter-se íntegra mesmo diante de eventuais escolhas majoritárias, ou seja, o constitucionalismo limita o próprio pilar, que é a democracia.

[24] Touraine, Alain – *O que é a democracia?* Tradução de Guilherme João de Freitas Teixeira. Petrópolis : Vozes, 1996. p. 165.

[25] Merece consulta: Nussbaum, Martha Craven – *Fronteiras da Justiça: deficiência, nacionalidade, pertencimento à espécie.* São Paulo : Martins Fontes, 2013.

[26] Rosário, Pedro Trovão do – *A democracia semidirecta em Portugal.* Madrid : Universitas, 2013, p. 15.

Isso significa que é necessário compreender e sentir a Constituição não somente como um instrumento jurídico formal, mas principalmente sob o aspeto material, que é indissociável dos elementos sociais, culturais, políticos e de memória, e, ainda, reconhecendo o caráter vivo da constituição.

Com isso, podemos falar na construção do Estado Democrático de Direito. Robert A. Dahl estabelece como critérios para um processo democrático, na atualidade, a necessidade de proporcionar as seguintes oportunidades: participação efetiva; igualdade de voto; entendimento esclarecido; controle do programa de planeamento; inclusão dos adultos[27], fazendo-se necessárias instituições que proporcionem e protejam oportunidades e direitos[28], por isso temos claro que o fortalecimento da democracia somente se atinge na deliberação que não se limita à participação, mas, sim, à construção de espaços deliberativos com o fortalecimento da cultura constitucional.

Nesse sentido adverte Pedro Trovão do Rosário:

> Por conseguinte, encontramo-nos perante a alternativa de evoluir e adequar as instituições políticas às novas realidades e expectativas sociais induzidas pela mudança do ciclo e do sufoco do modelo representativo, ou pararmos de ir desvirtuando a democracia até ao ponto em que se converta numa oligarquia, já não encoberta mas totalmente aparente ou, até, num despotismo, que já não possa ser tolerado pela população[29]

Luiz S. Cabral de Moncada, pondera que

> O povo já não desaparece por detrás da vontade dos eleitos, de um chefe carismático ou de um partido salvífico. A soberania volta a residir no povo e não no abstrato conceito de Nação e aquela, por sua vez, é vista como um conjunto de cidadãos individualmente considerados e portadores de interesses diferenciados. O pensamento concreto aí está e veio para ficar. Timbre da pós-modernidade é o abandono do nominalismo. O povo deixou de ser uma abstração jurídica e passou a ser um conjunto de cidadãos reais portadores de direitos que fazem deles cidadãos. Não se nasce cidadão... on le devient par l'agir constitutionnel,

[27] Dahl, Robert Alan – *Sobre a democracia.* Brasília : Universidade de Brasília, 2016, p. 50.

[28] Ibid., p. 63.

[29] Rosário, Pedro Trovão do – *A democracia semidirecta em Portugal.* Madrid : Universitas, 2013, p. 17.

dizia Simone de Beauvoir. O povo é agora um conjunto democrático de indivíduos que não se confunde depreciativamente com a plebe porque não é apenas dotado de direitos constitucionais mas porque através do respectivo exercício concreto se alça à condição de cidadão. O exercício destes direitos requer a formação deliberativa (e não apenas representativa) da vontade geral.[30]

Por isso, naquilo que hora se argumenta interessa principalmente a "participação", que exige uma cidadania adulta e abrangente, de forma a viabilizar a participação num processo que servirá para a construção de uma norma jurídica.

Note-se que, quando falamos em norma jurídica, estamos nos referindo tanto em *Hard Law* [lei em sentido estrito] quanto em *Soft Law* [como resoluções de conselhos, deliberações de conselhos de ética e especialmente jurisprudência].[31]

A essa cidadania adulta e abrangente temos preferido trabalhar sob o enfoque de cidadania jurídica[32] que objetivamente decorre da efetiva participação social tanto na concretização dos direitos, quanto e talvez ainda mais na norma jurídica em si. Essa participação social ou, melhor, jurídica, pode ocorrer por exemplo por meio de Audiências Públicas, *Amicus Curiae,* Movimentos Sociais etc.

[30] Moncada, Luiz S. Cabral de – *O estado pós-moderno: para um novo paradigma de compreensão das actuais relações entre o Estado, o Direito e a Sociedade Civil.* Lisboa : Quid Juris, 2018, p. 229.

[31] Para registro, tendemos a entender que a Bioética e o Biodireito devem preferencialmente serem regulados por *soft law* em consonância com a Constituição (Neoconstitucionalismo tem como premissa que a Constituição é o centro do universo jurídico), isto porque entendemos, que especialmente no caso do Brasil, as legislações nessa seara tendem a serem ou "álibi" ou "simbólica" nos termos estabelecidos por Marcelo Neves: "Objetivo da legislação simbólica pode ser também fortificar a confiança dos cidadãos no respectivo governo ou, de um modo geral, no Estado". Nesse caso, não se trata de confirmar valores de determinados grupos, mas sim de produzir confiança no sistema político e jurídico. O legislador, muitas vezes sob pressão direta do público, elabora diplomas normativos para satisfazer as expectativas dos cidadãos, sem que com isso haja o mínimo de condições de efetivação das respectivas normas. A essa atitude referiu-se Kindermann com a expressão 'legislação-álibi'. Através dela o legislador procura descarregar-se de pressões políticas ou apresentar o Estado como sensível às exigências e expectativas dos cidadãos" (Neves, Marcelo – *A Constitucionalização Simbólica.* 3.ª ed., 4.ª tir. São Paulo : Martins Fontes, 2018, p. 37).

[32] Avila Junior, Luiz Carlos – *Cidadania Jurídica.* Itajaí : OAB, 2020 [no prelo].

Isso, no que entendemos, inclusive se faz sentir na doutrina de Peter Häberle, a sociedade aberta dos intérpretes da Constituição:

> A interpretação constitucional é, em realidade, mais um elemento da sociedade aberta. Todas as potências públicas, participantes materiais do processo social, estão nela envolvidas, sendo ela, a um só tempo, elemento resultante da sociedade aberta e um elemento formador ou constituinte dessa sociedade.
>
> [...]
>
> Isso significa que a teoria da interpretação deve ser garantida sob a influência da teoria democrática. Portanto, é impensável uma interpretação da Constituição sem o cidadão ativo e sem as potências públicas mencionadas.[33]

A cidadania jurídica é um dos aspetos principais do direito pós-moderno. Ela contempla o abandono do simples habilitar a democracia representativa, é o tomar parte efetivo no desenvolvimento de meios de democracia trazendo sobretudo um ambiente de ampla comunicação; com isso, inclusive, resolve-se o problema de legitimação da norma, e, de certa forma, traz ao cidadão tanto à condição de colaborador/construtor quanto de cliente das promessas humanitárias e civilizatórias.

Por tais condições, a democracia é essencial ao bom desenvolvimento da Bioética e do Biodireito; há que registar que nos regimes autoritários jamais haverá[34] uma concordância que nasça do cidadão [povo] para o Poder, o que existe nesses regimes é uma "verdade" colacionada em nível ideológico, que tem como propósito criar do Poder para a sociedade a adesão cega ao projeto que interessa ao autoritarismo, por isso a essência deste regime [ao que diverge frontalmente da democracia] é a ausência de legitimação, de consentimento-participação, uma vez que o pluralismo é algo impensável.

3. Liberdade de expressão

Ínsita à democracia e essencial à participação ou, melhor, à cidadania jurídica, o que contribui para o bom desenvolvimento da Bioética e do Biodi-

[33] HÄBERLE, Peter – *Hermenêutica Constitucional: A sociedade aberta dos intérpretes da Constituição; contribuição para a interpretação pluralista e "procedimental" da Constituição.* Porto Alegre : Sergio Antonio Fabris, 2003, pp. 13-14.

[34] Efetivamente, poderá eventualmente haver sob a forma meramente aparente ou simbólica.

reito é a liberdade de expressão, que colabora para uma sociedade melhor[35], coibindo desvios e trazendo alertas de mudanças, de evolução[36]; trata-se de supor a existência de espaços públicos que permitam o debate sobre a *res pública* e, consequentemente, de escolhas que provenham em benefício de toda sociedade.

O pensamento liberal de grande influência quanto à liberdade de expressão encontra-se em John Stuart Mill, na obra *Ensaio sobre a Liberdade*, que tem como fundamento central que a liberdade encontra limites no dano a terceiros[37], reconhecendo ampla diferença entre individualismo e egoísmo[38], o que conduz a medidas legítimas para proteger os outros e medidas ilegítimas para nos proteger de nós mesmos:

> Mais importante, talvez, é que o surgimento do Estado de bem-estar social e seu parente próximo, o Estado regulador, tornou mais difícil traçar linhas claras que dividam essas questões que "só dizem respeito ao indivíduo" das que dizem respeito à sociedade. A maior parte das jurisdições impõe o uso de cintos de segurança aos motoristas e passageiros de um veículo. Por um aspecto isso é uma clara violação do veto de Mill a uma intervenção paternalista: um motorista que quiser assumir o risco adicional de morte e ferimento decorrente do não uso do cinto de segurança deveria ter permissão para fazê-lo. Isto é, falando cruamente, problema dele. Por outro lado, se, como é o caso da maioria dos países, ele tem direito a tratamento médico pago pelos impostos de todos, não seria obrigado a minimizar o risco de fazê-los gastar dinheiro como seu tratamento? Ou seja,

[35] Nesse sentido: "A liberdade de expressão também é necessária para se verificar e controlar o que o nosso governo faz. Isso põe em jogo não apenas a liberdade de expressão mas a liberdade de informação, e aquilo a que se tem chamado o «direito de saber»" (ASH, Timothy Garton – *Liberdade de expressão: princípios para um mundo interligado*. Lisboa : Temas e Debates, 2017, p. 97).

[36] Pelo que temos o caráter vivo da constituição e reconhecemos a transformação social, *i.e.*, construção de costumes de natureza constitucional como aptos promover mutações na constituição. Nesse sentido, ver: AVILA JUNIOR, Luiz Carlos – Constituição material e a mutação pelos costumes de natureza constitucional. In ROSÁRIO, Pedro Trovão do; RI, Luciene Dal; HAMMERSCHMIDT, Denise – *Direito Constitucional Luso e Brasileiro na Contemporaneidade*. Porto : Juruá, 2018. p. 103-132.

[37] RYAN, Alan – Introdução. In MILL, John Stuart – *Sobre a liberdade e A sujeição das mulheres*. São Paulo : Companhia das Letras, 2017. p. 9-58, p. 35.

[38] Ibid., p. 48.

olhando de outra maneira, não estará com sua própria imprudência causando danos a outros?[39]

Na seara internacional, a liberdade de expressão é protegida especialmente pelo art.º 19 da Declaração Universal dos Direitos Humanos, pelo art.º 19 do Pacto Internacional dos Direitos Civis e Políticos, pelo art.º 10 da Convenção Europeia de Direitos Humanos, pelo art.º 13 da Declaração Americana de Direitos Humanos.

O Brasil não cogitava essas liberdades no período colonial: a constituição de 1824 consagrou a liberdade de expressão e impressa, contudo sem muita efetividade prática; a de 1891 manteve as liberdades vedando o anonimato, instituindo de forma ampla o uso de censura.

Na Constituição de 1934, foi mantida a garantia e proibição do anonimato, ampliando a censura e proibindo de forma expressa a "propaganda de guerra ou de processos violentos para subverter a ordem econômica e social". A de 1937 manteve simbolicamente a liberdade de expressão mas instituiu a censura prévia.

Com a redemocratização, em 1946, a liberdade de expressão foi resgatada, afastada a censura prévia, vedado o anonimato e proibiu expressamente a "propaganda de guerra, de processos violentos para subverter a ordem política e social, ou de preconceitos de raça ou de classe". Entretanto, com o golpe militar de 1964 e por meio do Ato Institucional número 2, houve uma redução da liberdade de expressão.

A Constituição de 1967 também manteve de forma simbólica a liberdade de expressão e ainda foi editado o Ato Institucional número 5, que conferiu amplos poderes ao Presidente da República para cassar e restringir direitos, inclusive quanto à liberdade de expressão e manifestação política, e ainda retirou tais atos da esfera de apreciação do Poder Judiciário.

A Emenda Constitucional n.º 1 de 1969, deu redação inteiramente nova à Constituição de 1967, mantendo mais uma vez simbolicamente a liberdade de expressão, acrescentando a proibição de "publicações e exteriorizações contrárias à moral e aos bons costumes". Implementou ainda, por meio de legislações específicas, a censura prévia.

[39] RYAN, Alan – Introdução. In MILL, John Stuart – *Sobre a liberdade e A sujeição das mulheres*. São Paulo : Companhia das Letras, 2017. p. 9-58, p. 56.

Luís Roberto Barroso, em termos de memória quanto à liberdade de expressão, explica que,

> Como se sabe, a história da liberdade de expressão e de informação, no Brasil, é uma história acidentada. Convive com golpes e contragolpes, sucessivas quebras de legalidade e pelo menos duas ditaduras de longa duração: a do Estado Novo, entre 1937 e 1945, e o Regime Militar, de 1964 a 1985. Desde o Império, a repressão à manifestação do pensamento elegeu alvos diversos, da religião às artes. As razões invocadas eram sempre de Estado: segurança nacional, ordem pública, bons costumes. Os motivos reais, como regra, apenas espalhavam um sentido autoritário e intolerante do poder. Durante diferentes períodos, houve temas proibidos, ideologias banidas, pessoas malditas. No jornalismo impresso, o vazio das matérias censuradas era preenchido com receitas de bolo e poesias de Camões. Na televisão, programas eram proibidos ou mutilados. Censuravam-se músicas, peças, livros e novelas. O Ballet Bolshoi foi proibido apresentar-se no Brasil, sob a alegação de constituir propaganda comunista. Um surto de meningite teve sua divulgação vedada por contrastar com a imagem que queria divulgar do país. Em fases diferentes da experiência brasileira, a vida foi vivida nas entrelinhas, nas sutilezas, na clandestinidade. A interdição compulsória da liberdade de expressão e de informação, por qualquer via, evoca episódios de memória triste e dificilmente pode ser vista com naturalidade ou indiferença. É claro que uma ordem judicial, precedida de devido processo legal, não é uma situação equiparada à da presença de censores da Polícia Federal nas redações e nos estúdios. Mas há riscos análogos. E o passado é muito recente para não assombrar.[40]

Somente com a Constituição de 1988 a liberdade de expressão foi resgatada e protegida como um objetivo de máxima importância, conforme expresso no art.º 5.º "IV – é livre a manifestação do pensamento, sendo vedado o anonimato; [...] IX – é livre a expressão da atividade intelectual, artística, científica e de comunicação, independentemente de censura ou

[40] Barroso, Luís Roberto – Colisão entre Liberdade de expressão e direito da Personalidade. Critérios de Ponderação, Interpretação Constitucional Adequada do Código Civil e da Lei de Imprensa – os princípios da constituição de 1988. *Revista de Direito Administrativo FGV*. [Em linha]. 235 (2004) 1-36. [Consult. 3 ago. 2019]. Disponível em WWW:<URL:http://bibliotecadigital.fgv.br/ojs/index.php/rda/ article/view/45123/45026>.

licença" e no art.º 220: "A manifestação do pensamento, a criação, a expressão e a informação, sob qualquer forma, processo ou veículo não sofrerão qualquer restrição, observado o disposto nesta Constituição".

Portugal tem a liberdade de expressão prevista no artigo 37 da Constituição:

> 1. Todos têm o direito de exprimir e divulgar livremente o seu pensamento pela palavra, pela imagem ou por qualquer outro meio, bem como o direito de informar, de se informar e de ser informados, sem impedimentos nem discriminações.
> 2. O exercício destes direitos não pode ser impedido ou limitado por qualquer tipo ou forma de censura.
> 3. As infrações cometidas no exercício destes direitos ficam submetidas aos princípios gerais de direito criminal ou do ilícito de mera ordenação social, sendo a sua apreciação respetivamente da competência dos tribunais judiciais ou de entidade administrativa independente, nos termos da lei.
> 4. A todas as pessoas, singulares ou coletivas, é assegurado, em condições de igualdade e eficácia, o direito de resposta e de retificação, bem como o direito a indemnização pelos danos sofridos.

É certo que Portugal e Brasil têm identidade com regimes autoritários e posteriormente, com a redemocratização, sendo que as restrições à liberdade de expressão recaiam quase sempre sobre manifestações que o Governo considerava uma ameaça ou afronta aos seus interesses.

Nesse contexto, podemos dizer que as limitações, nos regimes autoritários, eram graves erros. A atualidade revela a liberdade de expressão; salvo raros casos, é amplamente respeitada, tendo o Judiciário quando necessário conferindo efetividade e afastando restrições indevidas.[41]

[41] Tome-se a exemplo:
"ADI 1969-4 Plenário do STF, julgada em 24 mar 1999 – declarou a inconstitucionalidade de decreto que impusera a proibição do uso de carros de som, aparelhos e objetos sonoros nas manifestações na Praça dos Três Poderes, por ofensa à liberdade de reunião e manifestação".
"ADPF 187 STF, julgada em 15 jun. 2011 – em que a Corte com fundamento nos direitos à liberdade de reunião e de manifestação, afastou qualquer interpretação do Código Penal que pudesse importar na criminalização da realização da chamada "Marcha da Maconha", que defende a legalização da referida droga" (CANOTILHO, Joaquim José Gomes – *Comentários à Constituição do Brasil*. São Paulo : Saraiva; Almedina, 2013, p. 254).

4. O desvirtuamento da liberdade de expressão: discurso de ódio como inimigo da bioética e do biodireito

Na arena de liberdade de expressão vêm surgindo questões complexas, que envolvem a imposição de limites a esse direito fundamental. Uma dessas complexidades é o chamado discurso de ódio.

Classicamente o discurso de ódio tem sido definido como aquele discurso para promover o ódio baseado na raça, religião, etnia ou nacionalidade, género ou opção sexual. Acrescentamos, com base no que definiu o Conselho da Europa, aqueles baseados na intolerância, que resultam em incitação pública à violência, ao ódio, discriminação, insultos, difamação e submissão.

Segundo Alex Potiguar,

> Ele é o discurso que exprime uma ideia de ódio, desprezo ou intolerância contra determinados grupos, menosprezando-os, desqualificando-os ou inferiorizando-os pelo simples fato de pertencerem àquele determinado grupo, motivado por preconceitos ligados à etnia, religião, gênero, deficiência, orientação sexual, nacionalidade, naturalidade, dentre outros.[42]

Para Rosario de Vicente Martinez,

> Desde un punto de vista doctrinal, no existe un concepto unánime de lo que se denomina "discurso de odio". Dicho discurso es ciertamente propagado con

E ainda: ADPF 548 Plenário do STF, julgada em 27 out. 2018 – proibiu as buscas e apreensões em Instituições de ensino de material publicitário de cunho eleitoral ou ideológico. Merece transcrição o seguinte trecho:

"O uso de formas lícitas de divulgação de ideias, a exposição de opiniões, ideias, ideologias ou o desempenho de atividades de docência é exercício da liberdade, garantia da integridade individual digna e livre, não excesso individual ou voluntarismo sem respaldo fundamentado em lei.

Liberdade de pensamento não é concessão do Estado. É direito fundamental do indivíduo que a pode até mesmo contrapor ao Estado. Por isso não pode ser impedida, sob pena de substituir-se o indivíduo pelo ente estatal, o que se sabe bem onde vai dar" (BRASIL. Supremo Tribunal Federal – *Arguição de Descumprimento de Preceito Fundamental n.º 548*. [Em linha]. Relatora: Ministra Cármen Lúcia. Julgamento: 31 out. 2018. Órgão Julgador: Tribunal Pleno. Publicação: DOU, 20 nov. 2018. [Consult. 01 jul. 2019]. Disponível em WWW:<URL:http://portal.stf.jus.br/processos/detalhe.asp?incidente= 5576416>).

[42] POTIGUAR, Alex – *Liberdade de expressão e o discurso de ódio*. Brasília : Consulex, 2012, p. 16.

intención de promover odio u hostilidad en contra de un grupo, por lo general, históricamente discriminado, pero al estar sujetas a diversas interpretaciones y opiniones, las manifestaciones de los discursos de odio se vuelven, en ocasiones, difíciles de definir, resultando un tema controvertido, al afectar al derecho de libre expresión, establecer criterios homogéneos que permitan identificar dicho discurso.[43]

João Trindade Cavalcante Filho, explica que

Convencionou chamar de "discurso de ódio" (hate speech): o exercício da liberdade de expressão para insultar pessoas ou grupos de pessoas, propagando o ódio baseado em motivos de raça, religião, cor, origem, gênero, orientação sexual, etc. Racismo, xenofobia, homofobia, antissemitismo são fenômenos modernos e contemporâneos que constituem, na verdade, variantes do discurso de ódio.[44]

Não nos parece que a expressão *discurso* possa, em seu significado literal, contemplar a totalidade de situações em que se aplique. Isso porque o discurso pode se dar tanto por meio de palavras quanto por meio de símbolos, de atos simbólicos ou de ações que possam refletir em enfrentamento com emoções e sentimentos mais débeis.

O ódio que se discute não se conforma no âmbito da cólera, isto porque na cólera há uma razão específica, um fato; já o ódio [discurso de ódio] é um tipo específico de aversão que se dirige a um grupo de pessoas, não especificamente por essas pessoas, muito menos por delas ter sofrido algum dano, mas simplesmente por fazerem parte daquele grupo ou, no que aqui tratamos, por deterem, comporem ou simpatizarem ideias ou posições inerentes aos temas da bioética e do biodireito.

Fernando Rey Martinez defende que

El discurso del odio debería comprender no sólo el odio la ira, sino también el desprecio, la humillación, la falta de respeto, la vejación, el insulto, etc. por parte de unas personas sobre otras en atención a la pertinencia de éstas a ciertos gru-

[43] VICENTE MARTINEZ, Rosario de – *El discurso del odio*. Valencia : Tirant lo Blanch, 2018, p. 42.

[44] CAVALCANTI FILHO, João Trindade – *O discurso de ódio na jurisprudência alemã, americana e brasileira: como a ideologia política influencia os limites da liberdade de expressão*. São Paulo : Saraiva Educação, 2018, p. 17.

> pos sobre los que recaen generalizaciones negativas hondamente arraigadas em la sociedad.[45]

Daí que, quem profere o discurso de ódio não se preocupa com as pessoas em concreto, mas, sim, com o grupo que elas compõem, de forma a não apresentar qualquer sentimento direto à pessoa, exceto o desprezo.

O ódio não surge do nada[46], tem sempre um contexto específico que explica, os motivos "sejam ideológicos ou fáticos" que sustentam e servem para explicar o porquê de determinado grupo merecer ser odiado sempre se produz em um contexto histórico, cultural e no meio social vivenciado:

> Finalmente, la sociología de las emociones arranca de la premisa de que la conducta individual y las interacciones humanas están constreñidas por estructuras sociales reguladas por sistemas simbólicos, de manera que tanto la evaluación cognitiva como la activación de emociones están, al menos hasta cierto punto, influidas por la relación entre cultura y estructura social: el individuo acaudalado puede sentir asco por formas de vida marginales, mientras que el excluido puede experimentar odio hacia aquel. En un sentido más amplio, es claro que las emociones no son indiferentes al contexto: el tigre nos da miedo en la jungla, pero no si lo vemos en un zoo.[47]

Por isso, na maioria das vezes, aquele que faz o discurso de ódio o faz não propriamente sobre uma forma de ódio, mas, sim, sobre uma forma racional de pensar, que, entretanto, revela um absoluto paradoxo pela irracionalidade; quem o faz entende normal e justificada, mas essa racionalidade limita-se exclusivamente à compreensão daquele que profere, sem qualquer possibilidade sadia de debate, e plenamente afastada a tolerância, traduz-se no que mais se contrapõe à democracia que é o autoritarismo. Um exemplo

[45] Rey Martinez, Fernando – Discurso del odio y racismo líquido. In Sánchez, Miguel Revenga – *Libertad de expresión y discursos del odio.* Madrid: Universidad de Alcalá, 2015. p. 51-88, p. 54.

[46] Emcke, Carolin – *Contra el odio.* Barcelona : Taurus, 2017, p. 63.

[47] Maldonado, Manuel Arias – *La democracia sentimental: política y emociones em el siglo XXI.* Barcelona : Página Indómita, 2018, p. 65.

presente disso é Anders Behring Breivik[48], que em 22 de julho de 2011, assassinou 77 pessoas sob o argumento de atacar o multiculturalismo.

A construção de "soluções" quanto ao discurso de ódio vem sendo tarefa dos Tribunais, que adotam predominantemente cinco linhas inibitórias: [1] quando há incitação à violência[49]; [2] quando o discurso deter capacidade para afetar a mentalidade social, conduzindo a predisposição à violência; [3] se o discurso ofende a dignidade da pessoa humana; [4] se o discurso tem capacidade de gerar discriminação; e [5] se o discurso afeta a capacidade de convivência harmônica e pacifica.[50]

Não é objeto do presente estudo discutir propriamente a forma como os Tribunais tem decidido, entretanto as cinco formas apresentadas revelam ao menos quais efeitos o discurso de ódio pode causar.

O problema do discurso de ódio tem se agravado com o fortalecimento e massificação dos meios de comunicação, com a era digital, com as novas tecnologias e com as próprias novas exigências da sociedade; some-se a isso as crescentes fraturas pela sangrante desigualdade, pela retomada do autoritarismo e nacionalismo, por critérios étnicos e muito fortemente religiosos[51]. Com tudo isso, faz-se pertinente adotar cautela quanto ao discurso de ódio, especialmente nos temas de Bioética e Biodireito.

A doutrina clássica, e até mesmo as construções de soluções pelos tribunais, deixam evidente a pouca preocupação com um dos maiores efeitos e objetivos do discurso de ódio que é neutralizar[52] e silenciar[53] aquele grupo ou pessoa. Owen Fiss explica que,

[48] Ver o filme: *22 de julho* (Netflix 2018).

[49] A esse respeito merece consultar: CASTAÑO, Abel Arias – *Clear and present danger test. La libertad de expresión en los límites de la democracia.* Madrid : Marcial Pons, 2018.

[50] Multiculturalismo

[51] Nesse sentido: SPINGO, Irene – Discursos de odio y liquidez em los tempos de internet. In RIOS, Blanca Martín – *La prevención y represión del discurso del odio. Hacia la construcción multidisciplinar de la tolerância.* Navarra : Thomson Reuters; Aranzadi, 2019. p. 189-210, p. 204.

[52] Há uma diferença abismal entre incitar a violência, que inclusive estaria no campo do direito penal, e um discurso de ódio cujo objetivo é convencer ideologicamente aos destinatários para que adotem determinada maneira de pensar ou que fomentem a exclusão da vida política daqueles que não compartilhem da ideologia que emana o discurso.

[53] Silenciar implicar em atacar o que Francis Fukuyama chama de reconhecimento, sendo certo que o ser pessoa é formado também pela resistência-confrontação externa e de ideias (FUKUYAMA, Francis – *Identidade: a exigência de dignidade e a política do ressentimento.* Alfragide : Dom Quixote, 2018).

> Básicamente, la Tradición de la libertad de expresión pude entenderse como una protección del orador de la esquina de una calle. Un individuo se sube a una caja vacía en una esquina de alguna gran ciudad, comienza a criticar las medidas políticas del gobierno y es detenido entonces por quebrantar la paz. Em este contexto, la Primera Enmienda se concibe como una coraza, como un medio de proteger al orador individual de la posibilidad de ser silenciado por el Estado.[54]

Com base no exemplo acima, temos que consignar a preocupação com a presença de um novo discurso de ódio, que refoge do conceito clássico, consistente em discursos voltados contra ideias, e mais no que refere a este ensaio, aos temas da Bioética e do Biodireito.

Nessa quadra de raciocínio, quem silencia o orador é aquele que profere o discurso de ódio, sendo ainda mais grave quando esse discurso é legitimado pelo Estado ou por instituições:

> Toda forma de autoritarismo é iníqua. Pior quando parte do Estado. Por isso os atos que não se compatibilizem com os princípios democráticos e não garantam, antes restrinjam o direito de livremente expressar pensamentos e divulgar ideias são insubsistentes juridicamente por conterem vício de inconstitucionalidade.[55]

Há predominantemente nos temas de bioética e biodireito temas controversos, que resultam inclusive em discussões de convicções religiosas e morais, tome-se a exemplo: aborto[56], eutanásia, transexualidade, ambientais; envolvendo até aspetos culturais formados há tempos como no caso dos animais; deficiências físicas entre tantos outros.

Difícil desconhecer considerações ou nominações como de "assassino(a)", pejorativos quanto a sexualidade, "moderninho(a)", "sem noção", "peso para sociedade", "inútil", "entrave ao progresso", sem falar dos advindos em relação a conotações religiosas como "possuído" etc.

[54] Fiss, Owen – *Libertad de Expresión y Estructura Social.* Mexico : Fontamara, 2004, p. 21.
[55] BRASIL. Supremo Tribunal Federal – *Arguição de Descumprimento de Preceito Fundamental n.º 548.* [Em linha]. Relatora: Ministra Cármen Lúcia. Julgamento: 31 out. 2018. Órgão Julgador: Tribunal Pleno. Publicação: DOU, 20 nov. 2018. [Consult. 01 jul. 2019]. Disponível em WWW:<URL:http://portal.stf.jus.br/processos/detalhe.asp?incidente= 5576416>.
[56] Merece consulta: POST, Robert; SIEGEL, Reva – *Constitucionalismo democrático: por una reconciliação entre Constitucion y pueblo.* Buenos Aires : Siglo Veintiuno Editores, 2016, p. 85-114.

É certo que há uma transitoriedade e uma imediatez que efetivamente muitas vezes não perduram no tempo; pode ser uma frase solta, um comentário em rede social, um *twitter* entre tantos outros, que aparentemente são inofensivos, passageiros, contudo na realidade têm graves e expressivos efeitos, com repercussões que perduram infinitamente ou, por longo tempo, propagam-se rapidamente e, a depender de quem as emite, tem um efeito persuasivo que torna-se imensurável.

De tal forma é o sentido em que esse repúdio – vertido consciente ou inconscientemente em ódio – é proferido, que seu crescimento preocupa, pois a ele somam-se outros cidadãos, que buscam nada menos que silenciar e neutralizar aquele contra quem se voltou o discurso. Isso reduz a pluralidade de ideias de uma forma que entendemos que a discussão não é sobre igualdade e liberdade, mas, sim, sobre liberdade e liberdade.

O exercício do poder político, para constituição de um regime de liberdade, implica em si mesmo limites, para que todos possam participar mantendo a pluralidade de ideias. Esse é o paradoxo: se todos devem participar, todos os discursos são permitidos. Em regra, essa é a essência da democracia, portanto a liberdade de expressão [que inclui o discursos de ódio] seria permitida e seria parte integrante da própria democracia.

Ocorre que essa hipótese não se confirma, isto porque não há democracia sem Constituição, o que confere poderes a limitar a própria democracia de forma a permitir que a Constituição proporcione aos Cidadãos o cumprimento das promessas humanitárias e civilizatórias.

A pretensão, de que grupo ou Cidadão seja, que utiliza de expressão vertida sob a forma de discurso de ódio com a pretensão de reduzir o plural ao único e abre caminho ao caos da incivilidade, a liberdade de expressão passa de adversário, que compete ou rivaliza, para inimigo que pretende com hostilidade ou aversão destruir a pluralidade. Dito de outra forma, a pluralidade não é mais saudável porque uma das partes não quer a discussão de ideias, mas, sim, quer destruir a ideia que não lhe agrada.

A constituição exige que o consenso [escolha democrática] seja formado de forma dialética e sempre aberto a revisão, numa perspetiva relacional e não inerte, efetiva e jamais abstrata, propriamente cíclica em que o direito transforma a sociedade e a sociedade transforma o direito, o que, portanto, se afasta de uma construção baseada apenas na representação política ou na soberania estatal e exige a construção de um espaço deliberativo, que sempre estará limitado pela constituição material.

De forma enfática a conceção ou pretensão de reduzir a pluralidade é absolutamente individualista e conduz a formação imprópria de sociedades parciais rompendo com o pacto social e tendendo a violar os valores humanísticos da constituição, de forma que o discurso de ódio é inimigo íntimo da constituição.[57]

Esses discursos de ódio em sede de Bioética ou Biodireito não contribuem para o seu desenvolvimento pleno, efetivo, que espera a Constituição; inclusive, resultam em abalo às gerações futuras, que é pressuposto da manutenção da paz, do equilíbrio ecológico, da proteção inabalável da dignidade da pessoa humana, do caráter humanista.

A ética da responsabilidade que bem desenvolveu Hans Jonas[58], assim como a ética da poupança justa que John Rawls[59] sustenta, permite uma ampliação para além da proteção da natureza e do capital para uma proteção ao futuro de conteúdos humanistas que permitam a harmonia e coesão social. A dignidade da pessoa humana é pedra angular do constitucionalismo contemporâneo, sendo o cerne da necessidade de compatibilização e, principalmente, de limitação ou restrição da liberdade de expressão, notadamente quando passa a ser discurso de ódio.

É necessária ainda na restrição ou compatibilização da tolerância, a inclusão em uma perspetiva que, respeitando o pluralismo, esteja atenta para o multiculturalismo, fomentando a educação em direitos humanos, nas responsabilidades que implicam no exercício dos mesmos, com discussões técnicas e com voz aos cidadãos diretamente envolvidos nas questões de Bioética e Biodireito, de forma a que esse exercício proporcione a construção da norma jurídica com legitimidade e respeito Constitucional.

[57] Avila Junior, Luiz Carlos – Discurso de ódio na democracia: inimigo íntimo da Constituição? In Avila Junior, Luiz Carlos; Ferreira, Fernando de Paula Gomes; Figueiredo, Carlos Eduardo (Coords.) – *Direito Constitucional Luso e Brasileiro no âmbito da pacificação social.* Porto : Juruá, 2019. p. 89-112, p. 108.

[58] Jonas, Hans – *O princípio da responsabilidade: ensaio de uma ética para civilização tecnológica.* Rio de Janeiro : Contraponto, 2006.

[59] Rawls, John – *Uma teoria da justiça.* São Paulo : Martins Fontes, 2016.

Considerações finais

A Bioética e Biodireito, ao nosso sentir, precisa avançar, sendo essencial o caminho da constitucionalização. As normas jurídicas inerentes aos temas da Bioética e Biodireito mais do que todas precisam ser formadas e legitimadas por pessoas dotadas de cidadania jurídica.

Essa cidadania jurídica, dentre muitos outros aspetos, exige que a liberdade de expressão seja utilizada com limite constitucional, de forma que, quando transforma-se em discurso de ódio – e, anote-se, a linha entre o debate sadio e o ódio é bastante tênue –, resulta em comprometer a democracia tornando-se inimiga da Bioética e do Biodireito.

Não se descuide que para o fortalecimento da cidadania jurídica é necessário ampliar a realidade e cultura constitucional. Essa cultura assume a face de mediação do tempo, *i.e.*, daquele que foi estipulado em um determinado momento e que, diante de novas tecnologias ou realidades, precisa sofrer transformação do desenvolvimento.

É somente com a ampliação da cultura constitucional que se conferirá a cidadania jurídica efetiva e eficaz; por consequência, repercutirá com a plausibilidade de gerar grandes progressos à Bioética e Biodireito, com especial respeito à dignidade da pessoa humana, aos direitos fundamentais, promovendo o bem de todos sem preconceitos ou discriminação.

Referências

ASH, Timothy Garton – *Liberdade de expressão: Dez princípios para um mundo interligado.* Lisboa : Temas e Debates, 2017. (Círculo de Leitores). ISBN 978-9896444235

AVILA JUNIOR, Luiz Carlos – *Cidadania Jurídica.* Itajaí : OAB, 2020 [no prelo].

AVILA JUNIOR, Luiz Carlos – Constituição material e a mutação pelos costumes de natureza constitucional. In ROSÁRIO, Pedro Trovão do; RI, Luciene Dal; HAMMERSCHMIDT, Denise – *Direito Constitucional Luso e Brasileiro na Contemporaneidade.* Porto : Juruá, 2018. ISBN 978853629343-1. p. 103-132.

AVILA JUNIOR, Luiz Carlos – Discurso de ódio na democracia: inimigo íntimo da Constituição? In AVILA JUNIOR, Luiz Carlos; FERREIRA, Fernando de Paula Gomes; FIGUEIREDO, Carlos Eduardo (Coords.) – *Direito Constitucional Luso e Brasileiro no âmbito da pacificação social.* Porto : Juruá, 2019. ISBN 978853629343-1. p. 89-112.

AYRES DE BRITTO, Nara Pinheiro Reis – As vaquejadas e a declaração universal dos direitos dos animais como *soft law*. In AVILA JUNIOR, Luiz Carlos; FERREIRA, Fernando de Paula Gomes; FIGUEIREDO, Carlos Eduardo (Coords.) – *Direito Constitucional Luso e Brasileiro no âmbito da pacificação social*. Porto : Juruá, 2019. ISBN 978853629343-1. p. 311-328.

BARROSO, Luís Roberto – Colisão entre Liberdade de expressão e direito da Personalidade. Critérios de Ponderação, Interpretação Constitucional Adequada do Código Civil e da Lei de Imprensa – os princípios da constituição de 1988. *Revista de Direito Administrativo FGV*. [Em linha]. ISSN 2238-5177. 235 (2004) 1-36. [Consult. 3 ago. 2019]. Disponível em WWW:<URL:http://bibliotecadigital.fgv.br/ojs/index.php/rda/article/view/45123/45026>.

BRASIL. Supremo Tribunal Federal – *Arguição de Descumprimento de Preceito Fundamental n.º 548*. [Em linha]. Relatora: Ministra Cármen Lúcia. Julgamento: 31 out. 2018. Órgão Julgador: Tribunal Pleno. Publicação: DOU, 20 nov. 2018. [Consult. 01 jul. 2019]. Disponível em WWW:<URL:http://portal.stf.jus.br/processos/detalhe.asp?incidente=5576416>.

CANOTILHO, Joaquim José Gomes – *Comentários à Constituição do Brasil*. São Paulo : Saraiva; Almedina, 2013. ISBN 978-85-02-21263-3

CAPELLA, Juan-Ramón – *Un fin del mundo: Constitución y democracia en el cambio de época*. Madrid : Editorial Trotta, 2019. ISBN: 978-84-9879-776-3

CASTAÑO, Abel Arias – *Clear and present danger test. La libertad de expresión en los límites de la democracia*. Madrid : Marcial Pons, 2018. ISBN 9788491234685

CAVALCANTI FILHO, João Trindade – *O discurso de ódio na jurisprudência alemã, americana e brasileira: como a ideologia política influencia os limites da liberdade de expressão*. São Paulo : Saraiva Educação, 2018. ISBN 9788547221812

CERQUEIRA, Elizabeth Kipman – *Sexualidade, gênero e desafios bioéticos*. São Caetano do Sul : Difusão, 2011. ISBN 978-8578080815

COULANGES, Fustel – *A cidade antiga*. Rio de Janeiro : Ediouro, 1990. ISBN 978-8530114930

DAHL, Robert Alan – *A democracia e seus críticos*. São Paulo : Martins Fontes, 2012. ISBN 978-8578274863

DAHL, Robert Alan – *Sobre a democracia*. Brasília : Universidade de Brasília, 2016. ISBN 978-8523006211

DINIZ, Maria Helena – *O estado atual do Biodireito*. 9.ª ed. São Paulo : Saraiva, 2014.

EMCKE, Carolin – *Contra el odio*. Barcelona : Taurus, 2017. ISBN: 9788430618743

FAGUNDES CUNHA, José Sebastião; ZANONI, Erika – Ensaios de uma cosmovisão teleológica para elaboração de uma legislação específica de TAA (terapia assistida por animais) In ROSÁRIO, Pedro Trovão do; DAL RI, Luciene; HAMMERSCHMIDT, Denise – *Direito Constitucional Luso e Brasileiro na Contemporaneidade.* Porto : Juruá, 2018. ISBN 978853628552-8. p. 235-262.

FISS, Owen – *Libertad de Expresión y Estructura Social.* Mexico : Fontamara, 2004. ISBN 9684762860

FORNERO, Giovanni – *Bioetica cattolica e bioetica laica.* Milano : Bruno Mondadori, 2009. ISBN 978-8861593084

FUKUYAMA, Francis – *Identidade: a exigência de dignidade e a política do ressentimento.* Alfragide : Dom Quixote, 2018. ISBN 978-9722066181

GOSSERIES, Axel – *Pensar a justiça entre as gerações.* Coimbra : Almedina, 2015. ISBN 9789724059778

HÄBERLE, Peter – *Hermenêutica Constitucional: A sociedade aberta dos intérpretes da Constituição; contribuição para a interpretação pluralista e "procedimental" da Constituição.* Porto Alegre : Sergio Antonio Fabris, 2003. ISBN 978-8588278554

JONAS, Hans – *O princípio da responsabilidade: ensaio de uma ética para civilização tecnológica.* Rio de Janeiro : Contraponto, 2006. ISBN 978-85-85910-84-6

LARENZ, Karl – *Metodologia da Ciência do Direito.* 6.ª ed. Tradução de José Lamego. Lisboa : Fundação Calouste Gulbenkian, 2012. ISBN 978-972-31-0770-8

MALDONADO, Manuel Arias – *La democracia sentimental: política y emociones em el siglo XXI.* Barcelona : Página Indómita, 2018. ISBN 9788494481659

MEIRELLES, Jussara Maria Leal – Bioética e Biodireito. In BARBOZA, Heloísa Helena; BARRETO, Vicente de Paula (Orgs.) – *Temas de Biodireito e Bioética.* Rio de Janeiro : Renovar, 2001. ISBN 978-8571472709. p. 85-97.

MONCADA, Luiz S. Cabral de – *O estado pós-moderno: para um novo paradigma de compreensão das actuais relações entre o Estado, o Direito e a Sociedade Civil.* Lisboa : Quid Juris, 2018. ISBN 978-972-724-795-0

MORAIS, Carlos Blanco – *O sistema político no contexto da erosão da democracia representativa.* Coimbra : Almedina, 2017. ISBN 978-9724071237

NEVES, Marcelo – *A Constitucionalização Simbólica.* 3.ª ed., 4.ª tir. São Paulo : Martins Fontes, 2018. ISBN 9788578273569

NUSSBAUM, Martha Craven – *Fronteiras da Justiça: deficiência, nacionalidade, pertencimento à espécie.* São Paulo : Martins Fontes, 2013. ISBN 9788578277024

PASOLD, Cesar Luiz – *Metodologia da Pesquisa Jurídica: Teoria e Prática.* 12.ª ed. São Paulo : Conceito, 2011. ISBN 9788578742089

POST, Robert; SIEGEL, Reva – *Constitucionalismo democrático: por una reconciliação entre Constitucion y pueblo.* Buenos Aires : Siglo Veintiuno Editores, 2016. ISBN 978-987-629-207-8

POTIGUAR, Alex – *Liberdade de expressão e o discurso de ódio*. Brasília : Consulex, 2012. ISBN: 9788588551688

POTTER, Van Rensselaer – *Bioethics: Bridge to the future*. Englewood Cliffs, NJ : Prentice Hall, 1971.

RAWLS, John – *Uma teoria da justiça*. São Paulo : Martins Fontes, 2016. ISBN 9788580632675

REY MARTINEZ, Fernando – Discurso del odio y racismo líquido. In SÁNCHEZ, Miguel Revenga – *Libertad de expresión y discursos del odio*. Madrid: Universidad de Alcalá, 2015. ISBN 9788416133642. p. 51-88.

ROSÁRIO, Pedro Trovão do – *A democracia semidirecta em Portugal*. Madrid : Universitas, 2013. ISBN 978-84-7991-413-4

RYAN, Alan – Introdução. In MILL, John Stuart – *Sobre a liberdade e A sujeição das mulheres*. São Paulo : Companhia das Letras, 2017. ISBN 9788582850466. p. 9-58.

SPINGO, Irene – Discursos de odio y liquidez em los tempos de internet. In RIOS, Blanca Martín – *La prevención y represión del discurso del odio. Hacia la construcción multidisciplinar de la tolerância*. Navarra : Thomson Reuters; Aranzadi, 2019. ISBN 9788413091617. p. 189-210.

TAGORE, Rabindranath – *Nacionalismo*. Coimbra: Almedina, 2017. ISBN 9789899890855

TODOROV, Tzvetan – *Os inimigos íntimos da democracia*. Lisboa : Edições 70, 2017. ISBN 9789724419435

TOURAINE, Alain – *O que é a democracia?* Tradução de Guilherme João de Freitas Teixeira. Petrópolis : Vozes, 1996. ISBN 9788532614131

UNESCO. Comissão Nacional da UNESCO – Portugal – *Declaração Universal sobre Bioética e Direitos Humanos*. [Em linha]. Paris : Unesco/SHS/EST/BIO, 2006. [Consult. 4 jan. 2020]. Disponível em WWW:<URL:https://unesdoc.unesco.org/ark:/48223/pf0000146180_por>.

VICENTE MARTINEZ, Rosario de – *El discurso del odio*. Valencia : Tirant lo Blanch, 2018. ISBN 978-84-9190-060-3

Direitos humanos e o princípio da dignidade humana & O biodireito e a pessoa transgénera

MANOEL PEREIRA DOS SANTOS NETO[1]

SUMÁRIO: Introdução. 1. Direitos fundamentais e a dignidade humana. 2. O biodireito e a dignidade humana. 3. Os direitos dos homossexuais. 4. A pessoa transgénera. 4.1 Algumas questões jurídicas sobre a pessoa transgénera. Considerações finais. Referências.

Introdução

Em sede de estudo dos novos desafios em sede de tutela da personalidade, resolveu-se pesquisar os problemas jurídicos que uma pessoa transgénera enfrenta no seu dia a dia.

Inicialmente, vamos definir como pilares para esse estudo os Direitos Humanos e o conceito de dignidade da pessoa. Tendo definido esses suportes, partir-se-á para questionar o que buscam os homossexuais e as pessoas transgéneras, quais direitos elas aspiram e quais dificuldades enfrentam. Dentro da seara do biodireito, tentaremos identificar quais as relações e inter-relações sociais das pessoas transgéneras e os efeitos jurídicos decorrentes delas. Por fim, o trabalho será fechado com a apresentação das considerações finais.

1. Direitos fundamentais e a dignidade humana

É comum encontrar na literatura uma diferenciação entre direitos humanos e direitos fundamentais, em que os direitos fundamentais seriam direi-

[1] Técnico em Geologia, Bacharel em Direito, Especialista em Gestão de Negócios, Mestre em Meio Ambiente e Desenvolvimento, Doutorando em Direito e Ciências Jurídicas pela Universidade Autónoma de Lisboa, Advogado, Escritor e Professor de Direito. Endereço eletrônico: xatonildo123@hotmail.com.

tos humanos positivados pelos Estados em suas respetivas Constituições. Tal distinção refere-se à separação entre direito interno e internacional (teoria dualista), cuja conceituação está em desuso em razão da Convenção de Viena, dos Tratados, que define um conceito monista para o arcabouço jurídico mundial, ou seja, que existe tão somente um arcabouço jurídico, devendo todas as normas se harmonizar entre si. Portanto, quando falamos em dignidade humana, englobamos o conceito de direitos fundamentais (direitos humanos positivados em nível interno) e direitos humanos (no plano de declarações e convenções internacionais), constituindo um critério de unificação de todos os direitos aos quais os homens se reportam. Para tanto, podemos abraçar Kant e a sua teoria de um Direito com valor universal ou Direito Cosmopolita, que é aquele que produz normas que ultrapassam as comunidades nacionais e identifica-se como sendo normas de uma comunidade planetária.[2]

Ora, os direitos humanos pertencem a toda e qualquer pessoa, sem quaisquer distinções, em qualquer momento histórico e em qualquer âmbito, interno ou internacional, podendo-se dizer que são universais. Além disso, os direitos humanos apresentam-se indivisíveis e interdependentes, porque a realização de alguns depende da efetivação de outros. A universalidade, a indivisibilidade e a interdependência, além de outras características que eles possam apresentar, permitem que todos os direitos humanos gravitem em torno de um núcleo comum, que é efetivar o princípio da dignidade humana, entendendo esta como um valor fundamental, intrínseco ao ser humano, que obriga que o indivíduo seja tratado segundo suas decisões, pensamentos, manifestações de consentimento, de forma a garantir seu amplo desenvolvimento no grupo social, não podendo ter sua inviolabilidade sobrepujada nem mesmo pelo bem-estar da sociedade.[3]

A dignidade humana é tratada, em parte, como regra e, em parte, como princípio. Para o princípio da dignidade humana, existe um amplo grupo de

[2] Martins-Costa, Judith – Bioética e dignidade da pessoa humana: rumo à construção do biodireito. In Ascensão, José de Oliveira et al. (Coords.) – *Estudos de direito da bioética*. Coimbra : Almedina, 2008. Vol. 2, p. 87-110.

[3] Faro, Júlio Pinheiro – Um conceito de dignidade humana (II): um ponto de encontro – uma pequena teoria sobre os direitos e deveres fundamentais. *Revista do Instituto do Direito Brasileiro*. [Em linha]. 1:5 (2012) 2605-2658. [Consult. 22 out. 2015]. Disponível em WWW:<URL:<http://www.cidp.pt/ revistas/ridb/2012/05/2012_05_2605_2658.pdf>.

condições de precedência, nas quais há um alto grau de segurança acerca de que, de acordo com elas, o princípio da dignidade da pessoa precede aos princípios opostos. Não que o princípio da dignidade humana seja absoluto, mas não é limitado por nenhuma relação de preferência relevante em relação a outros princípios. A dignidade relaciona-se tanto com a liberdade e valores do espírito, como com as condições materiais de subsistência, ou seja, inclui pelo menos os direitos à renda mínima, saúde básica, educação fundamental e acesso à justiça.[4]

Essa perceção chegou à jurisprudência dos tribunais superiores brasileiros: "a dignidade da pessoa humana, um dos fundamentos do Estado democrático de direito, ilumina a interpretação da lei ordinária"[5]; fornecimento compulsório de medicamentos por parte do Poder Público[6]; a nulidade de cláusula contratual limitadora do tempo de internação hospitalar[7]; a rejeição da prisão por dívida motivada pelo não pagamento de juros absurdos[8]; o levantamento do FGTS para tratamento de familiar portador de HIV[9]).[10]

Mas nunca é demais ressaltar que a dignidade humana se concretiza quando a pessoa tem, no mínimo, plena fruição de todos os seus direitos fundamentais, ou seja, dos direitos humanos positivados internamente no Estado em que vive.[11] O ideal da dignidade humana seria a pessoa ter asse-

[4] Souza Júnior, Luiz Lopes de – A dignidade da pessoa humana e os direitos fundamentais. *Cola da Web*. [Em linha]. [Consult. 20 out. 2015]. Disponível em WWW:<URL:<http://www.coladaweb.com/direito/a-dignidade-da-pessoa-humana-e-os-direitos-fundamentais>.

[5] BRASIL. Superior Tribunal de Justiça – *Habeas Corpus n.º 9.892-RJ*. Relator: Ministro Hamilton Carvalhido. Relator para acórdão: Ministro Fontes de Alencar. Julgamento: 16 dez. 1999. Órgão Julgador: Sexta Turma. Publicação: DJ, 26 mar. 2001.

[6] Id. – *Recurso Ordinário em Mandado de Segurança n.º 11.183-PR*. Relator: Ministro José Delgado. Julgamento: 22 ago. 2000. Órgão Julgador: Primeira Turma. Publicação: DJ, 4 set. 2000.

[7] SÃO PAULO. Tribunal de Justiça – *Apelação Cível n.º 110.772-4/4-00*. Relator: Desembargador Oswaldo Breviglieri. Julgamento: N/A. Órgão Julgador: Sétima Comarca de Direito Privado. Registro: 18 abr. 2001.

[8] Id. Superior Tribunal de Justiça – *Habeas Corpus n.º 12.547/DF*. Relator: Ministro Rui Rosado de Aguiar. Julgamento: 01 jun. 2000. Órgão Julgador: Quarta Turma. Publicação: DJ, 12 fev. 2001.

[9] Id. – *Recurso Especial n.º 249.026/PR*. Relator: Ministro José Delgado. Julgamento: 23 maio 2000. Órgão Julgador: Primeira Turma. Publicação: DJ, 26 jun. 2000.

[10] Souza Júnior, Luiz Lopes de – A dignidade da pessoa humana e os direitos fundamentais. *Cola da Web*. [Em linha]. [Consult. 20 out. 2015]. Disponível em WWW:<URL:<http://www.coladaweb.com/direito/a-dignidade-da-pessoa-humana-e-os-direitos-fundamentais>.

[11] Ibid.

gurado todos os direitos humanos e poder usufruir deles, independentemente de seu reconhecimento positivado.

2. O biodireito e a dignidade humana

O legalismo ou positivismo procura reduzir o fenômeno jurídico à produção legislativa de normas, fazendo crer que, para cada nova situação social, haveria sempre de haver uma intervenção do legislador para enquadrá-la, com o poder impositivo do Estado. Ora, o Direito desenvolve-se historicamente, em um processo dialético entre a tradição e a ruptura, entre os processos de continuidade e os de descontinuidade; relegá-lo ao plano das leis é minorar a sua importância na regulação das relações sociais, em especial no momento em que o mundo vive em uma velocidade incrível, por causa dos meios de comunicação, e como também das novas descobertas científicas que tem quebrado paradigmas em relação aos conhecimentos dogmáticos anteriores.[12]

Nesse cenário, em especial do pós-segunda guerra mundial, exsurge com força o princípio da dignidade humana, após a barbárie nazista e as suas experiências com pessoas, tanto no seu extermínio como em termos de genética, assim como ante a realidade da biomedicina. A dignidade humana surge nesse contexto para designar a humanidade da pessoa e reconhecer que ela pertence ao género humano, que o Estado e a ciência têm que respeitar esse conceito, devendo ser colocados limites às suas atividades nesse campo, e que a existência do ordenamento jurídico é animada e justificada pelas qualidades essenciais que a pessoa possui.[13]

A Declaração Universal do Genoma Humano e dos Direitos Humanos[14] (adotada em 1997 pela UNESCO e endossada pela Assembleia Geral das Nações Unidas na sua resolução 53/152, de 1998) vem afirmar esses concei-

[12] MARTINS-COSTA, Judith – Bioética e dignidade da pessoa humana: rumo à construção do biodireito. In ASCENSÃO, José de Oliveira et al. (Coords.) – *Estudos de direito da bioética.* Coimbra : Almedina, 2008. Vol. 2, p. 87-110.

[13] MALUF, Adriana Caldas do Rego Freitas Dabus – *Curso de bioética e biodireito.* 2.ª ed. São Paulo: Atlas, 2013.

[14] PORTUGAL. Ministério Público – *Direitos Humanos.* [Em linha]. Lisboa, 2000. [Consult. 20 out. 2015]. Disponível em WWW:<URL:<http://direitoshumanos.gddc.pt/3_19/III-PAG3_19_1.htm>.

tos, uma vez que toda a Declaração é fundada no princípio da dignidade da pessoa humana, a qual foi reiterada em seu Protocolo Adicional, firmado em Strasbourg, em 2005. Em termos europeus, temos a Convenção Europeia sobre os Direitos do Homem e a Biomedicina[15] (também conhecida como Convenção de Oviedo), adotada em 1996, em cujos considerandos alerta que o uso desviado da Biologia e da Medicina pode conduzir à prática de atos que podem pôr em risco a dignidade humana. Nas Américas, a Declaração Ibero-Latino-Americana sobre Ética e Genética[16], adotada em 1998, traz em seu bojo que devem ser respeitadas a dignidade, a identidade e a integridade humanas e os direitos humanos reafirmados nos documentos jurídicos internacionais.[17]

No bojo dessa evolução do direito surge o Biodireito, que vem a ser um novo ramo do estudo jurídico, resultado do encontro entre a bioética e o direito, voltado ao estudo dos avanços tecnológicos conectados à medicina e à biotecnologia, peculiaridades relacionadas ao corpo humano e à dignidade humana. Por sua vez, Stela Barbas[18] entende que a bioética seria uma interação de diálogo da ética com a vida, a qual seria aplicada na Biomedicina, no sentido de validar valores do seu desenvolvimento científico. O papel do direito estaria, nesse contexto, voltado para reconhecer os avanços da ciência, e não impedi-los, mas, ao mesmo tempo, impor limitações ao uso das descobertas científicas em face do princípio da dignidade humana[19], para

[15] EUROPA. Conselho – *Convenção Europeia sobre os Direitos do Homem e a Biomedicina*. [Em linha]. Oviedo : Conselho da Europa, 4 abr. 1997 [Consult. 29 out. 2015]. Disponível em WWW:<URL:<http://gddc.ministeriopublico.pt/sites/default/files/documentos/instrumentos/convencao_protecao_dh_biomedicina.pdf>.

[16] Declaração Ibero-Latino-Americana sobre Ética e Genética. Declaração de Manzanillo de 1996 [Em linha]. Manzanillo, 1996; revisada em Buenos Aires, 7 nov. 1998. [Consult. 29 out. 2015]. Disponível em WWW:<URL:https://www.ufrgs.br/bioetica/manza98.htm>.

[17] Martins-Costa, Judith – Bioética e dignidade da pessoa humana: rumo à construção do biodireito. In Ascensão, José de Oliveira et al. (Coords.) – *Estudos de direito da bioética*. Coimbra : Almedina, 2008. Vol. 2, p. 87-110.

[18] Barbas, Stela Marcos de Almeida Neves – *Direito do Genoma Humano*. Lisboa : Almedina, 2007.

[19] Maluf, Adriana Caldas do Rego Freitas Dabus – *Curso de bioética e biodireito*. 2.ª ed. São Paulo: Atlas, 2013.

tentar evitar que estas venham a prejudicar o próprio ser humano, ao tempo em que fornece critérios para a tomada de decisões.[20]

O ser humano, desde que é concebido, mesmo sem saber, uma vez que ainda não nasceu e não tem consciência, já começa a passar por um processo de personalização[21], o qual deve ser respeitado. Esse respeito ao ser humano deve ser contínuo, mesmo depois de sua morte, e deve se pautar no respeito à dignidade humana. A dignidade humana deve, obrigatoriamente, ser o norte para a biomedicina, a bioética e o biodireito, pois a vida humana não é uma mera questão de sobrevivência do corpo biológico da pessoa, mas também de se poder viver com dignidade.[22]

3. Os direitos dos homossexuais

O debate sobre identidade sexual, orientação sexual e identidade de género teve sua abertura no século passado, nos campos da medicina, antropologia, sociologia, psicologia, filosofia e do direito. Em razão disso e de sua evolução, esses conceitos começaram a ser internalizados pelos Estados, com base na valorização da dignidade humana e no respeito aos direitos humanos e aos direitos da personalidade.[23]

O sexo seria o conjunto de características biológicas dos aparelhos reprodutores masculino e feminino. A identidade sexual seria a conexão entre o sentir psíquico da pessoa e as suas características anatômicas. A orientação sexual seria a forma de a pessoa viver a sua sexualidade, podendo ser: heterossexual, homossexual, bissexual ou assexual. A identidade de género seria como a pessoa se expressa em suas relações sociais.[24]

Sem entrar na discussão do porquê do homossexualismo, se derivada de fatores genéticos, hormonais, ambientais e/ou psicológicos, trata-se de uma realidade desde os primórdios da civilização. Com o advento do conceito universal dos Direitos Humanos no Século XX, os direitos dos homossexuais foram sendo reconhecidos, saindo da categoria de negativa de direitos

[20] Barbas, Stela Marcos de Almeida Neves, op. cit.

[21] Ibid.

[22] Maluf, Adriana Caldas do Rego Freitas Dabus, op. cit.

[23] Ibid.

[24] Ibid.

(excluídos da sociedade); deixando os atos homossexuais de ser considerados como crime em algumas legislações e deixando o homossexualismo de ser considerado uma doença na seara da medicina ou um desvio de comportamento na seara psicológica.[25]

Daí, então, alguns direitos humanos começaram a ser entendidos como possíveis de serem deferidos aos homossexuais, dentro do que se convencionou chamar de direitos das minorias. Neste tocante, passaram a receber proteção legal o direito à identidade de género e de orientação sexual, à liberdade individual, à intimidade, à vida privada, à igualdade, à não discriminação, à constituição de família[26], à filiação, tudo isso embasado pela dignidade humana.[27]

Porém, a maior resistência aos direitos dos homossexuais deriva do seu pensamento antagônico, a homofobia, ou seja fobia (sufixo de origem grega e que significa medo) ao homo (pseudoprefixo para a palavra homossexual, que significa pessoa que gosta de outra pessoa do mesmo sexo) e que se traduz em atitudes e sentimentos negativos em relação aos homossexuais, bissexuais, transgéneros e intersexuais[28]. A homofobia vem carregada de mitos e preconceitos, reforçados pelo desconhecimento ou negativa do conhecimento e da influência religiosa. Destaca-se que, para muitos políticos ou formadores de opinião, a homofobia é legítima e deve ser plenamente exercida, posto que ainda consideram o homossexualismo como um desvio patológico de comportamento que pode contaminar outras pessoas ou um pecado mortal, o que, em quaisquer das hipóteses, deve ser extirpado do seio social;

[25] MALUF, Adriana Caldas do Rego Freitas Dabus – *Curso de bioética e biodireito.* 2.ª ed. São Paulo: Atlas, 2013.

[26] No Brasil, embora não haja legislação a respeito, o Conselho Nacional de Justiça (CNJ), que é órgão fiscalizador e corregedor do Poder Judiciário, regulamentou o casamento entre pessoas do mesmo sexo por meio de resolução (Resolução n.º 175 de 14/05/2013), determinando aos registros de ofícios de pessoas naturais a proceder a esta celebração. A Resolução, entretanto, pode ser questionada, porque, de regra, primariamente quem regulamenta esta matéria no Brasil é o Poder Legislativo (BRASIL. Conselho Nacional de Justiça – *Resolução n.º 175, de 14 de maio 2013.* Dispõe sobre a habilitação, celebração de casamento civil, ou de conversão de união estável em casamento, entre pessoas de mesmo sexo. [Em linha]. DJe; CNJ, n.º 89, 15 maio 2013, p. 2. [Consult. 29 out. 2015]. Disponível em WWW:<URL:http://www.cnj.jus.br/atos-normativos?documento=1754>).

[27] MALUF, Adriana Caldas do Rego Freitas Dabus, op. cit.

[28] BABYLON – *homofobia.* [Em linha]. Or Yehuda, 2015. [Consult. 28 out. 2015]. Disponível em WWW:<URL:https://tradutor.babylon-software.com/portugues/Homofobia/>.

essas pessoas já não pensam da mesma maneira em relação a outras minorias (por exemplo, negros, indígenas, mulheres etc.).

As pessoas homofóbica se esquecem que dentro da biodiversidade também se enquadra o homossexualismo, posto que a diversidade sexual também faz parte da diversidade humana e que esta merece e deve ser amparada pelo Estado, o qual tem que elaborar e implementar políticas públicas com o objetivo de asseverar o respeito a essa diversidade, através de ações positivas. O Estado tem o dever de coibir práticas discriminatórias em razão da orientação sexual e identidade de género, protegendo os princípios da dignidade humana, aqui traduzidos, além de outros, no respeito à diferença e a não discriminação.[29]

Porém, a realidade atual ainda demonstra que, com base na orientação sexual identidade de género, é negada, aos homossexuais, igualdade de direitos, que são deferidos aos heterossexuais, tais como: o direito à não discriminação e à proteção contra o abuso e a violência; direito à vida; direito de estar livre de tortura ou do tratamento cruel, desumano e degradante; direito de não sofrer prisões arbitrárias; direito à liberdade de ir e vir; direito a julgamento isento; direito à privacidade; os direitos à livre expressão e à livre associação; direito à prática religiosa; direito ao trabalho; direitos à securidade, assistência e benefícios sociais; direito à saúde física e mental; direito de formar uma família (casamento e filhos); direito à educação.[30]

4. A pessoa transgénera

A pessoa transgénera é aquela que sente uma incompatibilidade psicológica com a sua identidade genética e anatômica, vez que se vê mentalmente como de género sexual diverso, ou seja, a pessoa possui elementos biológicos de um sexo e o comportamento psicológico de outro sexo.[31] A Organização Mundial da Saúde entendia o transexualismo como um transtorno de identidade sexual, traduzido em um desejo de viver e ser aceito enquanto pessoa

[29] MALUF, Adriana Caldas do Rego Freitas Dabus – *Curso de bioética e biodireito*. 2.ª ed. São Paulo: Atlas, 2013.
[30] Ibid.
[31] NAMBA, Edison Tetsuzo – *Manual de bioética e biodireito*. 2.ª ed. São Paulo : Atlas, 2015.

do sexo oposto[32], sendo que, atualmente, passou a considerar o transexualismo como uma acentuada e persistente incongruência do género sexual atribuído a um determinado indivíduo e o que ele de fato se sente.[33]

Entenda que essa incompatibilidade psicológica não traduz a orientação sexual da pessoa transgénera. Do ponto de vista mental, essa pessoa pode gostar: de pessoas do sexo oposto ao dela (heterossexual); de pessoas do mesmo sexo (homossexual), de pessoas de ambos os sexos (bissexual); e ainda pode não querer se relacionar sexualmente com ninguém, independente do sexo que a outra pessoa tenha (assexual).

A visão dos direitos das pessoas transgéneras vem evoluindo, pois, além de envolver os direitos humanos referentes aos direitos dos homossexuais, inclui, em especial, o direito à integridade física e psíquica e o direito de acesso à saúde, já que a identidade de género é fator determinante e condicionante da situação de saúde dessas pessoas e pode demandar procedimentos médicos e/ou cirúrgicos que visem possibilitar a sua plena inserção na sociedade.[34] Para tanto, a Organização Mundial da Saúde (OMS) deu um passo importante ao anunciar, em 18/06/2018, durante a 11.ª Revisão da Classificação Estatística Internacional de Doenças e Problemas Relacionados à Saúde (CID 11), a retirada dos transtornos de identidade de género do capítulo de doenças mentais, que passou a se chamar de incongruência de género e inserido no capítulo sobre saúde sexual.[35]

[32] Correio Braziliense – *Transexual, travesti, drag queen... qual é a diferença?* [Em linha]. Brasília, 27 dez. 2016. [Consult. 23 jul. 2018]. Disponível em WWW:<URL:http://especiais.correiobraziliense.com.br/transexual-travesti-drag-queen-qual-e-a-diferenca>.

[33] Lotti, Paulo – Cidadania das pessoas trans: avanço na OMS e continuidade de atendimento no SUS. *Justificando.* [Em linha]. 19 jul. 2018. [Consult. 23 jul. 2018]. Disponível em WWW:<URL:http://justificando.cartacapital.com.br/2018/06/19/ http://www.justificando.com/2018/06/19/cidadania-das-pessoas-trans-avanco-na-oms-e-continuidade-de-atendimento-no-sus/>.

[34] Maluf, Adriana Caldas do Rego Freitas Dabus – *Curso de bioética e biodireito.* 2.ª ed. São Paulo: Atlas, 2013.

[35] NAÇÕES UNIDAS BRASIL – *OMS anuncia retirada dos transtornos de identidade de gênero de lista de saúde mental.* [Em linha]. Brasília, 19 jun. 2018. [Consult. 18 jul. 2018]. Disponível em WWW:<URL:https://nacoesunidas.org/oms-anuncia-retirada-dos-transtornos-de-identidade-de-genero-lista-saude-mental>.

Além dessa revisão na CID 11, a Organização das Nações Unidas (ONU) lançou uma cartilha[36] para explicar o que seria identidade de género e o transgénero. De acordo com essa cartilha, a identidade de género é quando a pessoa se reconhece com o seu próprio género, enquanto que no transgénero não há essa identidade, em que a identidade pode ser como homem, mulher, trans-homem, trans-mulher, pessoa não binária, travesti ou outros termos.

No Brasil, o Conselho da Justiça Federal[37], que tem por objetivo supervisionar e integrar a Justiça Federal Brasileira, promove jornadas com o intuito de procurar uniformizar teses jurídicas para orientar os juízes federais na aplicação das normas. Na IV Jornada de Direito Civil, foi aprovado o Enunciado n.º 276[38], que tratou do transexual:

> O art. 13 do Código Civil, ao permitir a disposição do próprio corpo por exigência médica, autoriza as cirurgias de transgenitalização, em conformidade com os procedimentos estabelecidos no Conselho Federal de Medicina, e a consequente alteração do prenome e do sexo no Registro Civil.

Em julgado do Superior Tribunal de Justiça brasileiro[39], a Relatora Ministra Nancy Andrighi decidiu pela alteração de nome e de identidade de sexo de um transexual, após a pessoa ter sido submetida à cirurgia de redesignação. Além disso, na decisão constou que na nova certidão civil não deverá constar referência da decisão judicial, pois isso poderia expor a pessoa a situações constrangedoras e discriminatórias.[40]

Após essas duas notícias, no Brasil, houve, no período pós-2015, um direcionamento de interpretação legal em favor do transexual, em que se pode

[36] NAÇÕES UNIDAS. Escritório do Alto Comissariado – *Pessoas Transgênero.* [Em linha]. Brasília : UNFE, maio 2017. [Consult. 17 jul. 2018]. Disponível em WWW:<URL:https://www.unfe.org/wp-content/uploads/2017/05/Transgender-PT.pdf>.

[37] Mais informações sobre o CJF disponíveis em WWW:<URL:http://www.cjf.jus.br>.

[38] BRASIL. Conselho da Justiça Federal – *Enunciado n.º 276.* [Em linha]. Brasília, 2006. [Consult. 30 out. 2015]. Disponível em WWW:<URL:https://www.cjf.jus.br/enunciados/enunciado/232>.

[39] Id. Superior Tribunal de Justiça – *Recurso Especial n.º 1.008.398/SP.* Relatora: Ministra Nancy Andrighi. Julgamento: 15 out. 2009. Órgão Julgador: Terceira Turma. Publicação: DJe, 18 nov. 2009.

[40] NAMBA, Edison Tetsuzo – *Manual de bioética e biodireito.* 2.ª ed. São Paulo : Atlas, 2015.

citar o posicionamento do Corregedor Nacional de Justiça, em publicação de 05/10/2016[41], Ministro João Otávio de Noronha, o qual afirmou, em decisão de liminar pedida pela Defensoria Pública da União, com base nos princípios da isonomia e segurança jurídica, e na interpretação feita do artigo 40 da Lei de Registros Públicos[42], que não haveria necessidade da cirurgia de redesignação para que a pessoa trans tenha direito à alteração de nome e sexo em

[41] Informação constante na página de notícias do Conselho Nacional de Justiça (BRASIL. Conselho Nacional de Justiça – Cirurgia para mudar sexo no registro civil não é necessária, diz corregedor. *Notícias CNJ*. [Em linha]. Brasília : CNJ, 05 out. 2016. [Consult. 20 jul. 2018]. Disponível em WWW:<URL:https://www.cnj.jus.br/cirurgia-para-mudar-sexo-em-registro-civil-nao-e-necessaria-diz-corregedor/>).

[42] "Art. 40. Fora da retificação feita no ato, qualquer outra só poderá ser efetuada nos termos dos arts. 109 a 112 desta Lei. [...]

Art. 109. Quem pretender que se restaure, supra ou retifique assentamento no Registro Civil, requererá, em petição fundamentada e instruída com documentos ou com indicação de testemunhas, que o Juiz o ordene, ouvido o órgão do Ministério Público e os interessados, no prazo de cinco dias, que correrá em cartório.

§ 1º Se qualquer interessado ou o órgão do Ministério Público impugnar o pedido, o Juiz determinará a produção da prova, dentro do prazo de dez dias e ouvidos, sucessivamente, em três dias, os interessados e o órgão do Ministério Público, decidirá em cinco dias.

§ 2º Se não houver impugnação ou necessidade de mais provas, o Juiz decidirá no prazo de cinco dias.

§ 3º Da decisão do Juiz, caberá o recurso de apelação com ambos os efeitos.

§ 4º Julgado procedente o pedido, o Juiz ordenará que se expeça mandado para que seja lavrado, restaurado e retificado o assentamento, indicando, com precisão, os fatos ou circunstâncias que devam ser retificados, e em que sentido, ou os que devam ser objeto do novo assentamento.

§ 5º Se houver de ser cumprido em jurisdição diversa, o mandado será remetido, por ofício, ao Juiz sob cuja jurisdição estiver o cartório do Registro Civil e, com o seu "cumpra-se", executar-se-á.

§ 6º As retificações serão feitas à margem do registro, com as indicações necessárias, ou, quando for o caso, com a trasladação do mandado, que ficará arquivado. Se não houver espaço, far-se-á o transporte do assento, com as remissões à margem do registro original.

Art. 110. O oficial retificará o registro, a averbação ou a anotação, de ofício ou a requerimento do interessado, mediante petição assinada pelo interessado, representante legal ou procurador, independentemente de prévia autorização judicial ou manifestação do Ministério Público, nos casos de:

I – erros que não exijam qualquer indagação para a constatação imediata de necessidade de sua correção;

II – erro na transposição dos elementos constantes em ordens e mandados judiciais, termos ou requerimentos, bem como outros títulos a serem registrados, averbados ou anotados, e o

seu registro civil e determinou que as corregedorias dos Tribunais de Justiça dos Estados e do Distrito Federal e os cartórios informassem se a não exigência desse tipo de cirurgia teria sido objeto de regulamentação, assim como se estaria havendo problemas para que tal desiderato fosse consignado sem a exigência desnecessária.

Outra seria uma decisão em sede de Recurso Especial, da Quarta Turma do Superior Tribunal de Justiça, de relatoria do Ministro Luis Felipe Salomão, em publicação de 09/05/2017[43], em que o mesmo entendeu que os transexuais não precisam realizar cirurgia de redesignação para terem direito à alteração de nome e sexo no registro civil, até porque, conforme justificado, esse tipo de cirurgia pode ser inviável do ponto de vista financeiro (vez que o Estado não oferece a cirurgia de forma gratuita) ou por impedimento médico; assim como que haveria fundamento na própria Lei de Registros

documento utilizado para a referida averbação e/ou retificação ficará arquivado no registro no cartório;
III – inexatidão da ordem cronológica e sucessiva referente à numeração do livro, da folha, da página, do termo, bem como da data do registro;
IV – ausência de indicação do Município relativo ao nascimento ou naturalidade do registrado, nas hipóteses em que existir descrição precisa do endereço do local do nascimento;
V – elevação de Distrito a Município ou alteração de suas nomenclaturas por força de lei.
§ 1º (Revogado).
§ 2º (Revogado).
§ 3º (Revogado).
§ 4º (Revogado).
§ 5º Nos casos em que a retificação decorra de erro imputável ao oficial, por si ou por seus prepostos, não será devido pelos interessados o pagamento de selos e taxas.
Art. 111. Nenhuma justificação em matéria de registro civil, para retificação, restauração ou abertura de assento, será entregue à parte.
Art. 112. Em qualquer tempo poderá ser apreciado o valor probante da justificação, em original ou por traslado, pela autoridade judiciária competente ao conhecer de ações que se relacionarem com os fatos justificados" (BRASIL. Presidência da República – *Lei n.º 6.015, de 31 de dezembro de 1973.* [Em linha]. Brasília : DOU, 31 dez. 1973, 16 set. 1975, retificado em 30 out. 1975. [Consult. 23 jul. 2018]. Disponível em WWW:<URL:http://www.planaltop.gov.br>).

[43] Id. Superior Tribunal de Justiça – Transexuais têm direito à alteração do registro civil sem realização de cirurgia. *Notícias.* [Em Linha]. Brasília, 09 maio 2017. [Consult. 20 jul. 2018]. Disponível em WWW:<URL:http://www.stj.jus.br/sites/portalp/Paginas/Comunicacao/Noticias-antigas/2017/2017-05-09_19-47_Transexuais-tem-direito-a-alteracao-do-registro-civil-sem-realizacao-de-cirurgia.aspx>. Não foi disponibilizado o número do processo pelo fato do mesmo ter transitado em segredo de justiça.

Públicos[44]; e citou exemplos internacionais, tais como no Reino Unido, Espanha, Argentina, Noruega e Portugal; e que o sexo constante do registro civil deve levar em consideração também o aspeto psicossocial da pessoa.

E último exemplo aqui colacionado vem do Supremo Tribunal Federal, que, em decisão por maioria, em sede de Ação Direta de Inconstitucionalidade (ADIN), publicada em 09/03/2018, interpretou o artigo 58 da Lei de Registros Públicos[45] de acordo com a Constituição de República Federativa do Brasil[46] e a Convenção Americana de Direitos Humanos[47], resolvendo que "aos transgêneros que assim o desejarem, independentemente da cirurgia de transgenitalização, ou da realização de tratamentos hormonais ou patologizantes, o direito à substituição de prenome e sexo diretamente no registro civil"[48]. Por conseguinte, após a publicação do acórdão dessa decisão do STF, as pessoas transexuais (que não se reconhecem pelo género de nascimento) e as pessoas travestis (que vivenciam o género feminino) podem alterar o nome e o sexo no seu registro civil, sem a necessidade de realizar nenhum procedimento cirúrgico e sem apresentar laudo psicológico e/ou psiquiátrico, conforme também decidido na referida ADIN.

[44] "Art. 55 (omissis). Parágrafo único. Os oficiais do registro civil não registrarão prenomes suscetíveis de expor ao ridículo os seus portadores" (BRASIL. Presidência da República – *Lei n.º 6.015, 31 de dezembro de 1973*. Dispõe sobre os registros públicos, e dá outras providências. [Em linha]. Brasília : DOU, 31 dez. 1973, republicado em 16 set. 1975. [Consult. 23 jul. 2018]. Disponível em WWW:<URL:http://www.planalto.gov.br/ccivil_03/LEIS/L6015original.htm>).

[45] "Art. 58. O prenome será definitivo, admitindo-se, todavia, a sua substituição por apelidos públicos notórios" (ibid.).

[46] Id. – *Constituição da República Federativa do Brasil de 1988*. [Em linha]. [Consult. 14 ago. 2019]. Brasília, 5 out. 1988. Disponível em WWW:<URL:http://www.planalto.gov.br/ccivil_03/constituicao/ constituicao.htm>.

[47] Conhecida como *Pacto de São José da Costa Rica*, em face do lugar onde a mesma foi aprovada, foi inserida no ordenamento jurídico brasileiro por meio da promulgação do Decreto n.º 678/1992 (id – *Decreto n.º 678, de 6 de novembro de 1992*. Promulga a Convenção Americana sobre Direitos Humanos (Pacto de São José da Costa Rica), de 22 de novembro de 1969. [Em linha]. Brasília : DOU, 9 nov. 1992. [Consult. 23 jul. 2018]. Disponível em WWW:<URL: http://www.planalto.gov.br/ccivil_03/decreto/ D0678.htm>).

[48] Id. Supremo Tribunal Federal – *Ação Direta de Inconstitucionalidade n.º 4275*. Relator: Ministro Marco Aurelio Mello. Requerente: Procuradoria-Geral da República. Intimados: Presidente da República e Congresso Nacional. Julgamento: 01 mar. 2018. Órgão Julgador: Tribunal Pleno. Publicação: DJe, 09 mar. 2018.

Apesar desse avanço significativo na jurisprudência brasileira, tem-se que ainda não há uma segurança jurídica advinda da proteção legal, vez que, em ocorrendo uma alteração na composição dos tribunais superiores, essas decisões colacionadas podem ser revistas e o direito da alteração do nome e do sexo no registro civil pode ser revogado. Como bem dito por Namba, a mudança de sexo e do nome do mesmo no registro civil não é matéria pacífica nas terras brasileiras, quer seja para constar ou não nos documentos pessoais a informação de que houve a referida alteração, quer seja para os casos em que o transexual ainda não se submeteu à cirurgia de redesignação, quer seja para os casos em que não venha a se submeter a essa cirurgia; isso sem falar na deturpação que essa possibilidade poderia atrair, de pessoa que não é transexual, mas poderia alegar que é, para realizar a tal cirurgia ou não, com o intuito de alterar o seu registro civil com relação ao seu nome e ao sexo ali designado, para fugir de responsabilidade, civil e/ou criminal, adquirida quando da personalidade jurídica anterior.[49]

No entanto, é importante trazer mais uma vez o conteúdo da cartilha da ONU sobre pessoa transgénera[50], a qual possui um item sobre pontos de ação, no qual se requer que os Estados-membros da ONU, dentre outras medidas, adotem leis e políticas antidiscriminação compreensivas, que reconheçam a identidade de género de pessoas trans e proíbam a discriminação com base em identidade de género e expressão de género, garantir acesso a serviços de saúde e treinar as pessoas que lidam com essas pessoas sobre o respeito e o tratamento a pessoas trans.

4.1. Algumas questões jurídicas sobre a pessoa transgénera

Após esse introito sobre os direitos da pessoa transgénera e pelo fato de o foco do trabalho estar no biodireito, optou-se, neste momento do estudo, por apresentar questionamentos sobre situações jurídicas que essa pessoa ou pessoas que tenham relação com pessoa transgénera possam vir a enfrentar, e que no entender de seu autor ainda não encontram respostas definiti-

[49] Namba, Edison Tetsuzo – *Manual de bioética e biodireito*. 2.ª ed. São Paulo : Atlas, 2015.

[50] NAÇÕES UNIDAS. Escritório do Alto Comissariado – *Pessoas Transgênero*. [Em linha]. Brasília : UNFE, maio 2017. [Consult. 17 jul. 2018]. Disponível em WWW:<URL:https://www.unfe.org/wp-content/uploads/2017/05/Transgender-PT.pdf>.

vas do direito. Isso, com o intuito de fazer com que os estudiosos do direito possam refletir a respeito.

Pode-se iniciar os questionamentos perquirindo como ficaria a situação jurídica da pessoa transgénera após a cirurgia de redesignação; se a pessoa continuaria a ser considerada como transgénera ou se seria considerada apenas pelo sexo resultante da cirurgia.

Como o direito responderia ao caso da pessoa transgénera que consegue alterar seu nome e o sexo no registro civil, mas não faz a cirurgia de redesignação. E no caso de conseguir alterar seu nome e o sexo no registro civil antes da cirurgia de redesignação, como seria considerado juridicamente esse período pós-alteração registral e pré-redesignação cirúrgica.

No caso de casamento de pessoas transgéneras, podem existir, dentre outras, as seguintes situações jurídicas:

a) se a pessoa transgénera for casada antes da alteração de seus dados no registro civil (nome e sexo) com pessoa de sexo oposto ao seu biológico, como ficaria o casamento posteriormente no caso de as duas pessoas pretenderem continuar casadas?
b) se a pessoa transgénera for casada antes da cirurgia de redesignação de sexo com pessoa de sexo oposto ao seu biológico, como ficaria o casamento posteriormente, no caso de as duas pessoas pretenderem continuar casadas?
c) se duas pessoas transgéneras forem casadas antes da alteração de seus dados no registro civil (nome e sexo), como ficaria o casamento posteriormente no caso de as duas pessoas pretenderem continuar casadas?
d) se duas pessoas transgéneras forem casadas antes de as duas fazerem cirurgia de redesignação de sexo, como ficaria o casamento posteriormente no caso de as duas pessoas pretenderem continuar casadas?
e) se duas pessoas transgéneras forem casadas antes da alteração de seus dados no registro civil (nome e sexo), como ficaria o casamento posteriormente no caso de apenas uma delas fazer a alteração de seus dados no registro civil e as duas pessoas pretenderem continuar casadas?
f) se duas pessoas transgéneras forem casadas antes de fazerem cirurgia de redesignação de sexo, como ficaria o casamento posteriormente no caso de apenas uma delas fazer a cirurgia de redesignação e as duas pessoas pretenderem continuar casadas?

g) se duas pessoas transgéneras forem casadas antes da alteração de seus dados no registro civil (nome e sexo) ou de fazerem cirurgia de redesignação de sexo, como ficaria o casamento posteriormente no caso de apenas uma delas fazer a alteração de seus dados no registro civil e a outra fazer a cirurgia de redesignação e as duas pessoas pretenderem continuar casadas?
h) se a pessoa transgénera for casada antes da alteração de seus dados no registro civil (nome e sexo) com pessoa de mesmo sexo ao seu biológico, como ficaria o casamento posteriormente no caso de as duas pessoas pretenderem continuar casadas, se permaneceria a mesma situação anterior, ou seria transformada em casamento entre pessoas de sexos diferentes, ou ainda se precisariam providenciar o divórcio e se casarem novamente?
i) se a pessoa transgénera for casada antes da cirurgia de redesignação de sexo com pessoa de mesmo sexo ao seu biológico, como ficaria o casamento posteriormente no caso de as duas pessoas pretenderem continuar casadas, se permaneceria a mesma situação anterior, ou seria transformada em casamento entre pessoas de sexos diferentes, ou ainda se precisariam providenciar o divórcio e se casarem novamente?
j) se a pessoa transgénera, após alterar seus dados no registro civil (nome e sexo), gostar de pessoa do mesmo sexo psíquico e querer com ela casar, nesse caso como seria considerado o casamento, se entre pessoas do mesmo sexo ou casamento entre pessoas de sexos diferentes?
k) se a pessoa transgénera, após a cirurgia de redesignação, gostar de pessoa do mesmo sexo psíquico e querer com ela casar, nesse caso como seria considerado o casamento, se entre pessoas do mesmo sexo ou casamento entre pessoas de sexos diferentes?
l) se a pessoa transgénera, após alterar seus dados no registro civil (nome e sexo), querer se casar com pessoa do sexo oposto ao do seu psíquico, se seria um casamento entre pessoas de sexos diferentes ou seria um casamento entre pessoas do mesmo sexo?
m) se a pessoa transgénera, após a cirurgia de redesignação, querer se casar com pessoa do sexo oposto ao do seu psíquico, se seria um casamento entre pessoas de sexos diferentes ou seria um casamento entre pessoas do mesmo sexo?
n) se a pessoa transgénera, após alterar seus dados no registro civil (nome e sexo), se casar com pessoa do sexo oposto ao do seu psíquico,

sem informá-la da sua situação anterior à alteração de seus dados no registro civil e esta, ao descobrir posteriormente, considerar insuportável a continuidade da convivência em comum e resolver separar-se, alegando erro essencial do outro cônjuge, se será caso de anulação do casamento ou de divórcio e se caberá pedido de indenização moral?

o) se a pessoa transgénera, após a cirurgia de redesignação, se casar com pessoa do sexo oposto ao do seu psíquico, sem informá-la da sua situação anterior à redesignação e esta, ao descobrir posteriormente, considerar insuportável a continuidade da convivência em comum e resolver separar-se, alegando erro essencial do outro cônjuge, se será caso de anulação do casamento ou de divórcio e se caberá pedido de indenização moral?

No caso de filiação de pessoa transgénera, podem existir as seguintes situações jurídicas:

a) com relação aos filhos tidos antes da alteração de seus dados no registro civil (nome e sexo) e/ou de realizar a cirurgia de redesignação e a informação que consta no assentamento civil desses filhos com relação ao nome e sexo da pessoa que alterou seus dados no registro civil e/ou se submeteu à cirurgia de redesignação, se seria alterado para constar a nova situação pessoal ou permaneceria o registrado anteriormente;
b) para o caso de adoção de filhos posteriormente à alteração de seus dados no registro civil (nome e sexo) e/ou de realizar a cirurgia de redesignação, se constaria a nova situação pessoal ou constaria a situação anterior à alteração dos dados no registro civil e/ou da cirurgia;
c) se poderia uma mesma pessoa constar como pai para algum filho e mãe para outro.

Veja-se que o Biodireito tem muitas respostas a dar para atuar nas situações aqui elencadas ou até mesmo em outras que, porventura, já existam ou que venham a surgir e que aqui não tenham sido consideradas.

Considerações finais

Início as considerações finais, primeiramente a agradecer ao convívio e as orientações científicas e da vida que tive o privilégio inestimável de receber da Professora Stela Marcos de Almeida Neves Barbas, nas aulas de Doutoramento da Universidade Autónoma de Lisboa, que abriu o meu pensar para novos horizontes dentro do Direito. Desta forma, não poderia deixar de tomar a liberdade de pinçar alguns pensamentos dessa nobre professora, grande jurista e amiga, e aqui inseri-los, posto que totalmente coerentes com o tema aqui desenvolvido, a qual diz, em razão dos avanços científicos, que "o homem sempre quis 'brincar de Deus', descobrir os mistérios da criação e modificá-la, produzir o que se quer e excluir o que não agrada"[51], porém "o respeito da dignidade humana exige uma avaliação prévia do que é justo e bom, do que é aceitável e desejável, do que está ou não está ao serviço da pessoa [...] É premente a reafirmação de princípios fundamentais como a justiça e a equidade, a não maleficência e a autonomia do ser humano[52]" e que "A pessoa é um todo, uma unidade e não apenas uma parte. É o ponto de referência, o valor, o fim e não o meio para atingir o fim, é a realidade transcendente para o Direito, a Economia, a Política, a Ciência, a História"[53].

Isto posto e após refletir sobre algumas questões ligadas à pessoa transgénera, pode-se afirmar que os direitos humanos, inclusive aqueles positivados e conhecidos como direitos fundamentais, não pode escolher sexo, género, raça, cor, idade ou orientação; devem acolher a todos, indistintamente, sempre com o norte do respeito à dignidade da pessoa humana.

Observa-se que houve uma evolução bastante acentuada dos direitos humanos, especialmente a partir da Segunda Guerra Mundial, em que as atrocidades cometidas em nome de uma civilização serviram para sacudir as pessoas com relação à sua humanidade. Somente se espera que não haja necessidade de uma nova guerra mundial para que as pessoas possam se recordar que são seres humanos e o que isso significa em toda a sua amplitude, porque parece que a frieza da tecnologia às vezes dá a impressão de que o ser humano está perdendo o que tem de mais precioso: a sua humanidade.

Ainda com relação aos direitos humanos surgidos no pós-guerra, observa-se o acolhimento dos homossexuais como uma classe de pessoas a terem seus direitos tutelados. Não mais devendo ser tratados como pessoas que não

[51] BARBAS, Stela Marcos de Almeida Neves – *Direito do Genoma Humano*. Lisboa : Almedina, 2007, p. 69.

[52] Id. – Investigação da Filiação. In ASCENSÃO, José de Oliveira et al. (Coords.) – *Estudos de direito da bioética*. Coimbra : Almedina, 2008. p. 29-72, p. 30.

[53] Ibid., op. cit., p. 23.

têm direito a ter direitos, de má índole, cujos atos eram criminalizados ou então considerados como doentios ou com desvio patológico. A partir daí, as pessoas têm que superar ideias anteriormente concebidas em uma realidade distinta e seus preconceitos, para procurar perceber que os homossexuais são pessoas normais que só querem ser felizes, assim como as demais pessoas.

Nesse ponto, abra-se um parêntese para ressaltar que orientação sexual é diversa de incongruência de género, ou seja, os homossexuais e pessoa transgénera, apesar de estarem na categoria das minorias, a natureza do homossexual (gostar de pessoas do mesmo sexo) não é necessariamente igual à natureza da pessoa transgénera (não aceitar que o seu corpo físico não corresponda ao que o seu psiquismo pensa a respeito dele). Este contraponto entendeu-se como importante, haja vista a maioria das pessoas pensarem que homossexual e a pessoa transgénera têm a mesma natureza.

Nesse contexto, percebe-se a importância do biodireito como uma ferramenta para auxiliar a dar respostas jurídicas ao que ocorre com a pessoa transgénera, quando a mesma procura se ajustar internamente para ser uma pessoa por inteiro e ao mesmo tempo a refletir sobre as consequências de suas inter-relações sociais. Essas consequências adviriam desde o momento em que se entende ser uma pessoa transgénera, a passar pelos ajustes que tenha que fazer para se ver como uma pessoa em sua integridade, assim como nas inter-relações que venham a ocorrer posteriormente a esses ajustes. Tudo isso, para que a pessoa transgénera possa viver plenamente e tenha a sua dignidade humana exercida e respeitada em sua completude.

Porém, pode-se concluir, neste momento, que ainda não existem respostas para todas as questões jurídicas que surgem quando se trata de pessoa transgénera. Espera-se poder aprofundar esses estudos e, em uma outra oportunidade[54], oferecer algumas sugestões de solução para questões do tipo: se após a cirurgia de redesignação, a pessoa, do ponto de vista do biodireito, continuará a ser considerada como transgénero ou se será vista pelo género resultante da cirurgia.

[54] Reportagem de 03/04/2020 informa que as pessoas transgéneras ficam em 'limbo jurídico' por medidas de isolamento na América Latina (Panamá e Peru), por causa do coronavírus, ao não se enquadrarem nem como homem ou como mulher. Disponível em: <https://www.huffpostbrasil.com/entry/pessoas-trans-coronavirus_br_5e876739c5b609ebfff0835f> [Acesso em 20/04/2020].

E, além disso, mas não menos importante, é preciso cada um ter a consciência de que a mentalidade das pessoas está a se transformar a cada dia que passa, na qual certas classificações terminam por ficar ultrapassadas ou cair em desuso, especialmente, no presente caso, em relação à orientação sexual e identidade de género, e a se acrescer a esses dois conceitos a questão dos arranjos sociais. Isso porque se pode encontrar pessoas convivendo em um mesmo ambiente social em que, a depender do momento, se relacionarão com outra pessoa de mesmo sexo, de sexo diverso, transgénero, com uma ou mais pessoa ao mesmo tempo, podendo a vir a procriar, ficar doente, morrer, tudo nesse mesmo ambiente. Ou seja, aqui está a se tratar da questão da pessoa transgénera, mas não se pode perder de vista que outras questões humanas também poderão estar latentes ou mesmo à vista, e que o Direito, Cosmopolita, sem fronteiras, terá que ter resposta como veículo de pacificação social, consubstanciado sempre no norte do princípio da dignidade da pessoa humana.

Referências

BABYLON – *homofobia.* [Em linha]. Or Yehuda, 2015. [Consult. 28 out. 2015]. Disponível em WWW:<URL:https://tradutor.babylon-software.com/portugues/Homofobia/>.

BARBAS, Stela Marcos de Almeida Neves – *Direito do Genoma Humano.* Lisboa : Almedina, 2007. ISBN 978-972-40-3250-4

BARBAS, Stela Marcos de Almeida Neves – Investigação da Filiação. In ASCENSÃO, José de Oliveira et al. (Coord.) – *Estudos de direito da bioética.* Coimbra : Almedina, 2008. ISBN 978-972-40-4688-4. p. 29-72.

BRASIL. Conselho da Justiça Federal – *Enunciado n.º 276.* [Em linha]. Brasília, 2006. [Consult. 30 out. 2015]. Disponível em WWW:<URL:https://www.cjf.jus.br/enunciados/enunciado/232>.

BRASIL. Conselho Nacional de Justiça – Cirurgia para mudar sexo no registro civil não é necessária, diz corregedor. *Notícias CNJ.* [Em linha]. Brasília : CNJ, 05 out. 2016. [Consult. 20 jul. 2018]. Disponível em WWW:<URL:https://www.cnj.jus.br/cirurgia-para-mudar-sexo-em-registro-civil-nao-e-necessaria-diz-corregedor/>.

BRASIL. Conselho Nacional de Justiça – *Resolução n.º 175, de 14 de maio 2013.* Dispõe sobre a habilitação, celebração de casamento civil, ou de conversão de união estável em casamento, entre pessoas de mesmo sexo. [Em linha]. DJe; CNJ, n.º 89,

15 maio 2013, p. 2. [Consult. 29 out. 2015]. Disponível em WWW:<URL:http://www.cnj.jus.br/atos-normativos?documento=1754>.

BRASIL. Presidência da República – *Constituição da República Federativa do Brasil de 1988.* [Em linha]. [Consult. 14 ago. 2019]. Brasília, 5 out. 1988. Disponível em WWW:<URL:http://www.planalto.gov.br/ccivil_03/constituicao/constituicao.htm>.

BRASIL. Presidência da República – *Decreto n.º 678, de 6 de novembro de 1992.* Promulga a Convenção Americana sobre Direitos Humanos (Pacto de São José da Costa Rica), de 22 de novembro de 1969. [Em linha]. Brasília : DOU, 9 nov. 1992. [Consult. 23 jul. 2018]. Disponível em WWW:<URL: http://www.planalto.gov.br/ccivil_03/decreto/D0678.htm>.

BRASIL. Presidência da República – *Lei n.º 6.015, 31 de dezembro de 1973.* Dispõe sobre os registros públicos, e dá outras providências. [Em linha]. Brasília : DOU, 31 dez. 1973, republicado em 16 set. 1975. [Consult. 23 jul. 2018]. Disponível em WWW:<URL:http://www.planalto.gov.br/ccivil_03/LEIS/L6015original.htm>.

BRASIL. Presidência da República – *Lei n.º 6.015, de 31 de dezembro de 1973.* [Em linha]. Brasília : DOU, 31 dez. 1973, 16 set. 1975, retificado em 30 out. 1975. [Consult. 23 jul. 2018]. Disponível em WWW:<URL:http://www.planaltop.gov.br>.

BRASIL. Superior Tribunal de Justiça – *Habeas Corpus n.º 12.547/DF.* Relator: Ministro Rui Rosado de Aguiar. Julgamento: 01 jun. 2000. Órgão Julgador: Quarta Turma. Publicação: DJ, 12 fev. 2001.

BRASIL. Superior Tribunal de Justiça – *Habeas Corpus n.º 9.892-RJ.* Relator: Ministro Hamilton Carvalhido. Relator para acórdão: Ministro Fontes de Alencar. Julgamento: 16 dez. 1999. Órgão Julgador: Sexta Turma. Publicação: DJ, 26 mar. 2001.

BRASIL. Superior Tribunal de Justiça – *Recurso Especial n.º 1.008.398/SP.* Relatora: Ministra Nancy Andrighi. Julgamento: 15 out. 2009. Órgão Julgador: Terceira Turma. Publicação: DJe, 18 nov. 2009.

BRASIL. Superior Tribunal de Justiça – *Recurso Especial n.º 249.026/PR.* Relator: Ministro José Delgado. Julgamento: 23 maio 2000. Órgão Julgador: Primeira Turma. Publicação: DJ, 26 jun. 2000.

BRASIL. Superior Tribunal de Justiça – *Recurso Ordinário em Mandado de Segurança n.º 11.183-PR.* Relator: Ministro José Delgado. Julgamento: 22 ago. 2000. Órgão Julgador: Primeira Turma. Publicação: DJ, 4 set. 2000.

BRASIL. Superior Tribunal de Justiça – Transexuais têm direito à alteração do registro civil sem realização de cirurgia. *Notícias.* [Em Linha]. Brasília, 09 maio 2017. [Consult. 20 jul. 2018]. Disponível em WWW:<URL:http://www.stj.jus.br/sites/portalp/Paginas/Comunicacao/Noticias-antigas/2017/2017-05-09_19-47_Tran-

sexuais-tem-direito-a-alteracao-do-registro-civil-sem-realizacao-de-cirurgia.aspx>.

BRASIL. Supremo Tribunal Federal – *Ação Direta de Inconstitucionalidade n.º 4275.* Relator: Ministro Marco Aurelio Mello. Requerente: Procuradoria-Geral da República. Intimados: Presidente da República e Congresso Nacional. Julgamento: 01 mar. 2018. Órgão Julgador: Tribunal Pleno. Publicação: DJe, 09 mar. 2018.

CORREIO BRAZILIENSE – *Transexual, travesti, drag queen... qual é a diferença?* [Em linha]. Brasília, 27 dez. 2016. [Consult. 23 jul. 2018]. Disponível em WWW:<URL:http://especiais.correiobraziliense.com.br/transexual-travesti-drag-queen-qual-e-a-diferenca>.

DECLARAÇÃO IBERO-LATINO-AMERICANA SOBRE ÉTICA E GENÉTICA. Declaração de Manzanillo de 1996 [Em linha]. Manzanillo, 1996; revisada em Buenos Aires, 7 nov. 1998. [Consult. 29 out. 2015]. Disponível em WWW:<URL:https://www.ufrgs.br/bioetica/manza98.htm>.

Equipe HuffPost (by Reuters) - Pessoas trans ficam em 'limbo jurídico' por medidas de isolamento na América Latina: Devido ao surto de coronavírus, países como Panamá e Peru determinaram que homens e mulheres só podem sair de casa em dias separados. Disponível em: <https://www.huffpostbrasil.com/entry/pessoas-trans-coronavirus_br_5e876739c5b609ebfff0835f> [Acesso em 20/04/2020].

EUROPA. Conselho – *Convenção Europeia sobre os Direitos do Homem e a Biomedicina.* [Em linha]. Oviedo : Conselho da Europa, 4 abr. 1997 [Consult. 29 out. 2015]. Disponível em WWW:<URL:http://gddc.ministeriopublico.pt/sites/default/files/documentos/instrumentos/convencao_protecao_dh_biomedicina.pdf>.

FARO, Júlio Pinheiro – Um conceito de dignidade humana (II): um ponto de encontro – uma pequena teoria sobre os direitos e deveres fundamentais. *Revista do Instituto do Direito Brasileiro.* [Em linha]. ISSN 2182-7567. 1:5 (2012) 2605-2658. [Consult. 22 out. 2015]. Disponível em WWW:<URL:http://www.cidp.pt/revistas/ridb/2012/05/2012_05_2605_2658.pdf>.

LOTTI, Paulo – Cidadania das pessoas trans: avanço na OMS e continuidade de atendimento no SUS. *Justificando.* [Em linha]. ISSN: 2527-0435. 19 jul. 2018. [Consult. 23 jul. 2018]. Disponível em WWW:<URL:http://justificando.cartacapital.com.br/2018/06/19/ http://www.justificando.com/2018/06/19/cidadania-das-pessoas-trans-avanco-na-oms-e-continuidade-de-atendimento-no-sus/>.

MALUF, Adriana Caldas do Rego Freitas Dabus – *Curso de bioética e biodireito.* 2.ª ed. São Paulo: Atlas, 2013. ISBN 9788522478293

Martins-Costa, Judith – Bioética e dignidade da pessoa humana: rumo à construção do biodireito. In Ascensão, José de Oliveira et al. (Coords.) – *Estudos de direito da bioética*. Coimbra : Almedina, 2008. ISBN 978-972-40-4688-4. Vol. 2, p. 87-110.

NAÇÕES UNIDAS BRASIL – *OMS anuncia retirada dos transtornos de identidade de gênero de lista de saúde mental*. [Em linha]. Brasília, 19 jun. 2018. [Consult. 18 jul. 2018]. Disponível em WWW:<URL:https://nacoesunidas.org/oms-anuncia-retirada-dos-transtornos-de-identidade-de-genero-lista-saude-mental>.

NAÇÕES UNIDAS. Escritório do Alto Comissariado – *Pessoas Transgênero*. [Em linha]. Brasília : UNFE, maio 2017. [Consult. 17 jul. 2018]. Disponível em WWW:<URL:https://www.unfe.org/wp-content/uploads/2017/05/Transgender-PT.pdf>.

Namba, Edison Tetsuzo – *Manual de bioética e biodireito*. 2.ª ed. São Paulo : Atlas, 2015. ISBN 978-8522495603

PORTUGAL. Ministério Público – *Direitos Humanos*. [Em linha]. Lisboa, 2000. [Consult. 20 out. 2015]. Disponível em WWW:<URL:http://direitoshumanos.gddc.pt/3_19/IIIPAG3_19_1.htm>.

São Paulo. Tribunal de Justiça – *Apelação Cível n.º 110.772-4/4-00*. Relator: Desembargador Oswaldo Breviglieri. Julgamento: N/A. Órgão Julgador: Sétima Comarca de Direito Privado. Registro: 18 abr. 2001.

Souza Júnior, Luiz Lopes de – A dignidade da pessoa humana e os direitos fundamentais. *Cola da Web*. [Em linha]. [Consult. 20 out. 2015]. Disponível em WWW:<URL:<http://www.coladaweb.com/direito/a-dignidade-da-pessoa-humana-e-os-direitos-fundamentais>.

De rebus ad personarum

MARIA DE FÁTIMA MORETTI DIAS[1]
WAGNER INÁCIO FREITAS DIAS[2]

Sumário: 1. Entre a pessoa e o sujeito. 2. Os animais não humanos enquanto titulares efetivos de direitos. 3. O problema do suprimento de capacidade dos animais. 4. Animais enquanto herdeiros/legatários em sucessão. 5. O cuidado dos animais e a dissolução das uniões afetivas. 6. Reflexos em Responsabilidade Civil. 7. Conclusões. Referências. Fontes Indiretas.

1. Entre a pessoa e o sujeito

A figura da pessoa, secularmente, teve por órbita todo um conjunto de direitos e deveres, pautando-se, hoje, como o fim maior do Direito Civil, como o ponto de flutuação de todo o sistema jurídico privatístico, que é concebido para tutelar e proteger os interesses dela. Como lembra Caio Mário, "a ideia de personalidade está intimamente ligada à pessoa, pois exprime a aptidão genérica para adquirir direitos e contrair deveres"[3].

A pessoa, contudo, não é o único ente que consegue fazer orbitar em si direitos e deveres; não é, assim, o único ente que possui direitos e obrigações. Pertence ela a uma classe maior, a dos sujeitos de direito, que, esta sim, reúne todos os entes e entidades capazes de direitos e obrigações na ordem civil, dotados que são de capacidade jurídica.

[1] Bacharela em Direito e Licenciada em Pedagogia. Servidora Pública Estadual. Endereço eletrônico: wagnerinacio@gmail.com.

[2] Professor Universitário. Advogado. Escritor. Cronista. Endereço eletrônico: wagnerinacio@gmail.com.

[3] Pereira, Caio Mário da Silva – *Instituição de Direito Civil*. 20.ª ed. 3.ª tiragem, de acordo com o código civil de 2002, atual. por Maria Celina Bodin de Moraes. Rio de Janeiro: Forense, 2004. Vol. 1, p. 214.

> [...] capacidade jurídica envolve a aptidão para adquirir direitos e assumir deveres pessoalmente. Mais especificamente, significa que as mais diversas relações jurídicas (celebrar contratos, casar, adquirir bens, postular perante o Pode Judiciário...) podem ser realizadas pessoalmente pelas pessoas plenamente capazes ou por intermédio de terceiros (o representante ou assistente) pelos incapazes.[4]

Uma das justificativas para a restrição da visão dos estudiosos em relação aos demais entes que podem ser sujeitos de direito pode-se encontrar no antigo art.º 2.º da Lei n.º 3.071/16, o Código Beviláqua, que estabelecia que *todo homem é capaz de direitos e obrigações na ordem civil*. No afã de corrigir o sexismo visto por alguns no apontado artigo, o Código Reale, encorpado na Lei n.º 10.406/02, estabeleceu em seu art.º 1.º que *toda pessoa é capaz de direitos e deveres na ordem civil*. Melhorou, mas não fez terminar o erro. Perdeu o Legislador oportunidade de criar uma teoria geral dos sujeitos de direito, colocando tudo em seu devido lugar. Não é incomum, assim, a confusão entre pessoa e sujeito de direito.

Em parada didática, devemos, com base na conhecida lição de Fábio Ulhôa Coelho, delinear o ponto de debate deste trabalho. Os sujeitos de direito se dividem em duas grandes parcelas: a dos sujeitos personalizados e a dos sujeitos não personalizados. Na classe dos sujeitos personalizados, temos as pessoas físicas e as pessoas jurídicas, categoria e instituição, respectivamente, conhecidas das lições da graduação. De outro lado, dentre os não personalizados, figuram os humanos (nascituro) e os não humanos (como a massa falida, o espólio, as sociedades em comum – ou sociedades irregulares ou de fato –, além de outras) e, justamente nesta última categoria, a dos sujeitos de direito não humanos, teremos nosso primeiro porto. Contudo, antes, uma informação sobre a rota é necessária. Em que pese haver, no Brasil[5], duas grandes correntes acerca do início da personalidade do ser humano, figurando de um lado os natalistas e de outro os conceicionistas, e, por ciência desses autores, sabe-se que para a segunda corrente o nascituro figurará já como pessoa;

[4] FARIAS, Cristiano Chaves de; ROSENVALD, Nelson – *Curso de Direito Civil – parte geral e LINDB*. 15.ª ed. Salvador : JusPodivm, 2017, p. 330.

[5] Vale frisar, aqui, o posicionamento em prol do conceicionismo, no Brasil, de Silmara Chinelato e, em Portugal, Stela Marcos de Almeida Neves Barbas, em seu *Direito ao Património Genético*, em que afirma que "há vida e personalidade a partir da concepção. Do nada biológico – concepturo – passamos à pessoa – nascituro" (BARBAS, Stela Marcos de Almeida Neves – *Direito ao património genético*. Coimbra : Almeida, 2006, p. 67).

parece-nos mais acertada, entretanto, a primeira (não olvidando uma terceira teoria, a da personalidade condicional, de menor destaque no Brasil), visto que o condicionante para se atribuir direitos da personalidade (*nomen juris* dos direitos personalíssimos no Brasil) foge à figura jurídica da pessoa, tendo fundamento na natureza humana do seu titular, donde vem a inexistência de direitos da personalidade para além do humano (as pessoas jurídicas, por exemplo, com base no art.º 52, CCB/02, possuem proteção equivalente, sem possuir tais direitos). Retomemos nossa marcha em busca da nova possível categoria dos animais no ordenamento brasileiro.

O Direito pauta-se sobre a realidade, interage com ela e tenta moldá-la a algumas das principais necessidades humanas. O género *homo*, não importando se somos todos *sapiens* ou compartilhamos ainda um pouco de *erectus* ou *neanderthalis*[6], gera, hoje, um debate acerca da condição dos animais. Sim, o grande reino *animalia* chama atenção para todos os seus integrantes, mas, até agora, de forma única, são tutelados apenas os animais humanos. Em razão deles a roda do Direito gira. Contudo, na última década, despertou-se um novo sentimento em relação aos animais não humanos, percorrendo o globo em favor do reconhecimento deles como seres sencientes. Senciente, segundo o Dicionário *Houaiss* é adjetivo que qualifica aquele que sente, que percebe pelos sentidos. É na sensibilidade que reside o ponto nodal que desenrolou todo o debate acerca da condição dos animais não humanos como sujeitos de direito. Um breve recorrido acerca de algumas das legislações que reconheceram esta especial condição pode-se ter na obra *Código Civil Comentado para Concursos*:

[6] Por tudo, leia-se HARARI, Yuval Noah – *Sapiens – Uma breve história da humanidade*. Tradução de Janaína Marcoantonio. Porto Alegre : L&PM, 2018, p. 31. De acordo com a teoria da miscigenação, quando o *Homo sapiens* se espalhou por terras neandertais, os sapiens procriaram com neandertais até que as duas populações se fundiram. Se isso for verdade, então os eurasianos de hoje não são sapiens puros. São uma mistura de sapiens e neandertais. De forma semelhante, quando chegaram na Ásia Oriental, os sapiens se misturaram com os locais *Homo erectus*, de forma que os chineses e coreanos são uma mistura de sapiens e *Homo erectus*. A visão oposta, chamada de "teoria da substituição", conta uma história muito diferente – uma história de incompatibilidade, repulsa e, talvez, até mesmo genocídio. Sapiens e neandertais tinham anatomias diferentes, e muito provavelmente hábitos de acasalamento e até mesmo odor corporal diferentes. Provavelmente tinham pouco interesse sexual uns pelos outros. Mesmo que um Romeu neandertal e uma Julieta sapiens se apaixonassem, não poderiam produzir descendentes férteis porque o abismo genético separando as duas populações já era intransponível.

O Código Civil Tcheco, Lei 89/2012, em seu § 494, traz (em tradução literal): "Os animais vivos têm uma significância e são valorados como seres vivos com emoções (ou, como seres sencientes, N.T.)". Contudo, mesmo sendo seres de qualificação especial, mantém-se sobre a propriedade de uma pessoa, ressalvados os animais selvagens (na forma do § 1.046), vez que submetidos à regra geral do § 1.011: "Tudo que pertence a alguém, todas suas coisas tangíveis e intangíveis, é sua propriedade". No mesmo sentido, o Código Húngaro, na seção 5:14, item 3.

Código Civil Português – (os artigos aqui citados referem-se à legislação portuguesa) a mais recente experiência de reconhecimento dos animais como seres sencientes encontra-se no Código Civil Português, por modificações introduzidas pela Lei nº 8/2017, de 3 de março, que reconheceu que os animais são seres vivos dotados de sensibilidade e objeto de proteção jurídica em virtude de sua natureza (art. 201º-B). Alguns pontos são de especial destaque: a) reconhecimento de que os animais, apesar de sua especial condição, permanecem submetidos ao direito de propriedade (art. 1.305º, 2), tanto assim podem ser objeto do achado, mas o achador de animal pode retê-lo em caso de fundado receio de que o animal achado seja vítima de maus-tratos por parte do seu proprietário; b) o estabelecimento de um conjunto de deveres para com o animal (art. 1305º-A, 2, a e b) sem que se afirmem serem os animais os titulares de tais direitos – daí se afirmar que os animais são um tertium genus, nem objetos, nem sujeitos de direito; c) reconhecimento da guarda, unilateral ou compartilhada, para os animais de companhia, evitando-se que sejam aplicados dispositivos oriundos da proteção às crianças e adolescentes em relação aos animais (art. 1793º-A): os animais de companhia são confiados a um ou a ambos os cônjuges, considerando, nomeadamente, os interesses de cada um dos cônjuges e dos filhos do casal e também o bem-estar do animal; d) o estabelecimento de indenização por dano moral para casos de morte, privação de importante órgão ou membro ou a afetação grave e permanente da sua (do animal) capacidade de locomoção – tendo como titular de tais direitos o proprietário do animal – estabelecendo tal dispositivo uma primeira semente para que, em um futuro em que se reconheça a condição de sujeito especial de direitos aos animais, possam tais danos ser tratados como danos morais em ricochete.[7]

[7] Farias, Cristiano Chaves de; Figueiredo, Luciano; DIAS, Wagner Inácio – *Código Civil Comentado para concursos*. 8.ª ed. Salvador : JusPodivm, 2019, p. 36.

É fato que, seja no *Big Bang* ou no *fiat lux*[8], os animais rondam este planeta há tempos, dividindo-se, hoje, entre nós, os humanos, e nossos irmãos de ancestrais microbiológicos, os animais não humanos. E, para eles, é hora de olhar. Não serão tema de nossa análise as eventuais mutações ou modificações no genoma dos animais, gerando neles novos níveis de inteligência, mas tenhamos claro que esses fatos serão de relevo, em próximo futuro, para o Biodireito.

Antes de seguir, necessário é que definamos uma órbita teórica, que se estabelecerá ao redor do Projeto de Lei da Câmara (PLC) n.º 6.799/13, de autoria do Deputado Ricardo Izar, que, mais à frente, terá seu texto apresentado a você, caro leitor, e servirá para dar um contorno concreto ao que aqui se apresentará.

2. Os animais não humanos enquanto titulares efetivos de direitos

Até este momento, em ponderação do atual estado da arte, podemos perceber que a tutela dos animais se dá, principalmente com base na Lei n.º 9.605/98, tendo como sujeito passivo a sociedade em geral, visto que se protege o animal não humano para gerar reflexo protetivo para a humanidade. Qualquer debate que já se tenha instalado pondera os animais como objetos de tutela, vez que a sua condição produz efeito reparatório e preventivo em relação a todos no meio-ambiente.

É o humano o corpo de órbita de tudo o que se fez, até o atual estado, em prol dos animais, atribuindo-se não um valor intrínseco a cada um deles, mas sim uma condição relativa e pautada no fim que eles proporcionam ao ser humano, enquanto ente inserido em um meio-ambiente complexo e que necessita estar equilibrado.

O ser-em-si (não no sentido sartriano) dos animais não fora objeto, até o momento, de análise ou ponderação. O que os coisifica ou os afasta das coisas não havia sido levado em consideração, e alguns pequenos espasmos de racionalidade do legislador nacional muito mais se pautavam em reconhecer

[8] Muitas pessoas não aceitam a ideia de que o tempo tenha um começo, provavelmente porque ela cheira a intervenção divina (A Igreja Católica, no entanto, adaptou-se ao Bing Bang e, em 1951, pronunciou-se oficialmente a respeito de ele estar em harmonia com a Bíblia) (Hawking, Stephen W. – *Uma breve história do tempo.* Tradução de Maria Helena Torres. 30.ª ed. Rio de Janeiro: Rocco, 2000, p. 77).

o direito dos donos do que ponderar o sujeito de direito animal não humano, como nos casos de "guarda compartilhada" dos animais domésticos (denominados especificamente *pets* ou animais de estimação). A seu tempo avaliaremos o novo conceber dessas situações, com trânsito, inclusive, no signo/significante que lhes foi atribuído.

O PLC n.º 6.799/13, com análise pelo Senado e que retomou marcha na Câmara dos Deputados em razão de emenda de redação (numerado na casa dos Estados como PL n.º 27/2019). Apesar de se revestir em tímida (e parcialmente truncada) redação, ventila ares novos abaixo do equador, revisitando a teoria dos sujeitos de direito.

Vamos à redação original (não trataremos da emenda de texto que lhe agregou o Senado, visto se tratar de apontamento acerca da produção agropecuária, pesquisa científica e manifestações de natureza imaterial – como a vaquejada – e, por fundo constitucional, as práticas religiosas).

> Art. 1º – Esta Lei estabelece regime jurídico especial para os animais não humanos.
> Art. 2º – Constituem objetivos fundamentais desta Lei:
> I – afirmação dos direitos dos animais não humanos;
> II – construção de uma sociedade mais consciente e solidária;
> III – reconhecimento de que os animais não humanos possuem natureza biológica e emocional e são seres sencientes, passíveis de sofrimento.
> Art. 3º – Os animais não humanos possuem natureza jurídica *sui generis* e são sujeitos de direitos despersonificados, dos quais devem gozar e obter tutela jurisdicional em caso de violação, vedado o seu tratamento como coisa.
> Art. 4º – A Lei nº 9.605, de 12 de fevereiro de 1998, passa a vigorar acrescida do seguinte art. 79-B:
> "Art. 79-B – O disposto no art. 82 da Lei 10.406, de 10 de janeiro de 2002 (Código Civil), não se aplica aos animais não humanos, que ficam sujeitos a direitos despersonificados".

Antes de seguirmos, necessárias algumas observações sobre a redação da lei, que estarão restritas (mas poderão ir além, se a necessidade das linhas assim dispuser) ao ponto do sofrimento animal e à natureza dos novos sujeitos de direito.

Primeiro, pauta-se o legislador em enganado sentido, ao apontar que os animais são sencientes por serem capazes de sofrer. Na realidade, são eles capazes de sentir, em maior ou menor espectro, várias emoções. Não é incomum observar a alegria de um pequeno cão ao brincar com uma bola ou a raiva do animal que protege seu dono/companheiro. A senciência é um estado que suplanta o simples sofrer, ligado este que está à condição física da dor, praticamente um arco reflexo do corpo físico, mas ao sofrimento como sentimento, à alegria, ao entusiasmo e, mesmo, a algo complexo e quase inominável, como a saudade. Sentir, assim, vai além de sofrer. É um complexo de elementos, que, ao demais de caracterizar vida (ao menos em alguns níveis), cria um novo espaço de aproximação para com os seres humanos. Se nos afastamos da cadeia evolutiva em razão da capacidade de raciocínio adquirida, é no sentir que retornamos a uma vala comum dos seres viventes. E, ainda, é um grande avanço pensar que os humanos começam a olhar para os demais animais que evoluíram de formas diversas que a que nos atingiu, já que somos uma espécie com séries dificuldades de aceitar o que é diferente (teimamos em nos classificar, etiquetar e separar). Isso porque até mesmo as "futuras gerações" são reconhecidas como sujeitos de direitos.

> [...] as "futuras gerações", aludidas no art. 225 CF, são investidas como sujeitos de direito, ainda que não existam fisicamente. São sempre "futuras", pois a expectativa é que a população não se extinga. Como contrapartida ao direito desses sujeitos de direito, as atuais gerações têm o dever jurídico de preservação do meio ambiente, para quando as futuras gerações vierem. Nesses casos de sujeitos de direitos coletivos, o ordenamento jurídico legitima órgãos públicos ou entidades para que promovam a defesa, inclusive judicialmente, desses direitos e interesses, como representantes processuais adequados. Esses representantes, como o Ministério Público ou uma associação, não são titulares do direito, mas titulares de legitimação para sua defesa.[9]

De outro lado, de forma estranha, cujo estranhamento se torna ainda maior quando nos deparamos com o art.º 4.º, o legislador pretende atribuir aos animais natureza *sui generis*, mas, no mesmo artigo (3.º) informa que são sujeitos de direitos despersonificados. A leitura direta do art.º 3.º pode denotar uma aparente tautologia, visto que primeiro o legislador afirmaria ser a natureza jurídica dos animais *sui generis*, para depois os enquadrar como sujei-

[9] Lôbo, Paulo – *Direito Civil: parte geral*. São Paulo : Saraiva, 2013, p. 98.

tos despersonificados (categoria conhecida e com farto estudo). Mas, depois, no art.º 4.º, o legislador demonstra que a tautologia foi além, pois criou uma nova categoria de "direitos despersonificados", ou seja, estabeleceu que há direitos específicos que somente tocam aos entes despersonificados.

Na realidade, a capacidade de direito que é atribuída aos entes despersonificados (humanos ou não) manifesta-se de forma específica, mas não há uma lista determinada de direitos que se apresentem para todos os casos. Cada figura (massa falida, nascituro, espólio etc.) enseja um complexo de direitos e deveres, necessários para, de um lado, garantir a subsistência da figura juridicamente pelo tempo que lhe for necessário e, de outro, viabilizar aos terceiros garantias de efetividade em eventuais conflitos que nascerem da interação com tais figuras. Enfim, entes podem ou não ser personificados, mas os direitos e deveres, estes são atrelados à capacidade de direito, que não exige personificação.

Apesar desses tropeços, é inegável o valor intrínseco que a eventual mudança na legislação traria consigo. Olhar o outro para além do especismo seria um grande avanço para a sociedade brasileira que ainda luta contra o feminicídio, a homofobia e o racismo disfarçado. Dentro desse contexto, na esperança que o lampejo de evolução possa se tornar perene, passamos em revista alguns dos principais tópicos que poderão surgir quando da chegada desse "segundo sol, para realinhar a órbita dos planetas"[10]. Lembra-nos Sebastian Soler que, "al hombre su ser le es dado dentro del mundo. En esa condición se encuentran inmersos y sin escape, tanto su pensamiento como su acción. Dentro de ese mundo es posible distinguir, según dijimos, relaciones de pura coexistencia y relaciones de convivencia"[11]. Nesse caminho, a nova regulamentação que se espera ver convertida em lei fará a coexistência com os animais singrar os mares e converter-se, claramente, em reconhecimento de nossa convivência com eles. E mais, o humano que hoje consome[12] e tem ligações fluidas em sua existência passa a reconhecer como sujeitos de

[10] Como lembra a música Segundo Sol, da saudosa carioca Cássia Eller.

[11] SOLER, Sebastian – *Las palabras de la Ley*. Veracruz : Praxis Jurídica, 1974, p. 26.

[12] "laços e parcerias tendem a ser vistos e tratados como coisas destinadas a serem consumidas, e não produzidas; estão sujeitos aos mesmos critérios de avaliação de todos os outros objetos de consumo" (BAUMAN, Zygmunt – *Modernidade Líquida*. Tradução de Plínio Dentzien. Rio de Janeiro: Zahar, 2001, p. 205).

direitos, dignos de especial proteção, agentes no mundo jurídico os demais animais.

3. O problema do suprimento de capacidade dos animais

Compreendendo o necessário avanço a se originar do reconhecimento dos animais enquanto sujeitos de direito, a primeira parada deve ser a forma como se dará o suprimento da incapacidade dos animais, ou seja, como seria possível suprir a incapacidade mental e física dos animais em expressar sua vontade juridicamente protegida. Este ponto está diretamente ligado ao próximo item, visto que, em se qualificando como sucessores, há que se descrever mecanismos suficientes para que os animais tenham tutelados seus direitos. Não apenas em razão disso, mas, por exemplo, quando da ocorrência de maus tratos, poderia o próprio animal ser titular da ação, atuando em seu nome o seu guardião.

Os dois principais mecanismos de suprimento da incapacidade, sem se levar em consideração o suprimento (*ad hoc* ou definitivo) judicial, são a *presentação* e a *representação*.

A presentação, figura nominada por Francisco Cavalcante Pontes de Miranda, em conhecida lição, envolve o suprimento não de uma incapacidade de querer, mas sim de poder se expressar fisicamente, visto que as pessoas jurídicas e os entes despersonalizados não possuem uma vontade natural, mas, sim, institucional, e devem ter seus interesses apresentados e defendidos, desta forma tornando-se "presentes" ao ato. O presentante cria a presença em favor daquele que não pode estar física e voluntaristicamente no ato. Não há incapacidade jurídica a suprir, mas sim um conteúdo material a complementar. Destaca Ulhôa Coelho que "a formação e a expressão da vontade pela pessoa jurídica está regulada na lei e no respectivo ato constitutivo (estatuto ou contrato social). Dependem, evidentemente, de decisões e manifestações de alguns homens e mulheres, agindo isolada ou conjuntamente"[13].

Por outro lado, não ingressando no debate acerca da tutela da vontade ou do interesse, cabe ao representante suprir uma incapacidade jurídica, foco

[13] Ulhoa Coelho, Fábio – *Curso de Direito Civil – parte geral*. 6.ª ed. São Paulo: Saraiva, 2013, p. 263.

principal da representação. Aqui o Direito exige uma vontade de anteparo (assistência) ou em substituição (representação) para proteger aquele que não apresenta plena capacidade de compreensão de seus atos.

Aos animais, devemos compreender que tocará um duplo sistema, que, efetivamente, pode ser suprido pela representação. Com isto, o representante tanto atuaria para fazer presente o animal quanto para expressar vontade no interesse deste. Aqui, vale destacar que, não havendo precisão para compreender a real vontade do representado, deverá a representação pautar-se no interesse do animal, do espectro de probabilidade da vontade que ele manifestaria se assim pudesse proceder.

4. Animais enquanto herdeiros/legatários em sucessão

A condição de sucessor não é atribuída, automaticamente, àqueles que possuam capacidade de direito, isto porque o Código Civil estabelece como regra geral para capacidade sucessória, tenha o pretenso candidato nascido (ou sido constituído) até o tempo da abertura da sucessão (regra da coexistência). Sabemos que o mesmo Código exceciona a regra, possibilitando que a deixa se faça em favor de prole eventual de pessoas existentes ou que se deixe bens para pessoa jurídica a ser constituída sob a forma de fundação. Enfim, o sistema legal exige (i) seja pessoa (ii) de regra, humana. As pessoas jurídicas somente foram autorizadas a suceder (tanto já existentes quanto as fundações a serem criadas), por dispositivo expresso (art.º 1.799, II e III), enquanto a prole eventual teve sua capacidade sucessória extraordinária dada pelo inciso primeiro do mesmo artigo.

Nota-se, assim, que o simples reconhecimento da condição de sujeitos de direitos aos animais não humanos não autorizará a conclusão imediata de que eles se qualificaram a suceder, seja como herdeiros, seja como legatários (veremos que a saída será um pouco mais complexa, até mesmo para a figura). Mas há que se perceber que será esta uma reivindicação natural, decorrente da atribuição da nova situação, desejosos que os guardiões serão em resguardar seus *pets* quando de suas ausências.

Hoje, como sabemos, não é possível deixar bens em favor de um animal, mas é possível que se proteja o *pet*, através da criação de um encargo, restando, legatário ou herdeiro testamentário, o dever de prover o devido cuidado do animal, até a data determinada ou até o falecimento dele. O Brasil conhece casos, inclusive discutidos na seara judicial, em que se reconheceu o cabimento de tais encargos.

Mas qual (ou quais) das figuras envolvidas no Direito das Sucessões seria aplicável aos animais? Sabemos que o género *sucessores* engloba os herdeiros, os legatários e o Estado (aqui, entenda-se, Fazenda Pública, visto que os bens serão vertidos para a municipalidade). Herdeiros testamentários e legatários trazem tais especiais nomenclaturas em razão de suas especiais condições (de um lado o herdeiro, recebendo uma cota parte patrimonial) e de outro o legatário (ao adir um bem específico ou cota parte de bens específicos). Enquanto isso, o Estado, é meramente chamado por seu próprio nome, visto não ter sobre a sua participação na sucessão qualquer manifestação de vontade: adirá a herança líquida, automaticamente, ao final do *iter* de vacância. E, aqui, está o espaço que entendemos deverá ter o animal com capacidade de direito.

Tocará a ele ser reconhecido como um sucessor (se estes forem os ventos que alcançarem o Direito Civil e a interpretação da lei), não havendo falar em renúncia à herança, mas somente sendo possível a ele adir a herança líquida, afastando-se, absolutamente, a possibilidade de imputação subsidiária do art.º 1.792, CCB ("O herdeiro não responde por encargos superiores às forças da herança; incumbe-lhe, porém, a prova do excesso, salvo se houver inventário que a escuse, demonstrando o valor dos bens herdados")[14].

E como a herança, agora tornada patrimônio, seria gerida pelo animal? Como seriam imputados sobre ele os ônus fiscais? Da mesma forma como o patrimônio do incapaz mantém seus bens e os ônus fiscais são cobrados, diretamente, como ocorre com qualquer pessoa. Se há o sujeito de direito, ao adir em si direitos, trará também os deveres. O guardião do animal não humano deverá arcar com os valores e deveres inerentes à condição, entendendo-se que eventual deixa testamentária com ônus requererá a anuência do guardião, sempre tendo em mente o interesse do animal representado.

5. O cuidado dos animais e a dissolução das uniões afetivas

Nos últimos anos, temos visto um conjunto de decisões reconhecendo a "guarda compartilhada" dos animais de estimação quando da dissolução das

[14] BRASIL. Presidência da República – *Lei n.º 10.406, de 10 de janeiro de 2002.* Institui o Código Civil. [Em linha]. Brasília : DOU, 11 jan. 2002.

uniões afetivas. Esta evolução, que ainda deita o debate da relação com os *pets* sobre os braços da Justiça Familiarista, melhor condicionada e preparada para lidar com as emoções que circundam tais casos, alinhou o pensamento dos institutos específicos do Direito das Famílias em favor das questões postas ao redor dos animais de estimação.

> AGRAVO DE INSTRUMENTO – LIMINAR DE BUSCA E APREENSÃO – ANIMAL DE ESTIMAÇÃO – AQUISIÇÃO DURANTE NAMORO – DISCUSSÃO SOBRE A PROPRIEDADE DO BEM – ACORDO FIRMADO – POSSE COMPARTILHADA – Incabível, no presente agravo de instrumento, a discussão sobre a questão de fundo da demanda, isto é, a propriedade do animal, sob pena de supressão de instância – em sede de tutela de urgência, analisa-se se tão somente a probabilidade do direito e o perigo de dano ou risco ao resultado útil do processo (art. 300 NCPC); – Muito se discute atualmente se animal deve ser considerado coisa ou ser. A jurisprudência deste E. Tribunal tem reconhecido que o animal integra o núcleo familiar – precedentes; – Presente demanda não deve ser tratada apenas como apreensão de uma "coisa" – deve-se levar em conta todas as peculiaridades do caso e os interesses das partes, que apresentam inquestionável estima pelo animal; – Apesar de não estar configurado o instituto da união estável, nos termos do art. 1723 e seguintes do Código Civil no presente caso, já que as partes apenas mantiveram namoro, não há óbice para que seja instituída posse compartilhada do animal, nos moldes de uma "guarda compartilhada". RECURSO PARCIALMENTE PROVIDO.[15]

> AGRAVO DE INSTRUMENTO. GUARDA-COMPARTILHADA. INSTITUTO DO DIREITO DE FAMÍLIA. APLICAÇÃO AOS ANIMAIS DE ESTIMAÇÃO. DISCÓRDIA ACERCA DA POSSE DOS BICHOS. AUSÊNCIA DE PLAUSIBILIDADE DO DIREITO. ANTECIPAÇÃO DA TUTELA. IMPOSSIBILIDADE. AGRAVO DE INSTRUMENTO CONHECIDO E DESPROVIDO. 1. A tutela de urgência está disciplinada nos artigos 300 e seguintes do Código de Processo Civil, cujos pilares são a probabilidade do direito e o perigo de dano ou o risco ao resultado útil do processo. 2. Inexiste plausibilidade jurídica no pedido de aplicação do instituto de família, mais especificamente a guarda compartilhada,

[15] SÃO PAULO. Tribunal de Justiça – *Processo n.º 2197295-21.2017.8.26.0000*. Registro n.º 2018.0000476465. Relator: Maria Lúcia Pizzotti. Julgamento: 20 jun. 2018 Órgão Julgador: 30ª Câmara de Direito Privado. Publicação: 26 jun. 2018.

aos animais de estimação, quando os consortes não têm consenso a quem caberá a posse dos bichos. Tratando-se de semoventes, são tratados como coisas pelo Código Civil e como tal devem ser compartilhados, caso reste configurado que foram adquiridos com esforço comum e no curso do casamento ou da entidade familiar (artigo 1.725, CC). 3. In casu, ausente o prévio reconhecimento da união estável, deve-se aguardar a devida instrução e formação do conjunto probatório, para se decidir sobre os bens a partilhar. Ademais, é vedado ao magistrado proferir decisão de natureza diversa da pedida, em observância ao princípio da adstrição ou congruência, nos termos do artigo 492 do Código de Processo Civil. 4. AGRAVO CONHECIDO E NÃO PROVIDO.[16]

A nova caminhada, em favor do reconhecimento dos animais não humanos como sujeitos de direito modificaria em parte o atual posicionamento. Não uma guinada estrutural, mas, sim, a necessidade de ponderar, mesmo que de forma parcial, o interesse do animal. Hoje, assim como já ocorreu com muitos institutos familiaristas no passado, é o interesse das partes litigantes que se tem posto na balança, sem que se possa, de alguma forma, mensurar como o *pet* será atingido pela decisão. Surgirão, com certeza, estudos de comportamento animal, para se desenvolver não uma doutrina do melhor interesse (restrita que é à criança e ao adolescente), mas mecanismos para a apuração dos reflexos da aplicação do compartilhamento da guarda do animal sobre ele mesmo, impacto em hábitos e desenvolvimento.

Cabe, agora, uma pequena digressão. Não nos parece acertado o uso da "guarda compartilhada" como signo a ser utilizado para os casos dos animais. Contudo, como se pode ver, ao longo do texto, estamos fazendo uso da palavra *guardião* para nos dirigirmos ao que tem consigo um animal de estimação. Isso, porque, seria injusto com o leitor fazer uso de uma nova expressão sem que se pudesse apresentá-la da forma devida. Não havia momento outro, que não agora, para se fazer tal apresentação.

Note-se que toda a estrutura da propriedade, posse e detenção deverá ser recompreendida, visto que não há propriedade sobre um sujeito de direito, cabendo, na melhor das hipóteses, aplicação do conceito de *titularidade* para alguns casos. Contudo, essa titularidade envolve um sujeito praticamente

[16] DISTRITO FEDERAL. Tribunal de Justiça – *Processo n.º 0050135-88.2016.8.07.0000*. Registro n.º 2016.0020474570. Relator: Luís Gustavo B. de Oliveira. Julgamento: 04 maio 2017. Órgão Julgador: 8ª Turma Cível. Publicação: DJE, 12 maio 2017, p. 491-501.

coisificado, sem sentimentos. À guisa de proposta, sugerimos a palavra *cuidador* e a expressão *cuida compartilhada*, em plena substantivação do verbo cuidar, para que o avanço no trato dos animais, a serem elevados à categoria de sujeitos de direito não personificados, possa refrescar também a lida das palavras de nosso existir. Deste ponto, deixaremos de lado a guarda compartilhada, e passaremos ao uso da *cuida compartilhada*.

A cuida compartilhada, que será edificada a partir das bases atuais da guarda, tem clara vantagem ao não confundir institutos com aplicabilidade diversas e que se regerão por diferentes princípios, liberando a guarda para a regulação das pessoas humanas e evoluindo livremente, ao mesmo tempo em que viabilizará ao intérprete a construção de uma teoria própria aplicável aos animais enquanto sujeitos de direito não personificados.

Por fim, parece-nos incabível, por agora e nos limites deste trabalho, discutir uniões interespécies, valendo a lembrança de Brundage de que

> [...] toda sociedad humana intenta controlar la conducta sexual, ya que el sexo representa una rica fuente de conflictos que puede perturbar los procesos sociales ordenados. La sexualidad humana constituye una fuerza demasiado poderosa y explosiva para que alguna sociedad pueda permitir a sus miembros una absoluta libertad sexual. Hay que imponer algunos limites hay que convenir en algunas reglas y hay que inventar algunos mecanismos para imponer la observancia de esas reglas. A lo largo de las épocas, las comunidades se han valido de diversas combinaciones de leyes, religión y moral con objeto de obtener ese control. No resulta sorprendente que la regulación de la sexualidad haya sido rasgo fundamental de virtualmente todo sistema jurídico que conozcamos.[17]

Por agora, cabe aos projetos parentais envolverem, de uma forma ou de outra a relação com os animais, não enquanto parceiros, mas sim como sujeitos de uma nova formação de família extensa.

[17] BRUNDAGE, James A. – *La ley, el sexo y la sociedade cristiana em la Europa medieval.* Ciudad de Mexico : Fondo de Cultura Económica, 2003, p. 21.

6. Reflexos em responsabilidade civil

Por fim, neste recorrido objetivo e simples, chegamos à conceção da responsabilidade civil e eventual influência sobre ela em sendo os animais não humanos alçados à condição de sujeitos de direito despersonificados.

No Brasil, a responsabilidade dos "donos de animais", hoje, encontra-se regulada pelo art.º 936, CCB, da forma seguinte: "Art. 936. O dono, ou detentor, do animal ressarcirá o dano por este causado, se não provar culpa da vítima ou força maior". É hipótese de responsabilidade direta, visto que a separação patrimonial e de responsabilidade que invoca a responsabilidade indireta (art.º 932, CCB) exige um suporte de dupla personificação (a do agente e a do responsável). Logo, é imputação direta e simples, e, não se esqueça, objetiva[18], não pautada na culpa, visto que apenas reconhece como meios de não responsabilização dois fatos que geram novo liame causal (culpa exclusiva da vítima e a força maior). Um sistema bem concebido e com mais de um século de jurisprudência e que seria abalado pela virada em favor dos animais não humanos?

> AÇÃO DE REPARAÇÃO DE DANOS RESPONSABILIDADE CIVIL DO PROPRIETÁRIO DE ANIMAIS QUE INVADEM LAVOURA, CAUSANDO PREJUÍZOS A TERCEIROS. A INDENIZAÇÃO E A MAIS AMPLA POSSÍVEL, MAS NÃO PODE IR ALÉM DOS PREJUÍZOS EFETIVAMENTE APURADOS. SENTENÇA CONFIRMADA. (Apelação Cível Nº 183003532, Primeira Câmara Cível, Tribunal de Alçada do RS, Relator: Adalberto Libório Barros, Julgado em 24/03/1983).[19]

> APELAÇÃO CÍVEL – AÇÃO DE INDENIZAÇÃO POR DANOS MORAIS E MATERIAIS – ACIDENTE DE TRÂNSITO – COLISÃO COM ANIMAL EM ESTRADA VICINAL – RESPONSABILIDADE CIVIL DO PROPRIETÁRIO DO ANIMAL – ART. 936 DO CÓDIGO CIVIL – DANOS MATERIAIS – AVA-

[18] Enunciado 452 das Jornadas de Direito Civil do Conselho da Justiça Federal – A responsabilidade civil do dono ou detentor do animal é objetiva, admitindo a excludente do fato exclusivo de terceiro.

[19] RIO GRANDE DO SUL. Tribunal de Justiça – *Apelação Cível n.º 183003532/RS.* Relator: Adalberto Libório Barros. Julgamento: 24 mar. 1983. Órgão Julgador: Primeira Câmara Cível Publicação: DJ, 24 mar. 1983.

RIA EM VEÍCULO – CONDENAÇÃO NA MÉDIA DO PREJUÍZO CAUSADO – LUCROS CESSANTES – COMPROVADOS – DANOS MORAIS DEVIDOS – QUANTUM MANTIDO – VALOR QUE ATENDE AO CARÁTER PEDAGÓGICO/PUNITIVO – RECURSO PARCIALMENTE PROVIDO.[20]

RESPONSABILIDADE CIVIL. CACHORROS DO RÉU QUE ATACAM VACA LEITEIRA DO AUTOR, OCASIONANDO A MORTE DO ANIMAL. PROVA DOS AUTOS A CORROBORAR A VERSÃO DO AUTOR. RESPONSABILIDADE OBJETIVA DO PROPRIETÁRIO DOS CÃES. Recurso provido.[21]

APELAÇÃO CÍVEL. RESPONSABILIDADE CIVIL. DANOS MORAIS. ILEGITIMIDADE PASSIVA AFASTADA. ATAQUE DE CACHORRO. RESPONSABILIDADE OBJETIVA DO PROPRIETÁRIO DO ANIMAL DE ESTIMAÇÃO, NOS TERMOS DO ARTIGO 936 DO CÓDIGO CIVIL. DANOS MORAIS CONFIGURADOS. QUANTUM MANTIDO. 1. Preliminar de ilegitimidade passiva afastada. Não obstante conste na carteira de vacinação, o nome da filha da autora como proprietária do cachorro, é inconteste que a demandante detém legitimidade passiva para responder pelo pedido de reparação por danos provocados pelo ataque do cachorro, porquanto o animal de estimação pertence à entidade familiar, razão pela qual subsiste a legitimidade da ré. 2. O dono ou detentor do animal responde objetivamente pelos danos causados a terceiros, salvo se comprovada a culpa exclusiva da vítima ou força maior, nos termos do artigo 936, do Código Civil, o que não é o caso dos autos. 3. Os elementos probatórios foram suficientes a subsidiar a tese da autora, no sentido de que foi atacada pelo cachorro de propriedade da ré, e que desse ataque lhe resultaram lesões físicas. 4. Dano moral "in re ipsa". Os danos extrapatrimoniais decorrem do sofrimento e da angústia vivenciados pela vítima, que foi atacada pelo cão da demandada, quando transitava em via pública. Quantum indenizatório mantido

[20] MATO GROSSO DO SUL. Tribunal de Justiça – *Apelação Cível n.º 3709/MS*. Relator: Desembargador Paschoal Carmello Leandro. Julgamento: 25 mar. 2008. Órgão Julgador: Quarta Turma Cível. Publicação: 24 abr. 2008.

[21] RIO GRANDE DO SUL. Tribunal de Justiça – *Recurso Cível n.º 71003577855/RS*. Relator: Ricardo Torres Hermann. Julgamento: 10 maio 2012. Órgão Julgador: Primeira Turma Recursal Cível. Publicação: DJ, 14 maio 2012.

nos termos em que fixados em sentença, pois adequados ao caso concreto. 5. Sentença mantida. APELO DESPROVIDO. UNÂNIME.[22]

Não vemos razão para que a mudança de paradigma provoque uma virada desnecessária no tema, ou seja, não vemos razão em se mudar "time que está ganhando". E, para compreendermos bem nossa visão, vejamos o que se pode extrair de cada um dos casos de responsabilidade indireta, estampados no art.º 932, CCB.

Antes, porém, devemos notar que a imputação sobre o responsável se dá sem apreciação de culpa (art.º 933, CCB), tratando-se de caso de responsabilidade civil objetiva. A responsabilidade do agente, esta sim, é pautada na responsabilidade subjetiva, com fundamento na culpa, devendo ser esta provada para que, só então, seja possível acionar o sistema de responsabilidade indireta.

O primeiro e o segundo incisos do art.º 932, tratam da responsabilidade dos pais sobre os filhos menores que estiverem em sua responsabilidade e companhia; e, dos tutores e curadores pelos atos dos incapazes, pupilos e curatelados, que estiverem também sobre sua responsabilidade de companhia. Mesmo aqui, é necessário apurar a culpa dos agentes, não uma culpa abstrata, mas sim uma culpa natural, pautada na existência de uma conduta injustificada que dane bem alheio. Desta forma, o menor, provocado, que revida não se encontra no espaço do que tratamos como culpa, não cabendo mesmo, em um primeiro momento, falar-se em excesso (guardadas situações extremas), isto porque a figura do homem médio deve ser adequada para as limitações do agente. Logicamente, essas situações devem ser apuradas com especial zelo pelo julgador e a compreensão de que existe uma "culpa natural" deve servir de base para a compreensão da responsabilidade dos animais (não como modelo, mas sim para demonstrar gradações para além da culpa juridicamente qualificada pela inobservância do dever objetivo de cuidado).

Os incisos III e IV (o empregador ou comitente, por seus empregados, serviçais e prepostos, no exercício do trabalho que lhes competir, ou em razão dele; e os donos de hotéis, hospedarias, casas ou estabelecimentos onde se albergue por dinheiro, mesmo para fins de educação, pelos seus hóspedes, moradores e educandos) pautam-se no que se tem como lição clássica

[22] Id. – *Apelação Cível n.º 70059167205/RS.* Relatora: Iris Helena Medeiros Nogueira. Julgamento: 14 maio 2014. Órgão Julgador: Nona Câmara Cível. Publicação: DJ, 16 maio 2014.

de responsabilidade indireta, em que há uma conduta inicial (que deve ser culposa, no mínimo) e um liame de responsabilidade objetiva que atingirá outro plexo patrimonial. Aqui há, claramente, uma ação/omissão inicial e sobre ela, havendo – no mínimo – culpa, responderá também uma outra pessoa.

Por fim, o inciso V (os que gratuitamente houverem participado nos produtos do crime, até a concorrente quantia) melhor estaria em uma regulação própria, já que trata não de uma resposta do patrimônio de uma pessoa, mas sim a devolução (em espécie ou valor) do que se recebeu como participação em produtos de crime, mesmo que não se tenha qualquer conhecimento ou atuação no ato doloso. É uma forma de responsabilização muito similar à sequela que atinge os direitos reais, mas com uma especial característica, vez que não necessitam os bens existir ainda no patrimônio do beneficiário, ou seja, é uma responsabilização pelo valor, e não dos bens em si (havendo preferência, logicamente, por eles).

A responsabilização dos guardiões de animais não humanos, em que pese uma possível modificação de redação, deve permanecer sob a batuta do art.º 936, CCB, em nosso entender, visto que não há, em tal caso, uma estrutura volitiva densa, minimamente, capaz de imputar culpa, mesmo que natural, sobre o animal não humano. Reconhecer, aí sim, uma expansão da aplicação do art.º 928, CCB, apresenta-se, em caso da chegada da inovação legislativa, como a melhor medida complementar, para que se garanta a indenização da vítima também por meio do patrimônio do animal não humano.

Conclusões

Nossa jornada chega ao seu fim, não sem antes, contudo, um breve rever, um revisitar do que aqui foi exposto, para que, ao final, possamos ter as conclusões que arvoram, na realidade, provocações para um novo passo.

Entre a pessoa e o sujeito, percebemos que a primeira é uma das categorias abarcadas pelo signo dos "sujeitos de direito". Categoria especial, já que qualificada por englobar o ser humano como um de seus protagonistas. A nova visão que se espera venha do reconhecimento no Brasil dos animais não humanos como sujeitos de direitos despersonificados não terá o condão de os erigir em pessoas, mas estabelecerá o que hoje é unicamente coisa em uma especial figura, dotada de direitos específicos e alinhados às suas necessidades (como os que afinarão a condição de dignidade na morte e de impedimento aos maus tratos).

Neste sentido, será necessário reconhecer que a figura da representação jurídica é a que melhor se adequa aos mecanismos de suprimento da incapacidade (física e jurídica) a que estão submetidos os animais. Não há que se cogitar em emancipação ou uma nova categoria de sentença que reconheça especial capacidade, visto não haver segurança jurídica para reconhecer a vontade válida e direta do animal não humano. Do mesmo mote, afastam-se os institutos da assistência (não havendo uma vontade, mesmo que primária, para validar atuação conjunta com o assistente) ou da presentação, já que, para além da vontade, será necessário atender ao interesse do animal, suprindo tanto a incapacidade física quanto a jurídica.

Compreendidos enquanto agentes no mundo jurídico, há, como pressuposto, que se reconheça possam eles figurar como titulares de direitos. Sim, pois antes do trânsito há as titularidades. Nestes escritos, superando a possibilidade de transmissão *intervivos* em favor dos animais não humanos, uma vez qualificados como sujeitos de direitos, o foco se deu na transmissão *causa mortis*, e, neste sentido, para além da aposição de encargo em favor do bem-estar do animal não humano, é de se reconhecer, após a guinada legislativa que se espera, possam eles figurar como sucessores, não no apertado espaço de herdeiros e legatários, mas como figuras que podem adir unicamente herança pura e simples e líquida.

Avançando para além das titularidades e do trânsito jurídico, vimos que também no projeto parental a inovação legislativa que se aguarda poderá ter profundos reflexos. Não substantivos como os primeiros, mas adjetivos, visto que os Tribunais vêm reconhecendo a possibilidade de guarda compartilhada (que pretendemos seja substituída pela cuida compartilhada) face aos *pets*, mas dando a esta visão um novo viés: o da ponderação do interesse do animal não humano. Não uma paráfrase do melhor interesse que se aplica na sistemática do Estatuto da Criança e do Adolescente, mas o considerar-se a eficiência da medida e o seu cabimento também em relação aos sentimentos do animal não humano.

Por fim, percebemos que, em tema de responsabilidade civil, tentar uma nova estrutura de responsabilização, para além do que se tem hoje, seria navegar em águas perigosas sem qualquer benefício à vista. Conjugar o art.º 936, CCB, com a responsabilização patrimonial subsidiária do art.º 928,

CCB, parece-nos a melhor medida a ser tomada, a partir de uma nova categorização dos animais não humanos.

Em despedida, é de se aguardar que o Brasil possa, finalmente, alinhar-se aos países que reconhecem os animais para além do signo das coisas. Antes, porém, vale lembrar que são seres viventes, parte de todo este planeta, e reconhecer neles o direito de seguir suas existências sem serem objetos de maus tratos ou tratamentos cruéis é medida urgente, que vai muito além de qualquer necessidade de avanço da técnica jurídica. Humanizar o trato aos animais é mais um passo na caminhada daquele macaco que aprendeu a pensar, que soube descobrir no fogo e na roda mecanismos para o avanço de sua ciência. Um ser que soube até inventar o cachorro não precisa legar aos demais seres viventes (plantas, animais etc.) um lugar de menor importância para o equilíbrio da nossa astronave Terra. Avancemos, sigamos em frente, mais e mais humanos, sempre!

Referências

BARBAS, Stela Marcos de Almeida Neves – *Direito ao património genético*. Coimbra : Almeida, 2006. ISBN 972-40-1113-5

BARBAS, Stela Marcos de Almeida Neves – *Direito do Genoma Humano*. Lisboa : Almedina, 2007. ISBN 978-972-40-3250-4

BAUMAN, Zygmunt – *Modernidade Líquida*. Tradução de Plínio Dentzien. Rio de Janeiro: Zahar, 2001. ISBN 85-7110-598-7

BRUNDAGE, James A. – *La ley, el sexo y la sociedade cristiana em la Europa medieval*. Ciudad de Mexico : Fondo de Cultura Económica, 2003.

DISTRITO FEDERAL. Tribunal de Justiça – *Processo n.º 0050135-88.2016.8.07.0000*. Registro n.º 2016.0020474570. Relator: Luís Gustavo B. de Oliveira. Julgamento: 04 maio 2017. Órgão Julgador: 8ª Turma Cível. Publicação: DJE, 12 maio 2017, p. 491-501.

FARIAS, Cristiano Chaves de; FIGUEIREDO, Luciano; DIAS, Wagner Inácio – *Código Civil Comentado para concursos*. 8.ª ed. Salvador : JusPodivm, 2019. ISBN: 978-85-442-2821-0

FARIAS, Cristiano Chaves de; ROSENVALD, Nelson – *Curso de Direito Civil – parte geral e LINDB*. 15.ª ed. Salvador : JusPodivm, 2017. ISBN: 978-85-442-3531-7

HARARI, Yuval Noah – *Sapiens – Uma breve história da humanidade*. Tradução de Janaína Marcoantonio. Porto Alegre : L&PM, 2018. ISBN 978-8525432186

HAWKING, Stephen W. – *Uma breve história do tempo*. Tradução de Maria Helena Torres. 30.ª ed. Rio de Janeiro: Rocco, 2000. ISBN 978-9726620105

LÔBO, Paulo – *Direito Civil: parte geral*. São Paulo : Saraiva, 2013. ISBN 978-8502203945

MATO GROSSO DO SUL. Tribunal de Justiça – *Apelação Cível n.º 3709/MS*. Relator: Desembargador Paschoal Carmello Leandro. Julgamento: 25 mar. 2008. Órgão Julgador: Quarta Turma Cível. Publicação: 24 abr. 2008.

PEREIRA, Caio Mário da Silva – *Instituição de Direito Civil*. 20.ª ed. 3.ª tiragem, de acordo com o código civil de 2002, atual. por Maria Celina Bodin de Moraes. Rio de Janeiro: Forense, 2004. ISBN 8530919629. Vol. 1.

RIO GRANDE DO SUL. Tribunal de Justiça – *Apelação Cível n.º 183003532/RS*. Relator: Adalberto Libório Barros. Julgamento: 24 mar. 1983. Órgão Julgador: Primeira Câmara Cível Publicação: DJ, 24 mar. 1983.

RIO GRANDE DO SUL. Tribunal de Justiça – *Apelação Cível n.º 70059167205/RS*. Relatora: Iris Helena Medeiros Nogueira. Julgamento: 14 maio 2014. Órgão Julgador: Nona Câmara Cível. Publicação: DJ, 16 maio 2014.

RIO GRANDE DO SUL. Tribunal de Justiça – *Recurso Cível n.º 71003577855/RS*. Relator: Ricardo Torres Hermann. Julgamento: 10 maio 2012. Órgão Julgador: Primeira Turma Recursal Cível. Publicação: DJ, 14 maio 2012.

SÃO PAULO. Tribunal de Justiça – *Processo n.º 2197295-21.2017.8.26.0000*. Relator: Maria Lúcia Pizzotti. Julgamento: 20 jun. 2018 Órgão Julgador: 30ª Câmara de Direito Privado. Publicação: 26 jun. 2018.

SOLER, Sebastian – *Las palabras de la Ley*. Veracruz : Praxis Jurídica, 1974. ISBN 978-9563921830

ULHOA COELHO, Fábio – *Curso de Direito Civil – parte geral*. 6.ª ed. São Paulo: Saraiva, 2013. ISBN 9788502201064

FONTES INDIRETAS

AGAMBEN, Giorgio – *Signatura rerum – sobre el método*. Tradução de Flávia Costa y Mercedes Ruvituso. Buenos Aires : Adriana Hidalgo, 2009. ISBN 978-8433963055

ARAUJO, Paulo Roberto M. – *Charles Taylor: para uma ética do reconhecimento*. São Paulo : Loyola, 2004. ISBN 978-8515029679

CABANILLAS, Renato Rabbi-Baldi (Coord.) – *Las razones del derecho natural: perspectivas teóricas y metodológicas ante la crisis del positivismo jurídico*. 2.ª ed. Buenos Aires : Ábaco de Rodolfo Depalma, 2008. ISBN 9789505691500

FACHIN, Luiz Edson – *Teoria Crítica do Direito Civil.* Rio de Janeiro : Renovar, 2003. ISBN 9788571478206

FACHIN, Luiz Edson – *O pensamento de Orlando Gomes na atualidade.* [Consult. 18 jan. 2020]. Disponível em WWW:<URL:www.cartaforense.com.br/conteudo/artigos/pensamento-de-oralndo-gomes-na-atualidade/999>.

VAN CAENEGEM, Raoul Charles – *Uma introdução histórica ao direito privado.* 2.ª ed. Tradução de Carlos Eduardo Lima Machado; revisão de Eduardo Brandão]. São Paulo : Martins Fontes, 1999. ISBN 978-8533611764

WIEACKER, Franz. *História do Direito Privado Moderno.* Tradução de António Manuel Botelho Hespanha. 3.ª ed. Lisboa : Calouste Gulbenkian, 2004. ISBN 978-9723101720

O sagrado no laboratório: o Projeto Genoma e a religião

MARIA JOSÉ PINHO SOUZA[1]

Sumário: Introdução. 1. Projeto Genoma Humano. 2. O Ser Humano e a Dignidade Humana. 2.1. Dignidade Humana. 2.2. Clonagem. 3. A Religião Católica e suas Conceções sobre o Genoma. 4. Conflito entre a Fé e a Razão. Considerações Finais; Referências.

Introdução

A história da criação humana tem início com a história de Deus sendo o criador do mundo e de tudo o que nele há. E, por muito tempo, esta foi aceita sem qualquer tipo de questionamento, até quando a teoria do evolucionismo, de Charles Darwin, surgiu trazendo consigo um mundo de questionamentos, contestações sobre a participação divina no processo de criação humano. Suas contestações eram bem fundamentadas, de forma que, aos poucos, foi conquistando muitos adeptos e, por outro lado, colocando as informações do livro sagrado cristão em descrédito.

A Igreja Católica, acostumada com a posição de que realmente o ser humano é fruto da criação divina, sofreu um grande e negativo impacto quando veio à tona a teoria de Darwin.

Ter seus feitos questionados, desacreditados foi algo que a incomodou profundamente, e aquilo era inaceitável. Com isso, travou-se um tumulto entre a religião e a ciência.

Esse problema envolvendo ciência e fé acerca do ser humano e sua criação vem sendo discutido desde então. Mas ambos os lados têm se mostrado reticentes em ceder ao argumento do outro. A Igreja Católica não aceita que a maior criação humana tenha origem de outra forma que não seja por obra

[1] Advogada, atuante no Brasil. Mestre e Doutoranda em Ciências Jurídicas pela Universidade Autónoma de Lisboa (UAL). Especialista em Direito Previdenciário pela Faculdade Luciano Feijão (FLF) e bacharela em Ciências Contábeis pela Universidade Estadual Vale do Acaraú (2000). Endereço eletrônico: maze.lua@hotmail.com.

divina. A ciência, por sua vez, não acredita ou não quer que o crédito pela maior criação do mundo seja atribuído a um "ser" que ela não considera que exista de fato.

A ciência vem avançando cada vez mais nas descobertas sobre o ser humano, mas a criação em si ainda permanece um mistério. Muitos pesquisadores se empenham em responder a questões como: Quem somos? De onde viemos? Mas ainda não obtiveram êxito.

O trabalho que a ciência desenvolve acontece de forma concreta. Seu grande problema em aceitar o ser humano como fruto da criação divina é exatamente porque ela trabalha com o concreto, palpável, buscando provar, por meio de fatos, informações e dados concretos, tudo o que existe.

Após décadas de pesquisas, estudos, questionamentos dos cientistas na busca pelos mistérios da criação humana, os cientistas perceberam que é exatamente na criação que estão as respostas. A partir dessa consciência, a ciência passou a esmiuçar ainda mais o ser humano e sua composição; surgiu, assim, o Projeto Genoma Humano, que buscava mapear o genoma e desvendar o sequenciamento do DNA.

O Projeto Genoma Humano, por meio do qual surgiram muitos benefícios para a humanidade, é um divisor de águas para a ciência. Sua importância para o mundo científico é inquestionável e suas descobertas trouxeram muitas mudanças na medicina. Os avanços científicos, contudo, têm causado opiniões divergentes na ciência e na religião.

O estudo sobre o genoma humano tem por objetivo proporcionar reflexões éticas, religiosas sobre o projeto e suas descobertas, apontando o posicionamento tanto das ciências quanto da religião, argumentos que os fazem ser contrários ou a favor deste estudo, enfatizando as consequências que traz para a humanidade.

O trabalho encontra-se dividido em tópicos que abordam desde a sua conceituação, definição do projeto genoma, o ser humano e sua dignidade, até o posicionamento da Igreja Católica e das religiões Muçulmana e Judaica.

A fundamentação teórica foi embasada em pesquisas bibliográficas e documentos.

As considerações finais apresentam uma crítica reflexiva sobre o tema, abordando o lado positivo das descobertas e refletindo sobre os pontos que levaram a ciência e a fé a divergirem tanto sobre o assunto.

1. Projeto genoma humano

O Projeto Genoma Humano versa sobre descobrir a localização exata dos genes para estabelecer a sequência de base de cada um.

O ácido desoxirribonucleico (DNA) traz suas informações em espirais de uma hélice dupla. Essa descoberta deve-se aos físicos Francis Harry Compton Crick e Maurice Hugh Frederick Wilkins, ao biólogo James Dewey Watson e à cristalográfica Rosalind Franklin. O DNA carrega a informação genética e os genes produzem seus efeitos fornecendo as informações para a síntese proteica.

Os estudos provocados por essas informações motivam a pesquisa sobre o genoma humano.

O Projeto Genoma Humano começou a dar sinais de sua conceição por volta de 1984, quando Sinsheimer propôs a criação de um instituto que pudesse realizar o estudo da sequenciação do genoma humano. Diante da importância dessa pesquisa, formou-se um grupo que, coletivamente, mapeou e sequenciou os genes humanos. Com a evolução dos estudos, muitos adeptos, como o Departamento de Energia dos Estados Unidos (DOE), juntaram-se ao instituto. Para o DOE, tudo que estivesse relacionado a estudos sobre a genética humana era do seu interesse.

Em 1986, aconteceu um encontro no Novo México, promovido pelo Office of Health and Environmental Research (OHER). O objetivo do encontro era conseguir apoio para que pudessem colocar em prática o conceito do sequenciamento do genoma humano. A partir desta data foram esboçados os embasamentos do projeto, ao mesmo tempo que os EUA propunham a criação de um atlas genético, que teria por objetivo fazer o mapeamento da sequenciação do DNA humano.

O biólogo James Dewey Watson, um dos descobridores da informação que o DNA carregava sobre os genes humanos, participou de um debate sobre o planeamento do Projeto Genoma, quando sugeriu que o National Institute of Health (NIH) o liderasse. Em 1988, o NIH o convidou para a direção do projeto, quando foi celebrado um acordo entre o NIH e o Departamento de Energy; o projeto foi lançado, em primeiro lugar, nos EUA e seguido por alguns países como França, Alemanha, Japão e Grã-Bretanha.

Em 1991, foi publicada na revista *Science* um importante artigo sobre o sequenciamento do DNA complementar e o Projeto Genoma, que expõe nova estratégia de sequenciamento, com a finalidade de patentear dados para serem utilizados por outra empresa, a Human Genome Sciences.

Pontos como "a quem deveria pertencer o genoma humano e quem poderia ter acesso aos resultados do estudo" surgiram, gerando crise. Somente em 1996, durante o I Encontro Internacional de Estratégia para o Sequenciamento do Genoma Humano foi confirmado que todas as informações relacionadas ao estudo do genoma humano deveriam ser disponibilizadas gratuitamente, de modo que atendesse a quem tivesse interesse pelo tema e que servisse de motivação para novos estudos.

Com a dimensão que o estudo alcançou, ele também atraiu muita expectativa de patentear o projeto tendo como objetivo principal o lucro. Tais procedimentos foram reprovados tanto pelo PGH quanto pela opinião pública.

Os anos seguintes foram marcados pela conclusão da sequenciação completa do genoma e, em 2000, o então presidente dos EUA, Bill Clinton, juntamente com Francis Collins, Craig Venter e Tony Blair (primeiro ministro britânico) fizeram o anúncio oficial do que se chamou "rascunho grosseiro" do Projeto Genoma, sendo aprimorado em 2003 pelo Consórcio Público do Genoma.

Ao decifrar o corpo humano, ter-se-ia a possibilidade de conhecer outros traços dele, para que num futuro próximo se pudesse ter acesso à informação que melhorasse seu desempenho, competências.

A descoberta do genoma humano motivou muitas possibilidades para a genética. Inúmeras pesquisas surgiram nessa área, como a clonagem e células-tronco, que trouxeram juntas muitas polêmicas.

2. O ser humano e a dignidade humana

Durante toda sua história e evolução, o ser humano tem se mostrado inquieto quanto às questões relativas ao "O que é? Como é feito? Qual sua identidade?", entre outros questionamentos. Na busca por respostas plausíveis, ele mergulha num mar de procura pelas mais diversas áreas. E nessa busca por mais explicações, novas dúvidas surgiram, conduzindo-o por novas investigações sobre sua essência.

A preocupação humana por conhecimentos relacionados à sua existência é algo que está longe de parar. Prova concreta disso é a sequenciação e o mapeamento do genoma humano, que estão cada vez mais em evidência e são merecedores da atenção e estudo dos mais renomados estudiosos.

Uma descoberta como a do genoma humano aumenta a necessidade de uma argúcia elevada na soberana coordenação dos códigos e operações neles contidas. Até mesmo pessoas agnósticas estão a declarar a sua própria fé. Nessa busca incessante por mais conhecimentos sobre o ser humano, não se pode perder de vista o respeito resguardado a cada indivíduo.

A Declaração Universal dos Direitos Humanos e do Genoma Humano, que é um documento elaborado pelo "Grupo Informal de Trabalhos sobre Bioética", secção para as "Relações com os Estados", "Secretaria de Estado do Vaticano", de 11 de novembro de 1997, tem por objetivo a proteção da dignidade humana, que estabelece limites para a liberdade da pretensão do profissional que desenvolve estudos como o do genoma humano, seja de que natureza for, levando em conta a necessidade de respeito à pessoa pela obrigação de seu total desenvolvimento e pela busca da melhoria da qualidade de vida dos seres humanos.

Outro ponto relevante da Declaração é o que considera que os estudos sobre o genoma não devem ser voltados para fins lucrativos. Esse ponto foi alvo de muitas críticas de estudiosos como Gediel[2] (2000), que foi austero nas apreciações, afirmando ser esta uma postura contraditória do legislativo, já que, para a realização de tais pesquisas, é preciso que se faça um investimento considerável, portanto devem trazer algum retorno financeiro.

A Declaração também impôs outro limite, que é a realização de pesquisas, solicitações de patentes que demonstrem interesse em analisar o indivíduo, levando em conta apenas caracteres genéticos. De acordo com a declaração, é preciso considerar as peculiaridades de cada indivíduo e suas condições de vida.

2.1. Dignidade Humana

A dignidade humana simboliza uma condição moral ou jurídica que determina as relações entre os indivíduos providos de direitos e deveres, que

[2] GEDIEL, José Antônio Peres – A Declaração Universal sobre o Genoma e Direitos Humanos: um novo modelo jurídico para a natureza? In *Revista da Faculdade de Direito da Universidade Federal do Paraná*. Curitiba, 34 (2000) 51-58, pp. 51-52.

coexistem e se confrontam em uma mesma conjuntura normativa. Sendo ela considerada um princípio ético básico, só fará sentido quando possuir a possibilidade de convenções constituídas em grupo formado por entes morais, que mantenham relações válidas para todos e de forma social.

Habermas[3], no que tange à dignidade humana, estabelece distinção para dignidade humana e dignidade da pessoa humana. Esta incide na liberdade que cada pessoa tem de escolher quem ela é de fato. Com relação àquela, Habermas faz referência ao embrião que as pesquisas da biotecnologia utilizam. Nesse ponto, o autor destaca apreciações polêmicas e divergentes sobre o aborto e sua legalidade, bem como direitos cabíveis à mãe de decidir o que pode e quer fazer com seu corpo.

O autor questiona que, se por um lado, o embrião é um conjunto de células que, moralmente, só terá dignidade humana quando nascer, por outro lado, considera que, ao ser fecundado, ele já pode ser considerado pessoa com direitos.

Vejamos o que o autor afirma:

> Ambos os lados parecem não se dar conta de que algo pode ser considerado como "indisponível", ainda que não receba status de um sujeito de direitos, que, nos termos da constituição, é portador de direitos fundamentais inalienáveis. "Indisponível não é apenas que a dignidade humana tem".[4]

O que o autor tenta esclarecer é que, devido a causas morais, nossa disponibilidade pode e deve ser privada de alguma coisa, sendo merecedora de atenção e cuidados.

O ser humano tem como alicerce orgânico a presença de um genoma humano particular seu, o que o capacita a um alargamento de seus conhecimentos. A igreja católica defende que o genoma se forma no momento da fecundação, ou seja, a vida tem início nesse momento. É possível constatar essa informação no comentário do Papa João Paulo II:

> A única certeza que agora temos é que a sociedade do futuro só estará à medida da dignidade da pessoa humana e da igualdade entre os povos, se as descobertas

[3] Habermas, Jürgen – *A Constelação Pós-Nacional: ensaios políticos*. São Paulo : Littera Mundi, 2001.

[4] Habermas, Jürgen – *O futuro da natureza humana*. São Paulo : Martins Fontes, 2004, p. 44.

científicas forem orientadas para o bem comum, que se realiza sempre através do bem de cada pessoa individualmente e requer a cooperação de todos e hoje, sobretudo, dos cientistas.[5]

Donum Vitae é um documento que foi elaborado e publicado há alguns anos e que visa esclarecer alguns pontos abordados pela igreja católica, por cientistas no que se refere ao que foi estabelecido com os princípios da moral católica, das técnicas biomédicas, que participavam alternando informações genéticas de um ser, no início de sua vida.

> Fruto de ampla consulta e, em particular, de uma atenta avaliação das declarações de episcopados, a presente instrução não pretende propor novamente todo o ensinamento da igreja acerca da dignidade da vida humana nascente e da procriação. É seu desejo oferecer, à luz da precedente doutrina do Magistério, respostas específicas às principais interrogações que se levantam a esse respeito.[6]

O documento acima referido enfatiza a questão do respeito pelo ser humano desde o momento de sua fecundação. Também destaca o alto grau de importância que a ciência e a técnica têm quando seus serviços são prestados ao bem do homem. Por fim, o documento oferece orientações no que diz respeito às questões de lei moral e civil, quando se referem à relação ao respeito que se deve ter com embriões e fetos humanos.

Fica evidenciado, então, que toda e qualquer ação, modificação que venha a ocorrer no processo natural do genoma, que seja desprovido de colaboração positiva para o bem do ser humano, é considerada ilegal. O ser humano forma-se de corpo, alma, coração, consciência, vontade e inteligência, deve, portanto, ser respeitado na sua formação e direitos.

2.2. Clonagem

Muito se questiona a respeito da aceitação e legalidade da clonagem, e os motivos podem ser de muitas ordens, como éticos e/ou religiosos. O fato

[5] JOÃO PAULO II. A conquista do novo continente do saber, o genoma humano de possibilidades de vitória sobre as doenças. In *L'osservatore Romano*. Cidade do Vaticano, 14 mar. 1998, p. 4.

[6] SAGRADA CONGREGAÇÃO PARA A DOUTRINA DA FÉ – *Instrução sobre o respeito à vida humana nascente e a dignidade da procriação*. Cidade do Vaticano, 22 fev. 1987, p. 4.

é que pensar na utilização de um embrião, no seu uso para salvar vidas ou promover curas tem gerado muitas discussões no meio científico. Vários são os países que, por meio de comitês de ética, têm se mostrados contrários a tais procedimentos.

No momento em que as primeiras pesquisas sobre clonagem foram divulgadas, criou-se uma grande expectativa de que isso poderia resolver os problemas ligados às doenças, às curas definitivas, provocando uma grande corrida pela "cura". Mas o que se comprovou ao longo do tempo foi que nada de concreto foi publicado.

O que muitos cientistas, estudiosos temiam e/ou almejavam era a criação de um clone humano perfeito e a partir daí uma série de clonagens.

As críticas a essa clonagem vinham de todos os lados e uma das mais ferrenhas era direcionada ao fato de o "novo humano" ser submetido a pré-determinações genéticas invariáveis, que seriam realizadas antes de nascer. Dessa forma, o clone não teria um futuro próprio.

Segundo Habermas, clonagem seria sinônimo de escravidão, pois um ser seria criado para beneficiar outro, numa relação arbitrária.

> Ninguém deve dispor de uma outra pessoa e controlar as suas possibilidades de ação de tal modo que seja roubada uma parte essencial da liberdade da pessoa dependente. Essa condição é violada quando uma pessoa decide o programa genético de outra. Também o clone apresenta-se nos seus processos de auto compreensão como uma pessoa determinada; mas, por detrás do elemento essencial dessas condições e qualidades encontra-se a intenção de uma pessoa estranha.[7]

O autor demonstra, assim, grande preocupação com os avanços que essas pesquisas podem gerar, como os embriões podem ser manipulados, pois tais estudos podem colocar em risco valores considerados essenciais ao ser humano, como liberdade e igualdade.

Um outro problema apontado seria a clonagem reprodutiva fazer uso de células-tronco de pré-embriões, pois, para muitos bioeticistas, estes já seriam considerados pessoas humanas.

[7] HABERMAS, Jürgen – *A Constelação Pós-Nacional: ensaios políticos.* São Paulo : Littera Mundi, 2001, p. 210.

Compreende-se, desta forma, por que a descoberta das células-tronco revolucionou toda concepção de terapia. Compreende-se também que tenha agitado a mídia, revolucionado a economia e até provocado problemas políticos. Estes últimos ocorreram, por exemplo, nos Estados Unidos, onde o governo proíbe tais experiências porque implicam, forçosamente, na destruição do embrião.[8]

A igreja Católica, por meio da Pontifícia Academia *Pro Vita* do Vaticano, posicionou-se contrária a reprodução de clones, independente do objetivo pretendido. A justificativa para tal posicionamento seria a probabilidade da aproximação que a clonagem teria com a eugenia; a ressignificação que a reprodução humana passaria a ter em seu aspeto biológico; o uso que se faria da mulher como um ser reprodutor, emprestando útero e óvulos, entre outros.

A eugenia é um termo criado por Francis Galton e significa "bem-nascido". Segundo Galton, a eugenia seria o estudo dos agentes sob o controle social que podem melhorar ou empobrecer as qualidades raciais das futuras gerações física ou mentalmente.

Desde que o termo *eugenia* foi criado até os dias atuais, tem sido motivo de críticas por parte de filósofos, sociólogos e religiosos, pois, no entendimento deles, ela faria uma espécie de discriminação de pessoas por categorias, rotulando-as como capazes ou incapazes para a reprodução.

Diante do exposto, a Igreja Católica considera inaceitável o uso da clonagem, considerando-a como uma interferência manipuladora na formação de um genoma.

Passados mais de 20 anos do pronunciamento do Papa João Paulo II e da promulgação da Instrução *Donum Vitae*, a Congregação para a Doutrina da Fé manifestou-se para confirmar a postura da igreja, reconhecendo que as novas tecnologias biomédicas provocam novos questionamentos nos setores de verificação sobre os embriões humanos e uso de células estaminais que sejam utilizados terapeuticamente.

Cientistas e pesquisadores, numa tentativa de resolver ou amenizar o "conflito" travado com a Igreja Católica sobre os embriões, empenham-se cada vez mais em criar e propor novas técnicas para demonstrar que os embriões não são destruídos. No entanto, ainda não conseguiram encontrar,

[8] Moser, Antonio – *Biotecnologia e Bioética: Para onde vamos?* Petrópolis : Vozes, 2004, p. 74.

fundamentar argumentos aceitáveis que levem a igreja a uma mudança de postura, de conceções e orientações.

A Religião Muçulmana reconhece o ser humano como um ser espiritual, que é regido por uma força que a ciência, por mais que tente, jamais poderá explicar. Entretanto, ela reconhece que algumas descobertas que o homem faz de si mesmo são essenciais à vida, ao melhoramento do seu humano e encontram-se presentes em seu Livro Sagrado.

Essas descobertas, apesar de constarem no Corão, não devem, em hipótese alguma violar direitos da pessoa humana. Na declaração Islâmica Universal dos Direitos Humanos, fica evidente que a vida é sagrada, inviolável e que todos os esforços devem ser feitos para preservá-la.

Para o Islamismo, toda e qualquer forma de inseminação, modificação embrionária, clonagem são proibidas, inaceitáveis, não admitindo intervenções que possam modificar ou matar a criação humana.

Para a Religião Judaica, semelhantemente ao posicionamento islâmico, não são aceitas mutações genéticas, clonagens. Ao contrário, os seguidores dessa religião mostram-se indignados com a intenção de o homem querer realizar tais ações, pois, para eles, o homem estaria querendo colocar-se numa posição semelhante à do criador, numa espécie de "brincadeira" de ser Deus.

O mapeamento dos genes, quando direcionado para o bem da humanidade, tem sido bem aceito por uma parte considerável dos rabinos. De acordo com eles, a capacidade que o ser humano recebeu de Deus pode e deve ser utilizada para fazer o bem, para buscar soluções que melhorem a vida humana, respeitando sempre os direitos e a dignidade humana. Mas o respeito à criação divina deve ser reconhecido, bem como o próprio criador.

3. A religião católica e suas conceções sobre o genoma

A postura da Igreja Católica sobre o Projeto Genoma Humano é de que se constitui como um grande avanço, caso o objetivo da pesquisa seja o de buscar soluções para curas definitivas de determinadas doenças. Caso esteja voltado para outros interesses, como a busca por uma seleção maior das pessoas afetadas por essas indisposições, consolidará ferramenta de aniquilamento tão terrível quanto outras formas de violência.

A Igreja Católica, atenta ao que poderia representar o projeto, buscou conhecer sua essência, pois ele se destacava na mídia e academias como o projeto que revolucionou a ciência. Assim sendo, a Pontifícia Academia para a Vida promoveu um encontro em fevereiro de 1998, na Cidade do Vaticano, em que se abordava o seguinte tema: *Genoma Humano: personalidade humana e sociedade do futuro*. O objetivo principal do encontro estava focado na defesa do valor básico da vida e contou com a participação de especialistas nas áreas biomédicas, morais e jurídicas.

O Papa João Paulo II, em um discurso sobre a importância das descobertas dos segredos mais íntimos do ser humano, mostrou-se maravilhado com o caminho que a mente humana percorreria em busca por conhecimentos genéticos. O Pontífice destacou também que o milênio foi permeado de dramas e conquistas no campo das descobertas e explorações geográficas, que tornaram os homens mais próximos. Ressaltou ainda que tais descobertas só tendem a engrandecer cada vez mais a obra do criador.

Ainda no discurso feito pelo Papa, este demonstrou grande inquietação com o estabelecimento de um tipo cultural que adapta e favorece a diagnose pré-natal, ficando excluídos, diante disso, aqueles considerados imperfeitos. Vem daí a preocupação da igreja quando se fala em eugenismo seletivo, eliminando embriões, fetos que exibam algum tipo de doença.

É do conhecimento de muitos que a engenharia genética trabalha com manipulações que tendem ao benefício e ao potenciamento da dotação genética. Essas manipulações não levam em conta a importância da pessoa como ser finito; ao contrário, recusam-se a aceitar tal realidade, e isso tem gerado desconfianças e preocupações que podem vir a favorecer o aparecimento da mentalidade eugenética.

Uma década depois que a igreja, por meio do discurso do Papa, mostrou sua admiração e, ao mesmo tempo, preocupação com as descobertas e avanços da pesquisa genética, ela voltou a reafirmar sua preocupação. As perspetivas com relação tanto ao mapeamento quanto sequenciamento do genoma humano concentram-se na possibilidade de vitórias sobre doenças, e não na relação discriminatória. O objetivo da descoberta do genoma precisa ficar evidente, para que se observe se há discriminação com o ser "defeituoso" ou se pode afastar os que têm riscos de apresentar doenças que os impossibilitem na execução de suas funções, atitude inaceitável, já que este comportamento é oposto à igualdade e à justiça.

É nessa perspetiva que a Igreja Católica procura combater o eugenismo seletivo que discrimina, destrói os embriões afetados, independente da anomalia que se apresente, permitindo o nascimento apenas dos que são considerados geneticamente perfeitos.

O melhoramento da raça humana, por meio da mentalidade eugenética, é outra grande preocupação da igreja, pois não ficaria evidente a quem caberia decidir, determinar o que e/ou quem é melhor.

Essas preocupações geraram consequências negativas como a desigualdade social, prejudicando o bem comum, pois ficaria evidente um predomínio da vontade de um sobre a liberdade do outro.

Com base nessas críticas e preocupações, o documento *Dignitas Personae* certifica que a prática da eugenética é eticamente negativa. Tal intervenção, ousada e prepotente, tenta em vão dominar a raça humana sem considerar a atenção e o respeito que se deve ter em relação ao outro.

A Igreja Católica tem demonstrado, por meio de seu posicionamento, discursos, como compreende o Projeto Genoma, suas descobertas, expectativas, importância e em nenhum momento mostrou-se indiferente ao que o projeto representa quando se reporta às questões da dignidade humana. Mas também é verdade que ela sempre procurou primar pela dignidade do homem, respeitando suas individualidades e valores, mesmo que para isso tenha de se opor aos grandes estudiosos, pesquisadores e até mesmo opinião pública.

4. Conflito entre a fé e a razão

A religião sempre esteve na posição contrária à da ciência. As questões envolvendo ambas as instituições promove uma espécie de disputa por um lugar não apenas na opinião pública, mas por um lugar de destaque no cenário mundial. A religião, que busca a todo custo preservar a criação humana, sem que o ente seja prejudicado pelas manipulações que, no seu entender, a ciência faz com maestria. A ciência, por sua vez, tenta se mostrar no cenário mundial como uma espécie de salvação para a humanidade, buscando curas para doenças, deformações genéticas, tudo que possa vir a prejudicar o pleno desenvolvimento do ser humano.

O que se questiona muito é o fato de não se ter esclarecido pontos como: Até que ponto a instrumentalização da técnica poderá influenciar o ser humano? Ou seja, qual o limite da ciência no desenvolvimento humano? Como ela poderá atuar sem interferir na sua liberdade de escolhas, na sua individualidade? Será preciso que o indivíduo se renda a ela como se se agarrasse a uma tábua de salvação?

No mundo atual, a discussão envolvendo a biotecnologia encontra-se dividida entre dois pontos: o receio de ficar à margem dos estudos, no obscurantismo, ou a oposição cega à ciência.

Considerações finais

Algo que se pode considerar como inquestionáveis são os benefícios que as descobertas científicas proporcionaram para a humanidade. Mas também é verdade que tais descobertas, de alguma forma, mudaram o pensamento de cientistas, estudiosos, de tal forma que o respeito pela natureza e individualidade do ser humano ficou à margem dos estudos.

A sede por descobertas tomou tamanha proporção, que o homem se esqueceu de valores inerentes ao ser humano e que devem ser respeitados. A religião é um desses valores que os cientistas, os homens da ciência não reconhecem; ao contrário, questionam suas doutrinas, conceções, moral e discutem sua ética, considerando-a manipuladora da mente humana.

A maioria dos cientistas é formada por ateus, e, pelo fato de assim se declararem, não dão o crédito da criação do homem para Deus. Eles declaram que só creem no concreto, no que é passível de ser analisado pela ciência, e isso não poderia se aplicar a Deus, pois é um ser "inexistente".

Por outro lado, o pensamento apresentado por eles mostrou-se um pouco incoerente e contraditório, visto que não conseguiram responder a vários questionamentos sobre o homem e nem as questões que são triviais e ao mesmo tempo complexas como: De onde viemos? O que acontece depois que morremos?

O posicionamento desses cientistas aumenta ainda mais o conflito entre a fé e a ciência. Desde a descoberta de Darwin sobre a teoria da evolução, a Igreja Católica e os cientistas travam uma guerra para impor seus posicionamentos e mostrar quem tem razão quando se trata do ser humano e sua criação.

Este é um conflito onde as partes envolvidas querem se impor, sem travar discussões de forma dialógica. Uma está sempre querendo mostrar suas descobertas, ser aceito e creditado como criador, e a outra, que tenta manter Deus no topo da criação humana, como único e perfeito, buscando preservar ensinamentos morais e éticos, resguardando o ser humano, respeitando sua individualidade.

Após longo estudo sobre o genoma humano, observou-se que a igreja tem um posicionamento contrário às descobertas somente quando elas são usadas para manipular, agredir, modificar a vida do homem.

No entanto, a manipulação terapêutica, processo em que não são desrespeitados os valores morais e éticos do ser, é vista com muito bons olhos pela religião.

O comportamento da Igreja Católica frente ao Projeto Genoma Humano não foi de todo contrário. Ela reconheceu seus valores, contribuições para a melhoria da vida humana, mas em seu pronunciamento e na publicação da *Instrução Dignitas Personae*, ela somente se posicionou e interferiu quando a vida humana e sua individualidade encontravam-se ameaçadas. Esse comportamento, infelizmente, tem sido motivo de rótulos para a igreja, que passou a ser classificada de antiquada e contrária dos avanços científicos.

A ciência, por sua vez, se debate em confronto com a igreja porque acredita que ela boicota suas pesquisas. Com isso, acredita que, por ela ter grande influência na sociedade, consegue vetar muitas das suas pesquisas.

Na posição de alguns estudiosos como Collins[9], o problema está na aceitação que os cientistas têm em relação à fé. Como eles não admitem a crença em um ser divino, sua posição fica comprometida e, perante a sociedade e a igreja, questionável e irracional.

Para Collins, o fato de aderir a uma fé implicaria na aceitação de alguns questionamentos que esses cientistas não consideram como obra divina. Ao que parece, eles teriam que, de alguma forma, aceitar Deus como criador, se não de todo o ser humano, mas de uma grande parte.

Collins apresenta a sugestão de que ambos os lados poderiam esquecer a luta para ver quem tem razão e buscar uma forma de consenso que vise o bem da humanidade. Cada lado poderia permanecer com sua postura, conceções sobre a vida humana, buscar soluções que, de fato, pudessem contribuir para a melhoria do ser humano sem travar discussões que não levam a um resultado positivo para ambos os lados.

[9] Collins, Francis S. – *A linguagem de Deus: Um Cientista Apresenta Evidências de que Ele Existe.* São Paulo : Gente, 2007, p. 234.

Como é possível observar, as conquistas e descobertas feitas pelos cientistas são inúmeras, as vantagens ainda mais, mas também há de ficar claro que existem desvantagens. No entanto, não há qualquer razão para corridas contra o tempo e atos desesperadores, pois a ciência avança a passos largos, mas sob constante e eficaz vigilância da sociedade e religião.

Referências

COLLINS, Francis S. – *A linguagem de Deus: Um Cientista Apresenta Evidências de que Ele Existe.* São Paulo : Gente, 2007. ISBN 978-8573125290

GEDIEL, José Antônio Peres – A Declaração Universal sobre o Genoma e Direitos Humanos: um novo modelo jurídico para a natureza? In *Revista da Faculdade de Direito da Universidade Federal do Paraná.* ISSN 0104-3315. Curitiba, 34 (2000) 51-58.

HABERMAS, Jürgen – *A Constelação Pós-Nacional: ensaios políticos.* São Paulo : Littera Mundi, 2001. ISBN 85-87492-07-1

HABERMAS, Jürgen – *O futuro da natureza humana.* São Paulo : Martins Fontes, 2004. ISBN 978-8533619944

JOÃO PAULO II. A conquista do novo continente do saber, o genoma humano de possibilidades de vitória sobre as doenças. In *L'osservatore Romano.* Cidade do Vaticano, 14 mar. 1998.

MOSER, Antonio – *Biotecnologia e Bioética: Para onde vamos?* Petrópolis : Vozes, 2004. ISBN 85-326-3011-1

SAGRADA CONGREGAÇÃO PARA A DOUTRINA DA FÉ – *Instrução sobre o respeito à vida humana nascente e a dignidade da procriação.* [Em linha]. Cidade do Vaticano, 22 fev. 1987.

A constitucionalidade do procedimento da eutanásia

NARA PINHEIRO REIS AYRES DE BRITTO[1]
BRYAN PHILLIP DE JONGH MARTINS[2]

Sumário: Introdução. 1. Entendendo a eutanásia. 2. A eutanásia como figura de direito e o texto normativo constitucional. 3. A legislação penal sob o prisma constitucional da proporcionalidade. Conclusões. Referências.

Introdução

O fim da vida não é um assunto fácil de ser discutido; ele costuma estar atrelado a um dos maiores tabus da sociedade, qual seja a morte. Como a morte se dará é uma incerteza que temos, mas tal situação deve ser vista também pelo prisma jurídico.

Dentro desse prisma jurídico, trataremos da eutanásia como figura de direito. Fazemos uma análise de princípios constitucionais acerca do tema, bem como da necessidade de adaptação e reinterpretação da norma penal de 1940, que entende o instituto da eutanásia de forma inadequada e desfasada, haja visa que legislação infraconstitucional a vê como um crime contra a vida.

[1] Doutoranda em Direito Ciências Jurídicas pela Universidade Autónoma de Lisboa (Portugal) (UAL); Mestre em Direito Ciências Jurídicas pela Universidade Autónoma de Lisboa (Portugal) (UAL); Bacharel em Direito pelo Centro Universitário de Brasília (UniCEUB); professora orientadora do Centro Brasileiro de Estudos Constitucionais (CBEC Universitário) do UniCEUB; membro colaboradora do Instituto de Advogados do Distrito Federal (IADF); advogada; sócia de capital do escritório Ayres Britto Consultoria Jurídica e Advocacia; conferencista; autora de livros e artigos jurídicos. Endereço eletrônico: nara.ayresbritto@gmail.com.

[2] Bacharelando em Direito pelo Centro Universitário de Brasília (UNICEUB); Diretor Institucional do Instituto Victor Nunes Leal (IVNL); pesquisador na área de Direito Constitucional e Digital; autor de livros e artigos jurídicos. Endereço eletrônico: bryandejongh@gmail.com.

Entendemos, pois, que o tema merece ser visto em conformidade com os princípios da Constituição Cidadã de 1988, que tem como fundamento da República a dignidade da pessoa humana, art. 1º, inciso III, da Constituição Federal, que prima pela inviolabilidade do direito à vida, mas vida não como um direito absoluto do "dever à vida", mas em condições de dignidade, liberdade, autonomia e em condições de saúde.

Para a presente análise, foi utilizado o método bibliográfico e normativo, com revisão literária de determinas obras que constam nas referências bibliográficas ao final do estudo.

1. Entendendo a eutanásia

Para darmos início ao nosso estudo, cabe, em sede preambular, imaginar, como pressuposto de alteridade, uma situação cujo maior temor é a vida.

Os que estão em situação de extrema penúria podem deixar de considerar a morte o seu maior medo e passar a temer, em seu lugar, o relógio que impiedosamente clica cada segundo da sua dor e agonia. O tempo é o vilão quando a morte, tão temida, se torna conforto.

A morte é e sempre foi um dos maiores tabus para a humanidade; agora, o que se aborda neste estudo é a possibilidade de, ressalvados certos quesitos mínimos e de acordo com a Constituição, a pessoa que se encontra em estado de sobrevivência indigna e degradante, causada por uma doença terminal, decidir conforme seus próprios valores, sentimentos e convicções sobre a forma como deseja fazer cessar sua vida.

Objetivo como percetiva é escrever sobre a figura da eutanásia. Inicialmente, como uma ferramenta médica, todavia ao final como instituto, como figura de direito.

Delimita-se aqui, negativamente, que o estudo pretende apenas adentrar as questões constitucionais e infraconstitucionais relacionadas ao paciente terminal, a quem seria concedida a eutanásia, não contemplando a questão da situação do médico que realizaria o procedimento, sua liberdade de escolha entre realizar, ou não, a eutanásia.[3]

[3] Tal temática merece, por si só, um estudo mais aprofundado, pois envolve outras colisões de direito e outros pontos jurídicos sensíveis.

Afastamos também a abordagem de aspectos operacionais, procedimentais e regulatórios, bem como demais necessidades, ao nosso entender, neste momento, pormenorizadas, para efetivação de uma política pública capaz de abarcar o procedimento nas redes públicas e privadas de saúde, estreitando-se o foco da reflexão proposta somente aos pontos de contradição constitucional mais relevantes quando se observa a perspectiva do paciente em estado de penúria, terminalidade e que pretende abreviar sua condição por meio da eutanásia.[4]

Posto isso, adentrando a discussão jurídica de fato, iniciamos com o entendimento de que a figura de Direito é um gênero e as espécies são: instituto e instituição. O gênero é uma figura de direito, uma realidade do mundo do Direito, das normas jurídicas.

A eutanásia aparece no estudo, no primeiro momento, como uma realidade médica, mas, ao final, como instituto jurídico.

Como realidade médica é dada a definição de morte piedosa. O processo de falecimento é geralmente pesado para os indivíduos, especialmente quando estes têm o conhecimento de que sua doença é crônica ou não possui tratamento adequado. A ciência de que essa situação permanecerá dolorosa tanto para estes quanto para os seus amigos e familiares, além da dor inerente à doença, ocasiona um desgaste psicológico incalculável. Afinal, o fim da vida é um momento que a pessoa não atravessa sozinha; todos à sua volta terminam sendo comovidos ou afetados pela situação.

Diante dessa realidade, tem-se como opção a chamada eutanásia, que vem como um instrumento efetivador de uma morte digna. Francis Bacon, o criador do termo *eutanásia*, no século XVII, categorizou pela etimologia o significado da palavra como sendo a "boa morte"[5],também entendido como morte sem sofrimento que busca abreviar a vida de uma pessoa cuja doença não possui cura.[6]

[4] Como se trata de um procedimento que depende de uma manifestação de vontade, ressalta-se que somente os que possuem manifesto interesse na eutanásia e seus familiares são, de fato, contemplados pelo conteúdo deste estudo.

[5] May, Otávia de Oliveira; May, Yduan de Oliveira – *Eutanásia e Dignidade da pessoa humana.* [Em linha]. Curitiba : Multideia, 2015. [Consult. 21 dez. 2019]. Disponível em WWW:<URL:https://www.amazon.com.br/kindle-dbs/thankYouPage.

[6] Bueno, Francisco da Silveira – *Dicionário Escolar da Língua Portuguesa.* 11.ª ed. Rio de Janeiro : Ministério da Educação e Cultura; Fundação Nacional de Material Escolar, 1983, p. 464.

Nos dias de hoje, o termo *eutanásia* trata da conduta médica que cessa a vida do enfermo que não possui chance de recuperação, sendo efetivada com o auxílio médico e com sentimento expresso do enfermo ou de pessoa legalmente habilitada a tomar tal decisão.[7]

A expressão *eutanásia* efetivou-se, portanto, como o falecimento não natural fundado pela vontade de se abreviar o sofrimento do enfermo com a motivação do sentimento de piedade.[8]

2. A eutanásia como figura de direito e o texto normativo constitucional

Para entender a eutanásia como figura propriamente de Direito, a premissa, o ponto de partida de inspiração é a Constituição do Brasil, alvo da nossa reflexão, que não falade eutanásia em nenhum momento, por isso mesmo não admite nem proíbe explicitamente a eutanásia.

A partir dessa constatação, nota-se o primeiro ponto de controvérsia jurídica da temática, haja vista que, levando-se em consideração o princípio da legalidade, previsto no artigo 5º, inciso II, da Constituição Federal[9], não há proibição expressa da prática da eutanásia. O distanciamento nas intenções de quem comete um homicídio simples ou o auxílio ao suicídio são tão drásticas, que a aplicação desses institutos a essa conduta médica é, no mínimo, um abuso à interpretação possível do texto escrito, uma vez que são situações completamente diferentes.

Todavia, no direito infraconstitucional, notadamente o direito penal, o instituto da eutanásia ou seu semelhante é proibido, haja vista que a legislação tem sido interpretada no sentido de entender a conduta como homicídio simples, matar alguém, art. 121 do Código Penal, ou induzimento, insti-

[7] May, Otávia de Oliveira; MAY, Yduan de Oliveira, op. cit.

[8] Gomes, Lucy – Limites éticos frente ao paciente terminal: Eutanásia, Distanásia e Ortotanásia. In CONGRESSO DE ÉTICA MÉDICA DO DISTRITO FEDERAL, 1, Brasília, 2006 – *Actas*: Brasília : Universidade Católica de Brasília (UCB), 2006. pp. 1-105.

[9] "Art. 5º Todos são iguais perante a lei, sem distinção de qualquer natureza, garantindo-se aos brasileiros e aos estrangeiros residentes no País a inviolabilidade do direito à vida, à liberdade, à igualdade, à segurança e à propriedade, nos termos seguintes:
II – ninguém será obrigado a fazer ou deixar de fazer alguma coisa senão em virtude de lei; [...]" (BRASIL. Presidência da República – *Constituição da República Federativa do Brasil*. Brasília : DOU, Seção 1, 5 out. 1988).

gação ou auxílio ao suicídio, art. 122 do mesmo código.[10] Essa interpretação pode ser entendida como demasiadamente elástica diante das diferenças nas intenções de quem comete um homicídio simples, para alguém que busca a eutanásia, inclusive quanto o dolo, elemento fundamental no julgamento de qualquer ato jurídico, especialmente quando se fala em direito penal.

Retornando ao cerne da discussão aqui proposta, o itinerário mental utilizado no presente estudo para justificar a eutanásia como figura de direito constitucional, que, mesmo sem expressamente falar em eutanásia, pode se dar por dedução dos princípios da Constituição Federal.[11]

A Magna Carta notadamente deve ser lida, operada, interpretada, utilizando os seus fundamentos e princípios como balizadores e condutores do seu sentido normativo, presentes em todo texto constitucional, a partir de seu preâmbulo.

Assim, nós partimos do princípio constitucional da dignidade da pessoa humana, que é um fundamento da República Federativa do Brasil, conforme prevê o seu artigo 1º, inciso III; princípio-base cuja efetivação intrinsecamente contida em todo o ordenamento jurídico é a base da função do Estado Democrático de Direito brasileiro.

Entendemos aqui, repise-se, a dignidade da pessoa humana com um princípio-base porque os princípios-fins estão no art. 3º da Constituição Federal, o qual trata dos objetivos fundamentais, as finalidades da República Federativa do Brasil. Desse dispositivo surgem quatro incisos, quais sejam:

> Art. 3º Constituem objetivos fundamentais da República Federativa do Brasil:
> I – construir uma sociedade livre, justa e solidária;
> II – garantir o desenvolvimento nacional;
> III – erradicar a pobreza e a marginalização e reduzir as desigualdades sociais e regionais;

[10] Id. – *Decreto-Lei n.º 2.848, de 7 de dezembro de 1940*. Código Penal. [Em linha]. Rio de Janeiro : DOU, 31 dez. 1940. [Consult. 02 dez. 2019]. Disponível em WWW:<URL:http://www. planalto.gov.br/ ccivil_03/decreto-lei/del2848compilado.htm.

[11] "Art. 1º A República Federativa do Brasil, formada pela união indissolúvel dos Estados e Municípios e do Distrito Federal, constitui-se em Estado Democrático de Direito e tem como fundamentos:
III – a dignidade da pessoa humana [...]" (id., op. cit., 5 out. 1988).

> IV – promover o bem de todos, sem preconceitos de origem, raça, sexo, cor, idade e quaisquer outras formas de discriminação.[12]

Todavia, os princípios que são básicos, fundamentos da República Federativa, do Estado Democrático de Direito, estão a partir do inciso I do art. 5º da Constituição Federal.

O inciso III do artigo 1º do Magno Texto se chama dignidade da pessoa humana. Esse é o nosso ponto de partida. Toda a pessoa humana é portadora de uma dignidade intrínseca, inata, de berço, de nascimento.[13]Essa dignidade qualifica a vida humana, eleva seu entendimento para uma condição biológica cercada por atributos juridicamente impostos.

Contudo, esse princípio seria uma bolha normativa, uma proclamação retórica, não teria substância, nem força normativa, se não fosse pelos conteúdos que o corpo normativo da Constituição, que a partir daí vai aportando. Esse corpo normativo vai indicando conteúdos para o princípio da dignidade da pessoa humana. Dessa forma, consideramos que toda interpretação constitucional deve ser feita com pretensão da efetivação da dignidade humana, em cada um dos atos jurídicos cotidianos.

É o caso da cabeça do artigo 5º, da Magna Carta, que prevê que todos são iguais perante a lei sem distinção de qualquer natureza, garantindo-se aos brasileiros e aos estrangeiros e residentes no país a inviolabilidade dos direitos à vida, liberdade, igualdade, segurança, propriedade, nos seguintes termos, expostos em 78 incisos.[14]

O ponto de partida se situa entre o direito à vida e a dignidade da pessoa humana. A Constituição Federal trata primeiro do direito à vida, depois à liberdade, à igualdade, posteriormente à segurança e, então, à propriedade, mas o primeiro é vida.

[12] BRASIL. Presidência da República – *Constituição da República Federativa do Brasil*. Brasília : DOU, Seção 1, 5 out. 1988.

[13] "Art. 1º A República Federativa do Brasil, formada pela união indissolúvel dos Estados e Municípios e do Distrito Federal, constitui-se em Estado Democrático de Direito e tem como fundamentos:
III – a dignidade da pessoa humana [...]" (ibid.).

[14] "Art. 5º Todos são iguais perante a lei, sem distinção de qualquer natureza, garantindo-se aos brasileiros e aos estrangeiros residentes no País a inviolabilidade do direito à vida, à liberdade, à igualdade, à segurança e à propriedade, nos termos seguintes: [...]" (BRASIL. Presidência da República – *Constituição da República Federativa do Brasil*. Brasília : DOU, Seção 1, 5 out. 1988).

Entretanto, há de se entender vida em condições de liberdade; vida em condições de segurança; vida em condições de propriedade. Isso porque a vida humana nessas condições, sob circunstâncias concretas de liberdade e igualdade, é uma vida digna. Sem liberdade, sem igualdade, sem segurança, sem propriedade, a vida não teria substantividade. Seria uma proclamação retórica, seria um discurso vazio, um oco normativo, não teria a força de regrar comportamentos, logo não teria força de norma.

A Constituição confere no art. 5º substantividade à vida, e uma vida só pode ser substantiva em condições de igualdade, liberdade, segurança, propriedade, porque aí a vida, sob essas condições de substantividade, se torna digna.

É esse tipo de vida formada por esses subprincípios da liberdade, igualdade, que conferirá substância, conteúdo e coerência ao princípio da dignidade da pessoa humana.[15] A vida em um aspecto jurídico.

Em cadeia, o princípio da dignidade da pessoa humana, art. 1º, inciso III[16], princípio-base, princípio-básico, princípio-fundamento da República da Federação, do Estado Democrático de Direito. Mas, para esse princípio ser efetivamente digno, ele tem que incorporar a vida humana em condições de liberdade, igualdade, propriedade, etc., senão seria uma vida vegetativa, sem substantividade.

A primeira palavra que nos serve é liberdade, vista, em um primeiro momento, como um valor para a Constituição Federal, haja vista que ela aparece inicialmente no Preâmbulo da Magna Carta, atuando em todo seu conteúdo como balizador interpretativo, cita-se:

> PREÂMBULO
>
> Nós, representantes do povo brasileiro, reunidos em Assembléia Nacional Constituinte para instituir um Estado Democrático, destinado a assegurar o exercício dos direitos sociais e individuais, a liberdade, a segurança, o bem-estar, o desen-

[15] Art. 5º "Todos são iguais perante a lei, sem distinção de qualquer natureza, garantindo-se aos brasileiros e aos estrangeiros residentes no País a inviolabilidade do direito à vida, à liberdade, à igualdade, à segurança e à propriedade, nos termos seguintes: [...]" (ibid.).

[16] "Art. 1º A República Federativa do Brasil, formada pela união indissolúvel dos Estados e Municípios e do Distrito Federal, constitui-se em Estado Democrático de Direito e tem como fundamentos:
III – a dignidade da pessoa humana [...]" (ibid.).

> volvimento, a igualdade e a justiça como valores supremos de uma sociedade fraterna, pluralista e sem preconceitos, fundada na harmonia social e comprometida, na ordem interna e internacional, com a solução pacífica das controvérsias, promulgamos, sob a proteção de Deus, a seguinte CONSTITUIÇÃO DA REPÚBLICA FEDERATIVA DO BRASIL.[17]

Apenas em um segundo momento a liberdade aparece como norma jurídica do ordenamento pátrio, qual seja, no *caput* do artigo 5º, sendo tida como inviolável:

> Art. 5º Todos são iguais perante a lei, sem distinção de qualquer natureza, garantindo-se aos brasileiros e aos estrangeiros residentes no País a inviolabilidade do direito à vida, à liberdade, à igualdade, à segurança e à propriedade, nos termos seguintes.[18]

Importante ressaltar que um dos conteúdos da liberdade, uma de suas expressões, ou seja, uma de suas projeções é a autonomia de vontade. Sendo a autonomia de vontade conteúdo da liberdade, portanto.

Logo, ela é a força, o poder, a capacidade que o indivíduo tem de se autodeterminar juridicamente. Afinal, ele só se autodetermina juridicamente se dispuser de autonomia de vontade.

Liberdade, de acordo com a autonomia da vontade, é o poder para se locomover, para se reunir, para trabalhar, para ter fé, professar uma religião e, por que não, para dispor sobre sua própria vida em condições de terminalidade.

Sobre o princípio bioético da autonomia, Stela Barbas entende:

> A palavra autonomia deriva de dois termos gregos – auto (próprio) e nomos (lei, regra, norma) – que, conjugados, querem dizer autodeterminação da pessoa para tomar decisões que afetem sua vida, saúde, integridade física e psíquica, bem como suas relações sociais. O princípio da autonomia, portanto, refere-se à capacidade que tem o ser humano de fazer escolhas sobre o que é bom ou o que é seu bem-estar. A pessoa é autônoma quando tem liberdade de pensamento, livre de coações internas ou externas para optar entre as propostas que lhe são

[17] BRASIL. Presidência da República – *Constituição da República Federativa do Brasil*. Brasília : DOU, Seção 1, 5 out. 1988.

[18] Ibid.

> apresentadas. Para isso, é necessário, também, que existam alternativas de ação ou que seja possível sua criação. Não há propriamente o exercício da autonomia quando existe apenas um caminho 1. Quando não há liberdade de pensamento, nem de escolhas, quando se tem somente uma opção ou quando não existe liberdade de agir conforme a alternativa desejada, a ação empreendida não pode ser julgada autônoma 2. A autonomia expressa o princípio da liberdade moral no qual todo ser humano é agente moral autônomo e como tal deve ser respeitado por todos os que mantêm opções morais distintas. Nenhuma moral pode impor-se aos seres humanos contra os ditames de sua consciência.[19]

Quando se sacrifica uma porção de liberdade de um indivíduo, no momento da criação de um tipo penal, deve-se levar em consideração qual o objetivo desse constrangimento do direito.[20] Ao se falar em homicídio, entende-se que a conduta é praticada contra a vontade da figura passiva caracterizando-se assim uma lesão clara, nítida e transparente aos direitos objetivos do indivíduo e subjetivos da sociedade quando se pensa em espectro de segurança pública, por exemplo.

Noutro giro, quando se trata do enquadramento da eutanásia, seja como homicídio simples ou auxílio ao suicídio, resta ausente no tipo delitivo a figura de quem teve o direito violado por quem supostamente seria o agressor, havendo apenas um acusado sem a figura do soberano.[21]

Como reforço a essa vida digna em condições de liberdade e, portanto, de autonomia de vontade para se autodeterminar juridicamente, a Constituição tem muitos dispositivos, mas um merece destaque: é o que proíbe tratamento desumano, cruel ou degradante, art. 5º, inciso III.[22]

Isso porque, no limite, em uma situação em que o indivíduo se encontra em estado de humilhação, de penúria, de violência de autonomia para

[19] Barbas, Stella; Oliveira, Maria Zeneida Pugo Barbosa de – Autonomia do idoso distanásia. *Revista Bioética*. [Em linha]. 21:2 (2013) 328-337. [Consult. 15 jan. 2020]. Disponível em WWW:http://www.scielo.br/pdf/bioet/v21n2/a16v21n2.pdf.

[20] Beccaria, Cesare – *Dos delitos e das penas*. [Em linha]. [s.l.] : Ridendo Castigat Mores, [1764] 2001. [Consult. 21 dez. 2019, pp. 9-10]. Disponível em WWW:<URL:http://www.dominiopublico.gov.br/ download/texto/eb000015.pdf.

[21] Ibid., p. 11.

[22] "Art. 5º Todos são iguais perante a lei, sem distinção de qualquer natureza, garantindo-se aos brasileiros e aos estrangeiros residentes no País a inviolabilidade do direito à vida, à liberdade, à igualdade, à segurança e à propriedade, nos termos seguintes:

se autodeterminar, para se movimentar, para trabalhar, para falar, para se comunicar livremente, portanto o indivíduo em situação de humilhação perante si mesmo e os outros tem o direito, pela autonomia de vontade, de recorrer ao instituto da eutanásia. Logo, a eutanásia deita raízes na Constituição, por esse encadeamento de raciocínio.

3. A legislação penal sob o prisma constitucional da proporcionalidade

A legislação infraconstitucional também dispõe sobre situações quando a vida de um indivíduo pode ser tirada, mas com possibilidade da exclusão da ilicitude, como consta nos artigos 23 a 25 do Código Penal Brasileiro, no caso de legítima defesa ou estado de necessidade. Veja-se abaixo a lei penal brasileira:

> Exclusão de ilicitude (Redação dada pela Lei nº 7.209, de 11.7.1984)
> Art. 23 – Não há crime quando o agente pratica o fato: (Redação dada pela Lei nº 7.209, de 11.7.1984)
> I – em estado de necessidade; (Incluído pela Lei nº 7.209, de 11.7.1984)
> II – em legítima defesa; (Incluído pela Lei nº 7.209, de 11.7.1984)
> III – em estrito cumprimento de dever legal ou no exercício regular de direito. (Incluído pela Lei nº 7.209, de 11.7.1984)
> Excesso punível (Incluído pela Lei nº 7.209, de 11.7.1984)
> Parágrafo único – O agente, em qualquer das hipóteses deste artigo, responderá pelo excesso doloso ou culposo. (Incluído pela Lei nº 7.209, de 11.7.1984)
> Estado de necessidade
> Art. 24 – Considera-se em estado de necessidade quem pratica o fato para salvar de perigo atual, que não provocou por sua vontade, nem podia de outro modo evitar, direito próprio ou alheio, cujo sacrifício, nas circunstâncias, não era razoável exigir-se (Redação dada pela Lei nº 7.209, de 11.7.1984)
> § 1 º – Não pode alegar estado de necessidade quem tinha o dever legal de enfrentar o perigo. (Redação dada pela Lei nº 7.209, de 11.7.1984)

III – ninguém será submetido a tortura nem a tratamento desumano ou degradante; [...]" (BRASIL. Presidência da República – *Constituição da República Federativa do Brasil.* Brasília : DOU, Seção 1, 5 out. 1988).

§ 2 º – Embora seja razoável exigir-se o sacrifício do direito ameaçado, a pena poderá ser reduzida de um a dois terços (Redação dada pela Lei nº 7.209, de 11.7.1984)
Legítima defesa
Art. 25 – Entende-se em legítima defesa quem, usando moderadamente dos meios necessários, repele injusta agressão, atual ou iminente, a direito seu ou de outrem.[23]

Ressalta-se aqui, para efeitos de reflexão, o efeito do estado de necessidade, quando há intervenção de um terceiro, que age pela necessidade de alguém, entendido como estado de necessidade de terceiro.[24] Seria razoável exigir-se, nas circunstância de um doente terminal, com dores insuportáveis, que um médico não lhe possa conferir a eutanásia, o golpe de misericórdia, para o salvar do perigo que corre a sua dignidade, sua condição humana, ante as condições análogas à tortura?

Não obstante, denota-se que o Direito brasileiro é regido também pelo princípio da proporcionalidade; logo, se em uma situação de perigo cabe a excludente de ilicitude para lesar, suprimir, cessar o direito de alguém em favor de terceiro, seria proporcional excluir a ilicitude de quem age para proteger a liberdade, a autonomia da vontade e a dignidade de quem solicita a abreviação piedosa da própria vida, resguardados os requisitos mínimos de razoabilidade? Entendemos que sim.

Sobre o princípio da proporcionalidade, imperioso trazer a sua clássica formulação para o constitucionalismo germânico, que determina que a proporcionalidade se decompõe em três subprincípios, quais sejam: a) adequação; b) necessidade; c) proporcionalidade em sentido estrito. Nas palavras do Professor Virgílio Afonso da Silva:

[23] BRASIL. Presidência da República – *Decreto-Lei n.º 2.848, de 7 de dezembro de 1940*. Código Penal. [Em linha]. Rio de Janeiro : DOU, 31 dez. 1940. [Consult. 02 dez. 2019]. Disponível em WWW:<URL:http://www.planalto.gov.br/ccivil_03/decreto-lei/del2848compilado.htm.

[24] Id. Tribunal Regional Federal da 4ª Região. TRF-4 – *Apelação Criminal n.º 5001273-45.2013.4.04.7203/SC*. Relatora: Desembargadora Federal Cláudia Cristina Cristofani. Julgamento: 19 nov. 2019. Órgão Julgador: 7ª Turma. Publicação: 21 nov. 2019. [Consult. 21 dez. 2019]. Disponível em WWW:<URL:https://trf-4.jusbrasil.com.br/jurisprudencia/783898508/apelacao-criminal-acr-50012734520134047203-sc-5001273-4520134047203?ref=serp.

> a) adequação: aptidão do meio eleito em fomentar a promoção da finalidade pretendida; b) necessidade: aferição da impossibilidade de o objetivo pretendido ser promovido, com a mesma intensidade, por intermédio de outro ato que limite, em menor medida, o direito fundamental atingido; c) proporcionalidade em sentido estrito: sopesamento entre a intensidade da restrição ao direito fundamental atingido e a importância da realização do direito fundamental que com ele colide e que fundamenta a adoção da medida restritiva.[25]

Nota-se que, no exemplo de proporção apresentado, constam os três subprincípios, pois a adequação se dá no sentido de que existe uma necessidade superveniente e relevante que muda os atributos da intenção por trás do que hoje é considerado auxílio ao suicídio ou homicídio simples.

Em segundo lugar, vemos que a necessidade da intervenção se dá pela própria solicitação do enfermo, com base na sua condição e perceção individual, no exercício da sua autonomia da vontade, e fundamentado em laudo médico coerente com o pedido.

E, em um terceiro momento, a clara lesividade aos atributos de uma vida digna, constitucionalmente elevada, uma vez que a condição do enfermo deixa ser digna e se torna degradante e análoga à tortura, ferindo ainda o disposto no artigo 5º, III, da Constituição da República Federativa Brasileira de 1988.[26]

O jurista e Ministro do Supremo Tribunal Federal, Gilmar Ferreira Mendes, entende que a violação do princípio da proporcionalidade seria uma clara manifestação do excesso do Poder Legislativo, de modo que sua manifestação decorre através da contrariedade, incongruência e irrazoabilidade, além da inadequação dos meios e fins legislativos.[27]

[25] Silva, Luís Virgílio Afonso da – O proporcional e o razoável. *Revista dos Tribunais.* 798 (2002) 23-50.

[26] "Art. 5º Todos são iguais perante a lei, sem distinção de qualquer natureza, garantindo-se aos brasileiros e aos estrangeiros residentes no País a inviolabilidade do direito à vida, à liberdade, à igualdade, à segurança e à propriedade, nos termos seguintes:
III – ninguém será submetido a tortura nem a tratamento desumano ou degradante; [...]" (BRASIL. Presidência da República – *Constituição da República Federativa do Brasil.* Brasília : DOU, Seção 1, 5 out. 1988).

[27] Mendes, Gilmar Ferreira; Branco, Paulo Gustavo Gonet – *Curso de Direito Constitucional.* 12.ª ed., rev. e atual. São Paulo : Saraiva, 2017 (Série IDP), p. 223.

No estudo em tela, pode-se dizer que não só o legislativo, mas também o judiciário enquadra a eutanásia em um tipo improprio, de homicídio simples ou de auxílio ao suicídio.

Não entendemos que a vida deva ser imposta como um dever da pessoa humana para consigo mesma, não diante da circunstância de terminalidade em estado de penúria. A Constituição brasileira, quando trata de direito à vida, não está impondo uma obrigação individual do "dever à vida", mas a proteção pelo Estado à vida das pessoas contra a qual se desejar atentar.[28]

Com efeito, entendemos que a liberdade do indivíduo enquanto portador de sua existência deve dar subsídio à sua dignidade enquanto pessoa humana e, nessa esfera, ele ter o direito a encerrar com a própria vida por meio de institutos e recursos que devem ser tutelados e regulamentados pelo Estado por meio de suas leis, a exemplo disso, a eutanásia.

A Eutanásia é um tema que pode ser focado à luz da filosofia kantiana, ao utilitarismo de Mill.[29]

Apenas a título exemplificativo, a deontologia kantiana entende que o homem seria um fim em si mesmo; tal afirmação seria um imperativo categórico[30], ou seja, uma regra universalizável.

Partindo do pressuposto que o homem seria um fim em si mesmo, este não poderia servir como meio para uma outra pessoa alcançar uma de suas vontades, a exemplo disso, a eutanásia, haja vista que o agente, ao praticar a eutanásia em um paciente terminal, seria utilizado como meio para se alcançar um fim de um terceiro.

[28] DIAS, Roberto – *O direito fundamental à morte digna: uma visão constitucional da eutanásia*. Belo Horizonte : Fórum, 2012, p. 121.

[29] MILL, John Stuart – *Utilitarismo: texto integral*. Tradução Ricardo Marcelino Palo Rodrigues. São Paulo : Hunter Books, 2014.

[30] Para Imannuel Kant, "imperativo categórico" seria: "Uma vez que toda lei prática representa uma ação possível como boa e, por isso, como necessária para um sujeito praticamente determinável pela razão, todos os imperativos são fórmulas da determinação da ação que é necessária segundo o princípio de uma vontade de qualquer forma boa. No caso da ação ser apenas boa como meio para qualquer outra coisa, o imperativo é hipotético; se a ação é representada como boa em si, por conseguinte como necessária em uma vontade em si conforme a razão como princípio dessa vontade, então o imperativo é categórico" (KANT, Immanuel – *Fundamentação da Metafísica dos Costumes e Outros Escritos*. Tradução de Leopoldo Holzbach. São Paulo : Martin Claret, 2003, p. 43-44).

Sobre o homem como um fim em si mesmo, destacamos a passagem abaixo:

> Agora eu afirmo: o homem – e, de uma maneira geral, todo o ser racional – existe como fim em si mesmo, e não apenas como meio para o uso arbitrário desta ou daquela vontade. Em todas as suas ações, pelo contrário, tanto nas direcionadas a ele mesmo como nas que o são outros seres racionais, deve ser ele sempre considerado simultaneamente como o fim.[31]

Ao mesmo tempo, o imperativo categórico defendido por Immanuel Kant, no sentido de que só se pode agir de acordo com uma máxima que seja universalizável, a eutanásia seria descartada, haja vista que para o filósofo não pode haver uma máxima que viole a natureza e a vida humana.

Abrimos um espaço para discordar do filósofo, haja vista que o nosso ponto de partida é a vida em condições de dignidade, liberdade, autonomia, proporcionalidade e razoabilidade. Ademais, se o homem é um fim em si mesmo, ele poderia dispor sobre o seu próprio fim.

Entendemos que a filosofia utilitarista de Stuart Mill seria a mais adequada para análise do instituto da eutanásia. Todavia, o utilitarismo[32]é uma ferramenta de valoração de conflito de direitos, no caso, o conflito entre a interpretação que é dada à legislação infraconstitucional que interpreta o instituto como um crime contra a vida e a inclinação da Constituição Federal pautada na dignidade da pessoa humana que entende a vida não condicionada a uma mera sobrevivência biológica, mas uma vida biograficamente contemplada, no sentido de que, a nosso ver, a vida biográfica deve ser preservada.

A tese tem consistência constitucional, pois a eutanásia pode ser vista como uma figura de direito. A constituição não fala de eutanásia, nem para proibir, nem para permitir, mas fala de dignidade da pessoa humana como princípio. Para que a dignidade da pessoa humana tenha conteúdo, substân-

[31] Ibid., p. 58.

[32] Sobre o utilitarismo de Stuart Mill: "a nossa única obrigação básica é maximizar o bem: o ato moralmente certo (ou obrigatório) é sempre aquele que, avaliadas as coisas de uma forma estritamente imparcial, dará origem à melhor situação ou maior bem" (MILL, John Stuart – *Utilitarismo: texto integral.* Tradução Ricardo Marcelino Palo Rodrigues. São Paulo : Hunter Books, 2014, p. 41).

cia, seja para valer, tenha musculatura, força normativa para regular comportamentos em concreto, é preciso ver a retomada do tema da dignidade da pessoa humana a partir do Título de n.º 2 e o primeiro artigo, que faz esse *link* funcional, *link* lógico com o princípio da dignidade da pessoa humana, e o artigo 5º, que fala de vida "em condições de" porque se não for em condições de, não há dignidade, é vegetativa.

Conclusões

Abordou-se no presente trabalho o tema da eutanásia, objeto de estudos médico-científicos, filosóficos, jurídicos ou qualquer outro parâmetro metajurídico. Desde sempre é entendida como espécie piedosa de morte humana, morte sem dor ou sofrimento desnecessário, porquanto aplicada àquelas situações de irremediável terminalidade da vida humana. Logo, eutanásia é um mecanismo de preservação de um mínimo de autoestima do ser humano; um mínimo de respeito pela última vontade dele; um mínimo de condição de despedida tão voluntária quanto consciente desta vida. É morte com honra, no sentido de que altiva ou sem crueldade, degradação ou desumanidade.

Em verdade, a Constituição não fala de eutanásia, explicitamente. Nem para proibir, nem para permitir. Contudo, implicitamente ou por inferência, dedução, sistêmica, entendemos que a eutanásia se impõe como direito subjetivo, como instituto jurídico, portanto. Bem da vida, bem fundamental que é, para o que, numa primeira incursão analítica, faz-se o *link* funcional entre o princípio da dignidade da pessoa humana e a cabeça do art. 5.º da Constituição brasileira; depois, o entrelace funcional desse princípio com o direito subjetivo de não sofrer tratamento desumano, degradante ou cruel, como está no inciso III do art. 5.º da Constituição Federal de 1988.

Vemos o ato de decidir livremente sobre a eutanásia como uma questão: a de responsabilidade perante si mesmo, conforme os parâmetros da própria autoestima, perante sua biografia e perante sua família.

O Direito tem um encontro marcado com esse tema pela sua fundamental relevância. Um encontro dificultado pela extrema subjetividade dele nos campos religioso e social-genérico.

Em relação ao Código Penal de 1940, a Constituição de 1988 é um sobrepasso, um avanço. Um sobrepasso ou avanço civilizatório/humanístico, pois não basta cuidar da vida biológica de todo ser humano. É preciso ainda tutelá-lo e protegê-lo biograficamente.

Quem pensa apenas biologicamente é a medicina e, de acordo com as interpretações dogmáticas, é a religião. Daí o princípio constitucional não da pessoa humana, mas da dignidade da pessoa humana; dignidade como substantividade em termos de liberdade, de cidadania, de soberania, de trabalho, de consciência.

Entendemos que a dignidade poderia ser aqui interpretada para o momento de decidir como morrer quando em situação de indignidade, no caso por meio da eutanásia, interpretada no presente ensaio como figura de direito.

Referências

Barbas, Stella; Oliveira, Maria Zeneida Pugo Barbosa de – Autonomia do idoso distanásia. *Revista Bioética*. [Em linha]. 21:2 (2013) 328-337. [Consult. 15 jan. 2020]. Disponível em WWW:http://www.scielo.br/pdf/bioet/v21n2/a16v21n2.pdf. ISSN 1983-8042

Beccaria, Cesare – *Dos delitos e das penas*. [Em linha]. [s.l.] : Ridendo Castigat Mores, [1764] 2001. [Consult. 21 dez. 2019]. Disponível em WWW:<URL:http://www.dominiopublico.gov.br/download/texto/eb000015.pdf.

BRASIL. Presidência da República – *Constituição da República Federativa do Brasil*. Brasília : DOU, Seção 1, 5 out. 1988.

BRASIL. Presidência da República – *Decreto-Lei n.º 2.848, de 7 de dezembro de 1940*. Código Penal. [Em linha]. Rio de Janeiro : DOU, 31 dez. 1940. [Consult. 02 dez. 2019]. Disponível em WWW:<URL:http://www.planalto.gov.br/ccivil_03/decreto-lei/del2848compilado.htm.

BRASIL. Tribunal Regional Federal da 4ª Região. TRF-4 – *Apelação Criminal n.º 5001273-45.2013.4.04.7203/SC*. Relatora: Desembargadora Federal Cláudia Cristina Cristofani. Julgamento: 19 nov. 2019. Órgão Julgador: 7ª Turma. Publicação: 21 nov. 2019. [Consult. 21 dez. 2019]. Disponível em WWW:<URL:https://trf-4.jusbrasil.com.br/jurisprudencia/783898508/apelacao-criminal-acr-50012734520134047203-sc-5001273-4520134047203?ref=serp.

Bueno, Francisco da Silveira – *Dicionário Escolar da Língua Portuguesa*. 11.ª ed. Rio de Janeiro : Ministério da Educação e Cultura; Fundação Nacional de Material Escolar, 1983. ISBN 85-222-0037-8

Dias, Roberto – *O direito fundamental à morte digna: uma visão constitucional da eutanásia*. Belo Horizonte : Fórum, 2012. ISBN 978-85-7700-548-2

Gomes, Lucy – Limites éticos frente ao paciente terminal: Eutanásia, Distanásia e Ortotanásia. In CONGRESSO DE ÉTICA MÉDICA DO DISTRITO FEDERAL, 1, Brasília, 2006 – *Actas*: Brasília : Universidade Católica de Brasília (UCB), 2006. p. 1-105.

Kant, Immanuel – *Fundamentação da Metafísica dos Costumes e Outros Escritos*. Tradução de Leopoldo Holzbach. São Paulo : Martin Claret, 2003. ISBN 85-7232-547-6

May, Otávia de Oliveira; May, Yduan de Oliveira – *Eutanásia e Dignidade da pessoa humana*. [Em linha]. Curitiba : Multideia, 2015. [Consult. 21 dez. 2019]. Disponível em WWW:<URL:https://www.amazon.com.br/kindle-dbs/thankYouPage. ISBN 978-85-8443-055-0

Mendes, Gilmar Ferreira; Branco, Paulo Gustavo Gonet – *Curso de Direito Constitucional*. 12.ª ed., rev. e atual. São Paulo : Saraiva, 2017 (Série IDP). ISBN: 978-85-472-1481-4

Mill, John Stuart – *Utilitarismo: texto integral*. Tradução Ricardo Marcelino Palo Rodrigues. São Paulo : Hunter Books, 2014. ISBN: 978-85-65042-39-0

Silva, Luís Virgílio Afonso da – O proporcional e o razoável. *Revista dos Tribunais*. ISSN 978-85-203-5880-1. 798 (2002) 23-50.

Flexibilização do sigilo bancário, dignidade humana e ponderação de interesses: conexão com o tráfico de pessoas e órgãos

ROBERTA ESPINHA CORRÊA[1]

Sumário: Introdução. 1. Bioética e Biodireito: Proteção do corpo humano. 2. Proteção dos órgãos e o tráfico de pessoas. 3. Combate ao tráfico: flexibilização do sigilo bancário. 4. Sigilo bancário em Portugal: ponderação de interesses. 5. Direito comparado com outros países. 6. Sigilo bancário x dignidade corporal do ser humano. Conclusão. Referências.

Introdução

O presente trabalho abordará o tráfico humano para a venda de órgãos, crime este que tem se transformado no mal do Século XXI, por ser a realidade de comunidades pobres em geral, como ocorre em países do sul da Ásia, na América Central, norte da África e, inclusive, em países da América do Sul, como é o caso do Brasil. Trata-se de um crime, já que o tráfico de pessoas foi assim definido, internacionalmente, em 2000, pelo Protocolo de Palermo em seu artigo 3.º.

Sabemos que a sociedade contemporânea vive relações altamente complexas, que estão cada vez mais atreladas à tecnologia e ciência, que avançam constantemente e cada vez mais precisas, proporcionando às pessoas um conforto maior em relação à saúde e perspetiva de vida.

[1] Advogada no Brasil, Mestranda em Ciências Jurídicas pela Universidade Autónoma de Lisboa. Especialista em Direito de Empresa pela Fundação Dom Cabral. Sócia Fundadora de Sette Câmara, Corrêa e Bastos Advogados Associados. Endereço eletrônico: robertacorrea@scbadvogados.adv.br

Assim sendo, o que vemos na nossa atualidade são as técnicas cada vez mais precisas em relação ao transplante de órgãos, e aquele sonho que antes não era possível torna-se hoje presente na vida de pessoas enfermas que precisam retirar algum órgão doente e substituí-lo por um saudável.

O grande problema da sociedade nesse caso é a escassez de doadores em relação às pessoas enfermas e que necessitam de transplante, não sendo possível, assim, suprir a demanda dos recetores.

Exatamente em virtude dessa escassez de doadores surge o tráfico de órgãos, que a criminalidade organizada enxerga como um comércio altamente lucrativo. Importante dizer que a onda criminosa vai além do tráfico de órgãos, pois também pratica o tráfico de pessoas com o objetivo de retirada de órgãos e o comércio deles.

O que queremos abordar neste artigo não é a doação voluntária, dentro da autonomia e liberdade individual de cada pessoa, em que haveria um doador e um recetor, mas, sim, o que não é voluntário, nem gratuito, nem tão pouco altruísta. Para este trabalho, tudo o que envolva troca de moedas consideraremos tráfico de órgãos.

Diante da constatação que o tráfico de órgãos é um crime transnacional, que envolve uma criminalidade transacional altamente organizada, torna-se necessário perquirir onde o direito deve estar inserido, com o objetivo de coibir e inibir ou, no mínimo, incomodar e reduzir a atuação do crime organizado no tráfico de pessoas com o objetivo do comércio de órgãos.

No nosso entendimento existe um caminho legal, legítimo e possível, inserido no direito bancário e financeiro, que seria a flexibilização do sigilo bancário e que apontaria indícios de branqueamento de capitais (lavagem de dinheiro no português do Brasil), com implicações penais e fiscais aos criminosos, protegendo, dessa forma, a coletividade desses crimes, assim como desmotivando ou, melhor, não incentivando criminosos a cometer esses crimes.

1. Bioética e biodireito: proteção do corpo humano

Em 1974, o Congresso americano criou a Comissão Nacional para a Proteção dos Seres Humanos em Pesquisa Biomédica e Comportamental, que tinha como ideal estabelecer princípios éticos que orientassem às experimentações humanas, alcançando as ciências de comportamento e a biomedicina.[2] Em 1978, foi publicado o Relatório Belmont, o qual identificou três princípios considerados básicos da Bioética: da beneficência, da autonomia e da justiça. A bioética, assim, tem como objetivo tentar esclarecer e solucionar questões éticas que vão surgindo conforme os avanços na medicina e na biologia.

Com o avanço na Medicina, Biologia e Biotecnologia, surgiram normas reguladoras da conduta humana (teoria, legislação e jurisprudência) que limitaram as práticas exacerbadas dentro de hospitais e clínicas, colocando, portanto, limites à atuação médica, assim como positivando as condutas da ciência médica por meio de normas ético-morais, o que fez surgir, dessa forma, o Biodireito, que nada mais é do que a preocupação ética com relação aos operadores das Ciências Biológicas.[3]

Dizia o Padre Leo Pessini: "Bioética é colocar vida no centro"[4]. Ainda segundo o teólogo, a bioética é um brado pela dignidade humana, desde o nascer até o morrer. Ressaltou que o século XXI será o século da ética ou, então, "nós não existiremos".

Para a doutora Stela Marcos de Almeida Neves Barbas, "a bioética caracteriza-se, nomeadamente, por exigir a participação da sociedade e de diversas especialidades profissionais num aprofundamento e reflexão inter-disciplinar"[5].

Assim, o Biodireito tornou-se um instrumento a serviço da bioética, enquanto ciência que tutela questões éticas atinentes à vida. E a bioética desenvolveu-se a partir dos grandes avanços da biologia molecular e da biotecnologia aplicada à medicina nos últimos anos, assim como das denúncias de abusos cometidos contra os seres humanos, seja pelas experiências biomédicas, seja pelo perigo das aplicações incorretas da biomedicina e da engenharia genética, aliado ao fato que os códigos éticos eram incapazes de guiar a boa prática médica.[6] Assim sendo, essa ameaça técnica sobre a

[2] JUNGES, José Roque – *Bioética: perspectivas e desafios*. São Leopoldo : Unisinos, 1999, p. 39.

[3] SÁ, Maria de Fátima Freire de; NAVES, Bruno Torquato de Oliveira – *Manual do Biodireito*. Belo Horizonte : Del Rey, 2009, p. 6.

[4] PESSINI, Leo – Conferência de abertura. *2ª Jornada de Bioética*. 16-18 set. 2011, Lorena-SP. [Em linha]. Lorena, 16 set. 2011. [Consult. 13 jan. 2020]. Disponível em WWW:<URL:https://noticias.cancaonova.com/brasil/bioetica-e-colocar-vida-no-centro-diz-padre-leo-pessini-2/>.

[5] BARBAS, Stela Marcos de Almeida Neves – *Direito ao Patrimônio Genético*. Lisboa : Almedina, 2006, p. 47.

[6] DINIZ, Maria Helena – *O Estado Atual do Biodireito*. São Paulo : Saraiva, 2011, p. 29.

humanidade gerou uma ética para a civilização biotecnológica com o intuito de preservar a dignidade da pessoa humana aos abusos do biopoder, assim como da revolução biológica com a descoberta do DNA, da geneterapia e tantas outras técnicas biomédicas, levando-se a uma reflexão sobre o fenômeno da vida e da morte.[7] Tal reflexão torna-se imprescindível e o direito não poderia deixar de reagir diante dos riscos aos quais pode o ser humano estar sujeito, sendo necessário limite à liberdade de pesquisa, conforme determina algumas Constituições de países democráticos, como é o caso do Brasil, por exemplo, no artigo 5.º, inciso IX, da Constituição de 1988.[8]

Na opinião da jurista brasileira Maria Helena Diniz, a Constituição Federal Brasileira proclama a liberdade de pesquisa como um dos direitos fundamentais, mas ela não é absoluta, e tem que haver limitação, pois existem outros valores e bens jurídicos também reconhecidos constitucionalmente, como o direito à vida, à integridade física e psíquica, privacidade e outros, que poderiam ser afetados pelo mau uso da liberdade científica. E, se houver conflito entre a liberdade científica e outro direito fundamental da pessoa humana, a solução sempre será o respeito à dignidade humana, que é fundamento do Estado Democrático de Direito (Constituição Federal do Brasil, artigo 1.º, III).[9]

A vida é considerada um direito básico, e os direitos humanos são normas éticas que orientam os limites que a ciência tem de intervir na vida humana e no meio ambiente. Em 1948, quando a Assembleia Geral das Nações Unidas aprovou a Declaração Universal dos Direitos do Homem, iniciou-se a positivação dos direitos humanos em várias constituições federais de diversos países.[10]

No Brasil, a Constituição Federal de 1988, em seu artigo 5.º, assegura sua intangibilidade ao garantir o direito à vida como um direito absoluto e o dever do estado de protegê-la, por se tratar de cláusula pétrea. Por sua vez, o Código Civil Brasileiro, em seu artigo 2.º, determina que a personalidade civil da pessoa começa com o nascimento com vida. Em se tratando o Brasil de um Estado Democrático de Direito, cujo caráter laico é um dos

[7] Ibid., p. 30.

[8] Ibid., p. 31.

[9] Diniz, Maria Helena – *O Estado Atual do Biodireito*. São Paulo : Saraiva, 2011, p. 31.

[10] Pithan, Lívia Haygert – *A dignidade humana como fundamento jurídico das "ordens de não-ressuscitação"*. Porto Alegre : Edipucrs, 2004, p. 61.

pilares, deve o estado assegurar a cada pessoa a liberdade, ou seja, a não ser submetido a decisões que tenham por base princípios religiosos, filosóficos ou ideológicos de qualquer espécie. Assim, a vida humana constitui um bem jurídico, por ser um direito fundamental pela Constituição Federal Brasileira, que está previsto no artigo 1.º, em seu inciso III, que diz que "a dignidade da pessoa humana assume posição de destaque, servindo como diretriz material para a identificação de direitos implícitos"[11].

Da mesma forma que na Constituição Brasileira, a Constituição da República Portuguesa também consagra, em seu artigo 1.º, a sua soberania baseada na dignidade da pessoa humana, o que também ocorre com a Constituição alemã, em seu artigo 1.º.

2. Proteção dos órgãos e o tráfico de pessoas

O crime de tráfico de pessoas foi internacionalmente definido em 2000 pelo Protocolo de Palermo, em seu artigo 3.º.

O que se verificou na definição deste crime é que o mesmo se configura mediante uma ação, que pode ser recrutamento, transporte, transferência, alojamento ou acolhimento de pessoas, que ocorre mediante fraude, engano, coação, sequestro, rapto e outras situações similares a estas, cuja finalidade é a exploração, que pode ser para trabalho análogo ao escravo, exploração sexual, remoção de órgãos e tecidos humanos, mendicância, adoção irregular, dentre outras situações parecidas. Na definição desse crime existem várias questões: moral, criminal, migratória, de ordem pública, relacionada com o trabalho e com a vulneração de direitos humanos.[12]

Em 2008, a Organização Mundial de Saúde fez uma interpretação para a definição do Tráfico de órgãos, o comércio dos Transplantes e o Turismo de Transplantes por intermédio da Declaração de Istambul sobre Tráfico de

[11] Sarlet, Ingo Wolfgang – *Dignidade da pessoa humana e direitos fundamentais na Constituição Federal de 1988*. Porto Alegre : Livraria do Advogado, 2001, p. 97.

[12] Correa da Silva, Waldimeiry – Tráfico de Pessoas: cenário, atores e crime. Em busca do respeito à dignidade humana. In FIGUEIRA, Ricardo Rezende; Prado, Adonia Antunes (Orgs.) – *Olhares sobre a Escravidão Contemporânea: novas contribuições críticas*. Cuiabá : UFMT, 2011. p. 254-276, p. 334.

Órgãos e Turismo de Transplante, em que ficou definido que esse crime consistiria no

> [...] recrutamento, transporte, transferência, refúgio ou recepção de pessoas vivas ou mortas ou dos respectivos órgãos por intermédio de ameaça ou utilização da força ou outra forma de coação, rapto, engano, abuso de poder ou de uma posição de vulnerabilidade, ou da oferta ou recepção de controlo sobre o potencial doador, pra fins de exploração através da remoção de órgãos para transplante.

Importante ressaltar que o transplante é uma intervenção cirúrgica cuja primeira fase seria a extração do órgão de um sujeito (doador) e o implante desse órgão em outra pessoa (recetor), do qual é retirado o órgão que se encontra deteriorado. Contudo, certo é que a venda de órgãos é proibida e é considerada um transplante mercenário, pois há uma recompensa pela doação, além de o doador estar vivo. A OMS define como comércio dos transplantes "uma política ou prática segundo a qual um órgão é tratado como uma mercadoria, nomeadamente sendo comprado, vendido ou utilizado para obtenção de ganhos materiais"[13].

Sabemos da importância do avanço da medicina proporcionando muitas possibilidades de tratamento de doenças e cura de diversas enfermidades, sendo que a possibilidade de transplantes de órgãos é certamente uma das alternativas a determinadas doenças. Entretanto, não se pode olvidar que a partir dessa possibilidade nasce a valoração econômica dos órgãos humanos diante da angústia daqueles que necessitam do transplante para ter uma vida saudável e o mercado ilícito de órgãos humanos, o qual atua principalmente nos locais de extrema pobreza. Como o comércio de órgãos é proibido e considerado crime (tráfico de pessoas e tráfico de órgãos), a pergunta que se faz é: como combater esse tráfico (de pessoas para venda de órgãos e de órgãos e/ou tecidos humanos) à luz da realidade jurídico-constitucional vigente?

A Constituição Portuguesa, em seu artigo 1.º, garante a dignidade da pessoa humana como um dos principais alicerces da república, o que implica necessariamente a vedação de qualquer tipo de comercialização de órgãos humanos ou tecidos ou mesmo corpos inteiros. Importante dizer que o prin-

[13] ORGANIZAÇÃO MUNDIAL DA SAÚDE – *Declaração de Istambul*. Istambul : OMS, 2008. [Consult. 13 jan. 2020]. Disponível em WWW:<URL:http://www.declarationofistanbul.org/images/stories/ translations/doi_portuguese.pdf>.

cípio da dignidade da pessoa humana está previsto também no artigo 1.º da Declaração Universal dos Direitos Humanos: "Todas as pessoas nascem livres e iguais em dignidade e direitos. São dotadas de razão e consciência e devem agir em relação umas às outras com espírito e fraternidade". Importante voltar à importância da boa vontade e de dever presentes na obra de Immanuel Kant[14], pois a dignidade da pessoa humana é uma característica intrínseca de todo ser humano devido à sua racionalidade, portanto por ser dotado de razão e somente seres racionais são fins em si mesmos ou, melhor, a única finalidade de sua existência é a sua vida. Kant ia muito além no que diz respeito ao ser humano como um todo, pois isso implicaria que nenhum homem pode agir perante outro como se este fosse um objeto qualquer, mas sim tem como dever humano o tratamento mútuo igualitário como fim em si mesmo.[15]

Por defender o homem como fim, e não como meio, é possível afirmar que na visão kantiana o ser humano inteiro ou em partes não tem preço e não pode ser comercializado, pois está resguardado pela dignidade; se for compra ou venda de algo, não é o caso de ser humano, mas sim de uma coisa.

O grande desafio do direito está em equilibrar o direito de quem doa e o de quem recebe, protegendo, assim, a dignidade humana diante do avanço biotecnológico, com o devido cuidado de não deixar que casos pontuais e ligados à criminalidade organizada estraguem a essência de programas como o de transplante de órgãos, que ajuda a milhares de pessoas no mundo. Para tanto, nasceu a bioética, que oferece segurança às pessoas e garante e protege os seus direitos à saúde, livre iniciativa, vida, autonomia e liberdade, consagrados pelo princípio da dignidade humana.

No Brasil, existe lei específica que regulamenta a realização de transplante de órgãos, que é o caso da lei n.º 9.434, de 1997, modificada pela lei n.º 10.211, de 23 de março de 2001, desde que não comprometa a integridade física do doador.[16] Essa lei impõe a cessão gratuita dos órgãos, contudo isso não impede o "comércio" de órgãos e tecidos. O grande problema é a falta de órgãos e doadores para suprir a grande demanda que existe, diante das modernas técnicas que foram desenvolvidas na nossa atualidade. Existem

[14] Kant, Immanuel – *Fundamentação da metafísica dos costumes.* Lisboa : Edições 70, 1992, p. 23.
[15] Ibid., p. 77.
[16] Maluf, Adriana Caldas do Rego Freitas Dabus – *Curso de Bioética e Biodireito.* São Paulo : Atlas, 2001, p. 207.

relatos de notícias de compra e venda de órgãos em jornais, assim como referências de empresas que estão abertas a atender a essa demanda.[17] Segundo Adriana Maluf, "curiosas nomenclaturas foram destinadas para encobrir as transações envolvendo órgãos humanos: doadores gratificados, altruísmo indireto, transplantes não convencionados, contrato antecipado por órgãos de futuros cadáveres, entre outros"[18].

Assim, esse tráfico se instalou em diversas partes do mundo, tendo como vítimas comunidades pobres, como as de agricultores e de favelas, que necessitam desesperadamente de dinheiro e cuja obrigação de vender um rim para salvar a família é passada de pai para a mãe, depois filhos mais velhos até chegar às crianças.[19] A ONU estima que 15 mil rins são vendidos anualmente. Segundo a antropóloga Nancy Hughes, a consequência a longo prazo para quem doa um rim é a perda do bem-estar físico e mental. Assim, a legalização não seria uma saída para reduzir ou acabar com o tráfico, pois, mesmo com a regulamentação, haverá uma predação dos corpos de jovens, dos pobres, dos socialmente[20] marginalizados, dos econômica e mentalmente vulneráveis para servirem aos corpos de pessoas velhas, ou dos doentes, ou mesmo dos ricos. Um dado importante é que, mesmo onde há a legalização da venda de rins, como no Irã e Filipinas, ainda assim há o tráfico, que se infiltra no sistema legal.[21]

Países como o Brasil também estão na rota do tráfico de órgãos, onde existe o tráfico de pessoas para a extração de órgãos; os doadores são levados a países que possuem uma legislação mais branda e seus órgãos são removidos. O que se verifica é que as pessoas são convencidas a doarem seus órgãos mediante pagamento (na fase adulta) ou vendidas pelos seus pais ou sequestradas (na fase criança).[22]

[17] Ibid., p. 225.

[18] Ibid., loc. cit.

[19] PESSOA, Luisa – Para especialista, tráfico de pessoas para obter órgãos é crime protegido. (Entrevista com Nancy Scheper Hughes). *Folha de São Paulo*. [Em linha]. São Paulo, 2 set. 2014. [Consult. 13 jan. 2020]. Disponível em WWW:<URL:https://m.folha.uol.com.br/cotidiano/2014/09/1509539-para-especialista-trafico-de-pessoas-para-obter-orgaos-e-crime-protegido.shtml>

[20] Ibid.

[21] Ibid.

[22] SILVA, Waldimeiry Corrêa; SOUZA, Caio Humberto Ferreira Dória – O Tráfico de Órgãos no Brasil e a lei n.º 9.434/97. In CONGRESSO NACIONAL DO CONPEDI – Conselho Nacional

Estando previsto na Constituição de diversas democracias o princípio da dignidade da pessoa humana, podemos concluir que o maior bem jurídico para esses países é a vida humana, a qual é protegida pelo Estado. Aplicando--se, portanto, o princípio da dignidade da pessoa humana enquanto dignidade corporal como o maior bem jurídico que se tem, é possível relativizar ou flexibilizar ou mesmo restringir direitos individuais que seriam escudos e até mesmo incentivos a essa criminalidade organizada, que será tratada neste trabalho, em especial o tráfico de pessoas para venda de órgãos.

3. Combate ao tráfico: flexibilização do sigilo bancário

Quando falamos em combater a criminalidade organizada é notório que ela cresce a cada dia mais em função da altíssima lucratividade do comércio ilegal, dentre eles o de órgãos, pelo tráfico de pessoas. Essa lucratividade está associada claramente à total liberdade que têm as organizações criminosas nas suas movimentações financeiras, devido à existência do direito individual à privacidade e intimidade do indivíduo, consagrados até como direitos fundamentais no estado democrático de direito. Claro que a lucratividade também está ligada à altíssima rentabilidade do negócio, que, por ser ilegal, não sofre imposição fiscal. Contudo, o que queremos abordar neste estudo é que o sigilo bancário, que surgiu no seio do Estado Moderno e que tinha como pressuposto limitar a atividade estatal, assegurando ao cidadão completa autonomia e privacidade na movimentação bancária do seu interesse, deve, na atualidade, ser flexibilizado ou relativizado e quebrado porque é evidente que o contexto social é desafiador – com novos percalços que a sociedade moderna enfrenta, pelo crescimento elevado do crime organizado, do terrorismo internacional, da sonegação fiscal, da globalização de receitas ilícitas e do regime de branqueamento de capitais, além das crises econômicas em diversos países – e exige mudanças que impactam na relação público-privada.

O sigilo bancário tem sido refém de toda uma evolução da realidade socioeconômica; assim, o estudo desse tema requer uma abordagem que leva em

de Pesquisa e Pós-Graduação em Direito, 22 – Sociedade Global e seus impactos sobre o estudo e a afetividade do Direito na contemporaneidade, 13-16 nov. 2014. [Em linha]. *Anais.* São Paulo : CONPEDI, 2014. [Consult. 13 de jan. 2010]. Disponível em WWW:<URL:http://www.publicadireito.com.br/artigos/?cod= 0064f599ed0adb58>.

consideração a evolução dele, seja em função da evolução das tecnologias, em matéria de prestação de serviços financeiros, seja como a própria globalização desses serviços. Ademais, diante dessa realidade socioeconômica, o sigilo bancário constitui um problema melindroso, com diversos interesses contrastantes, sejam de ordem pública ou privada, o que impõe uma maior ponderação na busca de soluções de conciliação e utilidade para as partes envolventes.

Portanto, importante a compreensão dos limites impostos ao instituto jurídico do segredo bancário, na tutela dos interesses de ordem privada, já que se trata de um instituto jurídico dinâmico, que vem sofrendo restrições ao longo do tempo. Temos entendimento que, diante das questões socioeconômicas mundiais, da existência de crimes fiscais e contra a ordem econômica, da existência de uma criminalidade estruturada e organizada que precisam ser combatidos de forma eficaz, não se pode ignorar o instituto do sigilo bancário, já que esse instituto pode constituir-se como um incentivo para criminosos cometerem esses crimes.

Quanto ao crime que é o tema deste artigo (o tráfico de pessoas com o objetivo da venda de órgãos), entendemos que ele se beneficia sobremaneira da existência de um sistema bancário rígido que prestigia o segredo bancário, como ocorre em Portugal, mas que deve ser flexibilizado e quebrado diante de evidências de movimentação financeira suspeita e irregular que apresentem indícios de branqueamento de capitais e que podem levar ao dinheiro ilícito do tráfico.

É necessário, portanto, pesar na balança os interesses públicos e os interesses privados tutelados pelo sigilo bancário, já que não é possível que um Estado atual consiga desenvolver suas funções se todas as pessoas puderem se proteger por trás do sigilo bancário. O sigilo bancário é a regra geral, mas pode ser quebrado ou flexibilizado em caráter excecional por defesa da probidade e do combate à criminalidade organizada, à corrupção e ao terrorismo, protegendo desses crimes, assim, a sociedade como um todo.

4. Sigilo bancário em portugal: ponderação de interesses

Segundo Alberto Luís[23], o sigilo bancário é concebido como uma discrição que os bancos e seus empregados devem observar sobre os dados econô-

[23] Luís, Alberto – *Direito Bancário*. Temas críticos e legislação conexa. Coimbra : Almedina, 1985, p. 88.

micos e pessoais relativos aos seus clientes, relevando apenas as informações obtidas com base nas relações contratuais, enquanto objeto de exercício profissional.

O sigilo bancário é regulado pela lei bancária (Regime Geral de Instituições de Crédito e Sociedades Financeiras) entre os artigos 78º a 84.º (Decreto-Lei n.º 298/92, de 31 de dezembro)[24].

Concordamos com o Armindo Matias que, hoje em dia, com a utilização sistemática de cartão de crédito, por exemplo, a instituição financeira conhece intimamente a vida privada de seu cliente., Portanto, é ainda mais necessária a confiança ilimitada do cliente no seu banco, o que ocorre somente se houver um rigoroso segredo profissional.[25]

Portanto, a definição de sigilo bancário está associada a um dever bancário, ou seja, o banco tem o dever de abster-se de divulgar informações que dizem respeito aos seus clientes. Assim, o sigilo bancário pode ser caraterizado como a proteção de um interesse particular do direito privado, contudo não pode pôr em causa interesses considerados superiores, como é o caso de segurança social, a justiça, a defesa da comunidade contra a criminalidade econômica, cambial ou fiscal.[26] É exatamente neste ponto que o presente trabalho se debruçará. Entretanto, importante adentrarmos no direito positivo referente ao sigilo bancário para uma compreensão maior do instituto.

Pois bem, o ordenamento jurídico português sempre contemplou o sigilo bancário com uma forte tutela jurídica, como um verdadeiro culto ao sigilo bancário. Contudo, com as mudanças na moderna sociedade portuguesa e as socioeconômicas, assim como o surgimento de crimes fiscais e de ordem econômica, além da existência de uma criminalidade organizada e estruturada, que precisam ser combatidos de forma eficaz, vemos a necessidade de esse instituto ser atenuado para não se tornar uma arma em mãos de criminosos.

Assim, o sigilo bancário passa a conhecer algumas exceções. No âmbito privado, o sigilo somente é cedido para aquela pessoa que tenha um direito

[24] PORTUGAL. Procuradoria-Geral Distrital de Lisboa – *Decreto-Lei n.º 298/92, de 31 de dezembro.* Regime geral das instituições de crédito e sociedades financeiras. [Em linha]. Lisboa, 31 dez. 1992. [Consult. 20 jun. 2017]. Disponível em WWW:<URL:http://www.pgdlisboa.pt/leis/lei_mostra_ articulado.php?artigo_id=948A0079&nid=948&tabela=leis&pagina=1&ficha=1&so_miolo=&nversao=#artigo>.

[25] MATIAS, Armindo Saraiva – *Direito Bancário.* Lisboa : Coimbra, 1998, p. 87.

[26] LUÍS, Alberto, op. cit., p. 88.

bastante relativo ao bem que esteja de posse da instituição bancária. Isso ocorre normalmente em caso de sucessores do cliente ou seus credores, no processo executivo. Já no âmbito público, além dos casos específicos de branqueamento de capitais e fuga ou sonegação fiscal, a quebra do sigilo somente ocorre com evidentes razões de interesse geral, que deverão ser confirmadas pelo Tribunal.[27]

Há que se dizer que a violação ao segredo bancário é punida no artigo 195.º do Código Penal Português, com prisão de até um ano ou com pena de multa de até 240 dias. Também é punido com a mesma pena, nos termos do artigo 196.º do CP, a pessoa que aproveita de fatos sigilosos, causando prejuízo a terceiros ou ao Estado.[28]

Portanto, o dever de sigilo bancário vem sendo restringido cada vez mais à obrigação/dever de informar perante interesses e valores sociais ainda mais importantes e relevantes, especialmente no combate à criminalidade organizada, em especial ao tráfico de pessoas e de órgãos, objeto do presente trabalho. Essa situação de critério de prevalência dos interesses tende a modificar de forma substancial, mas a maior barreira que existe para ser removido o segredo bancário é exatamente quando se invoca os direitos de personalidade.[29]

Primeiramente, para análise do segredo bancário no direito português, importa perquirir o sigilo bancário no âmbito público, em especial o direito penal, com predileção às previsões normativas sobre o processo penal.

Verifica-se que o processo penal pôs uma dignidade maior na quebra do sigilo, já que o próprio CPC em seu artigo 519.º/4 remete a quebra do segredo bancário ao que está disposto no Código de Processo Penal.[30] Nesse caso, apenas os interesses subjacentes à existência de um crime grave é que devem prevalecer sobre os bens em jogo no segredo, devendo-se limitar

[27] CORDEIRO, António Menezes; SILVA, Ana Sofia; BAIRROS, Rita Mafalda Vera-Cruz Pinto – *Temas de Direito Bancário I*. Coimbra : Almedina, 2014. Vol. 1. (Coleção Cadernos O Direito), p. 33.

[28] MATIAS, Armindo Saraiva – *Direito Bancário*. Lisboa : Coimbra, 1998, p. 89.

[29] Ibid., loc. cit.

[30] PORTUGAL. Procuradoria-Geral Distrital de Lisboa – *Decreto-Lei n.º 78/87, de 17 de fevereiro*. Código de Processo Penal. [Em linha]. Lisboa, 17 fev. 1987. [Consult. 17 jun. 2017]. Disponível em WWW:<URL:http://www.pgdlisboa.pt/leis/lei_mostra_estrutura.php?tabela=leis&artigo_id=199A0135&nid=199&nversao=&tabela=leis&so_miolo=>.

a um mínimo necessário enquanto o segredo se mantém fora do processo onde foi revelado.[31]

O divisor de águas da jurisprudência dominante nos Tribunais foi exatamente a reforma de 2010, por meio da Lei n.º 36/2010, de 2 de setembro[32], em conjunto com a Lei n.º 37/2010[33] da mesma data, chamado por alguns de um pacote "antissigilo bancário", que vieram essencialmente alterar a redação do artigo 79./2, 'd', do RGIC. Assim sendo, a nova legislação alterou para que fora a autorização do particular para a quebra de seu segredo, também poderia ser revelado com autorização judicial, no âmbito do processo penal, tendo desaparecido as cautelas processuais existentes, especialmente as do artigo 135.º do CPP, que obrigavam a um incidente específico ser decidido pelo tribunal superior. Essa alteração faz muito sentido, já que o incidente de levantamento de sigilo muitas vezes era ineficaz em crimes urgentes e acabaria prejudicando o processo.[34]

Na visão de Antônio Menezes Cordeiro, não poderia ser o incidente de levantamento de sigilo utilizado de forma banal pelo Ministério Público, afigurando-se demasiado que o segredo de justiça seja jogado a uma estaca zero. Torna-se imperativo a decisão de um juiz, perante um pedido devidamente fundamentado.[35]

Importante informar que o Pleno das Seções Criminais do Supremo, em acórdão de 13 de fevereiro de 2008, uniformizou a jurisprudência da seguinte forma:

[31] Cordeiro, António Menezes; Silva, Ana Sofia; Bairros, Rita Mafalda Vera-Cruz Pinto – *Temas de Direito Bancário I.* Coimbra : Almedina, 2014. Vol. 1. (Coleção Cadernos O Direito), p. 34.

[32] PORTUGAL. Procuradoria-Geral Distrital de Lisboa – *Lei n.º 36/2010, de 02 de setembro.* Altera o Regime Geral das Instituições de Crédito e Sociedades Financeiras (21.ª alteração ao Decreto-Lei n.º 298/92, de 31 de Dezembro). [Em linha]. Lisboa, 2 set. 2010. [Consult. 20 jun. 2017]. Disponível em:http://www.pgdlisboa.pt/leis/lei_mostra_articulado.php?nid=1274&tabela=leis>.

[33] Id. – *Lei n.º 37/2010, de 02 de setembro.* Derrogação do sigilo bancário (21.ª alteração à Lei Geral Tributária, aprovada pelo Decreto-Lei n.º 398/98, de 17 de Dezembro, e 2.ª alteração ao Decreto-Lei n.º 62/2005, de 11 de Março). [Em linha]. Lisboa, 2 set. 2010. [Consult. 20 jun. 2017]. Disponível em WWW:<URL:http://www.pgdlisboa.pt/leis/lei_mostra_articulado.php?nid=1272&tabela=leis&so_miolo=>.

[34] Cordeiro, António Menezes; SILVA, Ana Sofia; Bairros, Rita Mafalda Vera-Cruz Pinto, op. cit., p. 37.

[35] Ibid., p. 38.

> 1) requisitada a instituição bancária, no âmbito do inquérito criminal, informação referente a conta de depósito, a instituição interpelada só poderá legitimamente escusar-se a prestá-la com fundamento em segredo bancário;
> 2) sendo ilegítima a escusa, por a informação não estar abrangida pelo segredo, ou por existir consentimento do titular da conta, o próprio tribunal em que a escusa for invocada, depois de ultrapassadas eventuais dúvidas sobre a ilegitimidade da escusa, ordena a prestação da informação, nos termos do n.º 2 do artigo 135.º do Código de Processo Penal;
> 3) caso a escusa seja legítima, cabe ao tribunal imediatamente superior àquele em que o incidente se tiver suscitado ou, no caso de o incidente se suscitar perante o Supremo Tribunal de Justiça, ao pleno das secções criminais, decidir sobre a quebra do segredo, nos termos do n.º 3 do mesmo artigo.[36]

Em relação ao sigilo bancário em matéria tributária, cuja repercussão impacta na apuração de crédito tributário devido, o Estado comporta-se diferentemente da conduta liberal existente no direito civil, afinal discute-se a existência de um direito individual frente ao dever coletivo de pagar tributo.

Nesse sentido, o Regime Geral das Instituições de Crédito e Sociedades Financeiras (RGICSF) instituiu a regra sobre o sigilo das operações bancárias, conforme estabelecido pelo artigo 78º, sendo que o mesmo regramento normativo também prevê as exceções, conforme previsto no art.º 79.º (fora a autorização do cliente, é autorizada também a revelação a certos órgãos, dentre eles às autoridades judiciárias, no âmbito de um processo penal, e à administração tributária, no âmbito das suas atribuições).

Destaca-se, portanto, neste artigo, a previsão quanto às autoridades judiciárias, bem como à administração tributária, cujo segredo não pode ser oposto, restando garantido o pleno acesso e, por consequência, o afastamento do sigilo.

Aquilate-se na discussão sobre o sigilo bancário, no âmbito tributário, a existência de elementos de repercussão coletiva, como interesse público,

[36] STJ (P) 13-fev.-2008 (Eduardo Maia Costa, DR I Série, n.º 63, de 31-mar.-2008, 1879-1885 (1884-1885) (Cordeiro, António Menezes; Silva, Ana Sofia; Bairros, Rita Mafalda Vera-Cruz Pinto – *Temas de Direito Bancário I*. Coimbra : Almedina, 2014. Vol. 1. (Coleção Cadernos O Direito), p. 42).

dever de pagar tributo e evasão fiscal, argumentos estes que conferem outro *status* na interpretação acerca da quebra de sigilo.

A Lei Geral Tributária (LGT)[37] excetua o sigilo bancário, pontuando definitivamente que não se trata de direito individual absoluto, principalmente quando abordado na esfera tributária.

Entrementes, como membro da União Europeia, é evidente que a legislação portuguesa sofre pressão internacional para, cada vez mais, adotar regramentos comunitários, como no caso do acesso amplo e irrestrito às contas bancárias com depósitos superiores a 50.000,00 mil euros. Inclusive já houve veto, pela Presidência da República, acerca da chamada lei do sigilo bancário, sob o argumento de "patente inoportunidade política, "frente à situação financeira e econômica nacional".

Ainda com vistas à LGT, a Administração Tributária tem o poder de aceder a todas as informações ou documentos bancários, além de ter acesso a informações e documentos de outras entidades, sem depender do consentimento do titular na existência, por exemplo, de indícios da prática de crimes tributários de dívidas à administração fiscal ou à segurança social, assim como informações nos termos de acordos ou convenções internacionais em matéria fiscal, a que Portugal esteja vinculado.

É notório que o tratamento legal conferido amplia o acesso ao sigilo bancário, com o dever, pela Autoridade Fiscal, de fundamentar todas as decisões, com razões concretas (art.º 63.º-B, n.º 4) e sem prejuízo de adotar diligências cautelares de urgência, o que dispensaria intimação prévia (art.º 63.º-B, n.º 13).

O Código de Procedimento e de Processo Tributário[38] (art.º 146.º-A) autoriza que a Autoridade Fiscal poderá embasar-se em "indícios" de crimes ou de acréscimos patrimoniais incompatíveis, o que confere abertura interpretativa para, mesmo sem comprovação de evasão fiscal, o cidadão ter sua intimidade bancária devassada.

[37] PORTUGAL. Procuradoria-Geral Distrital de Lisboa – *Decreto-Lei n.º 398/98, de 17 de dezembro.* Lei Geral Tributária. [Em linha]. Lisboa, 17 dez. 1998. [Consult. 20 jun. 2017]. Disponível em WWW:<URL:http://www.pgdlisboa.pt/leis/lei_mostra_articulado.php?artigo_id=253A0063&nid=253&tabela=leis&pagina=1&ficha=1&so_miolo=&nversao=#artigo>.

[38] PORTUGAL. Procuradoria-Geral Distrital de Lisboa – *Decreto-Lei n.º 433/99, de 26 de outubro.* Código de Procedimento e de Processo Tributário. [Em linha]. Lisboa, 26 out. 1999. Consult. 20 jun. 2017]. Disponível em WWW:<URL:http://www.pgdlisboa.pt/leis/lei_mostra_articulado.php?nid=256& tabela=leis>.

O debate jurídico, mais uma vez, centraliza-se sobre a garantia individual frente ao interesse coletivo; logo, perpassa a compreensão que o dever de pagar tributo não pode ser encarado como prática odiosa, que seria a versão de uma sociedade liberal. Assim, para construção do Estado Democrático de Direito, cujo propósito é o fornecimento de garantias e direitos individuais, o financiamento do poder estatal pela tributação é peça essencial da engrenagem.

Nesse sentido, o entrelace entre os direitos fundamentais e os deveres é crucial para legitimar a mitigação das garantias individuais no âmbito Tributário, afinal não é propósito meramente arrecadatório que justificará a restrição ao direito à intimidade (do sigilo bancário), mas, sim, o escopo da utilização da quebra do sigilo, como pano de fundo, para a implementação dos direitos fundamentais pela arrecadação tributária.

Importante ainda explicar o segredo bancário no atual contexto de gestão de impostos, em que se verifica uma verdadeira "privatização" da gestão de impostos,[39] com a transferência para o sujeito privado da realização de algumas tarefas que anteriormente ficavam a cargo da Administração Tributária. Assim, o que se verifica hoje em dia é que houve uma alteração de um sistema público de administração dos impostos, como ocorria anteriormente, para um sistema de administração privada de gestão de impostos. Importante exemplificar, dentro dessa privatização, a titularização de créditos tributários, que se constitui numa operação financeira de cessão de créditos a favor de um fundo ou de uma sociedade gestora de titularização de créditos, que é uma operação em que o particular (cessionário) não assume qualquer função que seja confiada à administração. Não obstante tenha ocorrido a cessão, continua a administração com a sua função essencial, inclusive de cobrança de créditos. Assim sendo, no atual sistema tributário português, o controle e fiscalização não podem ser realizados exclusivamente pela Administração Tributária; nesse contexto, assumem lugar de destaque os deveres de colaboração ou de cooperação (*compliance*, como dizem os ingleses, ou *mitwirkungspflicht*, na terminologia germânica). Assim sendo, as instituições financeiras que constituem entidades depositárias de informações com relevância tributária no que diz respeito à maioria dos contribuintes são de fundamental importância para fiscalização e controle pela administração tribu-

[39] GOMES, Noel – *Segredo Bancário e Direito Fiscal*. Coimbra : Almedina, 2006, p. 143.

tária e estão sujeitas a medidas de imposição de deveres de colaboração que acabam se traduzindo em deveres de informação.[40]

Para melhor compreensão, indispensável recorrer a Casalta Nabais[41], cuja citação se torna imperativa:

> Desse modo, os deveres fundamentais constituem uma categoria constitucional própria, expressão imediata ou directa de valores e interesses comunitários diferentes e contrapostos aos valores e interesses individuais consubstanciados na figura dos direitos fundamentais. O que não impede, e embora pareça paradoxal, que os deveres fundamentais ainda integrem a matéria dos direitos fundamentais, pois que, constituindo eles a activação e mobilização constitucionais das liberdades e patrimónios dos titulares dos direitos fundamentais para a realização do bem comum ou do interesse público (primário), se apresentam, em certa medida, como um conceito relativo, contraste, delimitador do conceito de direitos fundamentais.

Portanto, o que se vê é que o ordenamento jurídico português é complexo em se tratando de acesso da administração tributária à informação protegida pelo segredo bancário. Tratam-se de três facetas conferidas: como órgão de polícia criminal, órgão de execução fiscal e também como simples entidade administrativa com competência na matéria de liquidação de tributos.[42]

À administração tributária é reservado um papel de órgão de polícia criminal, pois há o acesso da administração fiscal a informações protegidas pelo segredo bancário para fins criminais (crimes tributários) e também contra ordenações tributárias.

Na prática, o que ocorre é que o acesso da administração tributária às informações protegidas pelo sigilo bancário é uma exceção à regra geral; a administração tem legitimidade e competência para, mediante decisão administrativa, derrogar o sigilo bancário. Assim, após essas modificações, o segredo bancário para fins administrativos e fiscais, o sistema português não mais utiliza a reserva de juiz, ou seja, caberia ao juiz a última palavra e, assim, passou a ser utilizada a derrogação administrativa do sigilo bancário, sob a

[40] Gomes, Noel – *Segredo Bancário e Direito Fiscal.* Coimbra : Almedina, 2006, p. 152-153.

[41] Nabais, José Casalta – *O Dever Fundamental de Pagar Impostos.* Coimbra : Almedina, 2006, p. 37-38.

[42] Gomes, Noel – *Segredo Bancário e Direito Fiscal.* Coimbra : Almedina, 2006, p. 265.

garantia de ser assegurado o direito de acesso aos tribunais sob a forma de recurso das decisões administrativas.[43]

Feitos esses esclarecimentos, no âmbito tributário, o sigilo bancário detém tratamento próprio, cujas barreiras são cada vez mais frágeis e injustificadas quando da existência de interesse prévio pela Autoridade Fiscal. Essa situação é, notoriamente, um movimento mundial, provocado por diversas mudanças na conjuntura internacional, que cada vez mais impõe aos Estados o dever de aprimorar os mecanismos de tributação, para o combate à evasão fiscal, mas também outros acontecimentos relevantes, como terrorismo, corrupção ou criminalidade organizada.

Assim, o sigilo bancário não é absoluto no Direito Português, pois deve ceder por razões públicas ou privadas, perante situações que concretamente o justifiquem. E no segredo aqui discutido, o Direito Português tem regras processuais seguras, pois existem mecanismos que permitem proceder o levantamento por decisões de Tribunais.[44]

Assim, o que se verifica é que a jurisprudência exige sempre uma ponderação de interesses, nunca devendo a quebra de sigilo ir além do necessário. Os tribunais estão aperfeiçoando os aspetos referentes ao sigilo e o seu levantamento; assim, suscitado um problema, a primeira providência é a verificação da existência de uma disposição legal que a afaste, como é o caso de criminalidade organizada e branqueamento de capitais, pois, se não existir essa disposição na lei, o tribunal poderá ponderar os interesses. Assim, caberá ao tribunal verificar se a invocação do sigilo é legítima, em caso de recurso da decisão. Se for legítima, pode o tribunal conformar-se desistindo da informação; mas, caso não se conforme, terá de lançar mão do processo conforme previsto no artigo 135.º, n.º 3, do CPP. Se houver caso julgado, o tribunal da Relação não deve pronunciar-se.[45]

[43] Ibid., p. 271.

[44] CORDEIRO, António Menezes; SILVA, Ana Sofia; BAIRROS, Rita Mafalda Vera-Cruz Pinto – *Temas de Direito Bancário I*. Coimbra : Almedina, 2014. Vol. 1. (Coleção Cadernos O Direito), p. 56.

[45] CORDEIRO, António Menezes; SILVA, Ana Sofia; BAIRROS, Rita Mafalda Vera-Cruz Pinto – *Temas de Direito Bancário I*. Coimbra : Almedina, 2014. Vol. 1. (Coleção Cadernos O Direito), p. 41.

5. Direito comparado sobre a realidade de outros países

Inicialmente, gostaríamos de apresentar a pesquisa que fizemos quanto ao sigilo bancário dentro do direito brasileiro. Conforme verificamos, no direito brasileiro o tratamento nas esferas do processo civil, tributário e processo penal assemelham-se na aplicação do instituto.

Primeiramente, sobre o âmbito tributário, há lei específica para permitir a quebra do sigilo bancário, não apenas no âmbito judicial, mas também pela Autoridade Fiscal. Essa é a previsão do art.º 6.º da Lei Complementar n.º 105/01[46], também chamada lei do sigilo bancário, que, por sua vez, teve a constitucionalidade convalidada pelo STF, conforme tema firmado em repercussão geral.[47]

No âmbito privado, a lei processual civil também permite ao juiz a quebra do sigilo bancário, como propósito para efetivação do processo de execução, nos termos do art.º 773 do Código de Processo Civil de 2015.[48] A lei determina que o juiz assegure a confidencialidade dos dados sigilosos.

Já no âmbito do processo penal, o juiz está autorizado a perseguir a verdade dos fatos, inclusive com designação de diligências necessárias (art.º 745 do CPP) e o fundamento legal (que novamente remete à LC n.º 105/2001, em seu art.º 1.º, §4.º).[49] O CPP brasileiro autoriza a quebra de sigilo bancário

[46] BRASIL. Presidência da República – *Lei Complementar n.º 105, de 10 de janeiro 2001.* Dispõe sobre o sigilo das operações de instituições financeiras e dá outras providências. [Em linha]. Brasília : DOU, 11 jan. 2001. [Consult. 29 maio 2018]. Disponível em WWW:<URL:http:// www.planalto.gov.br/ ccivil_03/Leis/lcp/lcp105.htm>.

[47] "Tema 225 do STF – a) Fornecimento de informações sobre movimentações financeiras ao Fisco sem autorização judicial, nos termos do art. 6º da Lei Complementar n.º 105/2001; b) Aplicação retroativa da Lei n.º 10.174/2001 para apuração de créditos tributários referentes a exercícios anteriores ao de sua vigência."

[48] PORTUGAL. Procuradoria-Geral Distrital de Lisboa – *Lei n.º 41/2013, de 26 de junho.* Código de Processo Civil. [Em linha]. Lisboa, 26 jun. 2013. [Consult. 17 jun. 2017]. Disponível em WWW:<URL:http://www. pgdlisboa.pt/leis/lei_mostra_articulado.php?nid= 1959&tabela=leis>.

[49] "§ 4º A quebra de sigilo poderá ser decretada, quando necessária para apuração de ocorrência de qualquer ilícito, em qualquer fase do inquérito ou do processo judicial, e especialmente nos seguintes crimes:
I – de terrorismo;
II – de tráfico ilícito de substâncias entorpecentes ou drogas afins;
III – de contrabando ou tráfico de armas, munições ou material destinado à sua produção;

quando for necessária para apuração de qualquer ilícito. especialmente em crimes como terrorismo, tráfico de drogas, armas, sequestro, crimes econômicos, crimes fiscais, branqueamento de capitais e outros.

Em outros países, como é o caso da Espanha, ao contrário do ordenamento jurídico português, não existe norma de direito positivo que garanta expressamente o sigilo bancário, pois o que se verifica é uma discussão doutrinária e jurisprudencial em torno do fundamento jurídico do segredo bancário, em que surgiram diversos entendimentos sobre o assunto.[50] Contudo, independentemente da tese acolhida, o que efetivamente existe no direito espanhol é que o segredo bancário é normalmente aceite como um dos princípios básicos informativos da atuação das instituições financeiras.[51]

Já na França o segredo bancário, na espécie segredo profissional, tem previsão no artigo 57.º da Lei Bancária (Loi n.º 84-46, de 24.01.1984), em que consta que "toda a pessoa que, a qualquer título, participe na direção ou na gestão de uma instituição de crédito ou que seja empregado daquela, tem de respeitar o segredo profissional, nas condições e sob as penalidades previstas nos artigos 226-13 e 226-14 do Código Penal". Verifica-se, assim, na legislação francesa, a consagração do segredo bancário, e a remissão ao Código Penal estabelece que a violação do sigilo bancário constitui não somente uma fonte de responsabilidade civil, mas também criminal.[52] Dentro do direito francês, interessante informar que os dados e as informações que os funcionários da administração tributária detêm no uso dos poderes que lhes são conferidos estão protegidos pelo segredo fiscal, previsto no artigo L 103.º da LPF, e a violação dessa confidencialidade é punida pelos artigos 226-13 e 226-14 do Código Penal francês.

Após esses breves comentários sobre alguns aspetos do segredo bancário em outros ordenamentos jurídicos no mundo, passaremos à nossa análise e

IV – de extorsão mediante sequestro;
V – contra o sistema financeiro nacional;
VI – contra a Administração Pública;
VII – contra a ordem tributária e a previdência social;
VIII – lavagem de dinheiro ou ocultação de bens, direitos e valores;
IX – praticado por organização criminosa."

[50] Gomes, Noel – *Segredo Bancário e Direito Fiscal*. Coimbra : Almedina, 2006, p. 155- 156.

[51] Azevedo, Maria Eduarda de Almeida – O segredo Bancário. *Cadernos de Ciência e Técnica Fiscal*. 346/348 (out./dez. 1987). p. 7-58, p. 52.

[52] Gomes, Noel, op. cit., p. 161.

conclusão quanto à restrição do direito ao sigilo bancário dentro do direito português, diante do crime de tráfico de pessoas para venda de órgãos e o princípio da dignidade humana, neste caso, dignidade corporal.

6. Sigilo bancário x dignidade corporal do ser humano

A Constituição da República Portuguesa reconhece no artigo 18.º, n.º 2 e 3 a necessidade de cumprimento de determinados requisitos para que as restrições sejam constitucionalmente legítimas.[53] A reserva de lei se traduz na ideia que somente a lei parlamentar ou o decreto-lei autorizado podem intervir em matéria de restrições dos direitos, liberdades e garantias, ou seja, direitos, garantias e liberdades nunca podem ser restritos por um regulamento, mas somente por lei. Trata-se de reserva de lei material e também de lei formal, pois é excluída a possibilidade de o regime de direitos, liberdades e garantias ficar à mercê do poder regulamentar da administração pública.[54]

Portanto, toda e qualquer restrição de direitos, liberdades e garantias, conforme determinado pela Constituição da República Portuguesa, deve operar-se dentro da lei, sob pena de total inconstitucionalidade. Diante das questões socioeconômicas mundiais e da existência dos crimes fiscal e contra a ordem econômica, além de uma criminalidade organizada e estruturada, que detém inúmeros tentáculos ligados a crimes perigosos e temidos, como é o caso de tráficos de pessoas e órgãos, constata-se o grande poder financeiro desses criminosos, e o fato de as instituições financeiras atuarem

[53] "Artigo 18.º CRP: 1. Os preceitos constitucionais respeitantes aos direitos, liberdades e garantias são diretamente aplicáveis e vinculam as entidades públicas e privadas.
2. A lei só pode restringir os direitos, liberdades e garantias nos casos expressamente previstos na Constituição, devendo as restrições limitar-se ao necessário para salvaguardar outros direitos ou interesses constitucionalmente protegidos.
3. As leis restritivas de direitos, liberdades e garantias têm de revestir caráter geral e abstrato e não podem ter efeito retroativo nem diminuir a extensão e o alcance do conteúdo essencial dos preceitos constitucionais".

[54] Canotilho, José Joaquim Gomes – *Direito Constitucional e Teoria da Constituição*. 7.ª ed. 17.ª reimpressão. Coimbra : Almedina, 2003, pp. 453-454, Canotilho, José Joaquim Gomes; Moreira, Vital – *Constituição da República Portuguesa Anotada. Artigos 1.º ao 107.* 1.ª ed. brasileira e 4.ª ed. portuguesa. Coimbra : Coimbra; São Paulo : Revista dos Tribunais, 2007. Vol. 1, pp. 395-396.

ao abrigo do sigilo bancário torna esse instituto um fator facilitador e protetor desses crimes. A modernidade tecnológica, com a movimentação financeira via Internet, torna mais difícil a descoberta do rastro do dinheiro pela justiça. Essa nova realidade socioeconômica tornou-se um fator de incentivo à prática e continuidade desse tipo de crime.

O sigilo bancário praticamente tornou-se um refém desses crimes; então, é necessário repensá-lo e moldá-lo de acordo com a nova realidade, a fim de evitar que seja utilizado como um instrumento jurídico que proteja os criminosos da justiça. Portanto, nos dias atuais é imperativo que se flexibilize o sigilo bancário para não haver um incentivo no cometimento desses crimes, pois, caso não tenham os criminosos condições de usufruir dos proveitos e benefícios desses crimes, ficarão sem incentivo para cometer os crimes, já que o principal objetivo da criminalidade econômica é a obtenção de lucro.

Dessa forma, diante de uma criminalidade que causa medo e perigo, ainda é mais imperioso que o sigilo bancário seja restringido, pois existem outros interesses que também deverão ser protegidos. Portanto, deve o sigilo bancário ser um instrumento de combate, e não de proteção aos criminosos.[55] E, numa economia bancária como ocorre nos dias atuais, a procura pelo dinheiro se faz por meio da análise de contas bancárias. Dessa forma, entendemos que não pode o sigilo bancário criar dificuldades para a investigação criminal.[56]

Mesmo envolvendo o sigilo bancário valores e interesses protegidos constitucionalmente, não podemos nos esquecer de que os crimes que ficariam acobertados pela utilização do sigilo bancário remetem a valores ainda mais altos e que também são protegidos constitucionalmente. De um lado, o direito individual ao sigilo bancário (intimidade e vida privada); do outro lado, o direito coletivo.

Não é plausível dizer que, em nome da tutela da reserva da intimidade da vida familiar e privada, se coloque em causa a segurança, quer nacional, quer internacional, pois o nível de ameaça que os crimes econômicos e a criminalidade organizada impõem aos Estados Democráticos, com elevada pericu-

[55] MENDES, Paulo de Sousa – A Orientação da Investigação para a Descoberta dos Beneficiários Econômicos e o Sigilo Bancário. In *Congresso de Investigação Criminal, 2.* Painel 4: Os sigilos bancário e fiscal e a dificuldade de responsabilizar dirigentes e beneficiários económicos das organizações criminosas. Coimbra : Almedina, 2010, p. 345.

[56] Ibid., p. 201.

losidade, torna necessário um enorme esforço no combate a essas infrações penais.

Não se pode olvidar que esses crimes colocam em risco a vida humana, como ocorre, por exemplo, com os tráficos de pessoas e órgãos, sendo repugnante o tráfico humano para a venda de órgãos e tecidos humanos, que é uma afronta ao princípio da dignidade humana, neste caso, a dignidade do corpo humano.

Concordamos com o posicionamento de Antônio Menezes Cordeiro que o segredo bancário deve ser inserido no local que lhe é próprio, que é o Direito Bancário. Não podem os agentes do banco ser transformados em prestadores de serviços policiais (de forma gratuita, inclusive) porque não possuem formação para isto. A segurança que os bancos portugueses devem oferecer para atrair capitais passa pelo segredo bancário, com certeza, o qual precisa ceder na existência de branqueamento de capitais e fugas fiscais, especialmente em se tratamento de dinheiro ilícito de tráfico humano, seja de pessoas vivas ou não, corpos inteiros ou órgãos e tecidos, crime este repugnante que atenta à dignidade de pessoa humana, protegida constitucionalmente no artigo 1.º da CRP. Desta forma, haverá de sempre ser flexibilizado o sigilo bancário na existência desses crimes, mas com prévia autorização judicial.[57]

O princípio da dignidade da pessoa humana, consagrado nas Constituições de países como Portugal, Brasil e Alemanha reflete ao princípio da humanidade como princípio regente de uma ordem jurídica que se inscreva como caminho da afirmação e valoração do ser humano. Impõe-se, assim, que a ciência jurídica crie os postulados científicos de uma ordem jurídica valorativa do ser humano, por ele ser o verdadeiro usufruidor e destinatário da construção normativa vinculante do ente público e do ente privado.[58]

Países que têm em sua Constituição o princípio da dignidade humana como base da República colocam em primeiro lugar a pessoa humana e depois a organização política. E mais, a pessoa é sujeito, e não objeto; é fim,

[57] Cordeiro, António Menezes; Silva, Ana Sofia; Bairros, Rita Mafalda Vera-Cruz Pinto – *Temas de Direito Bancário I.* Coimbra : Almedina, 2014. Vol. 1. (Coleção Cadernos O Direito), p. 57.

[58] Valente, Manoel Monteiro Guedes apud Corrêa, Roberta Espinha – *Aspectos Polêmicos do Direito Penal Luso-Brasileiro.* São Paulo : Garcia Edizioni, 2019, p. 394.

e não meio, de relações jurídico-sociais.[59] A dignidade da pessoa humana como base de uma República determina deveres de proteção em situações especiais propícias a graves atentados a essa dignidade, como é o caso de refugiados, detidos e muitos outros.[60] Enfim, a dignidade da pessoa humana que resultou no princípio da humanidade faz da pessoa fundamento e fim da sociedade e do Estado.[61]

Com base nesse princípio da humanidade implica dizer que a consequência jurídica da infração tem de derivar da absoluta necessidade; caso contrário, é tirânica e desumana e violadora da dignidade da pessoa humana.[62]

No contexto mundial, não é possível conceber o sigilo bancário preso à relação de confiança do cliente com a instituição financeira e ao âmbito de intimidade individual, pois há toda uma movimentação de capitais que pode mascarar uma origem ilícita de valores, principalmente em tráfico de pessoas para a venda de órgãos, além de outros tráficos, terrorismo e tantos outros crimes que colocam em risco o equilíbrio político-institucional de países.[63]

> Não pode a ordem jurídica de um país razoavelmente civilizado fazer do sigilo bancário um baluarte em prol da impunidade, a favorecer proxenetas, lenões, bicheiros, corruptos, contrabandistas e sonegadores de tributos. O que cumpre ser feito é uma legislação cuidadosa que permita a manutenção dos princípios à privacidade e do sigilo de dados, sem torná-los bastiões da criminalidade. De resto, reza a sabedoria popular que quem não deve não teme. A recíproca é verdadeira.[64]

[59] Canotilho, José Joaquim Gomes; MOREIRA, Vital – *Constituição da República Portuguesa Anotada. Artigos 1.º ao 107.* 1.ª ed. brasileira e 4.ª ed. portuguesa. Coimbra : Coimbra; São Paulo : Revista dos Tribunais, 2007. Vol. 1, p. 197.

[60] Canotilho, José Joaquim Gomes; Moreira, Vital – *Constituição da República Portuguesa Anotada. Artigos 1.º ao 107.* 1.ª ed. brasileira e 4.ª ed. portuguesa. Coimbra : Coimbra; São Paulo : Revista dos Tribunais, 2007. Vol. 1, p. 200.

[61] Miranda, Jorge – *Curso de Direito Constitucional.* Lisboa : Universidade Católica, 2016, p. 278.

[62] Corrêa, Roberta Espinha – *Aspectos Polêmicos do Direito Penal Luso-Brasileiro.* São Paulo : Garcia Edizioni, 2019, p. 395.

[63] Barbeitas, André Terrigno – *O Sigilo Bancário e a necessidade da ponderação dos interesses.* São Paulo : Malheiros, 2003, p. 87.

[64] Martins, Ives Gandra da Silva apud ibid., p. 107.

Dessa forma, um Estado democrático de direito tem o Direito enquanto meio e o humanismo enquanto fim.[65] A dignidade da pessoa humana é a parte do humanismo que mais avulta, de modo a ocupar uma posição de centralidade no âmbito mesmo dos direitos fundamentais de todo o sistema constitucional.[66] A dignidade da pessoa humana enquanto dignidade corporal é um bem jurídico que deve ser protegido.

Conclusão

O presente artigo buscou por uma análise jurídica e ética do tráfico de órgãos de seres humanos e o que estaria por trás desse delito. Falamos sobre o transplante de órgãos, tendo em vista que o manejo do corpo humano vem ocorrendo de um modo mais seguro ao longo dos séculos, posto uma grande evolução de técnicas cirúrgicas, com maior preciosismo neste tipo de intervenção cirúrgica.

A partir da análise dos transplantes de órgãos abordamos o tráfico desses órgãos, crime este que está elencado na lei dos transplantes brasileira, seja na norma constitucional, seja infraconstitucional, e internacional. Conclui-se que há tanto em Constituições (como a do Brasil, por exemplo), quanto em uma lei específica (no Brasil, a Lei n.º 9434/97), vedação para essa prática criminosa, bem como há diretrizes internacionais vedando tal delito.

Percebemos que o tráfico de órgãos é um delito velado e que, apesar de não ser discutido com naturalidade, faz parte da realidade mundial. Verificou-se que o tráfico de órgãos de seres humanos se aproveita da complexidade das relações sociais que envolvem os humanos, especialmente na escassez do número de doadores em relação ao dos que necessitam de transplantes nessa difícil relação entre a oferta e a procura ou demanda de órgãos. Assim, o tráfico de órgãos é um delito que pertence à nossa realidade e deve ser estudado, analisado e nunca ignorado.

Analisando-se qual bem jurídico a ser protegido na vedação do tráfico de órgãos humanos, a dignidade da pessoa humana foi aprofundada por ser a norteadora de todo o ordenamento jurídico de diversos países e, enquanto

[65] Britto, Carlos Ayres – *O Humanismo como Categoria Constitucional*. 3.ª reimpressão. Belo Horizonte : Fórum, 2016, p. 37.
[66] Ibid., p. 38.

dignidade corporal, é específica para tratar um crime tão específico, como é o caso do tráfico de órgãos humanos. Esse bem jurídico que foi proposto visa proteger o indivíduo enquanto fim em si mesmo, e, mesmo quando o indivíduo quer dispor dessa dignidade através de um contrato bilateral de venda, não pode abrir mão dela, pois o seu corpo enquanto todo é protegido ou coberto pela dignidade humana corporal.

Em nossa opinião, para amenizar o problema do crime de tráfico de órgãos ou de pessoas para a venda de órgãos, deve haver uma ponderação na flexibilização do sigilo bancário, impondo-se uma devida restrição, inclusive ao nível internacional, para evitar fugas de capitais de um país para o outro pelo fato de um país oferecer maior proteção ao sigilo bancário. A comunidade internacional deve se atentar ao fato de que o direito tem que atender a esses novos desafios da sociedade moderna; assim, torna-se necessária uma cooperação judiciária entre os países, sob pena de perdermos definitivamente a luta contra esses criminosos.[67]

Mesmo em países que têm uma forte tradição de respeitar o sigilo bancário, verifica-se que as pressões internacionais têm levado à sua flexibilização, diante da necessidade de combater o branqueamento de capitais obtido ilicitamente,[68] especialmente em relação ao tráfico de pessoas e órgãos que estudamos neste artigo. Não se pode alargar o conceito de intimidade e de vida privada para englobar as informações bancárias, pois somente a título excecional é que essas informações poderiam resvalar para o campo da intimidade e da vida privada, até porque o fundamento dos direitos individuais é a dignidade da pessoa humana e sempre haverá de ser sob esse prisma, dimensionado o sigilo bancário.[69] Mas não é possível olvidar que além do direito à intimidade, que é a base do sigilo bancário, existem os indivíduos e os deveres para com a coletividade, e é imprescindível sopesar a multiplicidade de interesses envolvidos – "do sistema creditício, do Fisco, da necessidade de combate ao branqueamento de capitais (lavagem de dinheiro no

[67] Almeida, Carlota Pizarro – Cooperação Judiciária Europeia e Internacional. In Palma, Maria Fernanda; Dias, Augusto Silva; Mendes, Paulo de Sousa (Coords.) – *Congresso da Investigação Criminal.* Painel 2.º Cooperação Internacional na Investigação Criminal. Coimbra : Almedina, 2011. p. 101-113, p. 102.

[68] Barbeitas, André Terrigno – *O Sigilo Bancário e a necessidade da ponderação dos interesses,* São Paulo : Malheiros, 2003, p. 123.

[69] Ibid., loc. cit.

direito brasileiro), da própria preservação da higidez do sistema financeiro"[70] – para buscar uma compatibilização entre eles.

Contudo, não se pode esquecer ou ignorar que a restrição ao sigilo bancário passa pela ponderação do interesse coletivo a prevalecer frente ao individual (defesa da privacidade e intimidade), haja vista que, ao defendermos a dignidade da pessoa humana enquanto dignidade corporal como bem jurídico, estamos inserindo-a na proteção do ser humano em relação a crimes que a atinjam (em especial o tráfico de pessoas e órgãos), crimes estes que são beneficiados pelo branqueamento de capitais, o qual o sigilo bancário acaba protegendo, colocando, assim, em risco, a vida e a dignidade da pessoa humana.

Concordamos que matar ou sequestrar alguém para lhe extrair órgãos vitais a utilizar em transplante para salvar a vida de outras pessoas atenta contra a dignidade da pessoa humana.[71] Este princípio alcança não apenas a pessoa nascida e com vida, mas qualquer ser humano, enquanto forma de vida humana ou "espécimen" identificado por pertencer à espécie do embrião ao cadáver.[72]

O Protocolo de Palermo e a Declaração de Istambul, assim como as legislações de Transplantes, como é o caso da Lei n.º 9434/97 brasileira, não oferecem regras necessárias para coibir o Tráfico de órgãos e penalizar os infratores; o que existe, realmente, é a evidência do comércio de órgãos em várias partes do mundo.

Acreditamos que a flexibilização ou quebra do sigilo bancário, por se tratar de um crime repugnante e violador da dignidade da pessoa humana, seria uma solução para inibir ou coibir a prática desse crime, além de sancionar os infratores. Portanto, acreditamos que a restrição do direito ao sigilo bancário deve circunscrever-se às situações em que estejam em causa os interesses públicos, permanecendo os demais casos com o sigilo bancário. Inclusive entendemos que as instituições financeiras devem continuar usufruindo do dever de confidencialidade, submetendo-se somente aos deveres de infor-

[70] Ibid., p. 125.

[71] NOVAIS, Jorge Reis – *A Dignidade da Pessoa Humana – Dignidade e Inconstitucionalidade*. Lisboa : Almedina, 2016. Vol. 2, p. 84.

[72] NOVAIS, Jorge Reis – *A Dignidade da Pessoa Humana – Dignidade e Inconstitucionalidade*. Lisboa : Almedina, 2016. Vol. 2, p. 89.

mação a que estejam obrigadas, pois torna-se imperativa a manutenção da confiança pública no bom funcionamento do mercado financeiro.

Referências

ALMEIDA, Carlota Pizarro – Cooperação Judiciária Europeia e Internacional. In PALMA, Maria Fernanda; DIAS, Augusto Silva; MENDES, Paulo de Sousa (Coords.) – *Congresso da Investigação Criminal.* Painel 2.º Cooperação Internacional na Investigação Criminal. Coimbra : Almedina, 2011. ISBN: 9789724042268. p. 101-113.

AZEVEDO, Maria Eduarda de Almeida – O segredo Bancário. *Cadernos de Ciência e Técnica Fiscal.* ISBN 972-653-119-5. 346/348 (out./dez. 1987) 7-58.

BARBAS, Stela Marcos de Almeida Neves – *Direito ao Patrimônio Genético.* Lisboa, Almedina, 2006. ISBN 978-9724011134

BARBEITAS, André Terrigno – *O Sigilo Bancário e a necessidade da ponderação dos interesses.* São Paulo : Malheiros, 2003. ISBN 85-7420-529-X

BRASIL. Presidência da República – *Lei Complementar n.º 105, de 10 de janeiro 2001.* Dispõe sobre o sigilo das operações de instituições financeiras e dá outras providências. [Em linha]. Brasília : DOU, 11 jan. 2001. [Consult. 29 maio 2018]. Disponível em WWW:<URL:http://www.planalto.gov.br/ccivil_03/Leis/lcp/lcp105.htm>.

BRITTO, Carlos Ayres – *O Humanismo como Categoria Constitucional.* 3.ª reimpressão. Belo Horizonte : Fórum, 2016. ISBN 978-85-7700-088-3

CANOTILHO, José Joaquim Gomes – *Direito Constitucional e Teoria da Constituição.* 7.ª ed. 17.ª reimpressão. Coimbra : Almedina, 2003. ISBN 978-972-402-106-5

CANOTILHO, José Joaquim Gomes; MOREIRA, Vital – *Constituição da República Portuguesa Anotada. Artigos 1.º ao 107.* 1.ª ed. brasileira e 4.ª ed. portuguesa. Coimbra : Coimbra; São Paulo : Revista dos Tribunais, 2007. ISBN 978-85-203-3044-9. Vol. 1.

CORDEIRO, António Menezes; SILVA, Ana Sofia; BAIRROS, Rita Mafalda Vera-Cruz Pinto – *Temas de Direito Bancário I.* Coimbra : Almedina, 2014. ISBN 987-972-40-5096-6. Vol. 1. (Coleção Cadernos O Direito).

CORREA DA SILVA, Waldimeiry – Tráfico de Pessoas: cenário, atores e crime. Em busca do respeito à dignidade humana. In FIGUEIRA, Ricardo Rezende; PRADO, Adonia Antunes (Orgs.) – *Olhares sobre a Escravidão Contemporânea: novas contribuições críticas.* Cuiabá : UFMT, 2011. ISBN 9788532703958. p. 254-276.

CORRÊA, Roberta Espinha – *Aspectos Polêmicos do Direito Penal Luso-Brasileiro.* São Paulo : Garcia Edizioni, 2019. ISBN 978-85-5512-668-0

DINIZ, Maria Helena – *O Estado Atual do Biodireito.* São Paulo : Saraiva, 2011. ISBN 978-85-02-18065-9

GOMES, Noel – *Segredo Bancário e Direito Fiscal.* Coimbra : Almedina, 2006. ISBN 9789724029672

JUNGES, José Roque – *Bioética: perspectivas e desafios.* São Leopoldo : Unisinos, 1999. ISBN 8574310093

KANT, Immanuel – *Fundamentação da metafísica dos costumes.* Lisboa : Edições 70, 1992. ISBN 972-44-0306-8 (Textos Filosóficos).

LUÍS, Alberto – *Direito Bancário.* Temas críticos e legislação conexa. Coimbra : Almedina, 1985.

MALUF, Adriana Caldas do Rego Freitas Dabus – *Curso de Bioética e Biodireito.* São Paulo : Atlas, 2001. ISBN 978-85-224-6028-1

MATIAS, Armindo Saraiva – *Direito Bancário.* Lisboa : Coimbra, 1998. ISBN 972-32-0816-4

MENDES, Paulo de Sousa – A Orientação da Investigação para a Descoberta dos Beneficiários Econômicos e o Sigilo Bancário. In *Congresso de Investigação Criminal, 2.* Painel 4: Os sigilos bancário e fiscal e a dificuldade de responsabilizar dirigentes e beneficiários económicos das organizações criminosas. Coimbra : Almedina, 2010. ISBN 9789724042268

MIRANDA, Jorge – *Curso de Direito Constitucional.* Lisboa : Universidade Católica, 2016. ISBN 9789725405208

NABAIS, José Casalta – *O Dever Fundamental de Pagar Impostos.* Coimbra : Almedina, 2006. ISBN 9789724011158

NOVAIS, Jorge Reis – *A Dignidade da Pessoa Humana – Dignidade e Inconstitucionalidade.* Lisboa : Almedina, 2016. ISBN 978-9724063478. Vol. 2.

ORGANIZAÇÃO MUNDIAL DA SAÚDE – *Declaração de Istambul.* Istambul : OMS, 2008. [Consult. 13 jan. 2020]. Disponível em WWW:<URL:http://www.declarationofistanbul.org/images/stories/translations/doi_portuguese.pdf>.

PESSINI, Leo – Conferência de abertura. *2ª Jornada de Bioética.* 16-18 set. 2011, Lorena-SP. [Em linha]. Lorena, 16 set. 2011. [Consult. 13 jan. 2020]. Disponível em WWW:<URL:https://noticias.cancaonova.com/brasil/bioetica-e-colocar-vida-no-centro-diz-padre-leo-pessini-2/>.

PESSOA, Luisa – Para especialista, tráfico de pessoas para obter órgãos é crime protegido. (Entrevista com Nancy Scheper Hughes). *Folha de São Paulo.* [Em linha]. São Paulo, 2 set. 2014. [Consult. 13 jan. 2020]. Disponível em WWW:<URL:https://m.

folha.uol.com.br/cotidiano/2014/09/1509539-para-especialista-trafico-de-pessoas-para-obter-orgaos-e-crime-protegido.shtml>.

PITHAN, Lívia Haygert – *A dignidade humana como fundamento jurídico das "ordens de não-ressuscitação"*. Porto Alegre : Edipucrs, 2004. ISBN 85-7430-416-6 1

PORTUGAL. Procuradoria-Geral Distrital de Lisboa – *Lei n.º 41/2013, de 26 de junho*. Código de Processo Civil. [Em linha]. Lisboa, 26 jun. 2013. [Consult. 17 jun. 2017]. Disponível em WWW:<URL:http://www. pgdlisboa.pt/leis/lei_mostra_articulado.php?nid=1959&tabela=leis>.

PORTUGAL. Procuradoria-Geral Distrital de Lisboa – *Decreto-Lei n.º 433/99, de 26 de outubro*. Código de Procedimento e de Processo Tributário. [Em linha]. Lisboa, 26 out. 1999. Consult. 20 jun. 2017]. Disponível em WWW:<URL:http://www.pgdlisboa.pt/leis/lei_mostra_articulado.php?nid=256&tabela=leis>.

PORTUGAL. Procuradoria-Geral Distrital de Lisboa – *Decreto-Lei n.º 78/87, de 17 de fevereiro*. Código de Processo Penal. [Em linha]. Lisboa, 17 fev. 1987. [Consult. 17 jun. 2017]. Disponível em WWW:<URL:http://www.pgdlisboa.pt/leis/lei_mostra_estrutura.php?tabela=leis&artigo_id=199A0135&nid=199&nversao=&tabe la=leis&so_miolo=>.

PORTUGAL. Procuradoria-Geral Distrital de Lisboa – *Decreto-Lei n.º 398/98, de 17 de dezembro*. Lei Geral Tributária. [Em linha]. Lisboa, 17 dez. 1998. [Consult. 20 jun. 2017]. Disponível em WWW:<URL:http://www.pgdlisboa.pt/leis/lei_mostra_articulado.php?artigo_id=253A0063&nid=253&tabela=leis&pagina=1&fic ha=1&so_miolo=&nversao=#artigo>.

PORTUGAL. Procuradoria-Geral Distrital de Lisboa – *Decreto-Lei n.º 298/92, de 31 de dezembro*. Regime geral das instituições de crédito e sociedades financeiras. [Em linha]. Lisboa, 31 dez. 1992. [Consult. 20 jun. 2017]. Disponível em WWW:<URL:http://www.pgdlisboa.pt/leis/lei_mostra_articulado.php?artigo_ id=948A0079 &nid=948&tabela=leis&pagina=1&ficha=1&so_miolo=&nver sao=#artigo>.

PORTUGAL. Procuradoria-Geral Distrital de Lisboa – *Lei n.º 36/2010, de 02 de setembro*. Altera o Regime Geral das Instituições de Crédito e Sociedades Financeiras (21.ª alteração ao Decreto-Lei n.º 298/92, de 31 de Dezembro). [Em linha]. Lisboa, 2 set. 2010. [Consult. 20 jun. 2017]. Disponível em:http://www.pgdlisboa.pt/leis/lei_mostra_articulado.php?nid=1274&tabela=leis>.

PORTUGAL. Procuradoria-Geral Distrital de Lisboa – *Lei n.º 37/2010, de 02 de setembro*. Derrogação do sigilo bancário (21.ª alteração à Lei Geral Tributária, aprovada pelo Decreto-Lei n.º 398/98, de 17 de Dezembro, e 2.ª alteração ao Decreto-Lei n.º 62/2005, de 11 de Março). [Em linha]. Lisboa, 2 set. 2010. [Consult. 20 jun. 2017].

Disponível em WWW:<URL:http://www.pgdlisboa.pt/leis/lei_mostra_articulado.php?nid=1272&tabela=leis&so_miolo=>.

SÁ, Maria de Fátima Freire de; NAVES, Bruno Torquato de Oliveira – *Manual do Biodireito*. Belo Horizonte : Del Rey, 2009. ISBN 9788538400226

SARLET, Ingo Wolfgang – *Dignidade da pessoa humana e direitos fundamentais na Constituição Federal de 1988*. Porto Alegre : Livraria do Advogado, 2001. ISBN 9788573489576

SILVA, Waldimeiry Corrêa; SOUZA, Caio Humberto Ferreira Dória – O Tráfico de Órgãos no Brasil e a lei n.º 9.434/97. In CONGRESSO NACIONAL DO CONPEDI – Conselho Nacional de Pesquisa e Pós-Graduação em Direito, 22 – Sociedade Global e seus impactos sobre o estudo e a afetividade do Direito na contemporaneidade, 13-16 nov. 2014. [Em linha]. *Anais*. São Paulo : CONPEDI, 2014. [Consult. 13 de jan. 2010]. Disponível em WWW:<URL:http://www.publicadireito.com.br/artigos/?cod=0064f599ed0adb58>.

Internet, redes sociais e direitos humanos

ROGÉRIO MEDEIROS GARCIA DE LIMA[1]

Sumário: Introdução. 1. Novas tecnologias, smartificação e inteligência artificial. 2. Internet e política. 3. Redes de ódio e racionalidade da ação discursiva. 4. Internet, ética e direitos humanos. 5. Dignidade da pessoa humana e Direitos da personalidade. 6. *Ciberbullying* e distúrbios mentais. 7. Desafios legislativos. 8. Marco jurisprudencial. Conclusão. Referências.

Introdução

Este artigo aborda – no curso da Quarta Revolução Industrial – o mau uso das redes sociais e o consequente abalo à saúde mental das pessoas e à sua dignidade.

Em sucessivos capítulos discorre sobre:

a) as novas tecnologias, a *smartificação* e a inteligência artificial;
b) a internet e a proliferação das redes sociais;
c) a relação da internet com a política e a transformação das redes sociais em poderosa arma dos cidadãos comuns;
d) a polarização política e a disseminação do ódio nas redes sociais, quando as pessoas desaprendem a debater civilizadamente;
e) a "modernidade líquida", conceito criado pelo sociólogo polonês Zygmunt Bauman para se referir aos tempos atuais, quando tudo muda rapidamente;
f) o pessimismo do filósofo alemão Jürgen Habermas, diante do acelerado processo de deterioração da "esfera pública";

[1] Doutor em Direito Administrativo pela Universidade Federal de Minas Gerais. Professor da Faculdade de Direito Newton Paiva (Belo Horizonte) e da Escola Judicial Desembargador Edésio Fernandes (TJMG). Desembargador do Tribunal de Justiça de Minas Gerais. Endereço eletrônico: rogeriom@tjmg.jus.br.

g) a internet e a ética, destacando a comunicação como um ato que nos liga a outras pessoas e deve fluir de maneira civilizada;
h) a evolução histórica dos direitos humanos;
i) a internet e os direitos humanos, com a garantia a todos do acesso à rede e, ao mesmo tempo, o impedimento de violações à dignidade da pessoa humana no seu âmbito;
j) a dignidade da pessoa humana, consagrada pela Declaração Universal dos Direitos Humanos e a Constituição Brasileira de 1988;
k) os direitos da personalidade, intransmissíveis, irrenunciáveis e imunes a limitações, segundo o Código Civil Brasileiro de 2002;
l) o *ciberbullying*, causador de distúrbios mentais;
m) os desafios legislativos numa sociedade doente, mediante adoção do pluralismo de fontes e métodos; organização das regras nacionais, internacionais, supranacionais e transnacionais em posição de coordenação dos sistemas jurídicos em jogo; e rejeição da mera multiplicidade de fontes superpostas, desconexas e contraditórias; e
n) o marco jurisprudencial, destacando o importante papel do Poder Judiciário na implementação dos novos direitos.

Ao final, serão enumeradas as conclusões do autor.

1. Novas tecnologias, *smartificação* e inteligência artificial

O mundo atual experimenta a Quarta Revolução Industrial, também chamada Revolução 4.0. No seu bojo vieram avanços tecnológicos, tais como robotização, *smartificação*, internet das coisas e inteligência artificial.[2]

Existem milhões de robôs industriais em atividade no planeta. Eles representam hoje uma alternativa ao trabalho humano. E já existem, na opinião dos *experts*, os "robôs sociais", capazes de interagir com o homem; robôs com capacidades criativas; a chamada "robótica branda", apta a integrar-se, entre outros elementos, com o corpo humano etc.

[2] PERASSO, Valeria – O que é a 4ª revolução industrial – e como ela deve afetar nossas vidas. *BBC*. [Em linha]. São Paulo, 22 out. 2016. [Consult. 20 nov. 2019]. Disponível em WWW: <URL:https://www.bbc.com/portuguese/geral-37658309>.

Não podemos prever até onde nos levará essa revolução, mas parece existir um consenso básico de que os avanços na matéria poderão gerar sistemas de inteligência artificial capazes de igualar – ou até mesmo superar – as capacidades intelectuais humanas, em um amplo leque de áreas e desafios.[3]

Operam-se mudanças radicais na economia, inclusive o desaparecimento dos empregos tradicionais em decorrência da automatização e da inteligência artificial.[4]

A *smartificação* consiste em um movimento geral de digitalização dos objetos (naturais e culturais). É a "indústria dos objetos conectados".[5]

"Internet das coisas" (ou "IoT", sua sigla em inglês) é um sistema de dispositivos de computação inter-relacionados:

> Máquinas, objetos, animais ou pessoas mecânicas e digitais que possuem identificadores exclusivos e a capacidade de transferir dados por meio de uma rede, sem exigir interações humano-humano ou humano-computador.
>
> Uma coisa, na internet, pode ser uma pessoa com um implante de monitor cardíaco, um animal de fazenda com um transponder de biochip, um carro que possui sensores embutidos para alertar o motorista quando a pressão dos pneus estiver baixa, ou qualquer outro objeto natural ou artificial ao qual um endereço IP possa ser atribuído e com a capacidade de transferir dados por uma rede.[6]

[3] SEOANE, Antonio Mozo – La revolución tecnológica y sus retos: medios de control, fallos de los sistemas y ciberdelinquencia. In VIDE, Carlos Rogel (Coord.) – *Los robots y el Derecho*. Madrid : Reus Editorial, 2018. p. 79-98, pp. 80-81.

[4] GARICANO, Luis – *El contrataque liberal: entre el vértigo tecnológico y el caos populista*. Barcelona : Península, 2019, pp. 29-30.

[5] COVAS, António – É a smartificação, estúpido!. *Portal Observador*. [Em linha]. Lisboa, 09 out. 2017. [Consult. 09 nov. 2019]. Disponível em WWW:<URL:https://observador.pt/opiniao/e-a-smartificacao-estupido/>.

[6] Tradução livre de: "Máquinas mecánicas y digitales, objetos, animales o personas que tienen identificadores únicos y la capacidad de transferir datos a través de una red, sin requerir de interacciones humano a humano o humano a computadora. Una cosa, en la internet de las cosas, puede ser una persona con un implante de monitor de corazón, un animal de granja con un transpondedor de biochip, un automóvil que tiene sensores incorporados para alertar al conductor cuando la presión de los neumáticos es baja, o cualquier otro objeto natural o artificial al que se puede asignar una dirección IP y darle la capacidad de transferir datos a través de una red" (ROUSE, Margaret – Internet de las cosas (IoT). *Portal Search Data Center*. [Em linha]. Newton-MA, 2017, tradução nossa. [Consult. 19 nov. 2019]. Disponível em WWW: <URL:https://searchdatacenter.techtarget.com/es/definicion/Internet-de-las-cosas-IoT>.).

"Inteligência artificial" (AI) é outro conceito ligado a esses novos tempos:

> Inteligência artificial (AI) é um campo da ciência da computação em que máquinas realizam tarefas como a mente humana, tais como aprender e raciocinar.
>
> O termo inteligência artificial representa um conjunto de software, lógica, computação e disciplinas filosóficas que visa fazer com que os computadores realizem funções que se pensava ser exclusivamente humanas, como perceber o significado em linguagem escrita ou falada, aprender, reconhecer expressões faciais e assim por diante. O campo de AI tem um longo histórico, com muitos avanços anteriores, como reconhecimento de caracteres ópticos, que agora são considerados rotina.
>
> AI é um conceito atraente para muitas das partes envolvidas em negócios, ciências e governo. Em termos econômicos, existe muita vantagem em ter máquinas que realizam tarefas que costumavam precisar de seres humanos. Uma solução de inteligência artificial eficiente pode 'pensar' mais rápido e processar mais informações do que qualquer cérebro humano. Além disso, a inteligência artificial tem o potencial de levar as habilidades humanas a locais onde as pessoas têm dificuldade em chegar, como espaço sideral ou locais remotos na terra em que a experiência humana, como conhecimentos médicos, pode ser útil.[7]

Há aspetos preocupantes no advento da inteligência artificial. O historiador israelense Yuval Noah Harari vislumbra o abalo da democracia pela revolução tecnológica, a partir do final do século 20:

> O liberalismo está perdendo credibilidade justo quando as revoluções gêmeas na tecnologia da informação e na biotecnologia enfrentam os maiores desafios com que nossa espécie já deparou. A fusão das duas áreas pode em breve expulsar bilhões de seres humanos do mercado de trabalho e solapar a liberdade e a igualdade. Algoritmos de Big Data poderiam criar ditaduras digitais nas quais todo o poder se concentra nas mãos de uma minúscula elite, enquanto a maior parte das pessoas sofre não em virtude de exploração, mas de algo muito pior: irrelevância. [...]
>
> A inteligência artificial não só está em posição de hackear humanos e superá-los no que eram, até agora, habilidades exclusivamente humanas. Ela também

[7] O QUE É inteligência artificial? – *Portal Hewlett Packard Enterprise.* [Em linha]. São Paulo, 2019. [Consult. 20 out. 2019]. Disponível em WWW:<URL:https://www.hpe.com/br/pt/what-is/artificial-intelligence.html>.

usufrui de modo exclusivo da habilidades não humanas, o que torna a diferença entre a inteligência artificial e um trabalhador humano uma questão qualitativa e não apenas quantitativa. Duas habilidades não humanas especialmente importantes da inteligência artificial são a conectividade e a capacidade de atualização.[8]

Nesse contexto de avanços tecnológicos, o jornalista norte-americano Thomas Friedman afirmou que "o mundo é plano", no limiar do século 21:

> A esta altura – meados da década de 1990 – a plataforma para o achatamento do mundo já começa a emergir. Primeiro, a queda dos muros, a abertura das janelas (o nascimento do Windows), a digitalização do conteúdo e a difusão do navegador da Internet geraram um grau inaudito de conexão irrestrita entre as pessoas. Depois, os softwares de fluxo de trabalho geraram um grau inaudito de conexão irrestrita entre aplicativos, permitindo aos usuários manipularem todo o seu conteúdo digitalizado, por meio dos computadores e da Internet.
> Juntando esse grau inédito de comunicação interpessoal com todos esses programas de fluxo de trabalho entre aplicativos baseados na web, o resultado é uma plataforma global inteiramente nova para as mais variadas formas de colaboração. Esse foi o momento genesíaco do aplainamento do mundo, quando este começou a tomar forma. Ainda demoraria mais para que a convergência dos diversos elementos se consolidasse e a Terra efetivamente se achatasse, mas foi nesse momento que as pessoas começaram a perceber que algo estava mudando. De repente, mais gente, de mais lugares diferentes, se deu conta de que podia colaborar mais com outras pessoas, nos mais diversos trabalhos e compartilhando mais tipos diferentes de conhecimento, numa escala sem precedentes.[9]

O sociólogo francês Gérard Leclerc abordou os benefícios decorrentes do surgimento da internet:

> A irrupção da internet, ou seja, de uma rede mundial de circulação das mensagens, das ideias, das informações, dos discursos, no momento em que se fala de 'mundialização' das trocas e de 'globalização' dos mercados, parece abrir uma

[8] Harari, Yuval Noah – *21 lições para o século 21*. Tradução de Paulo Geiger. São Paulo : Companhia das Letras, 2018, pp. 14, 43.

[9] Friedman, Thomas L. – *O mundo é plano: uma breve história do século XXI*. Tradução de Cristiana Serra e S. Duarte. Rio de Janeiro : Objetiva, 2005, pp. 97-98.

> nova era na história da humanidade. A Web, sistema de comunicações quase instantâneo à escala planetária, põe um complexo conjunto de problemas, mas também questões inéditas e apaixonantes. Algumas são imediatamente políticas: quem 'governa' a rede? Há possibilidade dos estados ou grupos controlarem, 'censurarem' uma circulação tão gigantesca? [...]
> A sociedade contemporânea foi outrora caracterizada como uma 'sociedade de consumo', uma sociedade em que a produção de bens e serviços era agora menos central que o seu consumo; uma sociedade onde também a abundância de produtos sucedia à sua raridade imemorial nas sociedades anteriores. Desde há uns anos, a comunicação é muitas vezes considerada pelos políticos e sociólogos como o modo dominante de criação e reprodução de um elo social que se tornou desde então problemático e que nos esforçamos por reconstituir através do voluntarismo político. Quando os valores coletivos estão em crise ou são heterogêneos a nível nacional ou internacional, é suposto que a 'comunicação' nos traga a sua ajuda e a sua mediação, que recrie um espaço público e um consenso sociocultural.[10]

No entanto, o filósofo alemão Hans-Georg Gadamer, a despeito de tantos avanços tecnológicos, alertava para que não nos descuidássemos do bem maior, o destino da humanidade:

> O desafio que nos apresenta o mundo em mudança é considerável; evitar as guerras suicidas, proteger a natureza que nos sustenta e de que cuidamos, favorecer o bem-estar do homem, conservar e fomentar os nossos espaços de liberdade, tanto no próprio país como nas restantes nações e continentes, conservá-los e preenchê-los com as tradições que lhes são inerentes – tudo isto nos espera num mundo cada vez mais organizado e burocratizado. Ainda não podemos prever todo o significado da era do computador. Mesmo que aprendamos a resolver os problemas ingentes que nos afligem – recebemos novas liberdades e novas dependências de um mundo cada vez mais mediatizado e, portanto, ligado, em que o mais distante se aproxima com um carregar num botão e o mais próximo está mais longe do que nunca. A antiga diligência aproximava os viajantes. A moderna circulação em automóvel isola-os. E, no entanto, a participação ao comum, que é o nosso destino humano, será sempre a nossa tarefa; e hoje ela sig-

[10] Leclerc, Gérard – *A sociedade de comunicação: uma abordagem sociológica e crítica*. Tradução de Sylvie Canapé. Lisboa : Instituto Piaget, 2000, p. 7.

nifica recordar-nos a nós e aos outros, em especial aos que pensam e escolhem de outro modo, as mutualidades inevitáveis que as tarefas futuras da humanidade para todos nós significam.[11]

2. Internet e política

A internet pode ser uma ferramenta útil à democracia, se bem utilizada por candidatos e partidos políticos durante campanhas eleitorais.

No Brasil, por exemplo, a propaganda eleitoral pela internet é disciplinada pela Lei das Eleições (Lei n.º 9.504/97, artigos 57-A e seguintes, com a redação dada pelas Lei n.º 12.034/2009 e 13.165/2015).[12]

A internet também passou a ser uma poderosa arma dos cidadãos comuns.

No final de 2010, por exemplo, eclodiram protestos e rebeliões em países de língua árabe. Durante a chamada *Primavera Árabe*, a população da Tunísia, Egito, Líbia, Barein e Síria foi às ruas reivindicar a derrubada de ditadores, realização de eleições e melhoria das condições de vida.[13]

Em 2011, a capital, Madri, e várias cidades da Espanha foram palcos de agitadas manifestações dos "indignados". Os manifestantes – jovens estudantes, sobretudo – reivindicavam dos poderes públicos o respeito a direitos básicos tais como habitação, emprego, cultura, saúde, educação, participação política, livre desenvolvimento pessoal e consumo dos bens necessários para uma vida saudável e feliz.[14]

Em diversas capitais brasileiras, no ano de 2013, houve também massivos protestos contra o governo da então presidente da República Dilma Rous-

[11] GADAMER, Hans-Georg – *Herança e futuro da Europa*. Tradução de António Hall. Lisboa : Edições 70, 2009, p. 112.

[12] BRASIL. Presidência da República – *Lei n.º 9.504, de 30 de setembro de 1997*. Estabelece normas para as eleições. [Em linha]. Brasília : DOU, 1º out. 1997. [Consult. 27 nov. 2019]. Disponível em WWW: <URL:http://www.planalto.gov.br/ccivil_03/LEIS/L9504.htm>.

[13] PENA, Rodolfo Ferreira Alves – Primavera Árabe. *Portal Mundo Educação*. [Em linha]. Goiânia, 26 nov. 2013. [Consult. 20 out. 2019]. Disponível em WWW: <URL:https://mundoeducacao.bol.uol.com.br/ geografia/primavera-Arabe.htm>.

[14] BARROSO, Marta Garijo y F. Javier [et al.] – La manifestación de 'indignados' reúne a varios miles de personas en toda España. *El País*. [Em linha]. Madrid, 15 mayo 2011. [Consult. 28 nov. 2019]. Disponível em WWW: <URL:https://elpais.com/elpais/2011/05/15/actualidad/1305447428_850215.html>.

seff. O aumento das tarifas de transporte na cidade de São Paulo desencadeou as manifestações.[15]

Escândalos rumorosos de corrupção no governo federal, grave crise económica e o *impeachment* da presidente Dilma alimentaram forte sentimento de indignação no seio da sociedade brasileira.

O sociólogo espanhol Manuel Castells – consagrado estudioso do tema, em nível global – sustenta que o poder está baseado no controle da informação e da comunicação. Pode ser exercido pelo Estado, média, corporações e outras organizações sociais.[16]

Com o advento das redes sociais, os "contrapoderes" hoje se articulam rápida e eficazmente. As tecnologias da comunicação abriram novas possibilidades de aperfeiçoamento democrático. Indivíduos e multidões passaram a ter voz ativa. Não dependem mais de intermediários para se articular e manifestar. A indignação levou as sociedades a superar o medo que as mantinha inertes.[17]

A eleição presidencial brasileira de 2018 foi, na adequada expressão do jornalista e escritor Pedro Doria, "disruptiva":

> Esta eleição de 2018 é disruptiva em muitos sentidos. Ouvi a expressão, tão utilizada no Vale do Silício, do cientista político Sergio Abranches em uma conversa na semana passada. Quando aplicada à indústria, disrupção é o processo pelo qual uma inovação vira o modelo de negócios de cabeça para baixo, tinge de vermelho as planilhas, provoca demissões em massa e, no fim, reinventa por completo a maneira como a coisa era feita.
>
> A eleição que alçou Bolsonaro ao poder não é disruptiva apenas porque mudou a maneira de eleger um político, tornando o horário eleitoral inútil, e o tamanho do partido idem. Ela é disruptiva por ser o primeiro sinal claro de que a população brasileira está sentindo na pele os efeitos da transformação digital da vida. [...]

[15] Trigo, Luciano – Redes de indignação e esperança: um guia para o presente. *Portal G1*. [Em linha]. São Paulo, 23 jun. 2013. [Consult. 23 nov. 2019]. Disponível em WWW: <URL:http://g1.globo.com/platb/maquinadeescrever/2013/06/23/1551/>.

[16] Castells, Manuel – *O poder da comunicação*. Tradução de Vera Lúcia Mello Joscelyne. Rio de Janeiro : Paz e Terra, 2015.

[17] Id. – *Redes de indignação e esperança*. Tradução de Carlos Alberto Medeiros. Rio de Janeiro : Zahar, 2013.

Para uma população perdida, realmente desorientada perante as mudanças do mundo, nada como um candidato que representa o pai rigoroso que porá tudo em ordem. Tudo enquanto fala a língua do momento, em favor do empreendedorismo e via WhatsApp.[18]

Segundo o jornalista Gaudêncio Torquato, o pleito de 2018 é o que mais oxigenou a nossa democracia:

A política brasileira sobe a escada civilizatória, significando autonomia do eleitor, estiolamento das direções partidárias, necessidade de os partidos voltarem a vestir mantos ideológicos, descoberta do voto como meio de mudança. Inaugura-se a fase de autogestão eleitoral e se abre uma distância enorme dos tempos em que os coronéis da Velha República (anos 30) entregavam aos eleitores a cédula preenchida e envelopada.[19]

Essa escalada para a "autogestão eleitoral" dos cidadãos e cidadãs votantes é devida ao incremento das redes sociais na *internet*.

Além do mais, na visão de Manuel Castells, os "indignados" de 2011, na Espanha, externaram forte rejeição aos partidos políticos constituídos, símbolos da "velha política": "Existe um abismo tão grande entre o que os manifestantes pensam e o sistema político real, que não há uma expressão política capaz de representá-los"[20].

Desde o final do século passado, Alain Touraine já apontava o enfraquecimento do Estado e o fortalecimento da sociedade civil, mediante atuação de organizações não governamentais em nível global:

A ação democrática [...] refugia-se à margem das instituições oficiais, nas associações voluntárias que, tendo surgido a partir de objetivos humanitários, torna-

[18] Doria, Pedro – Uma eleição disruptiva. *O Globo*. Rio de Janeiro, 03 nov. 2018.

[19] Torquato, Gaudêncio – Pontos fora da curva. *O Tempo*. Belo Horizonte, 21 out. 2018, p. 17.

[20] Guaita, Francisco – Castells quer tecer alternativas. *Outras Palavras*. [Em linha]. (Entrevista com Manuel Castells para a RT TV, Moscou, 2012). Transcrição e tradução de Daniela Frabasile. Vídeo (26 min). São Paulo, 3 ago. 2012. [Consult. 23 nov. 2019]. Disponível em WWW: <URL: https://outraspalavras.net/tecnologiaemdisputa/castells-quer-tecer-alternativas/>.

ram-se as principais defensoras dos direitos das minorias e das nações e categorias sociais oprimidas ou excluídas.[21]

3. Redes de ódio e racionalidade da acão discursiva

A polarização política disseminou o ódio nas redes sociais. As pessoas desaprenderam a debater civilizadamente. Agridem-se em círculos familiares, profissionais, educacionais e pelos meios de comunicação social. Não somente por causa de política, mas também de religião, sexualidade, futebol e outros assuntos palpitantes.

A psicóloga Maria Cristiana Seixas Villani, professora da Pontifícia Universidade Católica de Minas Gerais, explica que nem sempre as conversas no WhatsApp têm componente racional e que é raro alguém mudar de opinião na plataforma: "As discussões políticas no ambiente online tendem a ter menos limites do que a face a face, pois você se sente protegido pela distância que o celular proporciona e ainda mais suscetível a ir aos extremos"[22].

Agrupadas, as pessoas perdem a racionalidade. O filósofo e escritor Hélio Schwartsman considera as manifestações coletivas pelas redes sociais uma "patologia do pensamento de grupo":

> O que aconteceu que fez com que a disputa [de 2018] rompesse uma tendência observada nas quatro últimas eleições brasileiras e em centenas de outros pleitos majoritários ao redor do mundo?
> Talvez tenhamos sucumbido ao que a literatura psicológica chama de patologias do pensamento de grupo, que ocorrem quando o desejo de uma dada comunidade por harmonia e entendimento deixa de ser avaliado criticamente e degenera em decisões coletivas disfuncionais.
> Essas patologias assumem várias formas. Uma é a polarização. Junte um punhado de gente com opiniões semelhantes, deixe-os conversando por um tempo e o grupo sairá com convicções mais parecidas e mais radicais.

[21] Touraine, Alain – *O que é a democracia?* Tradução de Guilherme João de Freitas Teixeira. Petrópolis : Vozes, 1996, pp. 266-267.

[22] Alves, Thiago – Libertação de Lula reacende polêmicas familiares nas redes. *O Tempo*, Belo Horizonte, 17 nov. 2019.

Outra manifestação é a animosidade. Se você puser um corintiano e um palmeirense para discutir futebol numa sala, eles discordarão, mas se tratarão com civilidade. Entretanto, se você colocar cem de cada lado, aumentam as chances de que se troquem socos, pontapés e até facadas.
Há, ainda, a conformidade. Grupos tendem a suprimir o dissenso. Censuram dúvidas que membros possam nutrir e ignoram evidências que contrariem seus dogmas. Esse elemento transforma nosso debate eleitoral numa sucessão de monólogos imunes a quaisquer evidências.
É tênue a linha que separa a sabedoria das multidões da alucinação coletiva.[23]

O filósofo e escritor italiano Umberto Eco afirmava que a internet dá voz a todo tipo de opinião desqualificada:

As pessoas fizeram um grande estardalhaço por eu ter dito que multidões de imbecis têm agora como divulgar suas opiniões. Ora, veja bem, num mundo com mais de 7 bilhões de pessoas, você não concordaria que há muitos imbecis? Não estou falando ofensivamente quanto ao caráter das pessoas. O sujeito pode ser um excelente funcionário ou pai de família, mas ser um completo imbecil em diversos assuntos. Com a internet e as redes sociais, o imbecil passa a opinar a respeito de temas que não entende.[24]

O professor Leandro Karnal atribui ao ódio a função de aplainar as diferenças dentro dos grupos:

O ódio, como vários ditadores bem notaram, serve como ponto de união e controle. O ódio é gêmeo do medo, e pessoas com medo cedem fácil sua liberdade de pensamento e ação. [...]
O ódio é uma interrupção do pensamento e uma irracionalidade paralisadora. Como pensar é árduo, odiar é fácil. Se a religião é o ópio do povo para Marx, o ódio é o ópio da mente. Ele intoxica e impede todo e qualquer outro incômodo. Por fim, o ódio tem um traço do nosso narciso infantil. O mundo deve concordar conosco. Quando não concorda, está errado. Somos catequistas porque somos infantis. A democracia é boa sempre que consagra meu candidato e minha visão

[23] Schwartsman, Hélio – Uma eleição anormal. *Folha de S.Paulo*. São Paulo, 28 set. 2018.
[24] Wolf, Eduardo – A conspiração dos imbecis. (Entrevista com Umberto Eco). *Revista Veja*. 2432 (1º jul. 2015) 15-19, p. 15.

> de mundo. A democracia é ruim, deformada ou manipulada quando diz o contrário. Todo instituto de pesquisa é comprado quando revela algo diferente do meu desejo.[25]

O sociólogo polonês Zygmunt Bauman criou o conceito de "modernidade líquida":

> É assim que ele se refere ao momento da História em que vivemos. Os tempos são 'líquidos' porque tudo muda tão rapidamente. Nada é feito para durar, para ser 'sólido'. Disso resultariam, entre outras questões, a obsessão pelo corpo ideal, o culto às celebridades, o endividamento geral, a paranóia com segurança e até a instabilidade dos relacionamentos amorosos. É um mundo de incertezas. E cada um por si. 'Nossos ancestrais eram esperançosos: quando falavam de 'progresso', se referiam à perspectiva de cada dia ser melhor do que o anterior. Nós estamos assustados: 'progresso', para nós, significa uma constante ameaça de ser chutado para fora de um carro em aceleração'.[26]

Conforme o filósofo espanhol José Carlos Ruiz, somos bombardeados diariamente por um excesso de informações. Repentinamente, atingem-nos milhares de manchetes, notificações, acontecimentos e opiniões que parecem verdade. Estamos na "era da pós-verdade":

> A pós-verdade explica as circunstâncias atuais nas quais os fatos objetivos influenciam menos na formação que os apelos à emoção e à crença pessoal. É o melhor instrumento que tem a mentira ao seu serviço. São as novas técnicas para mentir que foram aperfeiçoadas, principalmente por meio do uso de redes sociais. [...]
> A pós-verdade, isto é, uma mentira bem contada, que traz um senso de verdade e que vai diretamente para mobilizar o lado emocional do ser humano, é mais lucrativa do que qualquer verdade para forjar opiniões. E por esse motivo,

[25] KARNAL, Leandro – *O ódio nosso de cada dia*. Rio de Janeiro : LeYa, 2017, pp. 12-13.
[26] PRADO, Adriana – "Vivemos tempos líquidos. Nada é para durar". *Revista IstoÉ*. [Em linha]. São Paulo, 24 set. 2010, atualizado em 21 jan. 106. [Consult. 30 set. 2019]. Disponível em WWW:<URL:https://istoe.com.br/102755>.

estão sendo fabricados uma série de mecanismos e instrumentos que facilitam a expansão dos mesmos em todos os lugares.[27]

Post-truth (pós-verdade) é uma expressão "referente a circunstâncias nas quais os fatos objetivos são menos influentes na opinião pública do que as emoções e as crenças pessoais". Em 2016, foi considerada a palavra do ano para o *Dicionário Oxford*, que constatou que o seu uso cresceu no "contexto do referendo britânico sobre a União Europeia e nas eleições presidenciais dos Estados Unidos", até converter-se em um termo comum nas análises políticas:

> Segundo o **Oxford**, o termo foi utilizado pela primeira vez em um artigo de Steve Tsich, publicado em 1992 na revista **The Nation**, no qual ele falava sobre a primeira Guerra do Golfo. Tsich lamentava que 'nós, como povo livre, decidimos livremente que queremos viver em uma espécie de mundo da pós-verdade', ou seja, um mundo no qual a verdade não é mais tão importante ou relevante.
> O **Oxford** cita um artigo do **Independent**, publicado antes das eleições americanas, que afirma que, depois das eleições, passamos a viver na sociedade da pós-verdade: 'A verdade desvalorizou-se tanto que passou de ideal ao debate político a uma moeda sem valor'. Outro texto, do **The Economist**, com o título 'A arte da mentira', diz que 'Trump é o principal expoente da política da pós-verdade, que se baseia em frases que 'passam a sensação de serem verdadeiras', mas que não têm nenhuma base real.[28]

[27] Traduzido de: "La posverdad explica las actuales circunstancias en las que los hechos objetivos influyen menos en la formación que los llamamientos a la emoción y a la creencia personal. Es el mejor instrumento que tiene la mentira a su servicio. Son las nuevas técnicas para mentir que han llegado a perfeccionarse, sobretodo por médio del uso de las redes sociales. [...] La posverdad, es decir, una mentira bien contada, que aporte sensación de verdad y que acuda directamente a movilizar el lado emocional del ser humano, es más rentable que cualquier verdad de cara a forjar opiniones. Y para esta porsverdad se están fabricando una serie de mecanismos y de instrumentos que están facilitando la expansión de la misma por todas las partes" (RUIZ, José Carlos – *El arte de pensar: cómo los grandes filósofos pueden estimular nuestro pensamiento crítico*. Córdoba : Editorial Almuzara, 2019, pp. 105, 108).

[28] Hancock, Jaime Rubio – Dicionário Oxford dedica sua palavra do ano, 'pós-verdade', a Trump e Brexit. *El País*, Madrid, 17 nov. 2016. [Consult. 17 nov. 2019]. Disponível em WWW:<URL:https://brasil.elpais.com/brasil/2016/11/16/internacional/1479308638_931299.html>.

O filósofo alemão Jürgen Habermas considera a **esfera pública** essencial para a tomada de decisões políticas. Nela se processa uma **ação comunicativa** entre o Estado, agentes políticos, agentes econômicos e outros setores da sociedade civil.[29]

Conforme Habermas, o uso da linguagem é capaz de promover o entendimento entre os participantes de discussões a respeito do assunto a ser discutido, validade e legitimidade da participação de cada um e outros aspetos.

Assim, não é qualquer discussão que se transforma em uma ação comunicativa, na esfera pública. Há uma série de condições a serem respeitadas para que isso aconteça, por exemplo: todos podem falar livremente, sem constrangimento e coerção; cada pessoa deve respeitar o outro e seu direito de ter uma opinião diferente; e cada um deve, de antemão, mostrar-se disposto a ouvir o outro e a mudar de opinião.[30]

Lamenta Jürgen Habermas, todavia, porque atualmente a esfera pública, onde se destacaram grandes intelectuais, experimenta um acelerado processo de deterioração:

> (Os intelectuais) não podem existir, se já não há mais leitores aos quais continuar alcançando com seus argumentos. [...]
> Desde Heinrich Heine, a figura histórica do intelectual ganhou importância junto com a esfera pública liberal, em sua configuração clássica. No entanto, esta vive de certos pressupostos culturais e sociais inverossímeis, principalmente da existência de um jornalismo desperto, com meios de referência e uma imprensa de massa capaz de despertar o interesse da grande maioria da população para temas relevantes na formação da opinião pública. E também da existência de uma população leitora que se interessa por política e tem um bom nível educacional, acostumada ao processo conflitivo de formação de opinião, que reserva um tempo para ler a imprensa independente de qualidade. Hoje em dia, essa infraestrutura não está mais intacta. Talvez, que eu saiba, se mantenha em países como Espanha, França e Alemanha. Mas também neles o efeito fragmentador da Internet deslocou o papel dos meios de comunicação tradicionais, pelo menos entre as novas gerações. Antes que entrassem em jogo essas tendências

[29] Habermas, Jürgen – *Direito e democracia: entre facticidade e validade*. Tradução de Flávio Beno Siebeneichler. Rio de Janeiro : Tempo Brasileiro, 1997. Vol. II, p. 92.

[30] Martino, Luís Mauro Sá; Marques, Ângela Cristina Salgueiro – *Ética, mídia e comunicação: relações sociais em um mundo conectado*. São Paulo : Summus Editorial, 2018, pp. 83-84.

centrífugas e atomizadoras das novas mídias, a desintegração da esfera populacional já tinha começado com a mercantilização da atenção pública. Os Estados Unidos com o domínio exclusivo da televisão privada é um exemplo chocante disso. Hoje os novos meios de comunicação praticam uma modalidade muito mais insidiosa de mercantilização. Nela, o objetivo não é diretamente a atenção dos consumidores, mas a exploração econômica do perfil privado dos usuários. Roubam-se os dados dos clientes sem seu conhecimento para poder manipulá-los melhor, às vezes até com fins políticos perversos, como acabamos de saber pelo escândalo do Facebook.[31]

4. Internet, ética e direitos humanos

Sócrates, Platão e Aristóteles, na Grécia antiga, já concebiam a ética como prática da virtude: realizar o bem, não praticar o mal. Diversos preceitos bíblicos nos demovem de fazer a outrem aquilo que não gostaríamos que fosse feito contra nós mesmos.[32]

A origem etimológica do vocábulo *ética* vem do grego ***ethikós*** e significa "estudo dos juízos de apreciação que se referem à conduta humana suscetível de qualificação do ponto de vista do bem e do mal, seja relativamente a determinada sociedade, seja de modo absoluto".[33]

Todas as conceções morais giram em torno do bem geral. A moralidade começa com associação, interdependência e organização. A vida em sociedade requer a concessão de uma parte da soberania do indivíduo à ordem comum. A norma de conduta passa a ser o bem-estar do grupo. A natureza assim o quer e seu julgamento é sempre definitivo: um grupo sobrevive, em concorrência ou conflito com um grupo, segundo sua unidade, poder e capacidade dos membros de cooperarem para fins comuns. Que melhor cooperação poderia haver do que aquela em que cada qual faça aquilo que

[31] Hermoso, Borja – Jürgen Habermas: "Não pode haver intelectuais se não há leitores". *El País*. [Em linha]. Madrid, 8 maio 2018 [Consult. 25 nov. 2019]. Disponível em WWW: <URL:https://brasil.elpais.com/brasil/2018/04/25/eps/1524679056_056165.html>.

[32] Garcia de Lima, Rogério Medeiros – Ética e Eficiência no Serviço Público. *Revista de Direito Administrativo*. 233 (jul./set. 2003) 13-32. [Consult. 27 nov. 2019]. Disponível em WWW: <URL:http://bibliotecadigital.fgv.br/ojs/index.php/rda/article/view/45441>.

[33] Holanda, Aurélio Buarque de – *Novo Dicionário Aurélio da Língua Portuguesa*. Rio de Janeiro : Nova Fronteira, 1975, s.v. *ética*.

melhor sabe fazer? Esse é o objetivo de organização que toda sociedade deve perseguir, para que tenha vida.[34]

A Ética é definida como ciência do comportamento moral dos homens em sociedade:

> É uma ciência, pois tem objeto próprio, leis próprias e método próprio. O objeto da Ética é a moral. A moral é um dos aspectos do comportamento humano. A expressão deriva da palavra romana 'mores', com o sentido de costumes, conjunto de normas adquiridas pelo hábito reiterado de sua prática.
> Com exatidão maior, o objeto da ética é a moralidade positiva, ou seja, 'o conjunto de regras de comportamento e formas de vida através das quais tende o homem a realizar o valor do bem' (Eduardo García Máynez, 'Ética – Ética empírica. Ética de bens. Ética formal. Ética valorativa').[35]

Reflexões éticas, outrossim, ocupam filósofos e juristas contemporâneos. Os valores morais penetram o mundo jurídico:

> É preciso inquietarmo-nos com os sentimentos que fazem agir os assuntos de direito, proteger os que estão de boa-fé, castigar os que agem por malícia, má-fé, perseguir a fraude e mesmo o pensamento fraudulento. [...] O dever de não fazer mal injustamente aos outros é o fundamento do princípio da responsabilidade civil; o dever de se não enriquecer à custa dos outros, a fonte da ação do enriquecimento sem causa.[36]

A comunicação social também está envolvida com questões éticas:

> No caso da comunicação, a ética está diretamente ligada à maneira como construímos nossa relação com os outros – o 'bom dia' que escolhemos dar a determinado indivíduo já estabelece com este uma ligação. Por isso, tomamos como ponto de partida que a comunicação, em si, é uma ação ética: se ela nos liga a

[34] Durant, Will – *A história da filosofia*. Tradução de Luiz Carlos do Nascimento Silva. São Paulo : Nova Cultural, 2000, pp. 61-62.

[35] Nalini, José Renato – Ética geral e profissional. São Paulo : Revista dos Tribunais, 1997, p. 30.

[36] Ripert, Georges – *A regra moral nas obrigações civis*. Tradução de Osório de Oliveira 2.ª ed. Campinas : Bookseller, 2002, p. 24.

outra pessoa, se se dirige ao outro para criar um 'nós', seu fundamento é, por definição, ético.[37]

No entanto – lastimava o padre jesuíta e filósofo João Batista Libânio –, as novas gerações mergulharam num mundo fantástico de imagens, que se tornou acessível em qualquer lugar e momento. Os jovens passam horas diante da pequena tela do computador ou do *smartphone*. Afastam-se dos ensinamentos dos adultos e dos livros. Afogam-se no oceano das ondas rápidas e sucessivas de dados:

> Só a maturidade dos pais e professores consegue pôr alguma ordem nesse caótico universo. Isso no âmbito do conhecimento. No campo afetivo, a desproporção entre a importância da presença física do adulto e a da internet aumenta. O ser humano carece de cuidado para amadurecer equilibradamente e gozar de normalidade psíquica.
> Ora, a internet não cuida de ninguém. Não raro perverte. Vomita friamente imagens e sinais. Não substitui nenhum cuidado humano, nem toque afetivo, nem aconchego cálido. A eletrônica não pertence ao gênero do calor humano. O déficit afetivo só se cobre com a presença física de pessoas humanas.[38]

Imersas no mundo virtual e devoradas pelo mercado, as pessoas não se entendem sobre como querem viver juntas: "Queremos uma sociedade onde tudo esteja à venda? Ou será que existem certos bens morais e cívicos que não são honrados pelo mercado e que o dinheiro não compra?"[39].

A história da nossa civilização se inicia com a civilização da Grécia Antiga. Também o humanismo ocidental começa a se formar com o advento da cultura grega. Não há movimento humanista – inclusive o humanismo cristão – que, de uma forma ou de outra, não deite suas raízes no pensamento grego.

[37] MARTINO, Luís Mauro Sá; MARQUES, Ângela Cristina Salgueiro – *Ética, mídia e comunicação: relações sociais em um mundo conectado*. São Paulo : Summus Editorial, 2018, p. 10.
[38] LIBÂNIO, João Batista – Gestou-se outra cultura que bate com a juventude: A internet, absolutamente irresistível. *O Tempo*. Belo Horizonte, 25 out. 2009.
[39] SANDEL, Michael J. – *O que o dinheiro não compra: os limites morais do mercado*. 8.ª ed. Tradução de Clóvis Marques. Rio de Janeiro : Civilização Brasileira, 2017, p. 202.

Protágoras, que viveu na Grécia do século V a.C., assinalou: "o homem é a medida de todas as coisas"[40].

No mundo contemporâneo, os direitos fundamentais estão declarados nas Constituições. As declarações de direitos são disposições que proclamam as principais liberdades humanas. Tais direitos, enunciados pelas grandes revoluções e depois incluídos nos textos constitucionais, integram a própria personalidade do homem. Ao seu exercício correspondem, com limitações recíprocas, os direitos dos demais homens.[41]

O constitucionalismo moderno se caracteriza pela promulgação de um texto escrito contendo declaração dos Direitos Humanos e de cidadania. Constitui um dos seus momentos centrais de desenvolvimento e de conquista, que consagra as vitórias do cidadão sobre o poder.[42] Os direitos humanos constituem patrimônio próprio e inalienável dos cidadãos.[43]

Na precisa definição de José Afonso da Silva:

> Direitos fundamentais do homem constitui a expressão mais adequada a este estudo, porque, além de referir-se a princípios que resumem a concepção do mundo e informam a ideologia política de cada ordenamento jurídico, é reservada para designar, no nível do direito positivo, aquelas prerrogativas e instituições que ele concretiza em garantias de uma convivência digna, livre e igual de todas as pessoas. No qualificativo fundamentais acha-se a indicação de que se trata de situações jurídicas sem as quais a pessoa humana não se realiza, não convive e, às vezes, nem mesmo sobrevive; fundamentais do homem no sentido de que a todos, por igual, devem ser não apenas formalmente reconhecidos, mas concreta e materialmente efetivados. Do homem, não como o macho da espécie, mas no sentido de pessoa humana. Direitos fundamentais do homem significa direitos fundamentais da pessoa humana ou direitos humanos fundamentais. É com esse conteúdo que a expressão direitos fundamentais encabeça o Título II

[40] Nogare, Pedro Dalle – *Humanismos e Anti-Humanismos: Introdução à Antropologia Filosófica.* 6.ª ed. Petrópolis : Vozes, 1981, pp. 25-31.

[41] Pinto Ferreira, Luiz – *Curso de Direito Constitucional.* 5.ª ed. São Paulo : Saraiva, 1991, pp. 101-102.

[42] Bobbio, Norberto; Matteucci, Nicola; Pasquino, Gianfranco – *Dicionário de Política.* Tradução de João Ferreira. 5.ª ed. Brasília : UnB, 2000. Vol. 1, p. 353.

[43] Morbidelli, Giuseppi [et al.] – *Diritto Costituzionale Italiano e Comparato.* Bologna : Monduzzi Editore, 1997, p. 86.

da Constituição que se completa, como direitos fundamentais da pessoa humana, expressamente, no art. 17.[44]

O computador operou uma revolução tecnológica na sociedade, por muitos considerada sucessora da revolução industrial:

> (Proporciona) importantes transformações sociais, a mais importante das quais, é a transformação da informação de átomos para bits, o 'ADN da informação', que tem atualmente uma nova configuração. A informação ainda continua a ser fornecida, em larga medida, em átomos: jornais, revistas e livros. O trilho, contudo, é irreversível: a completa 'digitalização da sociedade', a transmissão exclusiva da informação através da vida digital.[45]

O Conselho de Direitos Humanos da Organização das Nações Unidas (ONU) deu um importante passo ao considerar o livre acesso à internet um direito fundamental. São necessárias ações legislativas e materiais dos Estados para garantir sua plena eficácia, inclusive quanto às pessoas mais pobres.[46]

Essa revolução tecnológica trouxe novos desafios para o Direito, a partir do final da década de 1980. É preciso atualizar as normas jurídicas para enfrentar novas formas de violações:

> No centro das preocupações estão, sem dúvida, as crescentes agressões aos direitos, liberdades e garantias dos cidadãos, máxime, os problemas relacionados com a (sua) privacidade. [...]
> Os atentados de 11 de setembro de 2011, às 'Torres Gêmeas' do 'World Trade Center' nos EUA, constituem o acontecimento decisivo na implementação do Estado vídeo-vigilante' que George Orwell profetizou na década de 30 e apelidou de 'Big Brother'. A obsessão cega pelo 'aspecto securitário e de conveniência' em detrimento da privacidade dos cidadãos tem conduzido à elaboração de legislação na área da vídeo-vigilância estatal: os meios jurídicos de controle dos

[44] SILVA, José Afonso da – *Curso de Direito Constitucional Positivo. 6.ª* ed. São Paulo: Revista dos Tribunais, 1990, p. 159.
[45] VEIGA, Armando – *Legislação de Direito da Informática.* 2.ª ed. Coimbra : Coimbra, 2009, p. 7.
[46] PULVIRENTI, Orlando D. – *Derechos humanos e internet.* Buenos Aires : Errepar, 2013, pp. 90-91.

cidadãos 'proliferam' e estão sob a alçada do Estado! Num futuro não muito distante, a privacidade não terá sequer os contornos da velha máxima: 'my home my castle'.[47]

5. Dignidade da pessoa humana e direitos da personalidade

O artigo 1.º da Declaração Universal dos Direitos Humanos dispõe: "Todos os seres humanos nascem livres e iguais em **dignidade** e em direitos. Dotados de razão e de consciência, devem agir uns para com os outros em espírito de fraternidade".[48]

Igualmente, a Constituição Brasileira estabelece os princípios fundamentais:

> Art. 1º. A República Federativa do Brasil, formada pela união indissolúvel dos Estados e Municípios e do Distrito Federal, constitui-se em Estado Democrático de Direito e tem como fundamentos: I – a soberania; II – a cidadania; **III – a dignidade da pessoa humana**; IV – os valores sociais do trabalho e da livre iniciativa; V – o pluralismo político.[49]

O grande jurista Miguel Reale considerava a **cidadania** e a **dignidade da pessoa humana** dois dos elementos diferenciadores de nosso Estado Democrático de Direito:

> (São) valores que devem ser interpretados conjugadamente, pois o respeito devido à pessoa humana, em sentido universal (eu costumo dizer que a pessoa humana é o 'valor fonte' de todos os valores), não exclui, mas antes implica a dimensão jurídico-política que cada membro da coletividade brasileira adquire só pelo fato de nascer no território nacional, assegurando-lhe um campo espe-

[47] Veiga, Armando, op. cit., pp. 7-8.

[48] ORGANIZAÇÃO DAS NAÇÕES UNIDAS. Assembleia Geral – *Resolução n.º 217 A (III), de 10 de dezembro de 1948*. Declaração Universal de Direitos Humanos. [Em linha]. Paris : ONU, 10 dez. 1948, grifo nosso. [Consult. 27 nov. 2019]. Disponível em WWW:<URL:https://www.ohchr.org/EN/UDHR/ Pages/Language.aspx?LangID=por>.

[49] BRASIL. Presidência da República – *Constituição da República Federativa do Brasil*. Brasília, 1988, grifos nossos. [Consult. 27 nov. 2019]. Disponível em WWW:<URL:http://www.planalto.gov.br/ ccivil_03/constituicao/constituicaocompilado.htm>.

cífico de direitos e deveres, sem prejuízo da igualdade perante a lei que, ao depois, o Art. 5º garante aos brasileiros e aos estrangeiros residentes no País, no tocante à inviolabilidade do direito à vida, à liberdade, à igualdade, à segurança e à propriedade.[50]

A Constituição Brasileira de 1988 reputa "invioláveis a intimidade, a vida privada, a honra e a imagem das pessoas, assegurado o direito a indenização pelo dano material ou moral decorrente de sua violação" (artigo 5.º, inciso X).[51]

O Código Civil Brasileiro de 2002 confere expressa proteção aos direitos da personalidade:

> Art. 11. Com exceção dos casos previstos em lei, os direitos da personalidade são intransmissíveis e irrenunciáveis, não podendo o seu exercício sofrer limitação voluntária.
> Art. 12. Pode-se exigir que cesse a ameaça, ou a lesão, a direito da personalidade, e reclamar perdas e danos, sem prejuízo de outras sanções previstas em lei.[52]

Carlos Alberto Bittar assim definia os direitos da personalidade:

> Entendemos que os direitos da personalidade constituem direitos inatos – como a maioria dos escritores ora atesta – cabendo ao Estado apenas reconhecê-los e sancioná-los em um ou outro plano do direito positivo – a nível constitucional ou a nível de legislação ordinária – e dotando-os de proteção própria, conforme o tipo de relacionamento a que se volte, a saber: contra o arbítrio do poder público ou às incursões de particulares. [...]
> Os próprios autores de inspiração positivista conceituam os direitos da personalidade como direitos absolutos [...] Com efeito, esses direitos são dotados de caracteres especiais, para uma proteção eficaz à pessoa humana, em função de possuir, como objeto, os bens mais elevados do homem. Por isso é que o ordena-

[50] Reale, Miguel – *O Estado Democrático de Direito e o conflito das ideologias.* São Paulo : Saraiva, 1998, p. 3.
[51] BRASIL. Presidência da República, op. cit.
[52] Id. – *Lei n.º 10.406, de 10 de janeiro de 2002.* Institui o Código Civil. [Em linha]. Brasília : DOU, 11 jan. 2002. [Consult. 18 nov. 2019]. Disponível em WWW:<URL:http://www.planalto.gov.br/ccivil_03/ leis/2002/l10406.htm>.

> mento jurídico não pode consentir que deles se despoje o titular, emprestando-lhes caráter essencial. Daí, são, de início, direitos intransmissíveis e indispensáveis, restringindo-se à pessoa do titular e manifestando-se desde o nascimento.
> [...]
> Constituem direitos inatos (originários), absolutos, extrapatrimoniais, intransmissíveis, imprescritíveis, impenhoráveis, vitalícios, necessários e oponíveis **erga omnes**, como tem assentado a melhor doutrina.
> São os direitos que transcendem, pois, ao ordenamento jurídico positivo, porque ínsitos na própria natureza do homem, como ente dotado de personalidade. Intimamente ligados ao homem, para sua proteção jurídica, independentes de relação imediata com o mundo exterior ou outra pessoa, são intangíveis, **de lege lata**, pelo Estado ou pelos particulares.[53]

6. *Ciberbullying* e distúrbios mentais

A internet é uma ferramenta imprescindível na atualidade, pois possibilita acesso fácil e rápido às informações e à manutenção de laços afetivos por meio das redes sociais.

Entretanto, o seu uso descontrolado caracteriza o que a Psiquiatria denomina **adicção por internet (AI)**.

Foi realizada uma pesquisa com 169 estudantes de Medicina, sendo que 98,8% (167) deles fazem uso diário de internet e/ou redes sociais.

Foram constatados diversos indícios de uso prejudicial da internet:

> Diferentes investigações chegam à conclusão de que a AI, muitas vezes, está relacionada a transtornos mentais, especialmente depressão e ansiedade. A depressão é a doença psiquiátrica mais relatada quando associada ao uso problemático da internet em adolescentes e ao aumento de depressão em adultos.

Um estudo recente apontou que o aumento da depressão está relacionado à maior utilização do tempo despendido na internet. No entanto, os autores não elucidam se a depressão precede essa dependência da internet ou se é uma consequência.

[53] Bittar, Carlos Alberto – *Os direitos da personalidade.* 2.ª ed. Rio de Janeiro : Forense Universitária, 1995, pp. 7-11.

> Diversas significâncias foram encontradas no presente estudo, como depressão e ansiedade associadas a indícios de uso inadequado da internet.
> A problemática com o uso da internet pode ser associada ao comportamento de dependência, sendo mais suscetível em indivíduos que buscam estimulação externa e expressam mais intolerância ao tédio. [...]
> Alguns pesquisadores consideram a dependência da internet um transtorno de controle dos impulsos que afeta diretamente a qualidade de vida, causando consequências nas relações sociais, intolerância e sintomas de abstinência.
> [...] estar conectado facilita o comportamento de verificar as notificações das redes sociais. Isso reforça uma sensação de segurança social com os amigos e parceiros, chamada de 'busca de reafirmação' relacionada com o medo da perda.
> A incapacidade de controlar o uso da internet pode levar a sentimentos de angústia e comprometimento funcional das atividades cotidianas. [...]
> Os transtornos mentais mais comuns em estudantes de Medicina descritos na literatura são ansiedade e depressão e estão intimamente relacionados.[54]

Sustenta-se a necessidade de estudar as características e significados subjetivos dos vínculos sociais das pessoas com transtorno mental:

> As relações (e a qualidade destas) determinam o comportamento e também podem ter função protetora? Trata-se de estudar a natureza da solidariedade humana como um potencial para aproximar pessoas com e sem transtorno, tornando-as parceiras de um investimento coletivo na felicidade, no bem-estar e no sucesso, reconhecendo que compartilham de mesma rede, influenciando e sendo influenciadas por ela.[55]

Ainda no campo psiquiátrico, a proliferação mundial das redes sociais acarreta graves violações à dignidade da pessoa humana.

Entre as ofensas à dignidade das pessoas na era virtual, destaca-se o *ciberbullying*. Ofensas, zombarias e assédio moral pelas redes sociais causam

[54] Moromizato, Maíra Sandes [et al.] – O Uso de Internet e Redes Sociais e a Relação com Indícios de Ansiedade e Depressão em Estudantes de Medicina. *Revista Brasileira de Educação Médica*. 41:4 (2017) 497-504, p. 501.

[55] Landim, Fátima Luna Pinheiro; NUNES, Mônica de Oliveira; Collares, Patrícia Moreira Costa; Medeiros, Ivaldiana Vasconcelos – Estudo-síntese: interfaces da análise de rede social com o campo da saúde mental. *Cadernos de Saúde Coletiva*. 18:4 (2010) 527-535.

diferentes desordens mentais nas vítimas, principalmente depressão e ansiedade. Registram-se casos de suicídio:

> Todo ser humano busca ser aceito. É fácil ver isso nas redes sociais: as fotos são sempre maravilhosas, de refeições a viagens, passando por roupas, sapatos e piscinas. Com isso, a impressão que se tem é de que a vida alheia é sempre melhor que a própria — um desencadeante perigoso de sentimento de inferioridade e outros males.
>
> Se a isso for acrescentada a rejeição, especialmente em um ambiente tóxico (as redes sociais muitas vezes têm esse viés, especialmente em comentários maldosos e pouco gentis), o indivíduo pode desenvolver baixa autoestima e passar a sofrer em silêncio. Esses contatos nocivos online, então, minam sua autoconfiança e o fazem se retrair e se isolar cada vez mais.
>
> É um ciclo vicioso, especialmente porque uma das características da geração atual é o uso constante de **gadgets**. Muitos jovens não têm nem a habilidade de falar com pessoas, pois só se relacionam com eletrônicos. 'Viver apenas o mundo digital é problemático. O indivíduo deixa de ter contatos reais: não conversa com amigos pessoalmente, não joga bola, não faz atividades em que há proximidade humana', explica a psicóloga Priscila Gasparini Fernandes.[56]

7. Desafios legislativos

As sociedades adoeceram.

O cientista e escritor norte-americano Jaron Lanier publicou o livro *Dez argumentos para você deletar agora as suas redes sociais*. Critica as redes sociais por seu modelo de negócios baseado em anúncios publicitários. As propagandas são usadas para manipular as pessoas, o que resulta na perda de empatia, aumento da intolerância e falta de informação – além de impactar negativamente a felicidade e a capacidade econômica da sociedade:

[56] ANDRION, Roseli – Redes sociais podem afetar o bem-estar e a saúde mental. *Portal Olhar Digital.* [Em linha]. São Paulo, 20 set. 2019. [Consult. 19 nov. 2019]. Disponível em WWW:<URL:https://olhardigital.com.br/noticia/redes-sociais-podem-afetar-o-bem-estar-e-a-saude-mental/90584>.

> Obviamente, a sociedade sempre esteve doente. As sociedades sempre foram violentas e escolheram políticos ruins. Frequentemente, as sociedades entram em guerra civil. Todas essas coisas sempre existiram. As mídias sociais não estão inventando esses problemas, mas estão deixando a sociedade mais vulnerável. Na rua, existe todo o tipo de vírus, bactéria e agentes de doenças. Se tem uma coisinha errada com você, como não ter dormido direito ou estar muito estressado, você pode ficar doente. É o que acontece com as redes sociais. A maneira como as sociedades ficam doentes é tradicional. Em todo o mundo, quando há uma tendência de redução de violência e de tensões civis, ela é revertida assim que propriedades do Facebook surgem, como o WhatsApp. As mídias sociais deixam a sociedade vulnerável a problemas que poderia evitar.[57]

Igualmente, o srilankês Chamath Palihapitiya, que foi alto executivo do Facebook, fez um *mea culpa* por sua contribuição para o desenvolvimento de ferramentas que, em sua opinião, "estão dilacerando o tecido social":

> Os ciclos de retroalimentação de curto prazo impulsionados pela dopamina que criamos estão destruindo o funcionamento da sociedade. Sem discursos civis, sem cooperação, com desinformação, com falsidade. [...]
> É um problema global, está corroendo as bases fundamentais de como as pessoas se comportam consigo mesmas e com as outras.[58]

Isso se reflete no campo dos direitos humanos, porque há uma crise da tolerância no mundo contemporâneo. Involui a cultura dos direitos, com a intolerância e a falta de solidariedade entre as pessoas.[59]

Os excessos cometidos pelos regimes ditatoriais do século XX e a tomada de consciência, após a Segunda Guerra Mundial, de que o desrespeito pelos direitos do homem fez pesar uma grave ameaça sobre a paz e a segurança

[57] ROMANI, Bruno – REDES sociais deixam sociedade mais vulnerável. *Portal Terra.* [Em linha]. São Paulo, 16 dez. 2018. [Consult. 16 dez. 2018]. Disponível em WWW:<URL:https://www.terra.com.br/ noticias/tecnologia/redes-sociais-deixam-sociedade-mais-vulneravel,5cd685cffa4db2b1c10a0cb34b369f8 8bk04bbas.html>.

[58] EL PAÍS – "AS REDES sociais estão dilacerando a sociedade", diz um ex-executivo do Facebook. *El País*, Madrid, 13 dez. 2017. [Consult. 13 nov. 2019]. Disponível em WWW: <URL:https://brasil.elpais.com/brasil/2017/12/12/tecnologia/1513075489_563661.html>.

[59] LUTHER, Jörg – I Diritti Umani Sociali non Sono Insostenibili Nell'unione Europea. *Revista Direito Público.* 14:81 (maio/jun. 2018) 9-34.

internacionais, aceleraram o movimento pela instituição e o desenvolvimento da proteção internacional desses direitos:

> A ação das organizações internacionais é intensa, tanto no quadro das Nações Unidas como no seio de certas organizações regionais. [...]
> A definição dos crimes internacionais é independente dos direitos nacionais e sua penalização para tais direitos (v.g., apartheid, genocídio, violações sistemáticas de direitos do homem, tráfico ilícito de entorpecentes, terrorismo internacional, crimes ambientais). Cada Estado deve aceitar julgar ou extraditar estes crimes e lhes reconhecer um caráter imprescritível.[60]

Mais que nunca, ressoa o alerta de Norberto Bobbio: "O problema fundamental em relação aos direitos do homem, hoje, não é tanto o de justificá-los, mas o de protegê-los. Trata-se de um problema não filosófico, mas político"[61].

O cenário atual é de grande complexidade: globalização, diversidade cultural, integração socioeconômica, ciberespaço e fenômeno migratório.

O Direito Internacional Privado precisa se adaptar às novas exigências: adotar o pluralismo de fontes e métodos; organizar as regras nacionais, internacionais, supranacionais e transnacionais em posição de coordenação dos sistemas jurídicos em jogo; e evitar a mera multiplicidade de fontes superpostas, desconexas e contraditórias.

O pluralismo normativo ideal busca coerência, complementação, coordenação e diálogo entre as fontes.

Assistimos à metamorfose do Estado e, portanto, do Direito Internacional Privado clássico. Mas isso não significa que o Estado cumpra um papel dispensável, irrelevante. Ao contrário, o Estado deve assumir, em primeiro lugar, o papel de garantidor dos direitos fundamentais de todos os seres humanos, seja nas suas relações internas, seja nas suas relações regionais, internacionais, transfronteiriças ou transnacionais. As relações entre Direito Internacional Privado e Direitos Humanos é primordial.

[60] Dinh, Nguyen Quoc; Daillier, Patrick; Pellet, Alain – *Direito Internacional Público.* Tradução de Vítor Marques Coelho. Lisboa : Fundação Calouste Gulbenkian, 1999, pp. 595, 720.

[61] Bobbio, Norberto – *A era dos direitos.* Tradução de Carlos Nelson Coutinho. Rio de Janeiro : Campus, 2003, p. 239.

O Estado não deve perder de vista que a razão de ser do Direito Internacional Privado só pode ser alcançada se forem resguardados os direitos e garantias fundamentais dos homens: "A auto-regulação sem limite está destinada ao fracasso. No entanto, devemos seguir os caminhos da co-regulação e reconhecer o papel que os atores privados conquistaram no cenário internacional hoje"[62].

As autoridades nacionais e transnacionais precisam legislar, com rigor e coerência, para regular as redes sociais, a fim de que seu uso ilimitado não afronte a dignidade das pessoas – inclusive a sua higidez mental – e nem corroa os laços da vida em sociedade.

8. Marco jurisprudencial

É muito importante o papel do Poder Judiciário na implementação dos novos direitos.

Segundo Canotilho, hoje a subordinação à lei e ao Direito, por parte dos juízes, reclama de forma incontornável a **principialização da jurisprudência**. O Direito do Estado de Direito do século XIX e da primeira metade do século XX é o **Direito das regras dos códigos**. O Direito do Estado Constitucional Democrático e de Direito **leva a sério os princípios**, é um **Direito de princípios**. O tomar a sério os princípios implica uma mudança profunda na **metódica de concretização do Direito** e, por conseguinte, na atividade jurisdicional dos juízes.[63]

A existência de regras e princípios – prossegue o constitucionalista português – permite a descodificação, em termos de um **"constitucionalismo adequado"** (Alexy), de **estrutura sistêmica**. Isto é, possibilita a compreensão da Constituição como **sistema aberto de regras e princípios**. Um modelo ou sistema constituído exclusivamente por regras nos conduziria a

[62] Traduzido de: "La autorregulación sin límite tiene por destino el fracaso. Sin embargo, debemos transitar por los caminos de la co-regulación y reconocer el papel que hoy han ganado los actores privados en la escena internacional" (Scotti, Luciana Beatriz – *Gobernanza Global: alternativas para la regulación jurídica del ciberespacio*. Buenos Aires : Universidad de Buenos Aires, 2015, pp. 205-206, tradução nossa).

[63] Canotilho, José Joaquim Gomes – *A "Principialização" da jurisprudência através da Constituição*. São Paulo : Revista dos Tribunais, 2000. Vol. 98, pp. 83-89.

um sistema jurídico de limitada racionalidade prática. Exigiria uma disciplina legislativa exaustiva e completa – **legalismo** – do mundo e da vida, fixando, em termos definitivos, as premissas e os resultados das regras jurídicas. Conseguir-se-ia um **"sistema de segurança"**, mas não haveria qualquer espaço livre para a complementação e desenvolvimento de um sistema, como o constitucional, que é necessariamente aberto.[64]

Luiz Flávio Gomes prega a evolução do papel dos magistrados no mundo contemporâneo:

> Tanto as modernas sociedades, como as recentes e liberais Constituições e normas internacionais desejam e esperam que o juiz da era tecnológica cumpra um papel bem distinto do juiz napoleônico, legalista e positivista, autômato, cuja imagem poderia ser sintetizada nestas cinco palavras: ***la bouche de la loi***. O direito positivo (legislado), sendo fruto da atividade política, é criado não poucas vezes sob a influência de certos segmentos organizados da sociedade. Nem sempre para a defesa do interesse geral, portanto. O juiz, por isso, tem que ter consciência de que é um instrumento do poder e saber que papel está cumprindo dentro de toda engrenagem: se está atrelado à clássica ideologia da neutralidade (asséptica), será um funcional instrumento do Poder Político; se deseja, não obstante, superar tal ideologia, deve ter consciência crítica de sua tarefa, constitucionalizando-se e transformando-se assim em instrumento de realização do valor justiça. [...]
>
> Na medida em que não são idênticos os conceitos de Lei, Justiça e Direito, pois a lei é só uma parte da realidade jurídica total (Direito), que é composta pela Constituição e por todo o ordenamento jurídico infraconstitucional e internacional, enquanto justiça é um valor (expresso no art. 3°, inc. I, da CF) a ser alcançado em todas as decisões judiciais, adotar um ou outro referencial (e o correspondente modelo de atuação judicial) implica uma série enorme de consequências. [...]
>
> O modelo de atuação judicial mais difundido, a propósito, particularmente no nosso entorno cultural (América Latina), é o chamado positivista-legalista, segundo o qual o juiz na sua função de julgar deve atender exclusivamente à lei e à sua consciência. Esta linha legalista-positivista segue a doutrina 'kelseniana',

[64] Gomes, Luiz Flávio – *A Dimensão da Magistratura no Estado Constitucional e Democrático de Direito*. São Paulo : Revista dos Tribunais, 1997, pp. 132-133.

que procura distinguir a atividade política do legislador da atividade técnica do juiz.[65]

Os tribunais brasileiros proferem julgados que protegem a dignidade da pessoa humana nas redes sociais:

> DIREITO CIVIL E DO CONSUMIDOR. INTERNET. RELAÇÃO DE CONSUMO. INCIDÊNCIA DO CDC. GRATUIDADE DO SERVIÇO. INDIFERENÇA. PROVEDOR DE CONTEÚDO. FISCALIZAÇÃO PRÉVIA DO TEOR DAS INFORMAÇÕES POSTADAS NO SITE PELOS USUÁRIOS. DESNECESSIDADE. MENSAGEM DE CONTEÚDO OFENSIVO. DANO MORAL. RISCO INERENTE AO NEGÓCIO. INEXISTÊNCIA. CIÊNCIA DA EXISTÊNCIA DE CONTEÚDO ILÍCITO. RETIRADA IMEDIATA DO AR. DEVER. DISPONIBILIZAÇÃO DE MEIOS PARA IDENTIFICAÇÃO DE CADA USUÁRIO. DEVER. REGISTRO DO NÚMERO DE IP. SUFICIÊNCIA. 1. A exploração comercial da internet sujeita as relações de consumo daí advindas à Lei nº 8.078/90. 2. O fato de o serviço prestado pelo provedor de serviço de internet ser gratuito não desvirtua a relação de consumo, pois o termo 'mediante remuneração" contido no art. 3º, § 2º, do CDC deve ser interpretado de forma ampla, de modo a incluir o ganho indireto do fornecedor. 3. A fiscalização prévia, pelo provedor de conteúdo, do teor das informações postadas na web por cada usuário não é atividade intrínseca ao serviço prestado, de modo que não se pode reputar defeituoso, nos termos do art. 14 do CDC, o site que não examina e filtra os dados e imagens nele inseridos. 4. O dano moral decorrente de mensagens com conteúdo ofensivo inseridas no site pelo usuário não constitui risco inerente à atividade dos provedores de conteúdo, de modo que não se lhes aplica a responsabilidade objetiva prevista no art. 927, parágrafo único, do CC/02. 5. Ao ser comunicado de que determinado texto ou imagem possui conteúdo ilícito, deve o provedor agir de forma enérgica, retirando o material do ar imediatamente, sob pena de responder solidariamente com o autor direto do dano, em virtude da omissão praticada. 6. Ao oferecer um serviço por meio do qual se possibilita que os usuários externem livremente sua opinião, deve o provedor de conteúdo ter o cuidado de propiciar meios para que se possa identificar cada um desses usuários, coibindo o anonimato e atribuindo a cada manifestação uma autoria certa e determinada.

[65] SCOTTI, Luciana Beatriz – *Gobernanza Global: alternativas para la regulación jurídica del ciberespacio.* Buenos Aires : Universidad de Buenos Aires, 2015, pp. 205-206.

Sob a ótica da diligência média que se espera do provedor, deve este adotar as providências que, conforme as circunstâncias específicas de cada caso, estiverem ao seu alcance para a individualização dos usuários do site, sob pena de responsabilização subjetiva por culpa in omittendo. 7. Ainda que não exija os dados pessoais dos seus usuários, o provedor de conteúdo, que registra o número de protocolo na internet (IP) dos computadores utilizados para o cadastramento de cada conta, mantém um meio razoavelmente eficiente de rastreamento dos seus usuários, medida de segurança que corresponde à diligência média esperada dessa modalidade de provedor de serviço de internet. 8. Recurso especial a que se nega provimento.[66]

DIREITO CIVIL. OBRIGAÇÃO DE FAZER E NÃO FAZER. VÍDEOS DIVULGADOS EM SITE DE COMPARTILHAMENTO (YOUTUBE). CONTRAFAÇÃO A ENVOLVER A MARCA E MATERIAL PUBLICITÁRIO DOS AUTORES. OFENSA À IMAGEM E AO NOME DAS PARTES. DEVER DE RETIRADA. INDICAÇÃO DE URL'S. DESNECESSIDADE. INDIVIDUALIZAÇÃO PRECISA DO CONTEÚDO DO VÍDEO E DO NOME A ELE ATRIBUÍDO. MULTA. REFORMA. PRAZO PARA A RETIRADA DOS VÍDEOS (24 H). MANUTENÇÃO. 1. Atualmente, saber qual o limite da responsabilidade dos provedores de internet ganha extrema relevância, na medida em que, de forma rotineira, noticiam-se violações *à intimidade e à vida privada* de pessoas e empresas, julgamentos sumários e linchamentos públicos de inocentes, tudo praticado na rede mundial de computadores e com danos substancialmente potencializados em razão da natureza disseminadora do veículo. Os verdadeiros 'apedrejamentos virtuais' são tanto mais eficazes quanto o são confortáveis para quem os pratica: o agressor pode recolher-se nos recônditos ambientes de sua vida privada, ao mesmo tempo em que sua culpa é diluída no anonimato da massa de agressores que replicam, frenética e instantaneamente, o mesmo comportamento hostil, primitivo e covarde de seu idealizador, circunstância a revelar que o progresso técnico-científico não traz consigo, necessariamente, uma evolução ética e transformadora das consciências individuais. Certamente, os rituais de

[66] BRASIL. Superior Tribunal de Justiça – *Recurso Especial n.º 1.193.764/SP*. Relatora: Ministra Nancy Andrighi. Julgamento: 14 dez. 2010. Órgão Julgador: Terceira Turma. Publicação: DJe, 08 ago. 2011. [Consult. 27 nov. 2019]. Disponível em WWW: <URL:https://scon.stj.jus.br/SCON/jurisprudencia/ toc.jsp?processo=1193764&b=ACOR&thesaurus=JURIDICO&p=true>.

justiça sumária e de linchamentos morais praticados por intermédio da internet são as barbáries típicas do nosso tempo. Nessa linha, não parece adequado que o Judiciário adote essa involução humana, ética e social como um módico e inevitável preço a ser pago pela evolução puramente tecnológica, figurando nesse cenário como mero expectador. 2. Da leitura conjunta da inicial e do que ficou decidido nas instâncias de origem, o presente recurso especial cinge-se *à obrigação* remanescente relativa aos vídeos com o título difamante, tenham sido eles indicados precisamente pelas autoras (com a menção das URL's), ou não, mas desde que existentes no site, com aquele preciso título, depois de o provedor ter sido formalmente notificado de sua existência. 3. Por outro lado, há referência nos autos acerca de perícia já realizada na qual se constatou a viabilidade técnica de controle dos vídeos no site YouTube, concluindo o perito judicial que apenas por questões de conveniência e oportunidade o provedor não o realiza. 4. Com efeito, dada a moldura fática delineada, e diante da precisão do conteúdo do vídeo indicado e da existência de perícia nos autos a sugerir a possibilidade de busca pelo administrador do site, reafirma-se entendimento segundo o qual o provedor de internet – administrador de redes sociais -, ainda em sede de liminar, deve retirar informações difamantes a terceiros manifestadas por seus usuários, independentemente da indicação precisa, pelo ofendido, das páginas em que foram veiculadas as ofensas (URL's). 5. A jurisprudência da Casa é firme em apregoar que a responsabilidade dos provedores de internet, quanto a conteúdo ilícito veiculado em seus sites, envolve também a indicação dos autores da informação (número de IP). 6. Multa cominatória reajustada para que incida somente a partir deste julgamento, no valor de R$ 500,00 (quinhentos reais) por dia de descumprimento, mantido o prazo de 24 (vinte e quatro) horas para a retirada dos vídeos difamantes. 7. Recurso especial parcialmente provido, apenas no tocante ao valor das astreintes.[67]

APELAÇÃO CÍVEL – AÇÃO DE INDENIZAÇÃO POR DANOS MORAIS – VEICULAÇÃO DE MENSAGENS OFENSIVAS EM REDE SOCIAL – PRESENÇA DE ATO ILÍCITO – DEVER DE INDENIZAR – MANUTENÇÃO DA

[67] BRASIL. Superior Tribunal de Justiça – *Recurso Especial n.º 1.306.157/SP*. Relator: Ministro Luis Felipe Salomão. Julgamento: 17 dez. 2013. Órgão Julgador: Quarta Turma. Publicação: DJe, 24 mar. 2014. [Consult. 27 nov. 2019]. Disponível em WWW: <URL:https://scon.stj.jus.br/SCON/ jurisprudencia/toc.jsp?processo=1306157&b=ACOR&thesaurus=JURIDICO&p=true>.

SENTENÇA. A responsabilidade civil decorrente de ato ilícito, em nosso ordenamento jurídico, se assenta arrimado por três princípios: dano da vítima; a culpa do agente; e o nexo causal entre a lesão daquele e a conduta ilícita deste. O dano moral indenizável, decorrente de uma conduta antijurídica, como sendo aquele que submete a vítima à intensa dor íntima, ferindo sua dignidade, abalando sua imagem. É preciso que o prejuízo causado seja de fato relevante, ultrapassando a fronteira do simples desconforto, do mero aborrecimento. A divulgação de mensagens ofensivas à dignidade da pessoa é suficiente para a configuração de ato ilícito e de dano moral indenizável.[68]

APELAÇÃO CÍVEL. RESPONSABILIDADE CIVIL. AÇÃO DE INDENIZAÇÃO POR DANOS MORAIS. CRIAÇÃO DE PERFIL FALSO EM SITE DE RELACIONAMENTOS (ORKUT). CONTEÚDO OFENSIVO. NOTIFICAÇÃO EXTRAJUDICIAL NÃO ATENDIDA PELA RÉ. DEVER DE INDENIZAR. OCORRÊNCIA. Verificada nos autos a desídia da ré, ao não atender a notificação extrajudicial enviada pelo autor, por meio da ferramenta de denúncia existente no próprio site, no intuito de ver removido o perfil falso criado em seu nome, com nítido conteúdo ofensivo, causando-lhe abalo à honra e à reputação, resta evidente o dever de indenizar. Precedentes desta Corte. Condenação mantida. QUANTUM INDENIZATÓRIO. MANUTENÇÃO. Na fixação da reparação por dano extrapatrimonial, incumbe ao julgador, atentando, sobretudo, para as condições do ofensor, do ofendido e do bem jurídico lesado, e aos princípios da proporcionalidade e razoabilidade, arbitrar quantum que se preste à suficiente recomposição dos prejuízos, sem importar, contudo, enriquecimento sem causa da vítima. A análise de tais critérios, aliada às demais particularidades do caso concreto, conduz à manutenção do montante indenizatório fixado em R$ 10.000,00 (dez mil reais), corrigido monetariamente e acrescido de juros moratórios conforme determinado no ato sentencial. HIPÓTESE DE NEGATIVA DE SEGUIMENTO À APELAÇÃO.[69]

[68] MINAS GERAIS. Tribunal de Justiça – *Apelação Cível N.º 1.0522.16.001253-3/001*. Relator: Desembargador Marcos Henrique Caldeira Brant. Julgamento: 14 ago. 2019. Publicação: DJe, 26 ago. 2019. [Consult. 27 nov. 2019]. Disponível em WWW: <URL:https://www5.tjmg.jus.br/ jurisprudencia/pesquisaNumeroCNJEspelhoAcordao.do;jsessionid=9B45C5DA2BB198766044F758A74E5219.juri_node2?numeroRegistro=1&totalLinhas=1&linhasPorPagina=10&numeroUnico=1.0522.16.001253-3%2F001&pesquisaNumeroCNJ=Pesquisar>.

[69] RIO GRANDE DO SUL. Tribunal de Justiça – *Apelação Cível n.º 70046992038*. [Em linha]. Relator: Desembargador Paulo Roberto Lessa Franz. Julgamento: 01 fev. 2012. Órgão Julgador:

Conclusão

De tudo restam as seguintes conclusões:

a) A Quarta Revolução Industrial trouxe as novas tecnologias, a *smartificação* e a inteligência artificial.
b) Com a internet cada vez mais veloz, proliferam as redes sociais.
c) A internet interfere na política, pois as redes sociais se transformaram em poderosa arma nas mãos dos cidadãos comuns e esmaeceram o papel dos partidos políticos.
d) A polarização política e a disseminação do ódio nas redes sociais fazem com que as pessoas debatam de modo incivilizado.
e) Os tempos atuais são "líquidos", na expressão do sociólogo polonês Zygmunt Bauman, porque tudo se transforma rapidamente.
f) O filósofo alemão Jürgen Habermas está pessimista com o mundo contemporâneo, pois se acelera o processo de degradação da "esfera pública".
g) A comunicação é um ato ético, na medida em que nos liga a outras pessoas e deve ser praticado de maneira civilizada.
h) O humanismo surgiu na Grécia Antiga, mas a afirmação dos direitos humanos sobreveio com as Constituições contemporâneas, representando conquistas dos cidadãos em face do poder estatal.
i) O acesso à internet é um direito fundamental reconhecido internacionalmente, a que corresponde o dever estatal de impedir violações à dignidade da pessoa humana no âmbito da rede de computadores.
j) A dignidade da pessoa humana é um valor maior, consagrado pela Declaração Universal dos Direitos Humanos e a Constituição Brasileira de 1988.
k) Os direitos da personalidade – tais como a intimidade, a vida privada, a honra e a imagem das pessoas – são intransmissíveis, irrenunciáveis e imunes a limitações, segundo o Código Civil Brasileiro de 2002.
l) O mau uso das redes sociais, em práticas como o *ciberbullying*, causa distúrbios mentais nos usuários.

Décima Câmara Cível. Publicação: DJe, 09 fev. 2012. [Consult. 27 nov. 2019]. Disponível em WWW: <URL:https://www.tjrs.jus.br/site/busca-solr/index.html?aba=jurisprudencia>.

m) Os desafios legislativos atuais são enormes, diante de uma sociedade doente.
n) É preciso adotar o pluralismo de fontes e métodos; organizar as regras nacionais, internacionais, supranacionais e transnacionais em posição de coordenação dos sistemas jurídicos em jogo; e eliminar a mera multiplicidade de fontes superpostas, desconexas e contraditórias.
o) O Poder Judiciário possui papel destacado na implementação dos novos direitos, mediante a adoção de um marco jurisprudencial consistente na defesa de direitos fundamentais violados na rede de computadores.

Urge, enfim, dar ouvidos à conclamação do Dalai-Lama, um dos maiores líderes espirituais da nossa era:

> Creio firmemente que os seres humanos necessitam de amor e compaixão para obtermos o pleno desenvolvimento e a felicidade genuína. Ao nascermos, precisamos de amor e da compaixão de nossos pais e, quando envelhecemos, ficamos novamente dependentes do amor e da compaixão dos outros. Se nos deixarmos levar pela compaixão e pelo amor, podemos ver com clareza que o desejo dos demais seres humanos – por paz e por felicidade, evitando o sofrimento – é exatamente igual ao nosso. Por isso o crescimento da compaixão nos ajudará a reduzir as possibilidades de guerra, nos auxiliará a compartilhar de forma mais justa os recursos naturais do mundo e nos ensinará a cuidar do meio ambiente. Por isso, também, clamo pela manutenção universal dos direitos humanos baseados na compaixão.[70]

Referências

ALVES, Thiago – Libertação de Lula reacende polêmicas familiares nas redes. *O Tempo*, Belo Horizonte, 17 nov. 2019.

ANDRION, Roseli – Redes sociais podem afetar o bem-estar e a saúde mental. *Portal Olhar Digital*. [Em linha]. São Paulo, 20 set. 2019. [Consult. 19 nov. 2019]. Disponível em

[70] DALAI-LAMA, Sua Santidade o – *Minha terra e meu povo: a autobiografia de Sua Santidade, o Dalai-Lama*. Tradução de Heloísa Maria Luiza. Rio de Janeiro : Sextante, 2001, pp. 12-13.

WWW:<URL:https://olhardigital.com.br/noticia/redes-sociais-podem-afetar-o-bem-estar-e-a-saude-mental/90584>.

BARROSO, Marta Garijo y F. Javier; GARCÍA, Jesús; CABALLER, Neus; MOLTÓ, Ezequiel; LAGO, María Fernández – La manifestación de 'indignados' reúne a varios miles de personas en toda España. *El País*. [Em linha]. Madrid, 15 mayo 2011. [Consult. 28 nov. 2019]. Disponível em WWW: <URL:https://elpais.com/elpais/2011/05/15/actualidad/1305447428_850215.html>.

BITTAR, Carlos Alberto – *Os direitos da personalidade*. 2.ª ed. Rio de Janeiro : Forense Universitária, 1995. ISBN 9788521801436

BOBBIO, Norberto – *A era dos direitos*. Tradução de Carlos Nelson Coutinho. Rio de Janeiro : Campus, 2003. ISBN 9788535215618

BOBBIO, Norberto; MATTEUCCI, Nicola; PASQUINO, Gianfranco – *Dicionário de Política*. Tradução de João Ferreira. 5.ª ed. Brasília : UnB, 2000. ISBN 978-8570601476. Vol. 1.

BRASIL. Presidência da República – *Constituição da República Federativa do Brasil*. Brasília, 1988. [Consult. 27 nov. 2019]. Disponível em WWW:<URL:http://www.planalto.gov.br/ccivil_03/constituicao/constituicaocompilado.htm>.

BRASIL. Presidência da República – *Lei n.º 10.406, de 10 de janeiro de 2002*. Institui o Código Civil. [Em linha]. Brasília : DOU, 11 jan. 2002. [Consult. 18 nov. 2019]. Disponível em WWW:<URL:http://www.planalto.gov.br/ccivil_03/leis/2002/l10406.htm>.

BRASIL. Presidência da República – *Lei n.º 9.504, de 30 de setembro de 1997*. Estabelece normas para as eleições. [Em linha]. Brasília : DOU, 1º out. 1997. [Consult. 27 nov. 2019]. Disponível em WWW: <URL:http://www.planalto.gov.br/ccivil_03/LEIS/L9504.htm>.

BRASIL. Superior Tribunal de Justiça – *Recurso Especial n.º 1.193.764/SP*. Relatora: Ministra Nancy Andrighi. Julgamento: 14 dez. 2010. Órgão Julgador: Terceira Turma. Publicação: DJe, 08 ago. 2011. [Consult. 27 nov. 2019]. Disponível em WWW: <URL:https://scon.stj.jus.br/SCON/jurisprudencia/toc.jsp?processo=1193764&b=ACOR&thesaurus=JURIDICO&p=true>.

BRASIL. Superior Tribunal de Justiça – *Recurso Especial n.º 1.306.157/SP*. Relator: Ministro Luis Felipe Salomão. Julgamento: 17 dez. 2013. Órgão Julgador: Quarta Turma. Publicação: DJe, 24 mar. 2014. [Consult. 27 nov. 2019]. Disponível em WWW: <URL:https://scon.stj.jus.br/SCON/jurisprudencia/toc.jsp?processo=1306157&b=ACOR&thesaurus=JURIDICO&p=true>.

Canotilho, José Joaquim Gomes – *A "Principialização" da jurisprudência através da Constituição*. São Paulo : Revista dos Tribunais, 2000. ISBN 9788520369531. Vol. 98.

Castells, Manuel – *O poder da comunicação*. Tradução de Vera Lúcia Mello Joscelyne. Rio de Janeiro : Paz e Terra, 2015. ISBN 978-8577533213

Castells, Manuel – *Redes de indignação e esperança*. Tradução de Carlos Alberto Medeiros. Rio de Janeiro : Zahar, 2013. ISBN 978-8537811108

Covas, António – É a smartificação, estúpido!. *Portal Observador*. [Em linha]. Lisboa, 09 out. 2017. [Consult. 09 nov. 2019]. Disponível em WWW:<URL:https://observador.pt/opiniao/e-a-smartificacao-estupido/>.

Dalai-Lama, Sua Santidade o – *Minha terra e meu povo: a autobiografia de Sua Santidade, o Dalai-Lama*. Tradução de Heloísa Maria Luiza. Rio de Janeiro : Sextante, 2001. ISBN 978-8586796883

Dinh, Nguyen Quoc; Daillier, Patrick; Pellet, Alain – *Direito Internacional Público*. Tradução de Vítor Marques Coelho. Lisboa : Fundação Calouste Gulbenkian, 1999. ISBN 9723108550

Doria, Pedro – Uma eleição disruptiva. *O Globo*. Rio de Janeiro, 03 nov. 2018, p. 18.

Durant, Will – *A história da filosofia*. Tradução de Luiz Carlos do Nascimento Silva. São Paulo : Nova Cultural, 2000. ISBN 85-351-0695-2

EL PAÍS – "AS REDES sociais estão dilacerando a sociedade", diz um ex-executivo do Facebook. *El País*, Madrid, 13 dez. 2017. [Consult. 13 nov. 2019]. Disponível em WWW: <URL:https://brasil.elpais.com/brasil/2017/12/12/tecnologia/1513075489_563661.html>.

Friedman, Thomas L. – *O mundo é plano: uma breve história do século XXI*. Tradução de Cristiana Serra e S. Duarte. Rio de Janeiro : Objetiva, 2005. ISBN 978-8573027419

Gadamer, Hans-Georg – *Herança e futuro da Europa*. Tradução de António Hall. Lisboa : Edições 70, 2009. ISBN 978-9724415512

Garcia de Lima, Rogério Medeiros – Ética e Eficiência no Serviço Público. *Revista de Direito Administrativo*. ISSN 2238-5177. 233 (jul./set. 2003) 13-32. [Consult. 27 nov. 2019]. Disponível em WWW: <URL:http://bibliotecadigital.fgv.br/ojs/index.php/rda/article/view/45441>.

Garicano, Luis – *El contrataque liberal: entre el vértigo tecnológico y el caos populista*. Barcelona : Península, 2019. ISBN 978-8499427676.

Gomes, Luiz Flávio – *A Dimensão da Magistratura no Estado Constitucional e Democrático de Direito*. São Paulo : Revista dos Tribunais, 1997. ISBN 8520315054

Guaita, Francisco – Castells quer tecer alternativas. *Outras Palavras*. [Em linha]. (Entrevista com Manuel Castells para a RT TV, Moscou, 2012). Transcrição e tradução de Daniela Frabasile. Vídeo (26 min). São Paulo, 3 ago. 2012. [Consult. 23 nov. 2019]. Disponível em WWW: <URL: https://outraspalavras.net/tecnologiaemdisputa/castells-quer-tecer-alternativas/>.

HABERMAS, Jürgen – *Direito e democracia: entre facticidade e validade*. Tradução de Flávio Beno Siebeneichler. Rio de Janeiro : Tempo Brasileiro, 1997. ISBN 85-282-0091-4. Vol. II.

HANCOCK, Jaime Rubio – Dicionário Oxford dedica sua palavra do ano, 'pós-verdade', a Trump e Brexit. *El País*, Madrid, 17 nov. 2016. [Consult. 17 nov. 2019]. Disponível em WWW:<URL:https://brasil.elpais.com/brasil/2016/11/16/internacional/1479308638_931299.html>.

HARARI, Yuval Noah – *21 lições para o século 21*. Tradução de Paulo Geiger. São Paulo : Companhia das Letras, 2018. ASIN B07BFGS9Y5

HERMOSO, Borja – Jürgen Habermas: "Não pode haver intelectuais se não há leitores". *El País*. [Em linha]. Madrid, 8 maio 2018 [Consult. 25 nov. 2019]. Disponível em WWW: <URL:https://brasil.elpais.com/brasil/2018/04/25/eps/1524679056_056165.html>.

HOLANDA, Aurélio Buarque de – *Novo Dicionário Aurélio da Língua Portuguesa*. Rio de Janeiro : Nova Fronteira, 1975. ISBN 85-209-1010-6

KARNAL, Leandro – *O ódio nosso de cada dia*. Rio de Janeiro : LeYa, 2017. ISBN 9788544105320

LANDIM, Fátima Luna Pinheiro; NUNES, Mônica de Oliveira; COLLARES, Patrícia Moreira Costa; MEDEIROS, Ivaldiana Vasconcelos – Estudo-síntese: interfaces da análise de rede social com o campo da saúde mental. *Cadernos de Saúde Coletiva*. ISSN 1414-462. 18:4 (2010) 527-535.

LECLERC, Gérard – *A sociedade de comunicação: uma abordagem sociológica e crítica*. Tradução de Sylvie Canapé. Lisboa : Instituto Piaget, 2000. ISBN 972-771-367

LIBÂNIO, João Batista – Gestou-se outra cultura que bate com a juventude: A internet, absolutamente irresistível. *O Tempo*. Belo Horizonte, 25 out. 2009.

LUTHER, Jörg – I Diritti Umani Sociali non Sono Insostenibili Nell'unione Europea. *Revista Direito Público*. ISSN 2174-6419. 14:81 (maio/jun. 2018) 9-34.

MARTINO, Luís Mauro Sá; MARQUES, Ângela Cristina Salgueiro – *Ética, mídia e comunicação: relações sociais em um mundo conectado*. São Paulo : Summus Editorial, 2018. ISBN 978-8532310996

MINAS GERAIS. Tribunal de Justiça – *Apelação Cível N.º 1.0522.16.001253-3/001*. Relator: Desembargador Marcos Henrique Caldeira Brant. Julgamento: 14 ago. 2019. Publicação: DJe, 26 ago. 2019. [Consult. 27 nov. 2019]. Disponível em WWW: <URL:https://www5.tjmg.jus.br/jurisprudencia/pesquisaNumeroCN-

JEspelhoAcordao.do;jsessionid=9B45C5DA2BB198766044F758A74E5219.juri_node2?numeroRegistro=1&totalLinhas=1&linhasPorPagina=10&numeroUnico=1.0522.16.001253-3%2F001&pesquisaNumeroCNJ=Pesquisar>.

Morbidelli, Giuseppi; Pegoraro, Lucio; Reposo, Antonio; Volpi, Mauro – *Diritto Costituzionale Italiano e Comparato.* Bologna : Monduzzi Editore, 1997. ISBN 9788832346664

Moromizato, Maíra Sandes; Ferreira, Danilo Bastos Bispo; Souza, Lucas Santana Marques de; Leite, Renata Franco; Macedo, Fernanda Nunes; PIMENTEL, Déborah – O Uso de Internet e Redes Sociais e a Relação com Indícios de Ansiedade e Depressão em Estudantes de Medicina. *Revista Brasileira de Educação Médica.* ISSN 0100-5502. 41:4 (2017) 497-504.

Nalini, José Renato – Ética geral e profissional. São Paulo: Revista dos Tribunais, 1997. ISBN 8520315445

Nogare, Pedro Dalle – *Humanismos e Anti-Humanismos: Introdução à Antropologia Filosófica.* 6.ª ed. Petrópolis : Vozes, 1981. ISBN 9788532604019

O QUE É inteligência artificial? – *Portal Hewlett Packard Enterprise.* [Em linha]. São Paulo, 2019. [Consult. 20 out. 2019]. Disponível em WWW:<URL:https://www.hpe.com/br/pt/what-is/artificial-intelligence.html>.

ORGANIZAÇÃO DAS NAÇÕES UNIDAS. Assembleia Geral – *Resolução n.º 217 A (III), de 10 de dezembro de 1948.* Declaração Universal de Direitos Humanos. [Em linha]. Paris : ONU, 10 dez. 1948. [Consult. 27 nov. 2019]. Disponível em WWW:<URL:https://www.ohchr.org/EN/UDHR/Pages/Language.aspx?LangID=por>.

Pena, Rodolfo Ferreira Alves – Primavera Árabe. *Portal Mundo Educação.* [Em linha]. Goiânia, 26 nov. 2013. [Consult. 20 out. 2019]. Disponível em WWW: <URL:https://mundoeducacao.bol.uol.com.br/geografia/primavera-Arabe.htm>.

Perasso, Valeria – O que é a 4ª revolução industrial – e como ela deve afetar nossas vidas. *BBC.* [Em linha]. São Paulo, 22 out. 2016. [Consult. 20 nov. 2019]. Disponível em WWW: <URL:https://www.bbc.com/portuguese/geral-37658309>.

Pinto Ferreira, Luiz – *Curso de Direito Constitucional.* 5.ª ed. São Paulo : Saraiva, 1991. ISBN 8502008285

Prado, Adriana – "Vivemos tempos líquidos. Nada é para durar". *Revista IstoÉ.* [Em linha]. ISSN 0104-3943. São Paulo, 24 set. 2010, atualizado em 21 jan. 106. [Consult. 30 set. 2019]. Disponível em WWW:<URL:https://istoe.com.br/102755>.

Pulvirenti, Orlando D. – *Derechos humanos e internet.* Buenos Aires : Errepar, 2013. ISBN 978-9870115427

REALE, Miguel – *O Estado Democrático de Direito e o conflito das ideologias*. São Paulo : Saraiva, 1998. ISBN 978-8502050969

RIO GRANDE DO SUL. Tribunal de Justiça – *Apelação Cível n.º 70046992038*. [Em linha]. Relator: Desembargador Paulo Roberto Lessa Franz. Julgamento: 01 fev. 2012. Órgão Julgador: Décima Câmara Cível. Publicação: DJe, 09 fev. 2012. [Consult. 27 nov. 2019]. Disponível em WWW: <URL:https://www.tjrs.jus.br/site/busca-solr/index.html?aba=jurisprudencia>.

RIPERT, Georges – *A regra moral nas obrigações civis*. Tradução de Osório de Oliveira 2.ª ed. Campinas : Bookseller, 2002. ISBN 8574680362

ROMANI, Bruno – REDES sociais deixam sociedade mais vulnerável. *Portal Terra*. [Em linha]. São Paulo, 16 dez. 2018. [Consult. 16 dez. 2018]. Disponível em WWW:<URL:https://www.terra.com.br/noticias/tecnologia/redes-sociais-deixam-sociedade-mais-vulneravel,5cd685cffa4db2b1c10a0cb34b369f88bk04bbas.html>.

ROUSE, Margaret – Internet de las cosas (IoT). *Portal Search Data Center*. [Em linha]. Newton-MA, 2017. [Consult. 19 nov. 2019]. Disponível em WWW: <URL:https://searchdatacenter.techtarget.com/es/definicion/Internet-de-las-cosas-IoT>.

RUIZ, José Carlos – *El arte de pensar: cómo los grandes filósofos pueden estimular nuestro pensamiento crítico*. Córdoba : Editorial Almuzara, 2019. ISBN 978-84-17229-95-5

SANDEL, Michael J. – *O que o dinheiro não compra: os limites morais do mercado*. 8.ª ed. Tradução de Clóvis Marques. Rio de Janeiro : Civilização Brasileira, 2017. ISBN 978-8520011485

SCHWARTSMAN, Hélio – Uma eleição anormal. *Folha de S.Paulo*. São Paulo, 28 set. 2018.

SCOTTI, Luciana Beatriz – *Gobernanza Global: alternativas para la regulación jurídica del ciberespacio*. Buenos Aires : Universidad de Buenos Aires, 2015. ISBN 978-987-03-2998-5

SEOANE, Antonio Mozo – La revolución tecnológica y sus retos: medios de control, fallos de los sistemas y ciberdelinquencia. In VIDE, Carlos Rogel (Coord.) – *Los robots y el Derecho*. Madrid : Reus Editorial, 2018. ISBN 9788429020878. p. 79-98.

SILVA, José Afonso da – *Curso de Direito Constitucional Positivo*. 6.ª ed. São Paulo : Revista dos Tribunais, 1990. ISBN 8520307957

TORQUATO, Gaudêncio – Pontos fora da curva. *O Tempo*. Belo Horizonte, 21 out. 2018.

TOURAINE, Alain – *O que é a democracia?* Tradução de Guilherme João de Freitas Teixeira. Petrópolis : Vozes, 1996. ISBN 9788532616142.

TRIGO, Luciano – Redes de indignação e esperança: um guia para o presente. *Portal G1*. [Em linha]. São Paulo, 23 jun. 2013. [Consult. 23 nov. 2019]. Disponível em WWW: <URL:http://g1.globo.com/platb/maquinadeescrever/2013/06/23/1551/>.

VEIGA, Armando – *Legislação de Direito da Informática*. 2.ª ed. Coimbra : Coimbra, 2009. ISBN 978-9723216646

WOLF, Eduardo – A conspiração dos imbecis. (Entrevista com Umberto Eco). *Revista Veja*. ISSN 0100-7122. 2432 (1º jul. 2015) 15-19.

"Gestação de substituição" no contexto luso-brasileiro: uma análise à luz da bioética e do biodireito

SAMILLY ARAÚJO RIBEIRO MATOS[1]

SUMÁRIO: 1. Família, um direito de todos: breves constatações. 2. Sobre técnicas de PMA. 2.1. No âmbito internacional: entre a comercialização e a busca pelo filho biológico. 2.2. A proibição da prática em Portugal. 2.3. A prática regulada no Brasil pelo Conselho Federal de Medicina. 3. Consequências jurídicas da "gestação de substituição": filiação e desistência. 3.1. Se houver desistência. 4. Sob o ponto de vista da Dignidade e da Bioética. Considerações Finais. Referências.

1. Família, um direito de todos: breves constatações

A Família, ao longo da história, passou por transformações e, desde sempre, comportou várias configurações. O modelo nuclear, ainda prevalente na maior parte dos Estados, caso de Brasil e Portugal, traz, na sua constituição, a figura dos pais e da sua prole. Interessa-nos, neste estudo, pessoas que, independentemente de orientação sexual e do tipo de união – se casados ou unidos de facto – nutrem o desejo de ter filhos, mas, por problemas de saúde ou de género, não podem concretizá-lo de forma natural. Destaca-se, portanto, neste artigo, uma técnica de reprodução ainda pouco legislada ou com normas recentes, que costuma envolver controvérsias: a "gestação de substituição"[2], popularmente denominada "barriga de aluguel".

[1] Especialista em Direito Previdenciário pela Faculdade Luciano Feijão (FLF), Especializanda em Docência do Ensino Superior e Inspeção Escolar pela Universidade Cândido Mendes, Mestra e Doutoranda em Ciências Jurídicas pela Universidade Autónoma de Lisboa (UAL). Advogada, atuante no Brasil e em Portugal. Endereço eletrônico: samilly4@hotmail.com.

[2] Optaremos por essa denominação, bem como *barriga solidária*, porque o termo *barriga de aluguel* associa a prática a uma transação financeira, o que não é permitido em Portugal e no Brasil.

O tema envolve duas áreas importantes: bioética e biodireito. Entretanto, antes de adentrar na análise de questões pertinentes a isso, cabe trazer à baila a atual definição de família, a saber: "instituição social primária, podendo ser considerada um regime de relações interpessoais e sociais, com ou sem a presença da sexualidade humana, com o desiderato de colaborar para a realização das pessoas humanas em determinado núcleo"[3].

Ou seja, a família é, na contemporaneidade, a união de indivíduos, ligados por laços de sangue ou pela afinidade. No Brasil, a contar do século XVI e por influência da Igreja Católica, a família era reconhecida e validada pelo casamento. Verifica-se a mesma situação em Portugal. Não havia, de acordo com Dias[4], uma preocupação legislativa em definir família. "Esta omissão excluía do âmbito jurídico todo e qualquer vínculo de origem afetiva que leva à comunhão de vidas e embaralhamento de patrimônio"[5], vínculos que, apesar disso, sempre existiram nas sociedades.

A evolução das formatações familiares, resultante de diversas mudanças sociais, dentre as quais inclui-se a conquista de direitos iguais para homens e mulheres, trouxe à cena outra realidade: a das famílias informais e das monoparentais, estas últimas constituídas por um dos pais e sua prole.

Em função disso, as constituições de Portugal (1976) e do Brasil (1988), que são as normas principais do Direito das Famílias, estabeleceram as regras referentes a esse grupo, considerado base do estado democrático de direito. Tais normatizações foram abarcadas pelos códigos civis dos dois países. Contudo, como alertam Farias e Rosenvald[6]: "todo o tecido infraconstitucional está vinculado às diretrizes básicas do Direito das Famílias traçadas pelo constituinte".

Para os autores, o Código Civil, numa hierarquia inferior, não pode regrar as necessidades do homem (pós-)moderno, mesmo porque, hodiernamente, tem-se um cidadão merecedor de proteção real, concreto e qualificado. Isto é, "Trata-se do cônjuge e do parceiro homoafetivo, da criança e do adoles-

[3] Farias, Cristiano Chaves de; Rosenvald, Nelson – *Curso de Direito Civil 6. Famílias.* 7.ª ed., rev. atual. ampl. São Paulo : Atlas, 2014, p. 10.

[4] Dias, Maria Berenice – *Manual de direito das famílias. 5.ª ed., rev., atual. e ampl. São Paulo : Revista dos Tribunais, 2009, p. 42.*

[5] Ibid., loc. cit.

[6] Farias, Cristiano Chaves de; Rosenvald, Nelson – *Curso de Direito Civil 6. Famílias.* 7.ª ed., rev. atual. ampl. São Paulo : Atlas, 2014, p. 34.

cente, do idoso, da pessoa com deficiência, enfim, da pessoa humana que detém diferentes direitos em distintas situações jurídicas"[7].

Ademais, as famílias atuais se assentam no afeto, independentemente de casamento ou orientação sexual. Há famílias de mãe solteiras, de pais solteiros, de dois homens ou de duas mulheres, em diversos arranjos. Logo, passou-se a ter o afeto e a convivência como elementos definidores da família, que pode ou não procriar, pois essa não é mais sua finalidade. Entretanto, quando há essa vontade e por questões médicas ou de género, esse propósito não é possível, a "gestação de substituição" ou "barriga solidária" surge como alternativa à concretização desse desejo.

Na opinião de Stela Barbas, a evolução das técnicas de PMA fez com que a maternidade deixasse de ter uma definição simples. Para a autora, as técnicas atuais "permitem 'construir' uma criança com a contribuição de pelo menos seis pessoas distintas", numa "tridimensionalidade procriativa" em três dimensões: orgânica, física e simbólica. Na primeira, Barbas diz ser possível incluir pai e mãe genético, doadores do esperma/óvulo; na segunda, a mãe/pai gestacional ou mãe portadora com companheiro; e, por último, na dimensão simbólica, pai/mãe adotivos[8]. Sem dúvida, sob tal prisma, é possível vislumbrar a complexidade da maternidade decorrente desse processo, sobretudo ética e juridicamente falando.

No próximo tópico, ater-nos-emos mais detidamente sobre a técnica da "gestação de substituição", destacando a forma como tem sido tratada no contexto luso-brasileiro, na falta de legislação específica.

2. Sobre técnicas de pma

A FIV é um procedimento realizado desde a década de 70, quando os estudos sobre infertilidade humana ganharam os holofotes e o primeiro bebê de proveta, Louise Joy Brown, nasceu na Inglaterra, a 20 de julho de 1978. Dava-se à luz, literalmente, a um novo campo da Ciência e da Medicina, enchendo de esperança as pessoas que desejavam ter um filho biológico, mas não conseguiam pela via natural. O segundo bebê de proveta veio ao mundo,

[7] Ibid., p. 34-35.

[8] Barbas, Stela Marcos de Almeida Neves – *Direito ao património genético*. Coimbra : Almeida, 2006, p. 145.

por esse meio, na Índia, no mesmo ano. O terceiro, nasceu em 1979, na Escócia. No Brasil, isso ocorreu pela primeira vez a 7 de outubro de 1984, em São Paulo. Há relatos de FIV anteriores, que datam de 1944, tendo as pesquisas evoluído até a conceição de uma criança por meio da fertilização de óvulos e gametas humanos.[9] Logo, a PMA pode ser feita de diversas formas, sendo objeto deste estudo a gestação ou maternidade de substituição.

O procedimento em tese é indicado para mulheres impossibilitadas de levar adiante uma gestação pela falta do útero ou por patologia grave que contraindique a gravidez. Diante disso, pode ser feito o processo de fertilização *in vitro* (FIV), sendo o embrião depositado no útero de outra mulher, ou "útero de substituição", a qual gerará a criança para a dona dos óvulos.

Assemelha-se à FIV tradicional, com estímulo, por meio de medicação, dos ovários da mulher para captar os óvulos para serem fertilizados com os espermatozoides do parceiro. Após esse processo, o embrião é retirado e colocado na mãe substituta, também preparada antes para essa gestação com uso de hormônios. O casal e a mãe de aluguel passam por consulta prévia especializada e realizam uma série de exames.[10]

O propósito do procedimento é o de que a mulher impedida de levar adiante uma gravidez possa ter um filho biológico. Frise-se que a "gestação de substituição" pode beneficiar, também, casais homoafetivos do sexo masculino que não queiram adotar uma criança.

Para casais homoafetivos formado por mulheres, deve-se observar a questão do doador do sêmen, necessário à gestação por uma das partes. Além disso, merece atenção a possibilidade da controversa prática de Receção de Óvulos pela Parceira (ROPA), viável, no Brasil, pela Resolução n.º 2.121 do

[9] Lima, Bianca Dalvit – As Implicações Bioéticas e Jurídicas da "gestação de substituição" e sua (Im)Possível Pactualização como Mecanismo de Efetivação da Prática de Doação Temporária de Útero. [Em Linha]. Passo Fundo : IMED, 2014, pp. 11-12. Trabalho Conclusão de Curso. [Consult. 20 jan. 2020. Disponível em WWW:<URL:https://www.imed.edu.br/Uploads/CEOMEvent/Bianca Dalvit Lima.pdf>.

[10] Tomioka, Renato – Como funciona a "barriga de aluguel"? Entenda essa alternativa para mulheres que não podem engravidar. *Minha Vida*. [em linha]. São Paulo, 9 mar. 2012, modificado em 26 ago. 2016. [Consult. 20 dez. 2019]. Disponível em WWW:<URL:<http://www.minhavida.com.br/familia/ materias/14849-como-funciona-a-barriga-de-aluguel>.

Conselho Federal de Medicina (CFM), datada de 2015, revogada pela Resolução CFM n.º 2.168/2017.[11]

Basicamente, a técnica permite a uma das mulheres engravidar com o óvulo da outra, "misturando, se quisermos pensar assim, sangue e transmissão genética de duas mulheres na confecção de uma criança"[12].

Em Portugal, o Conselho Nacional de Procriação Medicamente Assistida (CNPMA), instituído pela Lei n.º 32/2006[13], é a autoridade responsável pelo acompanhamento e fiscalização das técnicas de PMA. Além disso, desde 2009, tem, dentre suas atribuições "garantir a qualidade e segurança em relação à dádiva, colheita, análise, processamento, armazenamento e distribuição de células reprodutivas e de células estaminais embrionárias humanas"[14]. A "gestação de substituição" não é permitida, e a PMA tem, dentre os beneficiários, casais heteros, casais de mulheres – casados ou unidos de facto –, mulheres, independentemente da orientação sexual e do estado civil (art.º 6.º).

[11] BRASIL. Conselho Federal de Medicina – *Resolução n.º 2.168, de 10 de novembro de 2017.* Adota as normas éticas para a utilização das técnicas de reprodução assistida – sempre em defesa do aperfeiçoamento das práticas e da observância aos princípios éticos e bioéticos que ajudam a trazer maior segurança e eficácia a tratamentos e procedimentos médicos –, tornando-se o dispositivo deontológico a ser seguido pelos médicos brasileiros e revogando a Resolução CFM n.º 2.121, publicada no D.O.U. de 24 de setembro de 2015, Seção I, p. 117. [Em linha]. São Paulo : DOU, 10 nov. 2017, Seção I, p. 73. [Consult. 17 set. 2019]. Disponível em WWW:<URL:https://sistemas.cfm.org.br/normas/visualizar/ resolucoes/BR/2017/2168>.

[12] Uziel, Ana Paula; Hernández, Jimena de Garay; SILVA, Daniele Andrade da – Lesboparentalidade e as novas tecnologias reprodutivas: entre o gen, o jurídico e o afeto. In DIAS, Maria Berenice (Coord.) – *Diversidade Sexual e Direito Homoafetivo.* 2.ª ed., rev. atual. ampl. São Paulo : Revista dos Tribunais, 2014. p. 357-579, p. 376.

[13] PORTUGAL. Assembleia da República – *Lei n.º 32/2006.* Procriação Medicamente Assistida. Actualizado pela Lei n.º 25/2016. [Em linha]. Lisboa : Diário da República, n.º 143, Série I, de 26 jul. 2006. [Consult. 24 set. 2019]. Disponível em WWW:<URL:https://dre.pt/pesquisa/-/search/539239/ details/maximized>. Essa lei está na sexta versão, atualizada pela *Lei n.º 48/2019,* de 8 de julho.

[14] PORTUGAL. Assembleia da República – *Lei n.º 12/2009, de 26 de março.* Regime Jurídico da Qualidade e Segurança Relativa ao Tratamento de Tecidos e Células Origem Humana (versão actualizada). [Em Linha]. Lisboa, 26 mar. 2009. [Consult. 20 dez. 2019]. Disponível em WWW:<URL:http://www.pgdlisboa.pt/leis/lei_mostra_articulado.php?nid=1064&tabela=leis&so_miolo=>.

2.1. No âmbito internacional: entre a comercialização e a busca pelo filho biológico

A prática da "gestação de substituição" é uma possibilidade, no mundo, há mais de 30 anos. Oficialmente, o primeiro nascimento resultante desta técnica de PMA ocorreu nos Estados Unidos, a 13 de abril de 1986, onde é denominada *surrogacy* (gestação sub-rogada).[15]

Pela dificuldade de acesso ou proibição a este procedimento, a Índia tem sido um dos destinos mais buscados para a contratação de úteros substitutos. Em 2013, havia, neste País, pelo menos 1.500 clínicas de reprodução assistida e o negócio movimentava cerca de US$ 2 bilhões de dólares ao ano. O aluguel do útero saía, em média, por US$ 20 mil dólares, valor dividido entre a clínica e a mãe portadora.[16]

Desde 2016, a empresa israelense Tammuz também tem atuado no Brasil para facilitar a realização do negócio, a partir de pagamento, como o fazem EUA, Albânia, Ucrânia e Colômbia. A Ucrânia cobrava, em 2019, US$ 63 mil; a Albânia, US$ 75 mil; e a Geórgia, US$ 58 mil, apenas para casais heteros. Na Colômbia, o serviço também custava US$ 75 mil e nos Estados Unidos pode variar de US$ 110 a 130 mil. Esse valor, nos estados americanos onde é possível contratar, pode ser menor: US$ 83 mil, no pacote básico; isto é, quando já há doadora ou embriões congelados. Nessa tabela básica, há serviços adicionais, caso da retirada HIV do material genético de homens soropositivos, sendo cobrada, para isso, taxa extra de US$ 8,5 mil.[17]

A questão perpassa, no entanto, aspetos financeiros. Deve-se considerar, no caso em estudo, o que motiva as pessoas a lançar mão desse recurso, muitas vezes na ilegalidade, para alcançar o objetivo de ter um filho biológico.

[15] Cf. Ansa – Há 30 anos, nascia primeira criança de barriga de aluguel... *Notícias UOL.* [Em linha]. São Paulo, 15 abr. 2016. [Consult. 20 dez. 2019. Disponível em WWW:<URL:https://noticias.uol.com.br/ultimas-noticias/ansa/2016/04/15/ha-30-anos-nascia-primeira-crianca-de-barriga-de-aluguel.htm>.

[16] Mendes, Marisa Schmitt Siqueira; Queiroz, Yury Augusto dos Santos – Barriga de Aluguel: Legalizar? *JUS.COM.BR* [em linha]. 3 dez. 2013. [Consult. 12 dez. 2019]. Disponível em WWW:<URL:<http://jus.com.br/artigos/26030/barriga-de-aluguel-legalizar/1>.

[17] Filgueiras, Isabel – Quanto custa uma barriga de aluguel? *Valor Investe.* [Em Linha]. Rio de Janeiro, 23 jun. 2019. [Consult. 23 jan. 2020]. Disponível em WWW:<URL:https://valorinveste.globo.com/ objetivo/gastar-bem/noticia/2019/06/23/quanto-custa-uma-barriga-de--aluguel.ghtml>.

2.2. A proibição da prática em Portugal

Em Portugal, até 2016[18], a "gestação de substituição" não era admitida pela Lei da Procriação Medicamente Assistida.[19] Contudo, uma alteração na norma, permitiu o acesso à prática, que vigorou a partir de 2017 e, após oito meses, foi suspensa. Em razão das muitas questões morais e éticas, a alteração não foi suficiente para abranger esse instituto, que, assim como o da adoção, requer lei à parte.

Em 2012, dois projetos de lei, elaborados conjuntamente pelos partidos Socialista e o Social-Democrata, previam maior amparo a esse procedimento. Em 2014, grupos de parlamentares resolveram acrescentar a possibilidade de desistência pelas partes envolvidas, além de uma cláusula sobre incumprimento.[20]

A alteração de 2016, no art.º 8.º da Lei da PMA de 2006, apenas estabeleceu regras e definiu a "gestação de substituição" como: "qualquer situação em que a mulher se disponha a suportar uma gravidez por conta de outrem e a entregar a criança após o parto, renunciando aos poderes e deveres próprios da maternidade". Além disso, determinava que

> A celebração de negócios jurídicos de "gestação de substituição" só é possível a título excecional e com natureza gratuita, nos casos de ausência de útero, de lesão ou de doença deste órgão que impeça de forma absoluta e definitiva a gravidez da mulher ou em situações clínicas que o justifiquem.[21]

[18] PORTUGAL. Procuradoria-Geral Distrital de Lisboa – *Lei n.º 25/2016, de 22 de agosto.* Regula o acesso à "gestação de substituição". [Em Linha]. Lisboa, 22 ago. 2016. [Consult. 23 jan. 2020]. Disponível em WWW:<URL:http://www.pgdlisboa.pt/leis/lei_mostra_articulado.php?nid=2590&tabela=leis>.

[19] Id. Assembleia da República – *Lei n.º 32/2006.* Procriação Medicamente Assistida. Actualizado pela Lei n.º 25/2016. [Em linha]. Lisboa : Diário da República, n.º 143, Série I, de 26 jul. 2006. [Consult. 12 dez. 2019]. Disponível em WWW:<URL:https://dre.pt/pesquisa/-/search/539239/details/maximized>.

[20] Gomes, Catarina – Deputados querem que lei sobre "barrigas de aluguer" inclua situações de "arrependimento". *Público.* [Em Linha]. Maia, 30 abr. 2014. [Consult. 20 nov. 2019]. Disponível em WWW:<URL:<http://www.publico.pt/sociedade/noticia/votacao-do-projecto-sobre-barrigas-de-aluguer-adiado-1634097>.

[21] PORTUGAL. Procuradoria-Geral Distrital de Lisboa – *Lei n.º 25/2016, de 22 de agosto.* Regula o acesso à "gestação de substituição". [Em Linha]. Lisboa, 22 ago. 2016. [Consult. 23

Em 2018, a lei específica sobre o tema foi chumbada pelo Tribunal Constitucional (TC), justamente em razão das ponderações sobre desistência e incumprimento, sendo alguns pontos julgados inconstitucionais no Acórdão n.º 225/2018, de 24 de abril.[22] Em julho de 2019, a lei chegou a ser aprovada pelo Parlamento, mas em setembro foi outra vez derrubada pelo TC. Em razão disso, tem sido recorrente a busca por essa técnica em outros países, em meio a uma transação financeira e livre de cláusulas impeditivas.

Na análise de Ascensão, propositalmente, a legislação portuguesa da PMA coloca a gestante como mãe, para todos os efeitos. Isso evidencia a preocupação dos legisladores em dissuadir esse tipo de negócio. Ou seja, "impõem que produzam o efeito diametralmente oposto ao desejado por quem o celebra"[23].

Portugal admitiu, por pouco tempo, a "gestação de substituição" praticamente nos mesmos moldes do Brasil, que se guia pelas diretrizes do Conse-

jan. 2020]. Disponível em WWW:<URL:http://www.pgdlisboa.pt/leis/lei_mostra_articulado.php?nid=2590&tabela=leis>.

[22] "*ACÓRDÃO* do Tribunal Constitucional n.º 225/2018 – Declara a inconstitucionalidade, com força obrigatória geral, das seguintes normas da Lei n.º 32/2006, de 26 de julho: dos n.os 4, 10 e 11 do artigo 8.º, e, consequentemente, das normas dos n.os 2 e 3 do mesmo artigo, na parte em que admitem a celebração de negócios de "gestação de substituição" a título excecional e mediante autorização prévia; do n.º 8 do artigo 8.º, em conjugação com o n.º 5 do artigo 14.º da mesma Lei, na parte em que não admite a revogação do consentimento da gestante de substituição até à entrega da criança aos beneficiários; consequentemente, do n.º 7 do artigo 8.º; do n.º 12 do artigo 8.º; das normas do n.º 1, na parte em que impõe uma obrigação de sigilo absoluto relativamente às pessoas nascidas em consequência de processo de procriação medicamente assistida com recurso a dádiva de gâmetas ou embriões, incluindo nas situações de "gestação de substituição", sobre o recurso a tais processos ou à "gestação de substituição" e sobre a identidade dos participantes nos mesmos como dadores ou enquanto gestante de substituição, e do n.º 4 do artigo 15.º; não declara a inconstitucionalidade das normas dos restantes artigos da Lei n.º 32/2006, de 26 de julho, mencionados no pedido; determina que os efeitos da declaração de inconstitucionalidade não se apliquem aos contratos de "gestação de substituição" autorizados pelo Conselho Nacional da Procriação Medicamente Assistida em execução dos quais já tenham sido iniciados os processos terapêuticos de procriação medicamente assistida a que se refere o artigo 14.º, n.º 4, da Lei n.º 32/2006, de 26 de julho" (id. Assembleia da República – *Acórdão do Tribunal Constitucional n.º 225/2018.* [Em Linha]. T Lisboa : Diário da República, n.º 87, Série I, 7 maio 2018, p. 1885-1979. [Consult. 16 jan. 2020]. Disponível em WWW:<URL:https://dre.pt/home/-/dre/115226940/details/maximized>).

[23] Ascensão, José de Oliveira – O Início da Vida. In Ascensão, José de Oliveira (Coord.) – *Estudos de Direito da Bioética*. Coimbra : Almedina, 2008. Vol. 2, p. 9-28, p. 25.

lho Federal de Medicina (CFM), sobre as quais se falará no próximo tópico. Entretanto, a preocupação com a possibilidade da desistência, por exemplo, envolve uma questão do Biodireito e, a nosso ver, deve ser mais bem discutida e considerada.

Nos meses nos quais houve, em Portugal, a possibilidade de recorrer à "gestação de substituição", dois pedidos chegaram a ser autorizados pelo Conselho Nacional de Procriação Medicamente Assistida, mas não se concretizaram.[24]

Inclusive, em alteração de 2019, por meio da Lei n.º 48[25], foi definido o Regime de Confidencialidade da PMA, dando nova redação ao art.º 15.º, permitindo a pessoas maiores de 18 anos nascidas por meio dessas técnicas, o acesso às informações do dador, bem como, em razão de casamento, a partir dos 16 anos, consultar tais dados para saber se há impedimento (parentesco). Sem dúvida, essa possibilidade de saber a identidade civil do dador tem relação direta com o Direito de Personalidade da pessoa em ter ciência das suas origens biológicas.

2.3. A prática regulada no Brasil pelo Conselho Federal de Medicina

Comumente nomeada também como "gestação por sub-rogação" ou "barriga solidária", a "barriga de aluguel" ainda não possui, no Brasil, legislação específica, sendo tema delicado e complexo. Para Diniz[26] a "gestação de substituição" constitui uma ofensa à mulher, pois, no seu entendimento, trata-se do "meretrício do útero", que degrada e transforma a mulher num

[24] ORDEM DOS ADVOGADOS – Constitucional volta a chumbar gestação por substituição. *Ordem dos Advogados.* [Em Linha]. Lisboa, 19 set. 2019. [Consult. 20 jan. 2020]. Disponível em WWW:<URL:https://portal.oa.pt/comunicacao/imprensa/2019/09/19/constitucional-volta-a-chumbar-gestacao-de-substituicao/>.

[25] PORTUGAL. Assembleia da República – *Lei n.º 48/2019, de 8 de julho.* Regime de confidencialidade nas técnicas de procriação medicamente assistida, procedendo à sexta alteração à Lei n.º 32/2006, de 26 de julho (procriação medicamente assistida). [Em linha]. Lisboa : Diário da República, n.º 128/, Série I, 8 jul. 2019. [Consult. 25 jan. 2020]. Disponível em WWW:<URL:https://dre.pt/home/-/dre/122996204/ details/maximized>.

[26] DINIZ, Maria Helena – *Curso de direito civil brasileiro.* Direito de Família. 22.ª ed., rev. e atual. de acordo com a reforma do CPC. São Paulo : Saraiva, 2007. Vol. 5, p. 49.

organismo meramente reprodutor, sexual, que ameaça, como apregoa, a integridade do bebê nascido dessa maneira

Apesar de posicionamentos contrários, há alguns projetos de lei brasileiros que tentam normatizar a prática, livrando-a do estigma e exaltando os benefícios que representa para casais empenhados em ter uma família biológica por motivos que, sem entrar no mérito dessa escolha, optam pela fertilização e recorrem à mãe substituta em lugar de adotar uma criança. Destaca-se aqui o Projeto de Lei n.º 2.855/97[27], apensado ao PL 1.184/2003[28] e, desde essa época, no aguardo de posicionamento da Comissão de Constituição e Justiça e de Cidadania (CCJC).

Enquanto a legislação não se concretiza, a "gestação de substituição" é uma prática orientada por resoluções do Conselho federal de Medicina (CFM). Uma avalanche delas: Resolução CFM n.º 1.358, de 1992, atualizada pela CFM n.º 1.957, de 2010 e, em 2013, pela CFM n.º 2.013, revista pela CFM n.º 2.121/2015, atualizada em 2019 pela CFM n.º 2.168, de 2017[29], sobre a qual já se falou e na qual agora nos ateremos. Todas essas resoluções foram formuladas para evitar violações éticas na execução das técnicas de Reprodução Assistida (RA) realizadas no Brasil. Por exemplo, a idade máxima das candidatas não pode ultrapassar os 50 anos, mas há exceções, desde que abalizadas por um especialista e em respeito à autonomia da mulher.

[27] BRASIL. Presidência da República – *Projeto de Lei n.º 2.855, de 13 de março de 1997.* Dispõe sobre a utilização de técnicas de reprodução humana assistida e dá outras providências. [Em linha]. Brasília, 13 mar. 1997. [Consult. 28 nov. 2019]. Disponível em WWW:<URL:https://www.camara.leg.br/ proposicoesWeb/fichadetramitacao?idProposicao=18719>.

[28] BRASIL. Câmara dos Deputados – *Projeto de Lei n.º 1.184, de 2003.* Define normas para realização de inseminação artificial e fertilização "in vitro"; proibindo a "gestação de substituição" (barriga de aluguel) e os experimentos de clonagem radical. [Em Linha]. Brasília, 2003. [Consult. 20 dez. 2019]. Disponível em WWW:<URL:https://www.camara.leg.br/proposicoesWeb/fichadetramitacao?idProposicao=118275>.

[29] Id. Conselho Federal de Medicina – *Resolução n.º 2.168, de 10 de novembro de 2017.* Adota as normas éticas para a utilização das técnicas de reprodução assistida – sempre em defesa do aperfeiçoamento das práticas e da observância aos princípios éticos e bioéticos que ajudam a trazer maior segurança e eficácia a tratamentos e procedimentos médicos –, tornando-se o dispositivo deontológico a ser seguido pelos médicos brasileiros e revogando a Resolução CFM n.º 2.121, publicada no D.O.U. de 24 de setembro de 2015, Seção I, p. 117. [Em linha]. São Paulo : DOU, 10 nov. 2017, Seção I, p. 73. [Consult. 17 set. 2019]. Disponível em WWW:<URL:https://sistemas.cfm.org.br/normas/visualizar/ resolucoes/BR/2017/2168>.

Resumidamente, a CFM n.º 2.168, de 2017, impõe a obrigatoriedade de consentimento livre e esclarecido, assinado pelas partes envolvidas na RA. Proíbe selecionar o sexo do filho ou outro tipo de característica biológica, "exceto para evitar doenças no possível descendente", bem como a utilização dos oócitos humanos para fins distintos da procriação e a redução embrionária, em caso de gravidez múltipla. Também define o número de embriões transferidos de acordo com a idade da mulher: dois, até 35 anos; três embriões, dos 36 aos 39; e quatro, para mulheres com 40 ou mais. Ou seja, o número de embriões transferidos não pode ser superior a quatro, sendo considerada a idade da pessoa, em casos de doação de embriões e oócitos, no momento da coleta. As técnicas de RA são disponibilizadas para casais homoafetivos e pessoas solteiras. Na relação homoafetiva feminina, como já se falou, admite-se a gestação compartilhada.

Sobre a doação de gametas e embriões, a resolução assegura o sigilo do doador e do recetor, podendo ser doadores mulheres até os 35 anos e homens até os 50. Apenas os médicos, em situações específicas, podem aceder esses dados. Espermatozoides, oócitos, embriões e tecidos gonádicos podem ser criopreservados nos locais onde são realizados esse procedimento. Neste aspeto, em caso de criopreservação, a destinação dos embriões deve corresponder à vontade dos pacientes, manifestada por escrito. De tal modo, findo o casamento ou a união estável, ocorrendo doenças graves ou vindo a falecer um dos membros do casal ou ambos, isso estará definido, inclusive quando houver a pretensão de doá-los. Prevê ainda essa regulamentação o descarte de embriões criopreservados após três anos. Se forem abandonados, isso ocorrerá, também, após esse prazo. São considerados abandonados os embriões deixados nas clínicas por descumprimento das partes, sem ter sido possível localizá-las.

Percebe-se, até esse ponto, a preocupação em não colocar a mulher em risco e limitar o número de embriões. Mas, também, se fala em embriões criopreservados e, ainda, nos embriões abandonados. Essas questões têm sido exaustivamente debatidas sob o prisma do Biodireito. Além disso, o sigilo referente aos doadores vai de encontro ao Direito da Personalidade da criança nascida por meio dessas técnicas. Tratando-se da vida de alguém e da ética, há críticas ao impedimento de a pessoa vir a saber sua origem genética, pois isso pode representar a violação da dignidade da pessoa humana, uma vez privada de saber dados relativos à sua herança genética.

Dito isso, retoma-se a "gestação de substituição" e, mais especificamente, o Capítulo VII da Resolução CFM n.º 2.168, de 2017, que assinala os termos para sua efetivação. Primeiramente, estipula-se como requisito para ser cedente temporária do útero que seja da família e tenha parentesco consanguíneo com um dos parceiros, até o quarto grau. Assim, pode ser mãe ou filha (primeiro grau); avó ou irmã (segundo grau); tia ou sobrinha (terceiro grau); ou prima (quarto grau). Em casos distintos, cabe ao Conselho de medicina dar ou não autorização. Essa cessão de útero deve ser solidária, sem ter fins lucrativos.

A exigência de vínculo familiar entre a mãe social e a mãe portadora até o 4.º grau visa descaracterizar qualquer tipo de relação comercial. Segundo Maluf. "Essa precaução faz com que a mãe portadora venha na realidade a desempenhar dois papéis concomitantes na vida do novo ser: tia/mãe; avó/mãe; prima/mãe"[30].

Essas resoluções não têm força de lei e servem somente para orientar os médicos sobre as condutas da RA, ou seja, fornece parâmetros, mas não são vinculativas. Se forem seguidas tais orientações, a "barriga solidária" é uma via lícita, mas, se houver algum tipo de pagamento, trata-se, no Brasil, de crime, enquadrado pela Lei n.º 9.434/97, que no art.º 15.º prevê reclusão de três a oito anos e pagamento de multa. Havendo intermediador, a pena é extensiva a este.[31]

Dessa forma, embora o Brasil não tenha dispositivo legal, é permitido realizar o procedimento, desde que atenda às especificações do CFM e não envolva pagamento, devendo a recetora do embrião submeter-se ao procedimento por livre vontade, sem obter vantagem financeira.

Na omissão legislativa, parece cabível a fiscalização do procedimento, bem como uma análise apurada sobre a elaboração de contrato, o qual traria segurança às partes envolvidas, mas consolidaria a criança como objeto de um negócio. Para Barbas, o ser produzido dessa maneira não pode ser assim tratado, "sequer por analogia com a adopção uma vez que nesse caso a

[30] MALUF, Adriana Caldas do Rego Freitas Dabus – *Curso de Bioética e Biodireito.* São Paulo : Atlas, 2001, p. 164.

[31] BRASIL. Presidência da República – *Lei n.º 9.434/97, de 04 de fevereiro de 1997.* Dispõe sobre a remoção de órgãos, tecidos e partes do corpo humano para fins de transplante e tratamento e dá outras providências. [Em linha]. Brasília DOU, 5 fev. 1997. [Consult. 10 dez. 2019]. Disponível em: <http://www.planalto.gov.br/ccivil_03/LEIS/L9434.htm>.

criança é ela própria (por representação) sujeito do contrato de adopção"[32]. Além disso, neste tipo de contrato, no parecer de Barbas[33], há cláusulas que "colidem com a liberdade pessoal da mãe portadora", exemplo da obrigação de realizar a amniocentese para diagnosticar anomalias e, quando confirmadas, ter que abortar.

Isso é dito, pois, na prática, há relatos de casos envolvendo desistência pelas partes, seja pela mãe social, seja pela solidária, fato que pode comprometer o Melhor Interesse da Criança.

3. Consequências jurídicas da "gestação de substituição": filiação e desistência

Embora a intenção do procedimento especificado seja o de atender ao desejo de ter um filho biológico, cabe indagar quais as consequências jurídicas disso em relação às pessoas envolvidas e, sobretudo, referentes aos direitos da criança gerada desse modo. Há muitas possibilidades a serem observadas, mas, neste trabalho, nos ateremos a duas questões: filiação e desistência.

No entendimento de Maria Helena Diniz, a filiação compreende o vínculo entre pais e filhos. Logo, a filiação independe da consanguinidade, como a que decorre de relação socioafetiva, com os pais e seus filhos adotados ou nascidos por inseminação artificial heteróloga, quando ovócito e/ou gametas são de uma terceira pessoa. Não há, como se pode depreender, supremacia da filiação biológica sobre a afetiva. Julie Cristina Delenski acrescenta que a paternidade é mais que um ato físico, trata-se de opção que ultrapassa os aspetos mera ou presumidamente biológicos, consolidada no campo da afetividade.[34]

Sendo assim, a mulher numa "gestação de substituição" pode, em dado momento, requerer para si, a maternidade da criança, pois, na doutrina, o ato de gestar pode prevalecer ao de fornecer material genético para que isso ocorra. Nesses casos, e na falta de legislação sobre o tema, o juiz deve ponde-

[32] BARBAS, Stela Marcos de Almeida Neves – *Direito ao património genético*. Coimbra : Almeida, 2006, p. 156.

[33] Ibid., p. 157.

[34] DELENSKI, Julie Cristine – *O novo direito de filiação*. São Paulo : Dialética, 1997, p. 12.

rar para resolver conflitos dessa natureza, considerando, sempre, o Melhor Interesse da Criança.

Essa questão chegou a ser posta, no Brasil, pelo Projeto de Lei n.º 90, de 1999[35], substituído pelo no PL n.º 1.184/2003[36] em tramitação e já mencionado, que tenta regular a PMA. De acordo com o art.º 17, paternidade e maternidade não dizem respeito ao doador ou a seus parentes biológicos, no caso de pessoas nascidas por meio de PMA. Resguarda-se, apenas, impedimentos matrimoniais, segundo a legislação civil. Essa versão, a quarta, diferentemente da segunda, de 1999, proíbe a "gestação de substituição", feita, no País, segundo resolução do CFM, sem entrar no mérito da filiação.

Venosa[37], ao tratar da filiação, pontua que todo ser humano possui pai e mãe e, com os avanços da ciência e da tecnologia genética, a determinação do pai biológico passou a ser de fácil comprovação, derrubando a verdade dogmática prevalente até o final do século XX, segundo a qual a mãe era a única certeza incontestável.

Modernamente, tomando-se a "gestação de substituição" na conceção da família assentada na afetividade, a maternidade pode ser facilmente, ou mesmo duplamente, questionada. A mãe substituta não necessariamente estabelece vínculos com a criança. Do mesmo modo, a mãe biológica pode desenvolver laços importantes com o filho, embora este se desenvolva em útero alheio ao seu. Logo, o entendimento da jurisprudência, no Brasil, considera tais possibilidades.

Stela Barbas[38] nos lembra que, na atualidade, em muitos ordenamentos jurídicos, prevalece a necessidade do estabelecimento da filiação com base

[35] BRASIL. Senado Federal – *Projeto de Lei n.º 90, de 1999.* Dispõe sobre a Reprodução Assistida. [Em linha]. Brasília, 1999. [Consult. 20 dez. 2019] Disponível em WWW:<URL:<http://www.ghente.org/ doc_juridicos/pls90.htm>.

[36] Id. Câmara dos Deputados – *Projeto de Lei n.º 1.184, de 2003.* Define normas para realização de inseminação artificial e fertilização "in vitro"; proibindo a "gestação de substituição" (barriga de aluguel) e os experimentos de clonagem radical. [Em Linha]. Brasília, 2003. [Consult. 20 dez. 2019]. Disponível em WWW:<URL:https://www.camara.leg.br/proposicoesWeb/fichadetramitacao?idProposicao=118275>.

[37] VENOSA, Sílvio de Salvo – *Direito Civil. Direito de Família.* 15.ª ed. São Paulo : Atlas, 2015. Vol. 6, p. 245.

[38] Barbas, Stela Marcos de Almeida Neves – Investigação da Filiação. In Ascensão, José de Oliveira et al. (Coord.) – *Estudos de direito da bioética*. Coimbra : Almedina, 2008. p. 29-72, p. 29.

na verdade biológica. Contudo, diante das mudanças verificadas na sociedade, faz-se necessário dar fim à discriminação entre filhos legítimos e ilegítimos, pois o indivíduo tem o direito à igualdade. Por outro lado, acentua: "A possibilidade técnica de comprovar a verdade genética da progenitura constitui uma garantia primordial do homem"[39].

Para proteger os pais que recorrem à inseminação heteróloga em útero de substituição, desde 2017, no Brasil, o Provimento 63, do Conselho Nacional de Justiça (CNJ), na Seção III, que versa sobre a Reprodução Assistida assegura o registro civil das crianças e firma que, "Na hipótese de gestação por substituição, não constará do registro o nome da parturiente, informado na declaração de nascido vivo, devendo ser apresentado termo de compromisso firmado pela doadora temporária do útero, esclarecendo a questão da filiação. (Art. 16, § 1º)"[40].

3.1. Se houver desistência

Outro problema possível, na "gestação de substituição", se refere à desistência da criança pelos pais, deixando para a mãe portadora a responsabilidade de criá-la. Embora os casos envolvendo crianças costumem ocorrer em segredo de justiça, o vazamento de histórias, pelos meios de comunicação, revela esse tipo de ocorrência.

Um caso de grande repercussão, em 2014, envolveu a jovem Pattharamon Janbua, tailandesa, que aceitou gestar os embriões de um casal de australianos. Nasceu um casal de gêmeos, mas o menino foi diagnosticado com Síndrome de Down, sendo deixado com a mãe substituta. Sem revelar o nome dos contratantes, foi dito que o pai, ao ser contatado, disse não saber do nascimento do menino. Apesar disso, a criança não foi acolhida e, aos sete meses, era cuidada por Janbua. Segundo ela, o casal sabia, sim, da condição

[39] Ibid., loc. cit.

[40] BRASIL. Conselho Nacional de Justiça – *Provimento n.º 63, de 14 de novembro de 2017.* [Em Linha]. Brasília : DJe; CNJ, 17 nov. 2017. [Consult. 23 jan. 2020]. Disponível em WWW:<URL:https://www.26notas.com.br/blog/?p=13976>.

do bebê e, mesmo com a gravidez em estágio avançado, chegou a exigir o aborto.[41]

Esse tipo de acontecimento ameaça o direito à convivência familiar pela criança, além de incorrer no crime de discriminação em razão da deficiência. Embora haja, no Brasil, relatos semelhantes, a possibilidade de a mãe de substituição requerer, em juízo, alimentos para a criança, caso o casal desista, tem sido considerada, bem como a reparação por danos materiais e morais. Entendemos ser esta uma decisão razoável, mas sempre há o risco da recusa pela doadora do útero, deixando a criança em situação de abandono.

4. Sob o ponto de vista da dignidade e da bioética

A Constituição brasileira traz em seu artigo 1.º, inciso III, o cerne de todo o ordenamento jurídico: o Princípio da Dignidade da Pessoa Humana, "um princípio geral de direito comum a todos os povos civilizados"[42].

Nas palavras de Vasconcelos, qualidade intrínseca que distingue cada ser humano e o faz merecedor de respeito por parte do grupo social e do Estado, envolvendo um conjunto de direitos e deveres fundamentais capazes de proteger a pessoa de tratamentos desumanos e degradantes, ou seja, favorecendo ao indivíduo uma vida digna em comunhão com as demais pessoas e sendo ativamente corresponsável pelos direitos da própria vida e existência.[43] É, pois, princípio universal do qual decorrem os demais princípios.

Entretanto, para essa autora, o princípio em discussão, se considerado o conceito jurídico normativo edificado pela doutrina e jurisprudência, conforme ocorre no Brasil, pode soar vago. Daí a importância de ser considerado, na prática constitucional, à luz dos direitos fundamentais e demais princípios.[44]

[41] Cf. G1. Mundo – *Pai biológico de bebê com Down gerado na Tailândia nega abandono.* [Em linha]. São Paulo, 4 ago. 2014. [Consult. 10 jun. 2019]. Disponível em WWW:<URL:http://g1.globo.com/mundo/noticia/2014/08/governo-da-australia-pode-intervir-no-caso-de-bebe-com-down-abandonado.html>.

[42] Namba, Edison Tetsuzo – *Manual de bioética e biodireito.* São Paulo : Atlas, 2009, p. 15.

[43] Vasconcelos, Cristiane Beuren – *A proteção jurídica do ser humano in vitro na era da biotecnologia.* São Paulo : Atlas, 2006, p. 133.

[44] Ibid., p. 113.

Como é direito de todo e qualquer cidadão formar uma família, a prática da "gestação de substituição" parece se enquadrar nessa dignidade apregoada constitucionalmente e que pontua o rol de direitos inerentes às pessoas. Logo, a PMA, uma vez permitida e devidamente regulamentada, representa, quando esgotadas as demais possibilidades de reprodução, um direito merecedor de atenção e proteção por parte do Estado.

Deve-se, no entanto, ter em mente que a PMA é um ato médico, devendo ser analisada como "foro médico que lhe dá a valia ética", como destaca Ascensão[45], para quem

> O acto de reprodução deve ser colocado sempre perante a potencialidade de geração de um nono ser: ou porque é intencionalmente dirigido a tal, num ideal de um acto de amor, ou pelo menos pela aceitação do coito com as consequências inerentes. Corresponde na sua normalidade a anseios profundos das pessoas, mas a sua dignidade última provém de os intervenientes serem chamados a participar num acto por natureza altruísta de propagação da vida. Os progenitores têm a responsabilidade pelo ser que trouxeram à vida. São colocados numa relação de serviço: os interesses do novo ser têm primazia em relação aos deles.[46]

A proibição, no entanto, deve ser analisada de acordo, sobretudo, com o Princípio da Dignidade da Pessoa Humana, pois o ato de proibir viola, neste caso, o direito de procriar por esse método, bem como a liberdade de escolher como a família será constituída. No entanto, deve-se priorizar a dignidade, em primeiro plano, do ser gerado dessa maneira. Além disso, não há como desviar da constatação de que, na falta de regulamentação, esta técnica de PMA tem sido feita em condições de ilegalidade, fato que deve ser debatido e desestimulado.

Na opinião de Stela Barbas, a inseminação levanta uma série de questões que têm de ser discutidas. Uma delas diz respeito à realização após o falecimento do parceiro. Não há como aceitar incondicionalmente, na opinião da autora e com o que concordamos, esse tipo de prática, pois deve-se con-

[45] Ascensão, José de Oliveira – O Início da Vida. In Ascensão, José de Oliveira (Coord.) – *Estudos de Direito da Bioética*. Coimbra : Almedina, 2008. Vol. 2, p. 9-28, p. 11.

[46] Ibid., loc. cit.

siderar o fato de que algumas mulheres podem recorrer a isso "apenas por motivações de natureza económica, de 'fabricar' possíveis herdeiros"[47].

Considerações finais

O procedimento da "gestação de substituição" tem oportunizado que casais, impossibilitados de gerar filhos naturalmente, formem uma família com filhos biológicos. Discutiu-se, neste estudo, as implicações jurídicas e éticas dessa técnica de PMA, e, sem dúvida, há muitas controvérsias. Em Portugal, a prática é proibida; no Brasil, feita conforme resolução do Conselho Federal de Medicina (CFM).

A falta de lei específica não impede que a prática seja realizada em outros países onde é legalizada, abrindo espaço para a "gestação de substituição" enquanto comércio, o que, conforme se falou, movimenta milhões, remetendo ao termo *barriga de aluguel* justamente em razão disso.

Logo, por se tratar de vidas, o biodireito tem a missão de amparar as partes envolvidas nessa empreitada, de modo a preservar a dignidade e os direitos, notadamente o da criança gerada dessa maneira.

Embora se trate de tema delicado e complexo, parece-nos que a normatização do procedimento tende a ser agilizada, sobretudo no Brasil, onde a prática já segue as orientações do Conselho Federal de Medicina para, de algum modo, tentar evitar violações no campo da ética.

A legalização, nesse caso, poderia ajudar nas decisões, sob a responsabilidade dos Tribunais, que envolvem conflitos de interesses entre as partes arroladas na "gestação de substituição". Uma lei detalhando direitos e deveres por parte do casal, bem como da mulher disposta a ceder o útero, talvez leve às ponderações necessárias acerca da vida envolvida no processo e que, por se tratar de um embrião, não tem autonomia para escolher como será gestada e gerada.

Como ocorre em toda situação com experiências médicas envolvendo humanos, a PMA, de modo geral, requer especial atenção referente ao uso desses embriões, utilizados, descartados ou simplesmente abandonados.

[47] BARBAS, Stela Marcos de Almeida Neves – *Direito ao património genético*. Coimbra : Almeida, 2006, p. 130.

Uma lei poderia, ainda, promover e intensificar a fiscalização em locais nos quais este procedimento é realizado, evitando práticas ilícitas que fujam à proposta desse recurso: possibilitar o nascimento de filhos biológicos para casais que, por questões de infertilidade ou de género, não possam tê-los naturalmente.

Não há consenso no mundo sobre a validade da "gestação de substituição", mas a técnica existe e, se não há como frear avanços da ciência e das tecnologias médicas, cabe ao homem regular, de algum modo, esse tipo de PMA. Lembramos, sempre, que os interesses do ser assim concebido devem prevalecer aos dos pais que nutrem o desejo por concebê-los. Toda ação, nesse caso, deve ser no sentido de evitar que esse ser humano se torne mero objeto de um contrato comercial, como, infelizmente, se verifica em algumas situações.

Referências

ANSA – Há 30 anos, nascia primeira criança de barriga de aluguel.. *Notícias UOL.* [Em linha]. São Paulo, 15 abr. 2016. [Consult. 20 dez. 2019. Disponível em WWW:<URL:https://noticias.uol.com.br/ultimas-noticias/ansa/2016/04/15/ha-30-anos-nascia-primeira-crianca-de-barriga-de-aluguel.htm>.

ASCENSÃO, José de Oliveira – O Início da Vida. In ASCENSÃO, José de Oliveira (Coord.) – *Estudos de Direito da Bioética.* Coimbra : Almedina, 2008. ISBN 9789724031415. Vol. 2, p. 9-28.

BARBAS, Stela Marcos de Almeida Neves – *Direito ao património genético.* Coimbra : Almeida, 2006. ISBN 972-40-1113-5

BARBAS, Stela Marcos de Almeida Neves – Investigação da Filiação. In ASCENSÃO, José de Oliveira et al. (Coord.) – *Estudos de direito da bioética.* Coimbra : Almedina, 2008. ISBN 978-972-40-4688-4. p. 29-72.

BRASIL. Câmara dos Deputados – *Projeto de Lei n.º 1.184, de 2003.* Define normas para realização de inseminação artificial e fertilização "in vitro"; proibindo a "gestação de substituição" (barriga de aluguel) e os experimentos de clonagem radical. [Em Linha]. Brasília, 2003. [Consult. 20 dez. 2019]. Disponível em WWW:<URL:https://www.camara.leg.br/proposicoesWeb/fichadetramitacao?idProposicao=118275>.

BRASIL. Conselho Federal de Medicina – *Resolução n.º 2.168, de 10 de novembro de 2017.* Adota as normas éticas para a utilização das técnicas de reprodução assistida – sempre em defesa do aperfeiçoamento das práticas e da observância aos princípios éticos e bioéticos que ajudam a trazer maior segurança e eficácia a tratamentos e procedimentos médicos –, tornando-se o dispositivo deontológico a ser seguido pelos médicos brasileiros e revogando a Resolução CFM n.º 2.121, publicada no D.O.U. de 24 de setembro de 2015, Seção I, p. 117. [Em linha]. São Paulo : DOU, 10 nov. 2017, Seção I, p. 73. [Consult. 25 jan. 2020]. Disponível em WWW:<URL:https://sistemas.cfm.org.br/normas/visualizar/resolucoes/BR/2017/2168>.

BRASIL. Conselho Nacional de Justiça – *Provimento n.º 63, de 14 de novembro de 2017.* Institui modelos únicos de certidão de nascimento, de casamento e de óbito, a serem adotadas pelos ofícios de registro civil das pessoas naturais, e dispõe sobre o reconhecimento voluntário e a averbação da paternidade e maternidade socioafetiva no Livro "A" e sobre o registro de nascimento e emissão da respectiva certidão dos filhos havidos por reprodução assistida. [Em Linha]. Brasília : DJe; CNJ, 17 nov. 2017. [Consult. 23 jan. 2020]. Disponível em WWW:<URL:https://www.26notas.com.br/blog/?p=13976>.

BRASIL. Presidência da República – *Lei n.º 9.434/97, de 04 de fevereiro de 1997.* Dispõe sobre a remoção de órgãos, tecidos e partes do corpo humano para fins de transplante e tratamento e dá outras providências. [Em linha]. Brasília DOU, 5 fev. 1997. [Consult. 10 dez. 2019]. Disponível em: <http://www.planalto.gov.br/ccivil_03/LEIS/L9434.htm>.

BRASIL. Presidência da República – *Projeto de Lei n.º 2.855, de 13 de março de 1997.* Dispõe sobre a utilização de técnicas de reprodução humana assistida e dá outras providências. [Em linha]. Brasília, 13 mar. 1997. [Consult. 28 nov. 2019]. Disponível em WWW:<URL:https://www.camara.leg.br/proposicoesWeb/fichadetramitacao?idProposicao=18719>.

BRASIL. Senado Federal – *Projeto de Lei n.º 90, de 1999.* Dispõe sobre a Reprodução Assistida. [Em linha]. Brasília, 1999. [Consult. 20 dez. 2019] Disponível em WWW:<URL:<http://www.ghente.org/doc_juridicos/pls90.htm>.

Delenski, Julie Cristine – *O novo direito de filiação.* São Paulo : Dialética, 1997. ISBN 8586208264

Dias, Maria Berenice – *Manual de direito das famílias.* 5.ª ed., rev., atual. e ampl. São Paulo : Revista dos Tribunais, 2009. ISBN 9788520333327

Diniz, Maria Helena – *Curso de direito civil brasileiro.* Direito de Família. 22.ª ed., rev. e atual. de acordo com a reforma do CPC. São Paulo : Saraiva, 2007. ISBN 9788502059262. Vol. 5.

Farias, Cristiano Chaves de; Rosenvald, Nelson – *Curso de Direito Civil 6. Famílias.* 7.ª ed., rev. atual. ampl. São Paulo : Atlas, 2014. ISBN 9788522495115

Filgueiras, Isabel – Quanto custa uma barriga de aluguel? *Valor Investe.* [Em Linha]. Rio de Janeiro, 23 jun. 2019. [Consult. 23 jan. 2020]. Disponível em WWW:<URL: <https://valorinveste.globo.com/objetivo/gastar-bem/noticia/2019/06/23/quanto-custa-uma-barriga-de-aluguel.ghtml>.

G1. Mundo – *Pai biológico de bebê com Down gerado na Tailândia nega abandono.* [Em linha]. São Paulo, 4 ago. 2014. [Consult. 10 jun. 2019]. Disponível em WWW:<URL:http://g1.globo.com/mundo/noticia/2014/08/governo-da-australia-pode-intervir-no-caso-de-bebe-com-down-abandonado.html>.

Gomes, Catarina – Deputados querem que lei sobre "barrigas de aluguer" inclua situações de "arrependimento". *Público.* [Em Linha]. Maia, 30 abr. 2014. [Consult. 20 nov. 2019]. Disponível em WWW:<URL:<http://www.publico.pt/sociedade/noticia/votacao-do-projecto-sobre-barrigas-de-aluguer-adiado-1634097>.

Lima, Bianca Dalvit – As Implicações Bioéticas e Jurídicas da "gestação de substituição" e sua (Im)Possível Pactualização como Mecanismo de Efetivação da Prática de Doação Temporária de Útero. [Em Linha]. Passo Fundo : IMED, 2014. Trabalho Conclusão de Curso. [Consult. 20 jan. 2020 Disponível em WWW:<URL:https://www.imed.edu.br/Uploads/CEOMEvent/Bianca Dalvit Lima>.

Maluf, Adriana Caldas do Rego Freitas Dabus – *Curso de Bioética e Biodireito.* São Paulo : Atlas, 2001. ISBN 9788522460281

Mendes, Marisa Schmitt Siqueira; QUEIROZ, Yury Augusto dos Santos – Barriga de Aluguel: Legalizar? *JUS.COM.BR* [em linha]. 3 dez. 2013. [Consult. 12 dez. 2019]. Disponível em WWW:<URL:<http://jus.com.br/artigos/26030/barriga-de-aluguel-legalizar/1>.

Namba, Edison Tetsuzo – *Manual de bioética e biodireito.* São Paulo : Atlas, 2009. ISBN 9788522456345

ORDEM DOS ADVOGADOS – Constitucional volta a chumbar gestação por substituição. *Ordem dos Advogados.* [Em Linha]. Lisboa, 19 set. 2019. [Consult. 20 jan. 2020]. Disponível em WWW:<URL:https://portal.oa.pt/comunicacao/imprensa/2019/09/19/constitucional-volta-a-chumbar-gestacao-de-substituicao/>.

PORTUGAL. Assembleia da República – *Acórdão do Tribunal Constitucional n.º 225/2018.* [Em Linha]. T Lisboa : Diário da República, n.º 87, Série I, 7 maio 2018, p. 1885-1979. [Consult. 16 jan. 2020]. Disponível em WWW:<URL:https://dre.pt/home/-/dre/115226940/details/maximized>.

PORTUGAL. Assembleia da República – *Lei n.º 12/2009, de 26 de março*. Regime Jurídico da Qualidade e Segurança Relativa ao Tratamento de Tecidos e Células Origem Humana (versão actualizada). [Em Linha]. Lisboa, 26 mar. 2009. [Consult. 20 dez. 2019]. Disponível em WWW:<URL:http://www.pgdlisboa.pt/leis/lei_mostra_articulado.php?nid=1064&tabela=leis&so_miolo=>.

PORTUGAL. Assembleia da República – *Lei n.º 32/2006*. Procriação Medicamente Assistida. Actualizado pela Lei n.º 25/2016. [Em linha]. Lisboa : Diário da República, n.º 143, Série I, de 26 jul. 2006. [Consult. 12 dez. 2019]. Disponível em WWW:<URL:https://dre.pt/pesquisa/-/search/539239/details/maximized>.

PORTUGAL. Assembleia da República – *Lei n.º 48/2019, de 8 de julho*. Regime de confidencialidade nas técnicas de procriação medicamente assistida, procedendo à sexta alteração à Lei n.º 32/2006, de 26 de julho (procriação medicamente assistida). [Em linha]. Lisboa : Diário da República, n.º 128/, Série I, 8 jul. 2019. [Consult. 25 jan. 2020]. Disponível em WWW:<URL:https://dre.pt/home/-/dre/122996204/details/maximized>.

PORTUGAL. Procuradoria-Geral Distrital de Lisboa – *Lei n.º 25/2016, de 22 de agosto*. Regula o acesso à "gestação de substituição". [Em Linha]. Lisboa, 22 ago. 2016. [Consult. 23 jan. 2020]. Disponível em WWW:<URL:http://www.pgdlisboa.pt/leis/lei_mostra_articulado.php?nid=2590&tabela=leis>.

TOMIOKA, Renato – Como funciona a "barriga de aluguel"? Entenda essa alternativa para mulheres que não podem engravidar. *Minha Vida*. [em linha]. São Paulo, 9 mar. 2012, modificado em 26 ago. 2016. [Consult. 20 dez. 2019]. Disponível em WWW:<URL:<http://www.minhavida.com.br/familia/materias/14849-como-funciona-a-barriga-de-aluguel>.

Uziel, Ana Paula; Hernández, Jimena de Garay; Silva, Daniele Andrade da – Lesboparentalidade e as novas tecnologias reprodutivas: entre o gen, o jurídico e o afeto. In DIAS, Maria Berenice (Coord.) – *Diversidade Sexual e Direito Homoafetivo*. 2.ª ed., rev. atual. ampl. São Paulo : Revista dos Tribunais, 2014. ISBN 9788520353615. p. 357-579.

Vasconcelos, Cristiane Beuren – *A proteção jurídica do ser humano in vitro na era da biotecnologia*. São Paulo : Atlas, 2006. ISBN 978-8522444670

Venosa, Sílvio de Salvo – *Direito Civil. Direito de Família*. 15.ª ed. São Paulo : Atlas, 2015. ISBN 9788522496426. Vol. 6.

Dilema entre qualidade de vida, poder paternal e jurisdição: os reflexos da eutanásia pediátrica em Portugal e no Brasil

SHIRLEI CASTRO MENEZES MOTA[1]

Sumário: Introdução. 1. Eutanásia e suicídio assistido: breve conceituação. 1.1. A autonomia e o consentimento. 1.2. O Melhor Interesse da Criança e o poder parental. 2. A posição sobre eutanásia e suicídio medicamente assistido em Portugal. 2.1. O posicionamento brasileiro. Notas conclusivas. Referências.

Introdução

O trabalho tem como objetivo principal discutir a abordagem atribuída à eutanásia, especialmente à pediátrica[2], em países nos quais tal procedimento é permitido. Como contraponto, busca estudar a receção da eutanásia pediátrica em Portugal e no Brasil.

De antemão, mister asseverar que, independentemente da faixa etária, a eutanásia envolve uma série de questões de ordem religiosa, ética, moral e jurídica. Embora a eutanásia seja uma prática que remonta à Grécia Antiga, muitas sociedades ainda não se mostram cultural e juridicamente afinadas

[1] Doutoranda pela Universidade Autónoma de Lisboa (UAL). Mestra em Direito com especialização em Ciências Jurídicas pela Universidade Autónoma de Lisboa (2017), título já revalidado pela Universidade Federal do Rio de Janeiro (UFRJ, 2018). Advogada atuante com especialização em *Direito do Consumo* e *Contratos* pela Universidade de Coimbra, em *Análise Internacional* pela Universidade Federal do Rio de Janeiro – UFRJ e em *Direito Civil* e *Processo Civil* pela Universidade Gama Filho (RJ), onde se Bacharelou em Direito, em 1993. Endereço eletrônico: shirleicastrom@gmail.com.

[2] Considera-se paciente pediátrico, no Brasil e em Portugal, pessoas até os 18 anos. No Brasil, segue-se a faixa etária estabelecida pelo Estatuto da Criança e do Adolescente – ECA (BRASIL. Presidência da República – *Lei n.º 8.069, de 13 de julho de 1990.* Dispõe sobre o Estatuto da Criança e do Adolescente e dá outras providências. *[Em Linha]. Brasília : DOU, 16 jul. 1990, retificado em 27 set. 1990.* [Consult. 10 out. 2019]. Disponível em WWW:<URL:http://www.planalto.gov.br/ccivil_03/leis/l8069.htm>*)*. Em Portugal, desde 2010, a idade antes fixada até os 15 anos foi alargada para 18 anos pelo Ministério da Saúde.

com o tema. Em 2001, a Holanda foi o primeiro país do mundo a tratar a eutanásia como uma possibilidade legal, com ordenamento específico.

Em Portugal, cinco projetos de lei foram aprovados pelo Parlamento em 20 de fevereiro de 2020, todos voltados à regulação tanto da eutanásia quanto do suicídio medicamente assistido, procedimentos legalmente respaldados em alguns países. Contudo, o presidente português Marcelo Rebelo de Souza, questionado a respeito, disse que não anteciparia nenhuma decisão[3], podendo usar o poder de veto, o qual pode ser derrubado se houver uma segunda votação. Já no Brasil inexistem leis que normatizem a eutanásia.

Naturalmente o tema é polêmico, afinal a eutanásia humana é considerada a decisão direcionada a uma morte digna, para dar fim ao sofrimento por doença grave e/ou incurável. Tal sofrimento suprime a autonomia e a qualidade de vida da pessoa doente.[4]

Recentemente dois casos ganharam os holofotes das média, a ponto de motivar novas reflexões. Em julho de 2017, após uma batalha judicial, os aparelhos que mantinham vivo o bebê inglês Charlie Gard foram desligados.

Nascida a 4 de agosto de 2016, após dois meses, a criança foi diagnosticada com síndrome de depleção de DNA mitocondrial.[5] Foi submetida a

[3] Cf. PORTUGAL DIGITAL – *Portugal: Presidente recusa antecipar decisão sobre morte assistida.* [Em linha]. Brasília, 22 fev. 2020. [Consult. 13 jun. 2019]. Disponível em WWW:<URL:https://portugaldigital.com.br/portugal-presidente-recusa-antecipar-decisao-sobre-ate-ao-momento-do-final-do-processo/>.

[4] Trata-se de difícil conceituação tanto para a ciência quanto para a tecnologia e tem sido colocada em segundo plano. Ler mais em: Oliveira, Maria Zeneida Puga Barbosa; Barbas, Stela – Autonomia do idoso e distanásia. *Revista bioética.* 21:2 (2013) 328-337.

[5] "A síndrome de depleção do DNA mitocondrial (mtDNA) (MDS) é um grupo clinicamente heterogêneo de distúrbios mitocondriais caracterizados por uma redução do número de cópias do mtDNA nos tecidos afetados, sem mutações ou rearranjos no mtDNA. A SMD é fenotipicamente heterogênea e pode afetar um órgão específico ou uma combinação de órgãos, com as principais apresentações descritas como hepatocerebral (ou seja, disfunção hepática, atraso psicomotor), miopática (ou seja, hipotonia, fraqueza muscular, fraqueza bulbar), encefalomiopática (ou seja, hipotonia, fraqueza muscular, atraso psicomotor) ou neurogastrointestinal (ou seja, dismotilidade gastrointestinal, neuropatia periférica). Outros fenótipos incluem acidose láctica infantil fatal com acidúria metilmalônica, ataxia espástica (síndrome de ataxia-neuropatia espástica de início precoce) e síndrome de Alpers" (ORPHANET – *Síndrome deplecção do DNA mitocondrial.* [Em linha]. Paris, 2020. [Consult. 13 jan. 2020]. Disponível em WWW:<URL:https://www.orpha.net/consor/cgi-bin/Disease_Search.php?lng=PT&data_id=10388).

exames, tratamentos experimentais e chegou a ser cogitada a condução do pequeno Charlie para os Estados Unidos.

Em 28 de fevereiro de 2017, com fundamento no Melhor Interesse da Criança, o *Great Ormond Street Hospital* solicitou ao Tribunal de Justiça de Londres a retirada dos suportes artificiais que a mantinham viva, bem como a transferência de Charlie para a unidade de cuidados paliativos. Houve decisão judicial favorável ao hospital, embora contrariasse a vontade dos pais.[6]

Os pais apelaram do *decisum*, mas prevaleceu a solicitação da equipe médica. A Corte de Apelação, a Suprema Corte e a Corte Europeia de Direitos Humanos, nos meses de maio e junho de 2017, reconheceram como acertada a decisão do Tribunal de Justiça de Londres.

Em julho de 2017, o bebê foi submetido a nova avaliação, e os pais acataram o parecer médico. Solicitaram, todavia, a remoção do filho para casa. O pedido dos genitores também foi recusado e, na unidade de cuidados paliativos para onde foi transferido, foram desligados os aparelhos que mantinham a vida da criança por meio de suportes artificiais.[7]

O caso em questão resultou na divisão de opiniões, visto que o poder parental não prevaleceu e houve a interferência estatal na esfera privada da família.

Tal fato gerou pontuações sobre essa intervenção: por um lado, referente à responsabilidade dos pais na tomada de decisões da vida privada; por outro, no tocante ao Melhor Interesse da Criança, que deve prevalecer independentemente do poder paternal e pode, como foi o caso, ser a decisão feita com intervenção do Estado. De qualquer sorte, em Londres, o *Great Ormond Street Hospital* agiu, em tese, consoante à lei.

Pode-se citar ainda, apenas a título de exemplo, o ocorrido em junho de 2019, na Holanda.[8] Após o pedido de eutanásia ter sido negado, a adolescente Noa Pothoven, de 17 anos, parou de se alimentar e faleceu por inanição.

[6] DADALTO, Luciana; AFFONSECA, Carolina de Araújo – Considerações médicas, éticas e jurídicas sobre decisões de fim de vida em pacientes pediátricos. *Revista Bioética*. [Em Linha]. 26:1 (jan./mar. 2018) 11-21, p. 13. [Consult. 27 set. 2019]. Disponível em WWW:<URL: http://www.scielo.br/ scielo.php?script=sci_arttext&pid=S1983-80422018000100012>.

[7] DADALTO, Luciana; AFFONSECA, Carolina de Araújo – Considerações médicas, éticas e jurídicas sobre decisões de fim de vida em pacientes pediátricos. *Revista Bioética*. [Em Linha]. 26:1 (jan./mar. 2018) 11-21, p. 14. [Consult. 27 set. 2019]. Disponível em WWW:<URL: http://www.scielo.br/ scielo.php?script=sci_arttext&pid=S1983-80422018000100012>.

[8] Na Holanda, crianças a partir de 12 anos podem requerer eutanásia, desde que seja

Inicialmente, chegou a ser noticiado que a eutanásia havia sido permitida. A família desmentiu essa versão e disse que acatou a vontade de Noa, há anos vítima de constantes abusos sexuais e acometida de depressão e anorexia nervosa.[9]

Ao que se deduz, Noa cometeu suicídio. Mas, ainda assim, a partir da morte de Pothoven, espocaram questionamentos no mundo jurídico. Ou seja, se havia ou não um crime a ser investigado e até que ponto a família de Noa foi conivente, pois, segundo divulgado, a morte teve apoio dos genitores e acompanhamento médico.

Os casos narrados são emblemáticos. Para melhor compreensão do tema abordaremos alguns pontos frequentemente discutidos no campo temático da eutanásia. Registra-se que, nos Estados em que há lei expressa, diante do respaldo médico da eutanásia ou do suicídio medicamente assistido[10], como algo solicitado e necessário ao bem-estar da pessoa prejudicada, tais procedimentos não são imputáveis.

Entretanto, pelos exemplos mencionados na Inglaterra e na Holanda, mesmo com a lei amparando (ou não) tais decisões, a vida do bebê Charlie Gard foi abreviada dentro da legalidade, embora sem a anuência dos pais. Já a jovem Noa Pothoven, a partir de que não obteve a pretendida autorização judicial, provocou a própria morte com aprovação dos pais.

A eutanásia pediátrica constitui um tema atual, de alta complexidade e interesse científico aos operadores da lei e aplicadores do direito. O trabalho se desenvolve por meio de pesquisa qualitativa, com suporte em revisão bibliográfica.

autorizada pelos pais. É feita então uma avaliação para determinar se, de fato, não há chances de reverter o quadro.

9 Cf. Branco, Mariana – A verdadeira história de Noa, que aos 17 quis morrer. *Sábado* [Em Linha]. Lisboa, 5 jun. 2019. [Consult. 13 jan. 2019]. Disponível em WWW:<URL: https://www.sabado.pt/vida/ detalhe/a-verdadeira-historia-de-noa-que-aos-17-anos-escolheu-morrer>.

10 "Para a pessoa que se quer suicidar e quem a acompanha, a situação em que o médico ou a médica se encontra presente é aquela que proporciona maior segurança, pois se algo correr mal poder-se-á recorrer imediatamente ao saber médico" (cf. Santos, Laura Ferreira dos – *A morte assistida e outras questões de fim-de-vida*. São Paulo : Almedina, 2015, p. 43).

1. Eutanásia e suicídio assistido: breve conceituação

Em 2016, a Assembleia da República de Portugal lançou o dossiê Eutanásia e Suicídio Assistido[11], o qual traz uma análise comparada das legislações de 32 países, a respeito daquelas práticas.

Considera-se relevante, portanto, diferenciar as duas práticas, tomando por base o estudo em curso. Inicia-se a discussão do tema a partir da exposição do que tem levado os Estados a serem favoráveis ou contrários aos versados procedimentos.

São a favor da eutanásia e do suicídio medicamente assistido os Estados que acreditam em ambas as vias como forma de livrar alguém do sofrimento, ao privilegiar a escolha da pessoa e o seu direito à autodeterminação. As razões para o não consentimento têm fundamentação "religiosa, política, ética e social". Pela religião, cabe a Deus definir sobre a vida e a morte. Além disso, muitos médicos seguem o juramento hipocrático de manter a vida do paciente acima de tudo.[12]

Eutanasiar consiste em provocar a morte de uma pessoa para sanar sofrimento decorrente de doença ou estado degenerativo. O termo deriva do grego *eu + thanatos* e é traduzido pelas expressões *boa morte* ou *morte piedosa*. Já o suicídio assistido significa ajudar outra pessoa, pelo mesmo motivo existencial, a pôr termo à própria vida. Os defensores veem nas práticas de eutanásia e suicídio assistido uma maneira digna de morrer.[13]

A eutanásia era comum na Antiguidade, e os filósofos gregos já defendiam a "morte serena", a exemplo de Aristóteles e Platão. Mais tarde, Lutero, David Hume e Schopenhauer debateram a respeito, dentre outros grandes pensadores. O apogeu dessa discussão data de 1895, na antiga Prússia,

[11] DIVISÃO DE INFORMAÇÃO LEGISLATIVA E PARLAMENTAR – *Eutanásia e Suicídio Assistido*. Legislação Comparada. Pesquisa, compilação, análise e tratamento por José Manuel Pinto e Teresa Montalvão da Cunha. [Em linha]. Lisboa : Assembleia da República, 2016. (Coleção Temas, n.º 60). [Consult. 12 out. 2019]. Disponível em WWW:<URL:https://www.parlamento.pt/ArquivoDocumentacao/ Documents/Eutanasia_Suicidio_Assistido_1.pdf>.

[12] Ibid., p. 7.

[13] DIVISÃO DE INFORMAÇÃO LEGISLATIVA E PARLAMENTAR – *Eutanásia e Suicídio Assistido*. Legislação Comparada. Pesquisa, compilação, análise e tratamento por José Manuel Pinto e Teresa Montalvão da Cunha. [Em linha]. Lisboa : Assembleia da República, 2016, p. 9. (Coleção Temas, n.º 60). [Consult. 12 out. 2019]. Disponível em WWW:<URL:https://www.parlamento.pt/ArquivoDocumentacao/ Documents/Eutanasia_Suicidio_Assistido_1.pdf>.

quando foi sugerido que o Estado, à época da elaboração do plano nacional de saúde, disponibilizasse meios para que a eutanásia fosse uma alternativa às pessoas sem capacidade para fazer a solicitação.[14]

A eutanásia também esteve no centro das discussões no século XX. No Brasil, muitas teses foram feitas entre 1914 e 1935. O termo *eugenia* surgiu na Europa e prenunciou o holocausto. Também tinha, neste caso, a função de eliminar pessoas deficientes e/ou portadoras de doenças indesejadas e era estendida aos pacientes terminais. O nascedouro da eugenia no século XX sugere uma espécie de "higienização social", que nada tem a ver com a compaixão ou com o direito de autodeterminação, característicos dos discursos atuais.[15]

Na doutrina há diferentes tipos de eutanásia e suas variações, mas a classificação mais usual inclui a eutanásia (passiva e ativa) e a distanásia. A eutanásia passiva ou ortotanásia é aquela na qual o médico faz o acompanhamento da morte natural, administrando medicações capazes de minimizar o sofrimento. Já a eutanásia ativa ou direta ocorre quando o paciente recebe doses letais a ponto de lhe interromper a vida, sem sofrimento. A eutanásia ativa é considerada a genuína eutanásia. Para alguns doutrinadores, a eutanásia passiva não se trata de eutanásia propriamente dita, visto que não há interrupção da fluidez vital, qual seja, do ciclo da vida do doente. Por outro lado, na distanásia ou obstinação terapêutica, também conhecida por "má morte", "obstinação terapêutica" ou "encarniçamento terapêutico", o paciente é submetido a todos os meios possíveis para permanecer vivo, na esperança de haver melhora do quadro. O coma induzido é comumente apontado como um exemplo.[16]

A morte medicamente assistida é permitida na Bélgica, Holanda[17], Colômbia, Luxemburgo, Canadá e Índia. Já a morte assistida por um ter-

[14] Goldim, José Roberto – Breve histórico da Eutanásia. *Bioética.* [Em Linha]. Porto Alegre: UFRS, 30 nov. 2000. [Consult. 13 out. 2019]. Disponível em WWW:<URL:https://www.ufrgs.br/bioetica/ euthist.htm>.

[15] Ibid.

[16] Assumpção, Letícia Franco Maculan – A eutanásia e as diretrizes antecipadas de vontade em Portugal. *Colégio Notarial do Brasil.* [Em Linha]. Brasília, 5 jun. 2018. [Consult. 11 out. 2019]. Disponível em WWW:<URL:http://www.notariado.org.br/blog/noticias/eutanasia-e-as-diretrizes-antecipadas-de-vontade-em-portugal>.

[17] Primeiro país do mundo a legalizar a eutanásia, em 2001.

ceiro[18] tem amparo legal na Suíça, Alemanha, Coreia do Sul, Japão e em parte dos Estados Unidos. Na Bélgica, em 2018, foram divulgados três casos de concessão de eutanásia para crianças com idades entre 9 e 17 anos, fato que reacendeu a discussão no mundo. Também em 2018, a eutanásia foi votada pela primeira vez no parlamento português, em julgamento que apreciou quatro projetos de despenalização, todos eles negados.[19]

1.1. A autonomia e o consentimento

No panorama europeu da bioética, Stela Barbas[20] registra a tendência de, sempre que possível, privilegiar a vontade do incapaz. Na seara jurídica, o assunto é, todavia, envolto por polêmica. Afinal, quando se trata de decidir sobre a interrupção ou não da vida de uma pessoa, muitas outras questões são minimamente trazidas a complexa discussão.

Ainda segundo Barbas[21], cada caso deve ser analisado individualmente, pois a noção de incapacidade é complexa e as decisões sobre a vida de outrem devem ser "as menos arbitrárias possíveis". Dois critérios são adotados como regra geral: o primeiro, para quem não manifestou tal vontade expressamente, consiste em buscar descobrir qual seria a atitude da pessoa na situação concreta; o segundo critério atenta para o bem da decisão, desde que guiada pelo sentido da qualidade de vida e alívio do sofrimento.[22]

Ao estabelecer um critério lógico de raciocínio pró-alteridade, Ronald Dworkin pondera que, se a questão não tiver sido explicitada formal ou informalmente, considera-se provável que não foi nem sequer cogitada pelo paciente. Desse modo, parentes ou representantes se apoiam na perceção do que seria mais coerente com a personalidade do doente, como uma forma razoável de preservação de sua autonomia. Para o jusfilósofo, tudo depende,

[18] Também conhecida por suicídio assistido ou morte medicamente assistida.

[19] OBSERVADOR – *Bélgica concedeu eutanásia a menores com 9, 11 e 17 anos*. [Em Linha]. Lisboa, 8 ago. 2018. [Consult. 28 set. 2019]. Disponível em WWW:<URL:https://observador.pt/2018/08/08/ belgica-concedeu-eutanasia-a-menores-com-9-11-e-17-anos/>.

[20] Barbas, Stela Marcos de Almeida Neves – *Direito do Genoma Humano*. Lisboa : Almedina, 2007, p. 336.

[21] Ibid., loc. cit.

[22] Ibid., pp. 336 et seq.

entretanto, de um contexto imaginado por quem decide, levando a um juízo que, a seu ver, pode ser "muito ardiloso"[23].

Logo, a questão fica ainda mais complexa quando envolve crianças, afinal falar da eutanásia para esse grupo parece ter reflexos maiores na sociedade como um todo, bem como entre a classe médica e jurídica. Trata-se de pessoas na fase inicial da vida, condição que dá peso na decisão pela antecipação da morte, até porque a perceção de qual seria a vontade de uma parece ser quase impossível, em razão da falta de maturidade e de tão pouco tempo de vida.

Ademais, sobretudo na cultura ocidental, a morte ainda é vista sob o manto da religiosidade, cabendo ao Deus de cada um controlar o destino de seus "filhos". Para além disso, no entanto, paira no mundo contemporâneo a evolução de técnicas plúrimas que prometem a manutenção da vida, tais como: clonagem, inseminações artificiais e cura de patologias. A Bioética e o Biodireito são um caminho rico para avaliar a (in)viabilidade de tais técnicas a serviço da vida humana.

Mas não seria essa engenharia, que mais se assemelha a uma "mumificação tecnológica", um acirrado risco, no sentido de fazer com que se esqueça da pessoa e da dignidade que lhe é inerente, tornando-a objeto de técnicas, como bem questiona Augusto Cardoso[24]? Para o estudioso, existe um abismo entre o direito de morrer dignamente e a eutanásia, prática que, na sua conceção, corresponde a um "homicídio sofisticado"[25].

Contudo, como não se pretende elaborar um juízo de valor, visto que o objetivo desse estudo se concentra na análise do posicionamento luso-brasileiro acerca do procedimento, a eutanásia (ativa) será tratada enquanto instituto ainda em debate. Também, como alhures sinalizado, poucos são os países nos quais a prática da eutanásia se dá pela via legal.

Rui Nunes[26] traz em si a difícil aplicação do conceito de *autonomia*, que compreende o homem verdadeiramente livre e com condições mínimas para

[23] DWORKIN, Ronald – *Domínio da Vida: aborto, eutanásia e liberdade individuais*. Tradução Jefferson Luiz Camargo. São Paulo : Martins Fontes, 2003, p. 270.

[24] CARDOSO, Augusto Lopes – Eutanásia e Suicídio Assistido. In ASCENSÃO, José de Oliveira (Org.) – *Coleção Estudos de Direito da Bioética*. Coimbra : Almedina, 2005. p. 235-260, p. 236.

[25] Ibid., loc. cit.

[26] NUNES, RUI – Estudo n.º 17/APB/10. Testamento Vital. *Associação Portuguesa de Bioética*. [Em Linha]. Porto, 18 set. 2010, p. 3. [Consult. 13 out. 2019]. Disponível em WWW:<URL:http://www.apbioetica.org/fotos/gca/1284923005parecer-testamento_vital.pdf>.

a sua autorrealização. No presente universo sociocultural essa autonomia pode não estar limitada ao doente, sobretudo, como sinaliza o citado autor, quando se trata de crianças e pessoas que têm a maturidade diminuída, remetendo à autonomia familiar. Por isso, sempre que possível, na relação clínica com o doente, o consentimento informado, livre e esclarecido, para proceder às intervenções médicas, deve ser um imperativo da ética profissional.

Deve-se ainda considerar, por fim, que a autonomia completa nada mais é do que um ideal, pois o homem encontra-se restringido por regras sociais.[27]

1.2. O Melhor Interesse da Criança e o poder parental

Retomando o caso do bebê inglês que teve a descontinuidade da vida decidida pelo Estado, nota-se uma sobreposição do ente estatal ao poder parental, o que culminou com questionamentos de repercussão mundial. O caso em questão evidencia, para alguns, que a decisão de manter os aparelhos não cabia à Suprema Corte inglesa ou à Corte Europeia de Direitos Humanos. Concordamos com o posicionamento de Dadalto e Affonseca, de que o mais adequado, sob o ponto de vista da bioética e do biodireito, seria uma decisão compartilhada entre equipe médica e familiares, em consonância com o Melhor Interesse da Criança.[28]

Esse tipo de decisão, entretanto, não tem sido pacífica, embora quando envolva pessoa adulta e capaz busque-se amparo nos cânones do biodireito e nos códigos da ética que norteiam a Medicina em cada país.[29] Na compreensão de Heloisa Barboza[30], no Brasil o Código Civil de 2002 foi claro ao tratar

[27] OLIVEIRA, Maria Zeneida Puga Barbosa; BARBAS, Stela – Autonomia do idoso e distanásia. *Revista bioética.* 21:2 (2013) 328-337, p. 329. [Consult. 10 out. 2019]. Disponível em WWW:<URL:http://www.scielo.br/pdf/bioet/v21n2/a16v21n2.pdf>.

[28] DADALTO, Luciana; AFFONSECA, Carolina de Araújo – Considerações médicas, éticas e jurídicas sobre decisões de fim de vida em pacientes pediátricos. *Revista Bioética.* [Em Linha]. 26:1 (jan./mar. 2018) 11-21, p. 16. [Consult. 27 set. 2019]. Disponível em WWW:<URL: http://www.scielo.br/scielo.php?script=sci_arttext&pid=S1983-80422018000100012>.

[29] BARBOZA, Heloísa Helena – Bioética e biodireito: quem defende os interesses da criança? In SCHRAM, FR; BRAZ, M., (Orgs.) – *Bioética e saúde: novos tempos para mulheres e crianças?* [Em Linha]. Rio de Janeiro : FIOCRUZ, 2005. p. 125-138, p. 126. [Consult. 10 out. 2019]. Disponível em WWW:<URL:http://books.scielo.org/id/wnz6g/pdf/schramm-9788575415405-07.pdf>.

[30] Ibid., pp. 127-128.

dos bens de incapazes. Entretanto, pecou referente à "pessoa" dos incapazes, por não estipular o poder de interferência e decisão do representante, a respeito de interesses não patrimoniais, dentre os quais o corpo físico, nas questões relacionadas à saúde.

Cabe pontuar que o artigo 3.º[31], ao qual se referia a autora à época, foi alterado pela Lei n.º 13.146, datada de 2015, que instituiu o Estatuto da Pessoa com Deficiência, em vigor desde 2016.[32] Contudo, como dito, este diploma trata da pessoa com deficiência. Ainda assim, a mudança ampliou a noção da incapacidade, desde então abrandada para todos, à exceção dos menores de 16 anos. Assim sendo, persiste a discussão sobre até onde vai o poder de decisão dos pais em matéria de saúde no caso desses incapazes, segundo a legislação brasileira.

Na opinião de Délio José Kipper, a bioética tem relevante papel nessas situações, pois se atém, sendo essa sua função, à busca de uma ação adequada e correta para um problema tratado objetivamente.[33] Ainda para esse autor, a Medicina contemporânea tem sido pautada pelo fato de que adultos competentes ou capazes têm direito de decidir sobre si mesmos. Por outro lado, quando a decisão envolve incapazes, caso das crianças, tem início o que ele chama da "complexíssima missão" no campo das decisões dos representantes ou "decisões de substituição".[34]

[31] "São absolutamente incapazes de exercer pessoalmente os atos da vida civil: I. os menores de dezesseis anos; II. *Os que, por enfermidade ou deficiência mental, não tiverem o necessário discernimento para a prática desses atos*; III. Os que, mesmo por causa transitória, não puderem exprimir sua vontade" (BRASIL. Presidência da República – *Lei n.º 10.406, de 10 de janeiro de 2002.* Institui o Código Civil. [Em linha]. Brasília : DOU, 11 jan. 2002. [Consult. 18 nov. 2019]. Disponível em WWW:<URL:http://www.planalto.gov.br/ccivil_03/leis/2002/l10406.htm>).

[32] Id. – *Lei n.º 13.146, de 06 de julho de 2015.* Institui a lei brasileira de inclusão da pessoa com deficiência (Estatuto da Pessoa com Deficiência). [Em linha]. Brasília : DOU, 7 jul. 2015. [Consult. 12 nov. 2019]. Disponível em WWW:<URL:http://www.planalto.gov.br/ccivil_03/_ato2015-2018/2015/ lei/l13146.htm>. Por esta lei, "*São absolutamente incapazes de exercer pessoalmente os atos da vida civil os menores de 16 (dezesseis) anos*".

[33] Kipper, Délio José – Limites do poder familiar nas decisões sobre a saúde de seus filhos – diretrizes. *Revista Bioética* [Em Linha]. 23:1 (2015) 40-50, p. 41. [Consult. 14 out. 2015]. Disponível em WWW:<URL: http://www.scielo.br/pdf/bioet/v23n1/1983-8034-bioet-23-1-0040.pdf>.

[34] Id. – Até onde os pais têm o direito de decidir por seus filhos? *Jornal de Pediatria* [Em Linha]. 73:2 (1997) 67-74, p. 67. [Consult. 14 out. 2019]. Disponível em WWW:<URL:http://www.jped.com.br/ conteudo/97-73-02-67/port.pdf>.

Pontua-se que no Brasil tem sido constante recorrer-se judicialmente quando os pais, por motivos de crença, se opõem, por exemplo, à transfusão de sangue dos filhos.[35]

A incapacidade, de qualquer modo, implica quem pode dar o consentimento, pois, como ensina Stela Barbas, a capacidade é um dos elementos desse ato. Por isso, como esclarece a autora, a autonomia do incapaz tem sido ressaltada em muitos diplomas legais, com especial atenção ao que se tem determinado no art.º 12.º da Convenção das Nações Unidas sobre os Direitos das Crianças.[36] Nessa mesma linha, ao postulado na Convenção sobre os Direitos do Homem e a Biomedicina ou Convenção de Oviedo[37], nas alíneas

[35] "AGRAVO DE INSTRUMENTO. TUTELA ANTECIPADA. Testemunha de Jeová. Recusa à transfusão de sangue. Risco de vida. Prevalência da proteção a esta sobre a saúde e a convicção religiosa, mormente porque não foi a agravante, senão seus familiares, que manifestaram a recusa ao tratamento. Asseveração dos responsáveis pelo tratamento da agravante, de inexistir terapia alternativa e haver risco de vida em caso de sua não realização. Recurso desprovido" (RIO DE JANEIRO. Tribunal de Justiça – *Agravo de Instrumento n.º 2004.002.13229.* Tutela Antecipada. Testemunha de Jeová. Recusa à transfusão de sangue. [Em Linha]. Relator: Desembargador Carlos Eduardo Passos. Julgamento: 5 out. 2004. Órgão Julgador: Décima Oitava Câmara Cível. [Consult. 11 out. 2019]. Disponível em WWW em: <http://www.crianca.mppr.mp.br/pagina-1617.html>).

[36] "*Artigo 12* – 1) Os Estados Partes devem assegurar à criança que é capaz de formular seus próprios pontos de vista o direito de expressar suas opiniões livremente sobre todos os assuntos relacionados a ela, e tais opiniões devem ser consideradas, em função da idade e da maturidade da criança. 2) Para tanto, a criança deve ter a oportunidade de ser ouvida em todos os processos judiciais ou administrativos que a afetem, seja diretamente, seja por intermédio de um representante ou de um órgão apropriado, em conformidade com as regras processuais da legislação nacional" (ORGANIZAÇÃO DAS NAÇÕES UNIDAS – *Convenção sobre os Direitos da Criança de 1989.* [Em linha]. Nova Iorque : ONU, 2 set. 1990. [Consult. 10 Out, 2019]. Disponível em WWW em: <https://www.unicef.org/brazil/convencao-sobre-os-direitos-da-crianca>). Essa convenção entrou em vigor em 1990 e foi ratificada por 196 países, sendo um dos documentos internacionais mais bem aceitos do mundo.

[37] CONSELHO DA EUROPA – *Convenção para a Protecção dos Direitos do Homem e da Dignidade do Ser Humano face às Aplicações da Biologia e da Medicina* [Em Linha]. Oviedo, 4 abr. 1997. [Consult. 12 out. 2019]. Disponível em WWW:<URL: http://www.dhnet.org.br/direitos/sip/euro/ principaisinstrumentos/16.htm>. Entrada em vigor em 1999. "*Art. 6º* – 1 – Sem prejuízo dos artigos 17.º e 20.º, qualquer intervenção sobre uma pessoa que careça de capacidade para prestar o seu consentimento apenas poderá ser efectuada em seu benefício directo. 2 – Sempre que, nos termos da lei, um menor careça de capacidade para consentir numa intervenção, esta não poderá ser efectuada sem a autorização do seu representante, de uma autoridade ou de uma pessoa ou instância designada pela lei".

1 e 2 do art.º 6.º, que prevê ouvir a opinião da criança.[38] Esta convenção foi assinada por 35 países e ratificada em 26, dentre os quais Portugal, desde 2001.

Em Portugal, de acordo com o Código Deontológico da Ordem dos Médicos[39], que trata de doentes incapazes e Consentimento desse grupo, tem-se estabelecido no art.º 46º que a atuação do médico deve estar voltada ao melhor interesse do doente, sendo isso compreendido como a decisão que este tomaria se pudesse opinar. Além disso, determina que representantes legais e familiares devem ajudar a esclarecer qual seria a decisão do paciente em determinado caso. Percebendo que as decisões destes são contrárias à do doente, os médicos devem recorrer judicialmente para salvaguardar os interesses e defender o doente incapaz.

2. A posição sobre eutanásia e suicídio medicamente assistido em Portugal

em Portugal, a discussão em torno da eutanásia, bem como do suicídio medicamente assistido, tem sido inflamada e constante. A Lei n.º 25/2012[40], que regula as Diretivas Antecipadas de Vontade (DAV) relativas à saúde, trouxe à cena jurídica o Testamento Vital. Assim, por meio desse documento, a pessoa maior de idade, capaz, pode dizer qual o tipo de tratamento deseja ou não receber em caso de doença grave ou irreversível.[41]

[38] Barbas, Stela Marcos de Almeida Neves – *Direito do Genoma Humano*. Lisboa : Almedina, 2007, pp. 336-337.

[39] PORTUGAL – *Regulamento n.º 4/2009, de 13 de janeiro*. Aprova o Código Deontológico da Ordem dos Médicos. [Em Linha]. Lisboa : Diário da República, n.º 8, II Série, 13 jan. 2009. [Consult. 12 out. 2019]. Disponível em WWW:<URL:https://www.arslvt.min-saude.pt/uploads/writer_file/document/65/ 08-2009.pdf>.

[40] PORTUGAL – *Lei n.º 25/2012*. Regula as diretivas antecipadas de vontade, designadamente sob a forma de testamento vital, e a nomeação de procurador de cuidados de saúde e cria o Registo Nacional do Testamento Vital (Rentev). [Em Linha]. Lisboa : Diário da República, 1.ª série, n.º 136, 16 jul. 2012, p. 3728. [Consult. 10 jan. 2020]. Disponível em WWW:<URL:https://dre.pt/web/guest/legislacao-consolidada/-/lc/116042189/202002041726/diploma?did=116052607&_LegislacaoConsolidada_WAR_ drefrontofficeportlet_rp=indice&q=Lei+n%C2%BA%2025%2F2012>.

[41] *Quid Juris*, caso o avanço da ciência proporcionar elementos divergentes da vontade constante das diretivas? Para traduzir tal situação, Vivianne Melo utiliza a expressão *vontade*

Trata-se, contudo, de documento ainda pouco utilizado em Portugal, embora reforce a autonomia da pessoa e fortaleça o princípio da dignidade da pessoa humana, tão bem trabalhado na Constituição Portuguesa, conforme observam Lauriano e Zaganelli.[42] Pela proximidade cultural e da língua, tais diretivas podem servir de modelo a ser adaptado ao ordenamento jurídico brasileiro, como sugerem as autoras, o que nos parece ser algo a se ponderar.

Cabe esclarecer que as diretivas portuguesas são uma resposta à crescente desumanização dos tratamentos de saúde, em razão da utilização de novas tecnologias pela Medicina, que primam por dar continuidade à vida, mesmo quando isso representa sofrimento para o paciente.

Para Rui Nunes[43], a centralização da ética focada na dignidade da pessoa humana é uma das maiores conquistas do século XX e deve sempre prevalecer na tomada de decisões que envolvam a vida. Para o autor, somente assim se poderá efetivar o direito à "liberdade ética de autodeterminação"[44], sobretudo nas sociedades ocidentais, marcadas por uma organização de mundividências em todos os planos.

Na opinião de Stela Barbas, no atinente à evolução tecnológica e a estas decisões, deve-se ter em mente que, "Aberta a porta a todas as possibilidades e tentações da ciência, pode deixar de existir a fronteira entre a ideia do 'homem novo' e eugenismo, ou, entre a eutanásia e o genocídio"[45].

velha: "Compreendemos, todavia, que tal vontade admite uma natureza relativa, capaz de ser flexibilizada pelos avanços da biomedicina e da biotecnologia. Dessa forma entendemos que, na situação apontada, a equipe médica deverá prestar as devidas informações aos tutores e, na ausência destes, aos familiares do enfermo" (cf. MELO, Vivianne Rodrigues de – Diretivas antecipadas de vontade: construção de bases deontológicas e jurídicas. *Revista de Direito*. 10 (2018) 251-279, p. 264).

[42] LAURIANO, Fernanda Lage; ZAGANELLI, Margareth Vetis – Diretivas Antecipadas de Vontade: uma análise do modelo português. *Humanidades & Tecnologia em Revista*. [Em Linha]. 12:12 (2018) 213-227, p. 225. [Consult. 9 out. 2019]. Disponível em WWW:<URL:https://www.finom.edu.br/assets/ site/paginas/files/downloads/20180625150641.pdf>.

[43] NUNES, Rui – *GeneÉtica*. Coimbra : Almedina, 2013.

[44] NUNES, Rui – *GeneÉtica*. Coimbra : Almedina, 2013, p. 26.

[45] BARBAS, Stela Marcos de Almeida Neves – *Direito ao património genético*. Coimbra : Almeida, 2006, p. 12.

2.1. O posicionamento brasileiro

Enquanto em outros países a discussão sobre a eutanásia tem sido acirrada, no Brasil o tema não parece despertar o interesse do Legislativo. Basicamente não há tipificação da eutanásia como crime, mas a ocorrência do fato pode levar a enquadramento legal correspondente ao crime de homicídio, na modalidade dolosa ou culposa. O crime também pode ser compreendido como homicídio privilegiado, em relação ao qual ocorre a redução de pena.[46] Já a pena cominada à indução ou auxílio ao suicídio é de dois a seis anos de reclusão ao condenado, podendo ser duplicada "II – se a vítima é menor ou tem diminuída, por qualquer causa, a capacidade de resistência"[47].

Pontua-se, contudo, como fato emblemático referente ao direito à inviolabilidade do direito à vida no Brasil, a Ação Direta de Inconstitucionalidade (ADI) n.º 3510, proposta pelo Ministério Público Federal (MPF), contra o art.º 5.º da Lei de Biossegurança e julgada em março de 2008, pelo Supremo Tribunal Federal (STF).[48]

O supracitado dispositivo legal prevê a utilização de células-tronco embrionárias em pesquisas. Tais células são oriundas de embriões humanos não utilizados na fertilização *in vitro*. Para o MPF, o artigo feria o direito à vida do embrião e a dignidade da pessoa humana. Nessa defesa, o embrião, mesmo sendo conservado *in vitro*, não se distingue do fecundado no útero da mãe, restando violado o direito à vida. A Advocacia Geral da União (AGU) baseou a defesa no fato de que a ação impetrada pelo MPF advogava a inconstitucionalidade, a partir de posicionamentos religiosos, e deveria prevalecer

[46] Art. 121, § 1º, do Código Penal "Se o agente comete o crime impelido por motivo de relevante valor social ou moral, ou sob o domínio de violenta emoção, logo em seguida a injusta provocação da vítima, o juiz pode reduzir a pena de um sexto a um terço" (BRASIL. Presidência da República – *Decreto-lei n.º 2.848, de 7 de dezembro de 1940*. Código Penal. [Em Linha]. Rio de Janeiro : 31 dez. 1940. [Consult. 22 set. 2019]. Disponível em WWW:<URL:http://www.planalto.gov.br/ccivil_03/decreto-lei/del2848 compilado.htm>).

[47] Art. 122, inciso II do Código Penal (ibid.).

[48] Id. – *Lei n.º 11.105, de 24 de março de 2005*. [Em Linha]. Brasília : DOU, 28 mar. 2005. [Consult. 12 out. 2019]. Disponível em WWW:<URL:http://www.planalto.gov.br/ccivil_03/_Ato2004-2006/2005/Lei/ L11105.htm>.

como parâmetro para o início da vida o mesmo utilizado para determinar o fim, referente às atividades encefálicas.[49]

Foi julgado e decidido que não havia inconstitucionalidade no artigo da guerreada Lei n.º 11.105/2005, exatamente por constituir uma proposta de busca pela qualidade de vida, sem nenhum prejuízo.

Após o julgamento realizado em três datas – dias 5, 28 e 29 de maio de 2008 –, prevaleceu o direito fundamental à liberdade, qual seja, a liberdade de realizar pesquisas científicas, sem entrar em colisão com o direito fundamental à vida.[50] Atenta-se para o fato de que "o *leading case* do Supremo Tribunal Federal trouxe novas luzes sobre os limites para a autonomia da

[49] BRASIL. Presidência da República – *Lei n.º 9.434/97, de 04 de fevereiro de 1997*. Dispõe sobre a remoção de órgãos, tecidos e partes do corpo humano para fins de transplante e tratamento e dá outras providências. [Em linha]. Brasília DOU, 5 fev. 1997. [Consult. 10 dez. 2019]. Disponível em: <http://www.planalto.gov.br/ccivil_03/LEIS/L9434.htm>.

[50] "CONSTITUCIONAL. AÇÃO DIRETA DE INCONSTITUCIONALIDADE. LEI DE BIOSSEGURANÇA. IMPUGNAÇÃO EM BLOCO DO ART. 5º DA LEI Nº 11.105, DE 24 DE MARÇO DE 2005 (LEI DE BIOSSEGURANÇA). PESQUISAS COM CÉLULAS-TRONCO EMBRIONÁRIAS. INEXISTÊNCIA DE VIOLAÇÃO DO DIREITO À VIDA. CONSTITUCIONALIDADE DO USO DE CÉLULAS-TRONCO EMBRIONÁRIAS EM PESQUISAS CIENTÍFICAS PARA FINS TERAPÊUTICOS. DESCARACTERIZAÇÃO DO ABORTO. NORMAS CONSTITUCIONAIS CONFORMADORAS DO DIREITO FUNDAMENTAL A UMA VIDA DIGNA, QUE PASSA PELO DIREITO À SAÚDE E AO PLANEJAMENTO FAMILIAR. DESCABIMENTO DE UTILIZAÇÃO DA TÉCNICA DE INTERPRETAÇÃO CONFORME PARA ADITAR À LEI DE BIOSSEGURANÇA CONTROLES DESNECESSÁRIOS QUE IMPLICAM RESTRIÇÕES ÀS PESQUISAS E TERAPIAS POR ELA VISADAS. IMPROCEDÊNCIA TOTAL DA AÇÃO. I – O CONHECIMENTO CIENTÍFICO, A CONCEITUAÇÃO JURÍDICA DE CÉLULAS-TRONCO EMBRIONÁRIAS E SEUS REFLEXOS NO CONTROLE DE CONSTITUCIONALIDADE DA LEI DE BIOSSEGURANÇA" (id. Superior Tribunal de Justiça – *Ação Direta de Inconstitucionalidade n.º 3.510*. Relator: Ministro Ayres Britto. Julgamento: 29 maio 2008. Órgão Julgador: Tribunal Pleno. Publicação: DJe, 28 maio 2010. [Consult. 11 out. 2019]. Disponível em WWW:<URL: http://www.stf.jus.br/portal/geral/verPdfPaginado.asp?id=611723&tipo=AC&descricao=Inteiro%20Teor%20ADI%20/%203510>).

Cf. ibid. "Prosseguindo no julgamento, o Tribunal, por maioria e nos termos do voto do relator, julgou improcedente a ação direta, vencidos, parcialmente, em diferentes extensões, os Senhores Ministros Menezes Direito, Ricardo Lewandowski, Eros Grau, Cezar Peluso e o Presidente, Ministro Gilmar Mendes".

vontade em matéria de biodireito no Brasil"[51], com possível abertura para a discussão de outros temas, como o aborto, a eutanásia e a barriga de aluguel.

Sobre essa questão e notadamente em relação aos avanços biotecnológicos, não resta dúvida de que o mais importante é a proteção do homem. Logo, chama-se atenção ao fato, muito bem sinalizado por Stela Barbas[52], de que a ciência convive com o problema maior de nunca chegar ao limite, pois "qualquer etapa em relação aos seus próprios princípios jamais é o fim; assim, a ciência nunca se reconhece no excesso, mas sempre no seu défice".

Não obstante a isso, no Brasil, o Código de Ética Médica do Conselho Federal de Medicina, ano 2010, trazia proibição expressa à abreviação da vida do paciente, mesmo que houvesse autorização dele próprio ou de seu representante legal. Entrementes, tem-se assegurado os "cuidados paliativos", sendo essa a maior novidade para pacientes terminais.[53]

Na versão atualizada em 2018[54], a mesma proibição é mantida. O Capítulo IV, que versa sobre Direitos Humanos, no art.º 26.º, salienta que ao profissional da medicina é vedado desrespeitar a vontade da pessoa capaz que, por acaso, entre numa greve de fome, não sendo permitido "alimentá-la compulsoriamente", mas "devendo cientificá-la das prováveis complicações do jejum prolongado e, na hipótese de risco iminente de morte, tratá-la".

[51] FARIAS, James Magno Araújo – Dignidade da pessoa humana e bioética: A declaração de constitucionalidade do artigo 5º da lei n.º 11.105/05 (Lei de Biossegurança) pelo Supremo Tribunal Federal. *Revista Eletrônica do TRT6*. [Em linha]. 25:42 (2015) 129-146, p. 145. [Consult. 12 out. 2019]. Disponível em WWW:<URL:https://juslaboris.tst.jus.br/bitstream/handle/20.500.12178/102779/ 2015_farias_james_dignidade_pessoa.pdf?sequence=1&isAllowed=y>.

[52] BARBAS, Stela Marcos de Almeida Neves – *Direito ao património genético*. Coimbra : Almeida, 2006, p. 240.

[53] MENEZES, Rachel Aisengart – Demanda por eutanásia e condição de pessoa: reflexões em torno do estatuto das lágrimas. Sexualidad, Salud y Sociedad. *Revista Latinoamericana*. [Em Linha]. 9 (dec. 2011) 137-153, p. 140. [Consult. 9 out. 2019]. Disponível em WWW:<URL: http://www.scielo.br/pdf/ sess/n9/07.pdf>.

[54] Cf. BRASIL. Conselho Federal de Medicina – *Resolução n.º 2.217, de 27 de setembro de 2018*. Modificada pelas Resoluções CFM n.º 2.222/2018 e 2.226/2019. Código de Ética Médica [Em Linha]. Brasília : CFM, 2019, p. 25. [Consult. 14 out. 2019]. Disponível em WWW:<URL:https:// portal.cfm. org.br/images/PDF/cem2019.pdf>.

Notas conclusivas

No trabalho ora finalizado, embora tenham sido trazidos à colação casos recentes envolvendo um bebê e uma adolescente de 17 anos, especialmente nas sociedades ocidentais a eutanásia e o suicídio assistido ainda apresentam opiniões díspares, com base em inúmeros fatores de natureza complexa. Obviamente, a eutanásia e o suicídio assistido de pessoas na fase inicial da vida são, não raro, de mais difícil assimilação, sobretudo na atualidade, quando os avanços tecnológicos aplicados à área médica parecem dotar de esperança as famílias de pessoas com doenças graves e/ou terminais, reforçando as dúvidas sobre as consequências de eventual decisão fatal.

No Brasil, com a promulgação da Lei de Biossegurança (2005), cuja constitucionalidade do artigo 5.º foi questionada por permitir o uso de células-tronco de embriões *in vitro* não utilizados no processo de fertilização, havia a expectativa de que outros temas – caso da eutanásia e do suicídio assistido – passassem a ter maior enfrentamento no Poder Legislativo. Entretanto, isso não ocorreu, e a eutanásia e o suicídio assistido continuam a ser crimes puníveis com base no Código Penal.

Em Portugal tais práticas são, ainda, consideradas criminosas. Nota-se, todavia, nos últimos anos, uma articulação política para legalizar a eutanásia e o suicídio assistido, em pessoas com problemas gravíssimos e irreversíveis de saúde e com qualidade de vida totalmente prejudicada, em razão daquelas condições. Em 2018, quatro projetos de lei foram apreciados pelo Parlamento português, mas nenhum deles conseguiu se concretizar. Em 20 de fevereiro de 2020, cinco projetos de cinco partido distintos passaram no Parlamento, mas o presidente tem poder de veto. Mesmo assim, o caminho está aberto.

Como restou demonstrado, a morte piedosa ou digna remonta à Grécia antiga e nunca deixou de ser debatida pela sociedade.

Contudo, caso seja possível recorrer à eutanásia ou ao suicídio assistido, sempre há se considerar a autonomia da pessoa, o direito de escolha, a liberdade de optar ou não pela vida. Quando esse desejo parte das crianças ou se a diretriz é sedimentada no princípio do Melhor Interesse da Criança, a prática fatal determinada pelos médicos e acatada pelo Estado pode se tornar o centro de conflito em relação à vontade dos pais.

Ainda nos tempos atuais, a morte é tema que assombra o homem, pois que norteada por mistérios que transcendem a própria ciência. Desejar a morte como uma forma de alcançar a dignidade soa, no mínimo, contraditório para aqueles que precisam administrar a abreviação da vida de um ente querido. Seja como for, ter a alternativa de frear a dor física é algo a ser trabalhado pelos que elaboram as leis, bem como pelos que delas dependem para ter o direito de escolha assegurado.

Ademais, a evolução de tecnologias deve ser observada com especial cuidado quando a vida estiver em jogo. Pertence ao campo da bioética e do biodireito a cautela específica de assegurar que as decisões humanas sejam tomadas em prol da dignidade da pessoa, e não apenas com base no desenvolvimento científico, afinal o equilíbrio de ambas as decisões nos remete à máxima aristotélica de que “a virtude está no meio”.

Referências

ASSUMPÇÃO, Letícia Franco Maculan – A eutanásia e as diretrizes antecipadas de vontade em Portugal. *Colégio Notarial do Brasil.* [Em Linha]. Brasília, 5 jun. 2018. [Consult. 11 out. 2019]. Disponível em WWW:<URL:http://www.notariado.org.br/blog/noticias/eutanasia-e-as-diretrizes-antecipadas-de-vontade-em-portugal>.

BARBAS, Stela Marcos de Almeida Neves – *Direito ao património genético.* Coimbra : Almeida, 2006. ISBN 972-40-1113-5

BARBAS, Stela Marcos de Almeida Neves – *Direito do Genoma Humano.* Lisboa : Almedina, 2007. ISBN 978-972-40-3250-4

BARBOZA, Heloísa Helena – Bioética e biodireito: quem defende os interesses da criança? In SCHRAM, FR; BRAZ, M., (Orgs.) – *Bioética e saúde: novos tempos para mulheres e crianças?* [Em Linha]. Rio de Janeiro : FIOCRUZ, 2005. p. 125-138. [Consult. 10 out. 2019]. Disponível em WWW:<URL:http://books.scielo.org/id/wnz6g/pdf/schramm-9788575415405-07.pdf>. ISBN 978-85-7541-540-5.

BRANCO, Mariana – A verdadeira história de Noa, que aos 17 quis morrer. *Sábado* [Em Linha]. Lisboa, 5 jun. 2019. [Consult. 13 jan. 2019]. Disponível em WWW:<URL:https://www.sabado.pt/vida/detalhe/a-verdadeira-historia-de-noa-que-aos-17-anos-escolheu-morrer>.

BRASIL. Conselho Federal de Medicina – *Resolução n.º 2.217, de 27 de setembro de 2018.* Modificada pelas Resoluções CFM n.º 2.222/2018 e 2.226/2019. Código de Ética Médica [Em Linha]. Brasília : CFM, 2019. [Consult. 14 out. 2019]. Disponível em WWW:<URL:https://portal.cfm.org.br/images/PDF/cem2019.pdf>.

BRASIL. Presidência da República – *Decreto-lei n.º 2.848, de 7 de dezembro de 1940.* Código Penal. [Em Linha]. Rio de Janeiro : 31 dez. 1940. [Consult. 22 set. 2019]. Disponível em WWW:<URL:http://www.planalto.gov.br/ccivil_03/decreto-lei/del2848compilado.htm>.

BRASIL. Presidência da República – *Lei n.º 10.406, de 10 de janeiro de 2002.* Institui o Código Civil. [Em linha]. Brasília : DOU, 11 jan. 2002. [Consult. 18 nov. 2019]. Disponível em WWW:<URL:http://www.planalto.gov.br/ccivil_03/leis/2002/l10406.htm>.

BRASIL. Presidência da República – *Lei n.º 11.105, de 24 de março de 2005.* [Em Linha]. Brasília : DOU, 28 mar. 2005. [Consult. 12 out. 2019]. Disponível em WWW:<URL:http://www.planalto.gov.br/ccivil_03/_Ato2004-2006/2005/Lei/L11105.htm>.

BRASIL. Presidência da República – *Lei n.º 13.146, de 06 de julho de 2015.* Institui a lei brasileira de inclusão da pessoa com deficiência (Estatuto da Pessoa com Deficiência). [Em linha]. Brasília : DOU, 7 jul. 2015. [Consult. 12 nov. 2019]. Disponível em WWW:<URL:http://www.planalto.gov.br/ccivil_03/_ato2015-2018/2015/lei/l13146.htm>.

BRASIL. Presidência da República – *Lei n.º 8.069, de 13 de julho de 1990.* Dispõe sobre o Estatuto da Criança e do Adolescente e dá outras providências. [Em Linha]. Brasília : DOU, 16 jul. 1990, retificado em 27 set. 1990. [Consult. 10 out. 2019]. Disponível em WWW:<URL:http://www.planalto.gov.br/ccivil_03/leis/l8069.htm>.

BRASIL. Presidência da República – *Lei n.º 9.434/97, de 04 de fevereiro de 1997.* Dispõe sobre a remoção de órgãos, tecidos e partes do corpo humano para fins de transplante e tratamento e dá outras providências. [Em linha]. Brasília DOU, 5 fev. 1997. [Consult. 10 out. 2019]. Disponível em: <http://www.planalto.gov.br/ccivil_03/LEIS/L9434.htm>.

BRASIL. Superior Tribunal de Justiça – *Ação Direta de Inconstitucionalidade n.º 3.510.* Relator: Ministro Ayres Britto. Julgamento: 29 maio 2008. Órgão Julgador: Tribunal Pleno. Publicação: DJe, 28 maio 2010. [Consult. 11 out. 2019]. Disponível em WWW:<URL:http://www.stf.jus.br/portal/geral/verPdfPaginado.asp?id=611723&tipo=AC&descricao=Inteiro%20Teor%20ADI%20/%203510>).

CARDOSO, Augusto Lopes – Eutanásia e Suicídio Assistido. In ASCENSÃO, José de Oliveira (Org.) – *Coleção Estudos de Direito da Bioética.* Coimbra : Almedina, 2005. ISBN 9789724021898. p. 235-260.

CONSELHO DA EUROPA – *Convenção para a Protecção dos Direitos do Homem e da Dignidade do Ser Humano face às Aplicações da Biologia e da Medicina* [Em Linha].

Oviedo, 4 abr. 1997. [Consult. 12 out. 2019]. Disponível em WWW:<URL: http://www.dhnet.org.br/direitos/sip/euro/principaisinstrumentos/16.htm>.

Dadalto, Luciana; Affonseca, Carolina de Araújo – Considerações médicas, éticas e jurídicas sobre decisões de fim de vida em pacientes pediátricos. *Revista Bioética*. [Em Linha]. 26:1 (jan./mar. 2018) 11-21. [Consult. 27 set. 2019]. Disponível em WWW:<URL: http://www.scielo.br/scielo.php?script=sci_arttext&pid=S1983-80422018000100012>.

DIVISÃO DE INFORMAÇÃO LEGISLATIVA E PARLAMENTAR – *Eutanásia e Suicídio Assistido*. Legislação Comparada. Pesquisa, compilação, análise e tratamento por José Manuel Pinto e Teresa Montalvão da Cunha. [Em linha]. Lisboa : Assembleia da República, 2016. (Coleção Temas, n.º 60). [Consult. 12 out. 2019]. Disponível em WWW:<URL:https://www.parlamento.pt/ArquivoDocumentacao/Documents/Eutanasia_Suicidio_Assistido_1.pdf>.

Dworkin, Ronald – *Domínio da Vida: aborto, eutanásia e liberdade individuais*. Tradução Jefferson Luiz Camargo. São Paulo : Martins Fontes, 2003. ISBN 8533615604

Farias, James Magno Araújo – Dignidade da pessoa humana e bioética: A declaração de constitucionalidade do artigo 5º da lei n.º 11.105/05 (Lei de Biossegurança) pelo Supremo Tribunal Federal. *Revista Eletrônica do TRT6*. [Em linha]. ISSN 0524-4102. 25:42 (2015) 129-146. [Consult. 12 out. 2019]. Disponível em WWW:<URL: https://juslaboris.tst.jus.br/bitstream/handle/20.500.12178/102779/2015_farias_james_dignidade_pessoa.pdf?sequence=1&isAllowed=y>.

Goldim, José Roberto – Breve histórico da Eutanásia. *Bioética*. [Em Linha]. Porto Alegre: UFRS, 30 nov. 2000. [Consult. 13 out. 2019]. Disponível em WWW:<URL:https://www.ufrgs.br/bioetica/euthist.htm>.

Kipper, Délio José – Até onde os pais têm o direito de decidir por seus filhos? *Jornal de Pediatria* [Em Linha]. 73:2 (1997) 67-74. [Consult. 14 out. 2019]. Disponível em WWW:<URL:http://www.jped.com.br/conteudo/97-73-02-67/port.pdf>.

Kipper, Délio José – Limites do poder familiar nas decisões sobre a saúde de seus filhos – diretrizes. *Revista Bioética* [Em Linha]. 23:1 (2015) 40-50. [Consult. 14 out. 2015]. Disponível em WWW:<URL: http://www.scielo.br/pdf/bioet/v23n1/1983-8034-bioet-23-1-0040.pdf>.

Lauriano, Fernanda Lage; Zaganelli, Margareth Vetis – Diretivas Antecipadas de Vontade: uma análise do modelo português. *Humanidades & Tecnologia em Revista*. [Em Linha]. ISSN 1809-1628. 12:12 (2018) 213-227. [Consult. 9 out. 2019]. Disponível em WWW:<URL:https://www.finom.edu.br/assets/site/paginas/files/downloads/20180625150641.pdf>.

MELO, Vivianne Rodrigues de – Diretivas antecipadas de vontade: construção de bases deontológicas e jurídicas. *Revista de Direito.* ISSN 1806-8790. 10 (2018) 251-279.

MENEZES, Rachel Aisengart – Demanda por eutanásia e condição de pessoa: reflexões em torno do estatuto das lágrimas. Sexualidad, Salud y Sociedad. *Revista Latinoamericana.* [Em Linha]. ISSN 1984-6487. 9 (dec. 2011) 137-153. [Consult. 9 out. 2019]. Disponível em WWW:<URL: http://www.scielo.br/pdf/sess/n9/07.pdf>.

NUNES, RUI – Estudo n.º 17/APB/10. Testamento Vital. *Associação Portuguesa de Bioética.* [Em Linha]. Porto, 18 set. 2010. [Consult. 13 out. 2019]. Disponível em WWW:<URL:http://www.apbioetica.org/fotos/gca/1284923005parecer-testamento_vital.pdf>.

NUNES, Rui – *GeneÉtica.* Coimbra : Almedina, 2013. ISBN 9789724051819

OBSERVADOR – *Bélgica concedeu eutanásia a menores com 9, 11 e 17 anos.* [Em Linha]. Lisboa, 8 ago. 2018. [Consult. 28 set. 2019]. Disponível em WWW:<URL:https://observador.pt/2018/08/08/belgica-concedeu-eutanasia-a-menores-com-9-11-e-17-anos/>.

OLIVEIRA, Maria Zeneida Puga Barbosa; BARBAS, Stela – Autonomia do idoso e distanásia. *Revista bioética.* ISSN 1983-8042. 21:2 (2013) 328-337. [Consult. 10 out. 2019]. Disponível em WWW:<URL:http://www.scielo.br/pdf/bioet/v21n2/a16v21n2.pdf>.

ORGANIZAÇÃO DAS NAÇÕES UNIDAS – *Convenção sobre os Direitos da Criança de 1989.* [Em linha]. Nova Iorque : ONU, 2 set. 1990. [Consult. 10 Out, 2019]. Disponível em WWW em: <https://www.unicef.org/brazil/convencao-sobre-os-direitos-da-crianca>.

ORPHANET – *Síndrome deplecção do DNA mitocondrial.* [Em linha]. Paris, 2020. [Consult. 13 jan. 2020]. Disponível em WWW:<URL:https://www.orpha.net/consor/cgi-bin/Disease_Search.php?lng=PT&data_id=10388>.

PORTUGAL – *Regulamento n.º 4/2009, de 13 de janeiro.* Aprova o Código Deontológico da Ordem dos Médicos. [Em Linha]. Lisboa : Diário da República, n.º 8, II Série, 13 jan. 2009. [Consult. 12 out. 2019]. Disponível em WWW:<URL:https://www.arslvt.min-saude.pt/uploads/writer_file/document/65/08-2009.pdf>.

PORTUGAL DIGITAL – *Portugal: Presidente recusa antecipar decisão sobre morte assistida.* [Em linha]. Brasília, 22 fev. 2020. [Consult. 13 jun. 2019]. Disponível em WWW:<URL:https://portugaldigital.com.br/portugal-presidente-recusa-antecipar-decisao-sobre-ate-ao-momento-do-final-do-processo/>.

PORTUGAL. Assembleia da República – *Lei n.º 25/2012.* Regula as diretivas antecipadas de vontade, designadamente sob a forma de testamento vital, e a nomeação de procurador de cuidados de saúde e cria o Registo Nacional do Testamento Vital (RENTEV). [Em Linha]. Lisboa : Diário da República, 1.ª série, n.º 136, 16 jul. 2012, p. 3728. [Consult. 10 jan. 2020]. Disponível em WWW:<URL:https://dre.pt/web/guest/legislacao-consolidada/-/lc/116042189/202002041726/diploma?did=116052607&_LegislacaoConsolidada_WAR_drefrontofficeportlet_rp=indice&q=Lei+n%C2%BA%2025%2F2012>.

RIO DE JANEIRO. Tribunal de Justiça – *Agravo de Instrumento n.º 2004.002.13229*. Tutela Antecipada. Testemunha de Jeová. Recusa à transfusão de sangue. [Em Linha]. Relator: Desembargador Carlos Eduardo Passos. Julgamento: 5 out. 2004. Órgão Julgador: Décima Oitava Câmara Cível. [Consult. 11 out. 2019]. Disponível em WWW em: <http://www.crianca.mppr.mp.br/pagina-1617.html>.

SANTOS, Laura Ferreira dos – *A morte assistida e outras questões de fim-de-vida*. São Paulo : Almedina, 2015. ISBN 978-972-40-6106-1

O caso Roger Abdelmassih e violações ético-jurídicas em PMA no Brasil: réquiem dos sonhos de pacientes ou novas perspetivas de direitos?

VIVIANNE RODRIGUES DE MELO[1]

> Sempre tive tudo o que quis. Nasci em uma família rica, frequentei boas escolas e me destaquei pela inteligência e sabedoria. Tornei-me um homem respeitado. Meu único problema era que gostava de aproveitar as boas coisas da vida, que, na minha opinião, eram INCONCILIÁVEIS com a posição séria que eu ocupava na sociedade. Depois de me tornar adulto, passei a levar uma verdadeira vida dupla, pois, diversas vezes, fazia loucuras que tinha vergonha de contar aos meus melhores amigos. Andava com más companhias, frequentava locais de má fama, destruía e sujava bens públicos. Tudo isso dava um prazer incrível, mas me enchia de remorso no dia seguinte. Refleti muito sobre isso e me dei conta de que meus dois lados eram completamente sinceros. Eu era tão autêntico sendo o médico talentoso e íntegro, conhecido de todos, quanto sendo o homem DEVASSO das noites de LUXÚRIA.[2]

[1] Analista Judiciária do Tribunal Regional Eleitoral de Minas Gerais. Mestra e Doutoranda em Ciências Jurídicas pela Universidade Autónoma de Lisboa *Luís de Camões*. Endereço eletrônico: vivianne.melo@tre-mg.jus.br.

[2] Relato de Dr. Henry Jekyll, cf. Stevenson, Robert Louis – *O médico e o Monstro. O estranho caso do Dr. Jekyll e do Sr. Hyde*. 2.ª ed. São Paulo : Rideel, 2011. (Coleção Aventuras Grandiosas), p. 25.

Introdução

É fato que a violência sexual contra mulheres molesta o corpo e atinge a alma, em qualquer circunstância. Se violado o corpo, que é preservado pelo broquel dos direitos da personalidade, a integralidade do ser humano é abalada de forma profunda, a ponto de até mesmo mudar os projetos de vida das vítimas.

As consequências psicossociais da violência sexual são apontadas por Freitas e Farinelli: "1. depressão; 2. transtorno de estresse pós-traumático; 3. retraimento social; dificuldade de manter um relacionamento amoroso; disfunção sexual"[3].

No Brasil a violência sexual e o estupro seguramente não se limitam a espaços públicos. Pesquisas e indicadores revelam o sofrimento das vítimas no âmbito doméstico e em outros ambientes privados. É observado o registro do aumento percentual desses crimes, a cada ano de aferição. Os indicadores nacionais de violência divulgados pelo Observatório da Mulher contra a Violência alertam sobre a possibilidade de crescimento do registro percentual, nos próximos anos, caso permaneça a tendência da diminuição das subnotificações.[4]

No cenário da violência contra a mulher destaca-se que o consultório médico, por vezes, pode deixar de ser um lugar de cura e de esperanças renovadas para transformar-se em um local de terror e de trauma às pacientes. No ano de 2014, foram estarrecedores os dados divulgados pelo Conselho Federal de Medicina do Brasil (CFM), haja vista que 61 médicos perderam o direito ao exercício da profissão. No interregno de 2009 a 2014, foi contabilizado um "índice de 44% das cassações de registros médicos profissionais no Brasil, por motivo de assédio sexual a pacientes"[5].

[3] Freitas, Maria Luísa de; Farinelli, Clairna Andresa – As consequências psicossociais da violência sexual. *Revista em Pauta*. 14:37 (1.º sem. 2016) 270-295, pp. 280-281.

[4] OBSERVATÓRIO DA MULHER CONTRA A VIOLÊNCIA – *Panorama da violência contra as mulheres no Brasil: indicadores nacionais e estaduais*. [Em linha]. Brasília: Senado Federal; Observatório da mulher contra a violência, 2018, p. 13. n.º 2. [Consult. 18 jul. 2019]. Disponível em WWW:<URL: <http://www.senado.gov.br/institucional/datasenado/omv/indicadores/relatorios/BR-2018.pdf>.

[5] Cambricoli, Fabiana – 44% das cassações de registro de médico no País são por assédio sexual a paciente. *O Estado de S.Paulo*. [Em linha]. São Paulo, 24 ago. 2014. [Consult. 5 ago.

Recentemente diversos segmentos da imprensa brasileira noticiaram a decretação da prisão preventiva de José Hilson de Paiva, médico ginecologista, clínico geral e prefeito municipal da cidade de Uruburetama, no interior do Estado do Ceará. O ginecologista é acusado de praticar dezenas de estupros, fetichizados com cenas de violência contras as pacientes, em filmagens produzidas e colecionadas pelo próprio acusado.[6] O referido profissional é "um monstro"[7], na avaliação de profissionais integrantes da Associação Médica brasileira[8]. A prisão preventiva do ginecologista foi decretada para a preservação de provas fundamentais, bem como diante do risco de interferência nos trabalhos investigativos. O aviso de penalidade subscrito pelo Presidente do Conselho Regional de Medicina do Estado do Ceará, por força de deliberação em 16 de julho de 2019, comunica oficialmente a interdição cautelar do acusado, para o exercício da medicina, pelo prazo de seis meses.

A decisão sancionatória funda-se na existência de elementos probatórios que salientam provável autoria e materialidade de crimes sob autoria do médico, bem como "fundado receio de dano irreparável ou de difícil reparação do paciente, à população e ao prestígio e bom conceito da profissão, caso ele continue no exercício da Medicina"[9].

2019]. Disponível em WWW:<URL:https://brasil.estadao.com.br/noticias/geral,44-das-cassacoes-de-registro-de-medico-no-pais-sao-por-assedio-sexual-a-paciente,1548593>.

[6] "A Secretaria da Segurança Pública e Defesa Social (SSPDS) divulgou que, quando foi preso, o médico disse em depoimento às autoridades que os estupros e as gravações dos atos se tornaram um *vício*" (MELO, Emanoela Campelo de – Vítimas de médico suspeito de estuprar pacientes temem retorno de acusado a Uruburetama, no Ceará. *G1 CE*. [Em linha]. Fortaleza, 10 set. 2009. [Consult. 11 out. 2019]. Disponível em WWW:<URL:https://g1.globo.com/ce/ceara/noticia/2019/09/10/vitimas-de-medico-acusado-de-estuprar-pacientes-temem-retorno-do-prefeito-afastado-a-uruburetama-no-ceara.ghtml>).

[7] Torres, Alessandro; Muniz, Kívea; Ferezim, Roberto – Médico e prefeito no Ceará abuso de mulheres e há décadas e filma os crimes, denunciam pacientes. *G1 Ceará*. [Em linha]. Fortaleza, 14 jul. 2019. [Consult. 02 ago. 2019]. Disponível em WWW:<URL:https://g1.globo.com/ce/ceara/noticia/2019/ 07/14/medico-e-prefeito-no-ceara-abusa-de-mulheres-ha-decadas-e-filma-os-crimes-denunciam-pacientes.ghtml>.

[8] ASSOCIAÇÃO MÉDICA BRASILEIRA – *Declaração de Helsinque*. Princípios éticos para a pesquisa médica envolvendo seres humanos. [Em linha]. Helsinque : WMA, 2013. [Consult. 30 jul. 2019]. Disponível em WWW:<URL:https://arquivos.amb.org.br/_downloads/491535001395167888_ DoHBrazilianPortugueseVersionRev.pdf>.

[9] BRASIL. Órgão: Entidades de Fiscalização do Exercício das Profissões Liberais; Conselho Regional de Medicina do Estado do Ceará – *Aviso de Penalidade*. [Em linha]. Brasília : DOU,

A *voluntas* é o elemento essencial que, em regra, deve nortear a clínica médica. A autonomia do paciente é o "pavio ético" de um archote que ilumina a prestação de serviços em saúde como um todo. Para Oliveira são violentas as práticas em saúde que recorrem a "meios que limitam a capacidade de defesa do indivíduo ou que se aproveitam de suas limitações para forçar um tratamento não consentido, causando lesões físicas, psíquicas, morais ou até mesmo a morte do paciente"[10].

Todas as versões do Código de Ética Médica no Brasil vedam a utilização da profissão para "corromper costumes, cometer ou favorecer crime"[11]. Pretende-se estudar, com brevidade, o caso do médico Roger Abdelmassih, escândalo que tomou proporção histórica na imprensa nacional e internacional.

O "Doutor Vida", médico brasileiro especializado em procriação medicamente assistida (PMA), foi condenado por crimes de violência sexual praticados em sua clínica, contra várias pacientes. Apurou-se, por parte do referido profissional, uma panóplia de práticas violadoras da ética médica, em afronta a direitos historicamente consolidados.

Levando em conta que 1) a violência sexual contra pacientes continua a ser registrada no Brasil, 2) o caso Abdelmassih, com julgamento já concluído em primeira instância, é fundamental à temática abordada; promove-se uma análise crítica sobre a efetividade da evolução dos parâmetros ético-normativos em benefício dos pacientes de PMA no Brasil.

O estudo sedimenta-se em fonte legislativa, normativa, documental e jurisprudencial, com especial ênfase na obra *A Clínica*, livro-reportagem sobre os crimes do médico Roger Abdelmassih, de autoria do jornalista Vicente Vilardaga.

17 jul. 2019, edição n.º 136, Seção n.º 03, p. 142. [Consult. 12 out. 2019]. Disponível em WWW:<URL:http://www.in.gov.br/web/ dou/-/aviso-de-penalidade-196351232>.

[10] Oliveira, Geraldine Gollo – Ética, violência e saúde. In Modena, Maura Regina – *Conceitos e formas de violência*. Caxias do Sul : Educs, 2016. p. 141-156, p. 142.

[11] O art. 30 da Resolução CFM n.º 1.931/09 é mantido com idêntica redação no novel Código de Ética Médica, aprovado por meio da Resolução CFM n.º 2.217, de 27 de setembro de 2018.

1. A ética na prática médica

Dentre diferentes aceções, a Ética é considerada um ramo da Filosofia que se dedica ao estudo da moral e do comportamento humano. De essência generalista, é caracterizada como "teoria, investigação ou explicação de um tipo de experiência humana ou forma de comportamento dos homens, o da moral, considerado, porém, na sua totalidade, diversidade e variedade"[12].

A ética profissional disciplina um conjunto de valores de bem agir dos seres humanos, no exercício profissional ou no corpo de alguma organização.

O Juramento de Hipócrates é historicamente considerado um nascedouro da ética médica por incorporar aforismas reveladores de preceitos éticos profissionais, até hoje honrados pelos códigos de ética. Consideramos o seguinte como o principal deles: "Aplicarei os regimes para o bem do doente segundo o meu poder e entendimento, nunca para causar dano ou mal a alguém". Dentre outras observadas no *Corpus Hipocraticum,* destaca-se a seguinte proteção dos pacientes: "Em toda casa, aí entrarei para o bem dos doentes, mantendo-me longe de todo o dano voluntário e de toda a sedução, sobretudo dos prazeres do amor, com as mulheres ou com os homens livres ou escravizados"[13].

A essência das diretrizes contidas no *Corpus Hipocraticum* foi preservada no Relatório Belmont, apresentado em 1978 pela *National Commission for the Protection of Human Subjects.* A finalidade do referido relatório e de suas atualizações é enunciar princípios e diretrizes éticas nas pesquisas e experimentações científicas, para salvaguardar os pacientes humanos. Tal instrumento ético foi desenvolvido a partir de escândalos em experiências científicas levadas a público, como a execução de testes com os negros de Tuskegee acometidos por sífilis, dentre outros.[14]

[12] VÁZQUEZ, Adolfo Sánchez – *Ética.* 37.ª ed. Rio de Janeiro : Civilização Brasileira, 2017, p. 21.

[13] VILARDAGA, Vicente – *Juramento de Hipócrates.* [Em linha]. São Paulo, 0219. [Consult. 13 ago. 2019]. Disponível em WWW:<URL:https://www.cremesp.org.br/?siteAcao=Historia&esc=3>.

[14] Barros evidencia também "a aplicação de células cancerígenas em pacientes lúcidos com doenças crônicas do Jewish Chronic Disease Hospital de Brookylin-Nova Iorque, os estudos comportamentais de Milgram, a inoculação do vírus da hepatite em crianças com déficit cognitivo no Willowbrook State School de Nova Iorque" (cf. BARROS, Carlos Eduardo Cavalcante – O protocolo de pesquisa após a aprovação pelo sistema. Campinas : Unicamp, 2018. Dissertação de Mestrado, p. 29).

O Relatório Belmont é considerado fonte da corrente principialista da Bioética, enquanto parte da Ética voltada ao estudo interdisciplinar da conduta moral do ser humano, em questões relacionadas à vida.[15] Ao propor os princípios da beneficência, da não maleficência, da autonomia e da justiça, o versado instrumento apresentou, pioneiramente, *guidelines* específicas[16] aos atuantes na prática clínica, assistencial e na experimentação científica.

O princípio da beneficência reproduz o clássico preceito *bonum facere*, que estabelece o dever moral de efetivamente fazer, como também de potencializar o bem. Segundo Campos e Oliveira, a ética biomédica impõe um dever moral do profissional da saúde: "comprometer-se a avaliar os riscos e os benefícios potenciais – sejam individuais ou coletivos – e sempre perseguir o máximo de benefícios, reduzindo ao mínimo os possíveis danos e riscos"[17].

O princípio da não maleficência é concebido como "a obrigação de não fazer ou promover o mal a um ser humano, da qual deriva o dever médico de respeitar normas concretas do tipo 'não matar' etc."[18]. Remonta à ética hipocrática do *primum non nocere*, ao estabelecer o dever de auxiliar ou ao menos de não lesar.

Há uma corrente que iguala os princípios da beneficência, e não da maleficência. Outra vertente de pensamento estabelece que a diferença específica entre ambos os princípios está no dever moral de conduta comissiva proposto na beneficência, bem como no dever de omissão preconizado na não maleficência.

O princípio da autonomia prioriza o respeito à autodeterminação do ser humano, enquanto titular do exercício da vontade e da liberdade, conforme

[15] REIS et al. estabelecem o conceito de Bioética como ciência que "apresenta como aspectos relevantes: a compreensão dos problemas relacionados com valores que surgem em todas as profissões de saúde; a aplicação às investigações do comportamento que influem diretamente ou não na terapêutica e abordagem de várias questões sociais, que se relacionam com temas da saúde" (cf. REIS, Amanda Guedes dos; GOMES, Carlos Manuel Costa; SAUTHIER, Marta; SOARES, André Marcelo Machado – Origem e perspectivas da Bioética no Brasil e em Portugal. In ANGOTTI NETO, Hélio (Org.) – *Mirabilia Medicinæ*. 6:1 (jan./jun. 2016) 95-112, p. 98).

[16] Diretrizes principiológicas posteriormente trabalhadas por Beauchamp e Childress na obra *Principles of biomedical ethics*.

[17] CAMPOS, Adriana; OLIVEIRA, Daniela Rezende – A relação entre o princípio da autonomia e o princípio da beneficência (e não-maleficência) na bioética médica. *Revista Brasileira de Estudos Políticos*. 115 (jul./dez. 2017) 13-45, p. 21.

[18] NEVES, Carlos – *Bioética. Temas Elementares*. Lisboa: Fim de Século, 2001, p. 15.

o pensamento kantiano. Para Esperança Pina, a autonomia "baseia-se no respeito pela legítima autonomia das pessoas, pelas suas escolhas e decisões, para que sejam verdadeiramente autónomas ou livres"[19].

O princípio da justiça estabelece, em objetiva definição proposta por Martins, "o dever de dar a cada um o que lhe é devido, ou lhe pertence, em termos de benefícios ou direitos, e de responsabilidades ou deveres"[20].

Ao longo dos tempos, diversos instrumentos internacionais e nacionais, tais como os códigos deontológicos dos Conselhos e Ordens Médicos, encamparam os supramencionados princípios, assim como outros, desdobrados ou conexos. A Ética Médica, também tratada como Bioética Médica, ou Ética Biomédica, incorpora novos valores culturais de ordem moral, os quais demandam especial conduta dos profissionais da saúde.

Outra vertente da Bioética aplicada ao exercício da medicina é a Bioética Clínica. Na prática médica, tal segmento conduz a pontuais reflexões, na casuística clínica e antes de qualquer tomada de decisão: "qual é o caso? Qual é o problema ético? O que se deve ou deveria fazer? Quem deve fazer? E por quê?"[21].

De uma forma geral, no Brasil, o paternalismo que outrora imperava na relação médico-paciente passa a ceder espaço a um panorama relacional que valoriza mais a vontade do paciente e resulta na efetiva potencialização da autonomia e do consentimento livremente esclarecido.

Com efeito, Oliveira adverte que o princípio da autonomia assume função primordial na atividade médica, pois passa a adotar "o respeito às decisões do paciente como primado ético"[22]. A lição de Heck et al. registra a reprodução assistida e questões de ordem genética na "nova medicina" (aborto tera-

[19] Esperança Pina, José António – *Ética, Deontologia e Direito Médico*. Lisboa : Lidel, 2013, p. 13.

[20] Martins, Isabel Otília Parreiral Pinheiro de Matos – *A operacionalização dos princípios da Bioética no principialismo de Beauchamp e Childress*. Lisboa : Universidade Nova de Lisboa, 2013. Dissertação de Mestrado, p. 40. Sobre o princípio da justiça, pendem discussões altamente complexas que envolvem a distribuição de recursos e a seleção dos beneficiários, questões que fogem ao objetivo desta investigação.

[21] Figueiredo, Antônio Macena de – Bioética clínica e sua prática. *Revista Bioética*. 19:2 (2011) 343-358, p. 346.

[22] Oliveira, Aline Albuquerque Sant'Anna de – Bioética clínica e direitos humanos: a interface entre o direito humano à saúde e o consentimento informado. *Revista Bioethikos*. 4:7 (2013) 388-397, p. 390.

pêutico, gestação ou útero de aluguel, "bebê-medicamento" e outras) como exemplos de situações práticas que "colocam os médicos frente a situações moralmente complexas"[23].

2. A procriação medicamente assistida no brasil

2.1. Do consultório ao procedimento de PMA

Os efeitos da biotecnologia e das ciências genómicas impactaram a sociedade de tal modo, que a medicina se torna adaptável ao evidente conjunto de situações ultracomplexas que interferem diretamente na vida do paciente, enquanto ser humano dotado de vontade.

No processo evolutivo da reprodução humana assistida no Brasil, Pereira[24] identifica cinco fases relevantes, ora sintetizadas:

1.ª) fundação da Sociedade Brasileira de Esterilidade no Rio de Janeiro (1947), como pedra fundamental à evolução;
2.ª) desenvolvimento da anticoncepção cirúrgica pela via laparoscópica, na 2.ª metade de 1970;
3.ª) no ano de 1984, o nascimento de Ana Paula Caldeira, primeira bebê de proveta do Brasil, por meio dos trabalhos de Dr. Milton Nakamura e equipe;
4.ª) década de 90: inauguração de dezenas de centros de medicina reprodutiva, em algumas capitais do país, porém com movimento ainda reduzido;
5.ª) a partir do ano 2000: eclosão de clínicas de medicina reprodutiva.

No Brasil, a regulamentação da reprodução humana assistida ocorre por meio de Resoluções do Conselho Federal de Medicina, com o objetivo de traçar normativas procedimentais e balizas éticas para a terapêutica com-

[23] Heck, Benjamin; Gonzalez; Claudete Hajaj; Hossne, William Saad – Aconselhamento genético: deliberações bioéticas vivenciadas por médicos geneticistas brasileiros. *Revista Bioethikos*. 8:2 (2014) 131-137, pp. 131-132.

[24] Pereira, Dirceu Henrique Mendes – A história da reprodução assistida no Brasil. *Revista Femina*. 39:2 (fev. 2011) 59-64, pp. 60-63.

plementar em saúde, como instrumentos de auxílio à solução dos problemas de infertilidade e esterilidade. Antes da vigente Resolução CFM n.º 2.168, publicada em 10 de novembro de 2017[25], vigoraram no Brasil: Resolução CFM n.º 1.358/1992[26]; Resolução CFM n.º 1.957/2010[27]; Resolução CFM n.º 2.013/2013[28] e Resolução CFM n.º 2.121/2015[29].

A pioneira Resolução, de n.º 1.358/1992, inaugurou um catálogo principiológico de alta relevância jurídico-social, por estabelecer formalmente a obrigatoriedade do consentimento informado aos pacientes inférteis e doadores (item 3), bem como a regra proibitiva da seleção de sexo e de características biológicas (item 4).

[25] BRASIL. Conselho Federal de Medicina – *Resolução n.º 2.168, de 10 de novembro de 2017.* Adota as normas éticas para a utilização das técnicas de reprodução assistida sempre em defesa do aperfeiçoamento das práticas e da observância aos princípios éticos e bioéticos que ajudam a trazer maior segurança e eficácia a tratamentos e procedimentos médicos, tornando-se o dispositivo deontológico a ser seguido pelos médicos brasileiros e revogando a Resolução CFM n.º 2.121/2015. [Em linha]. Brasília : DOU, 10 nov. 2017, Seção I, p. 73. [Consult. 26 ago. 2019]. Disponível em WWW:<URL:https://sistemas.cfm.org.br/normas/visualizar/resolucoes/BR/2017/2168>.

[26] BRASIL. Conselho Federal de Medicina – *Resolução n.º 1.358, de 19 de novembro de 1992.* Adota normas éticas para utilização das técnicas de reprodução assistida. [Em linha]. São Paulo : DOU, 11 nov. 1992, Seção I, p. 16053. [Consult. 26 ago. 2019]. Disponível em WWW:<URL:http://www.portalmedico.org.br/resolucoes/CFM/2010/1957_2010.htm>.

[27] Id. – *Resolução CFM n.º 1.957/2010, de 6 de janeiro de 2011.* A Resolução CFM n.º 1.358/1992, após 18 anos de vigência, recebeu modificações relativas à reprodução assistida, o que gerou a presente resolução, que a substitui in totum. [Em linha]. Brasília : DOU, 6 jan. 2011, Seção I, p. 79. [Consult. 26 ago. 2019]. Disponível em WWW:<URL:http://www.portalmedico.org.br/resolucoes/CFM/ 2010/1957_2010.htm>.

[28] Id. – *Resolução n.º 2.013, de 9 de maio de 2013.* Adota as normas éticas para o uso das técnicas de reprodução assistida, anexas à presente resolução, como dispositivo deontológico a ser seguido pelos médicos e revoga a Resolução CFM n.º 1.957/10. [Em linha]. Brasília : DOU, 9 maio 2013, Seção I, p. 119. [Consult. 26 ago. 2019]. Disponível em WWW:<URL:http://www.portalmedico.org.br/ resolucoes/CFM/2013/2013_2013.pdf>.

[29] Id. – *Resolução n.º 2.121, de 24 de setembro de 2015.* Adota as normas éticas para a utilização das técnicas de reprodução assistida – sempre em defesa do aperfeiçoamento das práticas e da observância aos princípios éticos e bioéticos que ajudarão a trazer maior segurança e eficácia a tratamentos e procedimentos médicos – tornando-se o dispositivo deontológico a ser seguido pelos médicos brasileiros e revogando a Resolução CFM n.º 2.013/13. [Em linha]. Brasília : DOU, 24 set. 2015, Seção I, p. 217. [Consult. 26 ago. 2019]. Disponível em WWW:<URL:http://www.portalmedico.org.br/resolucoes/ CFM/2015/2121_2015.pdf>.

Ao longo dos anos, diante do surgimento de elementos culturais e sociais ultracomplexos, houve a necessidade de novos regramentos, que resultaram na vigência das Resoluções ulteriores.

Por questões de ordem técnica, científica e cultural, Melo revela certa diminuição da autodeterminação dos pacientes de PMA, em geral, "emocionalmente desgastados, sejam tomados por imensa ansiedade ou aflição, já na primeira consulta médica, em busca de respostas eficazes para a concretização do sonho reprodutivo"[30].

Dessa forma, desde a primeira consulta, até a fase da efetiva implantação de embriões[31], observa-se o aperfeiçoamento do fenômeno da "transferência". Tal fenômeno, operado no plano psicológico, ocorre quando o paciente deposita confiança[32] na figura do médico e alimenta a expectativa de que o exercício da medicina, pré-conceptiva, pré-implantatória e pré-natal, logrará êxito com o estado gestacional.

Não é incomum, portanto, que pacientes ou casais altamente desejosos da prole atribuam elevado poder ao médico, fenômeno ocorrido quando os interessados depositam no profissional e na clínica todas as expectativas de formação da vida.

Nessa hipótese, defendemos que, enquanto profissionais da saúde, médicos e embriologistas devem redobrar sua cautela, de modo a cumprir os ditames éticos normatizados para bem servir aos pacientes.

Para Cabette, "A medicina, conforme os ditames do Código de Ética deve subordinar-se precipuamente e basicamente ao interesse da saúde e do bem-estar do ser humano, não devendo servir a interesses escusos de qualquer outra natureza"[33].

[30] Melo, Vivianne Rodrigues de – *Responsabilidade civil médica pré-natal: reparação aos pais pelo nascimento comprometido.* Lisboa : Universidade Autónoma de Lisboa, 2017. Dissertação de Mestrado, p. 26.

[31] Adota-se aqui o exemplo da fertilização *in vitro*, sem desconsiderar a existência de outras técnicas de PMA, como a inseminação artificial e a transferência intratubária de gametas.

[32] "Na base da relação médico-paciente está a confiança deste depositada na arte ou conhecimento daquele" (Estorninho, Maria João; Macieirinha, Tiago – *Direito da Saúde.* Lisboa : Universidade Católica, 2014, p. 189).

[33] Cabette, Eduardo Luiz Santo – *Comentários ao novo Código de Ética Médica.* Belo Horizonte : Del Rey, 2011, p. 12.

3. Besta encoberta em deidade: o caso Roger Abdelmassih

3.1. A volta de Mister Hyde?

Em pesquisa sobre Direito do Médico, Fonseca comenta reflexos pontuais do desenvolvimento biotecnológico:

> Inovar e criar tem sido lema natural e consequente da evolução tecnológica na área médica. As criações dentro de um laboratório têm nos surpreendido. O que, há pouco tempo, era considerado obra de ficção, hoje é comum e constantemente veiculado e usado no campo médico. O desenvolvimento técnico tem sido tão inovador e benéfico quanto preocupante. Preocupante, porque o homem passou a ter um pouco do poder de Deus. Poder de Deus? Sim, poder de criação e construção da matéria biológica, da transformação do próprio homem em sua complexidade biológica. Passou a poder criar outro ser semelhante, a dar condição de pessoa que não produzia a ter condição para tanto, trocar o sexo da pessoa por meio de cirurgia etc. Enfim, o homem consegue alcançar, por meio de técnicas que vêm sendo cada vez mais aprimoradas, resultados impressionantes e há pouco tempo não imagináveis.[34]

Como dito, os avanços da biotecnologia e da genómica fazem com que tais operadores administrem certos "poderes da criação" e quiçá até que se afigurem como abençoados pelos "dons de Deus". Chamado "Doutor Vida" ou "Médico das Estrelas", em meados dos anos noventa, Abdelmassih tornou-se o sócio-proprietário da maior e mais desejada Clínica de Reprodução Assistida do país, com sede na Avenida Brasil, na cidade de São Paulo.

Os pacientes da Clínica e Centro de Pesquisa em Reprodução Humana Doutor Roger Abdelmassih "reconheciam algo de divino e milagroso no seu trabalho e sobravam palavras sinceras para agradecer-lhe e endeusá-lo"[35].

O próprio médico especialista em PMA assumia uma posição de superioridade perante seus pacientes e se apresentava como um católico fervoroso, um escolhido por Deus para proporcionar a bênção da vida; "às vezes, dava a

[34] Fonseca, Pedro Henrique Carneiro da; Fonseca, Maria Paula – *Direito do Médico. De acordo com o Novo CPC*. Belo Horizonte : D'Plácido, 2016, p. 92.

[35] Vilardaga, Vicente – *A Clínica. A farsa e os crimes de Roger Abdelmassih*. Rio de Janeiro; São Paulo : Record, 2016, p. 13.

impressão de ser um cientista criacionista que se envergonhava da natureza herética de seu trabalho. Dizia que era um instrumento de deus, como um curandeiro espírita, e costumava falar do que fazia como um milagre"[36].

A verdade cruel, e por tanto tempo mantida em silêncio, é que, no interior da majestosa clínica, dezenas de pacientes foram vítimas de abusos sexuais e de outros crimes perpetrados por Roger Abdelmassih, indiciado em 2009 por estupro e atentado violento ao pudor. Diante do caos dos sonhos ceifados, com famílias desfeitas e esperanças perdidas, e, após o pioneirismo de uma paciente no então Orkut, outras mulheres se mobilizaram para a criação do blog "vítimas de Roger Abdelmassih"[37].

O renomado médico Abdelmassih, que se apresentava como missionário de Deus para prover a vida humana nesse orbe, ocultava em si um monstro cruel. Das dezenas de depoimentos das pacientes, vitimadas pela lascívia e pela violência real, destaca-se o da ofendida "A":

> Em 1995, constrangeu a ofendida "A", à conjunção carnal, após a aspiração dos óvulos. O denunciado, valendo-se da ação do sedativo e de sua predominância física, sentou a ofendida sobre a cama e, segurando-lhe fortemente pelos braços, impôs-lhe atos libidinosos diversos da conjunção carnal. Através de sua prevalência física, com a vítima ainda inerte sobre a cama, deu-lhe beijos e segurou-a fortemente pelos braços, levantou sua camisola hospitalar e consumou a conjunção carnal.[38]

As vítimas, muitas das quais ainda em vestes hospitalares, foram atormentadas pela perversão do médico que prometia vida e, ao mesmo tempo, lhes tirou o gosto ou a leveza de viver. No consultório, no banheiro, na sala de intervenção ou no quarto de repouso, muitas pacientes foram surpreendidas pela transformação do médico religioso em repulsiva fera sedenta de sádico prazer. Parecia a volta de Mr. Hyde, a violar o corpo, a dignidade sexual de suas vítimas e a deixar espicaçada a sua estrutura psíquica e emocional.

[36] Ibid., p. 53.

[37] Ibid., p. 87.

[38] SÃO PAULO. Poder Judiciário. 16ª Vara Criminal – *Processo n.º 050.08.082189-8*. Controle n.º 1266/2009. [Em linha]. Decisão Judicial. Réu: Roger Abdelmassih. Magistrada: Kenarik Boujikian Felippe. Publicação: 23 nov. 2010, p. 3. [Consult. 13 ago. 2019]. Disponível em WWW:<URL:https://www.conjur.com.br/dl/sentenca-condenacao-medico-roger.pdf>.

A leitura do livro *A Clínica* revela detalhadamente parte da biografia de Abdelmassih. Dentre outros elementos, a obra destaca um homem ególatra, com personalidade altamente competitiva, narcísica e com ausência de limites pessoais para alcançar fama e poder.

A união das vítimas foi de suma relevância para subsidiar a investigação criminal conduzida no âmbito da Polícia Civil do Estado de São Paulo. As vítimas irmanadas pela causa igualmente ofereceram importante substrato ao oferecimento da denúncia formalizada por Dr. José Reinaldo Carneiro, Promotor de Justiça do Estado de São Paulo, lotado no Grupo de Atuação Especial de Combate ao Crime Organizado (GAECO).

No ano de 2010, nos autos do Processo n.º 050.08.082189-8[39], a Juíza de Direito, Dra. Kenarik Boujikian Felippe, titular da 16.ª Vara Criminal de São Paulo, condenou o acusado ao cumprimento de 278 (duzentos e setenta e oito) anos de reclusão (como crimes de estupro e de atentado violento ao pudor, consumados e tentados) e fixou o regime inicialmente fechado.

Além da instrução criminal de largas proporções mediáticas, em face da denúncia proposta pelo Ministério Público Estadual contabilizando cinquenta e seis vítimas, o ex-médico também respondeu a processo administrativo disciplinar junto ao Conselho Regional de Medicina do Estado de São Paulo (CREMESP).[40] Abdelmassih teve conduta médica enquadrada em seis artigos do Código de Ética Médica, capitulados na violação de direitos humanos, nos deveres éticos para com pacientes e familiares e nas regras sobre remuneração profissional, o que culminou com a condenação à perda do registro profissional.[41]

[39] Ibid.

[40] No CREMESP, as denúncias contra o "médico-monstro" só foram instruídas a partir da publicação da primeira reportagem, que noticiava o escândalo sexual contra as pacientes da clínica. Após esse período foram abertos mais de cinquenta processos administrativos contra Abdelmassih. O registro profissional do ex-médico sofreu interdição cautelar em agosto de 2009 e, após longa instrução processual, foi cassado pelo Conselho (PREVIDI, Ivandra – *A televisão e as vítimas: a rede de silêncio que acobertou crimes sexuais*. São Paulo : Pontifícia Universidade Católica, 2016. Dissertação de Mestrado, pp. 134-135).

[41] SÃO PAULO. Poder Judiciário. 16ª Vara Criminal, op. cit., p. 215.

3.2. O "sacrifício" das pacientes: breve estudo das violações éticas com base no livro "A Clínica"

Nas palavras de Vilardaga[42], a chamada "era Abdelmassih" fez coroar o desenvolvimento de "clínicas verticalizadas e serviços de prateleira", disponíveis aos casais ávidos pela procriação. A festejada clínica foi sepultada com a cal lúgubre de contínuas violações de natureza ética, inescrupulosamente praticadas pelo "Doutor Vida". Destaca-se:

1.º) Logo na primeira consulta, o médico garantia proporcionar a vida, como se a reprodução humana fosse evento preciso, de certeza matemática.

2.º) Em consultas e até mesmo em entrevistas a órgãos da imprensa, o médico falava e "vendia" naturalmente a ideia da sexagem, desde sempre uma prática eticamente condenada, por sugerir eugenismo.[43]

3.º) Práticas flagrantemente antiéticas e fraudulentas, por manifesta e grave violação aos direitos à informação, à autonomia das pacientes, ao consentimento livremente esclarecido e a outros elementos integrantes das *legis artes*. Roger Abdelmassih recorria a testes não consentidos pelos envolvidos, utilizava material genético de pacientes em terceiros, sem autorização das partes, além de outras atitudes altamente repreensivas no catálogo deontológico, como as testagens compulsórias.[44]

[42] Ibid., p. 47.

[43] "Demonstrava atrevimento ao falar da escolha do sexo do bebê, chamada sexagem, manipulação genética só permitida em caso de risco de doença genética e proibida em qualquer outra situação. Deixava claro para quem quisesse ouvir que a sexagem estava na sua prateleira de serviços" (SÃO PAULO. Poder Judiciário. 16ª Vara Criminal – *Processo n.º 050.08.082189-8.* Controle n.º 1266/2009. [Em linha]. Decisão Judicial. Réu: Roger Abdelmassih. Magistrada: Kenarik Boujikian Felippe. Publicação: 23 nov. 2010, p. 56. [Consult. 13 ago. 2019]. Disponível em WWW:<URL:https://www.conjur.com.br/dl/ sentenca-condenacao-medico-roger.pdf>).

[44] "A fraude primordial da reprodução assistida era a utilização de óvulos ou espermatozoides de terceiros sem autorização dos contratantes da fertilização. Era assim desde quando a única técnica que existia era a inseminação artificial. Para melhorar seus índices, o golpe do médico era usar o espermatozoide de um doador, que poderia ser ele próprio, sem estar combinado com a mulher e seu marido. Alguns anos mais tarde, o que um médico inescrupuloso podia fazer com o apoio de seu embriologista era usar óvulos doados de mulheres mais jovens sem que a mulher mais velha, receptora, e seu marido soubessem, para facilitar

4.º) Realização de exames e intervenções sem a permissão de acompanhantes na sala; publicidade enganosa ou suspeita, com o artifício da manipulação de números[45] e outras irregularidades inclusive atestadas por Paulo Ferraz[46], que atuou como engenheiro químico na clínica de reprodução assistida Roger Abdelmassih.

O vasto acervo documental dos autos do processo n.º 050.08.082189-8 revela que, no exercício da medicina, o réu Roger Abdelmassih violou repetidamente os seguintes princípios universais da bioética: beneficência, não

a fertilização. Na maioria dos casos, a mulher também seria simples vítima. Eventualmente, poderia ser cúmplice. Nesses novos tempos, com a intermediação de um médico especialista em fertilização artificial para consumação da gravidez, tanto o marido podia ser ludibriado, como a mulher ou o próprio casal" (SÃO PAULO. Poder Judiciário. 16ª Vara Criminal – *Processo n.º 050.08.082189-8*. Controle n.º 1266/2009. [Em linha]. Decisão Judicial. Réu: Roger Abdelmassih. Magistrada: Kenarik Boujikian Felippe. Publicação: 23 nov. 2010, p. 196. [Consult. 13 ago. 2019]. Disponível em WWW:<URL:https://www.conjur.com.br/dl/sentenca-condenacao-medico-roger.pdf>). Comprovadamente o médico injetava hormônio Hcg nas pacientes tentantes para que pensassem estar grávidas. "Com as imagens de baixa qualidade daquela época era fácil apontar para qualquer órgão e dizer que era um feto. Depois de alguns meses, porém, vinha a decepção da perda do bebê e ele consolava a paciente dizendo que ela não precisaria se preocupar porque o feto seria reabsorvido pelo corpo" (ibid., p. 197). "O destino de milhares de óvulos e embriões coletados e fertilizados na clínica era desconhecido. E não dava para saber se esse material genético circulava indevidamente entre o centro de reprodução e o centro científico. Podia haver uma intersecção maior do que a permitida entre os dois espaços" (ibid., p. 194).

45 Ibid., pp. 71, 109.

46 O promotor do caso descobriu que os problemas relacionados à clínica Abdelmassih transcendiam a violência sexual no âmbito do consultório médico: "poderiam envolver cobranças indevidas, venda irregular de medicamentos, ilegalidades na manipulação de material genético, sumiço de embriões e outras prática antiéticas, além da evidente sonegação, indicada pelos pagamentos em dólar, não declarados, e pela cobrança de preços diferenciados para pagamentos com nota e sem nota, prática corrente na negociação no consultoria confirmada por várias pacientes [...]. manipulação genética ilegal; turbinamento de óvulos (transferência de parte do citoplasma de células de doadoras mais jovens para óvulos de mulheres mais velhas); oferta de óvulos para doação adquiridos de forma suspeita como um produto que se encontra no supermercado (existência de banco clandestino de óvulos para além do banco oficial); uso de material genético de terceiros" (ibid.). Segundo Vilardaga, "Uma mulher não podia saber quantos óvulos exatamente haviam sido tirados de seu ovário. Em uma clínica honesta e fiscalizada, esse número deveria ser transparente e verdadeiro, mas quem quisesse escondê-lo não teria dificuldade (VILARDAGA, Vicente – *A Clínica. A farsa e os crimes de Roger Abdelmassih*. Rio de Janeiro; São Paulo : Record, 2016, pp. 179-181).

maleficência e autonomia. As ações do réu também violaram dispositivos da Declaração Universal do Genoma Humano e dos Direitos Humanos e da Convenção Americana sobre Direitos Humanos.[47]

A Resolução CFM n.º 1.246/88, que estabelecia o Código de Ética Médica aprovado pelo Conselho Federal de Medicina, disciplinava um conjunto de regras deontológicas que foram violadas por Abdelmassih no exercício da clínica médica.

O zelo, o bom desempenho ético e o resguardo do prestígio na profissão já sedimentavam o Código de Ética Médica vigente à época (art.º 4.º). O desfecho do processo criminal e do processo administrativo disciplinar no Conselho Regional de Medicina do Estado de São Paulo (CREMESP) foi pontual para que as práticas antiéticas de Abdelmassih resultassem em uma preocupação da sociedade e de instituições públicas e privadas, sobre a

[47] "Artigo 4 – O genoma humano em seu estado natural não deve dar lugar a ganhos financeiros; [...]
Artigo 10 – Nenhuma pesquisa ou aplicação de pesquisa relativa ao genoma humano, em especial nos campos da biologia, genética e medicina, deve prevalecer sobre o respeito aos direitos humanos, às liberdades fundamentais e à dignidade humana dos indivíduos ou, quando for o caso, de grupos de pessoas; [...]
Artigo 13 – As responsabilidades inerentes às atividades dos pesquisadores, incluindo o cuidado, a cautela, a honestidade intelectual e a integridade na realização de suas pesquisas e também na apresentação e na utilização de suas descobertas, devem ser objeto de atenção especial no quadro das pesquisas com o genoma humano, devido a suas implicações éticas e sociais" (cf. ORGANIZAÇÃO DAS NAÇÕES UNIDAS – *Declaração Universal do Genoma Humano e dos Direitos Humanos*. Adotada pela Conferência Geral da Organização das Nações Unidas para a Educação, Ciência e Cultura (UNESCO) na sua 29.ª sessão. [Em linha]. Paris : ONU, 11 nov. 1997. [Consult. 30 jul. 2019]. Disponível em WWW:<URL:<http://www.ghente.org/doc_juridicos/dechumana.htm>).
Segundo a *Convenção Americana sobre Direitos Humanos, 1969*:
"Artigo 4. Direito à vida: 1. Toda pessoa tem o direito de que se respeite sua vida. Esse direito deve ser protegido pela lei e, em geral, desde o momento da concepção. Ninguém pode ser privado da vida arbitrariamente;
Artigo 5. Direito à integridade pessoal: 1. Toda pessoa tem o direito de que se respeite sua integridade física, psíquica e moral; [...]
Artigo 11. Proteção da honra e da dignidade: 1. Toda pessoa tem direito ao respeito de sua honra e ao reconhecimento de sua dignidade" (ORGANIZAÇÃO DOS ESTADOS AMERICANOS – *Convenção Americana sobre Direitos Humanos*. Assinada na Conferência Especializada Interamericana sobre Direitos Humanos (Pacto de San José da Costa Rica). [Em linha]. San José, Costa Rica: OEA, 22 nov. 1969. [Consult. 30 jul. 2019]. Disponível em WWW:<URL:http://www.ghente.org/doc_juridicos/ dechumana.htm>).

qualidade e a eticidade no exercício da ginecologia e da prestação serviços de saúde em PMA.

A otimização do progresso científico (art.º 5.º) e o respeito pela vida humana fundado no benefício do paciente (art.º 6.º) são linhas ideológicas de suma relevância, harmonizadas com instrumentos internacionais historicamente conquistados e com a nova ordem constitucional que se instaurava naquele tempo.

A leitura do livro *A Clínica* permite avaliar que o ex-médico, ao praticar desmesuradamente a seleção de sexo; ao utilizar embriões e gametas em pacientes sem consentimento livre e esclarecido; ao provocar aborto em uma paciente; ao manipular resultados de exames; ao fazer pesquisas científicas não registradas e violadoras das normas éticas basilares; ao cercear a permanência de acompanhantes nos exames e intervenções; ao assediar, abusar e violar (na forma tentada ou consumada) as pacientes, tão vulneráveis, adotou conduta eticamente execrável, ensejadora de responsabilidade profissional prevista Código de Ética Médica à época vigente.[48]

[48] Nos termos da Resolução CFM n.º 1.246, de 08 de janeiro de 1988.
"Art. 42 – Praticar ou indicar atos médicos desnecessários ou proibidos pela legislação do País;
Art. 43 – Descumprir legislação específica nos casos de transplantes de órgãos ou tecidos, esterilização, fecundação artificial e abortamento;
Art. 44 – Deixar de colaborar com as autoridades sanitárias ou infringir a legislação vigente;
[...]
Art. 46 – Efetuar qualquer procedimento médico sem o esclarecimento e o consentimento prévios do paciente ou de seu responsável legal, salvo em iminente perigo de vida [...]
Art. 48 – Exercer sua autoridade de maneira a limitar o direito do paciente de decidir livremente sobre a sua pessoa ou seu bem-estar [...]
Art. 53 – Desrespeitar o interesse e a integridade de paciente, ao exercer a profissão em qualquer instituição na qual o mesmo esteja recolhido independentemente da própria vontade [...]
Art. 63 – Desrespeitar o pudor de qualquer pessoa sob seus cuidados profissionais [...]
Art. 65 – Aproveitar-se de situações decorrentes da relação médico-paciente para obter vantagem física, emocional, financeira ou política [...]
Art. 68 – Praticar fecundação artificial sem que os participantes estejam de inteiro acordo e devidamente esclarecidos sobre o procedimento [...]
Art. 122 – Participar de qualquer tipo de experiência no ser humano com fins bélicos, políticos, raciais ou eugênicos [...]
Art. 127 – Realizar pesquisa médica em ser humano sem submeter o protocolo à aprovação e acompanhamento de comissão isenta de qualquer dependência em relação ao pesquisador"

4. A era pós-abdelmassih: réquiem dos sonhos ou novas perspetivas de direitos?

Silva adverte que o encontro do direito com a ética prenuncia a dignidade humana como condição da própria humanidade. Nesta perspetiva, "somente afastando-se das limitações mecanicistas da tecnociência é possível afirmar que todo ser humano é pessoa e possui direitos que emanam de sua própria natureza"[49].

A relação médico-paciente, eminentemente contratual, é respaldada pelo princípio da dignidade humana, na conceção de Naves e Sá[50], para quem o Código de Ética Médica vai além de norma moral e assume a natureza de norma jurídica.

Para Tinant a dignidade humana "juega un verdadero rol unificador de toda la ética biomédica"[51]. A conduta do ex-médico Abdelmassih violou

(BRASIL. Conselho Federal de Medicina – *Resolução n.º 1.246, de 08 de janeiro de 1988.* Dispõe sobre o Código de Ética Médica. [Em linha]. Brasília : DOU, 26 jan. 1988, Seção 1, p. 1574-1577. [Consult. 14 ago. 2019]. Disponível em WWW:<URL:http://www.cremesp.org.br/library/modulos/legislacao/versao_ impressao.php?id=2940>).
Observa-se no livro *A Clínica* que "Abdelmassih foi enquadrado em seis artigos do Código de Ética Médica, sendo dois do Capítulo 4, que trata de Direitos Humanos, três do Capítulo 5, sobre a relação do médico com os pacientes e seus familiares, e um do Capítulo 8, que fala sobre remuneração profissional. Quanto aos direitos humanos, Abdelmassih os ofendeu, segundo a identidade, ao praticar ou indicar atos médicos desnecessários ou proibidos por lei e ao usar a profissão para corromper os costumes. Transgrediu a relação com a paciente e com seus familiares ao desrespeitar o direito do paciente de decidir livremente sobre a execução de práticas diagnósticas ou terapêuticas, ao desrespeitar o puder e ao se aproveitar da situação para obter vantagem física. Em seu julgamento, os conselheiros do Cremesp consideraram finalmente que o médico se excedeu nos seus objetivos de remuneração profissional ao exercer a profissão com dependência de laboratório farmacêutico" (SÃO PAULO. Poder Judiciário. 16ª Vara Criminal – *Processo n.º 050.08.082189-8.* Controle n.º 1266/2009. [Em linha]. Decisão Judicial. Réu: Roger Abdelmassih. Magistrada: Kenarik Boujikian Felippe. Publicação: 23 nov. 2010, p. 215. [Consult. 13 ago. 2019]. Disponível em WWW:<URL:https://www.conjur.com.br/dl/sentenca-condenacao-medico-roger.pdf>).

49 Silva, Reinaldo Pereira e – *Biodireito: a nova fronteira dos direitos humanos.* São Paulo : LTr, 2013, pp. 104-105.

50 Naves, Bruno Torquato de Oliveira; SÁ, Maria de Fátima Freire de – Da relação jurídica médico-paciente: dignidade da pessoa humana e autonomia privada. In SÁ, Maria de Fátima Freire de (Org.) – *Biodireito.* Belo Horizonte : Del Rey, 2002. p. 101-127, p. 115.

51 Tinant, Eduardo Luís – *Bioética jurídica, dignidade de la persona y derechos humanos.* 2.ª ed. Buenos Aires : Dunken, 2010, p. 16.

frontalmente a dignidade de cada uma das pacientes assediadas, que tiveram o corpo violado e o emocional aniquilado após as violências no interior da clínica.

No art.º 1.º, inciso III, da vigente Constituição da República Federativa do Brasil, a dignidade da pessoa humana concretiza a cláusula geral de tutela da pessoa. Na lição de Moraes, o objeto da cláusula geral é "proteger a pessoa em suas múltiplas características, naquilo 'que lhe é próprio', aspetos que se recompõem na consubstanciação de sua dignidade, valor reunificador da personalidade a ser tutelada"[52].

A respeito do princípio da dignidade humana, o Enunciado n.º 274 CJF/STJ dispõe que "os direitos da personalidade, regulados de maneira não exaustiva pelo Código Civil, são expressões da cláusula geral de tutela da pessoa humana, contida no art.º 1.º, inc. III, da Constituição"[53].

Na proteção dos atributos específicos da personalidade, Tartuce alerta que, "na sua especificação, a proteção envolve os aspectos psíquicos do indivíduo, além de sua integridade física, moral e intelectual, desde a sua concepção até sua morte"[54].

As pacientes de Roger Abdelmassih eram donas de casa, profissionais liberais, artistas, servidoras públicas, dentre as quais até mesmo uma promotora de justiça atacada. Todas elas tinham algo em comum: o *animus* da procriação e a pureza da confiança no profissional especialista em procriação medicamente assistida.

No contexto estudado e em situações comprovadas sob a luz da verdade real, Abdelmassih, médico especialista em reprodução assistida, tirou proveito da ascensão técnica e emocional sobre as pacientes (muitas das quais em estado de sedação), para cometer abusos sexuais.

De jaleco branco e com um discurso de eficiência e ética, impiedosamente "Dr. Vida" violou a dignidade de inúmeras vítimas e também de seus familiares, impactando negativamente a vida de todos.

52 MORAES, Maria Celina Bodin de – *Danos à Pessoa Humana. Uma Leitura Civil-Constitucional dos Danos Morais.* Rio de Janeiro : Renovar, 2009, p. 128.

53 BRASIL. Conselho da Justiça Federal – *Enunciado n.º 274.* [Em linha]. Brasília, 2006. [Consult. 02 ago. 2019]. Disponível em WWW:<URL:https://www.cjf.jus.br/enunciados/enunciado/219>.

54 TARTUCE, Flávio – *Direito Civil, 1. Lei de introdução e parte geral.* 11.ª ed. Rio de Janeiro : Forense; São Paulo : Método, 2015, p. 147.

Para Schäfer e Machado, "o dano ao projeto de vida ocorre quando se interfere no destino da pessoa, frustrando, aviltando ou postergando a sua realização pessoal"[55]. Na constelação do exercício de liberdade pessoal, Carlos Fernández Sessarego[56] apresenta o sonho da família como um exemplo de projeto de vida.

Portugal e Pinheiro sustentam que "é por meio do projeto de vida que o homem singulariza sua existência, o que se evidencia em manifestação da própria humanidade no direito"[57]. Diversos casos são paradigmáticos para o estudo do dano ao projeto de vida, visto que os ataques do ex-médico constituíram um trauma e um obstáculo que puseram fim ao projeto de realização existencial e ao planeamento familiar de muitas pacientes e cônjuges.

O caso "Lucila"[58] envolve mulher com problemas psiquiátricos, a partir de violência praticada por Roger Abdelmassih, em fase de tratamento para a PMA, com detalhes e crueldade jamais revelados pela paciente traumatizada.

Muitas pacientes foram assediadas e violadas pelo então médico, por mais de uma ocasião. O caso "Monika Bartkevitch"[59] retrata paciente vitimada durante todas as visitas à clínica de Abdelmassih. O próprio esposo de Monika a desestimulou de procurar a Justiça: "O drama pessoal sofrido pela paciente resultou no fim de seu casamento e em mau julgamento de sua pessoa por parte de toda a família".

[55] Schäfer, Gilberto; Machado, Carlos Eduardo Martins – A reparação do dano ao projeto de vida na Corte Interamericana de Direitos Humanos. *Revista de Direitos Fundamentais e Democracia.* 13:13 (jan./jun. 2013) 179-197, p. 189.

[56] "Se designa como o singular e único projeto de vida aquele que a pessoa concebe e elege, na intimidade de seu mundo interior e em um determinado momento da vida, com o propósito de realizá-lo, de contemplá-lo como realidade no curso de sua existência" (cf. Sessarego, Carlos Fernández – É possível proteger, juridicamente, o projeto de vida? *Redes – Revista Eletrônica Direito e Sociedade.* 5:2 (nov. 2017) 41-57, pp. 48, 51).

[57] PORTUGAL, Carlos Giovani Pinto Portugal; Pinheiro, Rolice Fidalgo – O dano ao projeto de vida e sua autonomia em face do dano moral. *Revista Brasileira de Direito Civil em Perspectiva.* 1:2 (jul./dez. 2015) 17-43, p. 39.

[58] SÃO PAULO. Poder Judiciário. 16ª Vara Criminal – *Processo n.º 050.08.082189-8.* Controle n.º 1266/2009. [Em linha]. Decisão Judicial. Réu: Roger Abdelmassih. Magistrada: Kenarik Boujikian Felippe. Publicação: 23 nov. 2010, p. 103. [Consult. 13 ago. 2019]. Disponível em WWW:<URL:https://www.conjur.com.br/dl/sentenca-condenacao-medico-roger.pdf>.

[59] Ibid., p. 151.

O caso "Vanuzia Lopes"[60] descreve a impiedade da subjugação de paciente ainda sedada, cujo drama pessoal culminou com a esterilidade, com o fim do casamento e com a depressão.

O resultado comum entre a maioria dessas vítimas foi o dano à saúde, a mudança forçada de planos de vida, a frustração pessoal, o estresse pós-traumático[61], a dor e o abalo ou o fim de relações afetivas, familiares e sociais, ou seja, indelével prejuízo imposto a seres humanos.

O dano ao projeto de família das pacientes é, substancialmente, uma afronta à dignidade de tais mulheres e dos familiares imediatamente envol-

[60] Vanuzia acusa Abdelmassih "de a ter violentado brutalmente enquanto estava sedada, de ter cometido graves erros médicos que quase a levaram à morte, além de sumir com os embriões restantes de seu tratamento. Afirmava ter sido subjugada em várias posições, sendo submetida inclusive a um coito anal e em seguida estuprada, o que lhe causou uma peritonite, infecção no tecido que reveste os órgãos da região abdominal, inclusive do aparelho reprodutivo. Apesar de exames constatarem a existência de um cisto em seu ovário com indícios de infecção, Abdelmassih decidiu implantar os embriões. Uma semana depois, Vanuzia foi internada no hospital Albert Einstein, onde passou dez dias, parte deles na UTI lutando contra uma infecção generalizada. Perdeu as duas trompas e parte dos ovários direito e ficou estéril [...]. O trauma da violência sexual e do risco de morte em um tratamento para tentar realizar o sonho de um filho afetou profundamente sua vida, acabou com seu casamento e suscitou um quadro depressivo, que a prejudicava há 15 anos" (SÃO PAULO. Poder Judiciário. 16ª Vara Criminal – *Processo n.º 050.08.082189-8*. Controle n.º 1266/2009. [Em linha]. Decisão Judicial. Réu: Roger Abdelmassih. Magistrada: Kenarik Boujikian Felippe. Publicação: 23 nov. 2010, p. 163. [Consult. 13 ago. 2019]. Disponível em WWW:<URL:https://www.conjur.com.br/dl/sentenca-condenacao-medico-roger.pdf>).

[61] "As manifestações clínicas da violência podem ser agudas ou crônicas, físicas, mentais ou sociais. [...] Entre os sintomas psicossomáticos estão a insônia, os pesadelos, a falta de concentração e irritabilidade, caracterizando-se, nestes casos, a ocorrência de estresse pós-traumático. Os efeitos sobre a saúde podem ser prolongados e crônicos, podendo ser evitados mediante tratamento e apoio apropriado, tanto pela equipe de saúde como pela família e amigos. Alterações psicológicas podem ser decorrentes do trauma, entre eles o estado de choque que ocorre imediatamente à agressão, podendo durar várias horas ou dias. Outro sintoma frequente é a crise de pânico, que pode repetir-se por longos períodos. Podem ainda surgir ansiedade, medo e confusão, fobias, insônia, pesadelos, auto reprovação, sentimentos de inferioridade, fracasso, insegurança ou culpa, baixa autoestima, comportamento autodestrutivo – como uso de álcool e drogas –, depressão, tentativas de suicídio e sua consumação" (BRASIL. Ministério da Saúde. Secretaria de Políticas de Saúde – *Violência intrafamiliar: Orientações para prática em serviço*. Brasília : Ministério da Saúde, 2001. (Série Cadernos de Atenção Básica, n.º 8. Série A. Normas e Manuais Técnicos, n.º 131), pp. 47-48).

vidos no processo reprodutivo, na formação da família e na programação de vida, a medida em que sua integridade física, moral e psíquica foram violadas.

O respeito à vulnerabilidade humana e à integridade física é proclamado no art.º 8º da Declaração Universal sobre Bioética e Direitos Humanos.[62] Observa-se que as práticas antiéticas e criminosas do ex-médico violaram radicalmente os direitos da personalidade das pessoas envolvidas e, imediatamente, das pacientes de PMA, extremamente vulneráveis.

Cumpre avaliar se da censurável conduta de Roger Abdelmassih (trazida à tona a partir das consequências jurídicas e administrativas) houve alguma alteração normativa, em proteção aos direitos dos pacientes.

A obra *A Clínica* faz referência a fatos historicamente relevantes para a proteção da saúde das pacientes pré-conceição, pré-implantação ou pré-natal, todos eles envolvendo alterações normativas.

O primeiro elemento foi o desenvolvimento de novas Resoluções do Conselho Federal de Medicina, em matéria de procriação medicamente assistida. Para Leite, a Resolução CFM n.º

1.358/1992, que vigorou durante dezoito anos, foi "bastante tímida e representava basicamente o desejo dos médicos e outros profissionais de saúde que trabalhavam na área"[63]. Com a convulsão social pós-escândalos

[62] A vulnerabilidade humana deve ser levada em consideração na aplicação e no avanço do conhecimento científico, das práticas médicas e de tecnologias associadas. Indivíduos e grupos de vulnerabilidade específica devem ser protegidos e a integridade individual de cada um deve ser respeitada (cf. UNESCO. Comissão Nacional da UNESCO – Portugal – *Declaração Universal sobre Bioética e Direitos Humanos.* Adotada por aclamação no dia 19 de outubro de 2005, pela 33ª Sessão da Conferência Geral da UNESCO. [Em linha]. Paris : Unesco/SHS/EST/BIO, 2006. [Consult. 30 jul. 2018]. Disponível em WWW:<URL:https://unesdoc.unesco.org/ark:/48223/pf0000146180_por>). Para Hoosne, a vulnerabilidade dos pacientes é sindrômica e apresenta sinais que devem ser avaliados casuisticamente e com base na principiologia: "A vulnerabilidade é, pois, um referencial extremamente importante na bioética e independe de autonomia, de justiça e de outros referenciais, embora com eles intrinsecamente imbricada. Qual elo (ou elos) é ou está vulnerável? Qual a causa(s) dessa vulnerabilidade? Como se processa a gênese e a fisiopatologia dessa vulnerabilidade? Como ela se manifesta? Como ela atinge o ser humano (paciente ou sujeito da pesquisa)? Como enfrentá-la, evitá-la, superá-la ou protegê-la ou como tratá-la? Que efeitos adversos podem ocorrer? Qual o prognóstico? Quais as consequências? Como evitá-las ou ampará-las? Quais medidas terapêuticas e/ou profiláticas devem ser propostas?" (cf. Hoosne, William Saad – Dos referenciais da Bioética – A vulnerabilidade. *Revista Bioethikos.* 3:1 (2009) 41-51, p. 49).

[63] Leite, Tatiana Henriques – Análise crítica sobre a evolução das normas éticas para a uti-

e condenações de Abdelmassih, o Conselho Federal de Medicina brasileiro aprovou a Resolução CFM n.º 1.957/2010, de 6 de janeiro de 2011.[64] Dentre outras mudanças, a normativa permitiu o acesso da PMA a todas as pessoas interessadas, além de impor limitação ao número de embriões a serem transferidos, segundo critério de faixa etária da recetora.

O segundo elemento foi a edição de um novo Código de Ética Médica, por meio da Resolução CFM n.º 1.931/2009[65], que veio revogar o código vigente desde o ano de 1988. Ao capitular a responsabilidade profissional, a Resolução CFM n.º 1.246/88 dispunha ser vedado ao médico: "Descumprir legislação específica nos casos de transplantes de órgãos ou tecidos, esterilização, fecundação artificial e abortamento (art. 43)"[66]. O novo código, que passou a vigorar em 2011, acrescentou outros elementos normativos à questão, conforme redação do art.º 15, *caput* e parágrafos 1.º a 3 º: 1.º) vedada a canalização de PMA para obtenção sistemática de embriões supranumerários; 2.º) produção de embriões para fins de pura investigação; 3.º) produção de embriões com o objetivo de sexagem, eugenia, hibridização ou quimeras, estas compreendidas como misturas monstruosas de espécies; 3.º) vedada a realização de PMA sem o consentimento livre e esclarecido dos interessados participantes dos procedimentos de serviço em saúde.

Ademais, o art.º 16 da nova resolução estabelecia a regra proibitiva da modificação no genoma humano decorrente de intervenção, salvo nos casos

lização das técnicas de reprodução assistida no Brasil. *Revista Ciências e Saúde Coletiva*. 3:24 (mar. 2019) 917-927, p. 922.

[64] BRASIL. Conselho Federal de Medicina – *Resolução CFM n.º 1.957/2010, de 6 de janeiro de 2011.* A Resolução CFM n.º 1.358/1992, após 18 anos de vigência, recebeu modificações relativas à reprodução assistida, o que gerou a presente resolução, que a substitui *in totum*. [Em linha]. Brasília : DOU, 6 jan. 2011, Seção I, p. 79. [Consult. 26 ago. 2019]. Disponível em WWW:<URL:http://www.portalmedico.org.br/resolucoes/CFM/2010/ 1957_2010.htm>.

[65] Id. – *Resolução n.º 1.931, de 17 de setembro de 2009.* Código de ética médica. [Em linha]. Brasília : DOU, 24 set. 2009, Seção I, p. 90. Retificação publicada no DOU, 13 out. 2009, Seção I, p. 173. Brasília : CFM, 2010. [Consult. 13 ago. 2019]. Disponível em <https://portal.cfm.org.br/images/stories/ biblioteca/codigo%20de%20etica%20medica.pdf>.

[66] BRASIL. Conselho Federal de Medicina – *Resolução n.º 1.246, de 08 de janeiro de 1988.* Dispõe sobre o Código de Ética Médica. [Em linha]. Brasília : DOU, 26 jan. 1988, Seção 1, p. 1574-1577. [Consult. 14 ago. 2019]. Disponível em WWW:<URL:http://www.cremesp.org.br/library/modulos/legislacao/versao_ impressao.php?id=2940>.

de terapia gênica, caracterizada como a intervenção para corrigir defeitos genéticos.[67]

Vilardaga[68] registra que, no auge do funcionamento da clínica de Roger Abdelmassih, os órgãos de Vigilância Sanitária não operavam fiscalização regular nas clínicas de reprodução assistida. O autor alega que as clínicas "desenvolviam pesquisas sem a vigilância de comissões de ética e não eram obrigadas a fornecer informações sobre sua operação para nenhum órgão fiscalizador". Ocorre que o código federal de medicina vigente desde 1988 já estabelecia responsabilização médica ao profissional que deixasse de colaborar com as autoridades sanitárias ou que violasse a legislação vigente no país (art.º 44 CFM n.º 1.246/88). Somente em 27 de maio de 2011 foi publicada a Resolução da Diretoria Colegiada da ANVISA (RDC) n.º 23, de 27 de maio[69], introduzindo o regulamento técnico para o funcionamento dos bancos de células e tecidos germinativos, com o objetivo de: 1.º) estabelecer padrões mínimos de segurança e qualidade das células, tecidos germinativos e embriões utilizados em técnicas de PMA; 2.º) disciplinar regras sobre o descarte de resíduo, bem como coleta, transporte, criopreservação, armazenamento, infraestrutura de ambiente, questões técnicas e operacionais, equipamentos e condições para a seleção de doadores e pacientes interessados.

A partir do destacado momento temporal, as Resoluções do CFM foram revisitadas ao longo dos anos para contemplar novas necessidades sociais em matéria de ética médica e de procriação medicamente assistida. A respeito da atualização normativa sobre Reprodução Assistida no Brasil, destacam-

[67] A terapia gênica é a transferência de material genético para dentro das células de um indivíduo com o objetivo de conferir um benefício terapêutico ao corrigir uma anormalidade ou proporcionar às células uma nova função (cf. Burlamaque Neto, Antônio Carlos – *Terapia genica: contribuição para uma abordagem farmacológica.* Porto Alegre : Universidade Federal do Rio Grande do Sul, 2005. Dissertação de Mestrado, p. 1).

[68] Vilardaga, Vicente – *A Clínica. A farsa e os crimes de Roger Abdelmassih.* Rio de Janeiro; São Paulo : Record, 2016, p. 70.

[69] BRASIL. Ministério da Saúde. Agência Nacional de Vigilância Sanitária – *Resolução da Diretoria Colegiada n.º 23, de 27 de maio de 2011.* Dispõe sobre o regulamento técnico para o funcionamento dos Bancos de Células e Tecidos Germinativos e dá outras providências. [Em linha]. Brasília : DOU, n.º 102, 30 maio 2011. [Consult. 22 set. 2010]. Disponível em WWW:<URL:http://portal.anvisa.gov.br/ documents/10181/2954258/RDC_23_2011_COMP.pdf/ba335341-5993-4843-83dc-f23681690514>.

-se as Resoluções CFM n.º 2.013/2013, CFM n.º 2.121/2015 e a atualmente vigente CFM n.º 2.168/2017.

Notas conclusivas

Com o desfecho do estudo proposto, articulam-se notas conclusivas pontuais.

O caso Roger Abdelmassih é paradigmático ao estudo da procriação medicamente assistida no Brasil. Também é essencial ao estudo dos desdobramentos éticos e jurídicos na vida das pacientes violadas pelo ex-médico, bem como dos familiares que tiveram seus planos de vida alterados ou erradicados em razão dos abusos.

A aliança de algumas pacientes vitimadas[70] pelo ex-médico foi determinante para a investigação policial, para o trabalho da promotoria, para a condenação do réu em processos judiciais, tanto como para a cassação do diploma de medicina, pelo Conselho Regional de Medicina do Estado de São Paulo.

As respostas efetivas do CREMESP e do Poder Judiciário aos casos trazidos a julgamento, bem como a cobertura nacional e internacional da imprensa, foram determinantes e fundacionais para demandar normativas mais rigorosas.

As experiências trágicas das pacientes na clínica Abdelmassih influenciaram sobremaneira a edição de novos Códigos de Ética Médica e de Resoluções sobre Procriação Medicamente Assistida no Brasil. Normativas mais rigorosas e/ou enfáticas sobre procedimentos, direitos das pacientes e responsabilidade médica, bem como o exercício de responsabilidades técnicas de competência da ANVISA, Secretarias e Órgãos de Vigilância Sanitária, foram introduzidos ou aprimorados.

Todo paciente é, em regra, tecnicamente vulnerável, condição aumentada diante de eventual enfermidade ou estado de fragilidade física e emocional, como é o caso das pacientes de PMA e dos familiares envolvidos no complexo projeto reprodutivo. Acredita-se, todavia, que somente o Código de Ética Médica e as normativas em PMA, ainda que mais rigorosas em con-

[70] Sob o ponto de vista físico, psíquico, emocional e espiritual.

trole e punição, não têm o condão de, por si só, erradicar o comportamento desviante ou criminoso de algum profissional para com as mulheres.

Em se tratando das especialidades que envolvem ginecologia, obstetrícia e reprodução assistida, áreas nas quais o médico comumente trabalha com maior exposição corporal das mulheres, acredita-se que a prevenção seja um caminho complementar para a autoproteção das pacientes.

A prevenção pode ser estimulada pela informação e pela educação. Assim sendo, um enfrentamento social sério sobre o assédio e o abuso sexual das consumidoras dos serviços de saúde é excelente maneira de divulgar a amarga experiência pessoal de pacientes e de trazer a público a reputação de certos profissionais que cometem crimes e violam a ética.[71]

Nesse panorama preventivo, o investimento na informação e na valorização da consciência dos direitos mínimos de pacientes, como maiores garantias de proteção da integridade física, emocional e psíquica dos pacientes, é um caminho ideal a ser trilhado. Nessa perspetiva, a liberdade de expressão e a liberdade de imprensa são garantias imprescindíveis para a prevenção, tanto como a defesa dos direitos das pacientes. Recomenda-se, para tanto, a publicação de artigos científicos, reportagens, estudos e a realização de mesas redondas com profissionais da Saúde, do Direito, da Assistência Social e da Psicologia.

Por fim, registra-se o significativo valor jurídico-social da educação sexual nas escolas e da necessária iniciação pedagógica aos direitos fundamentais

[71] Obviamente, com ações preservadoras dos ditames éticos que o jornalismo impõe, bem como em respeito ao devido processo legal. Em 21 de agosto de 2018, estreou a Minissérie *Assédio*, o drama pessoal de um grupo de mulheres vítimas de crimes sexuais praticados por um famoso especialista em reprodução assistida. Com o valioso auxílio de uma jornalista, as vítimas se organizam para buscar a Justiça, até a condenação e a prisão do médico (ASSÉDIO. [Minissérie] – *Globoplay*. Roteiro: Mari Camargo. Direção: Amora Mautner, 2018. Vídeo (357 min)). O roteiro é baseado no caso Roger Abdelmassih e na mobilização de mulheres vítimas do ex-médico, que na vida real foram auxiliadas por Lilian Christofoletti, então repórter da Folha; Ivandra Previdi, jornalista da TV Globo à época, e Leandro Sant'Anna, produtor do programa Domingo Espetacular, da Record e responsável pelo descobrimento do paradeiro de Roger Abdelmassih, no Paraguai (ALQUAS, Gisele – Repórter que revelou abusos de Abdelmassih abandonou carreira após caso... *Televisão*. [Em linha]. São Paulo : UOL, 16 out. 2018. [Consult. 12 out. 2019]. Disponível em WWW:<URL:https://tvefamosos.uol.com.br/noticias/redacao/ 2018/10/16/assedio-reporter-que-denunciou-roger-foi-chamada-de--machista-e-mentirosa.htm>).

e sociais, os quais atuam como verdadeira cartilha prática no exercício de direitos e deveres.

Referências

Alquas, Gisele – Repórter que revelou abusos de Abdelmassih abandonou carreira após caso... *Televisão*. [Em linha]. São Paulo : UOL, 16 out. 2018. [Consult. 12 out. 2019]. Disponível em WWW:<URL:https://tvefamosos.uol.com.br/noticias/redacao/2018/10/16/assedio-reporter-que-denunciou-roger-foi-chamada-de-machista-e-mentirosa.htm>.

ASSÉDIO. [Minissérie] – *Globoplay*. Roteiro: Mari Camargo. Direção: Amora Mautner, 2018. Vídeo (357 min).

ASSOCIAÇÃO MÉDICA BRASILEIRA – *Declaração de Helsinque*. Princípios éticos para a pesquisa médica envolvendo seres humanos. [Em linha]. Helsinque : WMA, 2013. [Consult. 30 jul. 2019]. Disponível em WWW:<URL:https://arquivos.amb.org.br/_downloads/491535001395167888_DoHBrazilianPortugueseVersionRev.pdf>.

Barros, Carlos Eduardo Cavalcante – O protocolo de pesquisa após a aprovação pelo sistema. Campinas : Unicamp, 2018. Dissertação de Mestrado.

BRASIL. Conselho da Justiça Federal – *Enunciado n.º 274*. [Em linha]. Brasília, 2006. [Consult. 02 ago. 2019]. Disponível em WWW:<URL:https://www.cjf.jus.br/enunciados/enunciado/219>.

BRASIL. Conselho Federal de Medicina – *Resolução CFM n.º 1.957/2010, de 6 de janeiro de 2011*. A Resolução CFM n.º 1.358/1992, após 18 anos de vigência, recebeu modificações relativas à reprodução assistida, o que gerou a presente resolução, que a substitui *in totum*. [Em linha]. Brasília : DOU, 6 jan. 2011, Seção I, p. 79. [Consult. 26 ago. 2019]. Disponível em WWW:<URL:http://www.portalmedico.org.br/resolucoes/CFM/2010/1957_2010.htm>.

BRASIL. Conselho Federal de Medicina – *Resolução n.º 1.246, de 08 de janeiro de 1988*. Dispõe sobre o Código de Ética Médica. [Em linha]. Brasília : DOU, 26 jan. 1988, Seção 1, p. 1574-1577. [Consult. 14 ago. 2019]. Disponível em WWW:<URL:http://www.cremesp.org.br/library/modulos/legislacao/versao_impressao.php?id=2940>.

BRASIL. Conselho Federal de Medicina – *Resolução n.º 1.358, de 19 de novembro de 1992*. Adota normas éticas para utilização das técnicas de reprodução assistida. [Em linha]. São Paulo : DOU, 11 nov. 1992, Seção I, p. 16053. [Consult. 26 ago.

2019]. Disponível em WWW:<URL:http://www.portalmedico.org.br/resolucoes/CFM/2010/1957_2010.htm>.

BRASIL. Conselho Federal de Medicina – *Resolução n.º 1.931, de 17 de setembro de 2009.* Código de ética médica. [Em linha]. Brasília : DOU, 24 set. 2009, Seção I, p. 90. Retificação publicada no DOU, 13 out. 2009, Seção I, p. 173. Brasília : CFM, 2010. [Consult. 13 ago. 2019]. Disponível em <https://portal.cfm.org.br/images/stories/biblioteca/codigo%20de%20etica%20medica.pdf>.

BRASIL. Conselho Federal de Medicina – *Resolução n.º 2.013, de 9 de maio de 2013.* Adota as normas éticas para o uso das técnicas de reprodução assistida, anexas à presente resolução, como dispositivo deontológico a ser seguido pelos médicos e revoga a Resolução CFM n.º 1.957/10. [Em linha]. Brasília : DOU, 9 maio 2013, Seção I, p. 119. [Consult. 26 ago. 2019]. Disponível em WWW:<URL:http://www.portalmedico.org.br/resolucoes/CFM/2013/2013_2013.pdf>.

BRASIL. Conselho Federal de Medicina – *Resolução n.º 2.121, de 24 de setembro de 2015.* Adota as normas éticas para a utilização das técnicas de reprodução assistida – sempre em defesa do aperfeiçoamento das práticas e da observância aos princípios éticos e bioéticos que ajudarão a trazer maior segurança e eficácia a tratamentos e procedimentos médicos – tornando-se o dispositivo deontológico a ser seguido pelos médicos brasileiros e revogando a Resolução CFM n.º 2.013/13. [Em linha]. Brasília : DOU, 24 set. 2015, Seção I, p. 217. [Consult. 26 ago. 2019]. Disponível em WWW:<URL:http://www.portalmedico.org.br/resolucoes/CFM/2015/2121_2015.pdf>.

BRASIL. Conselho Federal de Medicina – *Resolução n.º 2.168, de 10 de novembro de 2017.* Adota as normas éticas para a utilização das técnicas de reprodução assistida sempre em defesa do aperfeiçoamento das práticas e da observância aos princípios éticos e bioéticos que ajudam a trazer maior segurança e eficácia a tratamentos e procedimentos médicos, tornando-se o dispositivo deontológico a ser seguido pelos médicos brasileiros e revogando a Resolução CFM n.º 2.121/2015. [Em linha]. Brasília : DOU, 10 nov. 2017, Seção I, p. 73. [Consult. 26 ago. 2019]. Disponível em WWW:<URL:https://sistemas.cfm.org.br/normas/visualizar/resolucoes/BR/2017/2168>.

BRASIL. Ministério da Saúde. Agência Nacional de Vigilância Sanitária – *Resolução da Diretoria Colegiada n.º 23, de 27 de maio de 2011.* Dispõe sobre o regulamento técnico para o funcionamento dos Bancos de Células e Tecidos Germinativos e dá outras providências. [Em linha]. Brasília : DOU, n.º 102, 30 maio 2011. [Consult. 22 set. 2010]. Disponível em WWW:<URL:http://por-

tal.anvisa.gov.br/documents/10181/2954258/RDC_23_2011_COMP.pdf/ba335341-5993-4843-83dc-f23681690514>.

BRASIL. Ministério da Saúde. Secretaria de Políticas de Saúde – *Violência intrafamiliar: Orientações para prática em serviço*. Brasília : Ministério da Saúde, 2001. (Série Cadernos de Atenção Básica, n.º 8. Série A. Normas e Manuais Técnicos, n.º 131). ISBN 85-334-0436-0.

BRASIL. Órgão: Entidades de Fiscalização do Exercício das Profissões Liberais; Conselho Regional de Medicina do Estado do Ceará – *Aviso de Penalidade*. [Em linha]. Brasília : DOU, 17 jul. 2019, edição n.º 136, Seção 03, p. 142. [Consult. 12 out. 2019]. Disponível em WWW:<URL:http://www.in.gov.br/web/dou/-/aviso-de-penalidade-196351232>.

Burlamaque Neto, Antônio Carlos – *Terapia genica: contribuição para uma abordagem farmacológica*. Porto Alegre : Universidade Federal do Rio Grande do Sul, 2005. Dissertação de Mestrado.

Cabette, Eduardo Luiz Santo – *Comentários ao novo Código de Ética Médica*. Belo Horizonte : Del Rey, 2011. ISBN 978-85-384-0179-7

Cambricoli, Fabiana – 44% das cassações de registro de médico no País são por assédio sexual a paciente. *O Estado de S.Paulo*. [Em linha]. São Paulo, 24 ago. 2014. [Consult. 5 ago. 2019]. Disponível em WWW:<URL:https://brasil.estadao.com.br/noticias/geral,44-das-cassacoes-de-registro-de-medico-no-pais-sao-por-assedio-sexual-a-paciente,1548593>.

Campos, Adriana; Oliveira, Daniela Rezende – A relação entre o princípio da autonomia e o princípio da beneficência (e não-maleficência) na bioética médica. *Revista Brasileira de Estudos Políticos*. ISSN 2359-5736. 115 (jul./dez. 2017) 13-45.

Esperança Pina, José António – *Ética, Deontologia e Direito Médico*. Lisboa : Lidel, 2013. ISBN 978-972-757-911-2

Estorninho, Maria João; Macieirinha, Tiago – *Direito da Saúde*. Lisboa : Universidade Católica, 2014. ISBN 978-972-54-0403-4

Figueiredo, Antônio Macena de – Bioética clínica e sua prática. *Revista Bioética*. ISSN 1983-8034. 19:2 (2011) 343-358.

Fonseca, Pedro Henrique Carneiro da; Fonseca, Maria Paula – *Direito do Médico. De acordo com o Novo CPC*. Belo Horizonte : D'Plácido, 2016. ISBN 978-858-425296-1

Freitas, Maria Luísa de; Farinelli, Clairna Andresa – As consequências psicossociais da violência sexual. *Revista em Pauta*. ISSN 2238-3786. 14:37 (1.º sem. 2016) 270-295.

Heck, Benjamin; Gonzalez; Claudete Hajaj; Hossne, William Saad – Aconselhamento genético: deliberações bioéticas vivenciadas por médicos geneticistas brasileiros. *Revista Bioethikos*. ISSN 1981-8254. 8:2 (2014) 131-137.

Hoosne, William Saad – Dos referenciais da Bioética – A vulnerabilidade. *Revista Bioethikos*. ISSN 1981-8254. 3:1 (2009) 41-51.

Leite, Tatiana Henriques – Análise crítica sobre a evolução das normas éticas para a utilização das técnicas de reprodução assistida no Brasil. *Revista Ciências e Saúde Coletiva*. ISSN 1678-4561. 3:24 (mar. 2019) 917-927.

Martins, Isabel Otília Parreiral Pinheiro de Matos – *A operacionalização dos princípios da Bioética no principialismo de Beauchamp e Childress*. Lisboa : Universidade Nova de Lisboa, 2013. Dissertação de Mestrado.

Melo, Emanoela Campelo de – Vítimas de médico suspeito de estuprar pacientes temem retorno de acusado a Uruburetama, no Ceará. *G1 CE*. [Em linha]. Fortaleza, 10 set. 2009. [Consult. 11 out. 2019]. Disponível em WWW:<URL:https://g1.globo.com/ce/ceara/noticia/2019/09/10/vitimas-de-medico-acusado-de-estuprar-pacientes-temem-retorno-do-prefeito-afastado-a-uruburetama-no-ceara.ghtml>.

Melo, Vivianne Rodrigues de – *Responsabilidade civil médica pré-natal: reparação aos pais pelo nascimento comprometido*. Lisboa : Universidade Autónoma de Lisboa, 2017. Dissertação de Mestrado.

Moraes, Maria Celina Bodin de – *Danos à Pessoa Humana. Uma Leitura Civil-Constitucional dos Danos Morais*. Rio de Janeiro : Renovar, 2009. ISBN 978-8571473447

Naves, Bruno Torquato de Oliveira; SÁ, Maria de Fátima Freire de – Da relação jurídica médico-paciente: dignidade da pessoa humana e autonomia privada. In SÁ, Maria de Fátima Freire de (Org.) – *Biodireito*. Belo Horizonte : Del Rey, 2002. ISBN 85-7308-570-3. p. 101-127.

Neves, Carlos – *Bioética. Temas Elementares*. Lisboa: Fim de Século, 2001. ISBN 972-754-169-0

OBSERVATÓRIO DA MULHER CONTRA A VIOLÊNCIA – *Panorama da violência contra as mulheres no Brasil: indicadores nacionais e estaduais*. [Em linha]. Brasília: Senado Federal; Observatório da mulher contra a violência, 2018. n.º 2. [Consult. 18 jul. 2019]. Disponível em WWW:<URL: <http://www.senado.gov.br/institucional/datasenado/omv/indicadores/relatorios/BR-2018.pdf>.

Oliveira, Aline Albuquerque Sant'Anna de – Bioética clínica e direitos humanos: a interface entre o direito humano à saúde e o consentimento informado. *Revista Bioethikos*. ISSN 1981-8254. 4:7 (2013) 388-397.

Oliveira, Geraldine Gollo – Ética, violência e saúde. In Modena, Maura Regina – *Conceitos e formas de violência*. Caxias do Sul : Educs, 2016. ISBN 978-85-7061-842-9. p. 141-156.

ORGANIZAÇÃO DAS NAÇÕES UNIDAS – *Declaração Universal do Genoma Humano e dos Direitos Humanos*. Adotada pela Conferência Geral da Organização das Nações Unidas para a Educação, Ciência e Cultura (UNESCO) na sua 29.ª sessão. [Em linha]. Paris : ONU, 11 nov. 1997. [Consult. 30 jul. 2019]. Disponível em WWW:<URL:<http://www.ghente.org/doc_juridicos/dechumana.htm>.

ORGANIZAÇÃO DOS ESTADOS AMERICANOS – *Convenção Americana sobre Direitos Humanos*. Assinada na Conferência Especializada Interamericana sobre Direitos Humanos (Pacto de San José da Costa Rica). [Em linha]. San José, Costa Rica: OEA, 22 nov. 1969. [Consult. 30 jul. 2019]. Disponível em WWW:<URL:http://www.ghente.org/doc_juridicos/dechumana.htm>.

Pereira, Dirceu Henrique Mendes – A história da reprodução assistida no Brasil. *Revista Femina*. ISSN 0100-7254. 39:2 (fev. 2011) 59-64.

PORTUGAL, Carlos Giovani Pinto Portugal; PINHEIRO, Rolice Fidalgo – O dano ao projeto de vida e sua autonomia em face do dano moral. *Revista Brasileira de Direito Civil em Perspectiva*. ISSN 2526-0243. 1:2 (jul./dez. 2015) 17-43.

Previdi, Ivandra – *A televisão e as vítimas: a rede de silêncio que acobertou crimes sexuais*. São Paulo : Pontifícia Universidade Católica, 2016. Dissertação de Mestrado.

Reis, Amanda Guedes dos; GOMES, Carlos Manuel Costa; Sauthier, Marta; Soares, André Marcelo Machado – Origem e perspectivas da Bioética no Brasil e em Portugal. In Angotti Neto, Hélio (Org.) – *Mirabilia Medicinæ*. ISSN 1676-5818. 6:1 (jan./jun. 2016) 95-112.

SÃO PAULO. Poder Judiciário. 16ª Vara Criminal – *Processo n.º 050.08.082189-8*. Controle n.º 1266/2009. [Em linha]. Decisão Judicial. Réu: Roger Abdelmassih. Magistrada: Kenarik Boujikian Felippe. Publicação: 23 nov. 2010. [Consult. 13 ago. 2019]. Disponível em WWW:<URL:https://www.conjur.com.br/dl/sentenca-condenacao-medico-roger.pdf>.

Schäfer, Gilberto; Machado, Carlos Eduardo Martins – A reparação do dano ao projeto de vida na Corte Interamericana de Direitos Humanos. *Revista de Direitos Fundamentais e Democracia*. ISSN 1982-0496. 13:13 (jan./jun. 2013) 179-197.

Sessarego, Carlos Fernández – É possível proteger, juridicamente, o projeto de vida? *Redes – Revista Eletrônica Direito e Sociedade*. ISSN 2318-8081. 5:2 (nov. 2017) 41-57.

Silva, Reinaldo Pereira e – *Biodireito: a nova fronteira dos direitos humanos*. São Paulo : LTr, 2013. ISBN 853610497X

STEVENSON, Robert Louis – *O médico e o Monstro. O estranho caso do Dr. Jekyll e do Sr. Hyde.* 2.ª ed. São Paulo : Rideel, 2011. (Coleção Aventuras Grandiosas). ISBN 978853391534-3

TARTUCE, Flávio – *Direito Civil, 1. Lei de introdução e parte geral.* 11.ª ed. Rio de Janeiro : Forense; São Paulo : Método, 2015. ISBN 978-85-309-6070-4

TINANT, Eduardo Luís – *Bioética jurídica, dignidade de la persona y derechos humanos.* 2.ª ed. Buenos Aires : Dunken, 2010. ISBN 978-987-02-4404-2

TORRES, Alessandro; MUNIZ, Kívea; FEREZIM, Roberto – Médico e prefeito no Ceará abuso de mulheres e há décadas e filma os crimes, denunciam pacientes. *G1 Ceará.* [Em linha]. Fortaleza, 14 jul. 2019. [Consult. 02 ago. 2019]. Disponível em WWW:<URL:https://g1.globo.com/ce/ceara/noticia/2019/07/14/medico-e-prefeito-no-ceara-abusa-de-mulheres-ha-decadas-e-filma-os-crimes-denunciam-pacientes.ghtml>.

UNESCO. Comissão Nacional da UNESCO – Portugal – *Declaração Universal sobre Bioética e Direitos Humanos.* Adotada por aclamação no dia 19 de outubro de 2005, pela 33ª Sessão da Conferência Geral da UNESCO. [Em linha]. Paris : Unesco/SHS/EST/BIO, 2006. [Consult. 30 jul. 2018]. Disponível em WWW:<URL:https://unesdoc.unesco.org/ark:/48223/pf0000146180_por>.

VÁZQUEZ, Adolfo Sánchez – *Ética.* 37.ª ed. Rio de Janeiro : Civilização Brasileira, 2017. ISBN 978-85-200-1014-3

VILARDAGA, Vicente – *A Clínica. A farsa e os crimes de Roger Abdelmassih.* Rio de Janeiro; São Paulo : Record, 2016. ISBN 978-85-01-10726-8

VILARDAGA, Vicente – *Juramento de Hipócrates.* [Em linha]. São Paulo, 0219. [Consult. 13 ago. 2019]. Disponível em WWW:<URL:https://www.cremesp.org.br/?siteAcao=Historia&esc=3>.

POSFÁCIO

Sob pena do mais defasado insulamento, o Direito não pode perder de vista a Vida que lhe serve de entorno. Vida que, em razão mesma da sua intrínseca dinamicidade, o obriga a se ressignificar naquilo em que a ela se refere. Assim como o incita a se expandir naqueles aspectos em que ela mesma é que pede passagem para passar a fazer parte do sistema de normas imperativas em que ele, Direito, se traduz. Caso da Bioética, mais e mais a se jurisdicizar naqueles crescentes aspectos em que ela se faz de necessário ponto de contato entre a centralidade individual e a coesão social.

Quem tiver a feliz oportunidade de ler esta coletânea de artigos bem comprovará o que intento dizer nestas sintéticas linhas. Coletânea sobremodo qualificada porque inspirada na luminosa trajetória de vida e de estudos bioéticos da professora Stela Barbas.

CARLOS AYRES BRITTO, doutor e mestre em Direito Constitucional pela Pontifícia Universidade Católica de São Paulo – PUC/SP, é membro da Academia Brasileira de Letras Jurídicas e da Academia Internacional de Direito e Economia. Exerceu os cargos de Ministro e Presidente do Supremo Tribunal Federal, Ministro e Presidente do Tribunal Superior Eleitoral e Presidente do Conselho Nacional de Justiça.